KB122391

동학과 농민전쟁

동학과 농민전쟁

이 영 호

혜안

책을 내면서

1980·90년대는 한국사회가 민주화를 위한 격심한 진통을 겪던 시기였다. 여러 학문분야에서 민중적, 변혁적 학문의 현실적 필요성이 인식되고 그러한 방향으로 연구가 진행되었다. 오늘날 어떤 학자는 그것을 이념적 연구라고 비판하기도 하지만, 학문이 어떤 형태로든지 사회의 수요에 부응한다고 할 때 1980·90년대는 한국사회의 현실문제를 인식하는 데 기여할 수 있는 학문의 활동이 활발한 시기였다. 현실의 변혁운동에 대한 다양한 담론이 쏟아져 나오고 역사 속에서 교훈을 찾거나 역사연구에 현실을 투영하려는 연구경향이 적지 않았다. 한국근대사 최대의 민중운동인 19세기 말의 농민전쟁에 대한 관심도 그러한 분위기 속에서 심화되었다. 더구나 1994년, 100주년을 맞이하게 됨으로써 농민전쟁에 대한 연구는 더욱 촉발되었다.

이 책은 농민전쟁 100주년인 1994년 전후, 10여 년에 걸쳐 집필된 논문을 정리한 것이다. 처음부터 계획적으로 작성된 것이 아니기 때문에 체계가 다른 점도 있고 서로 중복되는 부분도 있다. 그럼에도 불구하고 공통성과 일관성이 훨씬 많다. 다소 생각과 인식이 바뀌기도 했지만 전체적으로는 변하지 않은 것이 더 많다. '동학'과 '농민세력'을 구분하여 그 두 축을 가지고 논의를 전개한다든지, 농민전쟁을 정점에 놓고 그 이전과 이후의 동향을 한국근대민중운동사의 흐름 속에 위치지우고 평가하려 한 것은 거의 공통적으로 흐르는 토대이다. 그래서 이 논문집의 제목을 『동학과 농민전쟁』으로 정하였다.

6

이 책은 비교적 일관된 흐름과 공통성을 지니고 있기 때문에 10여 년에 걸쳐 집필되었음에도 불구하고 현재의 시점에서 대폭 수정하지는 않았다. 수정은 또 다른 복잡함을 가져올 것이고 그럴 바에야 차라리 현재의 시점에서 다시 일관된 체계를 잡아 저작하는 것이 옳을 것이지만, 일단 모아서, 있는 그대로, 독자의 편의를 위하여 목차의 체계를 잡는 선에서 그친다. 다만 여기에 실린 논문이 어떤 배경과 학문의 여정 속에서 집필되었는지에 대하여는 '저자 후기'에 설명을 붙여 둔다.

1980년대, 나는 조선후기 사회경제, 특히 지대문제와 농업경영, 포구를 중심으로 한 상업활동의 전개, 조선시기 토지소유관계 연구사 정리 등의 연구를 진행하였다. 그런데 이들 연구는 조선후기의 사회경제를 구조적으로 해명하려는 시각을 견지하였기 때문에 역사 속에 살아 움직이는 인간의 모습을 포착하지 못하는 한계를 지녔다고 느꼈다. 그래서 조선후기의 역동적인 변혁의 움직임을 농민의 저항운동에 대한 연구를 통하여 살펴보고 싶었다. 마침 1862년 진주농민항쟁에 대한 새로운 자료를 발견하고 이를 정리하려는 욕심과 어우러져 진주농민항쟁에 대한 연구를 하게 되었다(1988년). 그 연구에서는 19세기 민중운동의 역사적, 내재적 발전과정을 포착하고자 하였고, 따라서 이후 자연히 19세기 후반 군현농민항쟁과 1894년 농민전쟁 연구로 향하여 나아갔다. 19세기 후반의 군현농민항쟁에 대하여는 여러 논문이 나왔고 나도 자료를 모으면서 집필을 모색하였지만 결국 논문을 작성할 기회를 얻지 못하였다.

이때 나는 농민전쟁 전후의 변혁운동을 어떤 방식으로 연구할 수 있을까 고심하고 있었다. 이때 세 가지의 흐름을 탈 수 있었다. 그것은 첫째 연구사의 정리, 둘째 각종 농민전쟁 100주년기념 연구작업 참여, 셋째 농민전쟁 이후 변혁운동 연구이다. 대체로 동일한 시기에 출발하여 이 세 가지 방향의 연구를 병행하였고 상호 중첩되기도 한다.

　첫째, 연구사의 정리를 할 수 있는 기회를 얻게 되었다. 역사교육연구회에서 역사교과서를 학계의 연구성과와 비교분석하는 공동연구 작업을 진행하고 있었는데, 나는 여기서 근대민중운동 부분을 맡았다. 그래서 갑오농민전쟁, 광무민중운동, 의병전쟁의 연구성과를 전반적으로 검토하는 작업을 하게 되었고(1990년), 그것은 내가 농민전쟁 연구를 본격적으로 하게 되었을 때 밑거름이 되었다. 이 연구사 정리는 「1894년 농민전쟁의 역사적 성격과 역사소설」(1990)의 분석에도 그대로 활용되었고, 다른 기회의 연구사 정리에도 도움이 되었다.

　둘째, 여러 형태의 농민전쟁기념 연구작업에 참여하면서 관련 논문을 작성하였다. 먼저 한국역사연구회에서는 농민전쟁기념 5개년 연구계획을 세웠다. 제1차년도의 주제는 농민전쟁의 사회경제적 배경이었다. 나는 여기에 참여하면서 그동안의 사회경제에 대한 연구와 관심을 농민전쟁으로 수렴할 수 있게 되었다. 그리하여 「1894년 농민전쟁의 사회경제적 배경과 변혁주체의 성장」(1991)을 시작으로 「동학과 농민전쟁 연구의 원형―『동학과 동학란』(김상기, 동아일보, 1931)」(1994), 「1894년 농민전쟁 연구의 방향모색」(1994), 「대전지역에서의 '1894년 농민전쟁'」(1994), 「갑오농민전쟁의 토지개혁방향」(1994), 「1894년 농민전쟁의 지도부와 서장옥」(1996) 등을 작성하였다.

　셋째, 농민전쟁 이후 변혁운동에 관한 연구는 개인적으로 관심을 가지던 주제이다. 기왕의 연구에서 중점을 둔 동학이나 농민전쟁 자체에 대한 연구보다는 그동안 소홀하게 다루어온 농민전쟁 이후의 움직임에 대하여 관심을 가졌다. 19세기 변혁운동의 흐름은 농민전쟁에서 종료되는 것이 아니라 이후 여러 형태로 발전되어 가기 때문에 이에 대한 고찰이 긴요하다고 보았다. 농민전쟁 이후의 변혁운동에 대하여는 「갑오농민전쟁 이후 동학농민의 동향과 민족운동」(1990)에서 시작하고, 이후 「대한제국시기 영학당운동의 성격」(1991), 「농민전쟁 이후 농민운동조직의 동향」(1995), 「개화파 정부의 농민전쟁 수습대책」(2000)

8

으로 이어졌다.

그리고 「동학·농민의 일본인식과 보국안민이념」(2001)은 한일공동 연구에 참여하면서 작성한 성과로서, 그동안 농민전쟁 연구의 시각을 견지하면서 농민전쟁의 전체적인 흐름을 보국안민 이념과 관련지어 살펴본 것이다.

욕심으로는 한국근대민중운동의 성격을 총괄하기 위해 몇 가지 논문을 더 작성하고 싶지만 그렇게 되면 여기에 모아 놓은 논문들과 작성시기가 너무 벌어지고, 그것이 언제 완성될지 기약할 수 없으므로 일단 여기서 나의 농민전쟁 연구는 마감하고자 한다. 나로서는 연구과정에서 소홀하게 취급해온 동학사상 문제, 농민전쟁의 비교사 연구 등에 관심이 있지만 이 과제는 다음으로 미루어 둔다.

이 책에 수록한 논문들을 작성하는 데에는 그때그때 한국역사연구회, 역사문제연구소, 한국사연구회, 역사교육연구회, 고려대 아세아문제연구소 등 학술연구단체의 지원을 받았다. 특히 한국역사연구회의 '1894년 농민전쟁 100주년 기념사업 연구팀'에 참여함으로써 농민전쟁 연구를 본격화할 수 있었던 것에 대하여 행운으로 생각한다. 2002년 인하대학교 교내연구진흥비의 지원을 받은 것도 여러 논문들을 한 권의 책으로 묶을 수 있는 힘이 되었다. 연구에 정진할 수 있는 보금자리인 한국역사연구회와 인하대 사학과의 여러 선생님들께 감사한 마음을 갖는다. 무엇보다 가족의 평안이 최상의 연구환경이었던 점을 생각하면서 고맙게 생각한다. 책을 출판하는 데 노고를 아끼지 않은 혜안출판사의 오일주 사장 이하 직원 여러분께도 감사드린다.

2004년 12월 17일
이 영 호

목 차

14

제 1 부
연구동향

제1장 한국근대 민중운동 연구의 동향

1. 머리말

1862년의 농민항쟁 이후 일제 식민지로 편입되기까지에는 수많은 민중운동이 전개되었다. 이 시기 민중운동이 안고 있던 기본적인 과제는 중세체제를 일소하고 근대적인 사회체제를 구성하는 일과, 일본을 비롯한 제국주의의 침략을 막고 근대민족국가를 수립하는 일이었다. 즉 반체제 근대화와 반제국주의 자주화의 과제가 주어져 있었다고 하겠다. 민중운동은 어느 다른 운동에 비하여 반체제 반제국주의적 과제를 선명하게 제시하였고, 스스로의 역량에 의하여 혁명적으로 해결하려는 입장을 취하였다.

근대민중운동에 대한 연구는 1960년대 이후 '내재적 발전론'에 입각한 연구가 활성화되면서 많은 관심이 집중되었다. 근대의 동력을 아래로부터의 민중운동에서 찾고자 한 것이다. 1980년대 이후에는 '민중사학'이 등장하면서 근대민중운동사에 대한 관심은 더욱 고조되었다. '1894년 농민전쟁'의 100주년을 맞이한 1994년에는 근대민중운동에 대한 연구가 최고조에 달하였다.

이제 그 성과를 농민전쟁을 중심에 놓고, 농민전쟁을 향하여 고조되어 가는 군현단위의 농민항쟁과 병란적 기도에 관한 연구성과를 점검한 뒤, 1894년 농민전쟁에 대한 연구성과를 소주제별로 검토하기로 한다. 그리고 농민전쟁 이후 그 이념이 어떤 방식으로 계승되어지는지,

대한제국시기의 변혁운동을 '광무민중운동'으로 개념지어 그 연구성과
를 검토한다. 그리하여 19세기 중엽 이후 한국근대 민중운동사의 맥락
을 포착해 보고자 한다.

2. 농민전쟁 이전의 농민항쟁

먼저 '1862년 농민항쟁' 이후 '1894년 농민전쟁'에 이르기까지의 저
항운동에 대한 연구의 상황을 개괄적으로 정리해 두기로 한다. 이러한
정리가 필요한 이유는 1894년 농민전쟁이 이러한 저항운동을 계승하
면서 이를 한 차원 상승시켜 종합한 것으로 이해되기 때문이다. 농민
전쟁 이전의 저항운동으로는 군현단위의 일반적인 농민항쟁, 병란(兵
亂)적 성격의 이필제란(李弼濟亂)을 들 수 있다.

군현단위의 농민항쟁은[1] 1862년 농민항쟁의 여진(餘震)으로서 군현
차원에서 그것이 재현되는 양상을 보인다. 1862년에는 100여 개에 이
르는 군현에서 집중적으로 농민항쟁이 발생하여 조세제도의 모순을
제기하였는데, 집중적인 발생빈도에 비하여 군현간의 연계성이 형성되
거나 군현을 초월하는 단계로는 진전되지 못하였다. 그 이후의 농민항
쟁은 1862년에 비하여 오히려 집중성까지 떨어진다. 그러나 농민조직
의 연대양상이나 향임층의 개혁참여의 모습이 1894년 농민전쟁의 밑

---

1) 박광성, 「고종조의 민란연구」『인천교대논문집』 14, 1979 ; 김양식, 「고종조
   민란연구(1876~1893)」『용암차문섭박사화갑기념사학논총』, 1989 ; 우인수,
   「1892년 회령농민항쟁의 원인과 전개과정」『역사교육논집』 13·14합집, 경북
   대, 1990 ; 고동환, 「대원군집권기 농민층 동향과 농민항쟁의 전개」『1894년
   농민전쟁연구 2』, 한국역사연구회, 역사비평사, 1992 ; 백승철, 「개항이후
   (1876~1893) 농민항쟁의 전개와 지향」『1894년 농민전쟁연구 2』 ; 趙景達,
   「李朝末期の民亂 - 原州民亂(1885年)の事例から」『朝鮮史研究會論文集』
   33, 1995 ; 송찬섭, 「1890년 함창농민항쟁의 성격」『조선의 정치와 사회』, 집
   문당, 2002.

거름이 되는 측면이 진전된 양상으로 지적되었다.[2] 그리고 경상도 성주의 사례연구의 경우 1862년 농민항쟁에서는 요호부농층이 주도하고, 1883년 항쟁에서는 소빈농집단이 정치운동을 꾀하고, 1894년 농민전쟁에서 소빈농집단이 농민군의 중핵으로 등장한다는 농민항쟁의 내재적 발전과정이 계급론적 시각에서 분석되고 있다.[3] 이것은 1862년 농민항쟁에서 1894년 농민전쟁으로의 발전과정을 전라도 익산의 사례를 가지고 그 인적·조직적 맥락을 포착하여 민중운동의 내재적 발전상을 포착한, 박태원의 역사소설 『계명산천은 밝아오느냐』(1963)와 『갑오농민전쟁』(1977~1986)의 문학적 형상화와도 상통한다.

그러나 이러한 질적 변화의 양상들은 개연성에 불과한 것이고 동학교도와 농민의 결합에 의하여 폭발한 농민전쟁의 배경을 설명하는 데는 한계가 있다. 그 점에서 이필제란이 주목된다.[4] 이필제란에 대한 평가는 군현단위의 농민항쟁에서 1894년 농민전쟁으로의 발전과정에서 이필제란이 중간적, 과도적 위치에 있음을 인정한다. 동학과의 관련성, 또는 신원운동인가 농민항쟁인가에 대하여는 의견의 차이가 있으나, 이필제란이 이전의 군현단위의 조직을 뛰어넘은 지역적 조직망을 확보한 점은 높이 평가되고 있다. 현실운동을 지향한 이필제와 종교활동을 추구한 최시형의 노선 차이도 어느 정도 인정되고 있다.[5] 이렇게

---

2) 김양식, 백승철의 위의 논문.

3) 이윤갑, 「19세기 후반 경상도 성주지방의 농민운동」『손보기박사정년기념한국사학논총』, 지식산업사, 1988.

4) 金義煥, 「辛未年(1871) 李弼濟亂考 - 동학과의 관련성을 중심으로」『우리나라 근대화사논고』, 1964『전통시대의 민중운동』하, 풀빛, 1981 재수록 ; 金義煥, 『近代朝鮮東學農民運動史の硏究』, 和泉書院, 1986 ; 고승제, 「이조말기 촌락반란운동과 촌락사회의 구조적 변화」『백산학보』19, 1975 ; 박맹수, 「해월 최시형의 초기행적과 사상」『청계사학』3, 정신문화연구원, 1986 ; 윤대원, 「이필제란의 연구」『한국사론』16, 서울대, 1987 ; 장영민, 「1871년 영해동학난」『한국학보』47, 일지사, 1987 ; 趙景達, 『異端の民衆反亂 - 東學と甲午農民戰爭』, 岩波書店, 1998 ; 배항섭, 『조선후기 민중운동과 동학농민전쟁의 발발』, 경인문화사, 2002.

이필제란에서 동학을 이용한 변란과 민란의 결합이 가능해짐으로써 농민전쟁으로 발전해 갈 수 있었던 것이다.

3. 1894년 농민전쟁

1) 농민전쟁 연구사의 개관

1894년 농민전쟁에 대한 연구는[6] 일제시기의 일본인 학자들에 의하여 시작되었는데 한국사의 내재적인 발전의 시각에서가 아니라 타율적인 식민주의사관에 입각하여 '동학당의 난'으로 인식한 연구가 대부분이다. 반면 한국인 가운데는 1920년대 황의돈, 이돈화, 장도빈이 관심을 가져 '갑오의 혁신운동', '갑오동학혁명', '갑오동학란'으로 명명하면서 민중적 혹은 동학적 시각에서 그 역사적 의의를 긍정적으로 평가하였지만, 실증성과 과학성을 동반하지 못한 한계를 보인다. 김상기가

---

5) 조경달은 위의 책에서 그 노선차이를 범신론적 천관을 가진 정통동학과, 상제에 대한 서고(誓告)로서 천제(天祭)를 행한 이필제의 이단(異端) 동학으로 구별짓고 그 연장선상에서 1894년 농민전쟁을 이단의 민중반란으로 보는 독특한 견해를 제시한다.

6) 1894년 농민전쟁과 동학에 대한 연구사를 정리한 논문은 다음과 같다. 정창렬, 「동학과 동학란」『한국학연구입문』, 지식산업사, 1981 ; 한우근, 「동학과 동학란」『한국학입문』, 학술원, 1983 ; 정창렬, 「갑오농민전쟁과 갑오개혁」『한국사연구입문』(제2판), 지식산업사, 1987 ; 안병욱, 「갑오농민전쟁의 성격과 연구현황」『한국근현대연구입문』, 역사비평사, 1988 ; 양상현, 「1984년 농민전쟁과 항일의병전쟁」『남북한 역사인식 비교강의』(근현대편), 일송정, 1989 ; 고동환, 「개항 이후 아래로부터의 변혁운동」『민족해방운동사』, 역사비평사, 1990 ; 하원호, 「부르주아민족운동의 발생·발전」『북한의 한국사인식』II, 한길사, 1990 ; 이영호, 「한국근대 민중운동연구의 동향과 국사교과서의 서술」『역사교육』47, 1990 ; 박맹수, 「동학과 동학농민전쟁 연구동향과 과제」『박성수교수화갑기념논총 한국독립운동사의 인식』, 1991 ; 역사학연구소, 『농민전쟁 100년의 인식과 쟁점』, 거름, 1994 ; 우윤, 「고종조 농민항쟁·갑오농민전쟁에 대한 연구성과와 과제」『한국사론』25, 국사편찬위원회, 1995.

1931년 동아일보에 연재한 뒤 후에 출판한 『동학과 동학란』은 이러한
한계를 일거에 뛰어넘어 실증적 근거를 철저히 할 뿐 아니라 이 사건
에 관한 중요한 논점을 대부분 정리하였다. 근대적 학문태도 위에서
민중적, 주체적인 시각이 돋보인다.[7]

해방 후 1950년대에는 박경식, 강재언 등 재일교포 사학자들이 농민
전쟁에 대한 관심을 표명하고 문제의식을 발전시켰다. 그들의 문제의
식은 '동학당의 난'으로 비하한 식민주의사학의 관점을 비판하고, 이를
'갑오농민전쟁'으로 정당한 역사적 의의를 부여하려는 것이었다.

국내에서는 김용섭이 해방 이래 1950년대 전반까지 진행된 전석담,
박경식, 강재언의 연구를 비판적으로 검토하면서 '동학란'을 반봉건운
동, 반식민지화운동의 성격을 지닌 농민전쟁이라는 잠정적 평가를 내
리고, 이를 해명하기 위하여는 '동학란'의 단계적 발전과정과 조선후기
의 사회적 변동관계의 해명이 과제라고 보고, 전봉준공초를 분석하여
동학란의 발전과정에 따른 문제인식의 발전, 변화를 해명하는 한편, 이
후 조선후기 사회구성의 해명을 위한 일련의 농업사 연구를 지속적으
로 진행하였다.[8]

1950년대의 문제제기와 연구성과를 토대로 1960년대에는 김의환, 김
용덕, 한우근 등에 의하여 연구가 활발하게 진행되었다. 주로 동학과
농민전쟁의 관계에 논의의 초점이 모아졌다. '동학란'의 배경을 안으로
는 삼정의 문란, 밖으로는 일본의 경제적 침투로 파악한 한우근의 연
구는 큰 성과였다.[9] 그러나 이 시기에는 농민전쟁의 주체와 조직, 이

---

7) 『동학농민전쟁연구자료집 1』, 여강출판사, 1991 ; 이영호, 「동학과 농민전쟁
   연구의 원형」『역사와 현실』 11, 1994.
8) 김용섭, 「동학란 연구론」『역사교육』 3, 1958 ; 「전봉준공초의 분석」『사학연
   구』 2, 1958 ; 『조선후기농업사연구』 I · II, 일조각, 1970, 1971 ; 『한국근대농
   업사연구』 상 · 하, 일조각, 1984 ; 『한국근대농업사연구』 III, 지식산업사,
   2001 ; 「나의 한국농업사연구 회고」『역사학보』 180, 2003.
9) 한우근, 『동학란 기인에 관한 연구』, 서울대 한국문화연구소, 1970 ; 『한국개
   항기의 상업연구』, 일조각, 1971.

념과 지향이 구체적으로 논의되지는 못하였다. 농민전쟁의 구체적 실상 자체에도 아직 확인해야 할 점들이 적지 않았다.

이러한 문제는 1980년대 이후에 비로소 구체적인 연구성과로서 제시되기에 이른다. 농민전쟁의 구체적인 전개과정과 지역사례에 대한 연구, 농민전쟁의 주체와 그 계급적 성격, 동학교단의 조직적 역할, 집강소의 설치와 그 개혁실태, 농민전쟁의 사회경제적 지향, 농민전쟁의 지도이념과 민중의식의 성장 등에 대한 연구가 활발하게 전개되었다. 이러한 연구에는 정창렬, 신용하, 이이화, 조경달, 홍성찬, 신영우, 박찬승 등이 참여하였다.

1994년 농민전쟁 100주년을 기념하여 이루어진 연구성과는 획기적이다. 비단 100주년을 맞았다는 점에서 농민전쟁에 대한 관심이 고조된 것은 아니다. 1980년대 이후 한국사회의 민주화가 민중의 힘에 의하여 진전되었던 결과, 역사 속에서도 민중의 힘을 확인하고자 하는 역사의식이 작용한 때문이다.

농민전쟁 100주년을 기념하여 추진된 공동연구와 학술대회의 성과를 살펴보면, 먼저 한국역사연구회는 5개년 공동연구사업으로『1894년 농민전쟁연구』(전5권, 역사비평사, 1991~1997)의 획기적인 작업을 수행하였다. 1권은 농민전쟁의 사회경제적 배경, 2권은 18·19세기의 농민항쟁, 3권은 농민전쟁의 정치·사상적 배경, 4권은 농민전쟁의 전개과정, 5권은 농민전쟁의 역사적 성격을 주제로 하였다. 한국역사연구회의 공동연구사업은 학술대회 또는 논문집의 특집으로 꾸민 공동연구와는 달리 연구의 전 과정을 공동연구의 틀 속에서 진행하여 시각과 방법을 통일한 점에 특징이 있다. 전주의 동학농민혁명기념사업회도 연차적으로 공동학술행사와 출판을 진행하여『동학농민혁명과 사회변동』(한울, 1993),『동학농민혁명의 지역적 전개와 사회변동』(새길, 1995),『동학농민혁명과 농민군 지도부의 성격』(서경문화사, 1997),『동학농민혁명의 동아시아사적 의미』(서경, 2002)를 출간하였다. 또한 광

주·전남 동학농민혁명100주년기념사업추진위원회의 『동학농민혁명
과 광주·전남』(1994), 역사학연구소의 『농민전쟁 100년의 인식과 쟁
점』(거름, 1994), 한국정신문화연구원의 『한국근대사에 있어서 동학과
동학농민운동』(1994), 한국정치외교사학회의 『갑오동학농민혁명의 쟁
점』(집문당, 1994), 북한에서의 『갑오농민전쟁 100돌 기념논문집』(집문
당, 1995) 등이 간행되었다. 이러한 작업에는 근대사를 연구하는 수많
은 학자들이 참여하였다.

　학술잡지에서도 농민전쟁 특집을 기획 게재하였는데, 『역사비평』 24
호(1994년 봄)의 '중세말 농민반란의 세계사적 이해', 고려대 『사총』 43
집(1994)의 '갑오농민전쟁100주년기념특집', 공주대 백제문화연구소
『백제문화』 23집(1994)의 '충청지역의 동학농민전쟁', 전북대 전라문화
연구소 『전라문화논총』 7집(1994)의 '동학농민혁명과 고부', 전남대 호
남문화연구소 『호남문화연구』 23집(1995)의 '전남지방 동학농민전쟁
특집' 등을 들 수 있다. 전문 연구단체로는 1996년말 한국동학학회가
창립되어 『동학연구』를 간행하고 있다. 또한 박사학위논문과 개인 저
작들, 그리고 수많은 논문이 쏟아져 나왔다.10) 그밖에 지역사적 차원
의 지역농민전쟁 통사, 역사기행서, 문학·예술적 성과도 간행되었
다.11)

---

10) 정창렬, 『갑오농민전쟁연구 - 전봉준의 사상과 행동을 중심으로』, 연세대 박
　　사학위논문, 1989 ; 신영우, 『갑오농민전쟁과 영남 보수세력의 대응』, 연세대
　　박사학위논문, 1991 ; 신용하, 『동학과 갑오농민전쟁연구』, 일조각, 1993 ; 장
　　영민, 『동학농민운동연구』, 정신문화연구원 박사학위논문, 1995 ; 박맹수, 『최
　　시형연구』, 정신문화연구원 박사학위논문, 1996 ; 김양식, 『근대한국의 사회
　　변동과 농민전쟁』, 신서원, 1996 ; 趙景達, 『異端の民衆反亂 - 東學と甲午農
　　民戰爭』, 岩波書店, 1998 ; 노용필, 『『동학사』와 집강소 연구』, 국학자료원,
　　2001 ; 배항섭, 『조선후기 민중운동과 동학농민전쟁의 발발』, 경인문화사,
　　2002 ; 趙景達, 『朝鮮民衆運動の展開』, 岩波書店, 2002.
11) 지역 농민전쟁 통사로는 이상식·박맹수·홍영기의 『전남동학농민혁명사』
　　(전라남도, 1996), 신순철·이진영·원도연의 『전라도 고창지역의 동학농민
　　혁명』(고창문화원, 1998)을 들 수 있고, 역사기행서로서는 『동학농민전쟁역사

그러나 농민전쟁 100주년 기념사업이 마무리되면서 연구는 소강상
태에 접어든다. 2004년 농민전쟁 110주년 되는 해에 입법된 '동학농민
혁명참여자등의명예회복에관한특별법'은 이제까지의 농민전쟁 연구
및 평가작업의 한 단원을 정리하는 것이 될 것이다.

농민전쟁에 대한 연구는 연구목록만도 한 권의 책을 구성하고 남음
이 있을 정도로 상당한 양에 이르고 있다. 많은 자료의 발굴에 의하여
농민전쟁의 전체상을 구성할 수 있게 되었다. 여기서는 연구사의 개괄
적 흐름을 전제로 농민전쟁과 동학의 관계, 농민전쟁의 배경과 전개과
정, 주체, 지향, 세계사적 의의에 대하여 검토하고자 한다.

2) 농민전쟁과 동학의 관계

농민전쟁과 동학의 관련에 대하여는 농민전쟁이 일어난 당시로부터
오늘날에 이르기까지 논란이 거듭되고 있다. 그것은 동학이 농민전쟁
에서 어떠한 역할을 수행했는가 하는 차원만의 문제가 아니라, 한국근
대사회의 변혁주체 및 변혁사상을 어떻게 설정할 것인가 하는 문제와

기행 - 동학농민전쟁의 발자취를 찾아서』(여강출판사, 1993), 김은정 · 이경민
· 김원용의 취재기록인『동학농민혁명 100년 - 혁명의 등불, 그 황톳길의 역
사찾기』(나남, 1995), 신정일의『그 산들을 가다 - 동학의 산』(산악문화, 1995)
이 나왔고, 예술서로서는 농민전쟁을 판소리로 형상화한 장효문의『전봉준을
위하여 - 동학농민혁명 현장기행 판소리 전봉준』(자유세계, 1993), 농민전쟁
을 시어로 형상화한『황토현에 부치는 노래 - 동학농민혁명기념시선집』(창작
과비평사, 1993)이 나왔다. 전봉준의 생애와 사상을 역사연구의 성과를 기초
로, 조선후기 이래의 사회변동의 흐름 위에서 평전형식으로 표현한 우윤의
『전봉준과 갑오농민전쟁』(창작과 비평사, 1993)이 출간되고, 농민전쟁을 주도
한 인물들의 활동상을 요약적으로 정리한 이이화의『발굴 동학농민전쟁 인물
열전』(한겨레신문사, 1994)과 농민군 후손의 증언록인『다시 피는 녹두꽃』(역
사비평사, 1994)이 출간되었다. 또한 농민전쟁을 기념한 여러 행사를 총괄한
백서로서 김은정 외의『동학농민혁명백주년기념사업백서』(동학농민혁명기념
사업단체협의회, 1995)가 간행되었다.

맞물려 있기 때문이다. 즉 이 문제는 100여년 전의 사건 해명에 그치지 않고 현대사회의 모순해결의 방향설정과도 관련되기 때문에 농민전쟁 연구의 주요 논점이 되고 있는 것이다.

농민전쟁과 동학의 관계에 대한 학설로서는 동학혁명론, 농민전쟁론, 종교외피론 등이 제시되어 있다.

동학혁명론은 동학의 사상, 조직, 구성원 등 동학의 일체가 농민전쟁을 이끌었다고 보는데, 특히 동학사상의 혁명적 지도를 인정하는 점이 핵심이다. 동학사상을 제외하고 동학혁명을 논할 수 없다는 것이다. 동학사상을 지도이념으로 볼 경우 이 사건은 '동학혁명'으로 이해된다. 천도교측의 교단사나 민족종교를 중시하는 입장은 이 견해를 지지한다.12) 한편 동학사상을 농민전쟁과 연관시키지 않고 동학사상 자체의 기본구조를 해명하려는 새로운 시도도 있다.13)

농민전쟁론은 두 가지로 구분하여 정리할 수 있다. 농민전쟁론의 첫 번째 견해는 조선후기 이래 전개되어 온 아래로부터의 변혁운동이 농민전쟁으로 종합되었다고 보는 입장으로서, 농민전쟁에서의 동학의 역할은 조직적인 부분만을 예외적으로 인정한다. 즉 농민전쟁은 동학사상이나 동학교문의 종교적 집회운동과는 관계가 적고 농민들의 저항의식의 성장, 그리고 연속되는 농민항쟁의 역량이 농민전쟁으로까지 발전한 것으로 본다. 병란과 민란의 결합에 의하여 농민전쟁이 전국적으로 확대된 것이다. 농민전쟁은 동학의 원리와는 별개로 사회의 발전 과정에서 필연적으로 대두한 농민층의 사회의식이 전봉준의 지도이념과 결합되어 추진된 것으로 보며 동학이 포접조직을 제공하여 민중을 조직화할 수 있었던 역할은 부인하지 않는다.14)

---

12) 김용덕, 「동학사상연구」 『조선후기사상사연구』, 을유문화사, 1977 ; 『동학사상자료집』 1·2·3, 아세아문화사, 1979 ; 이현희편, 『동학사상과 동학혁명』, 청아출판사, 1984 ; 신일철, 『동학사상의 이해』, 사회비평사, 1995 ; 김지하, 『동학이야기』, 솔, 1994.

13) 『동학사상의 새로운 조명』, 영남대 민족문화연구소편, 1998.

농민전쟁론의 두 번째 견해는 북접교단과 남접세력을 이념, 조직, 구
성원 등에서 완전히 구별하여 남접세력을 사회변혁세력으로 설정하는
입장이다. 1892년 교조신원을 위한 삼례집회 단계에서부터 남북접의
노선이 분화하여, 북접교단은 최시형, 서병학을 중심으로 종교적 차원
의 운동을 전개하면서 타협노선을 취한데 반하여, 남접세력은 전봉준,
서장옥을 중심으로 결집하여 비타협적 반외세·변혁운동을 전개한다
는 것이다. 남접세력은 최시형의 무위이화(無爲而化)라는 교리를 받아
들이지 않고 애초 동학창도시에 제시된 보국안민(輔國安民) 사상을
변혁운동의 이념으로 수용하였다고 본다. 북접교단은 보은집회, 남접
세력은 금구집회를 주도하여 상호 대립각을 세우다가, 보은집회는 해
산되고 금구집회의 흐름을 이어 고부지방에서 농민항쟁이 일어나고
그것이 농민전쟁으로 발전한 것으로 보는 것이다. 동학의 조직적 역할
을 중시한 것은 첫 번째의 견해와 동일하고 농민전쟁의 주도세력도 전
봉준 등의 세력으로 동일하게 보지만, 그들 주도세력이 동학교문에 발
을 들여 놓고 혁명세력으로 성장하면서 동학조직을 활용한 것으로 본
점에 차이가 있다.15)

농민전쟁론은 민란의 흐름을 이어 농민이 주체가 되어 농민전쟁을
전개하였다는 점을 강조하면서 동학과의 관련에 대하여는 조직적 차
원에 제한하려는 경향을 보여준다. 농민전쟁이 발발 확대되는 과정에
서 동학조직과 남접세력의 일정한 역할을 인정하고 있는 것이다. 민간

---

14) 김용섭, 「전봉준공초의 분석」『사학연구』2, 1958 ; 김용섭, 『한국근현대농업
    사연구』(증보판), 지식산업사, 2000(일조각, 1992) ; 한국역사연구회편, 『1894
    년 농민전쟁연구』1~5 ; 우윤, 『전봉준과 갑오농민전쟁』, 창작과 비평사,
    1993.
15) 趙景達, 「東學農民運動と甲午農民戰爭の歷史的性格」『朝鮮史硏究會論文
    集』19, 1982 ; 정창렬, 「동학교문과 전봉준의 관계 - 교조신원운동과 고부민
    란을 중심으로」『19세기 한국전통사회의 변모와 민중의식』, 고려대, 1982 ;
    정창렬, 「고부민란의 연구」(상·하)『한국사연구』48·49, 1985 ; 이이화, 「전
    봉준과 동학농민전쟁」『역사비평』7~10, 1989~1990.

신앙적 요소와 사회사상을 포함하지만 새로운 정치체제의 구상과 전
망을 결여한 동학사상에서 농민전쟁의 지도이념을 찾지 않고, 19세기
농민들의 저항운동 과정에서 형성된 민중의식이, 공동체의 차원을 넘
어 민족의식으로까지 확장되어 농민전쟁의 혁명이념으로 역할을 수행
하게 되었다고 보았다.16)

  종교외피론은 종교운동으로서의 동학운동 과정을 통하여 동학은 조
직적, 정치적으로 고양되어 농민전쟁으로 발전할 수 있었다고 본다. 이
과정에서 종교적 외피로서의 동학이 양자를 매개하는 중심고리로 작
용하는데, 외피로서의 동학은 조직적, 사상적, 운동적 차원에서 이해되
고 있다. 종교외피론은 "사회가 노농관계 위에 서서 정체하고 있는 시
기에는 모든 개혁운동은 종교적 외피를 입는 것"이라는 엥겔스의 견해
를 수용하여, 동학운동이 질적 양적 발전을 거듭하여 농민전쟁으로 나
아간 것이라고 보는 것이다. 최시형을 루터적, 전봉준을 뮌쩌적이라 하
여 후자의 혁명진영이 전자의 종교적 개량주의진영을 극복하여 가는
것으로 본 것이다.17) 종교외피론은 종교운동에서 정치운동으로의 질적
고양을 제시하는데, 이와는 다른 각도에서 동학이라는 종교와 농민전
쟁이라는 정치운동이 별개의 것이면서 이 사건을 통하여 결합되었다
고 보는, 동학혁명론과 농민전쟁론을 결합시켜 절충하려는 견해도 있
다.18)

---

16) 안병욱, 「19세기 민중의식의 성장」 『1894년 농민전쟁연구』 3, 1993 ; 우윤,
   「동학사상의 정치·사회적 성격」 『1894년 농민전쟁연구』 3.
17) 朴慶植, 「開國と甲午農民戰爭」 『朝鮮史の諸問題』(『歷史學硏究』 別冊),
   1953 ; 姜在彦, 「朝鮮における封建體制の解體と農民戰爭」 『歷史學硏究』
   173·177, 1954 ; 姜在彦, 「封建體制解體期の甲午農民戰爭」 『朝鮮近代史硏
   究』, 日本評論社, 1970 ; 金義煥, 『近代朝鮮東學農民運動史の硏究』, 和泉書
   院, 1986.
18) 한우근, 「동학의 리더쉽」 『백산학보』 8, 1970 ; 한우근, 「동학사상의 본질」
   『동방학지』 10, 연세대, 1970 ; 한우근, 「동학과 동학란」 『한국학입문』, 대한
   민국학술원, 1983 ; 신용하, 『동학과 갑오농민전쟁 연구』, 일조각, 1993.

이상에서 농민전쟁에서의 동학의 역할에 관하여 검토하여 보았다. 농민전쟁론과 종교외피론은 농민전쟁이 체제적 모순과 민족적 위기에서 발생하였다는 점, 그러한 모순을 극복하기 위하여 군현을 뛰어넘는 농민의 광범한 연대가 이루어졌다는 점, 농민의 연대과정에서 동학의 포접조직이 중요한 역할을 수행하였다는 점 등은 모두 인정하고 있다. 문제는 동학사상이 농민전쟁에서 어떠한 역할을 수행하였는가 하는 점인데, 농민전쟁론은 이를 부정하고 있고, 종교외피론은 동학사상을 매개로 하여 농민전쟁의 지도이념이 형성되었다고 본다.

3) 농민전쟁의 배경과 전개과정

농민전쟁의 배경에 대한 연구는 『1894년 농민전쟁연구 1』에 종합되어 있다. 농민전쟁의 사회경제적 배경이 중심 주제이다. 농민전쟁이 궁극적으로 지향하는 새로운 사회건설의 방향을 사회경제적 측면에서 해명하기 위하여 조선후기 이래 심화되어 온 봉건모순의 실체와 개항 이후 가중된 민족모순의 실상을 점검하고, 이를 통하여 농민전쟁의 반봉건 반제운동으로서의 역사적 성격을 전망하고자 한 것이다. 봉건모순은 토지, 조세, 재정의 측면에서 봉건체제가 파탄되어 가는 실상을 통하여 확인되고, 민족모순은 제국주의의 경제적 침략을 통하여 검토되었다. 이러한 사회경제적 모순을 바탕으로 이를 극복하고자 성장해 나오는 변혁주체로서의 민중에 의하여 농민전쟁이 주도되었다고 본다.19)

이 연구는 거시적 시야에서 농민전쟁의 사회경제적 배경을 분석한 것인데, 농민전쟁은 여전히 군현단위의 문제를 바탕으로 하면서 지역적으로 확대되고 전국화되어 갔다고 볼 수 있기 때문에 군현단위를 기초로 권역단위, 도단위의 분석방법을 모색해야 한다는 문제제기가 있

---

19) 한국역사연구회, 『1894년 농민전쟁연구 1』, 역사비평사, 1991.

다.20) 이러한 측면에서 농민전쟁의 배경을 고부지방에 맞추어 검토한 연구가 흥미롭다. 농민전쟁이 전국적 범위에 걸쳐 진행되었고 구체제의 전반적 개혁을 목표로 하고 있었기 때문에, 그 배경도 사회경제의 구조적 측면에 초점을 맞추지 않을 수 없었다. 그러나 농민전쟁은 고부지방에서 촉발되었기 때문에 고부지방의 사회배경을 고찰하는 것은 농민전쟁의 직접적이고 구체적인 배경을 이해하는 데 있어서 큰 도움이 될 것이다. 이들 연구에서는 고부지방을 중심으로 사회신분, 경제적 실태, 농민층 분화의 양상, 조세수탈의 실태, 동학의 포교 상황 등 농민전쟁이 이 지역에서 일어날 수밖에 없었던 배경을 제시하고 있다.21)

농민전쟁의 전개과정과 지역별 사례에 대하여는 많은 연구성과가 나왔다. 연구과제를 새로운 차원으로 발전시키기 위하여서는 새로운 사료 발굴에 입각한 농민전쟁의 실상을 밝히는 것이 일차적인 과제라는 점을 인식한 결과였다.『1894년 농민전쟁연구 4』(역사비평사, 1995)는 농민전쟁의 전개과정을 고부민란, 1차 봉기, 집강소기, 2차 봉기, 농민전쟁 이후로 구분하여 각 단계마다 주체·조직·지향·전투양상 등이 어떻게 변화 발전하는가를 실증적으로 해명하였다. 또한 충청도·경상도·전라남도·황해도·강원도 지역의 전개과정에 대하여도 지역운동의 특징과 농민전쟁의 주류적 흐름과의 상관성 여부를 고찰하였

---

20) 박명규,「동학농민전쟁과 지방사 연구」『동학농민혁명의 지역적 전개와 사회변동』, 새길, 1995 ; 박맹수,「동학농민운동의 지역성 연구 - 신원운동에서 1차 봉기까지를 중심으로」『한국근대사에 있어서의 동학과 동학농민운동』, 한국정신문화연구원, 1994.

21) 이희권,「19세기 후반 고부의 사회조직구조」『전라문화논총』7, 전북대, 1994 ; 윤원호,「19세기 고부의 사회경제」『전라문화논총』7 ; 박명규,「19세기말 고부지방 농민층의 존재형태」『전라문화논총』7 ; 최기성,「19세기 후반 고부의 폐정실태」『전라문화논총』7 ; 이진영,「19세기 후반 전라도 고부의 사회사상」『전라문화논총』7 ; 김용섭,「고부민란의 사회경제사정과 지적 환경 - 동학란·농민전쟁의 배경이해와 관련하여」『한국근대농업사연구』Ⅲ, 지식산업사, 2001.

다.『동학농민혁명의 지역적 전개와 사회변동』(새길, 1995)도 전라도·
충청도·경상도·강원도·황해도의 농민전쟁의 구체적 전개과정을 실
증적으로 규명하고 각 지방의 특징과 성격을 추적하였다.『백제문화』
23집(1994)에서는 충청도에서 전개된 농민전쟁의 전개과정을 고찰하
였고,『호남문화연구』 23집(1995)과 『동학농민혁명과 광주·전남』
(1994)에서는 전남지방의 각 지역에서 전개된 농민전쟁의 전개과정을
고찰하였다. 그리고 농민전쟁의 전개과정을 구체적 실증적으로 연구한
논문도 나오고 있다.[22]

농민전쟁의 전개과정에 대한 연구는 농민전쟁 전체의 진행과정을
재구성할 수 있게 하였다. 농민군 주력부대인 전북지방의 농민전쟁을
중심으로 농민전쟁의 단계적 발전과정을 추적함으로써 농민전쟁 전개
과정의 전체상을 풍부한 사료를 기반으로 하여 복원할 수 있게 되었
고, 또한 도별·군현별로 전개된 농민전쟁의 구체적 사례연구가 집적
되어, 전국에 걸쳐 통일적인 지휘체계 하에서 전개되지 못한 농민전쟁
의 다양한 지역적 양상을 확인할 수 있게 되었다.

4) 농민전쟁의 주체

농민전쟁의 주체는 지도자, 주도층, 참가층 등으로 구분하여 고찰할
수 있다. 지도자와 주도층, 주도층과 참가층을 어떻게 설정하는가에 따
라 논의에 편차가 발생할 수는 있다.

먼저 지도자로서는 최고의 지도자 전봉준을 중심으로 서장옥, 손화
중, 김개남 등을 들 수 있다. 이들 지도자의 사회적 신분과 지위, 농민
전쟁에서의 역할, 혁명의식 등이 문제로 된다. 전봉준의 경우, 그의 신
분이 평민인지 몰락양반인지는 분명치 않지만 그가 동학의 조직을 이

---

22) 배항섭,「1차 동학농민전쟁 시기 농민군의 진격로와 활동양상」『동학연구』
   11, 2002 ;「제1차 농민전쟁 시기 농민군의 행동양태와 지향」『한국근현대사
   연구』21, 2002.

용하여 농민군의 혁명적 지도자로 등장한 것은 이론의 여지가 없다.[23] 자연발생적인 농민항쟁을 농민전쟁으로까지 끌어올린 것은 전봉준의 혁명적 이론을 배경으로 하는 것이라고 보아야 할 것이다. 그러나 그의 의식세계를 알 수 있는 자료는 심문기록이 있을 뿐이다. 기타 서장옥, 서병학, 김개남, 손화중 등 농민군 지도자에 대한 개괄적인 검토가 진전되고 있지만, 자료의 부족을 통감하는 상황에 놓여 있다.[24] 대체로 이들 지도자들은 하층양반 또는 평민층이며 경제적으로는 중소지주나 부농층에 해당하며 변혁지향적 지식인층으로 볼 수 있다.[25]

참가층은 하층 빈농층이 압도적으로 많고, 그밖에 영세수공업자, 영세상인 등 체제적 모순과 민족적 위기를 직접적으로 느끼고 있었던 광범한 계층이 참가하였다고 인정되지만, 주도층에 대한 문제는 몇 가지 주장으로 나뉘어져 있다. 이를 잔반주도론, 부농(요호)주도론, 빈농주도론으로 구분할 수 있다.

잔반주도론은 전라도 고부지방에서 발단된 일반 민란이 병란에로 확대된 것으로서 잔반계층인 동학접주들이 농민의 입장에 서게 되면서 농민군을 이끄는 영도자가 되었다고 본다. "잔반계층은 양반계급의

---

23) 김용섭,「전봉준공초의 분석」『사학연구』2, 1958 ; 조경달,「甲午農民戰爭指導者=全琫準の研究」『朝鮮史叢』7, 1983 ; 신용하,「갑오농민전쟁의 주체세력과 사회신분」『한국사연구』50 · 51합집, 1985 ; 조광환,「전봉준의 생애연구 - 고부봉기 이전의 행적을 중심으로」『동학연구』12, 2002.
24) 조경달,「1894년 농민전쟁에 있어서 동학지도자의 역할 - 서병학 · 서인주를 중심으로」『역사연구』2, 역사학연구소, 1993 ; 이진영,「동학농민전쟁기 전라도 태인 고현내면의 반농민군 구성과 활동 - 金箕述과 道康金氏를 중심으로」『전라문화논총』6, 1993 ; 이진영,「김개남과 동학농민전쟁」『한국근현대사연구』2, 1995 ; 이영호,「1894년 농민전쟁의 지도부와 서장옥」『인하사학』3, 1995 ; 동학농민혁명기념사업회,『동학농민혁명과 농민군 지도부의 성격』, 서경문화사, 1997 ; 이이화,「1894년 농민전쟁 지도부 연구 - 전봉준 · 김개남 · 손화중을 중심으로」『1894년 농민전쟁연구 5』, 1997.
25) 박찬승,「1894년 농민전쟁의 주체와 농민군의 지향」『1894년 농민전쟁연구 5』, 1997.

최하층에 깔려서 평민과 다름없는 처지에 전락되어 있고, 유교적인 소양을 지녔음에도, 이미 그들은 양반으로서의 체모를 유지할 수 없고, 따라서 유교를 그들의 생활이념으로 삼아도 무의미하게 된, 그러한 처지"에 있어서, 퇴폐된 기존의 사회질서나 도덕 윤리에 대하여 부정적인 입장을 취하게 된다. 이들 잔반계층이 농민봉기의 주체로 설정되는 과정은 "빈사(貧士) → 농민화 → 징세대상자 → 반란자"라는 도식으로 정리된다.[26]

부농주도론은 부르주아적 지향성을 가진 새로운 세력이 주도가 된 아래로부터의 농민적이고 혁명적인 근대화의 길이 농민전쟁을 통하여 표출되었다고 본다.[27] 경상도 예천, 상주, 김산지방 농민군의 경우 양반신분층에 속한 자는 조사대상자 49명 가운데 17명으로 40%에 달하고 평민은 20%에 불과한 것으로 밝혀졌다. 그리고 이들 농민군 지도자의 토지소유 상황은 조사가능자 13명 가운데 빈농이 2명이고 나머지는 부농에서 중소지주 규모의 토지를 소유한 사람으로 판명되었다. 농민군 지도층은 독농(篤農)과 면업(綿業) 그리고 검약을 통하여 부를 축적하였지만 지방관아와 양반에 의하여 집중적으로 수탈을 당함으로써 농민적 입장의 동학조직에 합류하여 농민전쟁에서 그 지도자로 활동하게 되었던 것이라고 한다.[28]

빈농주도론은 신분적으로는 양인층과 천민층이 중심이고, 경제적으로는 소작농의 처지에 있는 빈농층이 중심세력이었다고 본다. 그밖에 영세상인층, 영세수공업자층, 농촌노동자층이 여기에 가담하였다. 따라서 반혁명군을 조직한 몰락양반층이나 지주·고리대자본과 유착된 부농층도 농민군의 공격대상이 되지 않을 수 없었다는 것이다.[29] 동학

26) 한우근, 「동학의 리더쉽」, 『백산학보』 8, 1970.
27) 김용섭, 「근대화과정에서의 농업개혁의 두 방향」, 『한국자본주의성격논쟁』, 대왕사, 1988.
28) 신영우, 「1894년 영남북서부지방 농민군지도자의 사회신분」, 『학림』 10, 연세대, 1988.

내부의 엽관파(몰락양반)는 사족적 동학운동을 전개하고, 종교파(부농층)는 부민적 동학운동을 전개하고, 정치개혁파는 부농층과 몰락양반을 배제한 것은 아니지만, 그 주된 기반은 "천민과 노무자 혹은 영세상인 등을 포함한 반프롤레타리아를 중심으로 한 빈농하층민"에 두는 빈민적 동학운동을 전개하여 농민전쟁이 반봉건, 반침략전쟁에 머무르지 않고 대부민투쟁까지도 포함하게 되었다고 한다.[30]

주도층에 대한 논의는 부농(요호)주도론과 빈농주도론이 대립되어 있다. 그런데 부농(요호)주도론의 경우 지주적·상인적 기반을 가진 부민층에게는 개항 이후 매판화의 가능성이 넓게 열려 있었지만, 생산력의 발전과 생산방식의 변혁을 통하여 생산과정에서 부를 축적하고 있었던 부민층은 제국주의의 경제적 침략으로 몰락할 위험에 처해 있었기 때문에 부농(요호)은 제국주의세력과 어떤 관계를 맺을 것인가 하는 점을 둘러싸고 동요하고 있었다. 따라서 부민층의 변혁주체로서의 가능성은 계급적, 민족적 위기 속에서 왜소화될 수밖에 없었다. 농민전쟁의 주체로서는 중세체제와 민족적 위기에 의하여 몰락을 강요당하고 있었던 부농층을 중심으로 한 일부의 요호부민층을 포함하여, 주로 빈농층이 중심이 되었다고 생각된다.

5) 농민전쟁의 지향

1894년 농민전쟁의 지향은 결론적으로 말하면 반체제 근대화, 반제국주의 자주화의 실현, 즉 근대민족국가의 수립이었다고 할 수 있다. 자주적인 민족국가의 수립이라는 점에 대하여는 이의가 거의 없다고

29) 신용하, 「갑오농민전쟁의 주체세력과 사회신분」 『한국사연구』 50·51합집, 1985 ; 박찬승, 「동학농민전쟁의 사회·경제적 지향」 『한국민족주의론』 1, 창작과 비평사, 1985.
30) 趙景達, 「東學農民運動と甲午農民戰爭の歷史的性格」 『朝鮮史硏究會論文集』 19, 1982.

생각되는데, 반체제 근대화의 내용과 방향에 대한 이해에는 차이가 없지 않다. 반체체 근대화의 문제는 집강소 개혁의 내용, 같은 시기에 시행된 개화파정부의 갑오개혁과의 상관성, 그리고 그것을 어떤 의미로 해석할 것인가 하는 문제가 될 것이다.

우선 집강소 개혁의 기준이 되었던 폐정개혁안을 확정짓는 문제가 있다. 폐정개혁안은 여러 가지 방식으로 제시되어 있다.『대한계년사(大韓季年史)』(정교)의 4개조 명의(名義),『한국통사』(박은식)의 6개조,『일본공사관기록』의 9개조,『대한계년사』와『동경조일신문(東京朝日新聞)』의 13개조,「전봉준판결문」의 27개조 중 14개조,『속음청사』(김윤식)의 14개조 및 추가조항,『동학사(東學史)』(오지영)의 12개조 등이 있다. 그런데 폐정개혁안을 전주화약과 결부시켜 볼 것인가 아닌가 하는 문제가 있다. 전주화약과 결부하여 볼 경우 오지영의『동학사』의 12개조가 부각되는데, 이것은 오지영이 후일 집필한『동학사』초고본(1924년)과 간행본(1940년) 사이에 3개조목의 차이가 나타나므로 신빙성을 의심받고 있다.31) 그러므로 농민전쟁의 여러 단계에서 제시된 30여 개조의 요구조건을 폐정개혁안의 범주에 넣어야 할 것이다. 농민군은 필요에 따라 격문과 폐정개혁안을 제시하였으며 처음부터 완결된 개혁안을 가진 것은 아니라는 지적이다.32)

다음으로 집강소 개혁에 대하여 살펴보자. 집강소에 의한 농민군의 개혁에 대한 평가는 논자에 따라 다소 다르다. 집강소의 성격을 "한국 역사상 처음으로 농민에 의한, 농민을 위한, 농민의 통치기관"이라고 적극적으로 평가하는 견해와 함께33) 농촌사회의 소소한 경제문제를 봉건국가의 법전을 준거로 삼아 해결하려 한 한계를 노정하였다는 지

───

31) 노용필,「오지영의 인물과 저작물」『동아연구』19, 서강대, 1989 ; 김태웅,「1920・30년대 오지영의 활동과『동학사』간행」『역사연구』2, 역사학연구소, 1993.
32) 한우근,「동학군의 폐정개혁안 검토」『역사학보』23, 1964.
33) 신용하,「갑오농민전쟁시기의 농민집강소의 설치」『한국학보』41, 1985.

적도 있다.[34] 농민군이 신분의 해방을 추구하고 조세제도의 문제점을 지적한 점은 대체로 동의되고 있다.

그런데 토지문제에 대하여는 명확한 정리가 되어 있지 않다. 부여군의 농민군 집강소 개혁을 살필 때 농민군이 토지개혁의 문제를 제기하지 않았다고 보기도 한다.[35] 다른 한편 폐정개혁안 12개조의 분석을 통하여 토지개혁의 방향을 가늠하는 견해도 있다. 즉 오지영의『동학사』 초고본(1924년)에 나오는 "농민의 두레법을 장려할 사"라는 조항과 간행본(1940년)에 나오는 "토지는 평균으로 분작케 할 사"라는 조항을 다산 정약용의 여전제, 정전제 개혁안과 연결지어, 정전의 사전(私田)은 평균분작으로 분배하여 자작농체제를 확립하며, 공전(公田)은 두레법에 의한 공동경작체제를 구축하는 방향을 취하였다고 본 것이다.[36] 이에 대하여 농민군의 토지개혁 방향을 농민적 토지소유의 안정·확립이나 소상품생산자로서의 자립·발전을 추구한 것이라는 기왕의 견해에 의문을 표시하고, 농민군의 토지개혁안이 비록 균전론적 개혁요구라고 볼 수 있다 하더라도 그것이 농민적 토지소유가 존재하지 않는 등 서구와는 전혀 다른 토지소유 구조하에서 왕토사상을 전제로 제기되었기 때문에 근대적 지향을 띠기 어려운 것이라는 반론이 있다.[37] 논의는 평균분작(平均分作)의 해석 여하에 놓여 있는데 그것이 의심의 여지가 있는 오지영의『동학사』의 폐정개혁 12개조에만 나오기 때문에 해석에 어려움이 있다. 농민군이 제시한 각종 요구조건을 총체적으로 분석하는 것이 필요할 것이다.

---

34) 홍성찬, 「1894년 집강소기 설포하의 향촌사정 - 부여 대방면 일대를 중심으로」,『동방학지』39, 연세대, 1983.
35) 홍성찬, 위의 논문.
36) 신용하, 「갑오농민전쟁과 두레와 집강소의 폐정개혁」,『한국사회사연구회논문집』8, 문학과 지성사, 1987 ; 「다산 정약용의 토지개혁안과 동학농민군의 토지개혁안」,『이기백선생고희기념 한국사학논총』하, 일조각, 1994.
37) 배항섭, 「1894년 동학농민전쟁에 나타난 토지개혁 구상 - '평균분작' 문제를 중심으로」,『사총』43, 고려대, 1994.

한편 농민군 집강소는 치안유지를 주된 기능으로 하며, 폐정개혁을 위한 농민군의 조직체는 포접 연합체로 이루어진 농민군 도소(都所)라는 견해가 제시되어 있다. 농민군 도소가 반관(反官), 반지주, 신분해방을 목표로 한 반체제 개혁을 추진하여 양반·지주층과의 계급적 갈등을 빚었다고 본다.[38]

집강소 개혁과 갑오개혁과의 상관성에 관한 문제는 양자의 상호관련을 민족모순의 차원에서 분리해 보는 견해, 한국근대화의 구조적 차원에서 양자의 결합을 포착하려는 견해, 결합과 대립의 단계적 양상을 포착하려는 견해로 구분할 수 있다.

집강소 개혁과 갑오개혁을 분리시켜 대립된 관계로 파악하는 입장에서는 집강소 개혁과 갑오개혁의 내용상 유사성은 인정하지만 본질적으로는 상이하다고 보며, 또한 농민군은 대원군을 옹립하여 반외세의 기치를 세우려 한 데 반하여 개화파는 일본군에 의지하여 정권을 탄생시키고 오히려 갑오개혁을 통하여 일본의 침략기반을 다지는 데 협력하였기 때문에, 농민군과 개화파는 상호 연대를 맺을 수 없었다고 본다.[39]

결합을 강조하는 견해는 농민전쟁의 아래로부터의 '혁명운동'과 개화파의 위로부터의 '시민적 개혁'의 결합에 의하여 근대사회로의 이행이 추진될 수 있었다고 본다. 농민군의 혁명운동과 집강소 개혁을 개화파 정권이 이어받아 시민적 개혁을 단행한 것이며, 농민전쟁의 실패에 따라 갑오개혁은 타율적인 개혁으로 남을 수밖에 없었다고 한다.[40]

---

38) 김양식, 『근대한국의 사회변동과 농민전쟁』, 신서원, 1996.

39) 이이화, 「폐정개혁과 갑오개혁의 연관성 규명」 『동학농민혁명과 사회변동』, 한울, 1993 ; 왕현종, 「갑오정권의 개혁정책과 농민군 대책」 『1894년 농민전쟁연구 4』, 1995.

40) 신용하, 「프랑스 혁명에 비추어 본 1894년 동학농민혁명운동」 『프랑스 혁명과 한국』, 일월서각, 1991 ; 신용하, 「갑오농민전쟁의 사회적 역사적 성격」 『동학과 갑오농민전쟁연구』, 일조각, 1993 ; 고석규, 「1894년 농민전쟁과 '반봉건 근대화'」 『동학농민혁명과 사회변동』, 1993.

결합과 대립의 단계적 양상은 집강소 개혁정치의 공식화가 농민군과 전라감사 김학진의 연합·동맹의 실현, 즉 농민군과 개화파 정권의 연합·동맹이며, 폐정개혁안과 갑오개혁안은 적지 않은 공통성을 지니고 있다고 보아 이 시기에 양자의 결합이 가능하였다고 본다. 그러나 청일전쟁에서 승리한 일본군이 농민군 진압에 나서고 개화파가 이를 지원할 수밖에 없게 되자 두 노선은 정면으로 대립하게 되었다는 것이다. 이리하여 지주적 근대화 노선과 농민적 근대화 노선 사이의 연합과 동맹은 좌절된 것으로 파악한다.41)

집강소시기 즉 갑오개혁의 군국기무처 개혁시기에 있어서 농민군의 개혁방향과 개화파의 개혁이 결합의 가능성을 지니는가의 여부에 대하여 상반된 인식이 나타나고 있고, 외세에 대한 인식의 차이에 따라 양자가 대립으로 귀결된 것에 대하여는 동일한 평가를 내린다.

그러면 농민전쟁의 반체제 근대화는 어떤 내용과 방향을 취하는가에 대하여 검토해 보자. 이에 대하여도 상반된 견해가 있다. 즉 반체제의 대안으로서의 근대화의 내용을 자본주의화의 길로 보는 견해와 그것을 비판하는 견해가 있다. 자본주의화의 길은 이미 성장한 부농층에 의한 혁명적인 근대화의 방향과 몰락한 빈농층에 의한 소상품생산자적 성장을 추구하는 방향으로 구분해 볼 수 있다.42) 전자는 농민전쟁이 농민적 토지소유의 지향, 아래로부터의 혁명적인 근대화의 길, 자본주의화의 길, 시민혁명의 과정으로서 의의를 지니는 것으로 보았다. 후자는 농민전쟁이 농민적 토지소유의 실현과 소상품생산자로서의 성장

---

41) 정창렬, 「갑오농민전쟁에서 농민군의 변혁사상」, 『한국학논집』 18, 한양대, 1991 ; 「갑오농민전쟁과 갑오개혁의 관계」, 『인문논총』 5, 아주대 인문과학연구소, 1994.

42) 김용섭, 『한국근현대농업사연구』, 지식산업사, 2000 ; 김용섭, 『한국근대농업사연구』 III, 지식산업사, 2001 ; 정창렬, 「한말 변혁운동의 정치·경제적 성격」, 『한국민족주의론』 1, 창작과 비평사, 1982 ; 박찬승, 「동학농민전쟁의 사회·경제적 지향」, 『한국민족주의론』 3, 1985.

을 도모하는 것, 봉건적 수취체제의 모순을 제거하고 소농민경제의 자립성을 획득하는 것, 농촌소상인에 대한 봉건지배층과 외국상인의 침해를 막고 상업자본의 축적을 도모하는 방향이라고 보았다.

자본주의의 길을 비판하는 견해는 전봉준의 사상이 충군 애민사상에 기초하고 있다고 본다. 봉건체제의 모순을 극복하려는 반봉건사상 안에 유교적 충군사상을 포함하고 있다는 것이다. 이런 점에서 전봉준은 반봉건주의, 반자본주의, 반침략주의를 동시에 품고 있는 비(반)자본주의적인 길로 향하여 유교적 유토피아를 추구하는 것으로 보는 것이다.[43] 비(반)자본주의적인 길은 사회발전의 하나의 길로서 제시된 것이지만, 1894년 농민전쟁을 유교적 이상국가를 재현·보존할 것을 목표로 삼아 유교적 의분심에서 분기한 보수적 의거였다고 하는 평가는[44] 농민전쟁의 퇴행성을 극단적으로 이해하는 견해이다.

자본주의화의 길이 객관적 타당성을 지니고 있음에도 불구하고 비(반)자본주의화의 길을 문제제기하는 이유는, 제국주의의 경제적 침략에 의하여 자주적 근대화(자본주의화)의 길이 봉쇄 또는 왜곡되었기 때문이다. 따라서 자주적 근대화의 길은 구체적인 사회경제적 내용을 담지하기에 앞서 자주성의 회복을 위한 투쟁에 돌입한 민중운동에서 추구되지 않을 수 없었던 것이다. 그러나 당시 농민의 입장으로서 표출된 반개화의 개념을 반자본주의화의 의미로 해석할 수는 없다고 생각된다. 개화의 의미가 위로부터의 반체제 근대화(자본주의화)와 그러한 근대를 보유한 제국주의 세력과의 결탁을 의미한다면, 농민들이 보여준 반개화의 의미는 '근대화(자본주의화)'에 대한 반대라기보다는 '위로부터의 길'에 반대하는 '아래로부터의' 반체제 근대화(자본주의화)의 의미와, 개화세력과 결탁한 제국주의세력에 반대하는 반제국주의 자주화의 의미를 포함한 것으로 이해되기 때문이다.

---

43) 趙景達, 「甲午農民戰爭指導者=全琫準の研究」『朝鮮史叢』 7, 1983.
44) 유영익, 『동학농민봉기와 갑오경장』, 일조각, 1998.

6) 농민전쟁의 세계사적 의의

농민전쟁의 객관적 조건으로서의 국제정세에 대한 이해, 농민전쟁이
아시아사 및 세계사에 남긴 영향과 의의에 대한 논의는 부족한 편이
다. 한국에서 일어난 특수한 역사적 사건인 1894년 농민전쟁의 보편적
역사로서의 위상을 확보하기 위해서는 이 문제에 대한 연구가 필요하
다.

개항기의 국제적 환경에 대한 논의는 일본인들에 의하여 일찍이 외
교사적 관점에서 전개되어 왔지만 국내의 논의는 상당히 늦게 이루어
진다.[45] 국내의 논의를 살펴보면, 대체로 1894년 농민전쟁이 일어난
시기에는 이미 세계체제의 모순이 한국을 중심으로 응집되어 나타나
고 있었고 청일전쟁도 그 모순의 폭발이라고 본다. 청일전쟁 이전까지
는 조선을 어떠한 국제적 질서로 지배할 것인가를 둘러싼 청일의 대
립, 그리고 조선을 둘러싸고 나타난 영국과 러시아의 대결을 통하여
세계체제가 조선에도 관철되고 있었는데, 청일전쟁에서 일본이 승리함
으로써 새로운 국제질서가 수립되었다는 것이다. 국내에서의 논의 중
비교적 활발한 부분은 청일전쟁을 전후하여 일본이 한반도를 군사적,
경제적으로 침략하여 조선을 일본의 보호국으로 만들려고 시도하였다
는 사실을 중심으로 한 연구들이다.

그러나 전반적으로 국제정세에 대한 논의는 아직 농민전쟁의 배경
으로서 언급되고 있는 경향이 강하다. 농민전쟁의 입장에서 농민전쟁
의 활동을 국제적 관점으로까지 확대하는 방향으로 논의되고 있는 것

45) 최문형외,『청일전쟁을 전후한 한국과 열강』, 정신문화연구원, 1984 ; 한국사
연구회편,『한국근대사회와 제국주의』, 삼지원, 1985 ; 한국사연구회편,『청일
전쟁과 한일관계』, 일조각, 1985 ; 역사학회편,『일본의 침략정책사연구』, 일
조각, 1985 ; 역사학회편,『露日戰爭전후 일본의 한국침략』, 일조각, 1986 ; 朴
宗根,『日淸戰爭と朝鮮』, 靑木書店, 1982/박영재역,『청일전쟁과 조선』, 일조
각, 1989 ; 한국역사연구회,『1894년 농민전쟁연구 3 - 농민전쟁의 정치・사상
적 배경』, 역사비평사, 1993.

은 아니다. 농민전쟁에서 제기된 민족문제가 제국주의적 침략정책과 맞물려 어떻게 이해되어야 할 것인지에 대한 검토가 부족하다. 농민전쟁에서 출발하여 제국주의 침략의 문제를 인식하고 이를 통해 농민전쟁의 세계사적 의의를 확인하는 방향으로 연구가 이루어져야 할 것이다.

농민전쟁의 세계사적 의의의 확인 및 그 이론화 작업은 한국사학계보다는 인접학문 분야에서 시도되고 있다. 정치외교학, 사회학, 경제학 등의 분야에서 추구되고 있고,[46] 비교사학의 분야는 초보적인 상태에 머물러 있다. 그러나 이를 통하여 농민전쟁의 이론화, 세계사적 보편성에 대한 문제제기가 이루어지고 있다.

프랑스혁명과 농민전쟁을 비교한 연구는 1989년 프랑스혁명 200주년을 기념하여 한국사의 입장에서 농민전쟁을 프랑스혁명의 성격에 비추어 평가하고 있다.[47] 대체로 농민전쟁과 프랑스혁명의 공통점과 차이점이 비교되는데, 프랑스혁명이 봉건주의에서 자본주의로의 전환으로서의 근대화를 지향하는 부르주아혁명이었음을 전제로 하여, 농민전쟁의 성격을 반봉건주의·반자본주의·반식민주의를 동시에 충족시키는 근대화운동으로 보거나,[48] 농민운동이 구체제를 혁명적으로 붕괴시키고 개화파의 갑오개혁이 신체제를 개혁적으로 수립한 것으로 보았다.[49]

---

46) 비교적 정치외교학 분야에서 활발한 편인데, 민족주의적 시각 또는 정치사상의 시각에서 농민전쟁 및 동학사상을 평가하고 있는 것이 주류이다. 金榮作, 『韓末ナショナリズムの硏究』, 東京大學出版會, 1975 ; 노태구, 「동학혁명과 태평천국혁명의 비교」『동학혁명의 연구』, 백산서당, 1982 ; 노태구, 「동학의 정치사상 - 세계사적 의의」『동학사상과 동학혁명』, 청아출판사, 1984 ; 신복룡, 『동학사상과 갑오농민혁명』, 평민사, 1985 ; 한국정치외교사학회, 『갑오동학농민혁명의 쟁점』, 집문당, 1994.

47) 미셸 보벨·민석홍 외, 『프랑스 혁명과 한국』, 일월서각, 1991.

48) 정창렬, 「동학농민전쟁과 프랑스 혁명의 한 비교」『프랑스 혁명과 한국』.

49) 신용하, 「프랑스 혁명에 비추어 본 1894년 동학농민혁명운동」『프랑스 혁명

농민전쟁의 비교사적 검토는 프랑스혁명과 한말 변혁운동의 배경으로서 구체제의 모순을 양국간에 분석한 초보적인 연구가 있는 정도이다.50) 그리고 농민전쟁의 세계사적 의의를 확인하기 위한 전제로서 중세말 동서양의 농민반란에 대하여 검토하는 시도와 동아시아사적 의미를 확인하는 작업이 진행되고 있다.51) 아직은 본격적인 비교사의 단계로 접어들지 못하고 상호 조명하는 수준에 있다.

1894년의 농민전쟁이 역사변혁 과정에서 지니는 이론적 보편성을 구명하는 일은 정치학, 경제학, 사회학을 비롯한 사회과학의 각 분야에 의해 시도되어야 할 것이다. 그러나 연구성과를 중심으로 볼 때 실증적 토대가 빈약한 경우가 적지 않은 점을 약점으로 지적할 수 있다. 따라서 이론적 작업은 한국사 분야에서 축적된 실증적 연구의 토대 위에서 진행되어야 할 것이고, 이론적 해석 못지 않게 연구자 자신이 직접 실증적 작업에도 몰두하여야 보다 독창적인 이론이 도출될 수 있을 것으로 생각된다. 반면 한국사 분야에서도 실증적 작업 못지않게 그 성과를 이론화·보편화하는 작업에도 관심을 보여야 할 것이다.

아시아사와 세계사에서 지니는 농민전쟁의 역사적 의의를 평가하기 위해서는 비교사학의 연구가 축적되어야 가능할 것이다. 비교사학의 시도가 초보적인 수준에 머물고 있기 때문에 농민전쟁의 세계사적 의의에 대한 평가는 세계사 특히 유럽사의 경험에서 도출된 이론의 범주 속에서 이루어지는 경향이 농후하다. 유럽사에서 도출된 이론에 따라 한국에서 구체적으로 전개된 농민전쟁의 역사를 평가하는 데 그칠 것

과 한국』.

50) 주섭일, 『프랑스혁명과 한말변혁운동 I』, 일월서각, 1987.

51) 『역사비평』 24호(1994년 봄)의 '중세말 농민반란의 세계사적 이해' ; 『사총』 43, 특집, 고려대, 1994 ; 윤승준, 「중세말 근대초 유럽농민봉기의 성격에 대한 예비적 검토」 『1894년 농민전쟁연구 5』, 1997 ; 김성찬, 「19세기 중국 농민반란의 성격 - 태평천국운동을 중심으로」 『1894년 농민전쟁연구 5』 ; 동학농민혁명기념사업회, 『동학농민혁명의 동아시아사적 의미』, 서경, 2002.

이 아니라, 유럽사의 연구현황, 유럽사에서 이론이 도출된 과정과 그 실증적 근거 등에 대한 연구의 축적이 요청된다. 이것은 한국사학계만이 아니라 서양사학계, 동양사학계, 그리고 인문사회과학 각 분야의 통합된 연구를 통하여 성취될 수 있을 것이다.

4. 광무민중운동

1894년 농민전쟁에 참가하였던 농민을 비롯한 민중세력은 그 이후에도 여러 가지 형태의 민중운동을 전개하였다. 이 시기의 민중운동은 농촌의 현실에 토대를 둔 농민운동, 농민층분화의 결과 개항장, 도시, 광산으로 빠져나온 초기 노동자계층의 운동, 그리고 동학당, 영학당, 활빈당에서와 같이 독자적인 생산적 토대를 갖추지 못하면서 조직화된 세력의 운동 등으로 계열화될 수 있다.

농민운동은 여전히 군현단위의 조세문제를 중심으로 하였다. 항쟁의 원인과 결과가 군현단위에서 완결되었다. 빈농층과 농업노동자층으로 퇴적되어 있던 몰락농민층이 농촌에서 빠져나가 농민세력이 크게 약화되었지만 그러면서도 조세문제를 중심으로 한 농민항쟁은 여전히 지속되었다. 이 시기의 농민항쟁은 농민전쟁이 실패한 후였기 때문에 그 규모나 조직은 약화되었지만 농민전쟁의 이념을 그대로 계승하고 있었고, 농민전쟁과 의병전쟁을 연결지우는 운동으로서 위치를 지니고 있었다.[52]

이 시기 토지문제를 중심으로 한 농민들의 저항운동은 광무양전지계사업에 대한 농민들의 불만이나 역토·둔토에서 전개된 항조투쟁에서 나타난다. 역토·둔토의 지주제경영이 강화되면서 작인농민의 항조

---

52) 김도형, 「대한제국의 개혁사업과 농민층동향」『한국사연구』41, 1983 ; 이영호, 『한국근대 지세제도와 농민운동』제3장 1절, 서울대출판부, 2001.

투쟁이 격렬하게 일어났으며 그 이면에는 소유권 다툼도 놓여 있었다.[53]

한편 이 시기 농민항쟁 가운데 1901년 제주농민항쟁은 몰락하는 농민층이 여전히 제주도 내에 퇴적되어 있고, 조세수취를 담당한 세력이 천주교와 결탁함으로써 제국주의의 침략이라는 민족모순이 중세체제의 모순과 일체화되어 있었기 때문에 다른 농민항쟁과는 다른 양상을 보여주었다. 특히 제주농민항쟁을 보는 시각의 첨예한 대립이 주목된다. 즉 교난(敎難)으로 보는 천주교 쪽의 시각과 민란으로 보는 농민군 쪽의 시각으로 구분될 수 있다.

교난의 시각은 전통적인 민속신앙을 고집하는 제주도민들의 반감에서 비롯된 천주교에 대한 증오를 바탕으로, 그들 천주교인들이 서울에서 파견된 봉세관과 결탁하여 조세수취를 독점함으로써 발생한 것이라고 본다. 사랑과 평화와 평등주의를 근본교리로 삼는 천주교회의 입장을 옹호한다.[54]

농민항쟁의 시각에서는 1898년 남학당(南學黨)이라는 종교집단이 주도한 방성칠란에서 시작하여 1901년 농민항쟁(이재수란)으로 발전한 것으로 본다. 제주농민항쟁은 항조항세투쟁, 반천주교(반외세) 저항운동, 민중운동의 성격을 지녔고, 관노였던 이재수의 서진(西陣)이 주도하면서도 향장인 오대현의 동진(東陣)과의 계급적인 갈등을 극복하지 못한 한계를 노정하였다고 본다. 제주농민항쟁은 1898년, 1901년 공히 항쟁의 최종단계에서 제주도의 독립구상이 모습을 드러내는 점이 특징이다.[55]

---

53) 조동걸, 「지계사업에 대한 정산의 農民抗擾」 『사학연구』 33, 1981 ; 박찬승, 「한말 역토·둔토에서의 지주경영의 강화와 항조」 『한국사론』 9, 1983 ; 김양식, 『근대권력과 토지 - 역둔토 조사에서 불하까지』, 해남, 2000 ; 배영순, 「한말 역둔토조사에 있어서의 소유권분쟁」 『한국사연구』 25, 1979.

54) 유홍렬, 『고종치하 서학수난의 연구』, 을유문화사, 1962 ; 김옥희, 『제주도 신축년 교난사』, 천주교 제주교구, 1980.

농민충분화의 결과 개항장, 도시, 광산, 철도건설 현장으로 빠져나온 초기 노동자계층은 아직 자본제하에 완전히 포섭된 노동자의 모습을 갖추지는 못했다. 한 작업장 내에서 동일한 노동조건 하에서 생산활동을 수행하고 있는 것이 아니었고, 노동자와 고용자 사이에 십장, 덕대 등 중세적 성격을 완전히 탈피하지 못한 중간관리자가 개재하고 있었던 것이다. 당시 이들을 고용하고 있던 자본은 대체로 제국주의의 자본이거나 이와 결탁한 매판적 성격의 자본이었기 때문에 이들 초기 노동자계층의 운동은 필연적으로 반제국주의적 성격을 띠지 않을 수 없었다. 전근대적인 노동조건의 개선을 위한 활동도 전개되었지만 반제국주의 활동에 보다 중점이 두어지고 있었다. 외국인 광산에서 전개된 광산노동자의 저항운동, 목포를 비롯한 개항장 부두노동자의 파업투쟁, 일본인 철도건설 현장에서 전개된 철도노동자의 반일운동 등이 그 대표적인 사례이다.56)

이 시기의 민중운동 가운데 가장 주목되는 것은 농촌에서 빠져 나왔으면서도 도시나 광산에서 생산활동의 영역을 확보하지 못하고, 1894년 농민전쟁의 영향을 받아 여전히 조직적인 운동을 전개하는 동학당, 영학당, 활빈당의 활동이다. 이들은 강한 반제국주의 반체제적인 입장을 지니고 있다. 농민전쟁 이후 을미의병에 가담하여 유생의병장들과

---

55) 조성윤, 「1898년 제주도 민란의 구조와 성격 - 남학당의 활동과 관련하여」 『한국사회사연구회논문집』 4, 1986 ; 김양식, 「1901년 제주민란의 재검토」 『제주도연구』 6, 1989 ; 강창일, 「1901년의 제주도민 항쟁에 대하여 - 한말 천주교회 성격과 관련하여」 『제주도사연구』 창간호, 1991.

56) 김도형, 「대한제국시기의 외래상품·자본의 침투와 농민층동향」 『학림』 6, 1984 ; 양상현, 「한말 부두노동자의 존재양태와 노동운동」 『한국사론』 14, 1986 ; 이배용, 「구한말 광업권 수호운동의 제양상」 『이화사학연구』 17·18합집, 1988 ; 이배용, 「광업권 수호운동」 『한민족독립운동사』 1, 국사편찬위원회, 1987 ; 정재정, 「한말 경부·경의철도부지의 수용과 연선주민의 저항운동」 『이원순교수화갑기념사학논총』, 교학사, 1986 ; 정재정, 「대한제국기 철도건설노동자의 동원과 연선주민의 저항운동」 『한국사연구』 73, 1991.

갈등을 겪으면서 반제국주의운동을 전개한 농민 등 민중세력은, 의병
해산 이후에도 다양한 민중조직에 가담하였다. 동학당, 영학당은 모두
1894년 농민전쟁에 참가하였던 농민들로 농민전쟁의 정신을 계승하여
반체제 반제국주의 투쟁을 전개한 민중조직이고,[57] 활빈당 역시 의적
의 성격을 띠면서 반체제운동을 전개한 민중조직이다.[58]

이와 같이 1894년 농민전쟁 이후에도 여전히 여러 가지 형태의 민중
운동이 활발하게 전개되었고, 이들 운동은 대체로 의병전쟁으로 수렴
되어 간다. 이 시기의 민중운동에 대한 해명은 농민전쟁과 의병전쟁을
잇는 한국근대민중운동사의 이해에 큰 도움이 될 것이다.

5. 맺음말

이상에서 19세기 중반부터 20세기 초에 이르는 한국근대의 민중운
동에 대한 연구성과를 정리해 보았다. 1894년 농민전쟁에 대하여는 그
100주년을 기념하여 양적으로 방대한 연구성과가 산출되었고, 많은 사
료의 발굴로 연구의 실증성에 큰 진전을 보았다. 전개과정에 대한 구
체적이고 실증적인 검토를 통하여 농민전쟁의 전체상을 복원할 수 있
게 되었다. 농민전쟁의 지역별 전개과정과 그 특징들도 확인되었다. 농
민전쟁의 진원지인 고부지방을 중심으로 한 사회경제적 배경에 대한
연구도 진전되고, 농민전쟁 지도부, 농민군 도소의 조직과 역할, 집강

---

57) 오세창, 「영학당연구」 『계촌민병하교수정년기념사학논총』, 1988 ; 이영호,
「갑오농민전쟁 이후 동학농민의 동향과 민족운동」 『역사와 현실』 3, 1990 ;
이영호, 「대한제국시기 英學黨운동의 성격」 『한국민족운동사연구』 5, 1991 ;
이영호, 「농민전쟁 이후 농민운동조직의 동향」 『1894년 농민전쟁 연구』 4,
1995.
58) 오세창, 「活貧黨考」 『사학연구』 21, 1969 ; 姜在彦, 「活貧黨鬪爭とその思想」
『近代朝鮮の變革思想』, 日本評論社, 1973 ; 박찬승, 「활빈당의 활동과 그 성
격」 『한국학보』 35, 1984.

소 개혁의 내용과 의미, 농민전쟁과 갑오개혁의 관계에 대해서도 다각
도로 검토되었다. 비교사적 시각에서 농민전쟁의 보편성과 특수성을
해명하려는 시도도 있고, 연구방법론의 개발을 촉구하는 문제제기도
없지 않다. ·

이와 같은 연구성과를 바탕으로 2004년 2월 9일에는 국회에서 '동학
농민혁명참여자등의명예회복에관한특별법'을 통과시켰고, 그 시행령에
의하여 유족의 등록이 진행되고 있다. 19세기 민중운동의 최고봉에 있
는 1894년 농민전쟁에 대한 역사적 평가를 넘어, 이제 국가적으로 명
예회복을 추진하고 위령탑 건립, 기념비 제막 등의 기념사업을 추진할
수 있는 단계에 이른 것이다.

그러나 동학과 농민전쟁을 이해하는 방식에는 여전히 합치되지 않
는 인식의 차이가 있다. 즉 농민전쟁과 동학의 관련성에 대한 인식의
차이에 따라 농민전쟁 전체의 해석 및 평가가 달라진다. 그래서 이 문
제에 대한 필자의 입장을 정리해 둘 필요가 있을 것이다.

농민전쟁과 동학의 관련성에 대하여 필자는 농민전쟁론의 입장에
서면서 그동안의 논의에 대하여 다음과 같은 문제를 제기하고자 한다.
첫째 그동안의 논의는 농민전쟁기 즉 1892년 교조신원운동이 시작되
면서 1895년 농민전쟁이 종결되기까지의 시기를 주대상으로 삼아 왔
다. 농민전쟁의 이념·주체·조직·지향 등의 문제와는 달리 농민전쟁
과 동학의 관계에 대한 논의는 농민전쟁기에 한정해서는 곤란하다. 동
학사상과 동학교단은 농민전쟁이 일어나기 훨씬 이전에 형성, 조직되
어 있었고, 농민전쟁을 거친 이후에도 지속되었기 때문이다. 또한 농민
전쟁에 참가한 농민들도 그 이전 여러 생업의 와중에서 저항운동에 관
련되어 있었고, 농민전쟁 이후에도 생존하지 않으면 안 되었을 뿐만
아니라 또한 여러 가지 사회운동에 연루되어 있었기 때문이다. 따라서
농민전쟁과 동학의 관계는 '농민전쟁 이전 시기', '농민전쟁기', '농민전
쟁 이후 시기'로 구분하여 검토하는 것이 타당하다. 적어도 19세기 이

래 특히 1860년대 이후 1919년 3·1운동 시기까지를 논의의 대상으로
삼고 농민전쟁과 동학의 관계를 논의할 필요가 있다고 본다.

둘째 19세기 중엽부터 20세기 초반까지를 놓고 볼 때 농민전쟁과 동
학의 관계는 '농민운동사(農民運動史)'의 흐름과 '동학운동사(東學運
動史)'의 흐름으로 설명할 수 있다. 종전에는 농민전쟁기에 분열이 가
시화되는 남접과 북접의 개념으로 설명되었는데, 농민전쟁 전후 시기
를 고려하면 '농민운동사', '동학운동사'의 개념으로 정리하는 것이 타
당하다고 생각된다. 농민운동사는 19세기 초 이래 지배질서의 이완, 사
회경제적 조건의 변화, 조세수탈의 강화 등을 배경으로 전개되었다. 그
과정에서 여러 가지 지도이념이 형성되었는데, 정감록이나 동학사상이
일정한 영향을 미치기도 하였지만 근본적으로는 체제적 민족적 모순
에서 비롯된 민중의식·근대의식이 농민운동의 지도이념으로 형성되
었다. 반면 동학운동사는 체제적 민족적 모순을 배경으로 하면서도 기
본적으로 종교적 차원에 머무는 것이었다. 동학이라는 종교사상은 일
반사회에 대하여 종교적 신비주의적 입장을 보이기도 하고 현실적 사
회변혁적 입장을 보이기도 하였다. 그것은 어떤 사람 또는 어떤 조건
에서는 종교적 신비주의적 활동으로, 또 다른 사람 다른 조건에서는
현실적 사회변혁적 활동으로 나타날 수 있는 것이었다. 동학사상의 용
어로서는 전자는 '무위이화(無爲而化)', 후자는 '보국안민(輔國安民)'이
라고 표현할 수 있다. 그와 같이 복합적 성격을 지니는 동학의 종교사
상과 그에 기초한 활동의 일부가 농민전쟁기에는 사회변혁적 활동으
로 부각되어졌던 것이다. 농민전쟁은 기본적으로 농민운동사의 주류에
속하는 것이고 남접세력의 보국안민적 사회변혁운동이 그 흐름을 타
고 있는 것이었다.

동학운동사를 주도한 북접교단의 노선이 1860년 창립 이후 교단조
직 및 교리체계의 확립과 강화 활동, 1892~1893년 교조신원과 포교공
인을 요구하는 운동, 1894년 제2차 농민전쟁 참여, 농민전쟁 이후 개화

와 친일의 방향에 선 계몽운동, 1919년 3·1운동에서의 독립청원운동, 1920년대 이후 자치운동의 노선을 취하였다면, 동학 남접의 농민들은 1871년 이필제란에서 보이는 병란(兵亂)적 체제부정 활동, 교조신원운동에서 지방관 수탈에 대한 저항과 정부전복계획의 추진, 1894년 반체제 반외세 농민전쟁의 전개, 농민전쟁 이후 동학당·영학당·활빈당을 통한 반외세 민족운동의 전개, 1900년대 후반 의병전쟁의 전개, 일제하에서 민족해방운동의 전개 등의 노선을 취하였다고 볼 수 있다. 농민전쟁기는 동학운동과 농민운동이 사회경제적 토대, 민족적 위기 하에서 상호 관련을 맺을 수 있는 조건이 형성된 시기이고, 그 이전과 이후에 있어서는 양자는 상호 다른 길을 걸어왔고 또 다른 길로 나뉘어졌던 것이다.

한국근대 민중운동에 대한 연구는 1894년 농민전쟁과 의병전쟁에 집중되어 왔다. 그러나 그것은 각각의 관점에서 분절적으로 연구된 경향이 강하다. 필자는 민중운동사의 관점에서 일관된 맥락을 파악하는 것이 필요하다고 생각한다. 그럴 경우 19세기 농민항쟁의 전통과 1894년 농민전쟁, 농민전쟁 이후의 광무민중운동, 그리고 의병전쟁으로 이어지는 민중운동의 맥락을 포착할 수 있다.

제2장 동학과 농민전쟁 연구의 원형
─ 김상기(金庠基)의 『동학과 동학란』을 중심으로 ─

1. 머리말

동학과 1894년 농민전쟁에 대한 연구가 농민전쟁 100주년을 기념하여 활발하게 전개되었다. 그 결과 많은 새로운 자료가 발굴되었고, 동학사상의 성격, 농민전쟁의 사회경제적 배경과 구체적인 전개과정, 주체와 이념, 집강소 개혁의 내용 등에 관한 새로운 사실들이 밝혀졌다. 그러나 동학과 농민전쟁의 관계, 농민전쟁과 갑오개혁의 관계 등의 쟁점에 대한 토론은 아직 계속되고 있고, 한국근대사와 동아시아 근대사, 나아가 세계근대사의 전개과정 속에서 농민전쟁이 지니는 역사적 의의 등에 대한 논의도 더 진전되어야 한다.

이러한 시점에서 1931년도에 집필되고 해방 후 몇 차례에 걸쳐 재판이 거듭된 동빈(東濱) 김상기(金庠基) 선생의 『동학과 동학란(東學과 東學亂)』에 대하여 서평을 시도하는 것은, 연구사의 처음으로 되돌아가 문제의 본질을 파악하는 데 도움을 얻을 수 있을 것으로 생각되기 때문이다. '동학과 동학란'에 대하여는 그 사건이 일어난 당시로부터 일제시기에 이르기까지 한국인의 주체적 입장에서 평가되지 못하였고, 근대적인 학문방법에 의하여 객관적인 조명을 받지도 못하였다. 김상기의 『동학과 동학란』은 그러한 상황을 극복하면서 연구를 질적으로 향상시키고 있기 때문에 연구상의 의의가 크다고 하겠다.

여기서는 김상기의 학문활동과 사관을 검토하여『동학과 동학란』에 스며 있을 그의 역사의식을 확인하고,『동학과 동학란』의 출간 경위와 문제의식을 살펴보고,『동학과 동학란』의 내용분석을 통하여 연구사상의 위치를 확인해 보기로 한다.『동학과 동학란』에 대하여는 오늘날의 연구성과에 비추어 평가할 수도 있지만 동시에, 집필된 1931년의 시점에서도 평가되지 않으면 안될 것으로 생각된다. 이 저작의 재검토를 통하여 동학과 농민전쟁의 관계, 남북접 문제 등에 관한 많은 시사를 얻을 수 있을 것으로 여겨진다.

2. 김상기의 학문활동과 사관

먼저 김상기(1901~1977) 선생의 학문활동과 관련한 간단한 약력을 살펴보기로 한다. 김상기는 전라북도 김제군 백산면에서 참서관(參書官) 김연익(金然翊)의 2남으로 태어났다. 유년기와 청년기에는 한문을 통하여 전통학문을 배웠다. 1926년 보성고등보통학교를 졸업한 뒤, 일본 와세다(早稻田) 제2고등학원을 거쳐 1928년 4월에는 와세다 대학 사학과에 진학하여 동양사를 전공하고 1931년 3월에 졸업하였다. 1931년 9월 중앙기독교청년회학교 교유(敎諭)를 지내고, 1933년 10월부터 1945년 9월까지 중앙고등보통학교 교유를 지냈다. 그리고 1939년 4월부터 1941년 3월까지 이화여자전문학교 강사를 겸임하기도 하였다. 해방 후에는 1945년 12월부터 경성대학 법문학부 교수, 1946년 10월부터 1962년 1월 정년퇴직 때까지 서울대학교 문리과대학 사학과 교수를 지냈다. 학술원 회원, 국사편찬위원회 위원을 역임하고, 진단학회(震檀學會, 1934년)를 비롯하여 서지학회(書誌學會, 1945년), 백산학회(白山學會, 1966년) 등의 창립에 참여하는 등 학회활동도 활발하게 전개하였

다.1)

김상기의 학문활동과 사관은 유년기 및 청년기의 한문수학, 와세다 대학 시절의 학창생활 등으로부터 영향을 받은 것으로 짐작된다.

그는 유년기에는 가정서숙(家庭書塾)에서 한문을 배웠고, 청년기에는 최보열(崔輔烈), 최병심(崔秉心) 선생의 문하에서 한문을 수학하였다.2) 그것이 "중국의 경서 뿐 아니라 전통사학에 대해서, 그리고 서지학, 더 나아가 청대의 고증학"에 이르기까지 해박한 지식을 갖추게 된, 그의 역사학의 기초를 형성하고 있었다.3) 그의 학문이 기본적으로 철저한 문헌고증에 의거하고 있음은 이러한 한문수학의 덕이었다.

와세다 대학에서의 학창생활도 그의 학문활동에 영향을 주었을 것으로 짐작된다. 그가 사학을 전공한 와세다 대학에는 당시 한국인 유학생들이 다수 진학하였다. 그 가운데 역사연구와 인연을 맺은 사람만 보더라도 민족주의사학 계열의 문일평(文一平, 1888년생)은 1911년에 이 대학에서 정치학을 전공하다가 1912년 중퇴하여 중국으로 가고, 안재홍(安在鴻, 1891년생)은 1911~1914년에 정경과를 졸업하고, 손진태(孫晉泰, 1900년생)는 1927년 사학과를 졸업하였다.4) 문헌고증사학 계

---

1) 「金庠基 선생 약력」, 『역사학보』 제17·18합집(東濱金庠基敎授華甲紀念史學論叢), 1962 ; 「東濱 金庠基博士 略歷」, 『백산학보』 제8호(東濱金庠基博士古稀紀念史學論叢), 1970 ; 「東濱 金庠基博士 略歷」, 『백산학보』 제22호, 1977 참조.

2) 김상기는 1914~1916년까지 3년 동안 전라북도 만경 출신의 최보열(1847~1922) 선생에게서 한문을 배우고, 1917년에는 전주로 가서 위정척사계열인 田愚의 문인 최병심(1874~1957) 선생에게서 한문을 배웠다. 그는 이들 두 선생을 은사로 인식하고 있었는데 이들로부터 한문, 그리고 유학에 대한 소양을 쌓을 수 있었다. 「동빈 김상기박사 약력」, 『백산학보』 제22호 ; 한국정신문화연구원, 『한국민족문화대백과사전』 제16권 「賁亭集」, 제22권 「崔秉心」 항목, 1981 참조.

3) 민두기, 「선비정신으로 일관한 동빈 김상기 선생님」, 『서울대학교동창회보』 제189호, 1993년 12월 1일.

4) 김용섭, 「우리나라 근대역사학의 발달 - 1930, 40년대의 민족사학」, 『문학과

열로는 이병도(李丙燾, 1896년생)가 1919년에 사학 및 사회학과를 졸업하였고, 이상백(李相佰, 1904년생)은 1927년 사회철학과를 졸업한 뒤 대학원에서 동양학과 사회학을 전공하였고, 이선근(李瑄根, 1905년생)은 1929년 사학과를 졸업하였다.[5]

이와 같이 김상기가 학업을 할 때에는 이미 민족주의사학 계열과 문헌고증사학 계열의 역사학자들이 와세다 대학을 마쳤거나 유학 중이었다. 손진태, 이상백, 이선근과는 거의 같은 시기에 학창생활을 보냈다. 학창시절의 이들은 아직 역사학의 사관이나 입장을 드러내고 있지는 않았을 것이고, 선배들의 경우에도 아직 민족주의사학이나 문헌고증사학의 입장을 분명히 하고 있지는 않았지만, 두 계열의 역사학의 분위기는 후배들에게 여러모로 영향을 미치고 있었을 것이다. 그리고 동학들과도 상호 영향을 주고받았을 것으로 짐작된다.

뿐만 아니라 와세다 대학 사학과의 학풍도 김상기의 학문적 자세를 확립하는 데 영향을 주었을 것이다. 당시 와세다 대학 사학과에서는 일본사 및 동양사에서 독자적인 학풍을 개척하고 있던 쓰다 소우키치(津田左右吉)의 영향이 컸다.[6] 쓰다는 1910년대 후반 와세다 대학의 교수로 재직하면서 일본고대사, 일본사상사, 중국사상사 분야에서 독

지성』 1971년 여름호 ; 한국정신문화연구원, 『한국민족문화대백과사전』 해당 인물 항목 참조.

5) 김용섭, 「우리나라 근대력사학의 발달 2 - 1930, 40년대의 실증주의사학」 『문학과 지성』 1972년 가을호.

6) 津田左右吉(1873~1961)은 1891년 와세다 대학의 전신인 동경전문대학을 졸업하고, 1907년부터 남만주철도주식회사 滿鮮地理歷史硏究室에서 시라토리 구라키치(白鳥庫吉)의 지도하에 만주와 조선의 역사 및 지리를 연구하였다. 白鳥는 리스(Ludwig Riess)를 통해 독일의 실증주의사학을 도입함으로써 일본 근대역사학을 성립시킨 인물인데, 津田은 그의 지도를 받으면서 한국사와 만주사에 관한 다수의 논문을 집필하고, 사료비판, 고전비판의 방법을 습득하였다. 이때 그의 한국사 연구는 '滿鮮史'의 방향을 취하고 있는데 식민사관의 성립과 관련하여 주목하여야 할 점이다. 旗田巍(李基東譯), 『일본인의 한국관』 제4장 「津田左右吉의 한국사연구」, 일조각, 1983 참조.

자적인 영역을 구축하였다. 사료의 철저한 비판과 연구를 강조하고 서구이론을 적용하거나 역사를 합리적, 논리적으로 파악하는 것을 반대하였다. 또한 역사는 발전하고 발전은 변화를 의미하지만 발전의 기본법칙을 설정하는 데에는 반대하고, 각 민족의 개성과 특수한 발전을 확인하는 것을 역사학의 역할이라고 보았다. 따라서 쓰다의 역사학은 근대적 실증방법을 확립하는 데 기여하였지만 역사의 법칙적 발전이나 여러 사회과학의 방법을 역사에 원용하는 데에는 이해가 부족하였다고 평가되고 있다.[7]

이상에서 볼 때 김상기의 학문적 자세는 유년기 및 청년기의 한문수학, 와세다 대학 출신의 민족주의 사학자와 문헌고증 사학자의 활동과 전통, 와세다 대학 쓰다의 역사학 등과 관련되었을 것이다. 이렇게 하여 형성된 김상기의 학문적 자세는 전반적으로는 문헌고증적인 것이었지만 한편으로는 민족주체적인 입장을 보이기도 하였다.

먼저 문헌고증적인 측면을 살펴본다. 그의 철저한 사료비판과 문헌고증적인 태도는 한문에 대한 소양과 함께, 문헌고증 사학자들과의 교유 및 쓰다의 학문태도에서 영향을 받았을 것으로 짐작된다. 그보다 10년 이상 앞서 와세다 대학에서 사학을 전공하였던 이병도가 쓰다의 영향을 크게 받았음을 인정하고 있는데,[8] 이병도는 해방 후 김상기와 함께 서울대학교 사학과 교수로 재직하던 시절을 다음과 같이 회고하고 있다.

　　그때 서울대학에 사학과가 생기고 거기 교수의 한 사람으로 취직이

---

7) 門脇禎二, 「津田左右吉」『日本の歷史家』(永原慶二・鹿野政直編著), 日本評論社, 1976. 그리고 上田正昭, 「津田史學の本質と課題」『日本歷史講座 8-日本史學史』(歷史學研究會・日本史研究會編), 東京大學出版會 ; 柴田三千雄, 「日本近代史學の再檢討」『岩波講座 世界歷史』30, 岩波書店, 1969 참조.

8) 진단학회편, 『역사가의 遺香』, 일조각, 1991, 222, 253, 265, 280쪽 참조.

되었습니다만, 그때 작고한 동빈 김상기씨하고 늘 형제와 같이 지내
온 터이었지요. 그때 일제시대의 연구방식이 요즈음 말로 하면 실증
사학이라고 할 수가 있는데, 그 방면으로 학생들을 가르쳐야겠다고
하여 그렇게 했습니다. 지금으로 보면 그 연구방식이 우습지만 말입
니다. 그때 사실을 솔직이 말하면 일본사람들의 실증사학의 영향을
많이 받았지만, 우선 그 식으로 할 도리밖에 없지요. 제법 독일의 랑
케 같은 사람들의 저서를 보아서 그 영향을 제대로 받았다고는 하지
못할 거예요. 솔직이 이야기하면.9)

　김상기와 이병도는 상호간 영향을 주고 받으면서 함께 문헌고증사
학의 방향에서 강의와 연구를 주도하고 있었는데, '일본사람들의 실증
사학'의 영향을 받았다는 것이다. 김상기와 이병도는 일본인의 실증사
학 가운데 쓰다의 영향을 받고 있었던 것이다.
　김상기는 또한 진단학회, 서지학회, 백산학회 등의 창립에 관여하고
활발하게 활동도 하였는데, 그것이 그의 문헌고증적인 학풍 및 대륙과
의 관계사를 연구한 학문활동과도 일치하고 있다.
　김상기의 학문이 기본적으로 문헌고증적인 방향을 취하고 있지만,
그의 학문은 거기서 그치지 않고 민족주체적인 입장도 보이고 있었다.
이 글에서 서평하려는『동학과 동학란』과 같이 진보적인 주제를 다루
는 것에서나, 한중관계사에 관한 연구들에서 한국의 주체적인 입장을
강조하고 있음을 볼 수 있다. 그것은 식민지 하에서 잃어버린 나라의
역사를 연구하는 자가 지닐 수밖에 없는 학문적인 자세라고 볼 수도
있지만, 다른 한편 와세다 대학 출신의 민족주의 사학자들의 활동에
의하여 영향을 받았을 것으로 추측해 볼 수도 있다.10)

---

9) 진단학회편,『역사가의 유향』, 303쪽.
10) 김상기가 전주에서 최병심으로부터 한문을 배우던 1917년 당시, 최병심은 일
　제의 蠶業所 설치를 위한 토지매수를 거부하는 단식투쟁을 통해 일제와 대
　결하고 있었는데, 이러한 사건을 통해 김상기가 일제침략에 대한 저항의식을
　체험할 수도 있었을 것으로 보인다.『한국민족문화대백과사전』제22권「최병

그가 1974년에 『동방사논총』을 출간하면서 붙인 서문에서 그의 학문의 민족주체적 측면을 확인할 수 있다.

저 일제시대에 있어 사이비한 일본의 어용학자들은 고의적으로 우리나라의 역사적 사실을 왜곡·가식하기에 급급하였던 바 특히 우리의 대외관계사에 있어 더욱 그러하였다. 이에 대하여 나는 내 나름대로의 학문적 입장에서 古來로 우리나라의 대외교섭과 문물교류에 있어 우리 본연의 주체성을 천명하려 한 것이 該 분야의 연구에 하나의 주안점이 되기도 한 것이다.11)

문헌고증적인 학문태도를 지닌 그로서는 매우 이례적으로 식민주의 사학을 비판하고 주체성을 강조하고 있다. 더욱이 그것이 압도적으로 영향을 받은 것으로 평가되고 있던 중국과의 대외교섭 및 문물교류 연구 상에서 나타나고 있음을 주목해야 할 것이다. 그의 연구가 만선사(滿鮮史)적 방향을 취하고 있던 초기의 쓰다의 연구주제와 유사성을 보이면서도 오히려 그것을 비판하여 주체적인 입장에서의 대외문화교류사의 방향을 취하고 있었던 것이다. 문화교류사를 보는 그의 주체적인 관점은 조공을 무역으로 파악한 시각에서 대표적으로 잘 드러난다.12)

이상에서 볼 때 김상기의 사관은 문헌고증적이면서 동시에 주체적인 입장을 보이고 있다고 할 수 있다. 따라서 그의 학문에 대하여 "화려한 사관이나 이론을 논하는 대신 비문헌자료를 포함한 연구자료의 광범위한 섭렵 위에서 오로지 실증적인 연구논문을 통하여 현재적 삶의 관심에서 촉발된 문제의식을 표출"하였고, "각 나라와 민족의 주체적 능동성을 본연의 모습대로 확인"하려는 입장이라고 평가되기도 하

심」 항목 참조.
11) 김상기, 『東方史論叢』 서문, 서울대학교출판부, 1974.
12) 김상기, 『東方文化交流史論攷』, 을유문화사, 1948.

였고,13) 또는 "그는 사료비판적이고 합리적인 고증사학의 방법을 일본의 관학아카데미즘에서 배웠지만, 그 방법으로서 연구한 바 성과는 그들의 식민사학의 체계를 거부하는 것이었다"라고 평가되기도 하였다.14)

김상기의 연구업적을 살펴보면 한국고대사, 고려사, 중국사, 한국사와 중국사와의 관계 등에 대한 것이 많이 있다. 저서로는『동학과 동학란』(1947),『동방문화교류사논고』(1948),『고려시대사』(1961),『동방사논총』(1974)이 있고, 개설서로서『중국고대사강요』(1948),『동양사기요』(1951), 시대사의 통사로서『고려시대사』(1961) 등이 있다. 그의 연구분야는 주로 대외문화교류사에 모아져 있고, 이 글에서 서평하고자 하는『동학과 동학란』은 그의 연구 상에서는 대단히 예외적인 저작이다. 그러나『동학과 동학란』은 초창기 출판된 이후에도 몇 차례 재간행되고 있고 이를 수정하고자 한 의지를 보이고 있었던 점으로 미루어 보면 그가 계속 애착을 가진 저작으로 보인다.

3.『동학과 동학란』의 문제의식과 내용분석

1)『동학과 동학란』의 문제의식

『동학과 동학란』에 담겨 있는 김상기의 문제의식을 살펴보기 위해서 이 주제를 선택하여 연구하게 된 동기, 당시의 연구수준에 대한 이해, 자료이용 실태를 검토해 보기로 한다.

『동학과 동학란』은 1931년 8월 21일부터 10월 9일까지 36회에 걸쳐『동아일보』에 연재되었다. 그가 와세다 대학 사학과에 다니던 1929~

---

13) 이성규, 「김상기」『한국의 역사가』, 창작과 비평사, 1994.
14) 김용섭, 「우리나라 근대력사학의 발달 2 - 1930, 40년대의 실증주의사학」『문학과 지성』1972년 가을호.

1930년에 착안하여 "자료수집이 극히 제약된 환경 속에서 힘을 기울여 자못 장편의 초고를 엮었으며",[15] 1931년 3월에 와세다 대학을 졸업하면서 졸업논문으로 제출하고,[16] 귀국한 뒤 이를 간추려『동아일보』에『동학과 동학란』이란 제목으로 연재한 것이다. 당시 선배들의 간절한 권유와 연구의 발전을 위하여 연재하게 되었다고 한다.[17]

『동학과 동학란』을 신문에 연재하기 시작한 당시, 그는 1931년 9월 중앙기독교청년회학교 교유를 지내기 시작하였고, 1933년 10월 중앙고등보통학교 교유를 지내기 전의 단계에 있었다. 중앙기독교청년회나 중앙고등보통학교는 모두 일제 하에서 지식계몽운동에 앞장서던 기관으로서 온건한 민족의식을 배양하고 있었다. 그러한 기관에서 그는 활동하고 있었던 것이고 이 시기 그의 의식의 일단을 이로써도 확인할 수 있을 것이다.

그리고 가정사적으로는 1930년 4월 상처한 뒤, 1932년 9월 3·1운동 민족대표 33인 중의 1인인 정춘수(鄭春洙)[18] 선생의 장녀와 재혼하는 그 중간의 시점에서『동학과 동학란』을 동아일보에 연재하였다.『동학과 동학란』의 전망은 동학의 후신인 천도교를 중심으로 한 3·1운동으로 향하고 있는데, 김상기의 그러한 의식은 가정사적으로도 반영되고 있었던 것이다.

무엇보다도『동학과 동학란』을 주제로 잡게 된 동기는 그의 고향이 전북 김제로서 '동학란'의 주무대였기 때문이었을 것이다.[19] '동학란'의

---

15) 김상기,『東學과 東學亂』서문, 한국일보사, 1975.
16) 김상기,『동방사논총』(개정판), '개정판을 내면서'(민두기), 서울대학교출판부, 1984.
17)「동학과 동학란」(1), 머리말,『동아일보』1931년 8월 21일.
18) 정춘수(1875~1951)는 감리교목사로서 3·1운동의 독립선언서에 서명하여 1년 6개월의 징역을 살았고, 1938년에는 興業俱樂部事件에 연루되어 옥고를 치렀지만, 이때 전향한 이후 일제말기 기독교의 친일화에 앞장서게 된 인물이다. 김승태,「정춘수」『친일과 99인』3, 돌베개, 1993.
19) 이성규는 "40년도 채 지나지 않아 그 관계자료도 거의 정리되지 못하였을 뿐

경험과 전통이 일제하에서도 그 지역사회의 밑바닥에 흐르고 있었던 분위기를 감지하였을 것이다.[20] 그가 졸업논문을 구상한 것은 1929~1930년이고 상처한 것은 1930년 4월인데, 이즈음 향리의 방문을 통하여 향리의 분위기를 새로운 학문적 자세와 과제탐구의 의욕을 가지고 확인해 볼 수 있었을 것으로 짐작된다. '동학란'에 참가하였던 후손이나 주변 인물의 증언을 활용하고 있는 점에서도 지역적 분위기를 학문적으로 객관화해 보려는 의지를 읽을 수 있다. 어찌되었든 그의 향리가『동학과 동학란』을 집필하게 된 배경이 되었던 것은 틀림없다. 그리고 이것이 그의 초창기 역사의식에 있어서 문헌고증적인 학문태도와 함께 빼놓을 수 없는 민족의식 또는 주체적인 역사의식을 형성하는 계기가 된 것으로 보인다.

김상기의『동학과 동학란』은 당시의 연구수준에 대한 평가를 결여하고 있다. 그러나『동학과 동학란』을 동아일보에 연재하면서 황의돈(黃義敦), 이돈화(李敦化)의 지도를 받았다고 밝히고 있고,[21] 또한 박은식(朴殷植)과 장도빈(張道斌)의 저작, 일본인 다보하시 기요시(田保橋潔)의 저작을 인용하고 있기 때문에, 이들의 연구를 통하여 당시 동학 및 동학란에 대한 학계의 이해 수준과 김상기의 문제의식을 살펴볼 수 있을 것이다.

국사학자인 황의돈은 1894년의 농민전쟁을 '갑오의 혁신운동'으로 평가한다. 그는 이전의 민중적 요구가 통일적 기관과 지도적 인물이 없어서 실패를 거듭하였는데, 1894년에는 통일적 기관으로서 동학당이

아니라 자신의 향리(전북 김제)도 그 역사적 현장의 일부였고 거기에 참여하였던 많은 사람들이 생존한 '현재'의 문제를 과감하게 역사학 연구의 대상으로 접근하였다"고 지적하였다(이성규, 앞의 글).

20) 향리의 전통을 학문적으로 승화시키려는 의지는 김제 출생인 海鶴 李沂의 생애와 사상, 저작을 소개하고 있는 데서도 깊이 내재하고 있음을 확인할 수 있다. 이기는 김상기의 스승 최보열과 교류가 깊었던 인물이었다. 김상기, 「李海鶴의 생애와 사상에 대하여」『아세아학보』제1집, 1965.

21) 「동학과 동학란」(1), 머리말,『동아일보』1931년 8월 21일.

존재하고 지도적 인물로서 전봉준이 출현하여 민중적 자유와 사회적 평등을 요구하는 혁신운동이 전개될 수 있었다고 하였다. 그리고 갑오의 혁신운동은 실패하고 말았지만, 그 결과 평등과 인권이 존중되고 일청전쟁을 통하여 신문화가 형성될 수 있게 되었다고 하였다.[22] 김상기는 황의돈의 글을 직접 인용하기도 하였는데, 그의 연구를 통하여 동학 및 동학란에 대한 연구의 기본적인 구성체제, 동학의 기구와 전봉준의 지도력, 민중운동으로서의 의미 등에 관하여 많은 시사를 받았을 것이다. 그러나 황의돈의 글은 전혀 논거가 없는 감성적인 교설이기 때문에 근대적인 학문의 태도로서는 수용하기 어려운 측면이 적지 않다. 김상기의 연구가 문헌고증적인 근거를 확인하는 것을 중시한 것은 그에 대한 반성이었을 것이다.

이돈화는 천도교 교리체계의 확립에 노력한 인물로서 동학에 관한 교리적, 교단사적 정리에 관심을 가지고 있었다. 김상기는 이돈화의 이러한 정리를 동학사상이나 동학교도의 활동을 확인하는 데 활용하고 있다.[23] 이돈화의 동학운동에 대한 시각은 갑오동학혁명(1894), 갑진혁신운동(1904), 기미민족운동(1919)으로 이어지는 '동학운동사'로 파악하는 것이었다.[24] 김상기는 이돈화의 이러한 시각을 직접 인용하고 있지는 않지만, 동학운동이 3·1운동을 향하여 나아갈 것을 전망하는 김

---

22) 황의돈, 「民衆的 叫號의 第一聲인 甲午의 革新運動」『開闢』 1922년 4·5월호/『동학농민전쟁연구자료집』(1), 여강출판사, 1991에 재수록. 이 글의 체제는 "서론, 갑오 이전의 사회상태, 갑오혁신운동의 주체인 동학의 기원과 유래, 전봉준의 출세, 혁신운동의 폭발과 그의 진행, 공주전과 그의 실패, 영향과 결론"의 순서로 구성되어 있다.

23) 김상기는 이돈화의『水雲心法講義』를 인용하여 동학사상을 정리하는 데 참고하고 있다. 또한『天道敎書』를 자주 인용하여 동학교도들의 신원운동이나 동학란에의 참여과정을 서술하고 있는데, 이 책은 1920년 천도교교리임시강습소에서 편찬한 것으로서 그 편찬에 이돈화도 관여하고 있고, 1933년 이돈화의『천도교창건사』간행에도 영향을 주는 저술이다.

24) 이돈화, 「동학의 사적 고찰」『신인간』 1926년 7·8월호/『동학농민전쟁연구자료집』(1)에 재수록.

상기의 연구에 영향을 주었을 것이다. 그러나 이돈화의 시각은 동학란을 동학교단의 관점에서만 파악하는 한계를 보여주고 있다.

김상기의 연구에 인용되어 있는 장도빈의 저서를 살펴보면, 그는 '갑오동학란'에 대하여 "조선말세의 대세와 동학당의 유래, 전봉준의 기병과 동학란의 발발, 일청전쟁의 풍운과 동학당의 실패, 전봉준의 죽음과 조선 최후의 운명" 순서로 그 전말을 자세히 기술하고 있다.25) 특히 청일전쟁을 중요하게 거론하고 동학란의 결과 청일전쟁과 갑오·을미개혁이 초래된 점을 지적하고 있다. 또한 동학란의 실패 원인을 거론하고 있는데 김상기의 연구에서도 중요한 논점이 되고 있다. 장도빈의 연구도 실증적인 근거는 결여되어 있지만, 김상기의 연구구성 체제를 형성하는데 중요하게 참고되었을 것으로 보인다.

박은식의 저작은 갑오동학란의 발발 원인이나 전개과정을 봉건적 모순의 측면에서 다루고 있는데,26) 김상기의 연구에서는 연구서로서보다는 실증적 근거로서 활용되는 측면이 강하다.

일본인의 연구로서 김상기의 연구를 통하여 소개되고 있는 다보하시 기요시(田保橋潔)의 저작은 동학란에 대한 최초의 실증적 업적인데,27) 동학란을 농민들의 주체적인 역량의 측면에서 파악하지 않고 정치사, 외교사의 관점에서 파악하고 있는 점이 특징이다. 김상기는 당시 가장 최근에 나온 뛰어난 업적일 뿐 아니라 경성제대 교수로서 학문적 대결자로 인식되었던 다보하시의 이 연구를 크게 의식하였을 것으로 보이는데, 이 저서에서 활용된 원자료를 이용한다든지 이 저서를 실증적인 근거로서 활용한다든지 하는 태도를 취하고 있다.

이상에서 볼 때 김상기의 연구는 황의돈, 이돈화, 장도빈의 연구성과를 토대로 근대적인 학문태도와 방법론을 통하여 연구의 단계를 사회

25) 장도빈, 『甲午東學亂과 全琫準』, 덕흥서림, 1926/『동학농민전쟁연구자료집』(1)에 재수록.
26) 박은식, 『韓國痛史』, 1915/『박은식전서』, 단국대출판부, 1975에 재수록.
27) 田保橋潔, 『近代日支鮮關係の研究』, 原書房, 1930.

운동사, 계몽사의 차원에서 학문적, 객관적인 차원으로 끌어올린 것이라고 할 수 있다. 또한 일본인 학자의 일본제국주의의 외교사, 침략사적 관점을 비판적으로 인식하면서 사회변혁운동의 관점에서 문제를 제기하고 있는 것은 연구사적 진전이라고 보아야 할 것이다. 그러나 기존의 연구가 연구사적으로 평가되고 거기서 제기된 문제가 논증되는 것이 아니라 오히려 연구서들이 자료로서 이용되는 경향이 강하다. 그것은 연구사의 체계가 잡혀져 있지 않은 것을 보여주는 것이다.

　김상기의 연구는 '동학란'이 일어난 지 40년도 되지 않은 현대사의 시점에서, 더구나 한국인으로서는 자료수집이 원활하지 못한 상황에서 광범한 자료수집을 통하여 연구의 수준을 한 단계 높여 놓았다.[28] 김상기가 활용한 자료는 이미 지적한 연구서, 배경에 관한 일반자료, 동학관계 자료, 동학란관계 자료 등으로 구분할 수 있다.

　당시 연대기에 접근하기 어려운 형편이었기 때문에 사회상황을 파악하기 위하여 잡다한 2차 사료들을 사용하고 있는데, 이것은 동학란의 배경을 구체적으로 파악하는 데에는 한계가 있었음을 의미한다. 동학관계 자료는 이돈화의 도움으로 『동경대전(東經大全)』, 『천도교서(天道敎書)』, 『시천교역사(侍天敎歷史)』 등 현재에도 동학연구에 중요하게 활용되는 문헌들을 깊이있게 검토하고 있다. 동학란관계 자료로서는 당시 아직 관군측의 자료조차 발굴되어 있지 않아 동학교단측 자료와 일본측 자료를 활용하고 있는데, 특히 주목되는 것은 농민전쟁에 참여한 인물의 후손이나 전라도 지역 향로(鄕老)의 증언을 청취하여 활용하고 있다는 점이다. 전봉준의 처숙(妻叔)으로서 농민군의 핵심구성원이었던 송헌옥(宋憲玉)의 손자 송용호(宋龍浩)의 목격담을 청취하여 전봉준의 행동이나 집강소 활동을 확인한다든지, 고부 향로의 증

---

28) 김상기는 자료수집에 많은 관심을 쏟아 黃錫周의 지원을 받고 있다(「동학과 동학란」(1), 머리말, 『동아일보』 1931년 8월 21일). 실증적인 근거가 결여된 연구상황을 극복하려는 의지가 강하였음을 알 수 있다.

언을 통하여 농민군의 활동이나 동학의 조직체계를 확인하고 있다.

동학과 동학란에 대하여 당시 국내의 연구가 비실증적인 상황에서, 정치사적, 외교사적 관점에서 쓰여진 일본인 다보하시(田保)의 실증적인 저작에 대항할 수 있는 수준으로 실증적인 연구를 수행하고 있지만, 오늘날의 사실해명 수준과 비교하면 큰 격차가 있는 것은 말할 필요도 없다.

이상에서『동학과 동학란』의 문제의식을 향리에서 얻어진 주체적인 역사의식, 비실증적인 연구수준을 극복하려는 의지, 일본인 학자의 제국주의적 시각에 대한 비판의식 등에서부터 복합적으로 형성된 것이었다고 볼 수 있을 것이다.

  2)『동학과 동학란』의 내용분석

『동학과 동학란』이 책으로 출판된 것은 1947년 대성출판사에서였다. 그리고 그것이 1974년 간행된『동방사논총』에 부록으로 다시 전재되었고, 1975년에는 한국일보사에서 대중용으로 재간행하였고, 1984년 『동방사논총』개정판에서는 초판을 부분적으로 교정하여 출간하였다. 부분적 수정이 있었음에도 불구하고 동아일보에 연재되었을 때부터 여러 번의 재간행 과정에서 그 체재와 내용에 거의 변함이 없었다.29)

김상기의『동학과 동학란』은 동학의 발생, 동학란의 발생과정, 동학란의 전개과정과 실패 원인 등을 다루고 있는데,『동학과 동학란』의 구성체제와는 관계없이 오늘날까지 연구 상에 지대한 관심이 되고 있는 동학란의 명칭과 성격문제, 동학과 동학란의 관계, 남북접의 갈등, 동학란의 주체·조직·지향과 역사적 의의 등의 문제를 추출하여 논

---

29) 이 글에서는 1931년『동아일보』에 연재된 부분, 1975년 한국일보사에서 대중용으로 간행한 책, 그리고 최후적으로 정리된 1984년『동방사논총』(개정판)에 수록된『동학과 동학란』의 내용을 비교하면서 검토하고, 인용문은 1984년본을 사용한다.

의해 볼 수 있을 것이다.

(1) '동학란'의 명칭과 성격

김상기는 '동학란'이라는 명칭을 사용하면서도 내용적으로는 전혀 다른 해석을 내리고 있다. 김상기가 '동학란'이라는 명칭을 사용하여 『동아일보』에 연재한 것은 일제하라는 상황을 고려한 것이었다. 일제 및 일본인 학자들은 갑오농민전쟁을 동학당의 변란으로 인식하고 있었고 그러한 '난(亂)'의 개념을 한국인 학자들도 관용적으로 수용하고 있었다. 그가 동아일보의 연재 마지막 '꼬릿말'에서 동학란에 대하여 "본문에서는 갑오동학당운동을 편의상 관용어인 동학란으로 썼슴"이라고[30] 밝히고 있는 데서도 그가 원래는 '갑오동학당운동' 등으로 평가하고자 하는 의지를 지니고 있었음을 알 수 있다. 그러나 해방 후 여러 번의 개정 과정에서도, 내용적으로는 명칭 및 용어에 대한 수정을 시도하고 있음에도 불구하고 제목으로서 '동학란'이라는 명칭은 그대로 두었는데 그의 문헌고증적인 태도의 발로라고 생각된다.[31]

김상기는 형식적으로는 '동학란'의 용어를 고집하면서도 내용적으로는 상당히 다양한 용어를 혼용하고 있다. 즉 일제하에서는 '갑오동학당운동' 정도로 속뜻을 내비쳤는데, 해방 후에는 '갑오동학운동',[32] '갑오혁명운동'[33] 등의 용어를 내용적으로 혼용하고 있다. 전봉준이 격문을

---

30) 『동아일보』 1931년 10월 9일.

31) 사실 '동학란'이라는 용어는 해방 후에도 계속 사용되었는데 그것은 반드시 갑오농민전쟁에 대한 인식의 저급함을 나타내는 것은 아니었다. 예를 들면 박헌영, 「동학농민란과 그 교훈」(1947년 4월 22일) 『박헌영 노선비판』(김남식·심지연 편저), 세계, 1986 ; 전석담, 「이조봉건사회의 총결로서의 동학농민란」 『조선경제사』, 박문출판사, 1949 ; 김용섭, 「동학란연구론」 『역사교육』 3, 1958 ; 한우근, 『동학란 기인에 관한 연구』, 서울대 한국문화연구소, 1971 ; 정창렬, 「동학과 동학란」 『한국학연구입문』, 지식산업사, 1981 등에서도 '동학란'의 용어는 계속 사용되고 있다.

32) 김상기, 「갑오동학운동의 역사적 의의」 『한국사상』 1·2집, 1959.

날린 것을 "부패한 잔해를 지키고 있는 양반계급의 정부에 선전을 포
고한 것"으로 설명하거나, 동학군의 북상(北上)을 "북으로 서울에 올
라가 군측(君側)의 간신을 소탕하고 신정부(新政府)를 건설하자는 것
으로 말하자면 북벌(北伐)의 의미로 쓴 것"이라는 지적(제4장 제2절)
을 고려하면, '동학란'의 의미는 실증적인 차원에서 그리고 저자가 밝
히고 있듯이 관용어로서 수용한 측면이 강하고, 실제의 의미는 '민중운
동', '전쟁', '혁명' 등으로 해석하고 있는 것으로 보아야 할 것이다. '동
학란'은 "동학교문의 종교적 운동이었던 것보다 일대 민중운동이었으
며 사회혁신운동"으로 보고 있는 것이다(제3장). 이러한 평가에 입각해
서 본다면 그의 '동학란'이라는 명칭은 사실상 '갑오동학민중운동'의 의
미를 지니는 것이다.34) 이 점은 동학과 동학란의 관계에 대한 그의 관
점을 통하여도 확인될 것이다.

(2) 동학과 동학란의 관계

이 책에서 주로 다루는 주제는 동학과 동학란(농민전쟁)의 관계 문
제이다. 전체적인 목차에서 볼 때 전반부는 '동학', 후반부는 '동학란'이
주제가 되고 따라서 제목도 『동학과 동학란』이 되었다고 볼 수 있다.
그런데 문제로 삼고 싶은 것은 동학과 동학란의 관련이 목차상의 병렬
적인 차원을 벗어나 어떠한 내면적 관련성을 지니고 있는가 하는 점이
다. 이와 관련하여 기존의 대부분의 연구사는 동학과 동학란의 관계에
관한 김상기의 관점을 '동학운동론'적으로 파악하고 있다. 즉 동학의
사상, 조직, 구성원 등 동학의 일체가 농민전쟁을 이끌었다고 보는 견
해의 대표적인 인물로서 김상기의 입장을 들고 있다.35)

33) 김상기, 『동학과 동학란』 서문, 한국일보사, 1975.
34) 김상기는 "동학란은 조선민중운동의 최초 최대의 것"(제4장)이라고 평가하고
    있다.
35) 정창렬, 「동학과 동학란」 『한국학연구입문』, 지식산업사, 1981 ; 한우근, 「동
    학과 동학란」 『한국학입문』, 학술원, 1983 ; 이영호, 「한국근대 민중운동연구

그의 입장을 동학운동론적 시각으로 파악하게 된 것은 그가 인심천심설(人心天心說 또는 人乃天, 事人如事天의 논리)의 '인류평등' 이론을 불란서혁명에 미친 루소의 민약설(民約說)에 견주어 "갑오동학란의 지도정신에 엷지 않은 관계를 가짐에 이르렀을 것"이라고(제2장 제1절) 지적한 점에서 비롯된다. 그러나 그는 동학사상이 동학란의 지도정신과 관련을 가진다는 점을 인정하면서도, 동학의 지도정신은 동학사상 그 자체가 아니고 동학사상에 베어 있는 개혁정신, 평등사상을 의미하는 것이고(제2장 제3절), 운동 자체는 종교적 관념적이기보다 정치적 현실적임을 지적하고 있어서(머리말), 동학란의 지도정신을 동학사상에서 찾는 것에는 반대하는 입장을 취하고 있다.

그는 동학교문이 출현하고 그것이 이필(이필제)의 난, 계사신원운동을 거쳐 갑오동학란으로 발전하였다고 본다. 동학의 교문운동이 민중운동으로 전화되었다는 것이다. 심지어 종교적 교문운동으로부터 동학란을 분리시키기까지 한다. 이필의 난도 교조신원의 정신은 없고 민요(民擾)에 가까운 것으로 보고, 신원운동의 동기도 관헌토호의 탐학에 대한 방어가 주목적으로서 민요의 분맥(分脈)에 불과하다고 한다. 신원운동의 이면에 혁명 또는 내란의 암류가 흘러 그것이 전봉준의 제폭구민(除暴救民)사상과 상통한다는 것이다(제3장). 동학란은 민중적 교문, 유기적 조직, 개혁적 정신, 불평분자(혁명적 지도자)의 입교로 말미암아 발생하였다고 한다(제3장 제1절).

이러한 설명이 동학란을 동학교문의 종교적 운동이 아닌 민중운동, 사회혁신운동으로 평가하게 된 근거이다. 따라서 동학과 동학란의 관계를 설명함에 있어서 동학의 사상, 조직, 구성원 등이 동학란과 밀접한 관련을 가지는 것이지만 동학의 출현 자체가 곧 동학란을 초래한 것이 아니라 민중운동의 흐름 속에서 동학란을 파악해야 한다는 시각

의 동향과 국사교과서의 서술」『역사교육』47, 1990. 필자도 구체적인 검토 없이 그러한 견해를 추종하였지만 재검토의 여지가 많다.

을 보여준다고 생각된다. 그의 견해는, 동학사상의 배경을 사회적 측면
에서 찾고 동학란의 정신을 동학사상 자체에서보다는 평등사상에서
찾고 있는 점, 동학교문 및 포접조직이 동학란에서 활용된 점, 변혁사
상을 지닌 동학 내의 지도자로서 서장옥과 전봉준을 주목한 점 등에서
볼 때 동학운동론적인 입장이기보다는 '농민전쟁론'의 입장에서 동학
과의 유기적 관련성을 추구하고 있다고 평가할 수 있을 것이다.36) 이
러한 입장은 동학내부의 남북접(南北接) 대립을 강조하여 납접세력을
동학란의 주도세력으로 설정한 점에서도 엿볼 수 있다.

(3) 남북접 문제

김상기는 신원운동의 과정에 이미 혁명 또는 내란의 기류가 있다고
하여 이 시기부터 동학 내에 분열이 싹트고 있음을 지적하고 있다. 즉
1893년 2월의 복합상소시에 있었던 쿠데타 계획이 전봉준의 제폭구민
사상과 상통하고, 그것은 최시형 계열의 미온적인 신원운동보다 근본
적으로 정치적 화근을 제거하는 길을 택하고 있고, 그것이 1893년 3월
의 보은집회 이후 본격화되었다는 것이다.

그는 최제우의 보국안민(保國安民), 지상신선(地上神仙)의 사상을
실현하는 데 있어서 두 가지 전술적 분파가 발생하였다고 파악하였다.
즉 최시형파는 무위이화(無爲而化)를 원칙으로 실력을 쌓아 서서히
이념을 실현시키자는 것이고, 서병학파는 부패한 현실사회 개혁을 위
해 부패분자 제거를 급무로 한다는 것이다(제3장 제1절). 서병학에 대
하여는 오늘날 부정적인 평가가 내려지고 있지만, 이 서병학파가 바로
전봉준파로 연결된다고 보았다.

---

36) 김상기는 1963년 10월 3일 건립된 「甲午東學革命紀念塔銘文」(황토현 소재)
에서도 "全琫準 선생은 동학의 組織網을 통하여 농민대중을 안어들여 우리
역사상에 처음 보는 대규모의 民衆戰線을 이룩하고 爲國爲民의 뚜렷한 지도
이념 밑에서 줄기차게 싸웠던 것이니"라고 하여 동학을 중심으로 동학란을
파악하는 데 반대하고 민중운동으로서 파악하려는 시각을 보여주고 있다.

동학란의 주동부대인 남접 즉 전봉준에게 통솔된 전라 일대의 동학 당과 서장옥에게 인솔된 호서 일대의 도중 사이의 혁명적 정신이야말 로 멀리는 이필 가까이는 서병학 등으로 말미암아 이미 발로되었다 (제3장 제1절).

남접의 거인 서장옥과 혁명적 인물인 전봉준이 상호 연결되어 최시 형의 북접과 대항하면서 동학란을 전개하였다고 본 점이 주목된다. 최 시형은 "교문본위로서 교조의 보국안민, 광제창생(廣濟蒼生)의 이상을 교세확장의 수단에 의해서 달성하려"하였다고 보고, 전봉준 일파는 "사회개혁이 초미의 급무인 동시에 보국안민, 광제창생이라는 교조의 일념도 또한 이로 인하여서만 실현할 수 있다"고 보았다는 것이다(제5 장).

이와 같이 김상기는 동학 내부에 남접과 북접의 갈등이 존재하고 남 접은 사회개혁을 위한 동학란을 주도하였다고 평가함으로써 남북접 연구의 선구를 이루었다고 볼 수 있다. 지금은 최시형 계열의 보은집 회와는 별도로 개최된 전봉준 계열의 금구집회가 확인되어 있다.

⑷ 동학란의 조직·주체·지향

김상기는 동학란의 주체·조직·지향 등에 대하여 별도의 항목으로 정리하고 있지 않고 해명해야 할 주된 관심대상으로 삼고 있지도 않 다. 그러나 현재는 이러한 문제의 해명을 농민전쟁 연구의 주요과제로 삼고 있기 때문에 고찰해 둘 필요가 있을 것이다.

동학란의 조직에 대하여는 동학의 포접제(包接制)를 지적하여 동학 조직이 동학란에서 중요한 역할을 하고 있음을 인정하고 있다. 동학전 선이 확산되면서 합류한 민중이 모두 포조직에 편입됨으로써 '인민의 동학당화' 현상이 나타났다고도 하였지만, 그 이상 조직 문제가 천착되 어 있지는 않다. 이 문제는 현재에도 향회, 민회, 두레 등의 조직을 중심으로 논의되고 있는 상황이다.

동학란의 주체에 대하여도 역시 거의 언급이 없고 양반계급에 대한 민중의 저항으로 평가하는 데 그치고 있다. 동학란의 패인 가운데 하나로서 중간계급의 반동을 지적한 점에서 동학란의 주체와 관련한 입장을 확인할 수 있다. 중간계급은 양반계급과 서민계급의 중간에 위치한 향족(鄕族), 평민 중 지식과 실력을 가진 자로 보고 이를 부르주아계급에 비정한다. 이들이 처음에는 방관적 태도를 지녔으나 후에는 민포군(民包軍)을 조직하여 동학란 평정에 종사함으로써 동학의 민중은 관군, 일본군, 민포군에 의하여 공격을 받았다고 보았다. 부르주아계급에 비정될 수 있는 계급의 존재를 인정하고 있고 그들이 동학란에서 어떠한 역할을 담당하였는가를 확인하고자 하였던 문제의식은 높이 평가되지만, 중간계급 또는 민중의 사회경제적 토대와 계층분화에 대한 인식은 나타나지 않았다.

동학란의 지향은 탐관토호의 퇴치와 정치혁신으로 설명되고 있는데, 사회경제적 배경에 대한 설명이 없기 때문에 지향의 구체적 내용이 취약할 수밖에 없다. 집강소의 존재를 주목한 점은 높이 평가해야 하겠지만 그 설치사실과 민정혁신의 초보적인 내용이 소개되는 데 그쳤다. 북상은 간신을 소탕하고 신정부를 건설한다는 북벌의 의미로까지 해석하고 있지만, 그 구체적인 내용과 의미는 당시의 연구상황에서는 감당하기 어려운 주제였다.

4. 연구사 상의 위치

김상기의 연구를 오늘날의 시점에서 보면 적지 않은 한계를 지니고 있음을 알 수 있다. 활용된 자료 가운데 동학란에 직접 관련된 것은 매우 적다. 정부측의 연대기, 진압군의 기록, 보수유생층의 기록 등은 발굴되어 있지 못한 실정이었다. 따라서 동학 및 동학란에 관한 사실해 명도 오늘날의 연구수준과 비교하면 미흡할 수밖에 없다.

뿐만 아니라 오늘날에도 쟁점이 되고 있는 문제들을 거론하고 있지 만, 글의 전개는 다분히 동학과 동학란의 전모를 밝히는 형식을 취하 고 있기 때문에 필자가 분석한 방식으로 문제제기되어 있는 것은 아니 다. 필자가 검토한 주제들을 오늘날의 성과와 비교하여도 적지 않은 한계를 지니고 있다. 우선 동학란의 명칭과 그 내용이 일치하지 않고, 동학란의 지도정신과 동학사상과의 관계도 모호한 부분이 적지 않지 만, 무엇보다도 동학란의 사회경제적 배경에 대한 검토가 거의 이루어 지지 않은 것은 큰 한계이다. 개항 이전과 이후를 구분하여 계급모순 과 민족모순의 존재양상을 분석하는 시각을 마련하고 있지 못하다. 동 학란의 사회경제적 배경에 대한 분석을 결여하고 있기 때문에 동학란 의 구체적인 지향이 불분명하고, 농민들이 어떠한 사회개혁을 추구하 였는지 부각되어 있지 않다. 특히 민족모순에 대한 해명은 일제하에서 집필된 사정도 있는 것이지만 대단히 미흡하다. 따라서 동학란의 영향 으로 갑오개혁과 청일전쟁이 유발되었다고 할 뿐 동학란의 역사적 의 의가 반체제 근대화, 반제 자주화를 의미하는 것으로 분명하게 평가되 고 있지 않다. 동학란이 3·1운동으로까지 연결되는 것으로 전망하고 있지만, 그 정신이 민중운동의 흐름을 타고 계승되는 맥락을 포착하고 있지 못하고 있다. 또한 양반계급과 민중을 대립시켜 양반계급의 부패 와 타락을 강조함으로써 민중의 동학란을 정당화하고 있는데, 계급적 분석을 통한 계급배치의 다양성을 파악하고 있지 못하다. 이러한 점들 은 대체로 동학란의 사회경제적 배경에 대한 분석을 결여하고 있는 데 서 비롯된 것으로 생각된다.

그러나 김상기의 연구는 1920년대 말까지의 동학 및 동학란 연구수 준에서 보면 획기적인 것이었다. 우선 당시 확인할 수 있는 자료를 비 교적 철저히 입수하여 검토하고 있는 점은 당시 논설적, 교설적인 글

과는 비교할 수 없는 근대적 실증적 태도를 보여주는 것이다. 뿐만 아
니라 그가 내용상으로 거론한 주제들이 대체로 오늘날까지도 논의를
지속하고 있는 매우 중요한 것들이다. 목차상에서는 동학의 발생과 그
내용, 동학란의 전개과정과 그 결과를 다룬 것처럼 되어 있지만, 내용
상으로는 이미 정리한 바와 같이 동학과 농민전쟁의 관계, 남북접 갈
등문제, 동학란의 조직·주체·지향과 역사적 의의 등에 관하여 문제
를 제기하고 있다. 특히 동학과 동학란에 대한 제국주의적 관점을 비
판적으로 인식하면서 사회변혁운동의 관점에서 문제를 제기한 점은
당시의 연구사에서 큰 진전이었다고 평가할 수 있을 것이다.

김상기의『동학과 동학란』은 그 당시의 수준에서 본다면 민중적, 주
체적인 시각에서 근대적 학문태도로써 수행한 수준 높은 현대사 연구
였다. 그가 제기한 문제들은 그 이후 끊임없이 발굴되고 있는 동학과
농민전쟁 관계 자료들을 통하여 연구와 논의가 계속되고 있다. 그의
연구는 '동학과 농민전쟁' 연구의 처음을 열었고 아직도 생명력을 지속
하고 있는 것이다. 그런 점에서 김상기의『동학과 동학란』은 '동학과
농민전쟁 연구의 원형'이라고 평가해도 지나치지 않을 것이다.

제 2 부
농민전쟁의 전개 · 주체 · 지향

제3장 1862년 진주농민항쟁의 연구

1. 머리말

1862년에는 2월 4일 경상도 단성에서 농민항쟁이 일어난 이후 진주를 비롯한 경상도와 전라도, 충청도 등 삼남지방 각 지역에서 항쟁이 끊이지 않고 일어났다. 그것은 조선사회의 국가적 제반 제도가 무너져 사회의 모순이 심각해지고 사회의 계급구성이 변화하고 있음을 배경으로 하여, 새로운 사회 즉 근대사회로의 변혁을 요구하는 아래로부터의 농민운동이었다. 18세기의 영조, 정조에 의하여 수행된 중세사회의 재편성 노력이 19세기 세도정권의 출범과 함께 수포로 돌아가 19세기의 조선사회는 더욱 경직성을 노정하고 있었고, 따라서 위로부터의 근대적 개혁을 기대하기는 어려운 상황이었다. 실학자를 비롯한 지식인의 사회개혁 요구도 19세기에 들어와서는 전혀 수용되지 못하였다. 이러한 상황이 19세기 초부터 각지의 농민항쟁을 촉발시키고 있었다.[1]

1862년의 농민항쟁은 중세사회를 극복하고 근대사회를 지향하는 반체제투쟁의 성격을 지닌다. 1876년의 개항으로 인한 열강의 제국주의적 침략이 민족적 모순을 야기하기 이전 단계에 있어서 국내의 계급적 모순의 해결을 중심으로 한 반체제투쟁의 최고단계에 이르른 농민운동이었다. 개항 이후의 제국주의적 침략에 맞선 민족주의운동이 성공

---

[1] 19세기 전반 농민항쟁의 개괄적인 상황에 대하여는 이이화, 「19세기 전기의 민란연구」『한국학보』35, 1984 참조.

을 거두어 자주적 근대민족국가를 수립하기 위해서는 계급적 모순의 해결이 전제 내지 동반되지 않으면 안 되었고, 농민항쟁은 그러한 모순의 해결을 요구하는 최종적인 표현이었다. 1862년의 농민항쟁에서 농민들은 이러한 반체제의 계급모순 해결을 요구하는 것이었지만 정부는 미봉적인 정책으로 일관하여 근대적인 개혁을 이루어내지 못하였다. 내재적 근대개혁의 실패는 개항 이후 반침략 민족주의운동의 전개과정에서도 계급문제의 해결을 중심으로 한 운동노선의 분열을 초래하여 일제의 조선식민지화를 저지하지 못하고 말았다.[2] 근대사회로의 내재적 발전과정을 설명하는 데 있어서 1862년의 농민항쟁은 이와 같이 중요한 의미를 지니는 역사적 사건이었다.

1862년의 농민항쟁에 대하여는 1950년대 후반 이래로 많은 연구가 진행되어 왔다. 농민항쟁의 원인 및 배경, 전개과정, 조직, 참가층 및 주도층, 의식과 지향 등에 관한 문제들이 정리되었다.[3] 그 가운데 주목할 만한 연구성과를 지적한다면 농민항쟁이 직접적으로는 삼정(三政)의 문란에서 기인하지만 지주제의 모순, 농민층분화의 진전이 그 배경에 놓여 있다는 점, 삼정의 문란이 단순한 폐단에 그치는 것이 아니라 국가의 대민(對民)지배방식과 밀접한 관련을 가지며 총액제, 공동납의 조세수취체계 속에서 농민의 지역적 결속이 가능했다는 점, 항쟁의 조직으로서 이회(里會) · 도회(都會) · 향회(鄕會)가 주목된 점, 항쟁의 주도층으로 요호부민층(饒戶富民層) 또는 빈농층 및 농촌노동자층이 지적된 점, 항쟁의 의식과 지향을 포착하려 노력한 점 등을 들 수 있다. 전반적으로 1862년의 농민항쟁에 대한 연구는 상당한 수준에 이르고 있다.

---

2) 朴宗根, 「朝鮮近代における民族運動の展開」, 『歷史學研究』 452, 1978 참조.
3) 1862년의 농민항쟁에 관한 연구사 정리로는 다음의 글을 참고하면 좋다.
   방기중, 「조선후기 수취제도 · 민란연구의 현황과 '국사'교과서의 서술」, 『역사교육』 39, 1986 ; 박찬승, 「조선후기 농민항쟁사 연구현황」, 『한국중세사회해체기의 제문제』, 한울, 1987.

그러나 당시 사회가 안고 있었던 체제적 모순의 본질이나 계급구성의 변동에 대한 천착이 이루어져 있지 않고, 따라서 주도층 설정에 혼선을 빚고 있으며, 농민항쟁의 질적 발전에 대한 인식이 부족한 점 등의 여러 가지 문제가 해결되어 있지 않다. 이 글은 기왕의 연구성과를 토대로 하면서 이러한 몇 가지 문제를 해결하여 연구의 진전을 기하려는 데 그 목적이 있다. 1862년 농민항쟁의 연구에 있어서 보완되어야할 문제를 중심으로 필자의 시각과 방법을 정리하면 다음과 같다.

먼저 사례연구의 집적이 필요하다는 점이다. 19세기의 농민항쟁은 지역적 차별성을 띠고 나타나기 때문에 가능한 한 군현단위 또는 도단위의 특수성을 고려하면서 사례연구가 진전되고 이를 종합하는 것이 필요하다.4) 이 글에서는 그동안의 연구가 집중된 지역이기는 하지만 진주지방을 대상으로 선택하였다. 그것은 이 지역의 농민항쟁에 대한 자료가 풍부할 뿐만 아니라 아직 이용되지 않은 새로운 자료가 발굴되어 재검토가 가능해졌기 때문이다.5) 또한 농민항쟁의 처리과정이 진주

---

4) 1862년 농민항쟁의 구조와 성격, 그리고 지역별 전개과정을 종합적으로 검토한 공동연구의 훌륭한 성과가『1862년 농민항쟁』(동녘, 1988년 6월)으로 출간되었다. 이 글에서는 그 성과를 구체적으로 수용하지는 못하였는데, 특히 경상도의 농민항쟁 가운데 진주의 경우를 참조하면 좋겠다. 또한 이윤갑의 「19세기 후반 경상도 성주지방의 농민운동」과 오영교의 「1862년 농민항쟁연구 - 전라도지역의 사례를 중심으로」(모두『孫寶基박사정년기념한국사학논총』, 지식산업사, 1988에 수록)도 농민항쟁의 지역적 사례연구로서 중요한 성과이다.

5) 『汾督公彙』(국립도서관 소장, 한31-102)에는 진주농민항쟁과 관련된 晋州按覈使·慶尙右兵使·경상감사·진주목사의 보고서가 수록되어 있어『壬戌錄』(국사편찬위원회 간행, 1958),『晋州樵軍作變謄錄』(김석형, 「1862년 진주농민폭동과 각지 농민들의 봉기」 부록, 1963),『龍湖閒錄』(국사편찬위원회 간행, 1980),『晋陽樵變錄』(『釜大史學』 8, 1984 수록) 등의 자료와 함께 진주농민항쟁의 전개과정에 대한 보다 풍부한 사실을 알 수 있을 뿐만 아니라 경상감영·경상우병영·진주목의 三政策이 수록되어 있어 진주지방의 삼정문제에 대한 인식과 그 개선방안에 관하여도 이해할 수 있다.『蟲營錄草』(국립, 한31-414)에는 경상우병영의 삼정문제 특히 還餉재정의 처리과정에 관한 정

농민항쟁을 중심으로 진행되었고, 농민항쟁의 여러 문제들도 진주농민
항쟁의 진행과정에서 전형적인 모습을 보이고 있기 때문이다.

다음으로는 체제내적 모순의 파악 및 표출방식에 대한 문제이다. 그
동안 농민항쟁의 원인과 배경을 지주제의 모순 및 농민층분화의 진전
에서 찾기도 하고 삼정문제를 총액제(總額制), 공동납(共同納) 등 구
조적 측면에서 재인식하기도 하여 이해의 폭이 확대되고 있는데, 필자
는 이를 당시 사회가 안고 있었던 모순관계의 본질이 무엇인지 해명하
는 차원에서 접근하였다. 즉 농민항쟁이 어떠한 모순관계 속에서 어떤
문제를 해결하기 위하여 일어났는가 하는 점이다. 그래서 국가-농민관
계와 지주-전호관계의 상호관련성을 해명함으로써 국가-농민관계에
대한 저항으로서 조세저항운동의 형태로 일어난 1862년의 농민항쟁이,
그 내부에 기본적인 모순관계인 지주-전호관계에 대한 저항을 어떤
방식으로 담보하고 있는지 이해하려 하였다.

다음은 19세기 민중운동의 발전이 역사적 발전과 내재적 발전을 통
하여 진전된다는 점이다. 19세기에는 초반부터 말기에 이르기까지 대
소의 농민항쟁이 끊임없이 일어나는데 대체로 일시적 분산적 고립적
인 형태로 일어나는 경우가 많다. 그러나 그 중에서도 1862년의 농민
항쟁은 그러한 일시적 분산적 고립적인 성격을 서서히 탈피하면서 광
범한 지역에서 극히 짧은 기간 동안 집중적으로 일어난 농민항쟁이다.
물론 개개의 농민항쟁은 전국적 혹은 지역적 지도부가 없이 군현단위
의 고립성을 면치 못하는 경우가 많았으나, 비교적 광범한 연대감 위
에서 조직적인 체계를 갖추어 나가고 있었다.6) 그 이후에는 보다 조직
적이고 지도부를 갖춘 병란적 성격의 '이필제의 난'이 일어나는데, 이

보가 수록되어 있어 『蟲營民狀草槩冊』의 자료와 함께 삼정문제 처리에 대한
병영의 입장을 파악할 수 있다. 그밖에 權秉天의 「閒中漫錄」(『幽窩居士遺
稿』 권2)도 진주농민항쟁에 관한 좋은 자료를 제공해 준다.

6) 19세기 중엽 농민항쟁의 조직적인 활동에 대하여는 이이화, 「19세기 민란의
조직성과 연계성에 관한 한 연구」 『嶠南史學』 1, 영남대, 1985 참조.

때에는 대중동원에 실패하여 운동을 질적으로 고양시키지 못하고 말았다. 1862년의 농민항쟁과 이필제란의 이러한 약점은 1894년의 농민전쟁에서 극복되어지는 것으로 보인다.

그런데 개별적인 농민항쟁을 검토하는 데 있어서는 이러한 역사적 발전과정 상에서 그 항쟁의 위상을 확정해야 할 뿐만 아니라 농민항쟁의 내재적인 발전과정도 단계를 나누어 검토할 필요가 있다. 왜냐하면 민중운동의 역사적 발전은 이전 단계 운동의 경험에 대한 반성 위에서 이루어지며 운동의 내재적 발전과정 속에서 다음 단계에서 전개될 운동의 질적 고양의 맹아가 나타나기 때문이다. 운동의 내재적 발전과정에 따라 모순관계, 주도층, 조직, 공격목표, 지향이 달라짐은 물론이다. 그래서 진주농민항쟁의 전개과정도 운동의 내재적 발전과정에 따라 단계를 나누고 각 단계의 내용을 분석한 뒤 이를 종합하여 19세기 민중운동의 역사적 발전과정 속에서 그 위상을 확정해 보려는 것이다. 1862년 함양농민항쟁에서 "처음에는 의관을 갖추고 회의를 하다가 마침내 몽둥이를 들고 가옥을 파괴하는데 이르렀다"고[7] 하는 보고는 농민항쟁의 내재적 발전과정을 단적으로 보여준다.

다음은 주도층에 관한 문제이다. 그동안의 연구성과 가운데 가장 논란이 많았던 부분이 바로 이 항쟁의 주도층 문제였다. 항쟁의 주도층으로는 대민(大民)·요호부민으로 상정하는 입장, 빈농·농촌노동자로 보는 입장, 모순관계에 따라 또는 발전단계에 따라 전자에서 후자로 전이된다는 입장, 지역적 특성에 따라 유형화해야 한다는 입장 등으로 나누어진다. 각각의 주장이 모두 부분적인 타당성을 지니고 있지만 필자는 농민항쟁의 내재적 발전단계에 따라 유형화해야 한다는 관점에 서면서 이 문제를 해결할 관건으로 요호부민의 양면성에 주목하고 싶다. 요호부민의 양면성에 관하여는 이미 문제제기는 되어 있는 형편인데,[8] 필자는 요호부민의 양면성을 진보성과 보수성의 두 측면으로 나

---

7) 『壬戌錄』, 41쪽.

누고 진보적 요호부민은 전기에는 항쟁에 참가하여 이를 주도하지만 후기에는 탈락되며, 보수적 요호부민은 특히 후기에 집중적으로 공격을 당하는 것으로 파악한다. 이러한 주도층의 설정은 조선후기 계급구성의 변동에 대한 이해를 전제로 한다.

　마지막으로 진주농민항쟁의 처리과정에 대한 문제이다. 진주농민항쟁의 전개과정과 진주안핵사 박규수에 의한 수습과정, 그리고 전반적인 삼정개혁방안으로서의 삼정책에 대한 분석은 이미 이루어져 있다.[9] 그러나 특히 진주에 대한 사례연구로서 안핵사, 암행어사, 선무사 등 정부측의 진주농민항쟁 수습노력과 그에 대한 진주농민의 대응을 살펴보는 것은 근대적인 변혁이 요구되고 있는 시점에서 정부와 농민의 입장의 차이를 이해하는 데 유용하다. 그리고 당시 진주지방의 차원에서 삼정문제를 어떻게 처리하려 하였는지 경상감사, 경상우병사, 진주목사의 삼정책을 검토하고 구체적으로 이 문제를 어떤 방식으로 조치하였는지 살펴봄으로써 진주농민항쟁의 전 과정에 대한 풍부한 이해를 제공할 수 있을 것으로 생각된다.

2. 19세기 조선사회의 성격과 계급구성의 변동

　19세기 농민항쟁은 반체제투쟁의 성격을 지닌다. 이러한 성격을 분

---

8) 藤間生大는 大民(요호부민 : 필자)이 지방관료와 대립하는 측면과, 小民과 대립하는 측면이 있다고 대민의 입장을 양면적으로 해석하면서 1862년의 단계에서는 전자의 측면이 강하고 소민은 대민에 의하여 좌우되었다고 지적하였다(藤間生大, 「大院君政權の歷史的意義」『歷史評論』 254, 255호, 1971). 박원복은 신분상승 농민층을 봉건지배층과 야합하는 부류와 그에 저항하는 부류로 나누고, 임술민란은 후자의 전자에 대한 鄕權쟁탈의 측면이 강하다고 지적하였다(박원복, 「진주민란의 성격」, 경북대 사학과 석사학위논문, 1982).

9) 김용섭, 「哲宗 壬戌改革에서의 應旨三政疏와 그 농업론」『한국근대농업사연구』, 일조각, 1975 ; 原田環, 「晋州民亂と朴珪壽」『史學研究』126, 廣島大學, 1975.

명히 이해하기 위해서는 당시 사회가 어떠한 모순관계를 형성하고 있었으며 중세사회의 전개과정에서, 특히 중세사회 해체기에 이르러 계급구성이 어떻게 변화하고 있었는지 검토하지 않으면 안 된다. 이러한 검토가 선행되어야 농민항쟁의 주도층, 그들의 공격목표, 동원된 농민의 조직, 의식과 지향 등을 분명하게 파악할 수 있고 반체제투쟁의 수준과 한계를 가늠해 볼 수 있을 것이다.

먼저 농민항쟁이 일어난 19세기 중엽의 사회는 어떠한 모순관계를 형성하고 있었는지 검토하기로 한다. 일반적으로 한국 중세사회의 모순관계는 국가와 농민의 대항관계와, 지주와 전호의 대항관계라는 두 개의 축으로 설명된다. 그 경제적 실현형태는 전자의 경우 조세, 후자의 경우 소작료(지대)로 나타난다. 그런데 이를 토지소유론의 입장에서 볼 때 논자에 따라 중세사회의 기본적인 모순관계를 전자로 파악하는 '봉건적 토지국유론' 또는 '국가적(아시아적) 토지소유론', 후자로 파악하는 '봉건적 토지사유론'으로 나누어지며, 양자의 상호관계를 강조하는 절충적 입장의 견해도 있다. 필자는 봉건적 토지사유론의 입장에서 지주와 전호의 생산관계를 기본적인 모순관계로, 소작료(지대)를 그 경제적 실현형태로 파악한다. 이와 별도로 소토지를 소유한 자영농제의 존재도 인정한다. 그리고 이러한 봉건적 토지사유론에 입각한 사적 지주제가 이미 중세사회의 초기부터 형성되는데, 다만 그 경영형태는 부역노동 내지 노비노동을 이용한 지주의 직접경영 또는 농장경영이 우세한 데서, 전호노동을 이용한 병작경영이 우세한 방향으로 발전해 가는 것으로 이해한다.[10]

그러나 이와 같이 중세사회의 기본적인 모순관계를 지주-전호의 생산관계로 파악한다 하더라도 조용조(租庸調)의 조세 징수가 농민의 경제생활을 크게 압박하고 있는 현상을 무시할 수는 없다. 특히 조선후

---

10) 이영호, 「조선시기 토지소유관계 연구현황」『한국중세사회해체기의 제문제』, 한울, 1987.

기에 이르면 국가의 공민(公民)이 공적 기관인 국가의 재정을 유지하기 위해서 납부하는 공납(公納)의 범위를 넘어서서, 조세는 양적으로 크게 확대되어 있었다. 조세의 양적 확대는 국가-농민의 관계와 지주-전호의 관계를 밀접하게 관련시키는 한 요인이 될 수 있다.[11] 그러나 국가-농민의 관계가 지주-전호의 기본적인 생산관계와 어떠한 관련을 맺는지 이해하기 위해서는 양적인 측면보다는 오히려 양자간의 질적인 측면에서의 상호관계가 분명하게 이해될 필요가 있다.

중세의 기본적인 생산관계는 지주-전호관계이지만 조선후기 조세의 양적 확대와 조세제도의 개혁과정에서 국가-농민관계는 질적인 차원에서 지주제와 밀접한 관계를 형성하여 결합하는 양상이 나타난다. 즉 조세수취의 대상이 토지에로 집중되면서 지주제의 규정성이 더욱 강화되는 것이다. 가호에 부과되던 공물이 토지에 부과되는 대동법으로 개혁된 사실, 군역의 경우 평민신분에 부과되던 군포의 일부가 균역법의 개혁을 통하여 결미(結米) 또는 결전(結錢)의 형태로 토지에 부과되고 또한 결포(結布)방식에 의하여 토지에 부과되기도 한 사실,[12] 환곡의 경우 토지에 분급되는 결환(結還)이 점차 많아진 사실[13] 등에서 조세부과 대상의 토지집중 현상을 이해할 수 있다. 진주농민항쟁의 원인의 하나였던 분실된 환곡의 토지에로의 전가인 도결(都結)이나, 농민항쟁을 수습하기 위해 환정의 개혁방안으로 제시된 '파환귀결(罷還歸結)' 자체가 바로 가호의 환곡부담을 토지로 전환한 것이었다. 그밖에 조세의 공동납이나 지방재정의 유지를 위한 향촌 및 군현단위의 재

11) 정창렬은 조세의 양이 이 시기에 생산물의 31.1~34.7%에 이르러 국가-농민의 관계가 지주-전호의 관계에 접근해 가고 있다고 지적하면서 이 시기의 국가를 '지주화된 기관'으로 성격을 규정하였다. 정창렬, 「조선후기 농민봉기의 정치의식」『한국인의 생활의식과 민중예술』, 성균관대 대동문화연구소, 1983 참조.
12) 申錫愚,『海藏集』권17 雜著 下帖鄕廳.
13) 김선경, 「조선후기의 조세수취와 面・里운영」, 연세대 사학과 석사학위논문, 1984, 24쪽.

원마련 과정에서 결렴(結斂)을 하는 경우가 적지 않았다. 군역과 환곡의 부담을 전결(田結)에서 가렴(加斂)하였기 때문에 결렴의 문제는 군역과 환곡의 문제를 해결한다면 자연히 해결될 것이라는 지적에서[14] 조세의 토지에로의 전가현상을 단적으로 이해할 수 있다.

이러한 현상은 국가-농민의 조세수취관계에서 나타나는 모순을 지주-전호의 지대수취관계 속에 전가하는 것으로서 그만큼 지주제의 규정성을 강화하는 것이 된다. 즉 국가는 조세를 토지에 집중 부과하였는데 바로 그 토지는 지주-전호관계의 규정을 받고 있는 것이다. 따라서 국가-농민관계는 많은 부분 지주-전호관계 속에 용해되게 되었고, 다른 한편 지주-전호관계는 국가-농민관계를 통하여 그 모순을 일부나마 표출할 수 있게 된 것이다.

다만 여기서 한 가지 지적해야 할 점은 조세부분이 지주와 전호 가운데 누구에게 부과되는가의 문제이다. 경상도 단성의 경우 결환을 시행하는 데 있어서 지방관에서는 지주에게 환곡을 분급하고 지주의 책임을 강조하고 있지만 실제로는 지주가 차경지의 탈경(奪耕)을 무기로 하여 전호에게 환곡의 분급을 전가하고 있었다. 오히려 환곡을 받기 싫어하는 지주에게 착실한 전호를 골라 다시 분배하는 방법을 지방관이 알려주기까지 하였다.[15] 전세의 경우에도 탁작제를 실시하는 지방이나 삼남지방에서는 전호가 이를 부담하였다.[16] 대체로 삼남지방에서는 결역(結役)·결환·결포 등 토지로 전환된 조세부분이 전호의 부담

14) 李亮和, 『聽素集』 問田軍還三政.

15) 『山陰記事』(1840년경, 경상도 단성), "爲知委事 還出於卜 卜出於結 故還上之結分 可謂良法 亦成邑例是如乎 將欲結分 則詳錄田畓主姓名 然後可無冤徵之患 亦無紛亂之弊 故向有所傳令而終不肯——懸錄云 此必是主戶之厭其受還也 作者之畏其奪耕也 然此皆所見之不明也 何也 象錄主戶 則受還後自擇其着實作者 分排以級是如可 至秋收捧 則必無狼狽 何必厭避 又何必奪耕乎".

16) 鄭若鏞, 『與猶堂全書』 제1책 擬嚴禁湖南諸邑佃夫輸租之箚子, 제5책 『牧民心書』 稅法 ; 李瀷, 『星湖僿說』 人事門 民貧.

으로 되어 있었다.17) 이와 같이 토지에 대한 조세의 추가부과가 전호에게 전가된 사실은 국가-농민관계가 지주-전호관계로 해소된 것을 의미한다.

또한 국가의 농민지배방식이 군현제에 입각한 것이었고 따라서 조세의 수취도 향촌단위의 공동납 및 군현단위의 총액제 형태를 취하게 되는데,18) 이러한 조세수취체계를 문란시키는 현상도 나타나고 있었다. 즉 결환이 토지소재에 따라 분급됨으로써 다른 군현에 거주하는 지주가 환곡을 분급받는 현상이 일어나고 있었다.19) 군현제하에서는 다른 군현주민에 대한 수령의 지배권은 허용되지 않는 것이었기 때문에 이러한 현상은 군현체제의 균열을 일으키는 요인이 된다. 국가의 대민지배방식의 이러한 균열은 다른 한편 사적 지주제의 규정성을 더욱 강화하는 방향으로 작용한다고 볼 수 있다.

이와 같이 한편으로는 지주제의 규정성이 더욱 강화되고 있었지만 농민들의 지주제에 대한 저항도 심하였다. 지대저항운동이 바로 그것이다. 중세사회의 해체와 근대사회의 성립은 경제적 측면에서 볼 때 국가-농민관계까지 내포하는 지주-전호의 생산관계가 자본주의적 생산관계로 개편되는 것을 의미한다. 이를 위해서는 지주-전호관계의 폐지를 위한 투쟁이 필연적인 것인데 그러한 투쟁의 초기 형태로서 경제투쟁의 성격을 지닌 지대저항운동이 일어나게 되는 것이다. 그런데 근대사회로의 이행기인 조선후기에 있어서 이러한 지대저항운동이 적지 않게 일어나고는 있었지만 생산관계를 결정적으로 타파할 정도의 수준에는 도달하지 못하였다. 그것은 한국중세의 생산관계가 지닌 독특한 특성, 즉 지주제의 성격에서 비롯된다. 조선후기의 많은 토지대장과

---

17) 정창렬, 앞의 논문, 50쪽.
18) 정창렬과 김선경의 앞의 논문 참조.
19) 『山陰記事』, "爲知委事 還穀結分 自是本邑之例 而可謂無弊之良法 明春還穀 將以結分計料爲去乎 今番考卜時 田畓主名――懸錄是矣 (중략) 田畓主之居在他官者 與有事出他者 即爲通奇 使之這這入錄爲㫆".

농업경영문서가 보여주는 것처럼 지주의 소유지는 전국 각지에 분산되어 있을 뿐 아니라 한 지역에 있는 토지도 사방에 흩어져 있고 따라서 전호농민도 고립적 분산성을 면치 못하였다. 궁방전, 둔전 등 국가소유지의 극히 일부에 토지가 집중된 농장의 형태가 나타나고 지대저항운동도 이러한 지역에서 먼저 그리고 주로 일어나고 있는 실정이었다.[20] 그리고 또 한편에는 전호농민과 이해관계를 달리하는 자작농도 병존하고 있었다. 이러한 사정은 농민들이 지주-전호관계를 기본적인 모순관계로 파악하고 이를 철폐해야 할 것으로 인식하더라도 그 구체적인 투쟁이나 조직을 갖추기는 어려운 가장 중요한 객관적 요인이 되었다.

19세기의 농민항쟁이 지대저항운동보다는 주로 조세저항운동의 형태로 일어나게 되는 이유는 바로 이러한 지주제의 독특한 성격에 기인한다. 그러나 이미 지적한 바와 같이 국가-농민관계는 지주-전호관계로 수렴되어 있고 지주-전호관계는 국가-농민관계를 통하여 그 모순을 표출할 수 있었기 때문에 국가-농민의 조세수취관계에 대한 저항은 그 내부에 지주-전호의 지대수취관계에 대한 저항을 내포하는 것이 된다. 즉 고립분산적 전호농민의 반지주제적 반체제투쟁은 군현단위의 조세저항운동을 매개로 하여 표출되는 것이다. 그러나 농민항쟁이 내적으로 발전하여 반체제의식의 고양이 이루어지면 기본적인 모순인 지주-전호관계에 대한 직접적인 저항이 나타나게 된다. 1862년 농민항쟁의 전개과정에서 무력봉기가 지역적으로 확대되어 향촌의 양반·토호·부민가에 대한 공격이 나타나고 있는 사실이 이를 말해준다.[21]

---

20) 김용섭, 「18·9세기의 농업실정과 새로운 농업경영론」『한국근대농업사연구』, 일조각, 1975 ; 도진순, 「19세기 궁장토에서의 중답주와 항조」『한국사론』13, 서울대, 1985.

21) 이상의 정리는 중세의 생산관계가 지주-전호관계에 있고 반체제투쟁의 핵심이 이러한 모순의 철폐에 있음에도 불구하고 19세기 농민항쟁이 주로 조세저

이상에서 국가-농민관계와 지주-전호관계의 상호관련성, 조세저항
운동과 지대저항운동의 상호관련성에 대하여 어느 정도 이해하였다.
이제 그러한 구조와 갈등을 뚫고 나오는 농민항쟁의 참가층과 주도층
을 밝히기 위해 조선후기 계급구성 변화의 양상에 대하여 검토하기로
한다.

먼저 계급구성 변화의 배경으로서 경제적 변동의 양상을 개괄적으
로 살펴본다. 농업의 변화에 대하여는 그동안 많은 연구가 이루어져
왔고 자본주의 맹아론, 농민층분화론이 그 주된 내용이었다. 농업의 변
화는 지주층과, 자작농 및 전호농민층의 두 가지 측면에서 파악할 수
있다. 지주층의 변화도 두 가지 양상을 지적할 수 있다. 하나는 양반지
주층의 경제외적 강제를 통한 농업경영과 지대수취가 약화되는 반면,
신분제의 해체와 상품화폐경제의 발전을 배경으로 하여 경제적 관계
에 입각하여 경영하는 서민지주층이 형성 성장되고 자유소작인이 형
성되는 현상이다.[22] 다른 하나는 재지지주층이 사회경제적 조건의 변
화에 적극적으로 대응하면서 노동력을 이용한 직접경영을 행하는 현
상이다.[23] 농민층의 변화는, 주로 소작농이 주축이 되어 고용노동을
이용한 생산방법의 변혁을 통하여 영리를 위한 상품생산을 행함으로
써 부를 축적하는 경영형부농의 성장,[24] 혹은 상업적 농업을 통하여

항운동의 형태로 나타나고 있는 현상을 어떻게 이해할 것인가의 문제를 해결
해 보려는 각도에서 나온 것이다. 그래서 조세저항운동의 풍부한 객관적 조
건을 해명하는 것보다도 조세저항운동이 지주제에 대한 반대를 어떤 조건 속
에서 어떤 방식으로 담보하고 있는지 이해해 보려 하였다. 여러 분야에 걸쳐
이론적 실증적 검토가 요청되는 문제이지만 이 글에서는 이를 개략적으로 파
악하면서 필자의 시각을 정리하였다.

22) 허종호, 『조선봉건말기의 소작제 연구』, 사회과학원출판사, 1965/한마당,
1989.
23) 이세영, 「18·19세기 양반토호의 지주경영」 『한국문화』 6, 서울대, 1985.
24) 김용섭, 「조선후기의 경영형부농과 상업적 농업」 『조선후기농업사연구』 II,
일조각, 1971.

부를 축적하는 자소작 상농층의 성장을25) 한편으로 하고, 다른 한편
중농층의 몰락에 의한 광범한 빈농층과 농업임금노동자의 형성으로
설명된다. 이러한 농민층 분화의 양상은 이 글에서 대상으로 하는 진
주지방에서도 예외없이, 오히려 전형적으로 나타났다.26)

수공업에 있어서도 조선후기에는 많은 변화가 나타나고 있다. 관영
수공업에 대신한 자유수공업이 발전하면서 한편으로는 상인이 수공업
자에게 자본, 원료를 미리 대여하고 생산된 제품을 독점하는 선대제의
형태가 형성 발전하고, 다른 한편으로는 수공업자가 소상품생산자의
단계에서 고용노동을 이용한 생산방법의 변혁을 통하여 공장제수공업
으로의 성장을 꾀하는 발전이 이루어지고 있었다. 그러나 전반적으로
는 전기적(前期的) 상인자본의 선대제 형태가 우세한 형편이었다.27)

상업에 있어서는 특권적인 시전상인에 대한 자유상인의 도전이 치
열하고 18세기 후반 이후 점차 자유상인의 성장이 두드러지게 나타나
고 있었다. 화폐의 유통과 함께 시장권도 완결된 모습을 갖추어 나가
고 있었다. 그러나 이러한 상업의 발달이 생산력의 발전을 토대로 한
새로운 생산양식, 즉 자본주의적 생산양식을 기초로 하고 있는 것은
아니었다. 그것은 여전히 중세적 생산양식에 기생하면서 부분적으로
그 파괴에 기여하는 전기적 형태를 띠고 있었다. 상인이 수공업자를
지배하는 선대제 형태가 수공업에서 우세한 것이 그 예가 될 것이
다.28)

25) 宮嶋博史, 「朝鮮甲午改革以後の商業的農業」『史林』57-6, 1974/『한국근대
    경제사연구』, 사계절, 1983에 수록.
26) 김용섭, 「진주 奈洞里大帳의 분석」『조선후기농업사연구』I, 일조각, 1970 ;
    이영훈, 「조선후기 八結作夫制에 대한 연구」『한국사연구』29, 1980.
27) 김영호, 「조선후기 수공업의 발전과 새로운 경영형태」『19세기의 한국사회』,
    성균관대, 1972 ; 송찬식,『이조후기 수공업에 대한 연구』, 서울대 한국문화연
    구소, 1973.
28) 오미일, 「조선후기 상품유통 연구현황」『한국중세사회해체기의 제문제』, 한
    울, 1987.

이상의 경제변동 속에서 당시의 계급구성이 심각하게 변동하고 있음을 알 수 있다. 그러한 변동 가운데 농민항쟁과 관련하여 주목되는 것은 부르주아적 지향을 보이고 있는 성장하는 층과, 민중세력을 형성하게 될 몰락하는 층이다. 성장하는 층은 서민지주와 경영형부농 및 자소작 상농층, 자유수공업자, 광업자, 자유상인 등이고, 몰락하는 층은 빈농 및 농업임금노동자, 도시빈민, 광공업임금노동자 등이다.

조선후기 경제변동 속에서 부르주아적 지향을 가지고 성장하는 층은 사료상에서 주로 '요호부민'으로 불리는 계층이다. 가혹한 수탈 아래서도 요호부민은 매우 광범하게 형성되어 있었다. 향촌의 각 면리마다 부를 축적한 요호가 존재하였다.29) 이들은 축적한 경제력을 이용하여 신분을 상승시키고 양반사족의 향권에 도전하게 된다. 중세사회의 해체과정에서 새로운 사회세력으로 성장하게 된 것이다.30) 그러나 그들은 이행기의 변혁과정에서 진보성과 보수성의 양면성을 띠게 된다. 아직 해체되지 않은 중세사회에 기생하여 이전의 양반사족이 누렸던 특권을 획득하고자 하는 욕망과, 중세체제의 변혁 없이는 그들의 발전을 기약할 수 없는 모순을 파악하고 이를 변혁하고자 하는 욕망이 동전의 앞뒷면처럼 그들에게 내재하고 있었고, 점차 이러한 양면성이 표면화되면서 그들 세력은 어느 한편에 서는 분화과정을 겪게 된다.

그들은 축적한 경제력을 토대로 신분을 상승시키면서 조세납부에 있어서 여러 가지 특권을 획득하려 하였다. 양반사족이 누렸던 신분적 계급적 특권을 획득하려는 것이었다. 요호부민은 양전을 하는 데 있어서는 이향(吏鄕)과 결탁하여 그들에게 뇌물을 바치고 토지등급을 하등으로 받아 이익을 취하려 하였으며,31) 경제력을 이용하여 군역을 면제받으려는 여러 가지 계책을 강구하였고,32) 이미 고리대화한 환곡분급

---

29) 李志容, 『小松遺稿』 권8, 知石城縣設賑文, "一面有一面之饒戶 一里有一里之饒戶".

30) 안병욱, 「19세기 임술민란에 있어서의 향회와 요호」 『한국사론』 14, 1986.

31) 『汾督公彙』 晋牧三政啓草.

을 면하기 위하여 서리와 결탁하였다.[33] 결국 그들은 특권계급이 되고
자 하는 것이었지만 19세기 세도정권하에서는 노론 중에서도 외척이
아닐 경우 양반사족조차도 정권에서 소외되고 있던 상황을 고려하면
요호부민이 양반 신분을 획득하여 정치세력으로 성장한다는 것은 불
가능한 일이었다. 따라서 그들은 오히려 중세사회에 기생하면서 자신
들의 경제적 이익을 보호하고 나아가 부의 축적을 확대해 나가기를 기
대하고 있었다고 할 수 있다. 그들은 종래의 봉건지주가 되거나, 도장
권(導掌權), 여객주인권(旅客主人權), 공인권(貢人權) 등을 집적하여
지배층의 조세수취 청부업자가 되거나, 중세적 특권을 누리는 전기적
상인이 되거나, 지배층이나 서리와 결탁하여 각종 중간수탈을 자행함
으로써 경제력의 확대를 꾀하고 있었던 것이다.

그러나 해체기에 이른 중세사회의 재정적 위기는 요호부민의 경제
력을 간과하지 않았다. 요호부민의 경제력은 중세사회의 궁핍한 재정
을 채워줄 수 있는 재원으로 파악되었다. 그래서 가난한 농민보다는
요호부민이 조세수취의 대상으로 여겨졌다.[34] 진주농민항쟁에서 향회
의 두민 즉 요호부민을 소집하여 도결(都結)과 통환(統還)을 강요한
것은 그 대표적인 사례이다. 지방재정 및 향촌사회의 각종 경비를 염
출하는 과정에서도 요호부민이 그 수탈의 일차적인 대상이었다.[35] 19
세기 중엽 중앙과 지방의 부민전 수탈은 매우 광범하고 일반적인 현상
이었던 것이다.[36] 뿐만 아니라 지방관이 개인적인 욕심을 채우기 위해

32) 李志容,『小松遺稿』권6, 壬戌擬策 ; 崔瑆煥,『顧問備略』권1 軍伍 ; 徐慶昌,
    『學圃軒集』田軍羅三弊說 ;『山陰記事』, "爲知爲事 卽聞本里頉軍代定之際
    面任輩從中弄奸 一丁之代 侵及十家 威脅討索 任意操縱 饒戶富戶 雖有閑
    丁 或捧賂刪拔 或畏勢隱匿是遣 殘班窮氓 入於代丁 閭里愁歎 無以安接云".
33)『顧問備略』권1 糶糴 ; 金在羲,『東谷集』권2 策.
34) 宋來熙,『錦谷先生文集』권3 應矯弊傳敎疏.
35) 申錫愚,『海藏集』권17 公移 衙舍改建物財事鄕稟題辭(1842).
36) 대원군 정권 하에서는 '富者成冊'을 만들어 富民錢, 饒戶錢을 끝없이 거두어
    들였다. 權秉天,『幽窩居士遺稿』閒中漫錄 참조.

서 요호부민을 수탈하기도 하였다. 1862년 경상도 암행어사 이인명은 지방수령이 부민들에게 비싼 가격으로 향임을 팔아먹는 부정을 반복하고 있어서 부민이 흩어지고 있고, 상선이 많이 모이는 도회지인 마산포에서는 지방관의 침탈로 흩어진 부민이 1천여 호나 된다고 지적하였다.[37] 진주농민항쟁에서 농민들의 원성의 대상이 되었던 경상우병사 백낙신도 칠원 진해 함안 창원 등지의 부유한 광업자들을 수탈하고 있었다.[38] 이와 같이 요호부민의 개인적인 희망과는 달리 그들은 여러 가지 방식으로 지배층의 수탈을 당하고 있었다. 요호와 잔호(殘戶)가 읍속(邑屬)과 영속(營屬)의 수탈로 모두 몰락하고 있다는 지적은[39] 이러한 상황을 잘 설명해 준다. 요호부민들은 이제 경제력의 정당한 성장이 체제적으로 저지되고 있음을 피부로 느끼게 되었다.[40] 그들이 중세체제에 저항하는 농민항쟁에 직접 참여하거나 자금을 지원함으로써 체제의 개혁을 추구하는 진보성을 띠게 되는 것은 이러한 사정에 기인하는 것이었다.

이와 같이 요호부민은 보수성과 진보성의 양면성을 띠고 나타나는데 이러한 양면성은 요호부민에게 주어진 현실적인 경제구조에서 기인하는 것이기는 하지만 요호부민의 경제력 형성과정과 전혀 무관한 것은 아니라고 여겨진다. 이 점에 대해서는 보다 구체적인 검토가 요청되지만 대체로 보수성을 강하게 띠는 요호부민은 조세수취 청부업, 중간관리업무, 부등가교환에 기초하는 전기적 상업, 고리대 등을 통하여 경제력을 획득하였을 가능성이 보다 큰 것으로 추측되며, 그들은 신분적 특권의 향유와 수령·서리와의 결탁을 통하여 경제력의 확대를 더욱 열망하였을 것이다. 반면 진보성을 띤 요호부민은 농업생산력의 발전을 통하여 성장한 부농 및 중소지주와, 소상품생산자로서 자본

---

37) 『壬戌錄』別單.
38) 『壬戌錄』再啓.
39) 『비변사등록』철종 13년 3월 25일.
40) 요호부민에 대한 수탈상은 안병욱의 앞의 논문 참조.

주의적 발전을 지향하는 일부 수공업자층, 그리고 중세적 특권상인에
대항하는 중소상인 등으로 여겨지며, 그러한 정당한 성장이 체제적으
로 부정됨에 따라 그들은 반체제적 성격을 띠게 되었던 것으로 이해된
다. 그들은 생산양식의 변혁을 꾀하면서 부르주아적 지향을 보다 분명
히 하는 진보세력으로 규정될 수 있을 것이다.

한편 요호부민의 대극에는 몰락한 빈농층, 농촌임금노동자층이 존재
한다. 이들은 농민층 분화과정에서 토호, 부민, 상인의 고리대 수탈에
의하여 토지를 잃고 몰락하였다. 그 수효는 농민의 7, 80%를 초과하는
절대 다수를 이루고 있으며 소작농, 농촌임금노동자, 좌고행상, 영세수
공업자, 어업 등으로 생계를 이어가지 않으면 안 되는 열악한 처지에
놓여 있었다.[41] 그들은 조세수탈을 비롯한 각종 국가적 수탈에 시달리
면서 또한 지주, 상인, 고용주의 수탈이라는 이중적 수탈을 당하고 있
었다. 중세체제의 모순을 한 몸에 체현하고 있었던 그들이 중세말기
체제타파의 원동력이 되는 것은 당연한 것이었다. 그들은 부르주아적
지향을 가지고 성장하는 계층의 지도 또는 그들과의 연대하에 반체제
투쟁을 전개하고 그 과정에서 이행기의 변혁주체로서 성장하게 된다.

이와 같이 성장하는 층과 몰락하는 층이 이 시기 계급구성 변동의
중핵을 이룬다. 이외에 구래의 양반사족의 동향을 살펴보면 그들 가운
데서도 몰락하여 평민화되는 잔반세력과 양반사족의 권위를 강압적으
로 행사하면서 향촌사회에 군림하는 토호세력이 존재한다. 잔반은 정
치적 경제적 기반을 상실함으로써 중세체제의 모순을 보다 직접적으
로 인식하게 되고, 그것이 이념화되어 체제개혁사상을 형성하게 된다.
19세기 농민항쟁의 이념적 지도성이 이러한 부분에서 도출되는 것으
로 이해된다. 토호는 붕괴되어 가는 중세체제 속에서 여전히 중세적
특권을 행사하여 반동화되어 가는 세력으로서 향촌사회에서 농민의
원성의 대상이 되었다.

---

41) 『學圃軒集』 田軍糶三弊說.

이상의 중세적 모순관계와 계급구성의 변동에 대한 개략적인 정리는 농민항쟁을 분석함에 있어서 전제로서 이해되어야 할 것이며 농민항쟁의 전개과정과 내용분석에서 구체적으로 적용될 것이다.

3. 진주농민항쟁의 전개과정과 내용분석

1862년의 농민항쟁은 지역에 따라 모순의 내용, 문제제기의 방식, 항쟁의 구체적인 전개과정이 각각 달랐지만 대체로 19세기에 이르러 모순의 극에 달한 삼정의 문란을 직접적인 계기로 하여 일어났다. 그 전개과정은 삼정의 개혁을 요구하는 향회의 개최와 영읍에의 호소, 무력봉기, 항쟁의 급격한 발전의 과정으로 진행되었다. 농민들은 향회를 개최하여 무절제하고 비합법적인 조세수탈 등 표면적으로 드러난 삼정모순의 개혁을 요구하는 것이지만 이러한 요구는 지방관에 의하여 거부당할 뿐 아니라 오히려 향회의 주동자가 체포되어 처벌당하는 것이 일반적인 상황이었다. 농민들이 무력에 직접 호소하여 봉기하게 되는 것은 사태의 자연스러운 진전이었다. 농민들은 관아를 점거, 삼정문란의 장본인으로서 농민에 대한 온갖 수탈을 자행하는 서리들을 구타 살상하는 한편, 삼정에 관한 여러 가지 장부를 소각하여 기존 삼정제도의 시행을 거부하고 나아가 삼정개혁을 요구하였다. 이러한 과정에서 농민들은 자신의 힘을 새롭게 인식하면서 보다 근본적인 사회경제적 불평등 문제에 접근, 양반토호가와 부민가를 습격 파괴하는 데까지 이르게 된다.

농민항쟁은 대체로 이와 같은 과정으로 전개된다고 할 수 있는데, 어떤 경우에는 농민들이 향권이나 읍권을 장악하여 자치를 이루기도 하고, 또한 향회 내지 무력봉기의 상태가 몇 개월간 지속되기도 한다.[42] 1862년의 농민항쟁은 최초 2월 4일 경상도 단성에서 시작하여

진주, 함양을 거쳐 전라도, 충청도 지방으로 번져 나가 5월말에 이르기
까지 삼남지방에서는 농민항쟁이 일어나지 않은 곳이 없을 정도였
다.43)

여기서는 진주농민항쟁의 전개과정을 운동의 내재적 발전과정에 따
라 3단계로 나누어 고찰한다. 그리고 각 발전단계에 따라 전개과정을
개관하면서 동시에 각 단계마다 모순관계, 주도층, 조직, 공격목표, 의
식과 지향 등을 분석한다. 이러한 정리방식은 정태적 평면적인 분석을
극복하고 운동의 역동성과 내재적 발전을 이해하는 데 보다 유용하다
고 생각된다.

1) 제1단계 : 향회 및 무력봉기준비

19세기 중엽 전국적으로 환곡의 폐단이 극에 이른 가운데 경상도 지
역의 환곡폐단도 예외는 아니었다. 진주지방에는 경상우병영과 진주목
이 있어서 환곡의 부담이 더욱 무거웠다. 1862년 당시 경상우병영의
환곡은 39,000여 석 가운데 24,000여 석이 분실되었고, 진주목의 환곡
은 4만여 석 가운데 한 톨도 남아 있지 않았다.44) 환곡의 분실은 주로
서리와 수령의 횡령 때문이었는데 수령은 이를 농민들에게 전가하였
다. 진주목에서는 분실된 환곡을 1855년부터 토지에 부과하여 징수하
였는데 1859년 농민들이 그 혁파를 비변사에 호소하여 중지되었다. 그
뒤 1861년에 다시 1결에 2냥 5전씩 징수하려다가 여론이 비등하여 징
수하지 못하였고, 진주목사로 홍병원이 부임한 이후 다시 거두게 되었
다.45) 진주농민항쟁의 주동자인 유계춘이 1861년 5월 서울에까지 올라

42) 단성 함양 성주 밀양지역 등의 경우이다.『壬戌錄』참조.
43) 1862년 1년 동안 농민항쟁이 일어난 군현의 수효는 그 동안 40~50개 정도로
   추정되었지만 실제로는 70여 개 지역에 이른다.『龍湖閒錄』622호 참조.
44)『壬戌錄』査逋狀啓.
45)『晋州樵軍作變謄錄』제6호.

가 진주목의 결징(結徵)을 폐지할 것을 요구하였다고 하는데 그 결징
이 바로 1결에 2냥 5전을 거두려 했던 이러한 사실을 의미하는 것으로
보인다.[46] 진주에서는 분실된 환곡을 보충하기 위하여 농민들로부터
10여 년 동안 무려 125,008냥이나 거두었었다.[47]

　농민으로부터의 이러한 과외징수에도 불구하고 환곡의 폐단이 해소
되기는커녕 악순환을 되풀이하면서 폐해는 늘어만 갔다. 그런데 환곡
폐단의 이러한 악순환 속에서 농민들의 봉기를 재촉한 결정적인 사건
이 일어났다. 즉 진주목에서는 1861년 겨울 분실된 환곡을 조사하여
횡령의 장본인인 서리들을 처벌하는 한편 이제까지의 방식대로 그 부
족분을 농민들로부터 징수하여 충당하려 하였다. 그리하여 12월, 10여
만 냥을 토지에 부과하여 징수하려 하였고, 이를 불과 수십 명의 향회
민으로 하여금 승인케 하였으니 이것이 바로 도결(都結)이다. 진주목
에서는 이 도결을 각 면에서 훈장을 차출하여 그들로 하여금 징수케
하였다. 진주목의 환곡 해결방식을 목격한 경상우병영에서도 이에 질
세라 1862년 1월 역시 수십 명의 향회민(향회의 유력자인 두민들)을
회유, 협박하여 6만여 냥을 통호(統戶)에 부과할 것을 승인케 하였다.
이것이 소위 통환인 것이다.[48]

　환곡을 비롯한 각종 조세의 불평등하고 부당한 징수에 고통을 당하
고 있었던 농민들은 도결과 통환이 동시에 부과되자 드디어 분노를 터
뜨리고 말았다. 1861년 12월 도결이 강요되자 진주농민들은 진주목과
경상감영에 이의 부당함을 호소하였다.[49] 그러나 효과가 없었다. 그러

---

46) 李命允, 『被誣事實』/하현강, 「이명윤의 被誣事實에 대하여」『사학연구』 18,
　　1964 부록.
47) 『汾督公彙』上廟堂各處書(3월 20일). 또한 『汾督公彙』 晋牧三政啓草에는
　　분실된 환곡 5만여 석을 보충하기 위해 10년 동안 토지에서 151,300냥을 거두
　　었다고 되어 있다.
48) 『汾督公彙』上廟堂各處書 ; 『晋州樵軍作變謄錄』 제6호 ; 『壬戌錄』 再啓.
49) 『幽窩居士遺稿』 閒中漫錄.

던 중 통환이 다시 강요되자 농민들은 본격적으로 항쟁을 준비하게 되었다. 1862년 1월 29일 축곡면 유계춘은 도결과 통환의 철폐를 위해 2월 6일 수곡장시에서 집회를 개최할 것을 요구하는 통문을 돌렸다. 1월 30일 유계춘은 사노 검동의 집에서 수곡집회를 준비하였고, 이때 교리(校理)를 역임한 이명윤과 도결 통환의 철폐문제와 수곡집회에 대하여 토론을 벌였다. 2월 1일 가서의 정원팔과 청암의 강천녀에게서 통환철폐를 위한 별도의 시위에 동참할 것을 요구하는 편지가 왔지만 유계춘은 이에 응하지 않고 수곡집회를 준비하였다. 2월 2일 유계춘은 철시를 요구하는 한글 통문을 진주 읍시에 게시토록 하고, 박숙연의 집에서 정홍팔 등과 함께 계속 모의하던 중 이명윤의 방문을 받고 다시 토론을 벌였다. 이즈음 유계춘은 초군의 두목이며 이명윤의 6촌인 이계열의 요구에 따라 한글 가사체로 된 초군회문(樵軍回文)을 작성하여 초군의 동참을 호소하였으며, 이 작업에 정지우, 정지구, 정순계가 협력하였다.50)

2월 6일 수곡장시에서 집회가 개최되었다. 30여 명의 대표가 참가한 수곡집회에서는 도결과 통환의 부당함을 경상감영에 호소하기로 결정하였다. 주동자인 유계춘이 경상감영보다는 진주목에 호소할 것과 동지의 맹약을 맺을 것을 요구하였으나 받아들여지지 않았다. 유계춘은 철시투쟁을 통하여 압력을 가하면서 도결과 통환의 철폐를 진주목과 경상우병영에 직접 요구하려 하였고, 그래서 동지의 맹약을 통해 생사를 같이하려 한 것으로 보인다. 2월 7일 유계춘이 병영에 체포된 뒤 결국 장시습격 등의 무력봉기가 일어나는데 이미 유계춘 등 지도부의 계획된 의도가 있었던 것으로 여겨진다. 한편 2월 7일 경상감영에 호소할 의송(議送)의 장두로서 강화영이 선출되었고, 장진기와 조학립이

---

50) 이상의 경과는 『壬戌錄』晋州按覈使查啓跋辭, 이명윤의 『被誣事實』, 『晋州樵軍作變謄錄』제6호에 의거하여 서술하였다. 또한 진주농민항쟁의 전개과정에 대한 상세한 정리는 原田環의 앞의 논문 및 『1862년 농민항쟁』을 참조하면 좋다.

경상감영에 의송을 제출하였다.[51]

이러한 수곡집회의 경과는 경상우병영에서도 익히 알고 있었다. 2월 2일 진주읍시에 유계춘이 철시 통문을 게시하였고, 2월초 병영의 서리 3인이 수곡집회 문제로 이명윤을 방문하여 염탐한 것은 그러한 사실을 반영하는 것이다. 병영에서는 수곡집회의 주동자로 유계춘을 지목하였고, 그리하여 수곡집회 다음날인 7일 유계춘을 체포하여 진무청에 구류하였던 것이다. 유계춘은 제사 때문에 13일 일시 보석되었다가 봉기 소식을 듣고는 병영으로 돌아가지 않았다.[52]

이상이 진주농민항쟁의 전개과정 중 제1단계인 향회 및 무력봉기준비의 단계에 해당한다. 삼정의 문란 가운데 특히 환정의 문란 즉 진주목의 도결과 경상우병영의 통환의 철폐를 목표로 하여 한편으로는 향회를 개최하여 민의를 수렴한 뒤 영읍에 그 철폐를 호소하고, 다른 한편으로는 철시를 비롯한 실력행사를 계획 실행하였던 단계이다.

제1단계의 항쟁은 기본적으로 국가-농민의 조세수취관계에 대한 저항이었다. 그러나 이미 지적한 바와 같이 지주-전호의 지대수취관계가 그 속에 내재되어 있음은 물론이다. 특히 도결은 그러한 표현이었고 통환의 경우도 호의 경제적 불평등을 심화시키는 것이었다. 이러한 모순관계는 국가측에 지방관과 서리, 농민측에 국가의 조세압박 하에 있었던 일부의 지주와 부농(즉 요호부민), 자작농, 빈농과 농촌노동자를 편재한다. 여기서 농민측은 그 내부의 계급적 차이에 관계없이 모두 그러한 모순의 피해를 입고 있었고 따라서 농민측에 서는 모든 계급의 연대하에 항쟁이 일어나게 된 것이다.

항쟁의 주도층은 생산력의 발전을 기초로 한 정당한 성장이 체제적으로 저지되어 중세사회의 모순을 피부적으로 느끼고 있었던 진보적 요호부민층이라고 생각된다. 양반, 향임, 풍헌, 동임, 두민 등이 향회에

51) 『壬戌錄』 晋州按覈使查啓跋辭 ; 『晋州樵軍作變謄錄』 제5·6호.
52) 『晋州樵軍作變謄錄』 제6호 ; 『被誣事實』.

가담하여 향론을 주도하고 있고 초군조직의 지도도 이들에 의해 이루어지고 있었던 점,[53] 진주안핵사 박규수가 주도층으로 사족과 지식인 등 향촌의 실력자를 지적한 점[54] 등에서 짐작할 수 있다. 제1단계는 이들 진보적 요호부민의 지도성이 주효했던 시기였다.

제1단계에 이용된 항쟁의 조직으로는 농민층의 공론을 수렴하는 향회조직, 항쟁의 원동력으로 준비되었던 초군조직, 철시 등을 통하여 실력을 행사할 수 있는 장시의 시장조직 등을 지적할 수 있다. 이 시기 항쟁의 조직으로 이용되었던 향회는 수령이 소집하여 일방적으로 관의 입장을 강요했던 수령 주도의 향회와는 성격이 전혀 다른 농민의 향회였다.[55] 따라서 이러한 향회농민의 요구가 수령에 의해 수용될 수는 없었고, 오히려 향회의 주동자가 백성을 선동했다는 이유로 처벌되는 것이 일반적이었다. 1861년 5월 부당한 결정에 반대하여 서울에까지 올라가서 이를 호소하였던 유계춘이 처벌당하였던 사실이 바로 그 직접적인 예이다.[56] 유계춘이 수곡집회를 개최하여 평화적인 호소방법을 논의함과 아울러 철시와 같은 실력행사를 과시하고 있었던 것은 그의 이러한 경험에서 비롯된 것이었다. 수곡집회에는 양반, 향임, 부농 등 진보적 요호부민으로부터 하층 민중에 이르기까지 광범한 농민층이 참가하였고,[57] 진보적 요호부민이 이를 주도하였다. 초군조직 역시 양반, 향임을 비롯한 진보적 요호부민이 그 조직적인 강점을 이용, 무력봉기를 위한 항쟁의 원동력으로 준비하였다. 시장조직을 이용한 철시는 이 단계에서 향회의 요구를 강하게 표출하기 위하여 이미 계획

---

53) 『壬戌錄』晋州按覈使査啓跋辭 ; 정진영, 「임술민란의 성격」, 영남대 국사학과 석사학위논문, 1981, 44~46쪽.

54) 『壬戌錄』到晋州行關各邑 ;『龍湖閒錄』616호 按覈使曉喩.

55) 안병욱, 「조선후기 자치와 저항조직으로서의 향회」『성심여자대학논문집』18, 1986.

56) 『被誣事實』.

57) 정진영, 앞의 논문, 44~45쪽.

시행되고 있었다. 제1단계에서는 향회조직이 주로 이용되고 초군조직과 시장조직은 무력봉기를 위해 점검되고 있었다고 할 수 있다.

이 시기에는 국가-농민의 조세수취관계에서 나타난 부당한 조세징수를 철폐하기 위해 이를 영읍에 호소하는 것이 목표였다. 어디까지나 도결과 통환이라는 환정문란의 해결이 과제였고, 내재되어 있기는 하지만 국가-농민관계나 나아가 지주-전호관계에 대한 전면적인 문제제기는 되어 있지 않았다.

그러나 제1단계는 단지 평화적인 호소방법만을 목적으로 준비하였던 단계는 아니었다. 영읍에 대한 호소가 실패할 것을 예견하여 무력봉기가 계획되었다. 이미 철시투쟁이 전개되고 있었고, 2월 4일 봉기한 단성농민항쟁의 영향을 받았고, 또한 동지의 맹약을 요구하는 비장한 각오가 되어 있었다. 향회가 민의를 모을 수 있는 유일한 통로였기 때문에 우선 향회를 개최하여 분위기를 파악하고 다음 단계의 행동을 취할 계획이었던 것 같다. 유계춘의 구속으로 자극이 되기는 했지만 경상감영에의 호소와 병행하여 곧바로 수곡과, 단성에 인접한 덕산시장을 습격한 행동이 이를 설명해 준다. 제1단계에 있어서는 삼정문란을 비롯한 중세사회의 모순에 의하여 고통당하고 있었던 광범한 세력의 연대와 진보적 요호부민의 지원을 기반으로 하여 유계춘을 비롯한 지도부의 선도가 주효했다고 생각된다.

2) 제2단계 : 무력봉기와 읍내점거

제2단계는 2월 7일 유계춘이 체포된 지 며칠 뒤 수곡시장을 습격한 때부터 진주읍을 점거하여 도결과 통환의 철폐를 달성하고 항쟁의 다음 목표를 향하여 각 지역으로 진출한 20일 오후까지의 시기이다. 유계춘이 체포된 지 며칠 뒤 마동, 원당의 농민들이 먼저 수곡시장을 습격하여 농민들을 규합하는 한편 백곡, 금만의 농민들이 삼장, 시천을 공격하여 농민들을 회유 규합한 뒤, 이들 농민들이 연합하여 마침내

덕산시장을 점거하였다. 덕산에서 농민들은 훈장 이윤서의 집을 파괴
하여 도결 통환의 징렴에 반대하는 뜻을 분명히 하고, 인접한 단성 등
지의 농민들을 규합하였다.[58] 훈장이란 진주목에서 도결의 징수를 위
하여 차출한 임시직이었다. 관에서 임의로 차출하였다기보다는 관에
아부, 결탁하기 위하여 스스로 자원한 경우가 많았기 때문에 농민의
원성을 사고 있었다.[59]

진주읍으로부터 서북쪽 끝에 위치한 덕산에서 세력을 확대한 농민
들은 덕천강을 따라 진주읍을 향하여 행진하였다. 행진하는 과정에서
농민들은 도중의 요호부민가 수십 호를 파괴하였다.[60] 도결과 통환에
대한 농민들의 이러한 저항이 진행되는 한편에서, 수곡집회의 의송에
접한 경상감영은 17일 통환을 혁파하고 이전처럼 결부에 따른 환곡분
배를 실시하도록 조치하였다.[61]

2월 18일 아침 흰 수건을 머리에 쓰고 몽둥이를 든 진주 각지의 농
민 수천 명이 진주읍(진주목 위치)과 진주성(촉석성, 경성우병영 위치)
서쪽 5리 지점에 포진하여 진주목의 도결과 경상우병영의 통환을 철폐
할 것을 요구하였다. 이에 진주목사 홍병원은 평소 안면이 있고 농민
들에게 신망이 높았던 이명윤을 초치하여 농민들을 설득해서 해산시
켜 줄 것을 간청하였다. 물론 농민들의 요구대로 도결을 혁파한다는
전령과 완문을 제시하였다.[62] 농민들은 이명윤을 칭송하면서 도결혁파
완문을 받아들였다. 그러나 농민들은 이에 만족하지 않고 양반을 보면
구타하였고,[63] 진주읍으로 진출하여서는 환곡문란의 장본인인 진주목

58) 주 51)과 같음.
59) 『晋州樵軍作變謄錄』 제6호 ; 『幽窩居士遺稿』 閒中漫錄.
60) 『日省錄』 철종 13년 2월 29일.
61) 『汾督公彙』 前兵使白樂莘狀啓(임술 2월 21일), 巡營啓草 ; 『晋州樵軍作變謄
錄』 제6호.
62) 이방 金潤斗가 작성한 이때의 완문 일부가 『晋州奈洞文書』에 수록되어 있
다.
63) 『壬戌錄』 33쪽.

과 병영의 이방 및 포리(逋吏) 등의 가옥을 파괴하고, 기타 서리들과 서울에서 수금차 내려온 고리대업자, 상품매매를 위해 내려온 개성상 인의 가옥을 파괴하고 그 재물을 탈취함으로써 세력을 과시하였다.[64] 그리고 농민들은 병영 통환의 철폐도 요구하였다.[65]

2월 19일 아침 수만 명으로 불어난 농민들은 진주목 객사 앞에서 병 영 통환의 철폐와 환곡문란에 대한 해명을 요구하는 농민대회를 개최 하였다. 이에 우병사 백낙신이 농민들을 회유하기 위하여 대회장에 나 타났다. 그러나 농민들의 기세와 탄핵의 신랄함에 궁지에 몰린 병사는, 농민들 앞에서 환곡문란의 장본인으로서 병영의 진무(鎭撫)였던 김희 순을 엄히 징치하였다. 이러한 병사의 조치에도 불구하고 농민들은 계 속해서 병영 통환의 철폐를 요구하였고, 병사는 통환 실시의 계획이 있었으나 경상감사가 이를 불허하여 이전처럼 결부에 따라 환곡을 분 배하기로 이미 17일에 통지하였다고 발뺌하면서, 농민들의 요구에 따 라 다시 통환 철폐의 완문을 제시하였다.[66] 이리하여 도결과 통환의 철폐는 농민들의 요구대로 이루어졌지만, 농민들은 이에 만족하지 않 고 환곡문란의 책임을 추궁해 나갔다.[67] 농민들은 병사의 수행원들을 붙잡아 몽둥이로 구타하고 병영 이방 권준범과 병영 환곡을 횡령한 김 희순을 죽도록 매질한 뒤 불에 태워 죽였으며, 권준범의 아들 만두는 농민들에게 밟혀 죽었다. 위기를 느낀 권준범의 동생 종범과 진주 이

---

64) 농민들의 이러한 파괴행위는 『晋陽樵變錄』 晋州牧三公兄文狀에는 18일의 행동으로, 『汾督公彙』 前兵使白樂莘狀啓에는 19일의 행동으로 기록되어 있 다.

65) 2월 18일의 경과는 『汾督公彙』 前兵使白樂莘狀啓, 再次(2월 24일), 巡營啓 草 ; 『龍湖閒錄』 635호 營奇 참조.

66) 統還과 營不受를 철폐한다는 이때의 완문이 『진주나동문서』에 수록되어 있 다.

67) 분명한 날짜는 알 수 없지만 농민들은 삼정에 관련된 장부들을 소각하였는데 (『壬戌錄』 査逋狀啓), 이것은 문란된 삼정제도의 시행을 거부하고 그 개혁을 요구하는 농민들의 입장을 반영하는 것임에 틀림없다.

방 김윤두는 도주하였다. 이날도 농민들은 그동안 농민경제에 타격을 준 서리와 상인, 고리대업자에 대한 공격을 계속하였다. 그리고 병사 백낙신을 붙잡아 두고 그의 탐학과 서리들의 부정행위를 추궁하면서 밤을 넘겼다.[68]

2월 20일 농민들은 도망간 서리들을 추적하는 한편 목사와 병사에게 그들의 신병을 인도해 줄 것을 요구하였다. 병사 백낙신은 농민대회에 나타나 삼정문란의 책임을 일부 시인하였고 농민들이 그의 탐학에 대해서도 추궁한 바 있으나, 목사는 농민대회에 출장할 것을 거부하고 서리들을 오히려 옹호하고 있음을 농민들은 불만으로 여겼다. 그래서 농민들은 20일 아침 진주목사의 동헌에 침입하여 이방 김윤두의 행방을 추궁하는 한편 병사가 머물고 있던 농민대회에 출장할 것을 요구하였다. 할 수 없이 목사가 밖으로 나오자 농민들은 강제로 그를 가마에 태워 농민대회에 출장시켰다. 이방 김윤두는 이 날 끝까지 추적한 농민들에게 붙잡혀 역시 불타 죽었으며 그 아들도 구타당하였다. 한편 농민들은 경상우병영의 저리(邸吏)이면서 고리대로 농민들을 수탈하였던 문영진을 내놓으라고 병사를 협박하고 문영진의 집을 파괴하였다. 이 날의 농민대회에서도 농민들은 목사와 병사에게 삼정문란의 책임을 추궁하였을 것이다. 이제 농민들은 도결, 통환의 철폐와 삼정문란의 책임추궁이라는 당초의 목적을 어느 정도 달성할 수 있었다. 농민들은 이 날 점심 때쯤 목사와 병사를 풀어주어 돌려보냈다. 이때 농민들을 지휘하였던 지도부는 '약간 지각이 있는 자'였다고 한다. 오후에는 다음 단계의 행동방향에 관하여 토론을 벌였다. 각지의 공격목표를 설정하고, 이를 공격한 뒤 다시 진주읍성으로 회군할 것을 결정하였다. 그리고 나서 오후에 인근 각 지역으로 진출하였다.[69]

---

68) 2월 19일의 경과는 주 65)와 같음.
69) 2월 20일의 경과는 『汾督公彙』 前兵使白樂莘狀啓, 再次, 巡營啓草, 上廟堂各處書 ; 『晋陽樵變錄』 晋州牧三公兄文狀 ; 『壬戌錄』 晋州按覈使査啓跋辭 참조.

　이상이 제2단계인 무력봉기의 과정이다. 농민들은 삼정문란 가운데 이 지역에서 가장 현안으로 대두되고 있었던 환곡문제, 즉 진주목의 도결과 경상우병영의 통환을 철폐해 줄 것을 요구하면서 무력봉기를 꾀하였다.

　제2단계에서는 제1단계의 모순관계인 국가-농민의 조세수취관계에 대한 저항이 무력봉기의 형태로 표면화되었다. 따라서 제1단계에서 나타난 국가측과 농민측의 계급편재가 이 시기에도 동일하게 적용된다. 농민측에 편재된 여러 계급, 계층은 도결과 통환의 철폐라는 형태로 표출된 중세적 조세수취의 불법성과 가혹성을 비판하였다. 그러나 이 시기에는 이러한 주된 모순관계 외에 그 이면에, 중세사회체제에 기생하는 전기적 자본인 상인자본과 고리대자본이 화폐를 매개로 하여 농민을 수탈하고 농촌을 파괴하는 데 대해서도 강한 저항이 나타나고 있다. 뿐만 아니라 지주-전호관계에서 근본적으로 파생하는 경제적 불평등에 대한 저항도 나타났다. 국가-농민관계에 대한 저항이 주도적이지만 지주-전호관계에 대한 저항도 나타나기 시작한 것이다. 지주제의 특성 때문에 조세문제를 중심으로 항쟁이 일어났지만 국가-농민관계 속에 내재하는 지주제의 모순이 간과될 수는 없는 것이었다.

　이 시기의 주도층도 기본적으로는 제1단계를 주도하였던 진보적 요호부민층이라고 할 수 있다. 그러나 진보적 요호부민은 이제 보다 정예화되어 나타난다. 보수적 요호부민이 직접적인 공격의 대상이 되고 있었기 때문이다. 진주읍을 향하여 전진하면서 농민들이 수십 호의 요호부민가를 파괴 약탈한 사실이 바로 그것이다. 요호부민의 양면성이 보다 극명하게 드러나게 된 것이다. 진보적 요호부민은 어디까지나 환곡문제의 해결을 목표로 하여 항쟁을 주도하였고, 초군의 조직도 이들이 동원 지휘하였다.[70] 20일 '약간 지각이 있는 자'가 목사와 병사를 돌려보내고 농민들을 지휘하여 물러갔던 사실은 바로 이러한 요호부

───────────────

70) 주 53)과 같음.

민의 지도성을 반영하는 것으로 여겨진다. 그러나 항쟁의 진행과정에
서 농민군이 조직됨에 따라 새로운 주도층이 등장하게 된다. 그들은
살상 파괴 등 과격한 행동을 취한 자나, 초군조직을 근간으로 한 농민
군을 장악하게 되는 자들로서 제2단계의 성과에 만족하지 않고 보다
근본적인 모순에 접근하여 향촌으로까지 진출하게 된다. 제3단계의 주
도층이 여기서 형성되며 진보적 요호부민도 이러한 과정에서 탈락되
어 가는 것으로 보인다. 진보적 요호부민은 자신들의 목적을 충분히
달성한 셈이며 더 이상의 진전은 자신들의 한계를 넘어서는 일이었다.

제2단계에서는 진보적 요호부민이 초군조직을 동원하여 무력봉기의
원동력으로 삼고, 장시를 이용하여 일반농민들을 규합하였다. 수곡시
장과 덕산시장을 장악한 것이 이러한 이유에서였으며, 인접한 다른 지
역의 농민들도 항쟁에 가담하였다.71) 동조하지 않는 지역의 농민에 대
해서는 회유 협박하든지 아니면 벌전(罰錢)을 부과하였다. 진주 읍내
를 점령한 뒤에는 모여든 농민의 수효가 수만 명에 이르렀는데 초군조
직을 근간으로 하여 농민군의 조직이 재편되었을 것으로 짐작된다. 농
민들의 일차적인 목표였던 도결과 통환의 철폐요구가 달성되었음에도
불구하고 그들의 요구를 집요하게 상승시키고 있었던 점이나 농민대
회를 개최하여 병사와 목사의 부정을 규탄하였던 점 등에서 유추할 수
있다.

이 시기의 공격목표는 환곡문란의 책임자 및 그 하수인, 보수적 요
호부민, 고리대업자 및 상인으로 구분할 수 있다. 도결 및 통환을 부과
한 책임자로서는 병사와 목사가 규탄을 당하고 있고, 그러한 환곡문란
의 장본인으로는 환곡을 횡령한 서리와 이방이 구타 살상당하였다. 그
리고 그 하수인으로는 도결징수의 책임을 지고 있었던 훈장 등이 공격
당하였다. 보수적 요호부민은 수령 및 서리와 결탁하여 불법적인 이익

---

71) 『汾督公彙』上廟堂各處書 ; 『晋州樵軍作變謄錄』제6호 ; 『晋陽樵變錄』牧
使鄭公恤典傳令.

을 꾀하고 있어서 농민의 원성을 샀을 뿐 아니라, 지주제의 모순이 이 부분에서 나타난 것이기도 하였다. 고리대업자는 화폐를 매개로 하여 농민을 수탈하고 농촌을 파괴하였다. 고리대로 인하여 토지를 잃는 농민이 속출하였다. 특히 환곡 등 조세를 이용하여 고리대를 하였던 저리의 폐단이 극심하였다. 병영의 저리였던 문영진이 그 대표적 인물이었다. 그는 비천한 가문 출신이었지만 저리를 행하면서 부를 축적하였다.[72] 상인의 경우는 상행위가 전기적 부등가교환에 기초하여 행하여지고 화폐의 침투를 농촌경제가 감당할 수 있는 생산력적 기초가 마련되어 있지 않았기 때문에 농민의 공격을 받은 것으로 보인다.

이상에서 볼 때 제2단계에서는 어디까지나 도결과 통환의 추가징수를 혁파하는 것이 기본적인 목적이었고,[73] 나아가 환곡문란의 원인과 책임을 규명하는 것에 봉기의 목적이 있었던 것이다. 이러한 환곡문제에 대해서는 토지없는 초군이나 빈농 뿐만 아니라 요호부민도 이해관계를 같이하는 것이어서 이 단계까지는 삼정문란을 통해 피해를 입고 있던 진보적인 요호부민이 적극적으로 가담하였다고 보여진다. 그러나 이 단계에서도 농민들은 환곡문제의 해결에 그치지 않고 평소 농민들의 궁핍을 초래한 요소로서 보수적 요호부민과 고리대업자, 상인을 공격하고 있어서 한 걸음 기본적인 모순에 접근하는 양상을 보여준다. 제2단계에 있어서는 진보적인 요호부민의 지도성과 빈농, 초군의 조직적인 결집력이 결합하여 삼정문란을 비롯한 중세체제 모순을 일소하려는 방향으로 농민항쟁이 전개되었다.

3) 제3단계 : 무력봉기의 지역적 확대

제3단계는 제2단계인 무력봉기가 지역적으로 확대되어 그 구체적인

---

72) 문영진의 딸이 기생 출신인 데서(『蠹營民狀草槩冊』 6월 17일, 7월 27일) 그의 신분을 짐작할 수 있다. 보수적 요호부민 가운데에는 이러한 행위로 부를 축적한 경우가 많았다고 생각된다.

73) 『汾督公彙』上廟堂各處書.

투쟁목표가 전진적으로 설정되면서 봉기가 발전하는 단계이다. 20일 오후 농민들이 각 지역으로 진출하여 봉기를 확산시키는 데서부터 23일 오후 해산하기까지의 시기이다. 무력봉기가 진주읍의 서쪽지역에서 시작되어 북쪽지역이 호응하였기 때문에 농민들은 주로 동쪽과 남쪽 지역으로 진출하였다.

20일 오후 농민들은 원한 맺힌 각 지역의 부민들을 지목하면서 그들의 집을 파괴한 뒤 다시 진주읍에 모일 것을 선언하고 각 지역으로 진출하였다.74) 이때 진주읍을 완전히 비워 두었는지는 알 수 없지만 아마도 각지의 양반, 토호, 보수적인 요호부민들을 공격하여 중세체제의 모순에 대한 문제제기를 확산시키는 한편 농민군을 재조직하고 다시 읍에 모여 농민항쟁을 다른 차원에서 진전시키려 했을지도 모른다. 그 것은 진주의 경우 농민들이 23일 오후 해산하고 말았지만 다른 지역의 경우 향회를 지속적으로 개최하여 향권을 장악하거나 수령의 읍권을 장악하는 현상이 나타났던 데서 미루어 볼 수 있다.75) 이것은 결국 반체제 농민항쟁의 최고목표인 농민권력의 구축을 지향하는 것인데 이 단계에서는 기대하기 어려운 일이었다.

각지에 진출한 농민군의 행동을 구체적으로 밝힐 수는 없지만 농민군은 진주의 거의 모든 지역을 점령, 권력과 부를 이용하여 횡포를 부리던 자들을 징벌하였다. 개천리만이 불참하고 진주의 모든 농민들이 동원되었던 사실이나, 진주읍의 가옥파괴가 70호, 22개 면의 가옥파괴가 56호로 모두 126호의 가옥이 파괴되었던 농민항쟁의 결과가 이를 반증한다.

각지로 진출한 농민군의 행동을 동남쪽으로 진출한 농민군을 중심으로 살펴보면 20일 밤 농민군의 일부는 소촌으로 나아갔다. 이 지역

---

74)『汾督公彙』, 巡營啓草, "同樵軍輩 始於第三日是在二十日午時 齊向于東南各里 而宣言恐動 曰某某富名之人 亦爲次第毁家後 約日更入于城底 當有無限擧措是如".

75) 주 42)와 같음.

농민 6, 7백호는 농민군을 정성껏 접대하였다. 농민군은 이곳에서 주둔하고, 다른 지역으로 진출한 농민군과 연락을 취하면서 밤을 지새웠다. 농민군은 여기서 다음 행동방향에 대하여 토론을 벌였을 것이다. 21일 농민군은 소촌역에[76] 나아가 시위를 벌였다. 그러나 소촌역의 찰방이 청렴하다 하여 그를 욕보이지는 않고, 다만 농민들이 소를 도난당하는 것이 역포(驛庖)에 있다고 보고 이후 소를 도난당하였을 경우 소촌역에서 그 값을 변상할 것과, 역의 복호(復戶)를 다른 동리에 팔지 않는다는 것을 내용으로 하는 완문을 찰방으로부터 받아내는 데 그쳤다.[77]

이들 농민군은 22일 새벽 남성동으로 나아가 성석주의 집을 파괴하였고, 또 개천리 청강의 최운의 집도 파괴하였다. 이들은 모두 양반이면서 부민으로서 농민들에게 큰 피해를 주고 있던 자들이었다.[78] 이와 같이 농민군은 개천리를 점거하여 보수적인 요호부민을 공격하는 한편 개천리만이 농민항쟁에 불참한 이유를 추궁하고 불참한 대가로 200냥의 벌전을 징수하였다.[79]

농민군이 각지를 점령하여 농민들을 괴롭히던 자들을 징벌하고 개천리에까지 진출하게 되자, 진주읍에서 동남쪽으로 50리, 개천리 인근에 위치하였던 옥천사에서는 승려를 보내어 농민군을 회유하고 옥천사에서 유숙할 것을 권고하였다.[80] 그것은 농민군이 청강을 공격한 뒤

---

76) 召村驛은 진주읍에서 동남쪽으로 24리 지점에 위치하는데 중종 5년 驛丞을 폐지하고 察訪을 두었다. 임진란 이후 진주의 경상우병영과 고성의 통제영을 연결하는 교통의 요지로서 屬驛을 15개나 가진 큰 역이었다. 『영남읍지』晋陽誌(1895년경) ; 『嶺南驛誌』開國 503년 12월 召村道事例成冊, 召村道郵誌 참조.

77) 『汾督公彙』上廟堂各處書.

78) 『汾督公彙』上廟堂各處書. 이들은 경제력을 배경으로 평민신분에서 상승한 납속양반일 가능성도 있다.

79) 『汾督公彙』上廟堂各處書.

80) 玉泉寺는 소유하고 있던 山地의 採樵문제로 초군 및 농민의 원성을 사고 있었고(『蠹營民狀草槩冊』6월 28일, 8월 24일, 9월 29일), 소유토지의 환곡분급을 면제받아 상대적으로 이 지역 농민의 부담이 높아졌고(6월 1일), 그렇지

옥천사에 쳐들어올 것이라는 풍문을 들었기 때문이었다. 이리하여 농민군은 22일 밤을 옥천사에서 유숙하였다. 이때 옥천사에서 부담한 비용은 곡식이 62석, 짚신이 50죽, 남초가 50파였다. 23일 아침 옥천사를 떠나면서 농민군은 개천리의 벌전 200냥을 객사의 중수비용으로 내놓았다.[81]

그리고 23일 오후 농민군은 해산하였다. 당초 각 지역의 양반토호가, 부민가를 공격한 뒤 다시 진주읍으로 회군하여 농민항쟁을 발전시키려던 계획이 어떤 이유로 취소되어 해산하게 되었는지 그 경과는 자세히 알 수 없다. 다만 농민군이 "이제 읍사가 이미 개혁되었으며, 조세납부의 시기가 박두하였는데 이를 급히 납부하는 것이 백성의 도리"라고 하면서 해산하였다고 하지만,[82] 무력봉기를 꾀하여 중세체제 모순의 철폐를 요구하고 삼정장부를 이미 소각해 버린 마당에 조세납부가 시급한 문제였다고 보이지는 않고, 농민권력의 구축을 통한 중세체제 모순의 해결이라는 반체제투쟁의 최고단계로 나아가기에는 아직 지도부의 역량과 농민들의 의식이 미흡하였기 때문에 삼정문제 해결과 부민가 공격에 만족하였다고 보는 것이 타당한 해석일 것이다.

이상에서 동남쪽으로 진출한 농민군 행동의 일부를 살펴 보았는데 그 외에 농민군이 공격한 자들은 마동의 정영장(鄭營將), 각리 훈장, 남강원(南岡院) 주사, 평소 횡포를 부린 무단인(武斷人), 촌반(村班)으로서 경향 각지에 출몰하여 문제를 일으킨 자, 그리고 각지의 요호부민 등이었다. 마동의 정영장은 남성동의 성석주, 청강의 최운과 마찬가지로 긴급하지도 않은 원우역(院宇役)에 농민들을 무절제하게 동원하여 원성을 샀고, 각리의 훈장은 도결과 통환을 농민들에게 분배하여 징수할 책임을 진 자로서 농민들의 공격대상이 되었다. 남강원은 철종

않으면 소유토지의 소작문제로 농민의 원성을 사고 있었을 것으로 여겨진다.
81) 『汾督公彙』 上廟堂各處書.
82) 『汾督公彙』 上廟堂各處書.

의 외척인 안동 김씨 김수근을 위한 것인데 안동 김씨에게 아부하여 관직을 획득하고자 하는 자들이 이런 일을 꾀하고 있었다. 그리고 무단을 행하는 토호나 경향 각지에서 모리를 꾀하는 향반, 그리고 권력과 결탁하여 이익을 취하고 있었던 요호부민들이 농민군의 공격을 받았다.[83]

이렇게 볼 때 농민군의 무력봉기가 지역적으로 확대된 제3단계에 이르러서는 당면한 삼정문제의 차원을 벗어나서 보다 중세체제의 광범한 모순이 문제되고 있다고 할 수 있다. 즉 농민군은 국가-농민의 관계뿐만 아니라 지주-전호관계의 모순을 느끼고 이에 대한 저항으로 각종 체제적 모순에 대한 공격을 감행한 것이다. 농민들은 중세적 신분질서에 의한 양반의 무절제한 농민사역을 거부하고 있었고, 경제적인 불평등에 대한 문제제기가 지주-전호관계의 모순을 담지하는 보수적인 요호부민에 대한 공격으로 나타나고 있었다. 뿐만 아니라 중세권력에 대한 저항이 안동 김씨와 결탁하여 관직을 획득하려는 자들에 대한 공격으로 나타났다.

이와 같은 중세체제의 광범한 모순에 대한 문제는 부민들보다는 빈농을 중심으로 한 하층농민에 의해 제기될 수밖에 없었고, 따라서 제2단계에서는 환곡을 비롯한 삼정문제에 있어서 이해관계를 같이하고 있었던 진보적인 요호부민이 주도권을 잡고 무력봉기를 지도할 수 있었지만, 이제 이 시기에는 그들 진보적인 요호부민들은 농민군 대열에서 배제되고 빈농, 초군에 의하여 농민항쟁이 진행되지 않을 수 없었다. 이것은 요호부민 자체의 계급성을 반영하는 것이며 이후 민중운동의 주체설정의 방향을 암시하는 것이다. 물론 요호부민에 대한 공격이 이들 진보적인 요호부민까지 포함하고 있는 것으로는 생각되지 않는다.

---

83) 『幽窩居士遺稿』 閒中漫錄 ; 『汾督公彙』 上廟堂各處書, 再次 ; 『壬戌錄』 1쪽.

이 시기의 조직은 제2단계 말기에 진보적 요호부민마저 탈락된 뒤 재편성된 농민군의 조직으로 여겨진다. 비록 농민군이 동남쪽으로 진출하였다고는 하지만 서쪽에 있는 마동의 정영장이 공격당하는 것을 보면 진주 각 지방으로 진출한 것 같다. 그리고 이 글에서는 동남쪽으로 진출한 농민군의 행동밖에는 고찰하지 못하였지만 농민군은 세분되어 각 지역으로 진출하였을 것이다. 이러한 농민군은 1894년 농민전쟁의 주력군을 이루는 무력군대 조직의 맹아를 보여주는 것으로 생각된다.

이와 같이 제3단계는 중세체제의 광범한 모순을 중심으로 농민항쟁이 확대된 시기이다. 농민군은 진주의 향촌 각 지역으로 진출하여 체제적 모순에 대한 공격을 감행하고, 농민항쟁에 참여할 것을 선동하는 한편 농민군을 재조직하려 하였다. 그러나 이러한 목적을 달성하지 못하고 농민군은 해산하고 말았는데, 그것은 중세체제 모순에 대한 철저한 문제의식의 결여, 도결과 통환의 철폐라는 봉기 당시의 목적을 달성한 뒤 지속적으로 항쟁을 지도할 지도부 및 그 조직의 취약성, 진주농민항쟁이 1862년에 일어난 농민항쟁의 초기단계에 해당한다는 점 등으로 말미암은 것이었다. 그 뒤 농민항쟁은 진주를 본받아 경상도 일대에 요원의 불길처럼 번져나갔고 군현 상호간의 인적 조직적 교류현상이 나타나기도 하였다.[84] 이러한 조직적 연계성과 빈농 초군의 주도성은 다음 단계 민중운동에서 질적으로 고양될 맹아형태라고 생각된다.

진주농민항쟁의 결과를 종합해 보면 농민봉기는 서쪽지역에서 일어나 북쪽지역의 호응을 얻고 다시 동남쪽 각지로 확대되었다. 농민군이 통과한 지역은 22개 면에 달하고 진주읍 부근의 파괴된 집이 70호, 22개 면의 파괴된 집이 56호, 합하여 파괴된 집이 126호이며 재산을 탈취당한 집이 22개 면에 40호, 진주읍 부근과 합하면 78호였다. 총피해액

---

84) 『龍湖閒錄』 606호 참조.

은 10만여 냥이었다.[85)]

4. 진주농민항쟁의 수습과 농민의 대응

1) 정부측의 수습과정과 진주농민의 대응

진주농민항쟁에 대한 정부측의 수습과정은 안핵사, 암행어사, 선무사의 파견을 통한 중앙정부 차원의 수습과정과, 경상우병사, 진주목사의 지방차원의 수습과정으로 나누어진다. 이러한 정부측의 수습과정을 진주농민들의 대응과 대비하면서 정리하기로 한다.

진주농민항쟁의 경과는 경상우병사 백낙신에 의하여 2월 21일, 24일, 29일 세 차례에 걸쳐 정부에 보고되었는데,[86)] 백낙신의 1차 장계와 경상감사 이돈영의 장계를 통하여 사태를 파악한 정부는, 사태가 이전의 농민항쟁과는 달리 심상치 않음을 깨닫고 즉각적인 조치를 취하였다.[87)] 정부는 먼저 서리들의 횡령이 농민들의 고통이 된다 하더라도 이를 지방관이나 감영, 나아가 정부에 호소하지 않고 무력봉기한 농민들의 행위를 비난하였다. 그리고 이를 사전에 막지 못한 수령의 책임을 물어 진주목사 홍병원, 경상우병사 백낙신, 전임 경상감사 김세균을 파직하고, 박규수를 안핵사로 차정하여 봉기의 주동자 및 부정 서리의 처벌과 개혁방안의 강구를 지시하였다. 3월 1일 정부는 진주목사에 정면조, 경상우병사에 신명순을 임명하였고, 안핵사 박규수는 진주를 향하여 서울을 출발하였다.

2월 23일 해산한 진주농민들은 농민항쟁이 어떤 방향으로 수습이 될지 사태를 주시하고 있었다. 예상한대로 주동자들이 속속 체포되기

---

85) 『汾督公彙』前兵使白樂莘狀啓, 三次.
86) 『汾督公彙』前兵使白樂莘狀啓, 再次, 三次.
87) 『汾督公彙』巡營啓草 ; 『비변사등록』철종 13년 2월 29일.

시작하였다. 3월 15일 이전에 이미, 통문을 돌려 최초 항쟁을 선동한 유계춘을 비롯하여 15명의 주동자가 체포되었다.[88] 농민들은 사태의 수습을 위하여 안핵사가 진주를 향하여 오고 있다는 풍문도 듣게 되었다. 안핵사가 어떤 조치를 취할지 걱정되었다. 선산에 도착한 박규수가 3월 9일 진주에 공문을 보낸 것은 이러한 농민들의 우려를 해소하기 위한 것이었다. 박규수는 농민은 원래 대대로 국왕의 '적자(赤子)'인데 수령이 잘못하여 봉기가 일어나 농민들을 '난민(亂民)'으로 만들었다고 지적하고, 의구심을 버리고 안심하고 농사지을 것을 권유하는 한편 '식견이 있는 자'의 잘못을 꾸짖었다. 그리고 항쟁의 근본원인을 밝히겠다고 다짐하였다.[89] 아직 진주농민항쟁에 대한 조사를 시작하기 이전에 그는 이미 유화책으로 사태를 수습할 것을 결심하고 있었던 것이다. 그는 만약 서울에서 군사를 파견하여 강경하게 처리하면 사태가 악화될 것이라고 우려하면서 서울의 동료들에게 이 문제를 논의해 주도록 요청하였다.[90] 박규수와 사회인식을 같이하는 동지집단이 있어서 박규수의 사태처리를 지원하고 있었다.[91]

박규수는 진주로 바로 가지 않고 대구의 경상감영으로 가서 며칠간 머물렀다. 그것은 안핵사업의 방향에 관하여 감사와 협의가 필요한 점도 있었지만 실은 신임 경상우병사와 진주목사가 아직 부임하지 않아 이를 기다리기 위한 것이었다. 안핵사업은 지방수령에 의하여 조사가 완료된 후 이를 조정하는데 불과하다고 인식하였고 특히 유화책으로 문제를 해결하려고 생각한 박규수는, 지방수령이 아직 부임하지 않은 상황에서 자신이 죄인을 체포하는 데서부터 시작하여 사태전반을 처리하는 것이 몹시 부담이 되었던 것이다.[92] 이러한 그의 태도는 안핵

---

88) 『汾督公彙』 上廟堂各處書.
89) 『壬戌錄』 晋州按覈使朴珪壽到善山發關, 按覈使狀啓.
90) 박규수, 『瓛齋集』 권8 書牘 與溫卿(3월 15일).
91) 『瓛齋集』 권8 書牘 3월 12일, 3월 15일 ; 『海藏集』 권8 書牘 與程小卿書.
92) 『瓛齋集』 권8 書牘 與溫卿(3월 12일) ; 『壬戌錄』 按覈使狀啓.

과정에서도 신중하게 나타나 안핵사업이 지연되었고 이것이 그의 반대세력에게 구실을 주어 그가 후에 파직당하는 한 원인이 된다.

박규수는 진주목사가 3월 13일에 부임하고 경상우병사가 15일에 부임한 뒤인 18일에 진주에 도착하였다.[93] 진주농민항쟁이 일어난지 한달만에 현지에 도착한 것이다. 이때는 이미 함양 등지로 농민항쟁이 비화되고 있었던 시기였다. 이에 박규수는 인근 각 읍에 공문을 보내어 농민들을 효유하였다. 그는 무력봉기한 농민들이 난민일 수밖에 없지만 근본적인 책임은 부형장로(父兄長老) 등 영남사림에게 있다고 생각하였다. 농민항쟁의 책임은 통문을 돌리고 향회를 개최한 사림과 지식인 등 향촌의 실력자에게 있고 우매한 농민들은 뒤늦게 그에 따랐을 뿐이라는 것이다.[94] 이러한 그의 생각은 현지에 도착하기 전부터 가지고 있었던 것인데,[95] 주동자와 추종자의 옥석을 구별하여 처벌하라는 철종의 전교(傳敎)를 진주에 도착하여 접하고[96] 이를 자신의 유화책과 관련하여 영남사림 일반에게 책임을 추궁하는 방향으로 정리한 것이다. 이러한 입장이 영남사림의 광범한 반발을 불러 일으켜 후에 그가 탄핵당하는 또 하나의 원인이 된다.

박규수는 안핵사업의 방침을 농민항쟁의 원인인 수령 및 서리들의 횡령을 조사하고(査逋) 난 뒤, 항쟁을 주도한 죄인들에 대하여 치죄하는(査獄) 순서로 정하고 있었다.[97] 그것은 당시 죄인이 15명밖에 체포되지 않아 사태의 전모를 파악하기 위해서는 관련자의 체포가 시급하였을 뿐만 아니라, 그가 취한 유화책의 입장에서 보면 치죄도 중요하

---

93) 『汾督公彙』上廟堂各處書.
94) 『壬戌錄』到晋州行關各邑 ; 『龍湖閒錄』616호 按覈使曉喩. 박규수는 진주농민항쟁의 참가층을 먼저 이를 주창한 有志者, 그에 자발적으로 응한 有識者, 후에 추종한 愚民으로 구별하여 파악하였는데 유지자는 사족, 유식자는 요호부민, 우민은 빈농·초군으로 해석될 수 있을 것이다.
95) 주 89), 90)과 같음.
96) 『壬戌錄』按覈使狀啓.
97) 『汾督公彙』上廟堂各處書 ; 『壬戌錄』按覈使狀啓, 再啓.

지만 그 원인을 파악하여 근본적으로 치유하는 것이 더욱 중요하였기 때문이다. 강경책을 구사하여 가혹하게 치죄한다면 아직 안정되지 않은 민심이 동요되어 항쟁이 다시 일어날 가능성도 없지 않았던 것이다.

실제로 진주농민들은 안핵사의 파견 소식을 듣고 근심에 잠겨 있었고, 박규수가 진주에 도착하던 날 강경책을 걱정하던 무리와 구경꾼들이 성내외를 가득 메워 사태의 추이를 지켜보았다. 그들은 안핵사에게 호소해 보려고 시도하면서 며칠 동안 시위를 벌여 안핵사에게 압력을 가하였다. 그러나 박규수의 안정위주의 시책에 따라 농민들은 차차 해산하게 되었다.98) 3월 29일 "진주민 수만 명이 다시 모여 성 아래에 결진하였다"는 사실은99) 이러한 시위의 일환으로 여겨진다. 농민들이 안핵사에게 호소하려 했던 것은 일차적으로는 체포된 주동자들의 석방이었을 것으로 짐작된다. 체포된 주동자들이 각 면과 연락을 취하여, 집회를 통해 구명운동을 꾀해 줄 것을 요청한 것이다.100) 나아가 농민들은 항쟁의 정당성을 주장하고 항쟁 원인이었던 삼정문란 책임자의 처벌 및 삼정의 개혁을 호소하였을 것이다. 진주농민항쟁에 자극을 받아 일어난 3월 16일의 함양농민항쟁이 이러한 진주농민들의 행동에 다시 큰 힘이 되었을 것이다. 박규수가 이미 방침을 정하고 있었던 유화책은 농민들의 이러한 분위기에 의하여 더욱 고무받았을 것이다. 후에 강경책의 입장을 취하는 경상우병사 신명순이 부임 초기에 주동자의 추가체포에 착수하지 못하고 농민들의 죄상만을 성토하면서 안핵사에게 그 처리를 미룬 것도101) 농민들의 이러한 분위기 때문이었던 것이다.

박규수는 먼저 사포작업에 착수하였다. 조사내용은 경상우병사 백낙

---

98) 『汾督公彙』 上廟堂各處書.
99) 『龍湖閒錄』 606호.
100) 『汾督公彙』 上廟堂各處書.
101) 『汾督公彙』 上廟堂各處書.

신의 부정과 경상우병영, 진주목의 환곡실태였다. 진주농민항쟁의 직
접적인 계기가 백낙신의 탐학에 있다고 할 수 있을 정도로 그의 부정
은 극심하였다. 그의 탐학은 환곡의 고가작전(高價作錢), 병고전(兵庫
錢)의 입본취잉(立本取剩), 취모색낙가전(取耗色落價錢) 수탈, 청천교
장(菁川敎場)에 있는 농민개간지로부터의 수탈, 칠원 진해 함안 창원
등지의 광업자인 부민 사족들로부터의 수탈, 영저리 문영진의 고리대
수탈 방조, 그리고 병영환포를 통환으로 해결하려 한 점 등에 걸치고
있었다.102) 경상우병영과 진주목의 환곡문제의 처리과정에 관하여는
후술하겠지만 경상우병영의 환포는 농민항쟁과정에서 불에 타죽은 김
희순 등 병영 서리들의 횡령, 창리(倉吏)의 횡령, 민호의 유망(流亡)으
로 말미암은 것이었다. 진주목의 경우는 4만여 석의 환곡이 한 톨도 남
아 있지 않았는데 그것은 이방 김윤두를 비롯한 역대 서리들의 횡령,
구 경저리 양재수, 백명규, 이창식의 횡령, 전 목사 박승규, 남지구, 송
서화와 대구진 영장 정완묵의 횡령 등 때문이었다. 목사 홍병원은 결
렴에 의해 이러한 허곡(虛穀)을 충당하고 관리들의 부정을 은폐하려
하였다.103)

　박규수는 진주의 환곡문란의 실태를 이와 같이 파악하고 농민항쟁
의 원인이 여기에 있기 때문에 이를 개혁하지 않으면 안 된다고 생각
하였다. 그는 그 개혁을 위해 별도의 특별기구를 설치할 것을 건의하
였다.104) 이리하여 박규수의 건의를 받은 정부에서는 5월 2일 삼정이
정청(三政釐整廳)을 설치하여 삼정의 개혁방안을 수집 강구하게 된
다.105)

---

102)『壬戌錄』再啓.
103)『汾督公彙』按覈使査逋啓草(임술 5월 13일). 환곡문란의 실태와 관리들의
　　부정에 대하여는 김진봉,「진주민란에 대하여」『백산학보』8, 1970 참조.
104)『壬戌錄』按覈使講究方略釐整還逋積弊疏.
105) 박광성,「진주민란의 연구-이정청의 설치와 三政矯抹策을 중심으로」『인천
　　교육대학논문집』3, 1968 ; 김진봉,「조선철종조의 이정청에 대하여」『編史』

박규수는 사포작업에 먼저 착수하는 한편 4월 하순에 이르러 농민
항쟁의 주동자들을 처벌하기 위한 사옥작업도 시작하였다. 그동안 박
규수는 당초 체포되었던 15명 이외에 수십 명을 더 체포하여 체포된
인원이 6, 70명에 달하였지만 심문을 부드럽게 하여 다수 석방하고 3,
40명만 남겨 놓았다. 이러한 박규수의 유화책에 대하여 경상우병사는
크게 반발하였다. 그는 수배자들까지 이제는 도피하지 않고, 주동자들
도 자기들의 행위를 변명, 은폐하고 있다고 하면서 그 책임을 박규수
의 유화책으로 돌려 그를 비판하였다. 이미 이때에는 농민항쟁이 경상
도 전역으로 확대되었고 전라도, 충청도 지역으로도 비화되고 있었다.
농민항쟁의 확대 발전은 진주농민들에게 항쟁의 정당성을 인식시키게
되었고 농민들은 두려운 기색이 없이 항쟁을 떳떳하게 여기게끔 되었
다. 농민들은 재판이 열리는 날에 집회를 열어 시위를 통해 압력을 가
할 계획까지 세우게 되었다. 농민들의 이러한 분위기와 경상우병사를
비롯한 강경한 정부의 입장 사이에서 유화책을 채택한 박규수는, 고민
이 되지 않을 수 없었고 따라서 주모자인 유계춘에 대한 심문조차도
못한 채 재판을 지연시키고 있었다. 그가 음식에 체하여 질병을 얻게
된 것도 이러한 그의 정신적인 고통을 말해 주는 것이다.[106] 이러한 고
통을 겪으면서 박규수는 유계춘, 김수만, 이귀재에 대한 사형을 비롯한
농민항쟁 주동자에 대한 재판을 완료하였다.[107] 그러나 박규수는 안핵
사업의 지연과 주동자에 대한 가벼운 처벌로 탄핵을 받아 파직되고 말
았다.
　안핵사업의 기본방침을 유화책으로 채택하고 있었던 박규수는 정부,
암행어사, 경상우병사, 그리고 영남사림과 미묘한 갈등을 빚고 있었다.

2, 국사편찬위원회, 1968.

106) 『蠹營錄草』 4월 21일, 4월 26일.

107) 『壬戌錄』 晋州按覈使査啓跋辭 ; 『晋州樵軍作變謄錄』 ; 『蠹營錄草』 등 참조.
　　사옥의 구체적인 내용에 대해서는 김진봉(1970년), 原田環(1975년)의 앞의
　　논문 참조.

진주 현장에 도착하기 전부터 간직하고 있었던 그의 유화책은 농민항쟁을 처리하는 과정에서 더욱 굳어졌다. 그는 농민항쟁의 주동자는 산에서 나무나 베어다 시장에 팔아 먹고사는 초군들이 아니라 향촌사회를 지배하는 세력있는 자들 즉 요호부민이라고 보고,[108] 따라서 적자인 농민이 난민이 되기는 하였으되 그들을 도륙하는 강경책을 취할 수는 없다는 것이다. 강경책을 취하면 번지기 시작하는 농민항쟁을 도저히 막을 수 없게 된다는 것이다.[109] 그리고 고통을 이기지 못하여 항쟁이 일어난 곳과 소요 일으키기를 좋아하는 곳을 구별하여 지역에 따라 대처해야 한다고 생각하였다.[110]

그러나 정국의 분위기는 박규수의 생각과 일치하는 것은 아니었다. 19세기 세도정권의 경직성이 끊임없는 저항과 부딪혀 이제 이 시기에는 상당히 이완되고는 있었지만 여전히 보수적인 세력의 강경한 압박이 상존하고 있었다. 전국적인 농민항쟁의 압력으로 박규수 등 체제내적 진보세력의 의도대로 삼정개혁방안이 마련되었지만 그것이 시행되지도 못한 채 백지화되고 만 사실이 당시의 정치분위기를 보여준다. 박규수는 그러한 보수세력의 강경한 입장을 고려하지 않을 수 없었다. 유화책을 채택한 박규수의 고민은 결국 안핵사업의 지연을 초래하였고 농민항쟁 주동자에 대한 처벌을 완화하는 방향으로 나타났다. 박규수는 이와 같이 고민스러운 안핵사업을 빨리 끝내고 싶었다. 그러나 진주의 안핵사업을 마치면 다른 지역의 안핵사업에 다시 차출될까 걱정스러웠다. 실제 개령안핵사로 발령이 났지만 진주안핵이 늦어져 안동부사로 대체되었던 것이다.[111]

박규수의 이러한 유화책에 대하여 이미 지적한 바와 같이 경상우병사는 상당히 비판적이었다. 경상우병사는 안핵사 박규수가 엄히 다스

---

108) 『壬戌錄』 晋州按覈使査啓跋辭 ; 『瓛齋集』 권8 書牘 與溫卿(4월 17일).
109) 『瓛齋集』 권8 書牘 與溫卿(4월 17일).
110) 『瓛齋集』 與溫卿(4월 21일).
111) 『瓛齋集』 與溫卿(4월 21일) 및 『壬戌錄』 42쪽.

리지 않았기 때문에 각 읍으로 농민항쟁이 확대되어 나가고 있고 농민
들이 두려워하지 않고 있다는 것이다. 그래서 경상우병사는 주동자를
경상감영에 이송하여 감사가 처리해야 할 것이라고 주장하기도 하였
다.112)

암행어사 이인명은 박규수에 대한 인신공격을 가하였다. 박규수가
하루의 경비로 150냥을 갹출하여 사용하고 있는데 수개월 동안 안핵사
업을 지체함으로써 민폐가 심하다는 것이다. 뿐만 아니라 박규수가 영
남사림의 여론을 악화시키고 있다고 비난하였다.113) 반면 이인명은 박
규수가 비난하였던 경상우병사의 농민항쟁 수습 행적에 대해서는 칭
찬을 아끼지 않았다.114) 박규수의 치죄 결과를 받아 본 비변사에서도
안핵사업의 지연과 유화책에 대하여 비판하고 그를 파직토록 하였
다.115) 이러한 강경론의 분위기가 기본적으로 밑바닥에 깔려 있었는데
박규수는 서울의 동료들이 자기의 입장을 이해해 줄 것으로 기대하고
있었다.116) 그러나 그들의 세력은 미약하였다.

이와 같이 박규수의 유화책은 강경론자들의 비판을 받았는데 농민
항쟁의 배후로 영남사림을 지목하여 영남사림의 공격을 받음으로써
그는 더욱 곤경에 처하였다. 장령 정직동과 부호군 이만운은 박규수가
진주의 소요를 영남사림 전체에 책임을 지워 모함한 점을 비난하면서
그의 처벌을 주장하였다.117) 박규수에 대한 현지 영남사림의 반발은
더욱 심하여 박규수가 안핵사업을 끝낸 뒤에도 영남사림에게 붙잡혀
한동안 서울로 돌아오지 못하였다고 한다.118) 영남사림들의 이러한 반

---

112) 『瓛齋集』 與溫卿(4월 21일) 및 『嶠營錄草』 4월 21일, 4월 26일.
113) 『壬戌錄』 別單.
114) 『汾督公彙』 御史李寅命別單.
115) 『비변사등록』 철종 13년 5월 12일.
116) 『瓛齋集』 與溫卿(4월 17일).
117) 『壬戌錄』 掌令鄭直東上疏, 副護軍李晩運上疏.
118) 『龍湖閒錄』 649호 京奇.

발에 대하여 박규수는 난류(亂類)의 부형장로를 책망한 것이지 독서군
자인 사림이나 사림의 선배를 모함한 것이 아니라고 변명하였다. 경상
도 각지로 농민항쟁이 비화되고 있는 상황에서 먼저 사민(士民)과 부
로(父老)가 수치심을 느끼고 향촌을 단속하라는 의미에서 다소 과격한
언사를 사용했을 뿐이라는 것이다. 그는 비록 안핵사업이 지연되어 파
직을 당하고 영남사림의 비난을 받고 있어서 어떤 처벌을 더 당할지
불안하였지만, 자신의 선고대로 항쟁의 주동자 3명만 사형을 당하고 7
명을 추가 사형할 것을 주장한 비변사의 요청이 기각된 것을 매우 기
뻐하였다.119) 그의 유화책이 어느 정도 성공한 셈이었다.

이상이 박규수의 진주안핵사업의 개략이다. 정부에서는 진주안핵사
로 박규수를 파견한 뒤 진주에 이어 경상도 각지를 비롯하여 전라도,
충청도에서도 농민항쟁이 지속되자 암행어사를 파견하여 모순의 소재
를 파악하고 관리의 부정을 적발하도록 하였다. 정부는 삼남지방에서
30개 읍을 선정하여 8명의 암행어사를 파견하였다. 진주 함양 창원 거
창의 암행어사로는 이인명이 파견되었다.120) 이인명은 환곡의 폐단과
경저리 등 관리의 부정, 그리고 수령의 부민 수탈에 대해 조사 보고하
였고, 진주농민항쟁에 연루된 전 병사 백낙신, 우후(虞侯) 신효척, 전
목사 홍병원의 부정을 파헤치는 한편 병사 신명순과 목사 정면조의 수
습노력을 칭찬하였다.121)

또한 정부에서는 농민항쟁의 후유증을 없애기 위해 농민들을 효유
할 선무사를 파견하였다. 4월 15일 영남선무사로는 이삼현이, 호남선
무사로는 조구하가 파견되었다. 선무사 이삼현의 임무는 농민들을 선
유하여 정부의 수습조치를 납득시키는 일과 폐단의 원인을 파악하여
개혁방안을 강구하는 일이었다. 그리하여 이삼현은 진주에서는 죄의

119) 『瓛齋集』 권6 左副承旨違召後自劾疏, 권8 書牘 與溫卿(5월 10일, 6월 5일).
120) 『龍湖閒錄』 615호 京奇 ; 『비변사등록』 철종 13년 3월 25일.
121) 『壬戌錄』 別單 ; 『汾督公彙』 御史李寅命別單.

경중에 따른 치죄의 당위성을 역설하면서 의구심을 버리고 농사에 전념토록 선유하였고, 환곡의 폐단을 조사하는 한편 특히 진주 저리의 고리대 폐단을 지적하였다.[122]

한편 진주에서는 진주목사 정면조와 경상우병사 신명순이 농민항쟁을 수습하기 위해 노력하였다. 진주목사 정면조는 진주목에 부임하면서 관례화되어 있던 부임비용인 쇄마가(刷馬價)를 농민에게 되돌려 주어 농민의 부담을 덜어 주었다. 그리고 농민항쟁과정에서 피해를 당한 이교호(吏校戶)에 쌀 6두, 민인호(民人戶)에 9두씩을 배급하는 휼전(恤典)을 베풀었다. 그리고 남명 조식을 비롯한 이 지역 유학의 전통을 되살려 사족의 사기를 진작하고 인재를 기르기 위하여 매달 한번씩 순제(旬題)를 제시하였다. 뿐만 아니라 감영의 지시를 받아 농감을 두고 농우와 양곡을 상호 대여토록 하는 등 권농에도 치중하였다. 항쟁원인이었던 삼정의 개선을 위해 노력하는 한편 토호의 발호를 억제하기도 하였다.[123]

그러나 진주목사의 이러한 노력이 농민의 입장에서 시행된 것은 아니었다. 그는 경상도 각지의 농민항쟁의 주동자들을 농사에 게으른 자들이며 진주의 경우 다른 지역의 적류(賊類)가 혼입되어 더욱 과격해졌다고 항쟁을 비난하였고, 피해보상도 서리들과 요호부민에게 함으로써 농민들의 불만을 크게 사고 있었다.[124]

경상우병사 신명순도 농민항쟁을 수습하기 위해 노력하였다. 지방수령이 농민의 입장에서 문제를 해결한다는 것은 기대할 수 없는 것이지만 병사는 목사보다 더욱 강경하였다. 그는 몇몇 주동자의 선동에 의하여 항쟁이 일어나고 무지한 농민들이 위협에 못이겨 이에 추종한 것

---

122) 『壬戌錄』 鍾山集抄 嶠南日錄.
123) 『晋陽樵變錄』 暗行御史李寅命, 新牧使鄭公冕朝到參禮驛傳令, 牧使鄭公恤典傳令, 牧使鄭公旬題出送時下帖, 初抄旬題, 二抄旬題, 巡營甘結據本州傳令, 本州傳令 ; 『汾督公彙』 임술 4월 초3일.
124) 『晋陽樵變錄』 牧使鄭公恤典傳令, 巡營甘結據本州傳令.

으로 보면서 정부의 방침대로 주동자를 제외한 일반농민의 처벌은 없을 것이라고 농민들에게 언명하였지만, 박규수의 안핵사업이 지연되고 그 처벌이 가벼운 데 대해서는 불만이 많았다. 그래서 그는 박규수 대신 경상감영에서 치죄해 줄 것을 요청하기도 하였다.[125]

이와는 별도로 향촌사회에서는 나름대로 농민항쟁의 후유증을 심각하게 앓고 있었다. 진주지방에 해당되는지는 알 수 없지만 서리 및 대민(양반토호, 보수적인 요호부민)과 소민(농민항쟁에 가담했던 빈농, 초군) 사이에 사적인 감정이 표출되고 있었다. 서리는 장시에 나가 항쟁과정에서 살상 파괴행위를 한 농민을 지목하여 사적인 원한을 갚거나 세납시 수납을 거부하는 행패를 부렸고, 대민도 소민에게 감정을 품고 복수할 기회를 노리고 있었다.[126]

이상에서 볼 때 정부측의 수습과정은 안핵사, 암행어사, 선무사의 파견을 통한 중앙정부 차원의 수습과, 진주목사, 경상우병사의 지방 차원의 수습이 병행되어 진주농민항쟁 자체의 수습은 이루어졌다. 그러나 농민항쟁의 근본 원인이 해결되지 못한 상태에서 향촌사회가 안정될 수는 없는 것이었다. 농민들은 정부와 지방수령의 정책방향에 대하여 민감하게 반응하면서 이를 주시하고 있었다.[127]

2) 진주삼정책 분석

진주안핵사 박규수의 건의에 따라 정부는 삼정이정청을 설치하고 중앙의 대신들과 지방의 감사, 수령, 그리고 사족, 지식인 등으로부터 삼정책을 수합하였다. 수합된 삼정책을 참고로 하여 이정청에서는 윤

---

125) 『汾督公彙』御史李寅命別單 ; 『晉陽樵變錄』新兵使申公命淳發令州各面 ;
    『蠹營錄草』 4월 21일.
126) 『晉陽樵變錄』 巡營甘結(윤8월 초8일 到付).
127) 『汾督公彙』三政啓草, "況今晉之一境 自經浩劫 驚魂未定 官隸一出 則相顧
    而愕然 京關一下 則互問而疑之".

8월 19일 정부안으로서 삼정이정절목(三政釐整節目)을 반포하였다. 이제 전국적인 상황과는 별도로 진주지방의 삼정문제를 해결하기 위한 대책은 어떻게 나왔으며 그 구체적인 처리는 어떻게 이루어졌는지 검토하기로 한다.

진주의 삼정문제 개혁방안은 진주안핵사 박규수, 경상감사 이돈영, 진주목사 정면조, 경상우병사 신명순의 입장을 통해서 살펴본다. 이들은 농민항쟁의 수습을 담당한 실무자로서 정부측 입장을 반영한다고 볼 수 있는데, 대체로 체제를 유지하려는 보수적 입장 내지 체제내적 개량주의의 입장을 벗어나지는 못하였다.

진주안핵사 박규수는 1854년 경상좌도 암행어사로 파견되었을 때 삼정문란의 심각성을 알게 되었고, 또 안핵사로 파견되어 파악한 진주를 비롯한 경상도지역의 삼정문란의 양상을 토대로 하여, 삼정 그중 특히 환향의 개량적 개선을 추구하는 입장을 취하였다. 그는 항쟁의 근본적인 원인을 삼정의 문란에서 찾았으며 특히 환향의 폐단이 심하다고 인식하였다. 이러한 폐단을 방치한다면 나라의 붕괴도 피할 수 없다고 생각하였다. 고식적인 방식으로는 사태를 수습할 수 없는 지경에 이르렀음을 인식한 그는, 이 문제를 해결하기 위한 특별기구를 설치하여 광범하게 개혁방안을 수집하는 한편 이전의 시행사례를 조사하여 개혁방안을 마련하고 이를 한 도에 시험해 본 뒤 전국에 확대하는 방안을 제시하였다.[128]

그러나 박규수는 조선 중세사회 해체기의 사회경제적 모순에 대한 깊은 통찰 위에서 변혁의 방향성을 농민의 입장에서 추구한 것은 아니었다. 그는 삼정의 문란이 농민경제에 끼치는 심각한 영향을 인식하고 있었고 이를 위로부터의 개혁을 통하여 해결해 보려 하였다. 그러나 이미 언급한 바와 같이 박규수는 정치적 영향력을 가지고 있지 못하였다. 진주농민항쟁을 유화책으로 처리하려는 방침조차도 중앙정치세력

---

128) 『壬戌錄』按覈使講究方略釐整還餉積弊疏.

의 견제를 고려하지 않으면 안 되었고 결국 탄핵의 고통을 당했던 것
이다. 그의 이러한 경험은 실학적인 가문의 전통, 중국에서의 서구문물
접촉경험과 함께 후에 개화파를 형성하는 밑거름이 되었으며 개화파
의 조세제도 개혁 및 위로부터의 개혁 입장에도 영향을 미쳤을 것으로
여겨진다. 어쨌든 박규수의 개혁방법론은 받아들여져 삼정이정청이 설
치되었고 정부의 삼정개혁안도 특히 환정의 개혁에 치중되었다.

한편 박규수는 진주안핵사업의 일차적인 과제로서 사포사업을 수행
하였고, 그 결과 진주목과 경상우병영의 감포(減逋)방안을 마련하기도
하였다. 이것은 진주지방의 환포(還逋)를 처리하기 위한 임시적인 조
치로서 환정에 대한 근본적인 개혁은 아니었다. 이 문제는 뒤에 진주
지방의 환곡처리 과정을 검토하면서 살펴본다.

이상이 박규수의 환정개혁의 입장이다. 박규수의 입장은 환정의 문
란이 조선사회의 붕괴를 초래할지도 모르는 전국적인 현상으로 나타
나고 있었음을 우려하면서 이의 개혁방안을 정부 차원에서 마련할 것
을 요청하고, 진주안핵사업 과정에서는 임시적인 변통책으로서 환향의
탕감 등 정부의 지원을 요청하는 것이었다.

경상감사 이돈영은 부임 도중 진주농민항쟁의 소식을 듣고, 부임한
후에도 경상도 각지의 항쟁에 시달렸지만 달리 이를 수습할 방책을 가
지고 있지 못하였다. 탐관오리에 의한 삼정의 문란이 농민항쟁의 원인
이었기 때문에 삼정의 개혁이 필요하다고 인식하였을 뿐 이재치부(理
材治賦)의 방법에는 문외한이었다. 국가의 재정을 위해서는 구제도를
답습할 수밖에 없고 민생을 위해서는 경장하지 않으면 안 되는데 이
두 가지를 다 고려하려면 손상익하(損上益下)할 수밖에 없다고 생각
한 데에서 그의 식견을 엿볼 수 있다. 개혁방안이 오히려 폐단을 낳을
까 걱정하는 보수적인 사고방식의 소유자였다. 그래서 삼정책문(三政
策文)이 내려오자 궁여지책으로 경상도 각 읍의 수령에게 물어보고 향
촌에서 채집한 삼정시행 사례를 종합하여 이정청에 보고하게 된 것이

다.129)

이돈영은 삼정 가운데 환정에 특히 주목하였다. 그는 환폐를 개혁하기 위한 방안으로 농민들은 사창(社倉), 와환(臥還), 결환(結還)을 원하지만 그는 이들 방안을 일축한 뒤 환곡의 이자를 탕감하는 것을 내용으로 한 정부의 탕모(蕩耗)조치를 중심으로 장황하게 의견을 제시하였다. 사창, 와환, 결환도 근본적인 개혁이 되는 것은 아니었는데 농민들이 요구한 이들 방안조차 수용하지 못한 보수적인 입장이었던 것이다. 그는 환곡의 이자를 탕감하면 재정에 충당되는 탕모 액수를 달리 마련할 길이 없을 뿐만 아니라 환곡에 이자가 없다면 환총(還總)을 증가시킬 길도 없다고 생각하고 오히려 분실된 환곡의 원곡을 탕감하는 것이 옳다고 주장하였다. 그리고 중간의 농간을 엄히 단속하는 방법으로 수령책임제를 시행해야 한다고 강조하였다. 이밖에 그는 이무전(移貿錢)과 상채전(償債錢)의 폐지, 영모가작(營耗加作)과 시가(時價)에 따른 작전(作錢)의 금지, 군위 단성 등 환곡 폐단이 우심한 지역의 환곡 탕감, 번잡한 환곡장부의 개혁(환곡종류, 분급량, 穀種에 따른 장부의 통폐합) 등을 제시하였다.

전정에 관하여는 토지등급의 불균으로 인한 소민의 고통, 결가(結價)의 등귀, 산읍(山邑)과 연해읍(沿海邑) 및 전세와 대동세에 따른 미목(米木) 납부의 불균, 각종 부가세의 결렴, 상납 정비(情費)의 과람 등의 폐단을 제시하였다. 이돈영은 이들 폐단을 제거하기 위해서는 개량(改量)하지 않으면 안 된다고 생각하고, 개량방법으로 전답주의 신고를 받아 감영에서 호조양안과 대조하여 양안 외의 전답을 먼저 양전하고 엄격한 규식을 세워 한두 면리, 한두 읍의 양전을 모범적으로 시행한 뒤 확대 실시하는 방안을 마련하였다. 개량의 목적은 기본적으로 은결의 색출을 통한 국가재정의 확보에 두어졌다.

---

129) 경상감사 李敦永의 삼정책은 『嶺南三政啓』;『汾督公彙』嶺南三政啓(임술 7월 巡營啓本) 참조.

그리고 군정에 관하여는 군액은 많고 호구는 적고 허오(虛伍)가 막심해 첩역(疊役)이 심하기 때문에 계방(稧房) 또는 보졸(保卒)에 투탁하여 피역하는 자가 많다고 지적한다. 이를 막기 위해 계방 보졸 명목의 폐지, 교원생노(校院生奴) 중 부정입안자의 색출을 제시하였다. 그는 당시 향촌단위에서 간혹 시행되던 동포법(洞布法)이나 일부 개혁론자들이 주장하던 호포법은 복고(復古)의 길이 아니며 민을 동요시킬 우려가 있다고 하여 배격하였다.

이렇게 보면 경상감사 이돈영의 삼정책은 조선 중세사회의 모순을 개혁하기 위한 경제제도의 개혁은 말할 것도 없고 삼정의 개혁이란 측면에서 보더라도 정부의 삼정이정절목에도 미치지 못하는 보수적이고 고식적인 방책에 불과하였다. 환정은 환곡 이자의 탕감조치를 언급하였을 뿐이고, 전정은 은결의 색출을 위한 개량을, 군정은 피역을 막고 한정(閑丁)을 색출하는 데 불과한 것이었다. 경상도 각 읍에서 올린 삼정시행 사례조차 반영하지 못한 것이었다.

진주목사 정면조는 부임하기 전부터 진주농민들이 모두 기뻐할 삼정개혁방안을 마련하겠다고 다짐하였다.[130] 부임 뒤에는 이미 언급한 바와 같이 진주농민항쟁을 수습하기 위한 방책을 시행하는 한편 당면한 삼정폐단의 임시적 수습을 위해서도 노력하였다. 그러던 중 이정청에서 전국적으로 삼정책의 수합을 지시하고 이에 의거하여 경상감영에서 지방의 지식인과 특히 지방관의 삼정책을 요구하게 되자, 진주목사도 진주목의 당면한 삼정문제를 중심으로 삼정책을 초하게 되었다.[131] 그는 삼정개혁의 일반적인 방침과 진주목의 삼정개혁방법에 관하여 의견을 제시하였다. 그러나 그는 진주농민항쟁을 수습해야 할 책임을 지고 있었던 지방수령이었기 때문에 국가적인 차원에서 삼정문제의 근본적 개혁책을 마련하는 일보다는 진주의 삼정폐단을 어떻게

130) 『晉陽樵變錄』新牧使鄭公冕朝到參禮驛傳令.
131) 『晉陽樵變錄』釐整廳關文據本官傳令 ; 『汾督公彙』晉牧三政啓草.

수습하여 지방행정을 무리없이 수행해 나갈 것인가에 관심을 집중하였다. 따라서 그의 삼정책은 진주목의 당면한 삼정문제를 해결하기 위한 미봉적인 의견을 제시한 데 불과하였다.

진주목사는 기본적으로는 전정은 개량을, 군정은 사정(査丁)·호포·결포, 환정은 분실된 환곡의 탕감 등 체제내적 개혁이 필요함을 인식하고 있었다. 그러나 그러한 개혁의 방법에는 여러 가지 기술적인 문제가 놓여 있을 뿐만 아니라 그러한 기술적인 문제가 해결된다 하더라도 급격한 개혁은 아직 안정되지 못한 민심을 동요시킬 것이라고 생각하였기 때문에 점진적인 개선의 방법을 취할 수밖에 없다고 하였다. 즉 전정에 있어서는 당시 1720년의 경자양안(庚子量案)을 사용하고 있는 상황에서 볼 때 개량이 시급한 일이지만 인재와 재정을 마련하기 어렵고 이를 마련한다 하더라도 개량을 시행하면 이향(吏鄕)과 요호의 농간 때문에 빈호(貧戶)만 피해를 입게 된다는 것이다. 그리하여 은결과 재결 199결의 색출, 진주의 4,000냥 결잉조(結剩條) 중 탕감받은 2,000냥을 가지고 지방재정에 충당하는 방안, 환곡을 받지 않는 서원의 토지 400결에 대한 조사 등을 제안하였다. 국가재정의 확보와 지방재정의 안정을 목표로 한 개선방안이었다.

군정에 있어서는 군액의 전면적인 사정을 통한 부족한 군액의 보충이 농민의 부담을 가중시킬 것이며 호포법을 시행하면 양반호의 혼입이 예상되고 결포법을 시행하면 토지가 많은 부호의 부담이 무거워질 것을 우려하면서, 그 이외의 점진적인 방안으로서 교원(校院), 모군(募軍) 및 기타 피역자의 조사와 군근전(軍根田)의 설치를 통한 군정폐단의 제거를 제안하였다. 신분과 경제력에 따른 군포 부담의 불평등을 해소하기 위한 보다 근본적인 호포·결포의 개혁방안을 배격하고 군정의 폐단을 일시적으로 미봉하려는 방안이었다.

환정에 있어서는 10년 동안 분실된 환곡이 5만여 석이고 이를 보충하기 위해 토지에서 거두어들인 액수가 151,300냥이나 되어 환전(還

錢)의 폐단이 우심함을 지적하였지만, 분실된 환곡을 부분적으로 마련하려는 대책을 가진데 불과하였다. 환곡의 근본적인 개혁은 고사하고 오히려 환곡의 조적(糶糴)이 이루어지지 않는다면 재정의 확보가 불가능하다는 입장이었다. 이와 같이 진주목사 정면조의 삼정개혁에 대한 인식은 매우 저급한 것으로서 당면한 삼정의 폐단을 미봉하려는 데 급급하였고, 농민의 부담을 경감하려는 방책보다는 국가재정이나 지방재정의 확보에 중점을 두고 있었다.

　진주목사의 삼정책이 기본적으로는 재정의 유지를 목적으로 한 것이었지만 당시의 사회계급에 대한 인식을 파악해 보면 그의 삼정책이 어떠한 계급적인 입장에 있는지 이해할 수 있을 것이다. 그는 진주농민항쟁을 수습하는 과정에서 농민군에 의해 파괴된 서리가와 부민가에 휼전을 베풀고 사족의 사기 진작을 위하여 순제를 베풀고 토호의 무단을 경계한 바 있다. 그리고 삼정책을 마련하면서는 요호의 농간으로 말미암아 요호의 토지는 상등도 하등으로 책정을 받고 민호의 토지는 하등도 상등으로 책정되어 민호의 조세부담이 증가하게 된다고 비난하고, 호포법과 결포법의 시행이 양반호와 부호의 부담을 가중시킬 것이라고 우려하고, 저리와 서리의 횡령을 처리함에 있어서 저리와 서리도 역시 백성이라 하여 두둔하고 있다. 이러한 사실들을 종합해 볼 때 진주목사는 결코 농민적인 입장에 서 있지 않았다. 오히려 농민들의 파괴행위와 약탈행위를 비난하고 농사에 게으른 자와 다른 지역의 적당이 이를 주도하였다고 주장하였다. 농민들에게는 조선 중세국가의 체제유지를 위한 농업의 안정적 재생산에 충실할 것을 강요하였다. 그는 농민항쟁과정에서 공격의 대상이 되었던 저리와 서리, 그리고 요호부민을 옹호하고 사족을 중심으로 하여 향촌사회의 질서가 회복되기를 기대하고 있었다. 여기서 주목되는 것은 요호부민과 양반사족에 대한 이율배반적인 견해가 나타나고 있는 점이다. 즉 한편으로는 요호부민과 사족을 옹호하면서도 다른 한편으로는 요호부민의 부정과 양반

토호에 대하여 비판하고 있다. 이는 이미 언급했듯이 보수성과 진보성을 기준으로 구분되는 요호부민의 양면성이 진주목사에게도 인식되고 있음을 의미한다. 진주목사는 유교이데올로기에 철저한 사족을 중심으로 중세적 향촌질서가 확립되기를 기대하고 있었다고 생각된다. 진주목사의 입장은 중세적인 지배질서를 유지하려는 전통적인 지배층의 입장을 반영하는 것이었다.

다음으로는 경상우병사 신명순의 삼정책을 검토하기로 한다. 5월 26일 정부에서 삼정이정청을 설치하고, 6월 10일 정부대신을 비롯하여 지방수령과 재야지식인의 삼정책을 수합한다는 방침이 철종의 전교를 통하여 전국에 반포되었다. 이러한 방침에 따라 지방수령들도 삼정책을 강구하게 되는데 어떤 경우에는 의무감에서 하는 수 없이 삼정책을 마련한 것도 없지 않았을 것이다. 그런데 지방수령의 범주 안에 병사, 수사 등의 무신도 포함되는지의 여부가 그들 당사자에게는 문제가 되었다. 철종의 전교가 내리기 직전인 6월 9일 경상우병사는 삼정책문이 곧 내릴 것이라는 풍문을 듣고 병수사에게는 삼정책문이 미치지 않을 것이라고 예상하고 있었다.[132] 특별한 삼정개혁방안을 가지고 있었던 것은 아니지만 막상 책문이 무신에게 내려오지 않자 그는 매우 서운해 하였다. 무신에게 삼정책문이 내려오지 않은 이유를 그는 지방 지식인의 삼정책의 수합을 군현의 수령이 담당하고 있고 또한 무신이 '경제지책(經濟之策)'에 어둡기 때문이라고 파악하고 있었다.[133] 그러나 이정청에 전달되지는 않았겠지만[134] 경상우병사는 나름대로 삼정개혁에 관한 견해를 가지고 삼정책을 작성하였다.[135]

경상우병사 신명순의 입장 역시 삼정의 문란을 일시적으로 미봉하려는 지배층의 입장을 벗어나는 것은 아니었다. 특히 그는 삼정개혁의

---

132) 『矗營錄草』 6월 9일.
133) 『矗營錄草』 7월 13일, 21일.
134) 『矗營錄草』 9월 3일.
135) 『汾督公彙』 三政進策草.

성과를 인사에 반영하는 인사제도의 개혁을 통하여 삼정문제를 해결하려 하였다. 이것은 삼정문란이 기강의 해이와 그 운영의 문란에서 비롯된 것이라고 생각하는 그의 인식을 보여주는 것이다. 그는 삼정문란의 양상을 양전을 시행하지 않은 점, 모군수포(募軍收布)의 군사제도라는 점, 환곡의 이자로 국가재정을 마련하는 점 등 제도적인 측면을 지적하는 한편, 농민들은 곡포(穀布)를 생산하는데 조세는 결전(結錢)・군전(軍錢)・환전(還錢) 등 국가가 주조하는 화폐형태로 징수하는 데 있음을 지적하여 상품화폐경제가 농민경제에 타격을 가하고 있다고 비판하였다. 그리고 이러한 삼정문란을 해결하기 위해서는 토지의 개량, 군정의 조사, 환곡의 감축과 환포의 탕감이 필요하다고 인정하였다. 그러나 이를 시행할 수는 없다고 생각하였다. 양전의 경우 인재와 재정이 필요할 뿐만 아니라 민정이 소요하고 서리의 농간을 막을 수 없기 때문이라는 것이다. 그리고 기왕의 몇몇 사례를 보면 양전을 해도 은결의 색출이 적어 국가재정에도 보탬이 되지 못한다는 것이다. 군정의 조사는 군액이 민호의 수효보다 많고 농민들이 백방으로 피역을 도모할 뿐 아니라 호강자(豪强者)가 이를 거부하고 있어서 불가능하다고 한다. 환곡의 감축과 환포의 탕감은 국가재정의 비축과 재정의 조달문제 때문에 역시 불가능하다고 한다. 결국 그는 삼정문란을 해결할 수 있는 최소한의 방안조차도 수용하지 못하였다.

그는 그 대안으로서 세 가지 방법을 제시하였다. 우선 조세의 가중은 국가재정의 부족 때문인데 이를 해결하기 위해 긴축재정을 운영하여 비용을 절약해야 한다고 한다. 다음으로는 인사제도의 개혁인데 이것이 그의 가장 핵심적인 주장이다. 그는 삼정문제의 해결은 인재를 얻어 문제해결을 전적으로 전담시켜야 된다고 보았는데 그러기 위해서는 기강이 바로 서야 하고 상벌을 분명히 해야 한다고 생각하였다. 그래서 10년의 기한을 정하여 이 기간 동안 수령이 임의로 통치를 행하되 개량・사괄(査括)・견탕(蠲蕩)을 중심으로 한 삼정개혁의 성과를

인사에 반영하여 성과를 올린 수령은 기한에 관계없이 승진시킨다는
것이다. 마지막으로 당시의 가장 큰 폐단이었던 환곡의 문제인데 군현
간의 환곡액수를 군현의 크기에 따라 대·중·소의 3등급으로 나누어
균등하게 분배, 고정해야 한다고 주장하였다. 이와 같이 경상우병사 신
명순의 삼정책은 당시의 삼정책 가운데서도 매우 보수적이고 일시적
인 미봉책에 불과한 것이었다.

　그런데 경상우병사 신명순은 진주농민항쟁이 몇몇 소요를 즐기는
무리가 주동, 무지한 농민들을 위협하여 일어난 것으로 파악하고 있었
고 따라서 이들 주동자에 대한 엄격한 처벌을 원하고 있었다. 주동자
들이 당당해 하는 것이 안핵사 박규수의 유화책 때문이라고 박규수를
비난하였던 것은 그의 이러한 입장을 보여준다. 그는 당시의 농민층분
화로 인한 향촌사회의 계급구성의 변동에 대하여는 깊이 있는 인식을
가지지 못하였다. 따라서 그의 삼정책에도 그러한 인식이 반영되지 못
하였다. 다만 군정에 있어서 호강자의 피역으로 궁잔자(窮殘者)의 부
담이 무겁다는 인식을 한 정도였다. 그의 삼정책은 보수적인 지배층의
입장에서 삼정제도의 개혁조차도 거부하고 재정의 절약과 지방수령의
삼정운영의 효율성을 강조한 데 불과한 것이었다. 당시 계급구성의 변
동을 고려하면서 빈농이나 요호부민의 입장에서 삼정개혁방안을 생각
하고 있었던 것은 아니었다.

　이와 같이 농민항쟁을 수습하기 위한 여러 가지 개혁방안이 제시되
었는데 진주에서는 진주목사와 경상우병사에 의하여 삼정문제가 어떠
한 방향으로 처리되고 있었는지 살펴보기로 한다. 진주의 농민항쟁이
주로 환정의 문란을 직접적인 계기로 하여 일어났기 때문에 삼정문제
의 처리과정도 주로 환정문제를 중심으로 하여 검토한다. 진주목사와
경상우병사의 환정문제와 관련한 과제는 환포의 재징수, 부족한 환곡
의 보충문제, 삼정이정절목의 파환귀결(罷還歸結) 조치에 대한 대응문
제 등이었다.

진주목의 환곡문제는 먼저 안핵사 박규수에 의하여 조사되었다. 박
규수의 보고에 의하면, 진주목의 환포는 이미 1861년에 조사 처분되었
는데, 그때의 조사서류를 토대로 하여 재조사한 결과 1862년의 환곡
실총은 41,000여 석에 이르지만 남아 있는 것은 하나도 없었다. 이미
1847년부터 환곡의 분배와 환수, 즉 조적은 중단된 상태였다. 이와 같
이 된 원인은 경저리들과 목사들의 부정 28,000여 석, 농민의 포흠(逋
欠) 13,000여 석 때문이었다. 전자는 본인들로부터 징수할 것이지만 후
자는 항쟁을 수습해야 할 상황에서 농민들에게 부담시킬 수는 없는 것
이었다. 그래서 새로이 얻은 전결 1,000결의 수입 중 상납하고 남은 것
을 가지고 지방재정에 충당하는 한편 본읍 관청 및 경저리, 순영주인
(巡營主人), 통영주인(統營主人) 등의 매년 수입 4,000여 냥을 10년 동
안 모으면 13,000여 석의 민포(民逋)를 충당할 수 있다는 것이다. 이를
위해 박규수는 목사 정면조와 상의하여 정부에 10년 동안 이 4,000여
냥에 대한 이자의 정지를 요청하였다. 정부에서는 이러한 처리방침을
허락하고 그 절반인 2,000냥에 대한 탕감의 처분까지 조치하였다.[136]
진주목의 경우 28,000여 석에 달하는 이포(吏逋)의 재징수와 파환귀결
에 대한 대응문제에 관하여는 구체적으로 확인되지 않지만 이 문제는
경상우병영의 경우를 검토함으로써 미루어 짐작할 수 있을 것이다.

먼저 경상우병영의 환향실태를 살펴보면 1862년의 환향총액은 미로
환산하여 46,985석 10두 8홉인데 각양응하(各樣應下) 8,364석 10두 6도
를 제외하고 38,620석 14두 4도 8홉이 남아 있었다. 그런데 안핵사 박
규수의 조사에 의하면 환향총액은 군향각아문곡(軍餉各衙門穀)이
14,935석 3두 9도 4홉 1작, 사설곡(私設穀)이 24,283석 5두 8도 2홉 5
작, 합하여 39,218석 9두 7도 6홉 6작이었고 이 중 사설곡 13,985석 1두
3도 4홉 7작과 각아문곡 10,169석 2두 7도 1홉 2작, 합하여 24,154석 4

---

136) 『汾督公彙』, 按覈使查逋狀啓, 晋牧三政啓草 ; 『晋陽樵變錄』, 本州傳令 ;
『壬戌錄』, 13~14쪽.

두 5홉 7작이 포환(逋還)이었다.[137]

경상우병사 신명순은 부임 이후 환향문란의 임시적인 변통책으로서 먼저 이러한 포환의 재징수에 착수하였다. 그리하여 2개월 동안 5천여 석을 징수할 수 있었다.[138] 5월 13일 안핵사의 보고에 의하여 24,000여 석의 포환이 탕감된 이후에도 경상우병사는 포환 및 기타 횡령의 재징수와 포리의 체포를 계속하였다. 포환의 징수방법은 이미 농민들의 원성의 대상이었던 족징과 인징의 방법이었다. 대표적인 예가 이방 권준범과 영저리 문영진의 경우였다. 이방 권준범의 횡령 수천여 석 중 불가피한 것 1,660석을 면제하고 나머지를 그의 동생 종범에게서 징수하였는데, 권종범은 이를 납부하다가 힘에 부쳐 700냥을 남겨 놓고 도주하였다.[139] 이에 그의 사촌 권국범을 비롯한 이방 권준범의 친족으로부터 처족, 외족에 이르기까지 재원이 될 만한 것은 모조리 징수하는 족징을 행하고, 그들과 경제관계를 맺고 있었던 사람들로부터도 인징을 행하였다.[140] 병영의 이러한 족징, 인징은 진주목의 족징, 인징과 중복되어 농민들의 큰 고통이 되고 있었다.[141]

경상우병영에서는 이와 같이 환포의 징수와 포리의 수배를 통하여 환향문란을 계기로 일어난 농민항쟁을 수습하는 한편, 환향에 거의 전적으로 의존하는 재정의 수습을 위하여 환향의 보충방안을 강구하게 되었다. 병사는 병영의 재정을 유지하기 위해서는 최소한 4, 5만 석의 환향을 마련하여야 한다고 생각하고 현재의 재고 15,000여 석에 도내에서 3만 석 정도는 구획해 보충해야 한다는 구상을 가지고 있었다. 환

---

137)『汾督公彙』壁錄.

138)『蕬營錄草』5월 17일.

139)『蕬營錄草』6월 2일.

140)『蕬營錄草』6월 2일, 윤8월 25일 ;『蕬營民狀草槩冊』5월 21일, 5월 28일, 6월 23일, 24일, 7월 4일, 7일, 8월 18일, 21일, 22일, 윤8월 6일, 12일, 10월 24일, 27일, 11월 7일, 12월 30일.

141)『蕬營民狀草槩冊』8월 22일.

곡의 여유가 있는 몇 개 지역에 이를 분배하여 이무(移貿)할 것을 계획하고 있었다.[142] 안핵사 박규수는 이러한 병사의 구상을 채택하여 정부에 3만 석의 구획을 요청하였다. 정부에서는 24,000여 석의 포환을 탕감하는 한편 경상감사로 하여금 2만 석을 이송하도록 조치하였다.[143] 그러나 봄에 이미 분급한 9천여 석과 병사가 환포 중 징수한 5천여 석을 모두 분급하고 2만 석을 획득한다 하더라도 모두 35,000여 석의 원곡에서 3,500석의 이자 수입밖에 되지 않으므로 이로써는 재정을 유지할 수 없는 형편이었다.[144] 그나마 2만 석이 8월이 지나도록 구획이 되지 않아 분급의 시기를 놓치고 있었다. 그래서 병영에서는 여유가 있는 각 읍에서 분배하여 그 이자와 함께 연말까지 병영으로 보내주어 내년에는 분급할 수 있도록 해 줄 것을 요청하였다.[145] 그리고 내년 재정 5천 석은 이미 분급한 환향의 원곡 중에서 빌려 쓰고 이를 다시 별도로 구획해 줄 것을 요청하였다.[146]

이와 같은 경상우병영의 재정확보 노력이 경주되는 과정에서 정부에서는 파환귀결의 환향개혁방안을 마련하였다. 그것은 환향을 폐지하여 그 분급과 이자의 수취를 통하여 재정을 조달하는 방식을 지양하고 그 부족한 재정을 토지에 1결에 2냥씩을 부과하여 충당하려는 개혁방안이었다. 그리고 허곡의 3분의 2는 탕감하고 나머지는 조사 수취하여 균역청에 납부하며, 실곡(實穀)은 3년간 작곡(作穀)하여 항류곡(恒留穀)을 마련하고 이를 병·수영 등 적당한 곳에 배정하여 2년 단위로 개색(改色)만 하도록 규정하였다.[147] 삼정 가운데 전정과 군정의 개혁

---

142) 『蟲營錄草』 4월 12일, 21일, 26일, 5월 3일.

143) 『壬戌錄』 查逋狀啓 ; 『汾督公彙』 壁錄, 備局報草(임술 5월 12일), 本營啓草 (임술 5월 13일).

144) 『蟲營錄草』 5월 3일, 6월 9일, 7월 2일, 13일 ; 『汾督公彙』 壁錄.

145) 『蟲營錄草』 8월 29일.

146) 『蟲營錄草』 8월 21일, 29일 ; 『慶尙右兵營關牒』 同治 원년 윤8월 7일 ; 『汾督公彙』 巡營錄草.

147) 『釐整廳謄錄』 ; 김용섭, 「조선후기의 부세제도 이정책」 『한국근대농업사연

은 구제도를 토대로 한 운영상의 개선을 추구한 데 비하여 이러한 환향의 개혁은 상당히 진취적인 것이었다.

파환귀결의 조치에 대하여 경상우병사는 각지 농민항쟁의 원인이 결가의 과중한 징수에 있었으므로 각종 경비를 절약하여 결가를 1결에 3, 4냥으로 줄인 후에 2냥씩을 징수해야 그 시행이 가능할 것이라고 생각하였다.[148] 그리고 병영의 경우에는 3만 석을 항류곡으로 삼아 분반제모환색(分半除耗還色)하고 8천여 석의 재정을 1결당 2냥 징수하는 것 중에서 충당하되 그 시가는 통영의 예에 따라 1석에 적어도 5냥으로 계산해 주어야 한다고 생각하였다.[149] 이와는 별도로 병사는 토지에서 충당할 재정이 내후년을 위하여 내년에 지급될 것이므로 내년 재정에 충당할 5천 석을 이미 분급한 15,000여 석의 원곡 중에서 이자는 제외하고 징수할 것을 요청하였다.[150] 그러나 이러한 요청이 받아들여지지 않자 병사는 분배된 환향 15,000여 석이 본래 병영에서 부족한 재정을 위해 사적으로 마련하여 취모(取耗)하던 것으로서 공곡(公穀)과는 관계없는 것이고 그 중 겨우 5천 석을 얻고자 하는데 불과한 것이라고 강조하였다.[151]

이와 같이 병사는 5천 석의 획득문제와 토지에서 충당할 8천여 석의 작전시가(作錢時價)문제로 경상감영과 밀고 당기는 신경전을 펼쳤으나 파환귀결의 조치가 백지화되고 마는 10월 29일에 이르기까지 이 문제를 해결하지 못하였다. 이에 병사는 10월 29일 자신의 불만을 토로한 보고서를 작성하였다. 그러나 자신이 보기에도 불만이 과격하게 노출되었는지 보고하지는 않았다. 그는 1년 동안 비변사와 감영에 병영

구』(증보판) 상, 1984, 363~373쪽 ; 박광성, 앞의 논문 참조.

148) 『蠹營錄草』 윤8월 26일.
149) 『蠹營錄草』 윤8월 25일, 26일 ; 『汾督公彙』 備局報草(임술 9월 6일).
150) 『蠹營錄草』 윤8월 26일, 9월 12일, 13일 ; 『汾督公彙』 備局報草(임술 9월 6일, 임술 9월 13일).
151) 『蠹營錄草』 9월 22일 ; 『汾督公彙』 壁錄.

의 재정문제에 관하여 수없이 많은 청원을 하였지만 하나도 수용되지 못하였음을 안타깝게 생각하였다. 2만 석의 구획이 이루어지지 않았고, 15,000여 석이 병영에서 사적으로 마련한 사설곡임에도 불구하고 안핵사의 보고 중에 포함됨을 빌미로 하여 모두 공곡으로 간주되었다는 것이다. 또한 15,000여 석 중 4,787석이 갑자기 아문곡으로 처리되었는데 그렇다 하더라도 그 나머지는 사설곡으로서 병영의 재정으로 인정되어야 할 것 아니냐는 것이다.152)

경상우병사는 처음 파환귀결의 환향개혁방안을 접하였을 때에는 자신의 삼정책과는 전혀 다른 내용이었음에도 불구하고 환곡의 폐지는 자신이 평소에 생각하고 있었던 것이라고 여유를 보였었다.153) 그러나 그는 어디까지나 재정정책적 관점에서 환향문제를 인식하였던 것이었고 농민의 입장에서 그 개혁적 성격을 인식하고 있었던 것은 아니었다. 어떤 조치가 취해지든 그로서는 병영의 재정을 어떻게 마련할 것인가에만 관심이 있었던 것이다. 그러나 파환귀결 이전이나 그 이후에 있어서나 그가 추구하였던 병영재정의 안정은 이루어지지 않았다.

10월 29일 파환귀결의 백지화로 환향문제는 다시 원점으로 돌아가 버리고 말았다. 이제 정부에서는 이 문제를 환총의 재조정을 통해 부분적으로 해결하려 하였다. 즉 허곡의 대부분을 탕감하여 전국 환총을 재조정하고 각 읍의 환총도 호수의 다과에 따라 재조정하여 불균등을 해소한 후 환총의 가감과 이동, 사설곡의 설치를 금지한다는 방안이었다.154)

파환귀결 조치의 철회는 많은 혼란을 초래하였지만 경상우병영에서는 기본적으로 재정정책의 측면에서 파환귀결 이후에 철회되었던 2만 석과 그 이자 2천 석의 확보, 그리고 5천 석의 마련을 중심으로 방침을

152) 『汾督公彙』 巡營報草(10월 29일).
153) 『蘆營錄草』 9월 12일.
154) 『비변사등록』 철종 13년 12월 11일 ; 김용섭, 앞의 책, 1984, 363~373쪽.

정하고 있었다. 그러나 2만 석 및 그 이자 2천 석의 확보는 이듬해까지
도 실행되지 못하고 있었고 5천 석 재정은 감영에서 마련해 주었지만
조적을 위한 별도의 5천 석은 마련되지 못하였다.[155]

이상에서 진주목과 경상우병영의 삼정문제의 처리과정에 대하여 살
펴보았다. 그러나 그것은 삼정 가운데 환정을 중심으로 한 것이었고,
그것도 농민항쟁의 원인의 하나였던 환포의 재징수, 그리고 부족한 환
향의 보충문제를 중심으로 한 재정정책적 차원의 처리과정이었다. 그
러한 환정의 처리가 농민들에게 구체적으로 어떤 모습으로 다가오는
지에 대하여는 자료의 문제 때문에 거의 다루지 못하였다. 특히 파환
귀결이라는 환정의 개혁방안이 진주농민들에게 어떠한 의미를 가지는
개혁안이었고 그 철회는 또한 어떤 의미를 가지는지 정리하지 못하였
다.

5. 맺음말

이상에서 진주농민항쟁의 전개과정과 수습과정에 대하여 정리해 보
았다. 특히 이를 19세기 조선사회가 안고 있었던 체제적 모순의 본질
이 무엇이며 농민항쟁을 통하여 농민들은 이를 어떤 방식으로 해결하
려 하였고, 당시의 계급구성의 변동 속에서 어떠한 변혁주체가 형성되
어 가는지를 포착하는 데 중점을 두었다. 그러면 본론에서 검토한 내
용을 간단하게 요약하면서 진주농민항쟁의 성격을 정리하기로 한다.

이 글은 새로 발굴된 자료를 이용하여 1862년의 농민항쟁 가운데 진
주지방을 대상으로 몇 가지 문제에 대하여 재검토한 것이다. 먼저 농
민항쟁을 국가-농민의 조세수취관계에 대한 저항, 즉 조세저항운동의

---

155) 『慶尙右兵營關牒』 동치 2년 3월 20일, 7월 10일, 9월 25일 ; 『嶠營啓錄』 12월
    9일 ; 『慶尙右兵營啓下總內許減穀五千石依朝令擧行成冊』(동치 2년 3월).

성격이 강한 것으로 인식된 점을 극복하기 위하여 조선사회의 기본적
인 모순관계인 지주-전호의 지대수취관계에 대한 농민의 저항이 어떤
방식으로 표출되고 있는지를 검토하였다. 그리하여 조선후기 조세의
양적 확대와 조세부과의 토지집중이 지주제의 규정성을 강화한 것으
로 이해하고, 지주제의 독특한 특성인 분산성으로 인하여 지주제에 대
한 저항이 상대적으로 약한 반면 그것이 조세수취관계에 대한 저항 속
에 내포되어 표출되는 것으로 이해하였다.

　진주농민항쟁 연구에서 가장 논란이 많은 부분은 주도층에 대한 문
제이다. 이 문제에 대하여는 19세기 사회의 계급구성에 대한 이해가
전제되지 않으면 안 된다. 조선후기 경제변동 속에서 성장하는 층과
몰락하는 층을 추출해내고 변혁기에 있어서 그들의 역할을 농민항쟁
을 통하여 살펴보고자 한 것은 이러한 이유에서였다. 성장하는 층은
요호부민층으로, 몰락하는 층은 빈농층, 농촌노동자층으로 나타난다.
그런데 요호부민은 중세사회에 기생하여 중세적 특권을 획득하려는
보수성과, 중세체제의 변혁을 통하여 부르주아적 성장을 꾀하려는 진
보성의 양면성을 띠고 나타나며 1862년 단계에 이르면 그 분화가 뚜렷
해지게 된다. 이러한 계급구성의 변동에 대한 이해와, 농민운동의 내재
적 발전에 대한 이해를 전제로 할 때 주도층을 일정한 계층으로 고정
하려는 정태적인 견해에서 벗어나 보다 발전적으로 이해할 수 있게 된
다. 진주농민항쟁은 진보적 요호부민의 지원과 지도하에 빈농, 농촌노
동자를 원동력으로 하여 일어나고, 항쟁의 질적 내재적 발전을 통하여
전자가 탈락되면서 후자가 그 주도권을 장악하는 방향으로 진행되었
다고 본다.

　다음으로 농민항쟁의 전개과정에서는 일정한 단계에서 질적인 비약
이 일어난다는 관점에서 그 내재적 발전과정에 주목하였다. 개별적인
농민항쟁의 내재적 발전은 결국 농민운동의 역사적 발전과정을 전망
해 줄 것이다. 그래서 진주농민항쟁의 전개과정을 3단계로 나누고 각

단계에서 모순관계, 주도층, 조직, 공격목표, 의식과 지향을 정리하였다. 제1단계는 향회 및 무력봉기준비의 단계로서 진주목의 도결과 경상우병영의 통환의 철폐를 목표로, 한편으로는 향회를 개최하여 농민들의 공론을 모아 경상감영에 그 철폐를 호소하고, 다른 한편으로는 철시를 비롯한 실력행사를 계획 실행하였던 단계였다. 이 단계에서는 국가-농민의 조세수취관계에 대한 문제제기가 표면화되었고, 농민측에 선 진보적 요호부민층이 광범한 계급적 연대하에 향회조직을 주로 이용하여 이를 주도하였다. 제2단계는 도결과 통환의 철폐를 목표로 농민들이 무력봉기를 꾀하여 읍내를 점거한 단계이다. 이 시기에도 진보적 요호부민이 초군조직을 동원하고 장시를 이용하여 광범한 농민층을 규합, 국가-농민관계에 대한 저항을 주도하였다. 그런데 이 시기에는 보수적 요호부민과, 중세적 특권에 기생하는 전기적 자본인 상인자본, 고리대자본에 대한 공격이 나타나는 등 요호부민의 양면성이 보다 분명해지고, 지주-전호관계에서 근본적으로 파생하는 경제적 불평등에 대한 저항이 표면화되기 시작하는 특징이 나타난다. 제3단계에서는 무력봉기가 지역적으로 확대되면서 각지의 양반, 무단토호, 보수적 요호부민 등이 집중적으로 공격을 당하였다. 이 시기에는 주로 빈농, 초군 중 항쟁과정에서 부각된 인물들이 농민군을 편성, 주도권을 장악하고 지주제 등 광범한 체제적인 모순을 문제삼고 있었다. 이러한 과정을 볼 때 진주농민항쟁의 주도층은 항쟁의 내재적 발전에 따라 전이해가며, 이러한 현상을 통하여 근대사회로의 이행기에 있어서 변혁주체의 형성을 전망해 볼 수 있다.

진주농민항쟁이 정부와 지방차원에서 어떻게 수습되었으며 그에 대한 농민의 반응은 어떠하였는지도 검토하였다. 정부차원에서는 진주안핵사 박규수, 암행어사 이인명, 영남선무사 이삼현을 파견하여 수습하게 하였다. 특히 박규수의 활동이 돋보이는데 그는 진주농민항쟁이 사족과 요호부민의 주도에 의하여 일어나고 농민들은 이에 추종한 것에 불과하다고 파악하여, 사족과 요호부민의 각성을 촉구하면서 농민에 대하여는 유화책을 취하려 하였다. 그리고 항쟁의 직접적인 계기는 삼정의 문란 특히 환향의 문란에 있다고 분석하고 이를 해결하기 위한 삼정의 구조적 제도적 개혁을 촉구하였다. 그는 체제내적 진보세력으로서 삼정의 개혁이 불가피한 것으로 인식하고 있었다. 진주농민들은 사태의 수습이 어떤 방향으로 이루어질지 우려하고 있었는데 박규수의 유화책에 어느 정도 회유되어 수습이 이루어진 것으로 보인다. 박규수의 유화책과 영남사림에 대한 공격은 보수적이고 강경한 지배층의 반발을 일으켜 그는 탄핵을 당하여 파직되었다. 지방차원의 수습은 진주목사 정면조, 경상우병사 신명순에 의하여 진행되었다. 이들은 주동자의 처벌과 농민의 안정적인 재생산을 원하고 있었다.

농민항쟁의 수습은 결국 항쟁이 일어나게 된 원인을 치유하지 않으면 안 되는 것이었다. 그래서 정부에서는 정부대신을 비롯하여 지방의 감사, 수령, 그리고 사족과 지식인의 의견을 수렴하여 항쟁의 원인으로 인식되었던 삼정문제를 해결하려 하였다. 이러한 삼정책이 삼정이정청에 의하여 광범하게 수합되었는데, 이 글에서는 진주지방을 중심으로 진주안핵사, 경상감사, 진주목사, 경상우병사의 삼정책을 분석하였다. 대체로 경상감사의 삼정개혁방안은 정부의 삼정개혁방안에도 미치지 못하는 보수적이고 고식적인 미봉책에 불과하였고, 경상우병사의 삼정책도 보수적인 지배층의 입장에서 삼정제도의 개혁조차도 거부하고 재정의 절약과 지방수령의 삼정운영의 효율성을 강조한 데 지나지 않았다. 진주목사의 삼정책도 당면한 진주목의 삼정폐단을 미봉하려는데 급급한 것으로서 농민의 부담을 경감하려는 방책보다는 국가재정이나 지방재정의 확보에 중점을 둔 것이었다. 박규수의 입장이 비교적 체제내적 진보성을 띠고 있다고 할 수 있겠다. 그리고 진주목사와 경상우병사의 진주지방 삼정문제의 처리과정은 주로 환향문제를 중심으로 재정적인 차원에서 검토하였는데 이에 대한 진주농민의 대응은 자료」

의 한계로 검토할 수 없었다.

이상의 검토를 통하여 볼 때 진주농민항쟁은 기본적으로 반체제투쟁의 성격을 지닌다. 농민들은 중세적 조세수취체계의 개혁을 요구하는 한편 경제적 불평등의 근본적인 원인인 생산관계의 개혁 즉 지주제의 개혁을 요구하고 있는 것이다. 소부르주아로의 성장을 위한 기초로서 농민적 토지소유의 실현을 지향하고 있었다고 하겠다. 그러나 지주제개혁과 농민적 토지소유의 실현에 대한 농민들의 요구는 반체제투쟁의 전반적인 강도와 수준에 비하면 미약한 편이었다. 근대사회의 수립을 위한 개항 이전의 반체제 근대화의 노력은 이 정도의 수준에 머무르고 있었다.

제4장 1894년 농민전쟁의 사회경제적 배경과
변혁주체의 성장

1. 머리말

1894년 농민전쟁은 민족적 체제적 위기를 극복하여 근대민족국가를 수립하려는 반체제 반외세 운동이었다. 다시 말하면 조선후기 이래 군현을 중심으로 전개되어온 농민항쟁의 흐름을 전국적인 규모에서 종합하여 중세체제 모순의 척결을 촉구하는 한편, 개항 이후의 제국주의 침략에 대항하려는 것이었다. 그러나 농민전쟁에 의하여 아래로부터 분출되어 나온 반체제적 변혁의지는 갑오개혁에서 개량적으로 수용되는데 그쳤고, 농민전쟁이 진행되는 와중에서 일어난 청일전쟁은 일본의 조선에 대한 제국주의적 침략과 지배를 더욱 강화하는 결과를 가져왔다.

한국근현대사의 출발을 중세체제의 타파와 반제국주의 민족운동의 시작으로 파악할 수 있다면, 1894년은 그 출발점에 있다고 할 수 있을 것이다. 1894년 농민전쟁은 한국 근현대사가 안고 있는 민족적 계급적 위기의 해결을 목표로 한 최초의 변혁운동이었다. 오늘의 민족적·계급적 현실의 극복에 있어서 1894년 농민전쟁은 역사적 교훈을 제공해 줄 것이다.

이 글에서는 농민전쟁의 사회경제적 배경과 변혁주체의 성장과정을 개론적으로 살펴보고자 한다. 농민전쟁의 사회경제적 배경을 크게 중

세체제의 파탄과 제국주의의 침탈로 구분하여 살펴본다. 이를 추상화
시켜 보면 체제적 모순과 민족적 모순의 문제로 나눌 수 있는데, 전자
는 지주-전호의 지대수취관계와, 국가-농민의 조세수취관계의 두 가
지 형태의 상호관계를 중심으로 살펴보고, 후자는 제국주의의 경제적
침략을 중심으로 살펴본다. 그리고 중세적 수탈과 제국주의의 경제적
침탈을 배경으로 하여 농민전쟁의 주체세력이 형성되는 양상을 살펴
보고자 한다.

2. 농민전쟁 연구의 현황과 과제

1894년 농민전쟁에 대한 연구는 일제시기에는 동학당의 반란으로
규정하는 경향이 지배적이었고, 해방 후 1950년대를 거치면서 반봉
건·반침략운동의 성격이 부각되고 농민전쟁으로서의 역사적 의의가
강조되었다. 1960년대 이후에는 내재적 발전론에 입각한 연구가 활성
화되면서 농민전쟁 연구에 많은 관심이 집중되었다. 이 시기 내재적
발전론에 입각한 연구가 조선후기의 사회경제사를 주대상으로 삼았기
때문에 이를 통하여 농민전쟁의 사회경제적 배경에 대한 이해의 폭이
크게 확대되었다. 1980년대 이후에는 민중운동에 대한 관심이 고조되
면서 근대민중운동사의 핵심적 줄기로서 농민전쟁의 역사적 의의가
크게 강조되고 있다.

농민전쟁 연구사의 주요한 주제로는 사회경제적 배경, 주체, 조직,
이념, 지향 등을 들 수 있다. 이 가운데 이 글에서는 사회경제적 배경
과 주체문제를 다룬다.

그런데 이들 주제들은 동학을 어떻게 평가하는가에 따라 해석이 달
라질 수 있기 때문에 그동안 동학과의 관련문제에 대한 논의가 가장
활발하였다. 동학과 농민전쟁의 관계는 대체로 동학운동론, 농민전쟁

론, 그리고 양자의 절충적인 입장으로 구분될 수 있다. 동학운동론은 동학의 사상·조직·구성원 등 동학의 일체가 농민전쟁을 이끌었다고 보는 견해이다. 농민전쟁론은 조선후기 이래의 아래로부터의 변혁운동이 농민전쟁으로 종합되었다고 보거나, 동학의 남접세력이 이념·조직·구성원 등의 측면에서 북접교단과 구별되어 사회변혁세력으로 인식되는 견해이다. 양자의 절충적인 입장은 농민전쟁이 동학과 상호 내면적 관계로 결합되었다고 본다. 역사학계에서는 대체로 농민전쟁론의 견해가 우세하다.

농민전쟁의 사회경제적 배경에 대한 검토는 농민전쟁이 궁극적으로 지향하는 새로운 사회건설의 방향을 사회경제적 측면에서 해명하는 것을 과제로 삼는다. 조선후기 이래 심화되어 온 체제적 모순의 실체와 개항 이후 가중된 민족적 위기의 실상을 점검함으로써 반체제·반외세 운동으로서의 농민전쟁의 역사적 성격을 구체적으로 확인할 수 있을 것이다. 구체적인 상황 속에서는 양자가 결합되어 나타날 수밖에 없지만 중세체제의 문제는 토지, 조세, 재정문제, 민족적 위기의 문제는 개항기 상품유통경제의 변동 문제가 그 구체적인 내용이 될 것이다. 사회경제적 배경은 곧 농민전쟁의 지향으로 직결되는 문제이지만 여기서는 이러한 사회경제적 배경 속에서 어떠한 세력이 변혁주체로서 형성 발전되어 오는가 하는 점에 관심을 둔다.

농민전쟁의 주체에 대하여는 참가층과 주도층으로 구분하여 볼 수 있는데, 참가층은 하층 빈농층·영세수공업자층·영세상인층 등 계급적·민족적 모순의 직접적 피해자들로 파악되고 있고, 주도층은 잔반층(殘班層), 부농층(饒戶富民), 빈농층으로 그 견해가 구분되어 있다.

잔반층주도론은 양반계급의 최하층에 깔려서 평민과 다름없는 처지로 전락한 잔반계층이 동학의 접주로서 농민의 입장에 서게 되면서 농민군을 이끄는 영도자가 되었다고 본다. 부농층(요호부민)주도론은 부르주아적 지향성을 가진 부농이 아래로부터의 농민적이고 혁명적인 근대화의 길을 농민전쟁을 통하여 표출하였다고 주장된다. 농민군 지도층은 영농방법의 개선과 근검절약을 통하여 부를 축적하였지만 지방관아와 양반에 의하여 집중적으로 수탈을 당함으로써 농민적 입장의 동학조직에 합류하여 농민전쟁에서 그 지도자로 활동하게 되었다는 것이다. 빈농층주도론은 신분적으로는 양인층과 노비를 중심으로 한 천민층이고 사회계급으로는 소작농을 비롯한 빈농층이 중심이 되고 그밖에 영세상인층·영세수공업자층·노동자층·실업자층이 포함되었다고 주장된다. 잔반층은 반혁명군을 조직하여 관군, 일본군과 함께 농민군을 공격하였고, 부농층은 농민군의 공격의 대상이 되었다고 본다.

농민전쟁의 주체에 대하여는 부농층주도론과 빈농층주도론이 논란을 벌이면서 빈농층주도론의 견해가 우세한 편이다. 여기서는 계급구성의 관점과 사회세력의 관점에서 주체문제를 검토하고 특히 부농층과 빈농층이 개항 전후 사회세력으로서 지니는 위상에 대하여 개괄적으로 검토해 보고자 한다.

3. 농민전쟁의 사회경제적 배경

먼저 농민군의 요구조건에 대한 분석을 통하여 체제적 모순과 민족적 위기의 구체적인 실상을 파악해 본다.

농민군의 요구조건은 제1차 농민전쟁의 결과 전라도지역에 집강소(執綱所)를 설치하여 실시하기로 한 폐정개혁(弊政改革) 12개 조항으로 대표된다. 그런데 폐정개혁 12개 조항은『동학사(東學史)』의 저자인 오지영(吳知泳)이 경험을 회상하여 기록한 것으로서 그 조목을 글자대로 확인하는 것은 곤란하다. 더구나『동학사』가 간행된 1940년보다 훨씬 이전인 1924년에 그 초고본이 작성되었고, 거기에는 12개조

가운데 3개 조항이 달리 되어 있음을 고려하면, 폐정개혁 12개 조항만
으로 농민군의 요구조건을 총괄하는 것은 무리이다. 농민군은 필요에
따라 격문과 개혁안을 제시하였기 때문에 『대한계년사(大韓季年史)』
의 4개조 명의(名義)와 13개조, 『한국통사(韓國痛史)』의 6개조, 『주한
일본공사관기록』의 9개조, 「전봉준판결문」의 27개조 중 14개조, 『속음
청사(續陰晴史)』의 14개조 및 추가조항, 그리고 격문과 상소문 등을
대조하여 농민군의 폐정개혁 요구조건을 복원하는 것이 타당하다고
생각된다. 사실 농민군의 행동은 이상의 개혁방안으로 요약 정리된 것
보다 훨씬 다양한 양상을 보여주었고, 그러한 요구는 모두 기록으로
옮겨지지는 않았다. 농민군의 구체적인 행동 자체가 그들의 요구들을
직접 반영한다고 볼 수밖에 없고, 따라서 농민군의 요구조건은 농민군
의 행동과 실천 속에서 보다 풍부하게 보충되어야 할 것이다.

　이러한 논의를 전제로 하여 농민군의 폐정개혁안을 정리하면, 그것
은 크게 중세체제 모순의 척결을 촉구하고 있는 부분과, 유통경제에
대한 제국주의의 경제적 침탈을 비판하는 부분으로 나누어질 수 있다.
다시 전자는 정치기강의 문란을 비판하는 부분, 사회신분의 철폐를 요
구하는 부분, 조세제도의 문란을 척결할 것을 요구하는 부분, 토지제도
의 개혁을 지향하는 부분으로 구분하여 볼 수 있다. 후자는 외국상인
의 침투와, 외국상인의 국내유통기구와의 결탁을 배척하는 부분이 중
심을 이루고 있다. 이러한 문제들에 대한 구체적인 논의는 생략하고
추상적인 수준에서 정리하여 보기로 한다.

　중세체제의 모순과 민족적 위기는 개항기의 구체적인 역사상황 속
에서는 상호 결합되어 나타나고 있지만, 우선 이를 구분하여 차례로
정리한 뒤 다음 장에서 그 상호관계를 변혁주체의 성장과 관련하여 논
의하기로 한다.

　한국중세사회는 중앙집권적 국가권력체제와 지주제적 경제제도의
결합을 그 특징으로 한다. 중앙집권적 권력체제를 구축한 국왕은 과거

제를 통하여 귀족·양반을 관료화함으로써 그들을 중앙집권적 권력체제 속에 포섭하고, 그에 대한 대가로서 경제적 이익을 보장하여 주었다. 귀족·양반의 경제적 이익의 대표적인 부분이 토지와 노비였다. 그러나 토지와 노비에 대한 귀족·양반의 집중적 지배, 즉 토지소유의 지역적 집중성과 노비소유의 집단성은 중앙집권적 권력체제를 위협하는 것이었으므로 귀족·양반의 토지와 노비에 대한 지배는 분산성을 전제로 하여 보장되었다고 할 수 있다.

국왕과 귀족·양반이 결합한 지주적 지배계급은 자작농과 소작농으로 구성되는 농민적 피지배계급을 장악하게 되는데, 그 경제적인 실현형태는 조세와 지대로 나타났다. 즉 국가와 농민 사이의 조세수취관계와, 지주와 전호 사이의 지대수취관계가 형성되었다. 그 가운데 기본적인 생산관계는 지주-전호관계에서 나타나고 국가-농민관계는 부차적인 의미를 지니는 것이었다. 그러므로 중세체제 모순의 실체는 지주-전호관계 속에 나타나지 않을 수 없었다. 그러나 국왕과 귀족·양반이 지주층을 형성하고 있고 농민은 자소작농이 대부분이기 때문에 현실적으로는 국가-농민의 조세수취관계 속에서도 체제적 모순의 양상이 나타나지 않을 수 없었다. 더구나 중세말기 조세의 지세화 현상은 지주제의 규정성을 강화하는 것으로 되어, 국가-농민관계는 지주-전호관계 속에 그 모순을 내재화할 수 있게 되었고, 역으로 지주-전호관계는 국가-농민관계를 통하여 그 모순을 표출할 수 있게 되었다고 생각된다.

이와 같이 중세체제 모순의 본질은 지주전호제에 놓여 있었는데, 농민층분해의 진전으로 지주-전호관계의 갈등도 심화되지 않을 수 없었다. 이른바 지대저항운동이 격화되었다. 전호농민은 지대의 납부를 지연·인하·거부하면서 지주-전호관계의 모순을 새삼 인식하고 점차 체득해 나갔다. 그러나 현실적으로는 지대저항운동이 광범해지더라도 이를 결집해낼 수 있는 조직화의 가능성은 희박하였던 것 같다. 지주

적 토지소유의 분산성에서 비롯되는 전호농민의 고립분산성이 전호농
민의 결집된 항쟁을 어렵게 만드는 객관적 요인이었고, 전호농민의 의
식상의 한계가 또한 그 주관적 요인이 되었다. 반면 조세부과의 총액
제적(總額制的) 양상과 조세납부의 공동납적(共同納的) 관행은 군현
단위에서 농민을 결집할 수 있는 객관적인 조건이 되었다. 이러한 이
유로 말미암아 19세기의 농민들은 지대저항운동보다는 조세저항운동
으로서의 농민항쟁을 일으켰고, 그 과정에서 삼정의 조세문제와 함께
지주전호제에 대한 모순을 제기하지 않으면 안 되었다. 19세기 농민항
쟁의 총결산으로서의 1894년 농민전쟁도 주로는 조세수취문제와 신분
제의 철폐를 요구하고 있었지만, 이제 토지제도의 변혁을 요구하는 내
용도 포함하는 방향으로 전진하였다.

군현단위의 농민항쟁에서는 우선 일차적인 봉기의 원인인 삼정문란
의 개혁이 추진되었다. 농민들은 관아를 점령한 뒤 삼정에 관한 조세
수취대장을 소각하였으며, 조세수취의 담당자였던 관아의 서리들을 공
격하였다. 관권과 결탁하여 조세수취과정에서 많은 이익을 취하고 있
었던 읍내의 요호부민들도 공격을 받았다. 항쟁이 격화되고 발전해 나
가면서 농민들은 토지소유의 불균등이 경제적인 불평등의 원인임을
자각하기 시작하고, 이러한 모순의 해결을 촉구하면서 향촌의 토호나
대지주를 공격하게 되었다. 이와 같이 농민항쟁이 발전해 나가면서 토
지소유문제에 대한 문제제기가 나타났던 것이다.

따라서 농민항쟁의 이러한 측면을 파악한 진보적 지식인은 삼정개
혁방안을 마련하는 과정에서 토지소유관계의 개혁을 주장하기도 하였
다. 정전론(井田論), 균전론(均田論), 한전론(限田論) 등의 전통적인
토지개혁론이 재해석되었고, 그밖에 균작론(均作論), 감조론(減租論)
의 대안도 제시되었다. 특히 감조론은 지대인하를 주장하는 것으로서
조세저항운동과 연결되는 방안이었고, 농민들에게 토지소유관계의 모
순을 인식시킴으로써 토지개혁을 지향하는 실천적이고 단계적인 방안

이 될 수도 있었다. 결국 토지개혁론은 경자유전(耕者有田)의 농민적 토지소유를 실현하려는 방향을 취하고 있었다. 농민전쟁에서의 토지개혁강령은 이와 같은 토지개혁론의 전통이 반영된 것이었다고 여겨진다.

농민전쟁에서 제시된 토지개혁에 대한 요구는 폐정개혁안 12개조 가운데의 '평균분작(平均分作)' 요구에서 가장 분명하게 드러나고, 그 외에 균전사(均田使)의 처단 요구나, 각종 조세장부와 함께 양안을 소각하고 있는 농민군의 행동에서 토지개혁에 대한 지향을 읽을 수 있다. '평균분작'의 요구는 아직은 그 구체적인 시행지침이 만들어지지 않은 상태에서 농민들의 요구와 지향이 집약된 데 불과하기 때문에 그 해석은 다양할 수 있는데, 대체로 농민적 토지소유를 지향하고 있는 점은 분명하다고 여겨진다. 즉 지주전호제를 철폐하고 농민적 토지소유를 실현하며 그러한 바탕 위에서 소상품생산자로서의 성장을 지향하는 것이라고 해석된다. 따라서 지주층이 대부분이었던 보수유림들이 농민군의 개혁을 지지할 수는 없었고, 동일하게 반침략적 입장을 견지하면서도 제국주의의 무력적 침략 앞에서 상호 대립할 수밖에 없었던 것이다.

중세체제의 모순은 개항 이후 더욱 심화되었다. 중세체제의 위기와 근대화정책의 추진과정에서 비롯되는 재정부담의 가중이 국가재정의 위기를 초래하고 이것이 농민들의 부담으로 이전되고 있었고, 경제외적 강제의 약화를 통하여 쇠퇴하여 가던 지주제가 개항 이후의 미곡수출을 계기로 강화되는 현상이 나타나면서 농민층의 몰락은 가속화되었다. 뿐만 아니라 상품화폐경제를 이용한 중간층의 수탈도 심하여졌다. 농민층은 지대와 조세의 이중적 수탈과 함께 각종 중간수탈에 노출되어 있었던 것이다. 이러한 상황은 농민층의 봉기를 재촉하였고, 19세기 이래 군현단위의 수많은 농민항쟁은 바로 그 결과였다. 농민전쟁은 군현단위의 농민항쟁을 총결산하는 것으로서 중세체제의 모순을 철폐하고 아래로부터 혁명적인 변혁을 추진하려는 반체제운동이었다. 농민전쟁은 조세문제로부터 토지문제에 이르는 체제적 모순의 총체적인 극복을 지향하고 있었다.

개항 이후의 체제적 모순은 제국주의의 경제적 침략으로 말미암아 야기된 민족적 위기와 중첩되어 있었다. 제국주의 세력은 국내의 지배계급과 결탁하거나 매판세력을 양성하고 있었기 때문이다.

개항기 제국주의의 침략은 1894년과 1905년을 경계로 3시기로 구분할 수 있다. 1876년부터 1894년까지의 시기에는 제국주의에 의한 세계분할이 진행되는 국제적인 환경을 배경으로 하여 중국과 일본의 주도권 쟁탈이 치열했던 시기이다. 그 결과 1894년 청일전쟁이 일어났고, 이를 계기로 중국은 제국주의의 방향에서 탈락되어 오히려 제국주의적 분할의 대상이 되고, 일본은 제국주의로 나아가고, 한국은 반(半)식민지의 처지로 전락하였다. 그러나 그후 열강의 세력다툼과정에서 한국에 대한 일본의 독점적 지배권은 부정되었지만, 열강에 대한 각종 이권의 양도를 감수하지 않을 수 없게 되었다. 1904년의 러일전쟁은 일본이 한국에서 주도권을 장악하게 되는 마지막 관문이었고, 여기서 승리한 일본은 1905년 보호조약을 강제하여 한국을 실질적인 식민지로 만들었다.

이 글에서 문제삼는 시기는 첫 번째 시기이다. 이 시기에는 열강의 진출과 함께 중국과 일본의 각축이 치열하였다. 중국은 한국을 예속적으로 인식하고 있었고, 일본은 이를 부인하는 입장이었다. 중국은 양무운동(洋務運動)을 통하여 근대화를 꾀하고 있었고, 일본은 메이지유신(明治維新) 이후 본원적 축적을 본격적으로 추진하여 농업의 수탈과 정상(政商)의 육성을 꾀하고 있었다. 일본은 본원적 축적의 진행을 위하여 한국에서의 약탈적 무역을 절실히 필요로 하고 있었다. 일본은 아직 제국주의적 성격을 분명하게 가지지는 않았지만, 1884년의 조로수호통상조약(朝露修好通商條約) 체결과 갑신정변 이후의 친러세력의 등장, 그리고 1885년 이에 대항하는 영국의 거문도점령사건 이후 열강의 제국주의적 성격이 한국에서도 구체적으로 나타나기 시작하였다. 아직 제국주의 단계에 도달하지 못한 일본과 중국의 세력 쟁탈을 기본적인 축으로 하면서도, 세계적인 제국주의체제의 모순이 한국에 나타나고 있었던 것이다.

제국주의의 경제적 침략은 먼저 유통부문으로 침투해 들어왔다. 제국주의는 선진자본주의국가에서 생산된 공산품을 판매할 시장을 확보하려 하였고, 한국에서 생산되는 농산물, 광산물 등의 유출을 추진하였다. 특히 일본은 아직 산업자본의 미확립으로 무역에 있어서는 선진국의 공산품을 중계무역하는 단계에 있었지만 일본 국내의 산업발전을 위한 원료와 미곡 등의 농산물을 요구하고 있었다. 이러한 시장으로서 한국은 호조건을 갖추고 있었다.

제국주의는 또한 유통부문에 침투하여 유통조직을 재편성하였다. 종래의 유통조직을 개항장을 중심으로 재편성하였다. 그리고 내륙지방의 유통을 위하여 한국인으로 조직된 매판적 성격의 하부 유통조직을 갖추었다. 하부의 유통조직은 한국의 식민지화의 진전에 따라 내륙지방으로의 불법적인 밀무역의 단계를 넘어 점차 외국상인들에게 장악되어 갔다. 그에 따라 초기단계에서 제국주의와 결탁관계에 있었던 수많은 유통관계 종사자들이 점차 민족적인 성격을 띠는 방향으로 전환되지 않을 수 없었다. 그러나 농민전쟁 이전 단계에 있어서는 아직 제국주의의 경제적 침략이 내륙지방에까지 현저하게 미치지 못하였기 때문에 상인들의 매판적 역할이 여전히 유효하였고, 특권성과 독점성을 추구하는 상인의 중세적 성격과 함께 그 매판성이 농민들의 비판과 공격의 대상이 되고 있었다.

특히 곡물의 유출은 농민층에게 직접적인 이해관계가 걸려 있는 문제였다. 자국자본주의의 발전을 위한 일본의 한국곡물 유출은 국내의 곡물수급구조를 교란, 곡가를 등귀시켜 직접적으로 도시나 농촌의 임

노동층과 빈농층의 반발을 초래하였다. 물론 곡물유출로 곡물의 상품
화가 촉진되면서 농민의 잉여축적의 욕구도 상승하였지만, 일본상인
등 상인조직과 지배계급은 농민의 잉여생산물만이 아니라 농민의 자
가소비부분까지 수탈하였다. 뿐만 아니라 재정확보를 위한 정부의 악
화남발은 곡물의 대일수출과 관련하여 곡물가격 등 각종 물가의 인플
레이션 현상을 빚었다.

　이와 같이 제국주의의 경제적 침탈은 빈농층을 비롯하여 농촌과 도
시의 임노동층과 소상인층의 몰락을 강요하고 있었다. 더구나 이러한
제국주의의 침탈은 중세체제의 수탈과 밀접하게 결합되어 사회의 모
순을 심화시키고 있었다. 이를테면 조세의 금납화는 일본의 금융장악
에 의하여 그 피해가 농민층에게 돌아가고 있었고, 일본으로의 곡물유
출은 지주제를 강화시키고 있었고, 중세적 특권상인들은 제국주의세력
의 매판세력으로 기능하고 있었던 것이다.

4. 변혁주체의 성장

　체제적·민족적 위기를 당하여 이를 극복할 수 있는 변혁주체는 그
러한 모순의 직접적 담지자에서 찾아져야 할 것이다. 개항 전후의 정
치세력으로서 거론되는 개화파, 위정척사파, 민중세력 가운데 민중세
력이 체제적·민족적 위기를 극복하려는 적극적인 의지를 지니고 있
었다. 민중세력은 지대와 조세의 이중적인 수탈에 놓여 있었기 때문에
반체제 근대화의 추진을 기대하는 입장이었지만, 그것은 개화파의 방
식과는 달리 아래로부터 자주적으로 추진하려는 것이었다. 또한 민중
세력은 제국주의의 경제적 침략에 노출되어 어떤 다른 세력보다도 많
은 피해를 입고 있었다. 반외세 자주화를 위한 변혁운동을 주도할 수
있었던 이유가 여기에 있었다. 이와 같이 민중세력은 개항기 체제적·

민족적 위기를 해결할 수 있는 가장 분명한 변혁주체로서 등장하였다.

이제 민중세력으로 표현된 변혁주체의 등장과정을 검토해 보자. 이 문제는 두 가지 관점에서 논의할 수 있다. 하나는 계급구성의 관점이고, 다른 하나는 사회세력의 관점이다. 조선후기 사회경제적 발전은 "양반·지주-평민·전호"라는 경제외적 강제에 의하여 규정되는 토지소유관계의 해체를 촉진하였다. 그 결과 경제적 관계에 의하여 규정되는 계급구성과, 여전히 잔재로서 남아 있는 신분적 관계에 의하여 규정되는 사회세력이 착종되는 과도적인 세력의 편재를 초래하였다.

계급구성의 관점에서 보면 지주층은 토지소유의 규모에 따라 대지주, 중소지주 등으로 분해되고, 자작농과 전호층은 그 경영 능력에 따라 부농층, 중농층, 빈농층, 임노동층 등으로 분해된다. 이외에 상인층도 규모에 따라 세분되어지고 도시에는 빈민층이 존재한다. 사회세력의 관점에서 보면 상층부에는 양반사족을 모태로 하는 토호층과, 반상(班常)을 포괄하는 신분구성을 갖는 요호부민층이 있고, 하층부에는 평민·천민 신분층의 소빈민층이 존재하고 있다고 볼 수 있다. 토호층은 대지주층의 기반을 가지고 있고, 요호부민층은 중소지주층·부농층·상인층의 기반을 가지고 있고, 소빈민층은 빈농층·임노동층·빈민층의 기반을 가지고 있는 것으로 파악된다.

토호층은 농민전쟁 과정에서 농민군에 대항하기 위한 반농민군을 조직하였다. 농민전쟁의 주체로서 문제가 되는 것은 중소지주·부농·상인적 기반을 가지고 있는 요호부민층과, 빈농·임노동자·빈민의 기반을 가지고 있는 소빈민층이다.

요호부민층은 조선후기 상품화폐경제의 발전을 이용하여 경제력을 확보하고 이를 토대로 평민에서 양반으로 신분을 상승시키고 향권(鄕權)에 참여하기도 하였다. 요호부민의 경제적 기반은 농업생산, 지주경영, 상업활동, 조세수취청부업 등이었다. 그런데 그들 중에서도 생산력의 발전과 생산방법의 변혁을 통하여 부를 축적하는 자들이 있는가 하면, 관권과 결탁하여 특권을 이용해서 부를 축적하는 자들도 있었다.
전자는 중세권력과 대립하는 경향을 보이고 후자는 중세권력에 기생
하는 경향을 보이고 있다. 즉 중세권력과의 관계설정을 두고 진보성과
보수성의 구별이 생긴다. 진보적인 요호부민층은 중세권력의 수탈에서
벗어나지 못하여 반체제 농민항쟁에 주도적으로 나서게 되지만, 보수
적인 요호부민층은 중세권력과 결탁하여 특권을 향유하고 수탈자의
대열에 서게 되면서 농민군의 공격을 당하였다. 사족 주도의 향촌사회
가 붕괴되면서 강화된 수령권과, 이들 보수적인 요호부민층의 결탁이,
중세적 수탈의 중심적인 구조를 이루고 있었다. 이와 같이 개항 이전
에는 중세권력과의 관계설정을 둘러싸고 요호부민층은 동요하고 있었
다.

　개항 이후에도 요호부민층은 여전히 중세권력과의 관계에서 동요하
고 있었지만, 개항기 제국주의의 경제적 침략에 대하여 어떠한 입장에
설 것인가 하는 문제를 놓고 요호부민층은 또다시 동요하지 않을 수
없었다. 제국주의는 우선 상품시장을 요구하고 있었고, 개항장 이외에
서의 상행위가 금지되어 있는 상황 하에서 수입상품의 유통은 국내상
인에게 맡겨질 수밖에 없었다. 상인들은 값싸고 질좋은 수입상품의 거
래를 통하여 이윤을 얻을 수 있는 기회를 가지게 되었다. 뿐만 아니라
일본의 경우에는 자본주의의 발전을 꾀하기 위하여 값싼 식량을 필요
로 하였고, 이에 따라 미곡의 수출이 활기를 띠게 되었다. 상인층은 미
곡의 수집에도 매개역할을 담당하였다. 미곡의 수출은 지대저항운동과
농민항쟁으로 빈사상태에 놓여 있던 지주제의 강화를 초래하였다. 지
주층은 일본에 미곡을 수출함으로써 이윤을 얻을 수 있게 되었다. 이
와 같이 요호부민층 가운데 지주적·상인적 기반을 가진 요호부민층
은 개항 이후 제국주의 경제세력과 접촉하는 과정에서 부를 축적할 수
있는 기회를 가질 수 있었고, 그것은 곧 매판화의 길로 이어지는 것이
었다. 1894년 이전에는 제국주의의 경제적 침략이 토지경영을 비롯한

생산관계에까지 미치지는 못하고, 상품유통도 하부단계에까지 침투하지는 못하여 국내의 지주층이나 상인층이 제국주의의 경제적 침략에 직접 대립하고 있는 단계는 아니었다. 보수적 요호부민층은 바로 이러한 기회를 이용하여 부를 축적하였다. 그러나 생산력의 발전과 생산방법의 변혁을 통하여 생산과정에서 부를 축적하고 있었던 진보적인 요호부민층은 제국주의의 경제적 침략으로 몰락할 위험에 처하게 되었다. 제국주의의 경제적 침략으로 수입된 공업제품은 국내의 토착적인 수공업 생산체계에 타격을 가하고, 미곡의 수출은 지주제의 강화를 초래하여 부농층의 성장을 제약하였던 것이다.

이와 같이 볼 때 요호부민층의 변혁주체로서의 가능성은 체제적·민족적 위기 속에서 왜소화될 수밖에 없었다. 지주제의 강화과정에서 몰락을 강요당하고 있었던 부농층이 일부 농민전쟁에 가담하고 있는 모습을 보일 뿐, 전체적으로 요호부민층은 농민전쟁의 주체로 설정되기는 어려운 처지였다. 농민전쟁에서 요호부민층은 농민군의 공격의 대상으로까지 되고 있었다. 따라서 농민전쟁의 주체로서는 빈농층을 중심으로 하여 임노동층·빈민층·영세수공업자층·영세상인층 그리고 일부의 부농층 등 체제적·민족적 모순을 담지하고 있는 농민전쟁의 광범한 참가층 가운데서 찾아져야 할 것이다. 이러한 세력을 민중세력으로 묶을 수 있을 것이다.

5. 맺음말

이상에서 농민전쟁의 사회경제적 배경을 중세체제의 모순과 민족적 위기의 문제를 중심으로 논의하고, 그러한 모순의 극복을 위한 변혁운동에 실천적으로 나서게 되는 변혁주체의 형성에 관하여 개괄적으로 정리하여 보았다.

농민전쟁이 중세사회에서 근대사회로 이행하는 전환점에서, 아래로
부터 혁명적인 방법으로 근대사회를 수립하려는 변혁운동이라는 역사
적 의의를 지닌 것으로 평가할 때, 이 문제에 대한 보다 깊은 이론적
실증적 천착이 요구되고 있다. 농민전쟁의 사회경제적 배경으로부터
시작하여 구체적인 전개과정, 조직과 이념, 농민전쟁의 성격 등에 대한
실증적인 연구가 더욱 진전되고, 개항기의 보수와 진보, 변혁과 개량의
과정에서 차지하는 농민전쟁의 위치가 해명되어야 할 것이다. 또한 한
국민중운동사에서 차지하는 농민전쟁의 위치가 규명되어야 한다. 즉
농민전쟁으로 총괄되기까지 체제적 모순을 극복하기 위하여 오랫동안
전개되어 온 농민봉기의 발전단계와 그 성격, 그리고 농민전쟁 이후
오늘의 민중운동에 이르기까지의 발전과정이 일관된 논리로 꿰어져야
할 것이다. 이러한 논의는 결국 농민전쟁의 세계사적 위치를 확인하고
민중운동의 발전을 전망하는 것으로 이어질 것이다.

제5장 1894년 농민전쟁의 지도부와 서장옥

1. 머리말

1894년 농민전쟁의 지향과 성격을 파악하기 위해서는 농민전쟁 지도부의 행동과 사상을 확인하는 것이 무엇보다 중요하다. 그래서 농민전쟁의 최고 지도자 전봉준(全琫準) 또는 김개남(金開南), 손화중(孫華仲), 김덕명(金德明), 최경선(崔景善) 등을 포함한 지도부의 활동상에 대한 연구에 관심이 모아졌다.[1] 그러나 전봉준에 대한 연구는 비교적 많이 진행되었지만, 전봉준·손화중·김개남 등 농민전쟁 지도부가

---

1) 농민전쟁의 지도자 및 지도부에 대한 대표적인 연구는 다음과 같다. 김용섭, 「全琫準供草의 分析 - 東學亂의 性格 一斑」『사학연구』2, 한국사학회, 1958 ; 김용덕, 「격문을 통해 본 전봉준의 혁명사상」『나라사랑』15, 1974 ; 橫川正夫, 「全琫準についての一考察」『朝鮮史硏究會論文集』13, 朝鮮史硏究會, 1976 ; 정창렬, 「東學敎門과 全琫準의 관계 - 敎祖伸寃運動과 古阜民亂을 중심으로」『19세기 한국전통사회의 변모와 민중의식』, 고려대 민족문화연구소, 1982 ; 趙景達, 「甲午農民戰爭指導者=全琫準 硏究」『朝鮮史叢』7, 일본 靑丘文庫, 1983 ; 신용하, 「갑오농민전쟁의 주체세력과 사회신분」『한국사연구』50·51합집, 한국사연구회, 1985 ; 정창렬, 『갑오농민전쟁연구 - 전봉준의 사상과 행동을 중심으로』, 연세대 박사학위논문, 1991 ; 우윤, 『전봉준과 갑오농민전쟁』, 창작과 비평사, 1993 ; 조경달, 「1894년 농민전쟁에 있어서 동학지도자의 역할 - 徐丙鶴·徐仁周를 중심으로」『역사연구』2, 역사학연구소, 1993 ; 이진영, 「김개남과 동학농민전쟁」『한국근현대사연구』2, 한국근현대사연구회, 1995 ; 이이화, 「농민전쟁의 지도부 연구 - 전봉준·김개남·손화중을 중심으로」『1894년 농민전쟁 연구 5』, 한국역사연구회, 역사비평사, 1997.

형성되는 과정이나 그 배후에서 서장옥(徐璋玉, 1851~1900년)이[2] 활동하고 있었던 점은 크게 주목되지 못하였다. 서장옥은 반체제·반외세의 농민전쟁을 주도한 동학(東學) 남접파(南接派)의 우두머리였고, 전봉준 등을 동학과 연결지어 주어 동학의 조직을 활용하여 농민전쟁을 지휘할 수 있는 기반을 마련하였을 뿐만 아니라, 농민전쟁 과정에도 구체적으로 참여한 인물이었다. 따라서 농민전쟁 지도부 연구의 진전을 위하여서는 서장옥의 활동과 사상에 대한 검토가 필수적으로 요청된다고 할 수 있다.

서장옥에 대한 연구는 조경달에 의하여 제시된 바 있다.[3] 그는 교조신원운동(敎祖伸寃運動)의 지도부를 서병학(徐丙鶴)을 중심으로 한 엽관파, 최시형(崔時亨)·손병희(孫秉熙)를 중심으로 한 종교파, 서장옥·전봉준을 중심으로 한 정치개혁파로 구분하고, 1894년 농민전쟁은 정치개혁파에 의하여 주도되었다고 보았다. 이러한 관점에 서서 서장옥과 전봉준의 관계를 주목하고 그들이 함께 주도한 1893년 봄의 금구집회를 검토하여 그것이 종교파의 보은집회와는 달리 농민전쟁의 기반이 되었음을 논증하였다. 또한 1894년 농민전쟁에서의 서장옥의 활동도 일부분 해명하고 있다.

서장옥을 집중적으로 연구의 대상으로 삼지는 않았지만 그가 농민전쟁 과정에서 농민봉기의 지도자로서 활약한 사실은 최근 부분적으로 해명되기도 하였다. 즉 제1차 농민전쟁 시기 전라도 고산·진산 등 충청도와의 접경지역의 농민봉기를 서장옥이 주도한 것으로 파악되었다.[4] 서장옥의 활동지역이 주로 충청도였기 때문에 이 지역 농민전쟁

---

2) 이름은 徐仁周, 字는 장옥(박정동, 『侍天敎宗繹史』 제2편 제8장, 1915, 16쪽), 호는 一海(오지영, 『동학사』, 1940/『동학사상자료집』 2, 549쪽)이다.
3) 趙景達, 「東學農民運動と甲午農民戰爭の歷史的性格」『朝鮮史硏究會論文集』 19, 1982 ; 조경달, 「1894년 농민전쟁에 있어서 동학지도자의 역할 - 서병학·서인주를 중심으로」 『역사연구』 2, 1993.
4) 김인걸, 「1894년 농민전쟁의 1차 봉기」 『1894년 농민전쟁연구』 4, 한국역사연

에 대한 연구도5) 서장옥의 활동과 관련하여 시사되는 바가 없지 않다. 반면 서장옥을 남접세력의 최고 지도자로 보는 견해를 부정하거나,6) 또는 남북접을 대립적으로 파악하지 않고 서장옥의 활동을 북접교단 (北接敎團) 최시형의 활동 범주 속에 포함하여 파악하는 견해도 제시되어 있다.7)

서장옥에 대한 이전의 연구에서는 1893년의 전라도 금구집회를 전봉준과 함께 주도하여 이후 1894년 농민전쟁으로 연결시켰다는 점이 주로 해명되었고, 서장옥이 전봉준 등 농민전쟁 지도부와 관련을 가졌던 점, 제1차 농민전쟁에서 충청도의 봉기에 서장옥이 일정하게 관여하였다는 점 등이 부분적으로 해명되어졌다. 그러나 그의 활동상은 아직 충분히 해명되었다고 볼 수 없다.

이 글에서는 그동안의 연구성과를 토대로, 특히 최시형의 북접교단과 서장옥·전봉준의 남접세력을 구별하여 파악하는 관점에 서서, 동학교단을 배경으로 한 농민전쟁 지도부의 형성과정, 농민전쟁의 지휘계통과 농민군 지도부의 정치적 활동을 서장옥을 중심으로 살펴보고자 한다. 구체적으로는 서장옥이 동학 남접세력의 지도자로서 농민전쟁의 지도부 형성에 어떠한 영향을 미쳤는지, 서장옥을 중심으로 한

　　구회, 1995 ; 박맹수,『崔時亨硏究 - 주요활동과 사상을 중심으로』, 한국정신문화연구원 박사학위논문, 1996.
　5) 양진석,「충청지역 농민전쟁의 전개양상」『백제문화』23, 공주대 백제문화연구소, 1994 ; 신영우,「충청도의 동학교단과 농민전쟁」『백제문화』23 ; 박맹수,「동학농민전쟁과 공주전투」『백제문화』23 ; 배항섭,「충청지역 동학농민군의 동향과 동학교단」『백제문화』23 ; 이영호,「대전지역에서의 1894년 농민전쟁」『대전문화』3, 대전시사편찬위원회, 1994 ; 신영우,「충청도지역 동학농민전쟁의 전개과정」『동학농민혁명의 지역적 전개와 사회변동』, 동학농민혁명기념사업회, 새길, 1995 ; 양진석,「1894년 충청도지역의 농민전쟁」『1894년 농민전쟁연구』4, 1995.
　6) 배항섭,「1890년대 초반 민중의 동향과 고부민란」『1894년 농민전쟁연구』4, 1995.
　7) 박맹수, 앞의 논문, 1996.

충청도 농민군이 전라도 농민군에 호응하여 봉기하였는지, 봉기하였다면 서장옥의 충청도 농민군과 전봉준의 전라도 농민군은 상호 어떠한 관계를 가졌는지, 서장옥이 농민전쟁 전체의 진행과정에서 어떠한 역할을 담당하였는지 등의 문제를 확인하고자 한다.

2. 농민전쟁 지도부의 형성과 서장옥

동학 내부에는 사회변혁과 관련하여 입장이 다른 두 세력, 즉 북접교단과 남접세력이 존재하였다. 동학 내부에 북접과 남접의 구분이 언제부터 생겼는지는 명확하게 밝혀져 있지 않다.『동학사』를 쓴 오지영조차도 남북접의 분립 연원을 알지 못하였다. 남북접에 대하여 오지영은 다음과 같이 기술하고 있다.

> 南北接說은 水雲선생 당시에 우연이 생겨나온 말삼이다. 수운선생사는 곳에서 海月선생 사는 곳이 북쪽이 되여 그것을 북접이라고 일음을 지어 불너왔었다. 그 말이 수운선생시대가 지나가고 해월선생이 道의 중심 자리에 있을 때까지에도 北接大都主라고까지 한 것은 알 수 없는 일이였다. 또 이상한 것은 地方을 갈너 남북이라는 것보다 黨派를 갈너 남북이라고 한 것은 흡사히 이전 儒道시대에 東西黨法을 그대로 인습한 감이 있었다.[8]

남북접의 개념에 지리적인 측면과 정치적·사상적인 측면이 동시에 표현되어 있음이 주목된다. 지리적인 측면에서 볼 때 북접은 설명되어 있지만 남접은 설명되지 않았다. 이와 관련하여 최제우 당시에 이미 남접이 전라도 지방에서 싹텄음을 주장하는 견해도 있다.[9] 즉 교조(敎

8) 吳知泳,『東學史』, 永昌書館, 1940/『동학사상자료집』2, 아세아문화사 영인본, 1978, 492쪽.

祖) 최제우(崔濟愚)가 관의 탄압을 피하여 1861년 전라도 남원 선국사의 은적암에 숨어 있으면서 혁명적인 사회변혁을 암시하는 내용의 칼노래를 짓고 칼춤을 추는 행동을 보였는데, 그것이 전라도 지방에 동학사상, 특히 사회변혁적 사상을 전파하였을 가능성이 높다는 것이다. 최제우가 경상도 지방으로 돌아가 최시형에게 '북접대도주(北接大都主)'를[10] 임명한 것은 전라도 남원지방의 남접을 염두에 둔 것으로 보고 있다. 이러한 추론을 인정한다면 동학은 초기단계에서부터 분명한 명칭은 부여되지 않았겠지만 남접과 북접이 전라도와 경상도로 분리된 것으로 된다. 경상도를 중심으로 한 최시형의 북접은 그 이후 충청도 지방으로 근거지를 옮겨갔고, 충청도와 경상도 지방에 강력한 영향력을 행사하였다.

정치적·사상적인 측면에서 보면 최시형의 북접은 종교사상적 입장을 취하였다. 특히 1871년 이필제란(李弼濟亂)을 통하여 동학이 정치적 탄압을 받게 되면서 북접의 종교적 입장은 강화되었다. 동학 내부의 사회변혁적 입장은 이필제란 이후 크게 위축되었지만,[11] 1890년대 전후 전라도 지방에 동학조직이 확대되면서 다시 강렬하게 표출되기 시작하였고 그것이 북접교단과 사상적·조직적·인적으로 구별되어

---

9) 김지하, 「은적암기행」 『남녘땅 뱃노래』, 두레, 1985.

10) 『崔先生文集道源記書』(『동학사상자료집』 1, 182쪽)에는 '北道中主人'으로, 『天道敎會史草稿』(『동학사상자료집』 1, 402쪽)에는 '北接主人'으로 기록되어 있다.

11) 1888년 10월경에도 관의 수배가 심하였는데 그것은 이필제란 때문에 이때까지 수배가 해제되지 않았기 때문이었다(『천도교회사초고』, 『동학사상자료집』 1, 433쪽). 이필제란의 여파로 동학교단은 수십 년 동안 큰 고통을 받고 있음을 볼 수 있다. 최제우 사후 종교활동을 정진해 왔다면 관으로부터 이와 같은 탄압을 받지는 않았을 것이다. 최시형은 이러한 점을 고려하여 사회변혁운동에 가담하는 것은 극히 자제하였다. 1882년 임오군란시에도 최시형은 교도들에게 妄動치 말라고 경고하였다(『천도교회사초고』, 429쪽). 1888년에 이르기까지 수배가 내린 것은 1886년 韓佛條約으로 西學이 포교의 자유를 얻은 것과 비교되는 사실이다.

남접세력으로 형성되었다.

이러한 견해는 지나치게 남북접을 분리 대립시켜 보는 것이지만, 전라도 지방의 남접세력이 북접교단의 반대에도 불구하고 독자적으로 농민전쟁을 일으키는 데 이른 배경을 설명해 준다. 교단 내에는 일찍부터 사회적 입장의 차이로 말미암아 두 가지 방향의 움직임이 태동하고 있었던 것이다.

최시형의 동학교단은 북접을 칭하였다. 1879년 11월경[12] 최시형이 북접의 정통성을 강조한 기록이 있고,[13] 1887년경 최시형이 동학간부인 육임(六任)을 임명할 때에도 북접법헌(北接法軒)의 이름으로 하였다.[14] 이때에 남접의 명칭이 존재하였는지는 알 수 없다. 그러나 최제우가 전라도 남원에서 칼노래를 불렀고 이필제의 사회변혁운동이 동학 내부의 한 흐름으로 전승되었기 때문에, 사회변혁운동에 관심을 가지고 있던 세력은 아직 남접으로 세력화되지는 않았다 하더라도 그러한 흐름을 타고 동학 내부에 존재하고 있었을 것으로 생각된다.

남접세력은 서장옥을 배후로 하여 형성되었다. 다음의 기록에서 서장옥을 중심으로 한 남접세력의 형성 양상을 확인할 수 있다.

> 崔時亨의 제자로 徐璋玉이라는 자가 있는데 학력과 재주가 모두 출중하다. 그리고 서장옥의 제자로는 全琫準·金海南·孫化中 등이 있다. 이들 제자들은 서장옥의 학력과 언변술이 모두 최시형보다 뛰어났다고 해서 마침내 南接이라 부르게 되었다. 이 때문에 최시형의 제자는 그의 스승을 애써 北接이라 부르도록 했다고 한다. 이로 인해서 동학당에는 남접과 북접의 명칭이 생겼다. 남접은 충청도의 서부

---

12) 이 글의 날짜는 자료에 제시된대로 음력을 따른다.
13) 『천도교회사초고』(천도교청년교리강연부, 1920), 1879년 11월조/『동학사상자료집』 1, 427쪽, "神師ㅣ 姜時元 劉時憲으로 더부러 상의하야 曰 昔에 大神師ㅣ 항상 포덕에 주의하사 吾輩에게 謂하야 曰 天道의 運이 北方에 在하니 만일 南北接을 택할진댄 吾는 반다시 北接이라 하리라 하시며".
14) 『천도교회사초고』, 432쪽.

와 전라도의 전부를 총괄하고 북접은 충청도의 동북부와 그 以東 ·
以北을 총괄하는 것 같았다.[15]

　賊黨의 渠魁는 金開南 · 田彔頭 · 孫化仲이고 그 나머지는 이루 다
기록할 수 없고, 八道 匪類의 거괴는 崔時亨과 徐丈玉이다.[16]

　처음 동학은 그 黨을 布라고 불렀는데, 法布와 徐布가 있었다. 법
포는 崔時亨을 宗主로 섬겼고, 최시형의 호가 法軒이었기 때문에 그
렇게 부렀다. 서포는 徐長玉을 종주로 섬겼다. 서장옥은 수원사람으
로 최시형과 함께 최제우에게서 배웠다. 최제우가 죽은 뒤 각각 무리
를 일으켜 서로 전수시키면서 이를 布德이라 불렀다. 그래서 무슨 포
인지 서로 표시하였고, 서포가 먼저 일어나고 법포가 나중에 일어나
기로 약속하였다. 그래서 서포를 起布, 법포를 坐布라 하기도 하였다.
전봉준 등이 봉기하였을 때 그들은 모두 서포였다.[17]

　남접은 서장옥을 지도자로 하여 전봉준 · 김개남 · 손화중의 지도부
로 구성되었다. 서장옥을 최시형의 제자로 보기도 하고, 최시형과 함께
최제우의 제자로 보기도 하여 상호 기록에 모순이 있는데, 최시형의
제자로 본 것은 처음 서장옥이 최시형 휘하의 동학교단에 들어간 것을
중시하고, 최제우의 제자로 본 것은 후에 농민전쟁을 주도한 남접세력
을 형성하게 되어 북접교단과 대등하게 성장한 것을 중시하였기 때문
으로 이해된다.

　서장옥이 동학에 가입한 것은 1883년경으로 보인다. 그해 2월에 서
장옥을 비롯하여 손병희 · 손천민(孫天民) · 박인호(朴寅浩) · 황하일

---

15) 『駐韓日本公使館記錄』 6, 東學黨 騷亂原因 調査結果報告書 送付의 件
　　(1894년 양력 5월 13일 일본군 19대대장 南小四郎의 보고서), 국사편찬위원
　　회 번역본, 24쪽.
16) 金在洪, 『嶺上日記』 甲午 6월.
17) 黃玹, 『梧下記聞』 1筆, 50쪽/김종익옮김, 『번역 오하기문』, 역사비평사, 1994
　　참조.

(黃河一) · 윤상오(尹相五) 등이 최시형을 만났다.[18] 이들은 대체로 충청도 지방에 근거를 둔 인사들이었다.

서장옥은 초기에는 최시형과 긴밀한 관계를 가졌다. 즉 1885년 9월경 최시형이 상주에 은거할 때 서장옥 · 황하일이 최시형을 봉공(奉供)하였다는 기록이나,[19] 1887년 3월경 최시형이 서장옥 · 손천민과 함께 정선군에서 기도를 하였다는 기록에서 볼 때,[20] 서장옥이 동학교단의 중요한 인물로서 최시형을 수행하고 있음을 볼 수 있다. 또한 1889년 10월 서장옥이 관에 체포되었을 때[21] 그의 석방을 위해 범교단적인 노력이 있었던 점도 동학교단 내에서 서장옥이 차지한 위치를 짐작케 한다. 윤상오가 체포된 서장옥의 보석을 위하여 뇌물이 필요하다고 보고하자 최시형은 손병희로 하여금 500금을 준비하여 보내게 하고, 교도들에게는 "내가 식고(食告)할 때마다 서인주(徐仁周)를 위하여 기도하니 너희들도 이와 같이 기도하라"고 할 정도였다.[22] 특히 서장옥이 최시형과 사돈관계가 되었던 점도 교단 내에서 서장옥의 위치가 확고하게 된 배경이 될 것이다. 서장옥은 1884년 청주 음선장(陰善長)의 큰 사위로서 그를 동학에 끌어들였는데, 1887년에는 최시형의 장남이 음선장의 둘째 딸과 결혼함으로써 서장옥과 최시형은 사돈관계를 맺게 된 것이다.[23] 이러한 점들을 놓고 볼 때 서장옥은 1880년대에는 최시형의 주요 측근이었다고 할 수 있다.

남접세력이 사회세력으로 형성된 것은 1890년대 이후 전라도 지방의 혁신적인 인물들이 가담하면서부터였다. 남접세력이 본격적으로 형

18) 『천도교회사초고』, 429쪽.
19) 『천도교회사초고』, 431쪽.
20) 『천도교회사초고』, 432쪽.
21) 崔琉鉉, 『侍天敎歷史』, 侍天敎總部, 1920, 1889년조/『동학사상자료집』 3, 582쪽.
22) 『천도교회사초고』, 434쪽.
23) 朴晶東, 『侍天敎宗繹史』 제2편 제8장, 18쪽 ; 『東學關聯判決文集』, 정부기록보존소, 1994, 131쪽 ; 박맹수, 앞의 논문, 1996, 112쪽.

성되기 전 전라도 지방에 대한 포교과정에서 이미 동학교단 내부에 갈등이 생기기 시작하였고, 그것이 전라도에서의 세력분화와 남접형성의 전제가 된 것으로 보인다. 그것은 곧 1891년 3월경의 윤상오 사건이다. 전라우도 두령 윤상오와 전라좌도 두령 남계천(南啓天) 사이에 갈등이 생겼을 때 최시형이 남계천을 전라좌우도(全羅左右道) 편의장(便義長)으로 임명하여 남계천편을 들었고, "호남 인심이 이로 말미암아 불화"하게 되었던 것이다.24) 이것은 아직 남북접 분열의 의미를 지니는 것은 아니지만 남접이 형성된 주무대인 전라도 지방에서 동학교도 사이에 불화와 분열의 조짐을 보인 것으로서 남접세력의 형성과 관련하여 주목된다. 윤상오가 최시형에게서 소외된 것을 그가 남접 형성의 주도자인 서장옥의 석방에 앞장섰던 인물이라는 점과 관련지으면 더욱 그러하다.

최시형은 1891년 봄과 여름에 걸쳐 전라도 지방에 대한 포교에 나섰다. 3월에는 공주의 윤상오 집에 머물면서 포교활동을 전개하였다. 이 때 후에 남접세력의 핵심이 된 손화중이 전라도의 김낙철(金洛喆 즉 金汝仲)·김낙봉(金洛封)·김영조(金永祚) 등과 함께 수 차례 최시형을 방문한 사실은,25) 남접세력의 형성과 관련하여 주목된다. 앞서의 윤상오 사건도 바로 이때 벌어졌다. 또한 1891년 6·7월에는 최시형이 북접교단의 주요 간부인 김연국 등과 함께 부안·고부·태인 등지를 순회하면서 포교활동을 전개하였는데, 이때 역시 남접의 핵심인물이 되는 태인의 김개남, 금구의 김덕명이 최시형과 접촉하였다.26) 그러나 전라도 지방에 대한 포교 과정에서 최시형은 "도를 아는 자 드물다"라고 하면서 남계천·허내원·서영도·장경운 등에게 "너희들은 실심수도(實心修道)하여 천부(天賦)의 성(性)을 통(通)하게 하라"고 하였

---

24) 『천도교회사초고』, 434~435쪽.
25) 『金洛喆歷史』, 『圓佛敎靈山大學論文集』 창간호, 부록, 1993, 1쪽.
26) 『김낙철역사』, 1쪽 ; 『천도교회사초고』, 435쪽.

다.27) 손화중·김개남·김덕명 등을 접촉한 결과 그들의 사상이 동학 사상과는 거리가 있음을 확인한 것으로 볼 수 있을 것이다.

최시형의 포교가 있었던 1891년 6·7월경 이후 전라도 지방에는 북접교단의 입장을 충실히 따르는 세력과 이에 반발하는 세력으로 분열되기 시작하였다. 최시형은 전라도 지방에 육임을 임명하는 등 포교조직의 체계를 확립하고자 하였지만,28) 교단의 종교적 입장에 반발하는 자들은 별도의 세력으로 묶이기 시작하였다. 당시 최시형은 전라도에 포교하면서 종교적 입장을 철저히 견지하였다. 이러한 입장은 전라도 지방의 사회경제적 형편과 이를 배경으로 한 사회변혁의 움직임을 수용하기 어려운 것이었다. 따라서 동학을 통하여 사회변혁을 꾀하려는 자들, 즉 손화중·김개남·김덕명 등은 별도의 새로운 세력집단으로서 남접을 결성하게 된 것으로 보인다.

최시형이 전라도 포교를 마친 뒤인 1891년 10월경 내린 통유문(通諭文) 10조에는 '정연원(正淵源)'의 항목이 포함되어 있다.29) 그 내용은 각 읍마다 접주 1인을 두어 신입교도는 그 접주를 연원으로 하도록 한 것이었다.30) 또한 1892년 1월 19일 최시형이 교도들에게 수도의 올바른 자세를 제시한 통유문에는 도인이 서로 싸우는 폐단을 고치도록 하고, 또 이 포(包)의 연원이 저 포의 연원에 이입(移入)하여 두령을 비난하고 종맥(宗脈)을 무너뜨리는 것을 금하도록 하고 있다.31) 이러한 지적은 바로 전라도에서와 같이 접주 사이에 갈등이 일어나고, 교주의 명령에 불복하는 신도들이 발생하고, 연원제(淵源制)의 조직원칙을 지키지 않고 독자적인 조직체계를 형성하고 있는 것을 경고한 것으로 해석된다. 동학의 조직은 전도자와 입도자 사이의 인적 결합조직인 연원

27) 『천도교회사초고』, 436쪽.
28) 『천도교회사초고』, 435쪽.
29) 『천도교회사초고』, 435~436쪽.
30) 박맹수, 앞의 논문, 1996, 139~140쪽.
31) 『천도교회사초고』, 437~438쪽.

제를 특징으로 하는데, 남접세력이 처음 입도할 때의 연원과는 관계없이 독자적인 조직을 형성하고 있는 것을 의미하는 것이다. 남접세력이 여전히 독자적인 명칭을 가지지는 못하였지만 연원제를 극복하여 사회의식과 지역성을 토대로 한 새로운 사회세력으로서의 남접을 형성해가고 있었던 것이다.

그러면 남접세력의 지도자인 서장옥과, 농민전쟁 최고의 지도자인 전봉준은 이 시기 이들과 어떤 관련을 가지고 있었을까.

남접세력 형성의 배후에서는 교단 내에서 핵심간부의 역할을 수행하면서도 교단의 종교적 활동에 불만이 많았던 서장옥이 활동하였을 것으로 생각된다. 서장옥이 1889년 체포되고 1890년에 보석된 후[32] 1892년 교조신원운동과 사회변혁운동에 본격적으로 나서기까지 2년여의 활동은 교단측 자료를 통해서 전혀 확인되고 있지 않은데, 그것이 오히려 서장옥이 이 시기에 남접세력의 형성을 위해 활동하였기 때문이 아닐까 생각된다. 연원을 무너뜨리면서 서장옥을 중심으로 한 새로운 남접세력이 형성되었던 것이다. 서장옥이 1892년 이후 최시형에 대하여 교조신원운동을 전개할 것을 강력하게 요구할 수 있었던 것은 이러한 전라도 지방의 남접세력의 형성을 전제로 한 것이었다고 생각된다.

농민전쟁 최고의 지도자인 전봉준이 언제 동학에 가입하였는지는 분명하지 않다. 1888년에 손화중을 만나 도(道)에 참여할 뜻을 가진 것으로 기록되어 있기도 하고,[33] 전봉준 자신은 심문과정에서 3년전 그러니까 1892년경에 김치도(金致道)를 통하여 동학에 접촉한 것으로 진술하였다.[34] 또한 1890년 서장옥의 부하 황하일을 통하여 동학에 입도하였다고 파악되기도 한다.[35] 늦어도 1892년에는 동학과 연관되어 있

32) 『시천교역사』, 1893년조/『동학사상자료집』 3, 598쪽.
33) 『동학사』/『동학사상자료집』 2, 517쪽.
34) 『東京朝日新聞』 1895년 3월 6일/『사회와 사상』 창간호, 1988년 9월, 261쪽.
35) 김상기, 『동학과 동학란』, 한국일보사, 1975, 110쪽.

었다.36) 적어도 1891년 최시형의 전라도 포교과정에서 동학과 어떤 방법으로든 관련되었을 것이다. 추정해 본다면 1891년 봄, 여름에 걸친 최시형의 전라도 포교, 그 과정에서 손화중·김개남·김덕명과의 접촉, 전라도 지방 일부 교도들에 대한 최시형의 편견과 편파적인 조직활동 등을 통하여 손화중·김개남·김덕명 등은 최시형의 교단으로부터 소외되어 별도로 조직활동을 꾀하였고, 이 과정에서 손화중·김개남과 친분이 두터운 전봉준과의 결합이 이루어진 것으로 보인다.

남접세력은 1892~1893년을 통하여 크게 성장하였다. "그때 전라도의 전봉준과 김개남은 스스로 교도 무리들을 지휘하여 혹은 모였다가 혹은 흩어졌다 하였다. 임진년(壬辰年) 7월부터 시작된 교도들의 집회는 갑오년(甲午年)까지 이르렀다"고 하는 기록은37) 이 시기 남접세력의 확대과정을 보여준다. 또한 1892년 8월에는 무장 선운사 석불비결(石佛秘訣) 사건이 일어나는데,38) 여기에는 손화중 휘하의 동학교도 수백 명이 동원되었다. 손화중의 세력이 확대되고 있었음을 보여 준다. 이들이 서장옥을 중심으로 교단 내에서 남접세력으로 결집된 것은 후술하듯이 1892년 11월의 삼례집회를 통해서였다.

이와 같이 하여 남접세력이 북접교단과는 별도로 조직화되기 시작하였고 그것은 사회운동의 기초조직으로 되었다. 이들의 사회운동은 교조신원운동으로부터 시작되었다. 1892년 7월 서장옥과 서병학은 최시형에게 교조 최제우의 신원운동을 전개할 것을 권유하였지만 최시형은 이를 허락하지 않았다.39) 정치지향적인 서병학이 등장하여 서장

---

36) 정창렬은 앞의 논문(1991, 52~53쪽)에서 전봉준의 동학입교과정을, 1888년에 손화중과 접촉하기 시작하고, 1890년에 동학에 입교하여, 1892년에 접주임명을 받은 것으로 정리하였다.
37) 『시천교종역사』 제2편 제10장, 1893년 10월조, 27~28쪽.
38) 『동학사』, 444~448쪽.
39) 『천도교회사초고』, 439쪽. 박맹수는 앞의 논문(1996)에서 최시형이 교조신원운동을 주도적으로 추진하였음을 논증하고 있다. 이 문제는 교단 역사책마다 다소 다르게 기록하고 있는데, 이 글에서는 서장옥을 중심으로 한 남접세력

옥과 보조를 같이하고 있는데 여기서 서장옥의 정치의식이 더욱 계발
된 것으로 생각된다.[40] 결국 그해 10월 서장옥과 서병학은 최시형의
명령을 어기고 자의로 동학교도들을 공주에 소집하여 감사 조병식에
게 교조신원을 요구하였다.[41] 서장옥과 서병학이 최시형의 명령을 어
기고 있음이 주목된다. 두 사람은 이제 최시형과 대등할 정도의 지도
력과 세력을 확보하고 있었음을 의미한다.

이렇게 되자 최시형은 주도권을 잃지 않기 위해 10월 27일 통문을
각지에 보냈고, 11월 3일에는 삼례에서 전라감사에게 교조신원을 요구
하는 집회를 열었다.[42] 여기서 교조의 신원과 동학교도에 대한 탄압의
금지를 요청하였는데, 감사가 탄압을 금지하라는 지시를 각 군에 내리
면서 삼례신원운동은 종결되었다. 삼례집회를 계기로 최시형은 주도권
을 쥐고자 하였다. 공주집회로 인하여 자칫 서장옥·서병학에게 주도
권을 빼앗길 뻔하였지만 최시형은 곧바로 삼례집회를 개최하여 일단
교단내의 분열 위기를 수습할 수 있었다. 삼례집회를 계기로 최시형은
권위를 높였고, 법헌(法軒)의 지휘권을 인정하는 선언이 나오게 되었
다.[43] 교조신원은 이제 최시형의 지휘에 따라 일사분란하게 하도록 되
었다.

그러나 이러한 과정은 오히려 최시형의 리더쉽에 중요한 결함이 생
긴 것을 의미하는 것이었다. 삼례집회에서도 소장을 작성한 것은 서병
학이었고, '괴수(魁首)'는 서장옥으로 지목되었다. 그리고 탄압을 두려
워 소장을 올릴 사람이 없었을 때 나선 사람이 서장옥의 제자 전봉준

이 교조신원운동 과정을 통하여 북접교단으로부터 분리 독립하여 독자적인
사회변혁세력으로 성장해 가는 양상을 포착해 보고자 하였기 때문에 최시형
이 교조신원운동의 제기를 거부한 기록을 중시하였다.
40) 서병학의 활동과 인물에 대하여는 조경달, 앞의 논문, 1982 및 1993 참조.
41) 『천도교회사초고』, 439쪽.
42) 『천도교회사초고』, 440~443쪽.
43) 『천도교회사초고』, 443~444쪽.

이었다.[44] 이때부터 본격적으로 전봉준은 김개남·손화중·김덕명과 사회변혁을 위한 조직적 활동을 전개하기 시작하였다.[45] 동학 내부의 남북접은 이미 분열된 상태였고, 그것은 지리적 차이와 함께 사회적 입장의 차이로 나타났다. 서장옥·전봉준을 중심으로 한 남접의 결집과 그 세력의 과시는 이같이 삼례집회 당시부터 본격화되었다. "서장옥의 제자로 전봉준·김해남(金海南)·손화중(孫化中) 등이 있다"는 보고는[46] 이 시기에 형성된 남접세력의 존재를 의미하는 것이다.

어쨌든 최시형은 신원운동의 주도권을 쥐고자 하였고 그 대상은 서장옥과 서병학이었다. 최시형은 주도권을 장악하기 위한 조직체계를 갖추기 위해 1892년 12월 6일 보은 장내(帳內)에 도소(都所)를 설치하였다. 이때 발한 통유문의 "우리가 법사(法師)의 지휘를 따라 전국의 교도를 포괄하고 육임의 이름을 차출하여 도소를 이 곳에 설치한 것은 대신사(大神師)의 신원일관(伸寃一款)이 시급하기 때문이다"라고 한 것에서도[47] 최시형이 신원운동 주도권을 장악하려는 의지가 분명하게 나타나 있다.

1893년 1월 서병학 등이 상소를 제의하고, 결국 2월 11일 광화문에서 상소를 올렸다. 광화문에서의 상소가 있었을 즈음 "혹 무뢰배가 도인이라 칭하면서 요민작료(擾民作鬧)하는 자가 있고 혹 종문(宗門)에 종사하는 자도 믿음이 돈독하지 못하고 수도(修道)가 성실치 못하여 스스로 세인의 지목을 초래하는 일이 있었다"고 한다.[48] 이것은 최시

44) 崔炳鉉, 『天道敎南原郡宗理院史』, 2~3쪽/박맹수, 앞의 논문, 1996, 178쪽에서 재인용, "壬辰秋에 大神師 伸寃次로 各道 敎人이 全州 三禮驛에 會集할 時에 本郡 道人 數百이 往參하야 義訟할 새 官吏의 壓迫 危險으로써 訴狀을 告呈할 人이 업서서 疑訝惶恐中에 左道에 柳泰洪 右道에 全瑋準氏가 自願出頭하야 觀察府에 訴狀을 提呈則 觀察使가 營將 金始豊을 命하야 出兵 散會하엿고".

45) 배항섭, 앞의 논문, 1995, 29쪽.

46) 주 15)와 같음.

47) 『천도교회사초고』, 446쪽.

형의 교단 입장을 거슬리거나 거부하는 별도의 세력 즉 남접세력이 서
울에서 반외세를 내용으로 한 방문(榜文)활동을 전개한 것을 의미한
다.[49] 한편 상소를 제의한 서장옥과 서병학은 군대를 동원하여 정부를
전복하고 개혁을 추진할 계획을 세우기도 하였다. 특히 서장옥은 미리
상경하여 이를 주선하였다고 하는데,[50] 후술하듯이 대원군을 비롯한
새로운 정치세력과의 제휴를 모색한 것이 아닐까 짐작된다.

　서장옥의 이러한 활동은 전라도 남접세력의 후원 하에 가능하였을
것이다. 그들 세력은 서울에서 정부 전복활동이나 반외세 방문활동을
전개하는 한편, 전라도 지방에서도 세력을 결집하고 시위를 전개하였
다. 전봉준은 1893년 1월 창의문을 만들어 전라도 각 군 관아에 게시하
였다.[51] 그는 삼례집회에서 직접 관찰사에 정소(呈訴)함으로써 지도력
을 과시하고 계속해서 전라도 지방에서 변혁운동을 전개할 것을 모색
하였던 것이다. 그러한 움직임은 광화문 상소 당시인 2월 동학교도 수
천 명이 삼례역에서 다시 집회를 열어 감사에게 억울함을 호소하는 데
까지 이어졌다.[52] 그리고 이러한 활동은 북접교단이 3월 충청도에서
보은집회를 개최할 때 남접세력이 별도로 전라도에서 금구집회를 개
최하는 것으로 나타났다.[53]

---

48) 『천도교회사초고』, 452쪽.
49) 정창렬, 앞의 논문, 1991 ; 박찬승, 「1892, 1893년 동학교도들의 '신원'운동과
　'척왜양'운동」『1894년 농민전쟁연구』3, 1993 참조.
50) 李敦化, 『天道敎創建史』, 天道敎中央宗理院, 1933/『동학사상자료집』2, 143
　쪽.
51) 『天道敎南原郡宗理院史』, 2~3쪽/박맹수, 앞의 논문, 1996, 213쪽 재인용,
　"三十四年 癸巳 正月에 全琫準의 文筆로 昌義文을 著作하야 各郡衙門에
　揭示할새 南原에 金榮基, 雲峰에 金聖基, 求禮에 柳泰洪, 谷城에 金在泓氏
　가 同 十日 寅時에 粘付한 後 大神師 伸寃次로 京 光化門前에서 伏閤하고
　또 報恩帳內와 金溝院坪 會集時에 本郡 敎人 數千이 往參하엿는대".
52) 『천도교회사초고』, 453쪽.
53) 조경달, 앞의 논문, 1982 및 1993 ; 정창렬, 앞의 논문, 1991 ; 박찬승, 앞의 논
　문 참조.

금구집회는 서장옥과 전봉준이 주도하였고, 1893년 4월 보은집회와 금구집회의 주동자인 호서의 서병학, 호남의 김봉집(金鳳集 즉 전봉준) · 서장옥(徐長玉)에 대한 체포령이 내렸지만,[54] 남접세력은 금구집회 이후에도 계속 조직의 확대를 도모하고 사회변혁운동을 준비하였다.[55] 그것이 군현단위에서의 사회경제적 문제와 결합하여 나타난 것이 전봉준을 중심으로 1894년 1월 10일에 일어난 전라도 고부의 민란이다. 고부민란은 형식적으로는 군현단위의 농민항쟁이었지만 내용적으로는 그 주동자가 농민전쟁의 지도자 전봉준이었고 이미 변혁운동을 위한 남접세력의 준비가 진행되어 왔기 때문에, 곧바로 제1차 농민전쟁으로 이어졌다. 그리고 농민전쟁의 배후에는 서장옥의 활동이 숨겨져 있었다.

3. 제1차 농민전쟁기 충청도 남접과 농민의 활동과 서장옥

오지영은 『동학사』에서 남북접 문제에 대하여 다음과 같이 말하였다.

갑오난을 당하여 전라도를 남접이라 이름하고 충청도를 북접이라 이름하여 서로 배척하게 되였고 또 우수운 일은 전라도에 있어도 北接派가 있고 충청도에 있어도 南接派가 있어 그것이 擧義하는데 큰 문제거리가 되였다. 처음은 언쟁으로 하다가 차차 육박전으로 내종에는 살상지경에까지 이르러 自相踐踏의 불상사를 이르켰다. 갑오춘하 이래로 남북접설이 말성거리가 되여 오다가 이번 재기병하는 때를 당하여는 더욱 더 큰 말성이 되여 남접의 총창머리에 북접사람들은 모

---

54) 『日省錄』, 고종 30년, 1893년 4월 10일.
55) 배항섭, 앞의 논문, 1995, 47~50쪽 ; 『시천교역사』, 1893년조, 613쪽.

다 죽을 지경에 드렸었다.[56]

북접은 충청도 지방을 중심으로, 남접은 전라도 지방을 중심으로 결성되었지만,[57] 충청도에도 남접파가 있고, 전라도에도 북접파가 있다는 지적이 주목된다. 여기서는 충청도 남접파 농민의 활동을 서장옥과 관련하여 검토하기로 한다.[58]

전라도 북접파의 대표적인 인물은 부안의 김낙철이었다. 그는 제1차 농민전쟁이 일어났을 때 최시형의 지시에 따라 전봉준의 남접세력과 연합하지 않고 전라도의 북접파를 단속하면서 대립하는 입장을 보였다.[59] 전라도의 북접파가 제1차 농민전쟁에 참여하지 않았던 것과는 반대로 충청도의 남접파는 전라도에서 제1차 농민전쟁이 일어나자 그에 동조하는 활동을 전개하였을 것으로 예상된다.

제1차 농민전쟁의 시기에 충청도에서 일어난 대표적인 봉기는 4월 8일 농민군이 회덕을 공격한 사건을 들 수 있다. 4월 5일 진잠에서 평민들이 동학교도의 가옥을 파괴하고 또한 전라도에서도 동학교도들이 공격을 당하고 있던 상황에 대처하기 위하여 최시형이 청산에 교도를 소집하였는데, 그 일부가 회덕을 공격한 것으로 파악된다.[60] 동학 농민군은 공주와 회덕의 경계인 사도(沙島)를 비롯하여 감송(甘松)·문지리(文旨里) 등지에 주둔해 있다가, 4월 8일 저녁 회덕읍을 공격한

56) 『동학사』, 492쪽.
57) 북접은 충청도의 동북부, 남접은 충청도의 서부와 전라도의 전부를 총괄한다고 지적한 보고도 있다. 『주한일본공사관기록』 6, 24쪽.
58) 충청도 농민군의 활동에 대하여는 이영호, 「대전지역에서의 1894년 농민전쟁」『대전문화』 3, 1994 참조.
59) 『김낙철역사』, 3~4쪽.
60) 『東匪討錄』, 『東學農民戰爭史料大系』 6, 여강출판사, 161~163쪽, "卽見錦電 彼類崔法軒輪通 初六日會靑山小蛇田 奪懷德軍器云". 필자는 앞의 논문에서 회덕을 공격한 농민군을 진잠·연산·옥천 등지에 주둔한 농민군 및 회덕 농민군일 것으로 추정하였으나, 위의 자료에서 보듯이 최시형이 소집한 동학교도들의 행동으로 확인된다.

뒤, 진잠을 향하여 공격하고자 하였다.[61] 그러나 관군의 반격으로 농
민군은 곧 해산하였다. 그러나 그 이후에도 농민군은 이 지역에서 계
속 조직활동을 전개하였고, 농민군이 점거한 지역은 4월 19일경까지
회덕·진잠·청산·보은·옥천·문의 등 충청도 남부지역을 중심으로
충청도의 거의 1/3의 지역에 이르렀다.[62]

회덕·진잠을 비롯한 충청도 남부지역의 농민군은 충청도 남접파와
어떠한 관련을 가지고 있었을까. 회덕봉기에서 보면 그들의 행동은 최
시형의 지시에 의한 것으로 보인다. 그러나 그들의 행동을 추적하여
보면 최시형의 당시 입장과 상반되는 부분이 적지 않다. 전라도에서
남접세력에 의하여 제1차 농민전쟁이 일어났을 때 북접교단의 최시형
은 이에 찬성하지 않았다. 남접세력이 1894년 3월 20일 보국안민(輔國
安民)을 내걸고 봉기하자 최시형은 각 읍에 통유문을 보내어 잠거수도
(潛居守道)하지 않으면 출교(黜敎)하겠다고 선언하였다.[63] 전봉준의
부대가 장성 전투에서 승리하고 전주를 향하여 진격할 즈음 최시형은
전봉준에게 경고문을 보내어 "망동치 말고 진리를 익구(益究)하여 천
명(天命)을 어기지 말라"고 하였다.[64] 최시형의 이러한 입장은 이후에
도 계속되었다.

동학교단의 최시형은 남접세력에 의한 봉기를 반대하고 있었고, 여
기에 동학조직이 참여하는 것도 반대하였다. 전봉준의 남접세력은 이
미 봉기하였지만 북접교단의 영향력이 미치는 지역의 동학조직이 농
민전쟁에 참여하는 것을 인정하지 않았다. 따라서 전라도의 북접파는
제1차 농민전쟁에 참여하지 않았다. 북접교단의 영향력이 강하게 작용
하던 충청도 지방에서는 농민전쟁에 참여하지 않도록 더욱 강력하게

---

61) 『주한일본공사관기록』 1, 6~8쪽 ; 「兩湖招討謄錄」『東學亂記錄』上, 국사편
    찬위원회 간행본, 162~163쪽.
62) 『주한일본공사관기록』 1, 47쪽.
63) 『천도교회사초고』, 456쪽.
64) 『천도교회사초고』, 457쪽.

단속하였다. 따라서 충청도 지방에서 남접세력의 봉기에 찬성하고 그
와 같은 봉기를 일으킨다면 그것은 남접세력과의 관련성을 충분히 보
여주는 행동이라고 생각된다.[65]

충청도 남접과 농민군의 활동과, 전라도 지방에서의 농민전쟁과의
관계를 살펴볼 때 금산 농민군의 활동이 주목된다. 금산에서는 3월 12
일 농민군이 읍내를 공격하였고,[66] 이들 세력이 3월 20일 제1차 농민
전쟁이 본격화되자 그에 호응하는 부대로 편성되었을 것으로 짐작된
다.[67] 금산 농민군은 4월 3일경에는 전라도 진산 방축리 및 충청도 옥
천 서화면에 모여 금산읍을 공격하려 하였는데, 오히려 금산의 상인과
읍민의 공격을 받아 참패당하였다.[68] 농민군의 3월 12일 금산공격에
대한 상인과 읍민의 반격이었다. 그런데 여기서 전라도와 충청도 인접
지역에서 농민군이 활동하고 있음이 주목된다. 그것은 양 지역의 농민
군이 상호 연합, 교류하고 있음을 반증한다. 바로 이 진산의 농민군은
서장옥의 부대였음이 다음의 기록에서 확인된다.

그때를 당하여 徐章玉 관하에서 진산군 防築店에 會所를 設하고

<hr>

65) 이영호, 앞의 논문, 111쪽. 일본군 19대대장 南小四郎의 보고에 의하면, 최시
　형은 東學道로서는 大巨魁이지만 농민전쟁에서는 대거괴라고 할 수 없다고
　하였다. 그 이유는 충청도의 서부와 전라도에서는 최시형의 지휘를 받은 자
　가 거의 없기 때문이라는 것이다.『주한일본공사관기록』6, 25쪽.
66)『오하기문』1필, 51~52쪽.
67) "부안·고부·영광·무장·흥덕·고창 등읍의 동학군과는 별도로 금산과 태
　인에서 봉기한 부류가 있는데 그것은 하나이면서 둘이다. 합하여 1단을 이루
　고 3대로 분작하여 서로 상통하여 기세를 올리는데 동서에서 호응한다"라는
　기록에서(『隨錄』4월 5일, 11~13쪽) 볼 때, 전라도의 농민군은 고부 등지의
　세력, 태인의 세력, 금산의 세력으로 구분할 수도 있다. 고부 등지의 세력은
　손화중의 농민군 조직을 등에 업은 전봉준 세력, 태인의 세력은 김개남 세력,
　금산의 세력은 충청도에서 내려간 서장옥의 세력으로 볼 수 있다고 생각된
　다.
68)『오하기문』1필, 55쪽 ;『隨錄』營寄, 28쪽.

전봉준과 上下 相應할 樣으로 수천명이 회동한 事由가 大神師께 入
聞되어[69]

청주를 기반으로 한 서장옥이 충청도와의 경계인 전라도 진산에서
전라도의 전봉준 부대와 연계하기 위한 거점을 마련하고 있었던 것이
다.[70] 진산에 거점을 마련한 서장옥의 활동은 인접한 전라도 고산에서
확인된다. 4월 5일 3천 명을 거느리고 올 터이니 짚신 1부(部)와 돈 1
냥을 준비하라는 방문이, 이름은 없이 '동도대장(東道大將) 서(徐)'의
명의로 4월 4일 전라도 고산의 성문에 내걸렸던 것이다.[71] 제1차 농민
전쟁의 전개과정을 살펴볼 때 '동도대장 서'를 칭하면서 3천 명의 병력
을 거느릴 수 있는 사람은 서장옥 외에는 있을 수 없다고 생각된다.[72]
전라감사의 4월 2일자 전보에 충청도의 농민군이 진잠·연산·옥천
등지에 각각 5, 6천 명씩 주둔하고 있다고 하였는데,[73] 그것은 바로 서
장옥 부대의 활동과 관련될 것으로 판단된다.

이러한 설명이 가능하다면 충청도 지방에서 활동하던 서장옥이 제1
차 농민전쟁의 시기에는 전라도 지방에서 구체적으로 활동한 것으로
된다. 진산이나 고산은 금산과 가깝고 충청도와도 가까운 곳에 있다.
청주를 기반으로 한 서장옥이 충청도 지방에서 활동하다가 농민군을
모아 전라도로 내려가면서 회덕·진잠·연산·옥천 등지에서 농민군
세력을 확대하고 진산에 거점을 마련한 뒤 그 활동의 일부분이 고산에
서 표출된 것으로 볼 수 있을 것이다.

충청도와 전라도의 농민군이 합세할 것을 우려하여 관에서는 그 경

---

69) 『金洛鳳履歷』, 4쪽/박맹수, 앞의 논문, 1996, 227쪽에서 재인용.
70) 진산은 접주 陳基瑞에 의하여 완전히 농민군에 장악된 지역이었다(『주한일
   본공사관기록』 6, 25·31~32쪽). 서장옥이 진산에 거점을 마련할 수 있었던
   것은 이러한 기반 위에서였다.
71) 『隨錄』 營寄, 29~30쪽 ; 『동비토록』, 『동학농민전쟁사료대계』 6, 160쪽.
72) 김인걸, 앞의 논문, 91쪽.
73) 『주한일본공사관기록』 1, 4쪽.

계인 옥천·은진·금산·여산 등지의 경계를 강화하였다. 회덕봉기 이
후인 4월 중순경 청주병영에서는 200여 명을 은진과 옥천에 파견하여
양도의 경계를 지키도록 하였다. 옥천에 파견된 120여 명은 옥천 읍내
의 삼거리에서부터 이남면에 이르기까지 금산으로 통하는 길목에 1리
마다 장애물을 설치하여 농민군의 이동을 막았다.[74] 전라감사도 금산
과 여산 등지의 경계를 강화하였다.[75] 농민군의 북상경로로서 보면 공
주의 충청감영으로 가기 위해서는 여산·은진으로 가게 되고, 청주의
병영으로 가기 위해서는 금산·진잠·회덕을 지나게 되고, 보은 동학
교단 근거지로 가기 위해서는 금산·옥천·보은으로 향하게 되기 때
문에 이들 지역이 양도 교통의 요충지가 되었다.

그러나 일본 임시대리공사인 스기무라 후카시(杉村濬)가 4월 18일
"충청도의 동학도들이 귀화하겠다고 말한 것은 모두 헛말입니다. 이들
은 모두 전라도의 동학도들과 합세하였다고 합니다. 그러므로 열읍의
형세가 모두 무너지고 있으니 극히 한심스럽습니다"라고 한 보고에
서[76] 보듯이 충청도와 전라도의 남접파 농민세력은 이미 연합되어 있
었다. 심지어 최시형의 근거지인 보은지역 농민군 가운데서도 최시형
의 지휘를 따르지 않고 제1차 농민전쟁에 참여한 자들이 있었다. 그들
은 제1차 농민전쟁이 끝난 뒤 보은으로 귀향하려다가 체포령이 엄해서
다시 전라도로 돌아갔다고 한다.[77] 서장옥과 가까운 황하일이 이와 연
관되었을 것으로 추정해 볼 수 있을 것이다.

여기서 서장옥이 전라도에서 활동하면서 충청도의 농민군을 어떻게

---

74) 『주한일본공사관기록』 1, 21·67쪽.
75) 『오하기문』 1필, 59쪽.
76) 『주한일본공사관기록』 1, 東學黨에 관한 續報(1894년 양력 5월 22일 臨時代
理公使 杉村濬), 20쪽.
77) 海浦篤彌, 『初齋遺稿』 東學黨視察日記, 양력 7월 12일, 80쪽. 보은군수는 보
은지역 동학교도들이 제1차 농민전쟁에 참여한 사실을 '背道'라고 표현하였
다(이헌영, 『錦藩集略』 別啓, 甲午 7월 7일).

통제하고 연결을 추구하였는가 하는 단서를 찾아보자. 주목하고 싶은 것은 충청도의 농민군들이 '괴수'의 귀환을 고대하고 있다는 정보이다. 즉 4월 13일의 충청감사 전보를 보면 다음과 같다.

> 동학도 3천 명은 혹 外地인 옥천 · 회덕 · 진잠 · 문의 · 청산 · 보은 · 목천 등읍에 주둔하고 있으면서 다만 관청만 지키고 있으나, 정탐인인 營校의 보고에 의하면 그들은 魁首를 기다리고 있는 중이므로 그가 오면 軍陣은 떠난다.[78]

여기서 왜 충청도의 농민군들이 각처를 장악하고 있으면서 괴수를 기다리고 있을까. 그리고 그 괴수는 누구일까. 최시형은 보은에 도소를 차려 놓고 교단 산하의 조직이 농민전쟁에 참여하는 것을 통제하고 있었기 때문에,[79] 그 괴수를 최시형이라고 보기는 어려울 것이다. 그 괴수는 서장옥일 가능성이 높다. 그는 전라도로 진출하여 농민전쟁을 지휘하고 봉기를 전국적으로 확산시키기 위하여 충청도의 농민군을 준비하게 하였던 것이 아닐까 짐작된다.

또 하나 중요한 정보는 4월 21일 杉村濬이 수집한 것으로 충청도 청산 동학도들이 전라도 무장으로 보낸 문장(文狀)이다. 그 내용을 보면 다음과 같다.

> 지금 황해도와 평안도의 회답을 받아 보니 5월 그믐날에 接應을 한다고 하므로 동남 諸部에 서한을 보냈습니다. 그리고 회덕에 있는 第3隊의 두령 朴이 파견한 정찰대가 청주병영의 포교들에게 붙잡혀 가지고 있던 文簿를 모두 빼앗겼다고 하니 이 분통을 어찌하면 좋겠습니까? 그러므로 지금부터 각 부대에 飭令을 내려 다시는 소홀하게

78) 『주한일본공사관기록』1, 동학당에 관한 속보(1894년 양력 5월 18일 임시대리공사), 12쪽.
79) 신영우, 「충청도의 동학교단과 농민전쟁」 『백제문화』 23, 1994, 48쪽.

하지 말라고 해야 하겠습니다. 그리고 期日 전에는 비록 난처한 일이 있더라도 울분을 참고 성질도 내지 마시어 절대 함부로 동요하지 마시고 이곳에 와서 지휘만 하고 계시는 것이 좋을 것 같습니다.[80]

적극적으로 해석해 본다면 여기서 충청도를 중심으로 하여 황해도, 평안도, 그리고 동남의 경상도와 전라도까지 통괄하여 전국적인 지휘체계가 형성되어 있는 것을 볼 수 있다. 또한 회덕을 비롯하여 각지에 농민군 조직이 편성되어 각지를 점거 주둔하고 있음을 알 수 있다. 이 문장은 충청도의 남접파가 남접의 두령에게 보낸 것으로 추측된다.[81] 즉 두령을 대신하여 전국을 통할하고 있는 자가 전라도 지방에서 활동하고 있는 두령에게 보고한 것으로 보인다. 그렇다면 이것은 예컨대 황하일이 서장옥에게 보고한 것으로 볼 수 있을 것이다. 확대 해석하면 청산의 남접파 농민군 본부에서 전라도 농민군 본부에 보고하여 상황을 알리고 서장옥이 충청도로 돌아와 지휘할 것을 요청하고 있는 것으로 볼 수 있을 것이다. 이보다 앞서 금구원평의 동학당 통문을 가지고 충청도로 향하여 가던 김영배(金永培)가 체포되었는데,[82] 여기서도 전라도 농민군과 충청도 농민군의 지도부 사이에 밀접한 연계가 이루어져 있음을 볼 수 있다.

이상에서 볼 때 충청도의 남접파와 전라도 농민군은 상호 연대하고 있었고, 그 연대는 최고지도부의 지휘체계에서부터 마련되어 있었다. 이로써 미루어 보면 하부 포접 조직간의 연계 가능성도 충분하다. 충청도 남부지역의 농민군 조직은 바로 이 충청도 남접파의 농민군으로 보이고, 제1차 농민전쟁에서는 이 지역에서 가장 활발한 봉기가 있었

---

80)『주한일본공사관기록』1, 東學黨彙報(1894년 양력 5월 25일 임시대리공사 杉村濬), 24쪽 ; 伊藤博文編,『秘書類纂 朝鮮交涉資料』中, 일본 原書房, 1970, 338쪽.

81) 정창렬은 앞의 논문(1991, 152~153쪽)에서 이 문서를 청산의 북접이 무장의 남접에게 보낸 것으로 파악하고 있다.

82)「兩湖招討謄錄」甲午 4월 9일,『동학란기록』상, 164~165쪽.

으며, 이 지역을 중심으로 전라도 농민군과의 연계가 이루어진 것으로 생각된다.

4. 제2차 농민전쟁기 서장옥의 활동과 역할

제1차 농민전쟁이 5월 8일 전주화약에 의하여 종결된 후 집강소(執綱所) 시기에 접어들게 되는데, 전라도의 경우에는 거의 전 지역에 집강소가 설치되었지만, 충청도에서는 6월 21일 일본의 경복궁 점령과 그에 뒤이은 청일전쟁에 자극받아 재봉기가 활발하였다. 7월 3일 이후 공주 아래의 이인역(利仁驛)에서 민회(民會)가 열렸고, 정부에서는 이를 효유하기 위하여 호서선무사(湖西宣撫使) 정경원(鄭敬源)을 파견하였다. 선무사는 7월 15일 충청감사 이헌영과 함께 각 지역에 집강을 임명하기로 결정하였다. 이 집강은 전라도 농민군이 설치한 집강소의 집강과는 성격을 달리하였다. 충청도에서는 관이 주체가 되어 집강을 임명하되 남북접의 갈등 상황을 이용하여 북접교단의 최시형으로 하여금 각 읍의 동학교도들 가운데서 택하도록 하였다.[83] 이러한 방침에 따라 충청감사 이헌영은 집강 임명에 대하여 각 읍에 다음과 같이 지시하였다.

각 읍의 소위 各 接 중 統攝之人을 營門에서 이미 상세히 탐지하였다. 특별히 슈申할 뜻으로 執綱을 차정하여 그로 하여금 그 무리를 禁飭하게 할 것이니 그 접 중에 여전히 犯科者가 있으면 집강이 책임을 면하기 어려울 것이다. 지방관이 집강에게 엄칙하여 懲一礪百하도록 하고 또한 날뛰어 지키지 않는 자가 있으면 보고하여 처벌하는 것이 옳을 것이다.[84]

---

83) 『洪陽紀事』 7월 20일 ; 배항섭, 「충청지역 동학농민군의 동향과 동학교단」 『백제문화』 23, 94~95쪽 참조.

북접교단 산하의 각 접에서 통섭지인을 집강으로 차정하여 농민군을 통제하도록 하고 이를 또한 지방관이 장악하도록 한 것이다. 집강의 역할은 남접계열 농민군의 봉기를 차단하는 데 있었다. 영동에서 천여명의 '도당(徒黨)'들이 민가에 돌입하여 전재(錢財)를 수탈한 사건에 대하여 영동의 집강 손인택(孫仁澤)을 책망하고 있는 것에서 이를 알 수 있다.[85] 이들 도당들은 남접파 농민군일 것이고 민가의 전재수탈은 대부민투쟁(對富民鬪爭)으로 해석할 수 있을 것이다.[86] 이와 같이 충청도 지방에서는 최시형의 북접교도들이 집강으로 임명되어 남접의 봉기를 차단하고 있었다.

충청도의 남접파 농민군은 서장옥의 지휘를 받고 있었는데 이때 서장옥은 어떤 활동을 전개하고 있었는가. 그는 제1차 농민전쟁이 전주화약에 의하여 종결된 후 서울로 올라가 정세를 파악하려 한 것으로 보인다. 서울에는 일본군이 진주해 있었고 정부는 내정개혁을 요구하는 일본측과 갈등을 빚고 있었다. 그러한 상황에서 어떤 경로인지는 알 수 없으나 서장옥은 체포되고 말았다. 그는 일본군이 경복궁을 점령한 하루 뒤인 6월 22일 일시 석방되었으나 다시 붙잡혀 심한 고문을 받고 6월 28일에 석방되었다고 한다.[87] 개화파 정부가 들어서면서 오히려 석방된 셈인데, 개화파 정부의 수립과 함께 전면에 나선 대원군의 주선에 의한 것으로 생각된다.[88]

---

84) 이헌영,『敬窩漫錄』권6, 飭各邑差定執綱禁飭東徒 ;『錦藩集略』別甘, 各官.
85)『금번집략』別甘, 永同執綱孫仁澤等.
86) 조경달, 앞의 논문, 1982 ; 신용하,『동학과 갑오농민전쟁연구』, 일조각, 1993, 220~222쪽.
87) 조경달, 앞의 논문, 1993, 79쪽 참조.
88) 대원군이 민씨정권 때 체포된 동학도 2명을 석방하여 관직을 주고 호서선무사 정경원과 함께 내려가 동학도들을 설득하도록 하였는데 그들이 오히려 동학도들을 선동하여 경성을 향해 진격할 계획이라는 소문이 있었다(『秘書類纂 朝鮮交涉資料』中, 忠淸道東學黨彙報, 638쪽). 충청도 농민군의 재봉기 상황에서 선무사 정경원과 함께 내려가 재봉기를 막을 수 있는 동학도는 서

  석방된 서장옥은 충청도 지방에 내려가 최시형의 북접과 대항하면
서 남접 농민군세력을 결집하였을 것으로 보인다. 최시형이 추천한 집
강이 각 읍의 질서를 장악하면서 남접파 농민군의 결집과 봉기를 차단
하고 있었기 때문에 이에 대항하여 조직의 확대를 꾀할 필요가 있었
다. 보은의 황하일의 활동에서 그 일단을 확인할 수 있다. 황하일은 서
장옥의 충청도 남접파의 핵심인물이면서 북접과도 긴밀한 인물이었는
데, 이때 북접과 행동을 같이하지 않고 봉기를 위한 조직화에 착수하
였고 지방수령과 보수세력까지 반외세를 중심으로 결집하려고 시도하
였다. 즉 황하일은 북접교단의 근거지인 보은에서 7월 2일 창의를 내
세우고 군수 정인량을 창의두령으로 삼아 도약장(都約長)에 추대하고
임규호·황하일·이관영·김재현에게는 부약장(副約長)을 맡겨 분위
기를 반외세 창의의 방향으로 몰고 갔다.[89] 이관영은 상동대접주(尙公
大接主)로 참여하였다가 보은집회 이후 서병학의 사주를 받아 최시형
에게 불경한 언사로 교조신원을 요구한 자였다.[90] 이관영의 경우를 고
려하면 이들은 대체로 북접교단과 거리를 두게 된 자들로 볼 수 있고,
북접교단의 대도소(大都所)가 있던 보은에서 북접교단과는 관계없는
활동을 전개하였다고 볼 수 있다. 더구나 이들은 동학의 이념을 버리
고 사유창의(士儒倡義)를 명분으로 내세웠다. 일본의 경복궁 점령에
항의하기 위해 지방수령 및 보수유생들과 연합하여 반외세 봉기를 꾀
하려 한 것이다. 황하일의 이러한 활동은 최시형의 지휘가 아니라 서
장옥의 통제 하에 놓여 있었을 것으로 생각된다.
  일본군의 경복궁 점령 이후 충청도에서는 남접계열의 농민군에 의

장옥과 같은 지도자 외에는 없을 것이다. 그러나 그는 오히려 농민군을 결집
하여 재봉기를 부추기고 서울로 진격하도록 지휘하고 있다. 서장옥이 6월 28
일 석방되고 선무사가 7월 15일 파견된 점을 고려하면 시기적으로는 그러한
추정에 무리가 없다.
89) 『금번집략』 별계, 갑오 7월 7일.
90) 『천도교회사초고』, 454쪽.

한 재봉기가 활발하였다. 7월 3일 이후 이인역에서 민회가 열렸고, 이후 충청도의 서천·청양·연기·한산 등지에서 농민군의 봉기가 있었다. 8월 2일에는 농민군이 공주에 들어가 시위를 벌였다. 공주의 임기준(任基準)은 동학접주로서 후에는 충청감영의 비장(裨將)으로까지 들어가게 되는데, 8월 2일 창의를 내걸고 공주에 들어가 감사 이헌영의 유임을 요구하는 등 반외세의 입장을 천명하였다.91) 8월 19일에는 금강 근처에 농민군이 주둔하여 감영을 위협하였다.92) 일본군의 경복궁 점령 이후 전반적인 분위기는 이와 같이 반외세 반일의 방향을 취하고 있었고 그 배경에 남접파가 자리잡고 있었다.

남접세력의 이러한 활동은 남북접의 갈등을 더욱 깊게 만들었다. 최시형은 동학교단의 조직을 강화하고, 교도를 칭하면서 행패하는 자를 처벌하도록 지방수령에게 요청하고, 강포(强包)가 약포(弱包)를 위협하여 농민전쟁에 참여하도록 하는 것을 경계하였다. 그리고 10개의 규약을 만들었는데, 그 규약 가운데 각포의 사무를 반드시 법소(法所)와 포덕소(布德所)의 지시에 따라 시행하도록 한 점, 특히 법소와 포덕소의 문빙 없이 임의로 취당하는 자를 출교한다고 한 점, 그리고 관령을 복종하도록 한 점 등이 주목된다.93) 남접파의 재봉기를 위한 활동을 차단하려는 목적을 지닌 것임이 틀림없다.94) 최시형은 심지어 충주의

91) 『금번집략』 별계, 갑오 8월 5일 ; 『주한일본공사관기록』 1, 161쪽 ; 『啓草存案』 8월 17일. 충청감사 이헌영은 일본군의 경복궁 점령 이후 다시는 관직에 나가지 않겠다고 결심하고 충청감사직의 교체를 희망하고 있어서(『敬窩漫錄』 권7 年錄), 그의 반일적인 태도가 공주 부근 농민군의 활동을 자극하고, 그것이 농민군으로 하여금 감사의 유임을 요구하면서 공주에서 시위를 벌이는 사태로 나타났다.
92) 『敬窩漫錄』 권6 利仁驛民會所曉諭文 ; 『금번집략』, 日錄 및 別甘 利仁聚會所榜.
93) 『천도교회사초고』, 458~460쪽.
94) 그러나 전봉준과 김개남은 최시형이 군대를 해산하고 귀화하도록 요구한 데 대하여 이를 비아냥거리면서 무시하였다. 『오하기문』 2필, 1894년 8월, 96~97쪽.

일본군에게 서장옥·전봉준 부대의 활동을 규탄하는 편지를 보내기도
하였다. 그 내용은 다음과 같다.

> 비도 徐章玉·全琫準의 무리가 師門을 가탁하고 망령되이 斥和한
> 다고 칭하고 무지한 교도를 선동하여 깃발을 꽂고 몽둥이를 들고서
> 세력을 더욱 확장하였다. 또 우리 북접을 위협하여 때를 타 함께 창
> 의하자고 요구하였으나 우리 북접은 각별히 스승의 훈계를 따라 굳게
> 거절하고 따르지 아니했다. 아, 저 남접이 무리를 엮어 세력을 믿고서
> 착한 사람을 죽이니 우리 북접은 어쩔 수 없이 장차 都會의 날에 무
> 리를 들어 성토하려 생각하니 귀군은 괴이하게 여겨 의아해 하지 않
> 았으면 다행이겠다.95)

서장옥과 전봉준의 무리를 남접으로 함께 묶어 그들의 창의를 비판
하고 있다. 전봉준은 전라도에 있었는데 그렇다면 당시 서장옥은 어디
서 무엇을 하고 있었는가. 제2차 농민전쟁을 일으키기 직전, 최시형이
남접세력을 배척하면서 각포에 보낸 통유문을 살펴보면 다음과 같다.

> 무릇 우리 도는 남접 북접을 물론하고 모두 龍潭(최제우)의 淵源이
> 나 도를 지키고 스승을 높이는 자는 오직 북접이다. 지금 들으니 湖
> 南의 全琫準과 湖西의 徐仁周가 門戶를 별도로 세워 南接이라 이름
> 하고 창의함을 빙자하여 평민을 침해하고 도인을 해치매 그 끝이 없
> 다 하니 이를 일찌감치 끊어버리지 아니한다면 참과 거짓을 구분할
> 수 없고 선인과 악인이 함께 불에 타 버릴 것이다. 원컨대 전국의 각
> 포 중에 우리 북접을 믿는 자는 이 글이 도달하는 즉시 따르는 정성
> 스런 마음으로 분발하여 각각 자신이 속한 포 두령을 잘알아 단속함
> 에 한결같이 따라 추호라도 어긋남이 없게 하고 師門의 亂賊들을 일
> 제히 같이 토벌함이 옳을 것이다.96)

---

95) 『시천교역사』/『동학사상자료집』 3, 625~626쪽.
96) 『천도교회사초고』, 461쪽.

여기에 전라도의 전봉준과 충청도의 서장옥이 남접을 창설하여 북접에 대항한 것으로 나타난다. 서장옥이 충청도 지역을 장악한 것으로 보고 있다.

이와 같이 서장옥은 충청도에서 농민봉기를 위한 조직활동을 전개하는 한편, 정치적인 상황의 변화에도 민감하게 대응하였다. 개화파 정부가 수립된 이후 형식적인 수반에 나섰던 대원군은 점차 개화파 세력에게 몰리게 되었고 이에 농민군 및 의병과의 접촉을 꾀하여 정치적 세력기반을 확대하고자 하였다. 대원군은 선무사를 파견하여 전라도의 전봉준·김개남, 충청도의 서장옥·임기준 등과 접촉을 꾀하여 반일봉기를 선동하였다.97) 서장옥이 지휘하는 충청도의 농민군은 이에 호응하는 입장을 취하였다. 황현은 그러한 사정을 다음과 같이 기록하고 있다.

　　대원군의 부하가 대원군 告喩文을 가지고 남원에 내려왔다. 김개남이 그를 내던져 몽둥이로 구타하도록 하여 거의 죽을 지경이 되었다. 때에 또 들으니 승지 李建榮이 上旨를 받들어 김개남 진중에 들어와 병사를 풀지 말고 협력하여 討倭하도록 지시하니 김개남이 그를 예우하기를 심히 공순히 하였다. 어떤 사람들은 徐長玉이 雲峴宮에 숨어 있다가 대원군의 비밀 서찰을 전하는데 그 내용은 지난번의 효유문은 실로 일본의 위협 때문에 나온 것으로서 믿을 것이 못되니 군사를 정돈하여 북상하여 국난을 구하라는 것이다. 이것은 모두 적당이 백성을 미혹하기 위한 유언비어로 과장되어 전해졌지만 어리석은 백성들은 이를 자못 믿는 듯하다.98)

서장옥이 대원군과 접촉하여 봉기의 해산을 촉구한 대원군의 공식

97)『東學文書』『동학농민전쟁사료대계』5, 99~112쪽 ; 이상백, 「동학당과 대원군」『역사학보』17·18합집, 1962 ; 양상현, 「대원군파의 농민전쟁 인식과 동향」『1894년 농민전쟁 연구』5, 1997 참조.
98)『오하기문』3필, 갑오 9월, 11쪽.

적인 효유문이 대원군의 본심이 아님을 전하면서 농민군 지도부에 대하여 봉기 북상할 것을 지휘한다는 소문이다. 서장옥이 대원군 세력과 접촉하면서 사태의 진전을 확인하고 농민봉기의 방향을 조정하고 있었음을 짐작할 수 있다.

이와 같이 보면 서장옥의 남접세력은 대원군과도 접촉하면서 반일 봉기를 준비하고 있었다. 지방수령이나 보수유생층까지도 연합하여 봉기를 전면화시켜야 될 형편이었다. 따라서 갈등을 빚고 있던 북접교단과의 연합봉기는 매우 시급한 과제였다. 남북접의 갈등은 매우 깊었지만 청일전쟁에서 승리를 거둔 일본군이 본격적으로 동학교도들을 탄압하고 있었고 북접교단 간부들의 여론도 반외세 궐기의 방향으로 선회함에 따라, 결국 9월 18일 최시형은 남접과 연합하여 봉기하기로 결정하였다.[99] 이리하여 충청도 지방은 물론, 제1차 농민전쟁에서는 봉기하지 않았던 전라도의 북접파도 봉기하였다.

전라도에서는 8월 25일 김개남이 중심이 되어 재봉기를 위한 남원대회가 열렸고, 9월 10일에는 전봉준의 농민군이 재봉기 북상을 위하여 삼례에 집결하였다. 정부에서는 9월 21일 신정희(申正熙)를 순무사(巡撫使)로 임명하고 10월 초에는 순무영 부대가 농민군 진압을 위하여 남진하기 시작하고, 10월 14일 농민군의 충청도 북상, 10월 21일 목천 세성산 전투, 11월 9일 공주 우금티 전투, 11월 27일 태인 전투, 12월 1일 김개남 체포, 12월 2일 전봉준 체포, 12월 17일 청산 종곡 전투로 이어져, 농민군은 패배하였다.

제2차 농민전쟁 시기 충청도의 서장옥은 전라도 농민군의 북상에 앞서서 먼저 청주성 공격을 감행하였다.[100] 충청병사의 보고에 의하면,

---

99) 신영우, 앞의 논문, 1994 참조.

100) 『주한일본공사관기록』 1, 報恩東學黨에 관한 報告, 173쪽, "청주는 지난달 23일부터 동학도 가운데 徐—海라는 자가 수십 만의 군중을 인솔하고 수십겹으로 포위를 하고 있었으므로 병사는 성문을 굳게 닫고 외부로부터의 원병을 기다렸으나 오지 않았기 때문에 현재 위급한 상황에 있다".

9월 24일 농민군 수만 명이 청주병영과 상당산성(上黨山城)을 공격하여 무기를 빼앗길 위기에 처하였는데 충청병사가 직접 전투를 벌여 농민군 수십 명을 죽이고 물리쳤다고 한다. 그러나 병사는 전라도와 충청도의 농민군이 연합하여 기세가 등등하므로 병영의 힘으로는 막을 수 없다고 보고하였고, 이에 대하여 의정부에서는 순무영으로 하여금 구원하도록 조치를 취하였다.101) 농민군은 일단 물러갔으나 청주성은 계속 위협받고 있었다.102) 이 시기 청주의 동학접주는 서일해(徐一海)였다.103)

서장옥은 대원군과 접촉하면서 농민전쟁의 전반적인 방향에 대하여 고심하고 지휘하는 한편 이와 같이 직접 전투에도 참여하였다. 이 전투는 충청병영을 점거하려는 것이었고 성공했다면 충청도 지방에 강력한 농민군 거점을 형성할 수 있었을 것이다. 서장옥의 청주병영 공격은 전봉준·김개남의 지도부와 사전 계획에 의하여 이루어졌을 가능성이 없지 않다. 즉 남북접 연합을 시도하면서 충청도에서의 봉기를 촉구하고 충청병영을 점령함으로써 전라도 농민군의 북상을 촉구하고자 하였을 것으로 볼 수 있다. 전라도 농민군이 공주를 장악한다면 중부 이남지방은 완전히 농민군 수중에 놓이게 될 것이다.

청주성 공격이 실패한 이후 서장옥은 또다시 서울에 그 모습을 드러낸다. 10월 2일(양력 10월 30일) 서울의 일본공사 이노우에 가오루(井上馨)에 대한 부산 일본총영사의 보고를 보면 다음과 같다.

가장 신빙할 만한 어느 계통의 보고에 의하면, 이 나라 東學黨의 首領은 金箕範·崔慶善·全瑋準 및 徐逈迺 4명으로 그중 김·최 양인은 사는 곳을 판명할 수 없습니다만 전봉준은 전라도 泰人에 살고 있으며 그중 가장 힘이 있는 徐逈迺는 현재 京城 校洞에 있고 다른

---

101) 『계초존안』 9월 28일 ; 『오하기문』 3필, 1894년 9월, 6쪽.
102) 「兩湖右先鋒日記」 갑오 9월 30일, 『동학란기록』 상, 264쪽.
103) 『주한일본공사관기록』 1, 173쪽.

3명에게 연락을 하여 지방 동학도의 운동·진퇴 등 대부분이 同人의
籌策에서 나온다는 것입니다. 이것이 과연 사실이라면 각하께서 돈독
히 徐邁迺를 설유하여야 합니다. 그렇다면 장래 동학도의 소란도 크
게 감소되고 각 지방이 평화스럽게 되지 않을까 생각됩니다.[104]

  서이내(徐邁迺)가 대원군이 거주하던 운현궁 부근의 교동에 머물면
서 지방의 전봉준·김개남·최경선의 농민전쟁 지도부를 지휘하고 있
다고 하였다. 이 서이내가 바로 서장옥일 것이며,[105] 청주공격 이후 서
울로 올라간 것으로 추정할 수밖에 없을 것이다. 서울에서 개화파 정
부와 대원군의 갈등을 확인하고, 농민전쟁의 방향을 모색하고 이를 현
장에 통보하였을 것으로 생각된다.
  서장옥은 이후 다시 농민전쟁의 현장으로 돌아온 것으로 보이지만
그 구체적인 활동은 확인되지 않는다. 다만 서장옥의 청주성 전투 이
후에도 충청도 농민군의 집요한 공격이 있었고, 또한 전라도 김개남
부대가 청주성 공격에 심혈을 기울인 점에서 볼 때, 서장옥이 시도한
청주성 공격이 지니는 전략적 중요성을 확인할 수 있다.[106] 그리고 김
개남의 청주성 공격의 배경에도 서장옥의 지휘가 개재되었을 가능성
을 배제할 수 없다.[107]

---

104) 『주한일본공사관기록』 2, 東學黨 首領에 관한 보고, 87~88쪽.
105) 徐邁迺는 서장옥의 호인 徐一海(서일해)를 발음하는 과정에서 '서이래'로 되
    고 그것을 기록하는 과정에서 '徐邁迺(서이내)'로 되었을 가능성이 높다.
106) 이영호, 앞의 논문 참조.
107) 전봉준이 공주를 공격하기 위하여 은진으로 북상하였을 때 張喜用이란 자가
    전봉준과 김개남으로 하여금 청주성을 공격하도록 꾀었는데, 전봉준은 이를
    따르지 않고 김개남이 이를 따라 청주성을 공격하였다고 전봉준은 진술하고
    있다. 취조를 맡은 일본군 사령관은 일개의 접주인 장희용이 청주성 공격을
    획책할 일은 아니고 반드시 배후에서 사주한 자가 있을 것이라고 추궁하였다
    (『동경조일신문』1895년 3월 5일/『사회와 사상』창간호, 1988년 9월, 260쪽). 이
    자료에서 볼 때 청주성의 공격은 공주감영의 공격과 함께 전략적인 가치가
    높았고, 농민전쟁 지도부 사이에 협의된 결과라는 사실을 짐작할 수 있다.

서장옥은 남접 농민군 지도자들이 속속 체포되었을 때에도 최시형
과 함께 종적을 감추어 버리고,[108] 이후 모습을 드러내지 않다가 1900
년 충청도에서 체포되어 49세의 나이로 처형되었다.[109] 서장옥은 농민
전쟁 이후 살아 남은 유일한 최고의 남접 지도자였다. 그의 활동이 그
이후에도 분명하게 확인되는 것은 없지만 그를 도승(道僧)·이인(異
人)·진인(眞人)·궁적(窮賊) 등으로 평가하고 있는 점에서 볼 때,[110]
그가 사회변혁운동을 외면하였다고 보기는 어려울 것이다. 더구나 예
컨대 손화중의 남은 부하들이 사회변혁운동을 전개하고자 최시형을
찾아가 설포(設包)를 요청하였지만 거절당하고,[111] 그래서 독자적으로
영학당(英學黨)을 조직한 것을 볼 때 남접의 지도자 서장옥이 이 시기
어떠한 활동을 전개하였는지 관심을 갖지 않을 수 없다.[112] 앞으로 이
부분에 대한 규명이 필요할 것으로 생각된다.

5. 맺음말

그동안의 농민전쟁 지도부에 관한 연구는 전봉준 연구를 제외하면

---

108) 『영상일기』 갑오 12월 4일.
109) 『司法稟報』 乙, 1900년 9월 20일 平理院裁判長의 보고서.
110) 『동학사』, 193~194쪽.
111) 『김낙철역사』, 27~28쪽.
112) 조경달은 앞의 논문(1993)에서 趙錫憲의 『北接日記』(『韓國思想』 13, 1975)를
　　근거로 서장옥이 농민전쟁 이후 불교에 귀의하였고 따라서 전봉준의 반근대
　　적 유교적 사상과 서장옥의 불교사상의 상호관련성을 해명하는 것을 과제라
　　고 하였는데, 서장옥의 사상적 경향에 대하여는 이 글에서 언급하지 못하였
　　지만 그의 활동의 전체상을 놓고 볼 때 불교로의 회귀에 관계없이 사회변혁
　　운동에 대한 관심이 소멸되었다고는 생각되지 않는다. 동학을 비롯한 여러
　　변혁세력 및 종교세력에 대한 대대적인 탄압이 전개되던 1900년경 체포되어
　　손천민과 함께 처형된 것은 그의 사회운동이 지속되었음을 의미한다고 생각
　　된다.

의외로 부족한 편이기 때문에 농민전쟁의 방향과 지도부의 의도를 분
석하는데 한계가 있었다. 그것은 일단 자료의 부족에 원인이 있다고
보아야 할 것이다. 전봉준을 비롯하여 김개남·손화중 등의 행적이나
사상을 알 수 있는 그들의 수기가 없기 때문이다. 그 점은 남접파의 지
도자로 알려진 서장옥에 대하여도 마찬가지이다. 따라서 서장옥이 농
민군 지도부의 배후인물로서 농민전쟁의 전반적인 방향과 관련하여
적지 않은 역할을 담당하였을 것으로 추정되면서도 이에 대한 해명은
되지 못하여 왔다. 이 글에서도 이러한 자료의 한계를 극복하지는 못
하였고, 서장옥에 관한 단편적인 자료들을 모아 그 행적을 추적해 보
았다.

　이 글에서 서장옥에 대하여 관심을 가진 것은 서장옥이 농민전쟁의
지도부와 어떠한 관련을 맺고 있었는가 하는 점, 서장옥이 충청도 농
민군을 어떻게 장악하고 있었는가 하는 점, 충청도 남접파 농민군과
전라도 농민군은 연계하였는가 하는 점, 그리고 서장옥이 농민전쟁의
전체적인 방향과 관련하여 어떠한 정치적인 활동을 전개하였는가 하
는 점 등이다. 이러한 문제를 규명하면서 결국 이 글은, 농민전쟁이 자
연발생적으로 고부민란이 일어난 데서부터 출발하여 그것이 제1차 농
민전쟁으로 발전하고, 집강소 개혁을 완성하지 못한채 전면적인 반외
세 봉기를 꾀한 것으로 파악하지 않고, 교조신원운동으로부터 시작하
여 농민전쟁의 종결에 이르기까지 의도대로 된 것은 아니지만 농민전
쟁을 계획한 지도자와 지도부의 전략과 전술이 상당히 작용하였을 것
으로 파악하게 되었다.

　먼저 확인한 것은 남접세력이 북접교단으로부터 분리되어, 서장옥을
정점으로 하여 전봉준·손화중·김개남·김덕명 등을 중심으로 독자
적인 조직체계와 세력을 형성하였다는 점이다. 1891년의 윤상오 사건
과 전라도 지방에 대한 최시형의 포교 이후 전라도 지방에는 북접교단
과는 분리되어지는 세력이 형성되기 시작하였고, 그것이 동학의 인적

조직형태인 연원제를 무너뜨리면서 서장옥·전봉준·손화중·김개남을 중심으로 새로운 조직으로 형성되었다. 그리하여 전라도 지방에는 북접교단에 속한 북접파와는 별도로 남접파가 형성되었다.

그런데 남접파는 전라도 지방에만 형성된 것은 아니었다. 남접파의 지도자 서장옥의 근거지가 충청도였다. 청주지역을 중심으로 한 서장옥의 활동은 충청도에 남접파를 형성할 수 있게 하였다. 그리하여 제1차 농민전쟁이 전라도에서 일어나자 충청도의 남접파 세력이 최시형의 저지에도 불구하고 반봉건 봉기를 꾀하고 전라도 지방과의 연결을 꾀하였다.

그 과정에서 서장옥의 활동이 주목되었다. 서장옥의 활동에 대하여는 보다 정확히 확인되어야 할 점이 적지 않지만 제1차 농민전쟁시 서장옥이 충청도의 농민군을 이끌고 전라도 북부지방에서 활동하고 있었음이 확인된다. 서장옥은 충청도와의 경계지역을 중심으로 전라도의 농민전쟁을 지원하였다. 충청도 청산과 전라도 무장에 농민군 본부가 설치되어 상호 연락이 취하여졌고, 다른 지역에 대한 통제도 이를 통하여 이루어진 것으로 생각된다. 이렇게 보면 제1차 농민전쟁은 이미 농민군 지도부에 의하여 상당히 조직적으로 전개된 것으로 볼 수 있다.

서장옥은 정치적인 활동에도 민감하였다. 그는 교조신원운동 과정에서 서병학과 함께 군대를 동원하여 정치변혁을 꾀할 정도로 정치적 동향에 관심이 많았기 때문에 그로서는 농민전쟁의 정치적 귀결과 타협을 모색하였을 것으로 보인다. 제1차 농민전쟁 직후 서울에 체포 구금되게 되었는데 어디서 체포된 것인지 확인되지 않지만, 전주화약 이후 외국군대가 밀려 들어온 중앙의 상황을 파악하기 위하여 상경하였다가 체포된 것으로 추측된다. 그는 일단 농민전쟁이 성공하였을 경우 대원군 세력을 타협할 수 있는 정치세력의 대안으로 파악한 듯하다. 그리하여 그가 대원군측과 접촉을 꾀하다가 체포된 뒤, 일본군의 경복궁 점령에 의하여 민씨 정권이 무너지고 개화파 정권이 수립되면서 대원군이 정부의 수반으로 앉게 되었을 때, 석방된 것으로 추정된다.

일본군이 청일전쟁에서 우세를 점하여 농민군을 진압할 태세를 보이고 개화파 세력에 의하여 대원군이 정치적으로 소외되자, 대원군은 농민군의 반외세 봉기와 보수유생층의 의병봉기를 부추기게 되는데, 이때 서장옥을 비롯한 전봉준·김개남이 대원군측과 접촉하고 있었다. 그리고 그 타협의 교섭은 서장옥이 담당하였다.

서장옥은 결국 농민군의 총궐기를 꾀하는데 앞장서게 되었다. 먼저 청주의 병영을 장악하여 중부 이남을 수중에 넣고자 하였다. 청주병영 공격에 실패한 후에는 다시 상경하여 대원군측과 접촉하고 다시 현장에 내려와 관군과 본격적인 전투에 나선 것으로 보인다. 농민군이 패배하면서 그 지도자들이 거의 체포되었을 때 서장옥은 은둔하게 된다. 전봉준을 비롯한 농민전쟁 전투의 실질적인 지도자들은 모두 체포되었지만, 동학의 두 지도자 최시형과 서장옥은 체포를 면하였다.

농민전쟁 이후 서장옥이 어떠한 활동을 전개하였는지는 확인되지 않는다. 다만 손화중포의 잔당들이 영학당을 조직하여 변혁운동을 꾀하는 등 농민전쟁의 이념을 계승한 운동이 지속되고 있었기 때문에, 그 배후에서 서장옥이 어떤 활동을 전개하지 않았을까 짐작될 뿐이다.

이 글에서는 서장옥에 대한 구체적인 자료가 결핍되어 있어서 그의 사상적 입장 등에 대한 언급은 거의 할 수 없었고, 언급한 활동상도 여러 자료에서 단편적으로 모아 재구성한 데 불과하다. 또한 서장옥의 활동을 부각시켜 논의함으로써 상대적으로 전봉준·손화중·김개남 등 농민전쟁 지도부의 활동이 다소 소홀하게 취급된 점도 없지 않다.

제6장 1894년 농민전쟁의 토지개혁 방향

1. 머리말

1894년 농민전쟁 최고의 지도자 전봉준은 농민전쟁의 궁극적 목적을 "첫째 민족(閔族)을 무너뜨리고 한패인 간신을 물리쳐서 폐정을 개혁하는 데 있고, 또한 전운사(轉運使)를 폐지하고 전제·산림제(田制·山林制)를 개정하고 사리(私利)를 취하는 소리(小吏)를 엄중히 처단할 것"으로 삼았다.[1] 정치적으로는 탐관오리의 처단과 민씨 정권의 붕괴를 꾀하고 사회경제적으로는 전운사의 폐지와 전제·산림제의 개정을 목표로 하였다. 전제 및 산림제의 개정으로 표현된 농민전쟁의 토지개혁 방향은 구체적으로 어떠한 것이었을까. 이 문제를 해명하는 것이 이 글의 목적이다. 토지개혁 방향을 해명하는 것이 중심과제이지만 산림문제도 관련되는 범위 내에서 검토하기로 한다.

농민전쟁의 토지개혁 방향에 대한 연구는 그 중요성에 비하면 활발한 편은 아니다. 농민전쟁에 의하여 토지제도 개혁이 이루어진 것도 아니고 오히려 조세제도의 개혁 요구가 광범하게 제기되었기 때문이다. 농민전쟁의 토지개혁 방향에 관한 한국역사학계의 성과를 종합하여 보면,[2] 다음과 같은 의의가 있는 것으로 생각된다.

---

1) 『東京朝日新聞』 1895년 3월 5일/『사회와 사상』 1, 1988년 9월호, 한길사, 261쪽.
2) 농민전쟁의 토지개혁 방향에 관한 주요한 연구성과는 다음과 같다. 정창렬, 「한말 변혁운동의 정치·경제적 성격」 『한국민족주의론』 1, 창작과비평사,

첫째, 농민전쟁이 지주적 토지소유를 철폐하고 농민적 토지소유를 지향하였다고 평가하고 있다. 농민군의 토지개혁 의지에 대한 회의적 평가가 없는 것은 아니지만, 농민전쟁에서의 토지개혁 문제를 취급한 연구는 아래로부터의 토지개혁의 지향과 그 가능성을 인정하고 있다. 둘째, 농민전쟁의 지주적 토지소유 폐지와 농민적 토지소유 지향은 실학자 특히 다산(茶山) 정약용(丁若鏞)의 토지개혁안의 영향을 크게 받은 것으로 인식되고 있다. 정약용의 『경세유표(經世遺表)』에 제시된 토지개혁안이 전봉준을 통하여 농민전쟁의 토지개혁 지향에 반영된 것으로 보고 있다. 셋째, 농민전쟁의 토지제도 개혁방향을 농민전쟁의 전후와 농민전쟁의 전개과정에 따라 단계적으로 검토하려는 노력도 전개되고 있다. 조선후기 이래 근대화 과정에서 토지개혁이 지니는 의의가 무엇이며 그 개혁의 주체는 누구인지, 또한 농민전쟁의 단계적 전개과정에 따라 농민의 요구조건이 어떻게 변화·상승하였는가 하는 점이 검토되고 있다.

한편 북한의 경우에는 이 문제에 대한 연구가 활발하지 않고 폐정개혁안(弊政改革案)의 평균분작(平均分作) 조항을 중심으로 농민전쟁의 토지개혁 지향을 설명하고 있다. 북한의 견해는 초기에는 평균분작 조항을 농민적 토지소유제도를 추구한 것으로 보았지만,[3] 후기에는 균등

1982 ; 박찬승, 「동학농민전쟁의 사회·경제적 지향」『한국민족주의론』3, 창작과 비평사, 1985 ; 신용하, 「갑오농민전쟁과 두레와 집강소의 폐정개혁 - 농민군 편성, 집강소의 토지정책, 다산의 여전제·정전제 및 '두레'의 관련을 중심으로」『한국사회사연구회논문집』8, 문학과지성사, 1987 ; 김용섭, 「근대화 과정에서의 농업개혁의 두 방향」『한국자본주의 성격논쟁』, 대왕사, 1988 ; 정창렬, 『갑오농민전쟁 - 전봉준의 사상과 행동을 중심으로』, 연세대 박사학위논문, 1991 ; 신용하, 「다산 정약용의 토지개혁안과 동학농민군의 토지개혁안」『이기백선생고희기념한국사학논총』, 일조각, 1994 ; 배항섭, 「1894년 동학농민전쟁에 나타난 토지개혁 구상 - '평균분작' 문제를 중심으로」『사총』43, 고려대, 1994.

3) 대표적으로 『조선근대혁명운동사』(사회과학원 역사연구소편, 1961/한마당, 1988년 재간행, 84~85쪽)를 들 수 있다.

경작을 추구한 것으로 보아,[4] 그 의미를 축소하는 방향으로 인식하였
다.

이상의 연구사적 흐름을 놓고 이 글에서 다루어야 할 과제와 시각을
정리해 보면 다음과 같다.

첫째 농민전쟁의 단계적 진전에 따라 토지개혁의 요구가 변화해가
는 상황을 파악할 필요가 있다고 생각된다. 그래서 고부농민항쟁, 제1
차 농민전쟁, 집강소 개혁, 제2차 농민전쟁의 단계를 따라 농민군의 토
지개혁 요구가 어떠한 질적 변화를 보이는지 파악해 보고자 한다.

둘째 농민전쟁의 토지개혁 지향을 토지소유권의 측면, 토지소유관계
의 측면, 농업경영의 측면 등을 종합하여 파악해야 할 것으로 생각된
다. 즉 기왕의 토지소유권을 농민전쟁에서는 어떻게 인식하고 있었는
가, 새로운 토지소유관계의 성립을 어떠한 방향으로 추구하고 있었는
가, 농업경영의 새로운 방향은 무엇이었는가 하는 점들이 종합적으로
파악되어야 할 것이다. 이러한 문제를 진전(陳田)개간, 지방관과 토호
의 토지 및 산림소유, 토지의 평균분작 문제 등을 통하여 파악해 보고
자 한다.

셋째 농민전쟁의 토지개혁 요구는 민씨 정권 및 개화파 정권의 지향
과 충돌하였다. 농민전쟁의 지향을 확인하기 위해서는 이들 집권세력
의 토지정책을 대비적으로 파악하는 것이 필요할 것이다.

넷째 농민전쟁의 토지개혁 방향을 한국근대 농민운동의 전개과정
속에서 지닌 1894년 농민전쟁의 위상과 관련하여 평가해야 할 것이다.
1894년 이전 군현단위 농민항쟁의 수준, 그리고 1894년 이후 1950년대
농지개혁에 이르기까지의 토지개혁을 향한 움직임과 비교하면서 농민
전쟁의 토지개혁 시도를 평가해야 할 것으로 생각된다.

---

4) 대표적으로『조선전사』(사회과학원 력사연구소, 1983/『조선전사』근대 1, 푸
　른숲, 1988년 재간행, 298쪽)를 들 수 있다.

2. 농민군의 요구조건 분석

농민군의 요구조건은 그 전개과정에 따라 양상을 달리하였다. 여기서 그 요구조건을 전부 제시하는 것은 생략하고, 주로 토지문제와 관련된 것을 중심으로 검토해 보기로 한다.

고부농민항쟁에서 제시된 요구조건 가운데 토지문제와 관련된 것은 항쟁을 주도한 전봉준(全琫準)이 제시한 것(1),[5] 항쟁을 진압한 정부측 안핵사 이용태(李容泰)가 정리한 것(2),[6] 동학교단의 오지영(吳知泳)이 정리한 것(3)이 있는데,[7] 그 내용은 다음과 같다.

  1-1. 백성에게 묵은 땅을 갈아먹도록 허락하여 관가에서 문권을 발급하고 세금을 거두지 않는다고 하고서도, 추수할 때 강제로 징수한 일(陳荒地許其百姓耕食 自官家給文券 不爲徵稅云 及其秋收時勒收事)
  1-2. 보를 쌓을 때 남의 산에서 자라는 수백 년된 나무를 강제로 벌채한 일(築洑時勒斫他山數百年邱木)

  2-1. 묵은 땅을 개간한 곳에 도조를 징수한 일(陳畓已墾處賭租也)
  2-2. 묵은 땅을 개간한 곳에 시초세를 징수한 일(陳畓已墾處柴草也)

  3-1. 묵은 땅을 개간한 곳에 도조를 과도하게 징수한 일(已墾陳畓賭租濫捧)
  3-2. 개간하지 못한 묵은 땅에 시초세를 징수한 일(未墾陳畓柴草稅)

---

5) 「全琫準供草」『東學亂記錄』(국사편찬위원회 간행본) 下, 522~523쪽.
6) 『日省錄』고종 31년 1894년 4월 24일.
7) 吳知泳, 『東學史』/『동학사상자료집』 2, 아세아문화사 영인본, 458~459쪽. 2-2와 3-2는 일견 상호 상반되는 조항으로 보이지만 이 조항을 합리적으로 해석해 본다면 이미 개간한 경지에서의 시초 징수는 불법적인 것이고(2-2), 미간지에서의 시초 징수는 그 과중함에 있다(3-2)고 해석해야 할 것이다.

토지문제와 관련하여 고부농민항쟁에서는 진전개간, 산림벌채의 문제가 제기되고 있다. 그 구조적 측면의 지적이기보다는 고부군수 조병갑(趙秉甲)의 개인적 수탈에 대한 지적 가운데 포함되어 있는 것이다. 그것이 고부에서 농민항쟁이 일어나게 된 원인이다. 그러나 이것은 고부에서만이 아니라 어느 군현에서도 문제될 수 있는 일반적인 문제였다.[8]

고부농민항쟁에서는 토지문제가 본격적으로 거론되지 않았다. 삼정(三政)의 개혁이나 신분제의 폐지도 본격적으로 거론된 것은 아니었다. 국지적이고 구체적인 문제가 제기되었다. 그러나 거기에는 국지성을 벗어나 지역적, 전국적으로 확대될 수 있는 내적 계기도 포함되어 있었다. 고부의 진전개간 문제에서 나타난 농민의 불만은 고부만의 문제가 아니라 전라도 일대 및 전국적인 문제로서, 제1차 농민전쟁의 과정에서 균전(均田)문제로 확대되어 나타났다. 또한 전운소의 기선에 의한 조세운송은 이전에 비하여 농민에게 징수비가 다수 전가되는 것이어서 전체 농민의 불만을 사고 있었고, 따라서 고부에서 제기된 전운소 문제는 전국적인 성격을 지닌 것이었다. 그런데 그것이 고부의 국지적 문제에서 전국적 문제로 곧바로 비약한 것이 아니라, 전라도 일대에서 전운사 조필영(趙弼泳)이 상납 이후의 부족분을 재징수하고 고부군수도 고부에서 재징수함으로써 고부의 문제로 구체화되고,[9] 다시 후에 전라도의 지역적인 문제로 부각되어진 과정을 밟은 것이다.

다음으로 제1차 농민전쟁에서는 그 전개과정에 따라 각지에서 여러

---

8) 고부의 사정에 대하여는 이희권, 「19세기 후반 고부의 사회조직구조」『전라문화논총』 7, 전북대, 1994 ; 윤원호, 「19세기 고부의 사회경제」『전라문화논총』 7 ; 박명규, 「19세기말 고부지방 농민층의 존재형태」『전라문화논총』 7 ; 김용섭, 「고부민란의 사회경제사정과 지적 환경」『한국근대농업사연구』 III, 지식산업사, 2001 참조.

9) "轉運所摠加量餘新創不足米也"(『일성록』 고종 31년 1894년 4월 24일), "量餘不足米再徵"(『동학사』/『동학사상자료집』 2, 458쪽)이 바로 그것을 표현한 것이다.

상황 속에서 여러 가지 형태로 요구조건이 제시되었는데, 토지문제와
관련된 조항을 시간적 순서에 따라 살펴보면 다음과 같다.

4-1. 균전관이 폐단을 제거한다고 하면서 폐단을 만든 일(均田官之
　　去弊生弊也)

4-2. 땅이 없는데도 세금을 거두고 소나무밭을 개간하는 일(白地徵稅
　　松田起陳也)10)

5-1. 균전관이 결부에 농간을 부려 징세한 일(均田官之弄結徵稅)11)

6-1. 관장이 된 자가 해당 지역에서 무덤을 쓰지 말고 농토를 사들이
　　지 말 일(爲官長者不得入葬於該境內且不爲買畓事)

6-2. 보세와 궁답을 시행하지 말 일(洑稅及宮畓勿施事)

6-3. 각 읍 수령이 백성의 산지에 강제로 표시하고 불법으로 무덤을
　　쓰는 것을 금지할 일(各邑倅下來民人山地勒標偸葬勿施事)12)

7-1. 각읍의 묵은 땅 세금과 연고없는 세금의 부과를 영원히 면제할
　　일(各邑陳浮結永爲頉下事)

7-2. 각 궁방에서 각읍을 돌아가면서 교대로 세금을 부과 징수하는
　　것을 모두 폐지할 일(各宮房輪回結一倂革罷事)

---

10) 『東匪討錄』/『한국민중운동사자료대계』, 여강출판사, 320~321쪽. 1894년 음
　　력 3월말 4월초 전봉준 부대가 濟衆義所에서 제기한 것이다.

11) 黃玹, 『梧下記聞』 1필, 67~68쪽 ; 『동비토록』 「湖南儒生原情于招討使文」,
　　353~354쪽. 음력 4월 19일 농민군이 함평을 점령한 뒤 초토사에게 올린 上
　　書 가운데 소개된 수령의 탐학상 중 하나이다.

12) 「판결선고서원본」(全羅道泰仁山外面東谷居 農業 平民 被告 全琫準 年41),
　　『동학관련판결문집』(정부기록보존소 간행본), 29~31쪽. '전봉준판결선고서'
　　에 수록되어 있는 농민군의 요구조건이다. 전봉준의 농민군이 전주성을 점령
　　한 뒤 초토사가 농민군의 요구를 수락하는 조건으로 전주성을 회복하고자 하
　　였을 때, 전봉준이 27개 조목으로 제시한 것인데, 14개 조목만 명문화되어 있
　　다.

7-3. 균전관이 묵은 땅 세금에 농간을 부려 백성을 심대하게 괴롭히
    는 것을 금지할 일(均田官之幻弄陳結眚民甚大革罷事)

7-4. 지방관이 해당 지역에서 농토를 사들이고 무덤을 쓰는 일은 법
    률에 따라 처벌할 일(該邑地方官買畓用山於本邑依律勘處事)

7-5. 세력을 가지고 남의 무덤을 빼앗는 자는 그 사람을 죽여 징계할
    일(持勢力奪人先壟者殺其身懲勵事)

7-6. 흉년에 농사가 되지 않았는데도 세금을 거두는 것을 금지할 일
    (歉年白紙徵稅勿施事)[13]

8-1. 균전어사를 폐지할 일(均田御史革罷事)

8-2. 각 읍의 수령이 해당 지역에서 무덤을 쓰고 장토를 사들이는 것
    을 엄금할 일(各邑守令該地方用山買庄嚴禁事)[14]

제1차 농민전쟁이 진행되는 과정에서는 균전문제가 가장 분명하게
부각되었다. 고부농민항쟁에서의 국지적인 진전개간 문제가 전라도 일
대에 확대되어 균전문제라는 지역적인 문제로 나타난 것이다.[15] 6번에
서 주목되는 것은 지방관의 토지 및 산림소유 문제가 거론되기 시작한
점이다. 전라도 각 지역을 순회하면서 농민군의 반체제적 지향을 선언
한 제1차 농민전쟁의 결과, 지방관의 탐학이 토지 및 산림의 수탈과 집
적으로 나타나고 있었고 이 점을 요구조건에 명문화하여 제시한 것이

---

13) 金允植,『續陰晴史』(국사편찬위원회 간행본) 권7, 322~324쪽. 7-1과 7-2는
   음력 5월 전주화약이 맺어진 직후 전봉준의 농민군이 巡邊使 李元會에게 올
   린 原情書의 혁폐조건이고, 나머지는 곧 뒤이어 제안한 추가항목 가운데 있
   는 것이다.

14) 鄭喬,『大韓季年史』(국사편찬위원회 간행본) 권2, 86쪽. 농민군이 전주화약
   을 맺고 전주성에서 물러난 뒤 장성에서 전라감사 김학진에게 제시한 13개조
   의 개혁안 가운데 있는 것이다.

15) 6번에는 균전문제가 제시되어 있지 않은데 그것은 전봉준이 제시한 27개조
   가운데 14개조만이 제시된 것이기 때문이고, 나머지 조항 가운데 균전문제가
   포함되었을 가능성이 높다.

다. 7번에는 토지문제와 관련된 농민군의 요구조건이 종합되어 있고, 8
번에는 토지문제와 관련하여 제1차 농민전쟁 중 제안된 농민군의 요구
조건이, 균전문제와 지방관의 토지 및 산림소유 문제, 두 가지로 집약
되어 있다. 그밖에 제시된 진결, 백지징세, 궁답 등의 문제는 모두 진전
개간 및 균전문제와 연관되어 있는 것이라고 파악된다.

제1차 농민전쟁에서 농민군은 전라도 일대의 각 군현을 점령하고
각 군현의 폐단을 파악하고 그 시정을 요구하면서 반체제의 의지를 과
시하게 된다. 그 과정에서 그들의 인식은 보다 확대되고 보편화된다.
그것이 고부농민항쟁에서와는 달리 각 군현의 문제들을 보편화시켜
요구조건을 내세우는 것으로 나타난 것이다. 주로 모든 군현에서 문제
가 되고 있던 사회경제적인 내용, 즉 삼정을 비롯한 조세문제, 상인 및
무미(貿米) 등 유통문제, 관료의 부정부패 문제 등이 제기되었다. 고부
농민항쟁이 국지적으로 지방관의 탐학을 문제삼고 그것을 통하여 농
민의 사회경제적 지향을 담았다면, 제1차 농민전쟁에서는 농민의 지향
을 지역적인 차원에서 보편화하면서 그것이 가능하게 된 구조적 원인
을 조세체계의 문란으로 파악하고 그 시정을 요구하고 있는 것이다.

이렇게 볼 때 제1차 농민전쟁에서도 토지개혁의 요구가 본격적으로
거론되지 않고 있음을 알 수 있다. 이미 관행적으로 무너지고 있었던
신분제 폐지 요구도 조항으로서 명문화되지는 않았다. 전쟁의 수행이
당면한 행동적 목표였고 그것이 체제적 개혁의 요구로까지 진전되지
는 못하였던 것이다.

전주화약(全州和約)에 의하여 제1차 농민전쟁이 종결된 뒤 음력 7
월 초 농민군 대장 전봉준과 전라감사 김학진(金鶴鎭)의 전주회담에
의하여 농민군의 폐정개혁안이 확인되었는데,[16] 폐정개혁안 12개조 가
운데 "토지는 평균으로 분작케 할 사"라는 12번째의 조항이 토지개혁

---

16) 김태웅, 「1920·30년대 오지영의 활동과 『동학사』의 간행」 『역사연구』 2, 역
사학연구소, 1993 참조.

을 직접적으로 요구한 것이었다.17)

　토지문제와 관련된 농민군의 요구조건은 고부농민항쟁에서는 군수 조병갑의 부정과 고부지방의 모순을 배경으로 하였고, 제1차 농민전쟁 에서는 전라도 지방 일대로 확대되어 일반화되었고, 집강소 시기에는 전국적이고 체제적인 문제로서 제기되었다고 할 수 있을 것이다. 고부 농민항쟁에서 제기된 진전개간 및 산림벌채의 문제, 제1차 농민전쟁에 서 제기된 균전 및 지방관의 토지 및 산림소유 문제에 비하여 보면, 집 강소 시기의 토지 평균분작 요구는 차원을 달리하는 토지개혁의 요구 였다. 고부농민항쟁과 제1차 농민전쟁에서의 문제제기가 토지소유의 문제를 소극적으로 제기한 데 비하여 집강소 시기에는 본격적인 토지 개혁의 요구를 제시하고 있어 단계상 상당한 비약과 심화의 양상을 보 이고 있다.

　이와 같이 농민군의 요구조건은 농민전쟁이 전개되는 과정에서 심 화되어 가는 양상을 나타낸다. 즉 국지적인 데서 시작하여 지역적, 전 국적인 문제로 확대되어 나갔다. 지방관의 개인적인 수탈에 대한 저항 에서부터 시작하여 전라도 지방의 일반적인 모순의 문제로, 그리고 전 국적인 문제로 확대되고 구체화되고 보편화되어 나갔다. 농민전쟁의 진전과 함께 토지개혁에 대한 요구의 수준이 고조되어 간 것을 특히 주목해 둘 필요가 있다고 생각된다. 그것이 농민전쟁의 지향을 시사해 주기 때문이다.

3. 농민전쟁의 토지개혁 방향

1) 진전(陳田)과 균전(均田)

　여기서는 고부농민항쟁에서 제기된 진전개간 문제와, 제1차 농민전

---

17) 『동학사』/『동학사상자료집』 2, 482~483쪽.

쟁에서 전라도 일대의 지역적인 문제로 확대된 균전문제를 살펴보기로 한다. 이미 경작관계에 놓여 있는 기존의 자작지나 지주경영지가 아니라 경작관계가 형성되어 있지 않고 개간을 통하여 소유 및 경작관계가 형성될 예정의 토지에 대하여 농민군은 어떠한 입장을 취하고 있었을까 하는 점을 검토해 보고자 한다.

미간지에 대한 검토가 중요한 의미를 지니는 이유는 농민전쟁에서 미간지의 개간문제가 주요 이슈로 제기되었을 뿐만 아니라, 농민전쟁 당시의 미간지 규모가 대단히 크고, 농민전쟁이 실패한 뒤 일제에 의한 토지수탈 가운데 상당한 부분이 이 미간지를 중심으로 이루어졌기 때문이다.[18) 농민전쟁 당시의 경지규모를 전국 전체와 전라도의 경우를 살펴보면 <표 1>과 같다.

<표 1> 농민전쟁 당시의 경지규모

	元帳付結	各種免稅結	流來陳雜頉結	時起結	1893년 給災
전 국	1,435,916	180,135	428,866	817,915	42,514
전라도	341,335	32,144	82,443	226,748	24,407

*출전 :『結戶貨法細則』, 1895
*단위 : 結

원장부결에 대한 시기결의 규모는 57.0%에 해당하고, 진전의 규모는 428,866結로서 원장부결에 대하여는 29.9%, 시기결에 대하여는 52.4%에 달한다. 즉 진전이 총 결수의 1/3 수준에 육박하고 세금내는 땅의 절반을 넘고 있는 심각한 상황이었다. 전라도의 경우는 시기결이 원장부결의 66.4%에 해당하고, 진전은 원장부결에 대해 24.2%, 시기결에 대하여는 36.4%에 달하였다. 진결의 비중이 이와 같이 매우 높았기 때문에 개간을 통한 시기결의 확대는 국가재정 수입의 증대를 위하여

---

18) 윤병석,「일본인의 황무지 개척권 요구에 대하여」『역사학보』22, 1964 ; 이규수,『近代朝鮮における植民地地主制と農民運動』, 一橋大學 박사학위논문, 1994 참조.

매우 중요한 과제였고, 농민에게 있어서는 개간에 의하여 자기의 소유
를 확보할 수 있는 중요한 기회였다.

고부농민항쟁을 통하여 나타난 고부지방의 개간문제는 요구조건 1,
2, 3번에서 보았듯이 토지소유권의 귀속, 도조 및 결세의 남봉, 시초세
의 징수 등의 문제를 안고 있었다.

고부지방에도 후술하는 균전지역과 마찬가지로 19세기 후반 재해를
입어 진전화된 토지가 많았다. 그런데 고부는 균전에 포함되지 않아
진결 면세의 혜택을 받지 못하였다. 그리하여 1892년 전라도 암행어사
이면상(李冕相)이 내려왔을 때 고부민들이 진결 200결 17부 2속에 대
한 감세를 호소하였고, 암행어사는 이를 받아들여 다른 균전지역과 마
찬가지로 수년간의 감세를 정부에 요청하였다. 감세기간 동안 매년 개
간하여 감세기간이 끝날 때 수세할 수 있을 것을 기대하였다.[19] 1894
년 7월 개화파 정부가 들어선 이후에도 고부에서는 진결 200결 17부 2
속의 출세를 다시 연기해 줄 것을 요청하고 있고, 또다른 진결 즉 원진
결(原陳結) 307결 5부 4속에 대하여도 1년간의 감세를 요청하였다.[20]

이와 같이 고부지방에서도 진결이 발생하였고 이를 개간하기 위하
여 면세의 혜택을 주지 않을 수 없었다. 면세의 혜택은 경작되지 않은
토지에 대한 부당한 과세를 제거하는 것에 불과한 것이지만, 이를 계
기로 개간할 수 있는 기회가 생기게 되는 것이다. 고부군에서는, 개간
할 경우 원래의 소유주가 아니라 하더라도 토지소유권을 인정할 뿐만
아니라 면세의 혜택을 일정 기간 계속해 준다고 약속하였다. 실제로
개간한 농민들에게 토지소유권이 발급되었는지는 확인할 수 없지만,
문제는 소유권 인정 여부에서 터진 것이 아니라 결세, 도조, 시초세의
징수과정에서 나타났다.

---

19) 『湖南別單草』(규장각도서 奎古 5120-71) ;『일성록』고종 29년 1892년 7월
　　18일.
20) 『일성록』고종 31년 1894년 7월 17일 ;『政關抄』(『校正廳關抄』규15289에 수
　　록) 1894년 8월 4일 충청전라.

당시 토지의 상품화 수준이 낮았기 때문에 토지의 가치는 생산물로
실현되었다. 그 생산물의 일부가 결세, 도조, 시초세 등으로 공제됨에
따라 소유권의 가치도 제한될 수밖에 없었다. 그 부담이 소유의 의미
를 상실할 정도로 높게 되면 농민은 토지소유권을 포기할 수밖에 없
고, 그 부당함에 항의하게 되는 것이다. 고부에서는 이와 같이 토지소
유의 의미가 조세의 부담에 의하여 규정되고 있었다. 결세와 도조, 그
리고 시초세의 과중한 부과는 진전개간을 불가능하게 만드는 것이었
고, 고부농민항쟁은 이에 대한 항의를 담고 있었다.

그런데 고부의 경우 조세로서의 결세와 지대로서의 도조가 동시에
거론되어 있는 점이 주목된다. 개간된 토지에 결세뿐만 아니라 도조를
부과했다면 그것은 궁방이나 아문 등 국가기관에서 개간과정에 개입
하여 도조를 징수한 것을 의미할 것이다. 그렇게 되면 개간농민은 작
인으로 전락할 가능성이 높게 된다. 그러한 상황이 구체화된 것이 균
전문제이다.[21]

균전은 1890년 겨울 이래로 전주, 김제, 금구, 태인, 임피, 부안, 옥구
등 7개 군의 진전을 명례궁(明禮宮)에서 비용을 대고 민인으로 하여금
개간케 한 토지를 말한다. 이들 토지의 개간문제는 1876~1877년의 흉
년, 1886·1888·1890년의 흉년으로 경지가 황폐화되었기 때문에 제기
되었다. 그러니까 조선후기 이래의 모든 진전에 대한 개간사업이 아니
라 이때의 흉년으로 말미암아 급격히 진전화된 토지의 개간이 문제된
것이다. 그리고 그 중에서도 1886년 이래의 진전이 개간대상이었다. 이
들 진전에 대하여 정부에서는 年分을 통해 감세의 혜택을 주고 개간되
기를 기다렸지만 농민의 힘으로 개간하기는 어려웠다. 또한 실제로는
진전화된 토지에 대한 감세의 혜택이 제대로 이루어지지 못하였다.

1876년 이후 발생한 전라도 지방의 진전에 대하여 정부에서 인정한

면세의 혜택은 <표 2>와 같다.

<표 2> 전라도 지방의 진결 면세규모

年 條	지역	結-負-束	비고
1879	영광	700-00-0	無亡結 減稅
1880	영광 등 3읍	1520-00-0	〃
1881	무안 전주	820-19-0	〃
1882	무안 전주 영광	1520-19-0	〃
1883	무안 전주	930-10-0	〃
1884	전주 등 12읍	3820-19-0	〃
1885	나주 등 11읍	3700-00-0	〃
1886	전주 등 3읍	1520-19-0	〃
1887	전주 등 15읍	5708-11-0	〃
1888	전주 등 15읍	5708-11-0	〃
1889	영광 등	1918-78-0	限年 減稅
1890	나주 등 읍진	5083-58-4	〃
1891	나주 등 읍진	5762-18-0	〃
1892	전주 등읍	7521-61-6	〃
1893	전주 등	6105-22-7	〃
1894	나주 등 15읍진	5418-86-0	〃

*출전 : 1879~87년 및 1890~92년은 『年分災實要覽』(규12207), 1888, 1889,
1893, 1894년은 『일성록』1888년 11월 14일, 1889년 11월 29일, 1893년 11
월 30일, 1895년 2월 27일 참조.

<표 2>의 면세규모는 19세기 후반 이후 새로이 발생한 진결에 대한
것이다. 오래된 진전은 개간하기에 많은 비용이 들지만, 최근의 해일이
나 浦落 등에서 비롯된 진전은 비교적 개간하기 용이하였다. 그러한
진전이 1890년대에 이르면 5,000여 결을 상회하게 된 것이다.[22]

22) 군단위로 살펴보면 1876~1877년 흉년으로 진결이 된 것으로서 1883년까지
개간되지 못한 진전의 규모는 나주 2,690결, 광주 1,210결, 순천 660결, 영광
714결, 김제 393결, 임피 450결, 만경 183결, 옥구 515결, 부안 250결, 함평 423
결이었다(『비변사등록』1883년 9월 23일 전라도암행어사 朴泳敎 별단). 1889
년의 기록을 통하여 보면 나주 1,010결, 광주 455결, 순천 275결, 김제 196결,
영암 277결, 임피 190결, 만경 91결, 부안 125결, 옥구 168결, 함평 211결, 홍양

이들 진결에 대한 개간이 급선무였다. 그래서 1883년 전라도암행어사 박영교는 이들 진결에 대한 백징 때문에 개간이 이루어지지 않으므로 5년간 면세하여 차차 결총을 회복하는 것이 좋겠다고 건의하였다.23) 정부에서는 이러한 의견을 더욱 발전시켜 1883년 내아문(內衙門)에서 농무규칙(農務規則)을 제정하고 진전개간을 장려하게 되었다.24) 그 규칙 가운데, 진전을 개간하면 주인있는 토지라도 공사토(公私土)를 막론하고 개간한 자에게 소유권을 발급하여 주고 원소유주가 이에 이의를 제기할 수 없도록 한 규정이 주목된다. 이 규정은 후에 균전 개간농민들이 개간을 통하여 소유권을 확보할 수 있을 것으로 인식하게 된 근거가 되었을 것이다.

1886, 1888, 1890년의 재해는 진전의 개간을 시급한 것으로 하였다. 그리하여 전라도 북부지역 연해의 평야지대에 대한 개간부터 착수하게 되었고 그것이 균전(均田)으로 명명되었다. 균전의 개간은 1890년 겨울부터 시작되었다. 균전관으로 전주출신 부사과(副司果) 김창석(金昌錫)이 임명되었다. 김창석은 정부로부터는 결세의 감면을 요구하고 명례궁으로부터는 개간비용을 끌어들여 농민들로 하여금 개간하게 하였다. 총 규모는 3,000여 석락(石落) 정도에 이르렀다. 이 사업에 관여한 기관과 사람은 정부(政府, 內務府), 궁방(宮房, 明禮宮), 관리인(均田使 金昌錫), 개간농민이었다. 이들이 각각 균전에 대하여 어떠한 입장을 지니고 어떠한 권리를 행사하고자 하였는지를 살펴보기로 한다.

정부에서는 흉년으로 인하여 줄어든 결총의 복구를 개간사업의 목표로 삼았다. 점차 감축되어 가는 결총을 개간을 통하여 복구하고자 하였다.25) 이렇게 하여 조세수입의 감소를 막으려 한 것이다. 정부에서는 개간의 혜택으로서 농무규칙과 같은 규정을 마련하지는 않았다.

864결이었다(『일성록』 고종 26년 1889년 12월 11일).
23) 『비변사등록』 1883년 9월 23일 전라도암행어사 朴泳敎 별단.
24) 『한성순보』 제7호, 1883년 12월 29일, 내아문포시.
25) 『일성록』 고종 27년 1890년 12월 30일 내무부 계언.

일단 김창석에게 일임하면서 일정기간 조세를 감면하는 것에 그쳤다. 1892년 3월 균전관 김창석은 진전으로서 개간된 토지는 개간자에게 3년간 자경(自耕)을 허락하고 미간유망결(未墾流亡結) 3,044결 2부 1속은 결세를 면제하고 새로이 개간하는 농민에 대하여는 각종 잡역도 면제할 것을 요청하였는데, 정부에서는 개간을 장려하기 위하여 5년간의 정세(停稅)를 허용하고 신간지(新墾地)는 잡역을 면제하기로 결정하였다.26) 1890년 겨울부터 개간을 시작하여 이미 1년째에는 결세의 부과를 면제받은 셈이었는데 이후로도 계속 4년간은 면제될 수 있는 것이었다. 이러한 조치는 5년 동안이나 결세를 면제하더라도 개간을 하여 결총을 회복하는 것이 중요하다는 정부의 판단에 의하여 가능하였다. 그러나 그 이듬해인 1893년 2월에 이르면 이미 진전 개간지에 대한 면세가 1년으로 축소되어, 김제 등 7읍의 개간한 경지 157결 87부 1속에 대하여 과세되기 시작하였다.27) 한년정세(限年停稅)는 법전의 규정이라는 점에 근거한 것이다. 균전관 김창석은 개간할 당시 농민들에게 결세는 영원히 면제한다는 점을 공표하고 이를 빌미로 균도(均睹)를 인상하고 있었는데, 그것은 김창석이 농민들을 개간에 끌어들이기 위한 유인책에 불과한 것으로서 결세의 영원한 감면은 고사하고 정부에서 결정했던 5년 면세도 이루어지지 않았던 것이다. 정부의 목표는 농민경제의 안정보다는 결총의 복구와 확대에 있었다.

왕후의 내탕(內帑)을 담당한 명례궁에서는 재정을 확대하기 위하여 토지집적을 꾀하고 있었다. 예컨대 명례궁에서 1888년부터 전라도 흥덕, 고창, 무장, 고부, 부안 등 5개 군의 민전을 침탈하여 5,300여 두락에 달하는 명례궁 장토를 설치하고, 이것이 1894년 농민전쟁의 배경의 일단을 이루고 있는 데서 볼 수 있다.28) 명례궁은 이 지역의 개간에 정

26)『일성록』고종 29년 1892년 3월 2일.
27)『일성록』고종 28년 1893년 2월 27일.
28) 왕현종,「19세기말 호남지역 지주제의 확대와 토지문제」『1894년 농민전쟁연구』1, 역사비평사, 1991.

부의 재정투자가 불가능한 사정을 알고 개간비용을 투자하였다. 그것
은 무려 18만 냥에 달하는 액수로서,[29] 그것만으로도 상당한 토지를
구입할 수 있는 액수였다. 따라서 명례궁에서는 개간비용을 투자하였
기 때문에 개간한 토지를 명례궁의 소유로 인식하고 거기서 균도라는
지대를 징수하고자 하였다. 명례궁에서 지대를 수취하는 것은 곧 명례
궁에서 소유권을 장악하게 되는 것을 의미하였다. 이것이 이후 줄곧
명례궁과 개간농민 사이에 갈등이 지속된 원인이었다.

관리인인 김창석은 정부로부터 균전사로 임명되었으나 현실적으로
개간할 수 있는 방법이 없었다. 그래서 명례궁과 결탁하여 개간비용을
충당하고 그 지역 농민으로 하여금 개간토록 한 것이다. 그 과정에서
명례궁에는 균도의 징수를, 농민들에게는 결세의 영원한 면제와 저렴
한 균도를 약속하여, 농민과 정부 및 궁방의 입장을 중간에서 왜곡하
였다. 그것이 결국 개간농민의 피해로 나타났다. 김창석이 제시한 개간
의 호조건은 그 지역 일반민전이 균전으로 혼입되는 유인요인이 되어
사태를 더욱 복잡하게 만들었다.

균전개간에 참여한 농민들은 여러 입장에 있었다. 무주진전(無主陳
田)의 개간을 통하여 소유권을 확보할 수 있을 것으로 생각하고 참여
한 자들도 있고, 진전화된 자신의 소유지를 지원을 받아 개간할 수 있
을 것으로 생각한 자들도 있고, 결세의 영원한 면제와 저렴한 균도를
목표로 기경지(起耕地)를 편입시킨 자들도 있었다. 어느 경우에나 개
간에 참여한 자들이 소유권을 완전히 소유하거나 일부의 지분을 소유
할 수 있을 것으로 생각하였다. 그러나 조세 및 지대의 이중적인 부담
은 이들을 작인으로 전락시켰다. 이것이 개간농민들의 지속적인 저항
을 불러 일으킨 원인이었다.

농민들의 저항운동은 1893년의 전주민란, 1894년의 제1차 농민전쟁,

29) 『全羅南北道各郡訴狀』 8책/『각사등록』 21, 국사편찬위원회 간행본, 543쪽,
광무 11년 1월, 全羅北道均田所在七郡人民등의 經理院卿에 대한 소장.

1898~1899년의 균전농민 저항, 1899년의 영학당운동, 그 이후의 균전
혁파투쟁으로 지속되었다. 전주민란은 과도한 균세 징수에서 비롯된
것이었다. 균전농민들은 결세를 면제받는 대신에 두락당 원도조(原賭
租) 외에 3~5斗씩 추가 징수당하였고, 백지징세도 당하였다. 그래서
전주 수하(水下) 8개 면의 균전민 수천 명이 전주부에 몰려가 항의하
였고, 전라감사 김문현(金文鉉)은 이들을 난민(亂民)이라 하여 장두
고덕빈과 전여관 등을 체포하였던 것이다.[30]

　그 뒤 고부농민항쟁의 배경에도 이러한 균전문제가 있었고, 그것이
고부에서는 진전개간문제로 표현되었다. 제1차 농민전쟁이 전라도 일
대로 급속도로 확산된 데에는 이러한 균전농민의 저항의지가 배경에
놓여 있었다. 농민군이 김창석의 처벌과 균전의 폐단을 시정할 것을
강력히 요구하였던 것은 이 때문이었다. 그러므로 균전사업은 끝나지
않았지만 이를 중지하고 균전사를 폐지하지 않을 수 없었다.[31] 그러나
균전사에 대한 처벌은 곧바로 이루어지지 않았다. 그래서 농민들의 집
강소 개혁이 실시되던 8월 2일 전주민들이 전라감사 김학진에게 요구
조건을 제시한 가운데 "균전에서 도조를 과도하게 거두는 것과 사음
하예들의 폐단을 금지할 일(均田畓濫捧賭租與舍音下隷之弊禁斷事)"
라는 조항을 여전히 포함시키고 있었던 것이다.[32]

　결국 균전문제를 중심으로 볼 때, 국가는 조세수입을 목표로 하였고,
궁방은 지대수입을 목표로 하였고, 농민은 토지소유를 목표로 하였다.
조세와 지대의 과중한 부담은 농민의 토지소유를 막는 장애물이었다.
특히 지대의 부과는 농민의 토지소유와 직접 충돌하는 부분이다. 조선
시대 최고의 결총 150만여 결에 비교하면 이 시기의 90만여 결은 그
60% 수준에 불과한 것이었다. 진전의 개간을 통하여 국가재정의 확대

---

30)『동학사』/『동학사상자료집』 2, 460~461쪽.
31)『일성록』 고종 31년 1894년 4월 22일.
32)『일성록』 고종 31년 1894년 8월 2일, 264쪽.

와 농민경제의 안정을 꾀하지 않으면 안 되었다. 전면적인 토지개혁이
실시되지 못하고 있던 상황에서 농민에 대한 개간장려는 농민적 토지
소유의 확대를 도모할 수 있는 방법이었다. 그러나 정부와 궁방의 조
치는 농민적 토지소유의 성장을 가로막는 방향이었다. 이와 같이 볼
때 농민군의 균전문제 해결 요구는 농민적 토지소유의 성립과 확대를
도모한 것이라고 해석된다. 농민들은 토지소유관계가 형성되어 있지
않은 미경지가 개간지로 될 때 거기에는 농민적 토지소유가 구축되어
야 할 것을 희망하고 있었던 것으로 해석된다. 그것이 실패로 돌아감
으로써 이때 개간된 많은 균전들이 일본인에게 암매(暗買)되었고, 미
경지에 대한 일제의 수탈도 이러한 사정을 배경으로 하여 추진되었다.

2) 지방관과 토호의 토지 및 산림소유

　제1차 농민전쟁에서 토지문제와 관련하여 거론된 중요한 문제의 하
나는 지방관과 토호의 토지 및 산림소유 문제였다.[33] 구체적으로는 지
방관이 부임지에서 토지를 매입하거나 묘지를 쓰거나 산지를 차지하
거나 산림을 임의로 벌채하는 것을 금지하도록 농민들이 요구하였고,
또한 세력있는 지방의 유지들이 남의 산을 빼앗아 묘지를 쓰는 것도
금지하도록 요구하였다. 주로 지방관을 문제로 삼았지만 거기에는 토
호를 비롯한 세력있는 자들도 포함되어 있고, 주로 산지 및 산림을 문
제삼았지만 토지도 포함되어 있었다. 이 문제가 지니는 의미를 검토함
으로써 농민군이 기왕의 토지 및 산림소유 문제를 어떻게 인식하고 있
었는지를 확인할 수 있을 것이다.

---

33) 앞에서 본 바와 같이 고부농민항쟁에서 제시된 "築洑時勒斫他山數百年邱
木" 이외에 제1차 농민전쟁에서는 "爲官長者不得入葬於該境內且不爲買畓
事, 各邑倅下來民人山地勒標偸葬勿施事, 該邑地方官買畓用山於本邑依律
勘處事, 持勢力奪人先壟者殺其身懲勵事, 各邑守令該地方用山買庄嚴禁事"
로 표현되었다.

지방관의 토지집적과 산림침탈 문제는 지방관의 탐학상의 한 부분
으로서 거론되었는데, 먼저 토지문제에 대하여 살펴보기로 한다. 토지
에 대한 개인의 소유와 매매는 이미 조선시대에도 매우 자유롭게 이루
어졌다.[34] 암매(暗賣), 환퇴(還退), 도매(盜賣), 상속, 매매방해, 탈취,
이중매매, 소유권분쟁 등의 자유로운 소유와 매매를 저해하는 양상이
19세기 농촌의 개인 사이에 갈등의 요인으로 나타나고 있었으나,[35] 대
부분 불법적인 것이었다. 다만 그러한 불법적인 소유권 침탈의 양상이
빈번하게 나타나고 있었다면 그것은 그만큼 소유권을 보장할 수 있는
제도의 미비에서 비롯되고 있는 점에서, 소유권제도의 한계와 전근대
적 성격을 지적할 수 있다.

지방관이 부임지에서 토지를 사들여 집적하는 행위는 그것이 정당
한 소유권 매매과정을 밟았다면 문제될 것이 없었다. 그러나 지방관의
토지집적이 경제외적 강제력에 의거할 가능성이 높았기 때문에 국가
에서도 이를 제한하는 입장을 취하였다. 영조 때에는 지방관이 될 자
가 그 지방에 田 10결 이상 소유하지 못하도록 제한하기도 하였지만,
정조 때에는 토지소유가 지방통치와 무관하다 하여 이를 개의치 않는
입장을 취하기도 하였다.[36] 그러나 지방관이 그 지방에서 토지를 다수
소유하고 있다면 조세수취를 비롯한 지방행정을 그르칠 소지가 생기
기 때문에 이를 경계하였다고 볼 수 있다. 따라서 지방관이 그 지방에
서 불법적인 방법으로 토지집적을 꾀하는 것은 민인의 저항을 받을 수
밖에 없는 일이 될 것은 자명하다.

지방관의 불법적인 수탈에 대하여는 1893년 선무사 어윤중(魚允中)
이 밝혀낸 충청감사 조병식(趙秉式)의 행위에서 살펴볼 수 있다. 조병

---

34) 박병호,『韓國法制史攷』, 법문사, 1974 참조.
35) 김인걸,「'民狀'을 통해 본 19세기 전반 향촌사회문제」『한국사론』23, 서울
   대, 1990 ; 박명규,「19세기 후반 향촌사회의 갈등구조 - 영광지방의 민장내용
   분석」『한국문화』14, 서울대, 1993 참조.
36) 한우근,『동학란 기인에 관한 연구』, 서울대 한국문화연구소, 1971, 182쪽.

식은 간음 등을 빙자하여 공주 오덕근을 비롯하여 충청도내 유지들의
가업(家業)을 탈취하였고, 연산 전감역(前監役) 이익제에게서는 그 아
들의 간통을 빌미로 연산과 은진의 비옥한 논 20여 석락을 탈취하였
다.[37] 이것은 감사의 불법적인 탐학상을 지적한 것이지만 군현의 지방
관도 이러한 탐학을 저지를 가능성이 없지 않았다.

농민전쟁에서는 지방관의 매답(買畓), 매장(買庄)만을 지적하였지만
농민군은 토호를 비롯한 세력있는 자의 토지집적에 대하여도 비판적
이었다. 그래서 농민전쟁 기간 동안 각 지방의 토호들이 공격을 받았
고, 그들이 비축한 양곡을 탈취당하였다. 또는 토지문권을 빼앗기기도
하였다.[38] 토호의 토지집적이 농민군의 비판대상이었던 것이다.

고종조 암행어사 별단에서 토호의 무단행위, 그리고 토지집적의 양
상을 파악할 수 있다. 토호의 무단행위로는 민재(民財)의 늑탈, 사적인
악형(惡刑) 시행, 잡기편재(雜技騙財) 등이 많았고 기타 제언작답(堤
堰作畓), 자의수세(恣意收稅), 방채취식(放債取食) 등이 있었다. 그 가
운데 민재의 늑탈이 특히 많았는데 그 중에는 전답의 탈취가 적지 않
았다.[39]

---

37)「聚語」『동학란기록』상, 129~132쪽.
38)『東匪討論』/『한국민중운동사자료대계』, 여강출판사, 88·102쪽.
39) 예를 들면 다음과 같다. 공주 진사 李祖冕은 민재와 민답을 늑탈하는 것을
능사로 하였고, 황간의 前正言 南鍾斗는 신흥 역위답 50두락을 勒買하였고,
황간의 前郎廳 宋淸欽은 신흥 역위답 30두락을 늑매하였고, 영동의 幼學 李
深汝는 남의 전답을 늑탈하였고, 해미의 유학 成致德은 驛人의 전답을 빼앗
아 패망시켰고, 한산의 유학 李敏愚는 남의 산과 밭을 빼앗고 제언을 논으로
만들었다. 경상도에서는 경주의 前參奉 李在喜가 전답을 늑탈하였고, 안동
유학 金龜洛이 甲利로 전토를 빼앗고, 예안의 유학 李晩洞은 역토를 마음대
로 탈경하고, 상주 유학 鄭象庚은 가까운 친척간에서도 田庄을 쟁탈하고, 단
성 전정언 金麟燮은 墾土 作畓해서 자기 것으로 만들고, 함창 유학 申錫輔
는 남의 松楸와 전답을 무수하게 빼앗고, 인동 유학 張文法은 山僧을 위협하
여 전답을 늑탈하였다. 『일성록』 고종편 4권, 1867년 4월 21일, 7월 18일 ; 곽
동찬, 「고종조 토호의 성분과 무단양태 - 1867년 암행어사 토호별단의 분석」

농민군은 이들 토호와 지방관의 불법적인 토지늑탈에 저항하였다. 지방관으로 내려온 자들과 그 지방의 토호들이 장토를 확보하고자 기왕의 매매관행을 무시하고 강제로 헐값에 비옥한 토지를 매입함으로써 농민의 반발을 샀다. 이것은 기왕의 토지소유와 매매의 관행을 어지럽히는 행위로서 이에 대한 비판은 토지사유의 권리를 옹호하고 그 제도적 보장을 요구하는 입장이라고 볼 수 있을 것이다. 제1차 농민전쟁의 과정에서 지방관과 토호의 불법적인 토지확대를 비판하고 있는 것은 이미 확보된 농민의 토지소유권을 옹호하려는 입장이었다고 해석할 수 있을 것이다.

이와 같이 지방관과 토호의 경제외적 강제력을 동원한 토지집적은 지주제의 비정상적인 확대를 초래하게 되고, 농민군은 이를 비판함으로써 지주제의 모순을 지적하고 있는 것이라고 할 수 있다. 토지는 경자유전(耕者有田)의 원칙에 의하여 농업생산에 종사하는 농민층이 소유하여야 함에도 불구하고 농업생산에 종사하지 않는 자들이 토지를 다량으로 집적하여 지주제적으로 경영하고 있고, 여기에 지방관으로 대표되는 부재지주에 의한 토지집적이 가속화되고 있었던 것이다. 농민군은 이를 비판함으로써 지주제의 모순까지를 지적하고 있는 것이라고 생각된다. 그러나 지주체의 폐지를 요구하는 적극적인 토지개혁의 주장은 아니다.

다음으로 산림문제를 살펴보기로 한다. 우선 산림은 묘지, 산지, 그리고 산지생산물의 세가지 의미를 내포하고 있는 점이 토지와는 다른 점이다. 조선시대의 산림정책은 공유제에 기초한 공동이용을 기본적인 것으로 하였다.[40) 그것이 왕실을 비롯한 권력의 소유자에 의해 사점(私占)됨으로써 산림에도 사유가 진행되어 갔다. 묘지 쓰는 문제를 중

『한국사론』 2, 1975 참조.

40) 심희기, 『조선후기 토지소유에 관한 연구』 제2부 제2장, 서울대 박사학위논문, 1991 ; 김선경, 「조선전기의 산림제도 - 조선국가의 산림정책과 인민지배」 『국사관논총』 56, 1994 참조.

심으로 농촌사회 주민 사이의 갈등이 발생하고, 거기에 권력자와 하층 농민 사이의 대립적 관계도 형성되었다. 묘지 쓰는 문제는 산지의 소유 및 생산물의 처리와도 결부되어 토지제도의 개혁과 함께 해결되지 않으면 안 되는 중요한 사회문제로 부각되어졌다.[41]

조선후기에는 묘지, 산지, 산림을 둘러싼 산송(山訟)이 빈번하게 일어났다.[42] 그 과정에서 확인할 수 있는 것은 산림의 경우는 토지와는 달리 조선후기에서 말기에 이르면서 그 소유권이 성립되어 가는 양상을 보인다는 점이다. 산림의 사유화가 진전되고 불안정한 소유권으로 말미암은 수많은 분쟁의 과정을 거쳐 비로소 산림의 소유제도가 확립되어 가고 있었던 것이다.[43] 농민전쟁 시기에는 이와 같이 산림소유권이 성립되는 과정에 놓여 있었다. 따라서 제1차 농민전쟁에서 토지문제보다는 오히려 산림에 관한 문제제기가 보다 강하게 제기되었던 것이다. 조선시기에는 산림이 양전의 대상이 되지 못하다가[44] 광무양전지계사업(光武量田地契事業) 단계에서 그 대상이 되고 있는 점에서도[45] 산림소유권의 형성과정을 확인할 수 있을 것이다.

이러한 문제를 농민전쟁의 주무대였던 전라도 부안지방을 대상으로 농민전쟁 시기에서 찾아보기로 한다. 부안지방의 『민장치부책(民狀置簿冊)』은 1894년 8월 22일부터 1895년 6월 27일까지 농민들이 부안관에 호소한 소송의 내용을 요약적으로 소개하고 있다.[46] 총 743건의 민

---

41) 김선경, 「조선후기 산송과 산림 소유권의 실태」『동방학지』77·78·79합집, 연세대, 1993.

42) 김인걸, 앞의 논문, 1990 ; 박명규, 앞의 논문, 1993 ; 김선경, 앞의 논문, 1993, 1994 참조.

43) 김선경, 앞의 논문, 1993.

44) 김선경, 앞의 논문, 1993, 520쪽.

45) 『(全羅北道)訓令』(奎古5121-1)「地契監理應行事目」.

46) 부안의 『民狀置簿冊』(규고 5125-63, 4책)은 집강소 시기 이후에 작성된 것이기 때문에 제1차 농민전쟁 당시의 상황을 잘 반영해 주지는 못할 것이고, 또한 그것이 관아에 호소한 것이기 때문에 농민군의 입장이 반영된 것은 아니

장(民狀) 가운데 전답소유권과 관련된 것은 10건 정도에 불과하고 산림(묘지, 산림, 산지)에 관한 것이 17.5%에 달하는 130여 건에 이르렀다. 전답소유권의 문제는 이중매매, 도매, 환퇴 등에서 비롯된 것이었고, 산림문제는 묘지문제가 압도적으로 많으면서 산지(山地), 시장(柴場) 및 송추(松楸)의 문제가 함께 제기되었다.

묘지는 주로 남의 묘지에 중복해서 몰래 묘를 쓰는 투총(偸塚)이 가장 큰 문제가 되었는데 투총의 사유는 명당자리, 산송, 암장(暗葬), 사족의 침범, 동학빙자 등 다양하였다. 잘못된 투총으로 밝혀지면 10일 이내에 옮기도록 조치하고 그 이후에도 옮기지 않으면 임의로 파서 옮기도록 하였다.

산지의 문제는 토지와 마찬가지로 소유권이 문제되었다. 특히 산지의 환퇴가 적지 않았다.[47] 산지에도 이미 토지와 마찬가지로 문권이 존재하여 매매되고 있었고, 소유권은 침범할 수 없는 단계로 성장해 있었다. 그러나 당시에는 소유권이 국가의 조사측량대장을 통하여 확인되고 있지는 못하였다. 산지는 아직 한번도 조사측량의 대상이 되지 못하였던 것이다. 그러므로 산지의 소유권은 국가에 의하여 법적으로 보장되어 있는 것은 아니었다.[48] 입안(立案)이나 절수(折受), 또는 매매의 문권에 의하여 그 소유권이 관행적으로 확인되고 산송의 경우 그 문건을 증거의 효력이 있는 것으로 받아들였을 뿐이다. 따라서 산림제도에 대한 대책이 요구되고 있었고, 후술하듯이 갑오개혁에서도 산림에 대한 조치를 취하게 되고, 광무양전지계사업에서도 조사대상에 포함시키게 되었던 것이다.

고 오히려 농민군의 부정적 측면이 부각되어질 가능성이 높은 자료임을 전제로 해야 할 것이다. 농민군의 묘지 및 산림에 대한 태도는 홍성찬, 「1894년 집강소기 설포하의 향촌사정 - 부여 대방면 일대를 중심으로」『동방학지』 39, 연세대, 1983도 참조할 수 있다.

47) 『민장치부책』(부안) 2월 15일, 3월 18일, 3월 23일 등.

48) 김선경, 앞의 논문, 1993 참조.

산림의 경우는 조금 복잡하였다. 시장 또는 송추의 문권이 있어서 별도로 매매되기도 하였지만,[49] 관행에 의하여 시장 및 송추에 대한 벌채는 공동체적으로 관용되고 있었다. 따라서 주민들의 산림에 대한 공동체적 이용은 큰 문제가 되지 않았다. 산지의 소유자가 산림의 이용을 막으면 농민들은 민란을 일으켜 이에 대항하기도 하였다. 1862년 회인민란이 그 예이다. 회인의 사대부들이 24리 내에서 나무를 베지 못하도록 제한하자 초군(樵軍)들이 이에 반발하여 양반가 및 민가를 파괴 방화하였다.[50] 이것은 공동체적으로 이용되던 산림에 대한 양반가의 독점을 비판한 행동이었다. 시장 및 송추에 대한 권리가 한편 문권에 의하여 보장되면서도 다른 한편 공동체적 이용에 의하여 제한되었던 것이다. 원래는 송추를 임의로 벌채하지 못하고 관의 허락을 받도록 되어 있었기 때문에,[51] 벌채문제가 산지소유자, 지방관, 그 지역 주민, 정부 사이에 갈등을 야기하는 요인이 되기도 하였고, 지방관이 임의로 침탈하여 산지소유자나 농민의 원성을 샀던 것이다.

정부에서는 18세기 이래 지방관이 민가나 민총(民塚)을 점탈하는 것을 금하였다. 그리고 지방관은 사대부의 늑장, 투총을 금하도록 하는 일을 주요 임무로 삼았고, 주인있는 산 및 인가 근처에는 투총하지 못하도록 하였다. 그리고 관찰사나 수령으로서 도내 또는 경내에서 점산(占山)하는 자는 죄를 주도록 되어 있었다.[52] 그러나 법규에 의한 금령에도 불구하고 지방관의 투총, 점산, 용산(用山) 등이 지속되었고, 그것이 농민전쟁에서 농민군에 의하여 여러 차례 비판되었던 것이다.

조병갑이 보를 쌓을 때 개인의 산에서 벌목하여 농민의 비난을 사고 있는 데서도 그 양상을 대표적으로 확인할 수 있다. 또한 앞에서 지적한 충청감사 조병식은 "다른 사람의 묘지를 발굴하여 장례를 지내도록

---

49) 『민장치부책』(부안) 1895년 1월 24일, 2월 13일, 4월 11일, 6월 13일 등.
50) 『龍湖閒錄』 3, 국사편찬위원회 간행본, 635호 營奇, 89쪽.
51) 『민장치부책』(부안) 1895년 3월 23일.
52) 한우근, 앞의 책, 1971, 182~183쪽 ; 김선경, 앞의 논문, 1993, 522쪽.

허락하기도 하였고, 이미 발굴을 명령하고서는 다시 묘를 쓰도록 하기
도 하여"53) 묘지를 이용한 수탈과 횡포를 심하게 하였다.

이상에서 지방관과 토호의 토지 및 산림소유 양상을 살펴보았다. 그
불법적 행위에 대하여 농민군의 비판이 제기되었고, 그 의미는 농민적
토지소유, 그리고 공동적 산림이용 및 농민적 산림소유의 보장을 촉구
하는 것이라고 해석된다. 그것이 기왕의 토지소유관계의 개혁을 의미
한 것은 아니었지만 지주적 소유를 비판하고 기왕의 농민적 소유와 권
리를 옹호한 것이라고는 말할 수 있을 것이다.

  3) 토지의 평균분작(平均分作)

농민전쟁의 토지개혁 방향에 대하여는 그동안 주로 평균분작 문제
를 중심으로 논의되어 왔다. 평균분작은 오지영의『동학사』에 기록된
폐정개혁안 12개조 가운데 "토지는 평균으로 분작케 할 사"라는 조항
으로 제시되어 있다. 여기서 문제가 되는 것은『동학사』의 사료적 성
격 및 폐정개혁안 12개조를 어떻게 파악할 것인가 하는 점, 그리고 평
균분작의 의미를 어떻게 해석할 것인가 하는 점이다.

먼저『동학사』및 폐정개혁안 12개조의 사료적 성격에 대한 그동안
의 견해를 살펴보면, 사료적 가치를 부인하는 견해, 사료적 가치를 신
뢰하는 견해, 사료적 가치를 신뢰하면서도 비판적으로 재해석해 보려
는 견해가 있다.54)『동학사』는 1940년에 출판되었는데 1924년에 쓰여

53)「취어」『동학란기록』상, 131쪽.
54) 김양식,「전주화약기 집강소에 대한 연구사적 검토」『사학지』26, 단국대,
    1993 ; 정창렬,「갑오농민전쟁의 전주화약과 집강소에 대한 연구사적 검토」
    『수촌박영석교수화갑기념한국사학논총』, 1992 참조.『동학사』의 사료적 가치
    에 대한 논의는 신용하,「갑오농민전쟁과 두레와 집강소의 폐정개혁」『한국
    사회사연구회논문집』8, 문학과지성사, 1987 ; 이이화,「오지영 동학사의 내용
    검토」『민족문화』12, 민족문화추진회, 1989 ; 노용필,「오지영의 인물과 저작
    물」『동아연구』19, 서강대, 1989 ; 김태웅,「1920·30년대 오지영의 활동과

진 초고본이 발견되고 양자 사이에 차이점이 확인됨으로써 그 사료적
가치에 대한 의구심이 증가하고 있는 실정이다. 특히 여기서 다루고
있는 폐정개혁안 12개조의 내용이 다르고, 초고본에는 평균분작 조항
이 아예 존재하지 않는 것이다.

평균분작 조항이 농민군에 의해 제시된 집강소의 개혁 조항이었는
지에 대하여는 새로운 사료의 발굴을 통하여 보완되어야 할 것이다.
그리고『동학사』에 수록된 폐정개혁안 12개조의 성격 규정은 초고본
과 간행본의 차이, 폐정개혁안 12개조가 정부 또는 전라감사 김학진과
농민군 사이에 어떤 교섭의 결과 작성된 것인지, 농민군의 집강소 개
혁의 과정에서 어떠한 의미를 지니는 것인지의 문제를 해명함으로써
가능할 것이다. 이 글에서는 이와 같은『동학사』의 사료적 가치의 문
제점을 전제하면서 그 초고본과 간행본 모두를 활용하여 이 문제에 접
근해 본다.

다음으로 평균분작에 대한 그동안의 해석을 살피면 대체로 지주제
를 해체하고 농민적 토지소유를 실현하려는 것이었다고 보고 있다.[55]
그리고 그것은 다산 정약용의『경세유표』를 수용하여 토지개혁을 추
구한 것으로 파악된다.[56] 실제로 김학진과의 타협에 의해 채택된 평균
분작 조항은 김성규(金星圭)의 토지제도개혁안에서 보는 것과 같은 경
작평균안(耕作平均案)이라는 주장도 있고,[57]『동학사』초고본의 두레
법 장려 조항과 관련시켜 토지소유의 개혁뿐만 아니라 경영의 개혁을
동반한 것으로 보는 견해도 있고,[58] 농민군의 자체정강(『동학사』초고

『동학사』간행」『역사연구』2, 역사학연구소, 1993 ; 유영익,「전봉준 義擧論
  - 갑오농민봉기에 대한 통설 비판」『이기백선생고희기념한국사학논총』, 일
  조각, 1994 ; 신용하,「다산 정약용의 토지개혁안과 동학농민군의 토지개혁
  안」『이기백선생고희기념한국사학논총』참조.
55) 주 2)의 정창렬, 박찬승, 신용하, 김용섭의 논문 참조.
56) 신용하, 앞의 논문, 1987·1994 ; 정창렬, 앞의 논문, 1991 참조.
57) 정창렬, 앞의 논문, 1991.
58) 신용하, 앞의 논문, 1987·1994.

본)과 김학진과 합의한 폐정개혁안(간행본)으로 구분하여 농민군의 자체정강은 해당 지역에서 독자적으로 시행한 것이고 폐정개혁안은 김성규의 소작지 균등분작안을 토대로 한 경작평균을 의미하는 것으로 보기도 하였다.[59] 이렇게 볼 때 평균분작의 의미는 토지소유의 균등분배를 의미하는 견해, 소작지의 균등분배 즉 균작론(均作論)으로 이해하는 견해, 토지소유의 개혁 및 경영의 개혁을 추구한 것으로 보는 견해 등이 있었음을 알 수 있다.

한편 『동학사』의 사료적 신빙성을 의심하는 연구자들은 농민군의 토지개혁 의지를 인정하지 않고 있다.[60] 또한 평균분작의 의미를 왕토사상에 입각한 토지개혁론으로 해석하여 근대화와는 거리가 있는 것으로 보기도 하였다.[61]

그러나 『동학사』의 가치를 인정하여 그것을 근거로 한다면 평균분작의 의미는 토지소유의 균등한 분배로 보아야 할 것으로 생각된다. 『동학사』 초고본에 보이는 전봉준의 진술을 통하여 그러한 사실을 확인할 수 있다.

全琫準曰 네 엇지 敢히 나를 罪人이라 이르나뇨.
朴泳孝曰 네 所謂 東學黨은 朝家의 禁하는 바라. 네 敢히 徒黨을 嘯聚하야 亂을 지은 者라. 亂軍을 모라 營邑을 陷落하고 軍器軍粮을 쎄아섯스며 大小命官을 任意로 죽이고 나라 政事를 참남히 處斷하엿스며 王稅와 公錢을 私事로 밧고 兩班과 富者를 모조리 짓발밧스며 종文書를 불릴너 綱常을 문어쓰려스며 土地를 平均分排하야 國法을 渾亂케 하엿스며 大軍을 모라 王城을 핍박하고 政府를 부숴바리고 새나라를 도모하엿나니 이는 곳 大通 不軌의 法에 犯한지라. 엇지 罪人이 아니라 이르나냐.

59) 김태웅, 앞의 논문, 1993.
60) 유영익, 앞의 논문, 1994.
61) 배항섭, 「1894년 동학농민전쟁에 나타난 토지개혁 구상 - '평균분작' 문제를 중심으로」『사총』, 고려대, 1994.

全琫準曰 …… 東學은 過去의 잘못된 世上을 곳처 다시 조혼 世上
을 만들고저 나온 者라. 民衆에 害毒되는 貪官汚吏를 버히고 一般
人民의 平等的 政治를 잡은 것이 무엇이 잘못이며 私腹을 채우고
淫邪에 消費하는 王稅公錢을 것우워 義擧에 쓰는 것이 무엇이 잘
못이며 祖上의 뼉짜구를 우려 行惡을 하고 衆人의 피쌈을 글거 제
몸을 살지는 자를 업새바리는 것이 무엇이 잘못이며 사람으로서
사람을 賣買하야 貴賤이 잇게 하고 公土로써 私土를 만드러 貧富
가 잇게 하는 것은 人道上 原理에 違反이라 이것을 곳치자 함이
무엇이 잘못이며 惡政府를 곳처 善政府를 만들고저 함이 무엇이
잘못이냐. 自國의 百姓을 처업새기 爲하야 外賊을 불너드렷나니
네 罪가 가장 重大한지라 도로혀 나를 罪人이라 이르나냐.[62]

『동학사』(초고본)에 나오는 전봉준 심문기록은『전봉준공초』의 내
용과 일치하는 것은 아니지만 이 내용을 신빙성 있게 본다면 평균분작
은 '토지의 평균분배'를 의미한다고 볼 수 있다. 토지의 평균분배를 위
해서는 그동안 '사토(私土)'가 되어 빈부의 격차를 야기한 토지가 '공토
(公土)'로서의 성격, 즉 국가의 토지라는 성격을 회복하지 않으면 안
되는 것이고, 공토로 회복된 토지는 '일반인민의 평등적 정치'를 위하
여 분배되어야 할 것이었다.

토지개혁의 요구는 농민전쟁에서 실현되지 못하였지만 그러한 지향
을 농민군의 구체적인 행동에서도 확인할 수 있다. 예를 들면, 농민군
은 전라도 고창에서는 '수험장적(搜驗帳籍)'하였고,[63] 영광에서는 호
적을 태워버렸고,[64] 금산에서는 '군전적장적등각양고금공사문적(軍田
糴帳籍等各樣古今公私文蹟)'을 찢고 태워 "이후에는 근거로 삼을 만
한 것이 한 조각도 남아 있지 못한" 지경이었다.[65] 강원도 강릉에서는

---

62) 『동학사』(초고본)(국사편찬위원회 소장본) 4, 義軍首領全琫準等 京城에 잡
혀가.
63) 「聚語」『동학란기록』상, 1894년 4월 11일, 141쪽.
64) 『駐韓日本公使館記錄』(국사편찬위원회 번역본) 1, 25쪽.

'전답문서'를 탈취하고자 하였고,66) 황해도 장연에서는 '각해장문부급
군환결삼부(各該掌文簿及軍還結三簿)'를 비롯하여 '각방각리각동리사
계문서(各坊各里各洞里社契文書)'와 '상민등거래책자표축(商民等去
來冊子標軸)' 등을 모두 소각하였고,67) 은율에서는 '선생안유향천록전
부각항가고문부(先生案儒鄕薦錄田簿各項可考文簿)'를 소각하였다.68)

이러한 농민군의 행동은 봉기상황에서 있을 수 있는 일반적인 현상
으로 볼 수도 있지만, 그 행동에 의미를 부여해 본다면 중세제도에 대
한 부정을 표현하고 있다고 볼 수 있다. 토지와 호구의 파악, 그리고
그것을 근거로 한 조세수취는 국가경영에 있어서 가장 기초가 되는 것
이며 지방행정의 핵심적인 사항인데, 그 내용을 기재한 장부를 소각한
행동은 그 제도에 대한 총체적인 불만을 직접적으로 표출한 것이다.
이러한 농민군의 행동이 강령으로서는 토지의 평균분작으로 추상화된
것으로 생각된다. 농민전쟁이 혁명의 단계로 진전되면 새로운 토지제
도의 수립을 통하여 균등한 토지소유를 지향하는 조치를 취하였을 가
능성이 높았던 것으로 볼 수 있을 것이다.

농민의 집강소 개혁은 전국적인 차원에서 추진된 것은 아니었다. 집
강소는 군현단위로 설치되었기 때문에 거기서 취급할 수 있는 문제는
대체로 농민의 생활과 밀접한 관련이 있는 것들이었다. 현실의 모순점
을 드러내고 과거의 법전과 관행, 원칙 등을 고려하여 농민의 입장에
서 구체적인 사안들을 처리하려는 것이었다. 제도적 개혁을 추진할 수
있는 것은 아니었다. 집강소 개혁의 성과는 수렴되어 중앙정부의 차원
에서 제도화되어야 할 것이었다.

이러한 관점에서 볼 때 토지소유의 균등한 분배를 지향한『동학사』
의 조항은 농민군이 집강소 정치를 통하여 개혁할 수 있는 것은 아니

65)「各陣將卒成冊」『동학란기록』하, 錦山被禍㐅像別具成冊, 704~705쪽.
66)『東匪討論』/『한국민중운동사자료대계』, 여강출판사, 88·102쪽.
67)『司法稟報』乙, 1904년 7월 14일 황해도장연군수의 법부대신에 대한 보고.
68)『報告書』(규26212) 1895년 9월 24일 해주부관찰사의 법부대신에 대한 보고.

었고, 중앙정부의 붕괴 이후 새로운 사회체제 하에서 가능한 것이었다.

그러나 농민전쟁은 성공하지 못하였고 따라서 구체적인 근대화 개혁으로 이어지지 못하였다. 그렇기 때문에 농민군의 요구조건을 가지고 농민군의 토지개혁의 목표를 완전히 규정지을 수는 없을 것이다. 농민군의 토지개혁의 방향을 살펴보기 위해서는 농민의 지향이 농민전쟁 이전 상황에서 어떠한 모습으로 제기되고, 그것이 농민전쟁에서는 어떠한 모습으로 구체화되며, 농민전쟁 이후에는 어떻게 근대적 토지개혁으로 이어지는지 토지개혁의 역사적 전개과정 속에서 살펴보는 것이 더 유익할 것으로 생각된다.

이미 지적한 바와 같이 농민전쟁의 전개과정에서 토지개혁에 대한 요구는 심화되어 갔다. 고부농민항쟁과 제1차 농민전쟁에서는 개간을 통한 농민적 토지소유의 확대를 추구하고 지방관의 경제외적 강제를 동원한 토지집적을 비판하였지만, 집강소 개혁에서는 토지의 개혁을 주장하고 있어서 토지개혁의 요구가 농민전쟁의 전개과정에서 심화되고 있음을 볼 수 있다. 이것은 농민전쟁이 혁명의 단계로 진입했을 때 구체적인 토지개혁으로 이어질 가능성을 보여주는 것이라고 할 수 있다.

토지의 평균분작안은 고부농민항쟁의 단계 또는 제1차 농민전쟁의 단계에서 제기된 균전문제나 지방관의 토지 및 산림집적에 대한 비판과는 견줄 수 없는, 토지개혁에 대한 직접적 표현이라고 보아야 할 것이다. 또한 후술하듯이 조선사회 경제구조의 특성에서 볼 때 이전의 농민항쟁에서 토지개혁 요구가 거의 제기되지 않은 것은 당연한데, 이제 농민전쟁 단계에서 토지개혁의 요구가 제시된 것은 그 자체로서 이미 상당한 진전이라고 보아야 할 것이다.

이상에서 볼 때 토지의 평균분작은 농민전쟁의 단계적 발전과정에서 살펴볼 때 토지소유의 재분배를 내용으로 하는 토지개혁의 추상적 표현이며, 농민전쟁 이전과 비교한다면 토지개혁에 대한 농민층의 요구가 급격히 발전한 것으로 볼 수 있을 것이다.

4. 갑오개혁의 토지정책

농민전쟁의 진압을 목표로 한 청나라 군대의 진주는 곧 일본군의 진주를 초래하였고, 일본은 이 기회를 이용하여 조선에서의 주도권을 장악하고자 하였다. 그리하여 전주화약으로 농민군이 전주성에서 물러났음에도 불구하고 일본군은 조선에 주둔할 명분을 찾았고, 그 명분으로서 제기된 것이 조선의 내정개혁 문제였다. 일본은 음력 5월 24일 내각 회의에서 조선정부에 요구할 7개조의 내정개혁 조항을 마련하였다. 그리고 이를 바탕으로 하여 주한일본공사 오오토리 게이스케(大鳥圭介)는 5개항의 개혁방안을 조선정부에 제시하였다.[69] 그것은 사회경제적 문제만이 아니라 국체를 제외한 국가운영 전반에 걸친 제도개혁을 포함하였다.

민씨 정권은 한편 일본의 내정개혁 요구를 내정간섭으로 간주하여 거부하면서 다른 한편 내외의 개혁 요구를 물리치기 위한 독자적인 내정개혁방안을 준비하지 않을 수 없었다. 그것이 음력 6월 16일 교정청(校正廳)에 의하여 전국에 반포된 12개조의 혁폐조건(革弊條件)이다.[70]

---

69) 그 대강을 살펴보면, 제1조 중앙정부제도와 지방제도를 개정하고 아울러 인재를 채용한다, 제2조 재정을 정리하여 富源을 개발한다, 제3조 법률을 정돈하여 재판법을 개정한다, 제4조 국내의 민란을 진정시키고 안녕을 보전 유지하는데 필요한 군비와 경찰을 설치한다, 제5조 교육제도를 확정한다 였다. 『주한일본공사관기록』1, 295~297쪽 참조.
70)『속음청사』상, 권7, 1894년 6월 16일 校正廳議定革弊條件, 325~326쪽. 12개의 조항은 다음과 같다.
   1. 吏逋과多者 切勿饒代 輒施一律事
   2. 無論公私債 徵族一款 切勿擧論事

민씨 정권의 개혁방안은 농민군 집강소의 폐정개혁안이 구체화되기 이전에 제시된 것이었다. 민씨 정권의 개혁방안에는 농민군의 개혁 요구와 일치하는 부분도 있고 그렇지 않은 부분도 있다. 일치하는 부분은 조세·재정·부정부패 문제였다. 정치·외세·궁방의 문제, 농민군 진압의 입장 등은 농민군과 일치하지 않는 부분이었다. 그래서 농민군이 개혁을 요구하였지만 민씨궁방과 관련되는 것, 외세의 침투와 관련되는 것은 거론하지 않았다. 또한 민씨 정권의 개혁방안은 일본이 요구한 내정개혁방안과 비교하면 지나치게 구체화되어 있어 지엽적이다. 보편적 제도를 수립하려는 노력과 구상이 결핍되어 있다고 해야 할 것이다.

토지문제와 관련된 조항은 3번의 "지방관은 그 경내에서 토지를 매매하거나 산림을 점유하여 무덤을 쓸 수 없고 만약 이를 범하면 토지는 속공(屬公)하고 무덤은 파헤쳐 옮길 일"과 6번의 "세력을 가지고 남의 무덤을 빼앗는 것은 일체 엄금하고 묘진(墓陳)은 일일이 적발하여 세금을 내게 조치할 일"이다. 민씨 정권은 당시 농민군이 제기한 문제 가운데 지방관과 토호의 토지 및 산림집적의 폐단을 인정하고 그것을 시정하기 위한 조치를 취하고 있다. 지방관이 그 지방에서 토지 및 산림을 매득하는 것을 엄금하고, 토호와 같은 세력 있는 자들이 남의 선산을 탈취하는 것을 금하였다. 농민군의 요구를 그대로 수렴하였다

---

3. 地方官無得賣土占山於本境 而若或犯禁 土則屬公 塚則掘移事
4. 債訟過三十年者 勿爲聽理事
5. 各邑吏鄕 愼擇付案 一以肩次差任 若或納賄違章 施以贓律事
6. 持勢而奪人先壟者 一切嚴禁 墓陳——摘發出稅事
7. 各邑關需 旣從時價 則進排物種 亦以時價上下 所謂官支定革罷事
8. 負裌商外 托名聚黨者 各別痛禁事
9. 京各司別卜定 必論報政府 而若或私行斂民 斷當重竄事
10. 原結外加排 戶布外加斂 幷痛禁 若有現發 直行論勘事
11. 京郵吏役價米 一依舊例施行 二十年以來加磨鍊 幷勿論事
12. 民庫革罷事.

고 볼 수 있다. 지방관과 토호의 횡포로 말미암아 농민전쟁이 일어났
고 그들의 자의적 수탈은 민씨 정권의 근본을 무너뜨리는 것이었기 때
문에 수탈에 대한 금지조치를 취하지 않을 수 없었던 것이다.

그러나 균전문제는 전혀 거론하지 않았다. 균전문제는 민비의 내탕
을 조달하는 명례궁과 개간농민 사이에 소유권 문제가 걸려 있는 사안
이었기 때문에 쉽게 결론을 낼 수 없었다. 앞에서 지적한 바와 같이 균
전사 제도를 폐지하였지만 농민들이 공격의 대상으로 지목하였던 균
전사 김창석에 대한 처벌은 보류하고 있었다. 또한 농민군에 의한 토
지의 평균분작안은 아직 제기되지 않은 시점이었고, 그것과 관계없이
민씨 정권은 토지개혁 자체를 전혀 고려하지 않았다.

민씨 정권의 개혁시도는 일본군이 국내에 주둔할 명분을 잃게 하는
것이었다. 일본은 무력으로 그러한 상황을 타개하고자, 음력 6월 21일
경복궁을 점령하여 개화파 정부를 세우고 6월 23일 청일전쟁을 개시하
였다. 개화파 정부는 군국기무처(軍國機務處)를 설치하여 내정개혁을
추진하였다. 소위 갑오개혁이 시작된 것이다. 중앙정부 차원의 개혁은
이와 같이 하여 개화파 정부에 의하여 추진되었다. 군국기무처 의안
(議案)의 형태로 나타난 개화파 정부의 개혁방안은 정치, 경제, 사회,
문화에 이르기까지 체제 전반에 걸치는 것이었다.[71]

군국기무처에 의한 개혁은 농민군이 요구한 조세제도의 개혁, 신분
제의 폐지, 토지제도의 개혁, 농민적 상품유통의 확립, 외국상인 및 외
국시설의 침투 방지, 대원군의 정치적 복권 등의 요구 가운데 토지문
제와 대외문제를 제외하고는 대체로 수용하는 입장이었다.[72] 개화파
정부가 농민군의 요구에 굴복하여 수용한 것이 아니라 개화파 정부의
지향과 농민군의 지향이 그 부분에서 일치한 것이다. 그러나 농민군의

71) 『章程存案』(규17237) ; 『議定存案』(규17236) 참조.
72) 농민군의 폐정개혁안 12개조와 군국기무처 의안과의 상관성에 대하여는 정
창렬, 「갑오농민전쟁과 갑오개혁의 관계」『인문논총』5, 아주대 인문과학연
구소, 1994.

지향이 농민층의 입장에서 아래로부터 추구된 것이라면 개화파 정부의 지향은 관료·지주·상인의 입장에서 위로부터 추구된 것이었다. 따라서 농민군의 지향과 개화파 정부의 지향이 일치하는 부분도 있었지만 배치되는 부분도 적지 않았다.

농민군과 개화파 정부의 입장이 대립된 문제 가운데 가장 현저한 것은 토지문제였다. 농민군은 농민적 토지소유의 성립과 확대를 원하고 있었고 개화파 정부는 기왕의 토지소유권 및 토지소유관계의 관행을 유지하려 하였다.

군국기무처의 내정개혁 가운데 토지문제와 관련된 조항은 다음과 같다.[73]

1. 各宮各司各營 導掌田畓堤堰柴場 及收稅各目 査明開單(6월 29일 의안)
2. 方伯守令及鄕宰鄕豪 置標立案勒奪私山 爲殘民切骨之寃 亟令詳核 掘標鎖案另立禁條事(7월 15일 의안)
3. 十年以內田地山林家屋等産 爲藩梱守宰豪右所强占與減價勒買者 由本主據實呈單于軍國機務處 該呈單內要有證人二名以上 及土在官衆所共知 明確證據 則査實推還原主 倘有假冒代辦者 搆捏虛無者 數爻相左者 亦照律嚴懲事(7월 15일 의안)
4. 各宮所有田土收穫等節 如前歸各宮所管 便地稅依新定式准出 如有各驛之從前薄稅者 各屯土之賭租而不出稅者 皆依新定式 徵出於作人及馬戶事(8월 26일 의안)
5. 國內土地山林鑛山 非本國入籍人民 不許占有及賣買事(8월 26일 의안)

이들 의안에 의하면 개화파 정부에서는 우선 궁방전·둔전의 실태를 조사하려 하였고(1), 이들 국가기관의 토지로부터도 모두 지세를 수

---

73) 『議定存案』.

취하고자 하였다(4). 국가기관의 토지를 국유지로 통합하되 국유지에서의 토지소유관계의 관행 즉 지주제적 경영방식을 그대로 인정하면서 지세를 부과하여 탁지부에서 수세하도록 하였던 것이다. 지주제적 경영방식을 그대로 인정하였음에도 불구하고 일률적으로 모든 국유지에 대하여 출세(出稅)조치를 취함으로써 작인과 국가기관 사이에 지세 부담, 지대량의 조정에 있어서 큰 변화가 초래되었고, 그것은 국유지의 토지소유관계에 여러 가지 문제를 초래하였다. 그럼에도 불구하고 국유지 출세조치가 지주제를 개혁하는 방향은 아니었다. 그러나 이 조치에 의하여 여러 기원과 다양한 지대수취관계를 형성하였던 국유지의 존재방식이 민간의 지주제와 유사한 형태로 통합되어져 갔다.[74] 또한 이때에 궁방이나 아문에 편입되어 있던 사유지에 대하여도 원래대로 민결(民結)로 돌리도록 하는 조치도 부분적으로는 취하여졌다.[75] 그리고 갑오개혁 막바지인 1895년 말 일본으로부터 500만원 차관을 도입하여 재정정리를 추진하려 하였을 때 그 일환으로 왕실소속재산(籍田, 庄田, 염전, 화전 등)을 탁지부에 이관함으로써 세입을 확대하려 하였다.[76] 탁지부에 이관함으로써 지세의 수취대상이 될 뿐만 아니라 민간의 사유지화할 가능성이 내포되어 있었다. 이와 같이 갑오정권은 국유지에 대하여도 조세를 부과함으로써 국유지를 일반 지주의 토지와 같은 차원에서 경영하도록 하였고, 국유지에 편입된 사유지와 일부 왕실 소유재산을 사유지화하려는 조치를 취하고자 하였다. 이것은 극히 제한된 범위 내에서 토지소유제도의 재편을 추구한 것으로 평가할 수 있을 것이다.

다음으로 개화파 정부는 지방관이나 토호에 의하여 침탈된 토지와 산림을 본래의 주인에게 돌려주는 조치를 취하였다(2, 3). 관찰사, 수

---

74) 김용섭, 『한국근대농업사연구』(증보판) 하, 일조각, 1984, 396~398쪽.
75) 『政關抄』 1894년 11월 1일 海兵.
76) 유영익, 『갑오경장연구』 제2장, 일조각, 1990 참조.

령, 또는 지방의 토호들이 공동이용지인 산림을 입안하여 **빼앗거나** 이
미 사유지화한 산지 및 산림을 탈취하는 행위가 농민들에게 큰 피해를
주고 있었고 농민전쟁 과정에서도 끊임없이 제기되어 왔는데, 갑오개
혁에서도 이 문제를 농민측에 유리하게 해결하려는 입장을 취하였다.
또한 10년 이내에 지방관이나 토호들이 강점 또는 헐가로 늑매한 것은
직접 증거를 갖추어 군국기무처에 보고하면 이를 원소유자에게 돌려
주도록 하는 조치를 취하였다. 이러한 조치는 기왕의 토지 및 산림소
유권의 성립과 매매의 관행을 보호함으로써 특히 농민의 경제적 권리
를 인정하려는 조치로 이해된다. 특히 산림의 소유권은 이 시기에 형
성되는 과정에 있었기 때문에 갑오개혁의 이러한 조치는 산림소유권
제도의 확립에 있어서 중요한 의미를 지니는 것이었다.

  갑오정권의 이러한 조치는 실제로 부임지에서 읍답(邑畓)을 매입하
고 이산(吏山)을 **빼앗은** 금구현감 김명수(金命洙)의 체포로 현실화되
었다.[77] 정부에서는 지방관이 본 경내에서 매토점산(買土占山)하는 것
은 국전(國典)에 위배되는 것이라고 지적하고 이를 모두 원주인에게
돌려주도록 조치하였다.

  개화파 정부가 토지문제와 관련하여 취한 조치 가운데 주목되는 것
은 외국인에게는 토지 및 산림의 점유와 매매를 허용하지 않았다는 점
이다(5). 당시에는 아직 외국인의 토지소유가 본격화되지 않았지만 개
항지를 넘어 내지에까지 외국인이 침투해 들어오고 이들이 대리인을
앞세워 토지를 소유하는 경향을 보이고 있었던 바 그러한 침투를 배제
하고자 하였던 것이다. 개화파 정부가 외세의 침탈을 배격하고자 한
의지를 보이고 있음을 볼 수 있다. 그러나 이러한 조치는 일본의 힘에
의지한 갑오개혁에서 지속될 수는 없는 것이었다.

  다음으로 개화파 정부는 제1차 농민전쟁 과정에서 중요한 문제로
거론된 균전문제를 어떻게 처리하려 하였는가? 정부에서는 우선 전라

---

77) 『일성록』 고종 31년 1894년 7월 19일.

도 균전지역인 7읍의 실태를 전라감사로 하여금 조사하도록 하였다. 전라감사 김학진의 조사에 의하면 전주, 김제, 금구, 태인의 4읍은 원래 균전에 대한 백징이 없고, 임피는 진답(陳畓)에서의 도조가 1,196석, 부안은 305석, 옥구는 76석이었다. 또한 7읍의 진전개간은 한꺼번에 추진된 것이지만, 우선 1888년의 진전에 대하여만 급우급량(給牛給糧)하여 개간을 권유하였는데, 균도가 결세보다 싼 것을 이용하여 1876년의 진전이 균안(均案)에 혼입되기도 하고, 혹은 균전사가 이를 강요하여 백지징세하게 된 것이라고 김학진은 조사 보고하였다. 그리고 균전대책으로서 이미 개간한 토지에 대하여는 집총(執總)하여 1894년조부터 수조안(收租案)에 넣어 수세할 것을 제시하였다.[78]

전라감사의 보고에 접한 정부에서는 균전사 김창석을 유배하고, 균전은 1894년조부터 원총에 넣어 출세하도록 하고, 3,900여 결의 균도는 김창석으로부터 징수하도록 조치하였다.[79]

제1차 농민전쟁 과정에서 줄곧 제기된 균전사 김창석의 처단 요구가 9월에 가서야 유배형으로 귀결되어 여전히 전주에 버티고 있던 김창석은 홍주목으로 유배되었다.[80] 고부군수 조병갑, 고부안핵사 이용태, 전운사 조필영에 비하면, 농민군의 4대 공격대상의 하나였던 균전사 김창석에 대한 조치가 매우 미온적이었던 셈이다.

1894년부터 균전에 대하여 출세조치를 내린 것은 무슨 의미일까? 결세를 영원히 또는 5년간 면제한다는 약속을 어기는 것인가?[81] 우선 이때에는 국유지에 대한 전면적인 출세조치를 꾀하고 있었기 때문에 균전의 출세조치는 당초의 약속을 어기는 것이기는 하지만 궁방에 대

---

78) 『公文編案』(규18154) 4책, 1894년 9월 17일 完營狀啓(監司 金鶴鎭).

79) 『공문편안』 5책, 1894년 9월 20일 ; 『일성록』 고종 31년 1894년 9월 17일.

80) 『일성록』 고종 31년 1894년 9월 19일.

81) 1899년 궁내부에서는 갑오경장에서 사실을 잘못 파악하여 균전사를 처벌하고 5년간의 면세 기간 내에 陞摠하였다고 비난하였다. 『일성록』 고종 36년 1899년 5월 5일.

한 특혜로서의 면세조치를 철회한다는 일반적인 의미에서 보아야 한다. 따라서 균전은 그 소유권의 귀속 여하를 막론하고, 민결(民結)이되든 궁결(宮結)이 되든 출세의 대상이 될 수밖에 없는 것이었다. 개간이 완료되어 경작이 이루어지는 토지에 대하여는 출세한다는 것이었다. 균전에 대한 이러한 출세조치는 토지의 평균분작을 요구한 농민군의 입장을 고려하여 균전의 토지를 농민들에게 분배한 것은 아니지만명례궁의 소유권을 크게 제약하는 의미를 지녔다. 이러한 조치에 의하여 이후 4년 동안 궁방에는 거의 도조가 납부되지 않고 균전농민 사이에는 매매가 진행되어 균전농민의 '계권(契券)'이 분명하게 되었던 것이다.[82] 갑오개혁에 의한 균전의 출세조치가 결국은 명례궁의 토지소유권 주장을 후퇴시키고 농민적 토지소유의 확보에 기여하였다고 볼수 있을 것이다.

균전문제를 통하여 정부에서는 궁방이 비용을 대고 개간한 뒤 소유권을 차지하는 균전개발 방식에 대한 문제점을 인식하게 되었다. 개간을 위한 별도의 방식이 필요함을 깨달았다. 예를 들면 전라도에서는관찰사 이도재가 1895년 봄 김제군의 진황전 개간을 위하여 전주부에서 별도로 직원을 파견하고 농민을 모아 종자와 고전(雇錢)을 주면서개간하도록 지원하였는데, 그 결과 4,503두 2승락에 결수로는 139결 48부의 토지를 개간하였고, 3년간 면세한 뒤 출세하도록 하였다. 개간비도 김제군의 재정에서 충당하였다.[83] 개간지의 소유권을 어떻게 처리할 것인가 하는 문제가 남겠지만 김제군의 관둔전 즉 국유지로 삼으려는 의도는 없었던 것으로 파악된다. 개간농민에게 소유권이 돌아가는

---

82) 『일성록』 고종 36년 1899년 5월 5일. 그러나 광무년간 왕실의 권한이 강화되면서 균전에 대한 궁내부의 권리주장이 다시 제기되어 균전농민의 토지소유는 크게 위협받게 되었다. 궁내부에서는 1894~1895년은 원래 면세기간이므로 문제삼지 않고 1896~1897년의 도조도 납부하는 것이 옳지만 특별히 감면하고 1898년조 도조부터는 납부하도록 요구하였다.

83) 『공문편안』 13책, 1895년 9월 12일 전주부관찰사 李道宰.

것으로 보아야 할 것이다. 이러한 방식은 균전개간 방식과는 상이한 것이며 개간을 통하여 농민의 토지소유를 확대해 나가려는 정책으로 이해할 수 있을 것이다.

개화파 정부는 이와 같이 국유지의 출세조치, 국유지에 편입된 사유지의 환원 및 일부 왕실소유지의 재편 시도, 지방관의 토지집적 금지, 외국인 토지소유 금지, 균전의 출세 및 개간방식의 변경 등의 조치를 취하였다. 이러한 조치들은 토지소유제도에 있어서 큰 변화를 초래하는 것이었다. 특히 국유지에 대한 조치는 획기적인 것이었고, 균전의 출세조치는 농민적 토지소유의 확보에 기여하기도 하였다. 그러나 그것이 적극적으로 토지의 평균분작과 같은 토지소유관계의 개혁을 시도한 것은 아니었다. 토지제도의 개혁을 위한 토지조사를 실시할 계획도 없었다. 다만 지세부과를 위한 양전을 추진하는 정도였다.[84]

이와 같이 농민군의 지향과 개화파 정부의 정책은 토지개혁에 대하여는 대립과 갈등의 양상을 보였다. 반체제 근대화 개혁에 대한 입장의 차이가 드러났던 것이다. 더구나 그것은 일본의 무력에 의하여 성립한 개화파 정부가 추진한 것이었기 때문에 그러한 근대화 개혁에 대한 농민군의 의구심과 반감은 매우 강하였다.

일본군이 청일전쟁에서 승리를 거두고 농민군에 대한 무력진압에 본격적으로 나서게 되자 농민군은 제2차 농민전쟁을 시작하였다. 제2차 농민전쟁은 반외세 운동으로 진행되었기 때문에 농민군의 요구조건이 또 다른 형태로 제시되지는 않았다. 제1차 농민전쟁과 집강소 개혁과정에서 드러난 요구조건을 실현하기 위한 반외세 궐기였다. 제2차 농민전쟁은 아래로부터의 반체제 근대화를 실현하기 위하여 민족의 자주를 유지하려는 운동이었다. 그러나 일본군과 정부군의 무력, 그리고 농촌사회 보수유생층의 민보군에 의하여 농민군은 패배하고 말았

---

84) 김용섭, 「광무년간의 양전·지계사업」 『한국근대농업사연구』 하 ; 『政關抄』 1894년 12월 24일 慶尙 참조.

다.

농민전쟁에 대한 무력적 진압방침을 정하고 진압에 나선 일본은 그해 9월 17일 이노우에 가오루(井上馨) 공사의 부임을 계기로 군국기무처에 의하여 추진되던 갑오개혁의 방향을 전환시켰다.[85] 그것은 일본적 개혁의 길로서 표현할 수 있는 것이었다. 개화파의 내재적 개혁의지는 대부분 꺾이고 일본인 고문관이 각부에 파견되어 일본의 의도대로 한국의 내정을 바꾸려 하였다. 그리하여 일본공사는 내정개혁안을 새롭게 제출하였고, 농민전쟁을 진압한 개화파 정부는 강도높은 일본의 압력하에 그의 내정개혁안을 수렴하여 고종으로 하여금 1894년 12월 12일 홍범(洪範) 14조를 발표하게 함으로써 일본적 개혁의 원칙을 확정하였다.[86] 홍범 14조에 근거한 개혁은 내무대신 박영효(朴泳孝)에 의하여 구체적으로 추진되었다.[87]

그러나 이러한 내정개혁의 방향은 외세에 대한 정치적 입장에 의하여 크게 그 의미가 규정되는 것이었다. 즉 박영효가 1895년 3월 10일 각 지방의 "적폐(積弊)를 타파하고 사민(士民)의 안녕행복을 증진"하고자 밝힌 88개의 개혁조항 가운데,[88] 제86조에 보면 "명과 청국을 존숭흐지 말고 아조(我朝)의 개국기원이 정흐엿슨즉 제반 명문(明文)과 계서등항(契書等項)에 청국년호롤 기(記)치 물(勿)홀 사(事)", 제87조에 보면 "인민에게 일본이 아의 독립자주롤 조(助)흐눈 형편을 효유홀 사"라고 하여 반청(反淸)·친일(親日)의 입장을 분명히 하고 있는 것

85) 박종근, 『청일전쟁과 조선』, 일조각, 1989 참조.
86) 『韓末近代法令資料集』 1, 1894년 12월 12일 詔勅, 誓告文(洪範 14조), 133~134쪽.
87) 『한말근대법령자료집』 1, 1894년 12월 16일 칙령 제21호, 내무아문으로 하여금 吏治 民隱을 採訪하여 矯捄 整理하는 건, 148쪽 ; 『한말근대법령자료집』 1, 1895년 3월 10일 내무아문훈시, 我國의 고유한 독립기초를 세우고 百度 혁신을 위하여 百弊를 芟除하는 건, 183~188쪽 ; 『오하기문』 3필, 1895년 2월, 80~84쪽.
88) 『한말근대법령자료집』 1, 1895년 3월 10일, 내무아문훈시, 183~188쪽.

이다. 농민군이 친청적인 것은 아니었지만 반일적인 것은 분명하였다. 또한 일본과 개화파 정부는 청국으로부터 자주독립함을 국시로 내걸고 이에 반대하거나 도전하는 자, 청국을 사모하는 자를 국적(國賊)으로 몰아 처벌한다는 방침을 세우고 있었는데,[89] 그것은 홍범 14조의 대외정책의 기조를 이어받아 박영효가 구체적으로 마련한 것이었다. 이와 같은 방침은 명분상으로는 자주독립을 주장하지만 실질적으로는 일본의 속국이 된 것을 의미한다. 전봉준이 사형을 당하면서 당시 일본과 결탁하여 정국을 주도하던 박영효와 서광범(徐光範)을 크게 비난하였다고 하는데,[90] 이것은 개화파 정권의 개혁방향과 농민군의 개혁지향 사이의 거리를 상징하는 것이라고 생각된다.

5. 토지개혁 요구의 역사적 의의

이상에서 1894년 농민전쟁의 토지개혁 방향에 대하여 살펴보았다. 농민전쟁이 진전되어 농민군의 요구 조건이 심화되어 감에 따라 토지개혁 요구도 강렬하여지는 양상을 확인할 수 있었다. 농민들은 기왕의 토지 및 산림의 소유제도와 관행이 지방관이나 토호의 경제외적 강제력에 의하여 왜곡되어지는 불법적인 현상에 대하여 저항하였다. 그리고 진전과 균전 개간과정에서 농민의 토지소유를 확대하고 그럼으로써 기왕의 지주적 토지소유가 개혁되어지기를 희망하고 있었다. 집강소 단계에서는 농민에 대한 토지재분배를 의미하는 토지의 평균분작안이 제시되었다. 그것이 지방 군현에 설치된 집강소에 의하여 추진될 수 있는 것은 아니었고 새로운 중앙정부의 수립을 통하여 시행되어야 할 것을 추상적으로 표현한 것이었지만, 그러한 토지개혁 요구의 추상

---

89) 위의 책, 1895년 1월 5일 내무아문령 제1호, 자주독립을 방해하는 자를 不道 國賊으로 처벌하는 건, 159~160쪽.
90) 『오하기문』 3필, 1895년 3월, 98쪽.

화는 농민전쟁의 궁극적 지향이 토지개혁까지 포함하는 근본적인 체제변혁임을 의미하는 것으로 해석된다.

이제 여기서는 농민전쟁 이전 단계와 이후의 상황을 동시에 고려하면서 1894년 농민전쟁 단계에서 제시된 토지개혁의 요구가 어떠한 역사적 의미를 지니는지 살펴보고자 한다.

1894년 농민전쟁은 아래로부터 근대화를 추진하려 한 것으로 평가되고 있다. 그 내용으로는 신분제의 폐지, 조세제도의 개혁, 지주제 개혁 등을 들 수 있다. 그런데 농민들은 신분제의 폐지나 조세제도의 개혁에 대해서는 분명하게 요구하고 있지만 토지제도 개혁이나 지주제 개혁에 대하여는 소극적인 입장이었다. 1894년 농민전쟁 이전 군현단위의 농민항쟁에서는 더욱 그러하였다. 그러나 그 소극성이 토지개혁 요구의 의의를 무시해 버려도 좋다는 것을 의미하는 것은 결코 아니다. 그 이유는 무엇일까? 필자는 그것을 전근대사회의 지배구조, 그리고 19세기 농민항쟁에서 조세문제와 토지문제가 지니는 위상의 차이를 통해서 확인해 보고자 한다.

먼저 전근대사회의 지배구조를 통하여 지주제·토지제도가 지니는 위상을 살피기로 한다. 한국중세의 정치권력은 중앙집권적 관료제를 기반으로 하였다. 그 관료제의 성격이 성문법에 기초한 근대 관료제와는 달리 신분제에 기반을 두고 있는 것이기는 하지만, 중앙권력이 왕의 절대권력으로서만 성립되는 것이 아니라 귀족이나 양반 신분을 지닌 관료의 지원에 의하여 형성되었다.

이러한 권력구조를 뒷받침하는 경제제도로서 토지제도와 조세제도가 마련되어 있었다. 신분과 관료적 지위에 따라 귀족이나 양반은 국가로부터 국가(왕)에 대한 충성의 대가로 경제적 혜택을 부여받았다. 귀족이나 양반신분은 토지와 노비를 소유하여 지배층으로서 합당한 물질적 여유를 가졌다.

토지의 경우 전반적으로는 국가가 그 주권을 행사하는 영토로서 장악하고 있고, 토지에 대한 개별 소유권은 사적으로 허용되어 있었다. 국가는 국가를 운영하는 경비를 그 영토 위에서 생산되는 생산물에 대한 과세, 영토 위에 거주하는 신민에 대한 과세, 각종 이권에 대한 과세를 통하여 확보하였다. 따라서 모든 토지는 국가에 대한 담세의 의무를 졌다. 그리고 국가 또는 국가기관 또는 개인이 소유권을 행사하고 있는 모든 토지에서는 그 경영방식에 따라 지대를 발생시키고 여기서 토지의 소유관계가 형성되었다. 토지에 대한 권리는 개인에게 귀속되어 있었지만 중앙집권적 관료제 하에서 왕을 중심으로 한 중앙정부의 토지에 대한 권리도 존재하고 있었다. 농업경영상에서 전자는 지대의 수취관계로 나타났고, 후자는 조세의 수취관계로 나타났다

노비의 경우는 이와 달리 국가가 신민으로서 장악하고 있는 것이기는 하지만 모든 노비가 국가에 대하여 조세를 내는 것이 아니라 그 소유주에게만 과세할 권리가 부여되어 있었다. 국가 또는 국가기관이 소유하면 거기서, 개인이 소유하면 개인이 노비공(奴婢貢)을 받을 수 있는 권리를 지녔다. 반면 일반 평민들에 대해서는 국가가 과세의 권리를 지녔다. 국가가 그들 신민을 지배하고 보호하였기 때문이다.

국가는 권력기구에 참여한 양반관료들에게 경제적 반대급부로서 토지와 노비를 제공하였다. 그러나 노비의 집단적 소유와 토지의 지역적·집중인 소유는 중앙권력에 부담이 되기 때문에 왕조교체의 혼란 속에서도 새로이 창출된 정권은 언제나 이 문제를 게을리하지 않아, 귀족·양반의 관료집단에 대하여 경제적 풍요를 보장하면서도 중앙권력에 예속되도록 하였다. 그것이 결국 토지의 분산적 소유, 그에 따라 경작농민에 대한 정치적·군사적 지배의 가능성 축소, 경작을 위한 외거노비(外居奴婢)의 존재, 외거노비의 원거리 거주, 노비의 군사력화 가능성 축소 등으로 나타났던 것이다. 모든 토지에 있어서 사적 소유권의 존재를 허용하고 양반관료에게 대토지소유를 허용하면서도 지방적 권력의 형성을 배제하기 위하여 그 소유의 분포는 분산적이어

야 하였다. 이러한 구조가 한국중세 사회경제구조의 특징이었다. 이러한 기반 위에서 중앙집권적 관료제와 군현제가 유지될 수 있었다. 대토지를 소유한 대지주가 농촌사회에 거주하는 경우에도 조선후기의 토호와 같이 국가의 지방권력과 맞서기도 하였지만 결코 지방권력을 무시할 수 없었고, 맞서는 것도 경제적인 측면에서라기보다는 중앙정계에 가지고 있는 권력의 끈을 통해서였다. 결코 지주제의 배경만으로 지방분권세력을 확대해 나갈 수 있는 기반이 되지는 못하였다. 이 점이 지주제가 한국중세사회에서 기본적인 생산관계를 이루고 있으면서도 중세사회를 철폐하고 근대사회를 지향하는 과정에서 토지개혁의 요구가 농민운동의 최고단계에 가서야 그것도 소극적으로 제기될 수밖에 없는 이유라고 할 수 있을 것이다.

다음으로는 19세기 농민운동의 전개양상과 관련되는 것이다. 토지소유의 분화현상이 심화되고 지주전호간의 갈등도 심화되면서 지대저항운동이 격화되었다. 그러나 그것은 삼정을 중심으로 한 조세문제에 비하면 보편적인 현상은 아니었다. 지주와 전호 사이의 관계는 국가가 제도적으로 규제하는 것이 아니라 사회관행적으로 정착되어 있는 관계로서, 전호의 경우에는 경작지를 잃을 수 있다는 점이 크게 부담이 되었다. 따라서 전호 개인이 지주에게 지대의 납부를 거부할 수는 없었다. 특별히 흉년이 들거나 유통문제나 가격문제 등으로 인하여 경작조건이 나빠졌을 경우를 제외하면 전호 개인이 지주전호의 모순관계를 인식하고 지대저항운동에 나서는 경우는 드물었다. 따라서 전호들이 한 지주를 상대로 집단적인 지주전호관계를 형성하는 경우에는 다수의 전호들이 연대하여 한 지주를 상대로 집단적인 지대저항운동을 전개할 수도 있었겠지만, 국유지를 제외하면 지주는 분산적 토지소유의 경우가 일반적이어서 지대저항운동도 소규모·개별적·소극적으로 나타나는 경우가 보통이었다.

반면에 삼정을 중심으로 한 조세문제는 조세를 납부하는 모든 사람에게 공통된 문제였다. 조선후기에는 총액제적(總額制的) 조세부과에 대한 공동납적 납세방식이라는 연대책임제에 의하여 다른 사람의 조세까지 대신 부담하는 사태가 일어났기 때문에 개인으로서 조세를 성실하게 납부한다고 하여 문제가 해결되는 것은 아니었다. 양반이라고 해서 관련없는 문제가 아니고 노비 등의 천민이라고 해서 무관계한 것은 아니었다. 이것은 전 국민에 해당되지만 조세가 군현단위로 부과되어 군현마다 사정이 상이하기 때문에 대체로 군현단위로 이해관계를 같이하게 되어 군현단위로 부당한 조세에 대한 항의, 조세제도에 대한 개혁을 요구하게 되었다. 19세기 농민항쟁이 주로 군현단위로, 조세문제를 중심으로 나타난 것은 바로 이 때문이었다.

1894년 농민전쟁은 19세기 군현단위의 농민항쟁의 연장선상에서 그 경험의 비판과 계승을 통하여 일어났기 때문에 대체로 조세문제를 크게 제기하였다. 그러나 1894년 농민전쟁은 군현단위를 벗어나 지역적으로 확대된 것이기 때문에 거기에는 군현단위의 조세문제만이 아니라 군현을 벗어나는 문제들, 예컨대 전운사 문제에서 보는 바와 같이 조세의 운송이라는 지역적·국가재정적 문제, 균전사 문제에서 보는 바와 같이 한 군현에 머물지 않고 여러 군현으로 확장되어 있는 문제, 나아가 신분제와 같이 국가체제와 관련된 문제들도 등장하였다. 이러한 맥락에서 토지개혁, 지주제의 개혁 문제도 제기되기에 이른 것이다.

따라서 1894년 농민전쟁에서의 토지개혁 요구는 매우 이례적인 것이고, 농민전쟁의 최고단계에 이르러서야 비로소 단초적인 형태로 나타날 수밖에 없는 문제였다. 1894년 농민전쟁에서의 토지개혁 요구는 이제 1945년 해방 후에 이르기까지 줄곧 제기되는 토지개혁 요구의 첫 단계에 해당한다고 할 수 있다. 일제시기에 들어가면 오히려 조세저항운동은 크게 위축되고, 여전히 유지되고 있던 중세적 지주제의 모순을 바탕으로 지대저항운동으로서의 농민운동은 활발하게 전개되는데, 그것은 근대적 토지소유의 성립을 목표로 한 것이었다. 1894년 농민전쟁

에서의 토지개혁 요구는 중세적 토지소유관계로서의 지주제를 폐지하
고 근대적·농민적 토지소유의 성립을 요구하는 토지개혁 역사의 과
도적 단계에서 단초적으로 표출된 것이었다.

제7장 1894년 농민전쟁의 역사적 성격과 역사소설
—『갑오농민전쟁』과『녹두장군』을 중심으로—

1. 머리말

1894년의 농민전쟁은 중세사회의 모순을 극복하고 근대사회를 수립하려는 아래로부터의 혁명적인 변혁운동임과 동시에, 제국주의의 침략이라는 민족적 위기에 대응하여 민족의 자주성을 견지하려는 민족운동이었다.

'1894년 농민전쟁'에[1] 대하여는 일찍이 활발한 연구가 진행되어 왔다. 식민지시기에는 '동학당의 반란'이라고 보는 시각이 지배적이었지만, 해방 후 1950년대에 걸쳐서는 이러한 시각을 비판하고 반봉건·반식민지화 운동으로서의 성격을 지닌 농민전쟁으로 그 정당한 역사적의의를 부여하게 되었다. 1960년대 이후의 연구는 1950년대의 연구성과를 이어받으면서도 주로 동학과 농민전쟁의 관계에 연구의 초점을 맞추어 농민전쟁의 주체와 조직, 이념과 지형에 대하여는 구체적인 문제들이 해명되지 못한 상태였다. 이러한 문제들은 1980년대 광주민중항쟁을 넘으면서 새로운 문제의식 하에서 논의되기 시작하였다. 그 결

---

[1] 1894년의 농민전쟁의 개념과 용어는 매우 다양하게 사용되고 있다. 다양성의 근거는 동학과 농민전쟁의 관계, 혁명과 전쟁의 문제를 어떻게 설정할 것인가에 달려 있다. 여기에서는 동학과의 단절이란 관점과, 농민전쟁의 관점을 취하여 '1894년 농민전쟁'으로 표현한다.

과 농민전쟁에 대한 연구는 이제 상당한 수준에 이르고 있다.

1984년의 농민전쟁이 지니는 반체제 · 반제투쟁으로서의 역사적 성격을 평가하기 위해서는 동학과 농민전쟁의 관계, 사회적 배경으로서의 사회적 모순관계와 그것과 연결되는 사회경제적 지향, 투쟁의 조직적 기반과 주체세력, 농민전쟁의 지도이념, 농민전쟁의 세계사적 의의 등을 파악하여야 할 것이다. 이러한 문제에 대한 역사학계의 연구성과와 문학작품에서 나타난 양상을 비교 검토하려는 것이 이 글의 목적이다. 농민전쟁을 문학적으로 형상화한 작품은 일찍이 제시되었고 이에 대한 비평도 이루어졌는데,[2] 이 글에서는 북한 역사소설의 최고봉으로 알려져 있는 박태원(朴泰遠)의 『갑오농민전쟁』과, 또한 남한 역사소설의 신기원을 개척할 것으로 평가되고 있는 송기숙(宋基淑)의 『녹두장군』을 중심으로 논의를 전개한다.[3]

---

[2] 최원식, 「식민지시대의 소설과 동학」, 『민족문학의 논리』, 창작과비평사, 1982 ; 이이화, 「역사소설의 반역사성 - 동학농민전쟁관계 소설을 중심으로」, 『역사비평』 제1집, 1987 ; 이상경, 「동학농민전쟁과 역사소설」, 『변혁주체와 한국문학』, 역사비평사, 1990 참조.

[3] 필자가 이 글을 쓰게 된 동기는 전적으로 1990년 6월 9일 '민족문학작가회의 1990년도 상반기 심포지움'에 토론자로 참가하게 된 데에 있다. 필자는 문학작품에 대하여 올바른 비평을 가할 수 있는 자격을 갖추고 있지 않기 때문에, 작품에 대한 총체적 평론보다는 오로지 역사학계의 연구성과와 필자의 시각에 입각하여, 역사적 사건의 문학적 형상화와 역사적 진실과의 부합 여하만을 비교 검토하고, 그 이외의 모든 문학적 비평은 이상경의 앞 논문으로 미루어둔다. 이 글에서 논의의 대상으로 삼고 있는 박태원의 『갑오농민전쟁』은 1977~1986년에 걸쳐 3부로 완성되었고, 1862년 농민항쟁(익산민란)을 다룬 『계명산천은 밝아오느냐』(1963)는 그 전편을 이루고 있다. 이 두 작품은 남한에서 재출간되었다. 송기숙의 『녹두장군』은 1984년부터 집필되었다. 이 글에서는 고부민란까지 2부 4권을 대상으로 하였다.

2. 농민전쟁과 동학의 관계

박태원의『갑오농민전쟁』과 송기숙의『녹두장군』의 가장 뚜렷한 차이는 농민전쟁에서 차지하는 동학의 역할을 달리 평가하는 데 있다. 농민전쟁에서의 동학의 역할을 어떻게 평가하는가에 따라 농민전쟁의 성격이 규정될 수 있기 때문에 이 문제는 1894년 농민전쟁을 취급하는 데 있어서 중요한 쟁점으로 부각되어 왔다. 농민전쟁과 동학의 관계에 대하여 역사학계에는 동학운동론, 농민전쟁론, 절충론이 제시되어 있다고 할 수 있다.

동학운동론은 동학의 사상, 조직, 구성원 등 동학의 일체가 농민전쟁을 이끌었다고 보는데, 특히 동학사상의 혁명적 지도를 인정하는 점이 핵심이다.

농민전쟁론은 두 가지로 구분하여 정리할 수 있다. 첫 번째 견해는 조선후기 이래 전개되어 온 아래로부터의 변혁운동이 농민전쟁으로 종합되었다고 보는 입장으로서, 농민전쟁에서의 동학의 역할은 조직적인 부분만을 예외적으로 인정한다. 두 번째 견해는 북접교단과 남접세력을 이념, 조직, 구성원 등에서 완전히 구별하여 남접세력을 사회변혁세력으로 설정하는 입장이라고 할 수 있다. 북접교단이 삼례집회, 복합상소, 보은집회 등의 교조신원운동을 전개하였다고 한다면, 남접세력은 19세기 지속적인 농민항쟁의 토대 위에서 서울에서의 대자보를 통한 선전활동, 금구원평집회, 고부농민항쟁, 농민전쟁을 통하여 변혁운동을 꾀하였다고 본다. 특히 북접교단의 무위이화(無爲而化) 등의 동학교리는 남접세력의 운동이념과는 거리가 먼 것으로 파악한다. 결국 농민전쟁론은 동학과의 관계를 부정하면서도 농민전쟁이 발발 확대되는 과정에서 동학조직과 남접세력의 일정한 역할은 인정하고 있다.

절충론은 농민전쟁이 동학이라는 종교와 상호 내면적 관계로 결합하였다고 보는 견해이다. 종교외피론이 절충론의 대표적인 견해이다.

종교외피론은 "사회가 농노관계 위에 서서 정체하고 있는 시기에는 모든 개혁운동은 종교적 외피를 입는 것"이라는 엥겔스의 주장을 전제로 하여 동학과 농민전쟁의 관계를 파악한다. 종교운동으로서의 동학운동 과정을 통하여 동학은 조직적·정치적으로 고양되어 농민전쟁으로 발전할 수 있었다고 본다. 이 과정에서 종교적 외피로서의 동학이 양자를 매개하는 중심고리로 작용하는데, 외피로서의 동학은 조직적·사상적·운동적 차원에서 이해되고 있다.

역사학계에서는 동학운동론은 비판되고 있고, 농민전쟁론과 절충론이 논란을 계속하고 있다. 농민전쟁론과 절충론은 농민전쟁이 봉건적 모순과 민족적 위기에서 발생하였다는 점, 그러한 모순을 극복하기 위하여 군현을 뛰어넘는 농민의 광범한 연대가 이루어졌다는 점, 농민의 연대과정에서 동학의 포접조직이 중요한 역할을 수행하였다는 점 등은 모두 인정하고 있다. 문제는 동학사상이 농민전쟁에서 어떠한 역할을 수행하였는가 하는 것인데, 농민전쟁론은 이를 부정하고 있고 절충론은 동학사상을 매개로 하여 농민전쟁의 지도이념이 형성되었다고 본다. 농민전쟁론의 두 번째 견해와 절충론은 그 내용이 유사한 부분이 없지 않지만, 바로 이 점에서 구별된다. 북한에서는 1960년 전후 농민전쟁론으로 정리되었다.

농민전쟁과 동학의 관계에 대한 역사학계의 논의를 이와 같이 정리하여 볼 때, 박태원의 『계명산천은 밝아오느냐』와 『갑오농민전쟁』은 농민전쟁론의 입장을 취하고 있다. 19세기 이래 전개되어 온 농민항쟁(민란)의 연장선상에서 농민전쟁을 파악한다. 1862년 익산민란을 농민전쟁과 연결시키고 있는데, 그 내용이 『갑오농민전쟁』의 전사(前史)로서 『계명산천은 밝아오느냐』에 작품화되어 있다. 1862년의 농민항쟁이 1894년 농민전쟁으로 발전하는 과정은 주인공 오상민 일가를 통하여 전형적으로 표현된다. 상민의 조부인 오덕순은 익산민란 주동자의 한 사람으로서 처형되었고, 부친인 오수동은 처형장에서 남긴 아버지의

유언을 이어받아 반봉건의식을 토대로 충의계를 조직하여 갑신정변에
참가하고 일심계를 조직하여 농민전쟁에 참가하였고, 주인공 오상민은
전봉준의 제자로서 반봉건·반제의식으로 무장하고 전봉준을 보좌하
여 농민전쟁에 참가, 영웅적인 활동을 벌인다.

익산민란의 주동자들이 처형당하는 장면을 아버지 전창혁과 함께
직접 목격하고 항쟁의식을 깨우치는 전봉준의 가계나, 익산민란에 오
덕순과 함께 참가한 덕보와, 오수동의 일심계원으로서 농민전쟁에 가
담하는 덕보의 아들 칠성이의 가계에서도, 1862년의 농민항쟁에서
1894년의 농민전쟁으로의 발전과정을 엿볼 수 있다. 익산민란 주동자
임치수가 장차 전라도 전체에서 봉기가 일어나 전주감영을 공격하리
라는 것을 예언하면서 그 장쾌한 장면을 볼 수 있게 눈알을 뽑아 전주
성 남문에 걸어놓으라고 호령하는 처형장에서의 장면은, 군현단위의
농민항쟁이 지역적으로 확대되어 전국적인 농민전쟁으로 발전할 것임
을 예고해 주고 있다.

농민전쟁론의 입장에서 보면 1862년의 농민항쟁의 계승은 필연적인
것인데, 그 변혁적 정신이 한 가문을 통하여 전승되어 운동으로 표출
되고 있음은 역사적 사실로서가 아니라 농민전쟁론의 문학적 형상화
로서는 탁월한 것이라고 여겨진다.

그런데 농민전쟁론의 입장에서 작품화된 『갑오농민전쟁』에서 동학
의 사상적 지도성이 배제되어 있는 것은 당연한 일이지만, 조직적 측
면까지 지나치게 배제된 것은 아닌가 생각된다. 일본영사관에 붙은 동
학당 명의의 대자보도 오수동의 일심계에 의한 것으로 설명되었고, 전
봉준이 보은집회를 보면서 동학조직의 중요성을 인식한 것으로 묘사
하면서도 실제로는 농민전쟁에서의 동학조직의 역할에 대하여 전혀
거론하지 않았다. 『갑오농민전쟁』의 전개과정에서 동학은 아무런 역할
도 하지 않았고, 아무런 의미도 없었다. 아들 상민에게 설명한 오수동
의 동학에 대한 인식은, 『갑오농민전쟁』의 동학에 대한 태도를 가장

정확하게 제시한다.

> 동학에서 '제세창생', '보국안민'하자는 건 나도 좋다고 생각한다. 그
> 런데 정안수 떠놓고 주문 외는 것은 싫다. 주문이나 외워가지고서야
> '보국안민'이 되겠냐. 힘을 가지고 싸워야 하지. 내가 전생원을 좋아하
> 는 건 싸워서 일을 성취시키자는 게 내 뜻과 같기 때문이다. (제2부
> 제7장 '창의문, 격문')

이와 같이 『갑오농민전쟁』의 세 중심인물인 오상민, 전봉준, 오수동
이 모두 동학을 외면하고 있다. 따라서 농민전쟁의 조직적 기반을 화
적이나 활빈당, 충의계, 일심계 등의 조직에서 찾지 않으면 안 되었던
것이다.

반면 송기숙의 『녹두장군』은 동학을 중심으로 농민전쟁을 전개시켜
나간다. 동학의 북접교단과 남접세력의 분열, 대립하는 양상을 추적하
고 그 가운데서 농민전쟁의 흐름을 남접의 변혁세력에서 찾고 있다.
이 과정은 매우 엄밀한 실증적 사실에 기초하고 있고 제2부까지의 전
개과정의 핵심적인 줄기를 이룬다. 교조 최제우가 박해를 피하여 남원
은적암에 은거하였을 때부터 북접교단과는 다른 계열의 남접의 전통
이 계승되고 있었던 점을 지적하고, 그것이 서장옥·전봉준으로 이어
지고 있음을 암시하고 있는 부분은, 아직 밝혀지지 않은 사실로서 동
학의 계열을 구분 짓는 데 중요한 시사를 제공해 준다. 남북접의 분열
은 북접교단이 서울 복합상소, 보은집회를 통하여 교조신원운동을 벌
일 때, 남접세력이 서울에서의 대자보를 통한 반외세의 의지 천명, 무
력정변을 위한 준비활동, 반봉건·반외세의 사회변혁을 촉구하는 전주
민회와 금구원평집회의 개최 등의 운동을 전개하는 과정에서 선명하
게 부각되었다. 남접세력의 사회변혁운동을 중심으로 1894년 농민전쟁
을 설명하고 있는 점에서 이러한 구도는 농민전쟁론의 두번째 견해와
연결되는 것으로 생각된다.

그러나 『녹두장군』은 동학을 제외하고서는 전개될 수 없을 정도로
동학의 조직, 사상, 구성원에 의지하고 있다. 그 이전의 저항운동을 토
대로 하기보다는 동학운동을 통하여 농민전쟁에 접근해 들어가는 것
이다. 특히 동학사상 속에서 농민전쟁의 지도이념을 찾으려는 데서는
동학운동론적 입장으로 귀결되는 것처럼 보이기도 한다. 『녹두장군』은
동학사상에 대한 해석과 여러 계층의 민중들이 그것을 이해하는 방식
을 소개하고 있다. 연엽이가 동네 아낙네들에게 동학의 주문과 교리,
질병의 치유와 기적적인 현상을 소개하고, 인내천(人乃天)적 평등사상
이 구현되는 후천개벽(後天開闢)사회의 비전을 제시하는 장면을 보면,
동학사상이 농민전쟁의 지도이념으로까지 설정된 것이 아닌가 의심이
간다. 그러나 엄밀히 말하면 『녹두장군』은 동학사상 자체를 농민전쟁
의 지도이념으로 설정한 것이 아니라, 조선후기 사회경제적 조건의 변
화 속에서 싹트고 성장하여 온 아래로부터의 변혁사상을, 동학사상을
매개로 하여 제시하고 있다는 점을 인정해야 할 것이다. 전봉준은 서
당 제자들이 만든 지해계(芝海契)가 결성되는 자리에서, 경제적·신분
적 평등을 내용으로 하는 사회변혁을, 동학사상을 통하여 다음과 같이
연설하였다.

후천개벽의 후천은 극락이나 천당같이 사람이 죽은 뒤에 가는 세상
이 아니고 바로 지금 우리가 살고 있는 이 세상이네. …… 빈부의 차
별이 없고 반상과 귀천의 차별이 없는 것, 바로 이것이 동학의 개벽
이네. 빈부와 귀천은 사람이 만든 법도니 사람의 힘으로 고칠 수가
있네. 바로 이 일에 확신을 갖는 것이 동학을 믿는 요체네. …… 동학
이 다른 종교하고 다른 것은 극락이나 천당을 다른 세상이 아니라 바
로 이 세상에다 세운다는 것이고, 그것을 한울님이나 귀신한테 빌어
서 그런 힘으로 세운다는 것이 아니라 사람의 힘으로 세운다는 것일
세. (제2부 제3장 '뿌리를 찾아서')

이렇게 보면 『녹두장군』은 모호한 점이 없지 않지만, 절충적인 입장에서 동학과 농민전쟁을 연결지어 이해하려는 것으로 평가해야 할 것이다. 그러나 농민전쟁의 이념을 해명하는 데 있어서 동학사상의 역할을 어떻게 파악할 것인가 하는 문제가 계속 과제로 남고, 그것은 역사학계의 고민과도 연결되어 있다.

3. 농민전쟁의 사회경제적 배경과 그 지향

1894년 농민전쟁의 반체제·반제투쟁의 성격을 규명하기 위해서는 사회경제적 배경을 파악할 필요가 있다. 즉 반체제의 대상이었던 체제내적 모순의 실체와, 반제의 대상이었던 제국주의의 침략과 그 위기적 상황을 파악하여야 한다. 여기서는 『녹두장군』이 현재까지 진행된 시기와 관련하여 체제내적 모순의 실체를 파악하는 문제와, 이와 연관된 농민전쟁의 사회경제적 지향을 다루기로 한다.

체제내적 모순은 중세사회의 성격을 파악하는 문제와 직결되어 있다. 한국 중세사회는 중앙집권적 국가권력체제와 지주제적 경제제도의 결합으로 구성되어 있다. 중앙집권적 권력체제를 구축한 국왕은 과거제를 통하여 귀족양반을 관료화함으로써 그들을 중앙집권적 권력체제 속에 포섭하고, 그에 대한 대가로서 토지와 노비를 제공하였다. 그러나 귀족양반에 의한 토지소유의 지역적 집중성과 노비소유의 집단성은 중앙집권적 권력체제를 위협할 가능성이 있었으므로 귀족양반의 토지와 노비에 대한 지배는 분산성을 전제로 하여 보장되었다.

국왕과 귀족양반이 결합한 지주적 지배세력은 자작농과 소작농으로 구성되는 농민적 피지배계급을 장악하게 되는데, 그 경제적인 실현형태는 조세와 지대로 나타났다. 즉 국가와 농민 사이의 조세수취관계와, 지주와 전호 사이의 지대수취관계가 형성되어 있었다. 그 가운데 기본적인 생산관계는 지주-전호관계에서 나타나고 국가-농민관계는 부차적인 의미를 지니는 것이었다. 따라서 기본적 모순은 지주-전호관계 속에서 나타나는데, 그러나 국왕과 귀족양반이 지주층을 형성하고 농민은 자소작농을 이루고 있기 때문에 현실적으로는 국가-농민의 조세수취관계 속에서도 봉건적 모순의 양상이 나타나지 않을 수 없었다.

지주-전호관계의 모순을 인식하고 이를 극복하려는 노력은 지대저항운동으로 전개되었다. 전호농민은 여러 가지 방법으로 지대의 납부를 지연, 인하, 거부하면서 지주-전호관계의 모순을 새삼 인식하고 이를 극복해 나가고 있었다. 그러나 지대저항운동이 중세체제를 부정하는 집단적인 봉기로 발전하는 경우는 매우 드물었다. 지주적 토지소유의 분산성에서 비롯되는 전호농민의 고립분산성이 전호농민의 결집된 항쟁을 어렵게 만드는 객관적 요인이었고, 전호농민의 의식상의 한계가 또한 그 주관적 요인이 되었다.

19세기의 농민들은 지대저항운동보다는 군현단위로 조세저항운동의 성격을 지니는 농민항쟁(민란)을 꾀하고 있었다. 국가의 조세부과는 총액제적(總額制的) 양상을 띠고 농민의 조세납부는 공동납적(共同納的) 관행에 의거하고 있었던 점이, 군현단위의 농민결집을 가능케 한 객관적 조건이 되었다. 그러나 조세수취문제의 근원에는 지주-전호관계라는 기본적인 생산관계가 놓여 있고 이것들은 상호 맞물려 있는 것이었기 때문에 농민항쟁의 발전과정에서 지주-전호관계의 모순에 대하여도 문제제기하지 않을 수 없었다.

군현단위의 농민항쟁에서는 우선 일차적인 봉기의 목표인 삼정문란의 개혁이 추진되었다. 농민들은 관아를 점령한 뒤 삼정에 관한 조세수취대장을 소각하였으며, 조세수취의 담당자인 관아의 서리들을 공격하였다. 관권과 결탁하여 조세수취과정에서 많은 이익을 취하고 있었던 읍내의 요호부민(饒戶富民)들도 공격을 받았다. 항쟁이 격화되고 발전해 나가면서 농민들은 토지소유의 불균등이 경제적인 불평등의 원인임을 자각하고, 이러한 모순의 해결을 촉구하면서 향촌의 토호나 대지주를 공격하게 되었다.

군현을 뛰어넘은 전국적인 규모로 반체제 근대화를 추구한 1894년의 농민전쟁에서는 조세수취문제뿐만 아니라 토지제도의 개혁도 요구하였다. 폐정개혁안 12개조 가운데의 '평균분작(平均分作)'의 요구와, 각종 조세장부와 함께 양안을 소각한 농민군의 행동에서 토지개혁에 대한 농민들의 의지를 읽을 수 있다. 이러한 요구는 그 구체적인 모습으로 나타나지는 않았지만, 대체로 농민적 토지소유를 실현하며 그러한 바탕 위에서 소상품생산자로서의 성장을 지향하는 것이라고 해석된다.

이와 같이 19세기의 대부분의 농민항쟁이 군현단위에서 조세문제를 중심으로 발생하여 군현단위에서 이 문제를 일단락지으면서 종결되었던 데 반하여, 1894년의 농민전쟁은 중세사회의 기본적인 모순인 지주-전호관계의 청산을 위한 토지개혁까지 그 목표로 삼고 있었다. 따라서 농민전쟁을 문학작품으로 형상화하는 데 있어서도 지주전호제의 모순이 낳고 있는 농촌실상, 농민층분화의 양상에 대한 묘사가 필요하고, 나아가 농민들의 토지개혁에 대한 의지와 지향을 제시해 주어야 한다고 생각된다.

박태원의 『갑오농민전쟁』에서는 봉건양반지주로서 이진사를 내세우고 그 주변에 자소작농민층을 배치하여 지주전호제의 모순과 농민층분화의 실상을 묘사하고 있다. 농사를 지어 지주에게 절반을, 또 관가에 절반을 빼앗기어 눈물과 한숨 뿐인 극빈농과 빈농층의 모습이 묘사되어 있다. 뿐만 아니라 머슴과 노비의 경제적·신분적 처지와 양반지주의 소작농민·노비·머슴에 대한 수탈과 억압도 그리고 있다. 첫머리에 상민이가 '땅이 있었으면'하고 희원하는 장면이나, '누구 위해 짓는 농사냐'라든지 '땅 없는 농민의 슬픔' 등의 항목에는 이러한 지주전호제의 모순이 잘 나타나고 있다.

지주전호제 하에서 고통받는 농민들은 그 모순을 극복하고자 하는 의지를 농민전쟁을 통하여 표출하였다. 고부농민봉기시에 땅문서를 소각한 것이라든지, 이진사 곳간의 미곡을 소작인과 머슴, 노비들이 분배한다든지, 극빈농이었던 길보가 가난으로 가족을 잃고 지주인 이진사를 낫으로 찍는다든지 하는 장면에서 지주전호제의 모순과 그 타파에 대한 소작농민들의 의지를 읽을 수 있다. 지주전호제의 모순을 전봉준은 다음과 같이 생각하고 있다.

고기는 물을 떠나서는 못 사는 것처럼 농민은 땅을 떠나서는 살 수 없다. 땅을 떠나서는 살 수 없는 농민이 제 땅을 못가졌다. 그러니 달리 무슨 도리가 있으랴? 남의 땅을 얻어 부치는 수밖에. 부치고 떼고 하는 것은 전혀 땅 가진 자의 권한이다. 지주는 갖은 횡포를 다한다. 얻어 부치면 구구한 목숨이나마 이어갈 수 있어도 떼우면 그나마도 살아갈 수 없는 일이라 땅 없는 농민은 그 신세가 지렁이만도 못하다. (제2부 제4장 '땅 없는 농민의 슬픔')

또한 『갑오농민전쟁』에서는 수령과 서리에 의한 조세수탈의 양상도 잘 그려져 있다. 농민들은 조세수탈과 지대수탈의 이중적인 수탈에 신음하고 있었다. 사실 향촌사회의 다양한 계층의 농민들에게 공통적으로 불만을 사고 있었던 것은 조세문제였다. 고부농민봉기의 원인이었던 군수 조병갑의 수탈은 농민봉기의 정당성을 여지없이 증명하고 있다.

이렇게 보면 『갑오농민전쟁』에는 지주-전호관계의 모순과 국가-농민관계의 모순이 동시에 묘사되어 있고 지주전호제의 모순, 즉 토지소유관계의 모순이 농민의 경제생활을 좌우하는 결정적인 것으로서 설명되어 있다고 생각된다.

그런데 이러한 모순의 극복이 농민군의 영웅적인 투쟁으로만 묘사될 뿐, 구체적인 사회개혁을 통하여 제시되지는 못하였다. 체제내적 모

순을 지주-전호관계의 모순과 국가-농민관계의 모순으로 집약하였다
면 토지개혁과 조세개혁의 문제가 제시되어야 하고, 집강소 개혁이 그
좋은 기회였다. 물론 집강소 개혁이 현실적으로 어느 정도까지 추진되
었는지에 대하여는 다각도로 조명되어야 할 문제이고, 또한 이 부분을
박태원이 직접 집필하지 못하여 평가에 어려움은 있지만, 소설 속에서
적어도 개혁의 방향과 지향의 단서들은 제시되어야 할 것이라고 생각
된다. 그러나 집강소 개혁의 문제는 '상민이 라주와 운봉에 가서'의 항
목에 부분적으로 언급될 뿐인데, 그것도 라주집강 김경천이 후에 전봉
준을 밀고하게 되는 사실을 암시하는 데 할애되고 있다. 따라서 토지
문제와 조세문제를 비롯한 체제내적 모순의 극복의 방향을 읽을 수 없
다. 상민이가 '땅이 있었으면' 하는 장면에서 시작한『갑오농민전쟁』이,
제1차 농민전쟁을 승리로 이끈 뒤 구축된 농민권력에 의하여 그러한
희망을 어떠한 모습으로 현실화할 수 있었는지 제시하지 못한 것이다.

송기숙의『녹두장군』에는 지배층(지방수령과 이서배)의 수탈이 중
점적으로 부각되어 있고, 농민들의 저항도 이에 집중되어 있는 것으로
보인다. 조세수탈의 양상에 대하여는 '백지결세'에 잘 표현되어 있고,
'늑탈', '만석보'에는 고부농민봉기의 계기였던 군수 조병갑의 수탈상이
잘 묘사되어 있다. 그러나 지주전호제의 모순에 대하여는 주의를 돌리
지 않고 있다.

주인공 김달주가 본격적인 운동에 뛰어들기 위하여 출정하기에 앞
서, 지주 이감역을 찾아가 토지상실의 한과 토지소유의 희망을 상징하
는 흙 한덩어리를 돌려주는 장면에서 토지 잃은 농민의 고통을 보여주
는 듯하지만, 그 이후의 전개과정에서는 지주전호제의 모순에 대한 문
제제기가 매우 인색하다. 부분적으로 토호들의 횡포를 그리고 있지만
토지문제를 집중적으로 제시하고 있지는 못하였다.

이감역의 인물이 양반지주로 설정되고 있으나 그는 대지주거나 대
대로 내려오는 양반이 아니라 납속양반인 요호부민이었기 때문에 지

주전호제의 전형적인 모순을 보여주기에는 부족하다. 이감역이 지주로
서 소작지의 이작(移作)을 무기로 농간을 부리지만, 그러나 지주제 문
제가 기본적인 모순관계로서 설정되지는 못하였다. 이감역도 관의 수
탈을 당하는 데서 보면 오히려 관의 수탈의 가혹성과 무제한성을 설명
하는 데 이감역이 활용되고 있다. 두레가 거론되면서도 그것을 토지소
유문제와 직결시키지 못한 것은 이와 같이 농민전쟁의 사회경제적 배
경으로서 토지소유관계를 조세수취문제보다 소홀하게 다룬 데서 기인
한다고 생각된다.

　따라서 이러한 사회경제적 배경 하에서 전개된 농민전쟁이, 그 사회
경제적 지향을 어떠한 모습으로 보여줄지 의문을 가지지 않을 수 없
다. 김달주가 처음 출정할 때 "부자와 가난뱅이가 차별이 없고, 양반이
상민을 천하게 여기지 않으며, 관속이 백성을 누르지 않는 후천의 새
세상"이 올 때까지 투쟁하겠다는 의지를 보이고, 이미 지적한 전봉준
의 연설에서 경제적·신분적 평등을 주요 내용으로 하는 후천개벽의
새로운 사회상이 동학사상을 매개로 하여 표현되고 있는데, 이러한 것
들이 근대사회의 사회경제적 성격과 관련하여, 특히 토지 및 조세제도
의 개혁과 관련하여 구체성과 과학성을 가지면서 제시되어야 할 것으
로 생각된다.

　　시골에 두레 같은 걸 보십시오. 두레꾼들이 영좌를 뽑아 그 영좌를
　받들면 그 영좌가 두레꾼들을 다스립니다. 영좌는 그가 두레꾼들을
　다스린다고 해서 두레꾼들 위에서 큰 소리만 치고 있는 것이 아니고,
　평소에는 두레꾼들하고 똑같이 모 심고 논 매고 또 똑같이 한자리에
　서 밥을 먹습니다. 그러면서도 두레꾼들한테 영을 내리고 일을 시키
　면 두레꾼들은 그 영에 따라 일을 합니다. 나라라는 것도 크고 작기
　가 다를 뿐이지, 이런 두레 같은 것하고 멋이 다르겠습니까? …… 나
　라의 제일 밑바닥인 마을에서는 마을마다 이렇게 백성들 스스로가 하
　늘의 뜻에 따라 살아가고 있습니다. 그런데, 나라가 이 꼴이 된 까닭

은 무엇입니까? 나라가 백성의 뜻을 헤아려 그 뜻에 따르지 않기 때문입니다. 달리 말하면 하늘의 뜻을 따르지 않기 때문이지요. (제1부 제18장 '사람과 하늘')

여기에서는 두레의 예를 인용하여 농민전쟁이 지향해야 할 이상사회를 설명하였다. 두레에 대하여는 조직적인 기반을 논하면서 정리하겠지만, 두레의 예를 통하여 통치의 방식만을 비유할 것이 아니라 토지소유, 농업생산이라는 토대의 모습을 보여주면서 그에 기초하여 통치방식을 설명하여야 할 것이 아닌가 생각된다. 오지영(吳知泳)의 초고본『동학사』(1924년)에 보면 '농군은 두레법을 장려할 사'라는 조항이 있는데, 이를 간행본『동학사』(1940년)의 '토지는 평균으로 분작케 할 사'라는 조항과 관련지어 이해해 보면, 토지소유제도의 변혁과 그에 따른 농업경영의 방식에 관한 문제를 제기한 것으로 해석된다.[4] 따라서 두레의 예를 인용하여 지향하는 사회상을 제시한다고 할 경우 토지소유문제와 농업경영의 문제를 간과해서는 안될 것으로 판단되는 것이다.

4. 농민전쟁의 조직적 기반과 주체세력

먼저 농민전쟁의 조직적 기반에 대하여 정리해 본다. 1862년 전후의 농민항쟁은 군현단위로 문제가 제기되고 군현단위로 종결되었기 때문에 군현단위 내부의 조직이 항쟁의 기반이 되었다. 그 대표적인 것으로 향회(鄕會), 면회(面會), 이회(里會) 등을 들 수 있다. 이러한 조직은 중세사회에서는 지방지배층의 지배기구로 기능하였던 것이지만, 신분제의 이완과 상품화폐경제의 발전을 배경으로 성장하여 나오는 새

---

4) 신용하,「갑오농민전쟁과 두레와 집강소의 폐정개혁」『한국사회사연구회논문집』8, 문학과지성사, 1987 참조.

로운 사회계층에게 장악되면서 농민항쟁의 조직적 기반으로 활용되는데 이르렀다.[5)]

그러나 군현단위의 조세문제에 그치지 않고 토지문제에까지 이르는 체제적 모순의 총체적인 극복을 지향한 1894년 농민전쟁에 있어서는 군현단위의 범위를 뛰어넘을 수 있는 조직적 기반이 마련되어 있지 않으면 안 되었고, 동학의 포접조직이 그러한 역할을 담당하였다. 그리고 조세문제를 거론할 수 있는 조직적 기반으로서 기왕의 향회조직도 기능하고 있었다. 최근에는 토지문제를 거론할 수 있는 조직적 기반으로서 두레와 촌계가 지적되기도 한다.

박태원의 『갑오농민전쟁』에서는 동학의 포접조직이 농민전쟁에서 수행한 역할은 전적으로 무시되고, 오히려 충의계, 일심계, 활빈당 등의 조직이 중요한 조직으로 등장한다. 농민항쟁의 전통을 이어받은 직업적 운동가들에 의한 계획적인 조직활동은 역사적으로 이필제의 난 등에서도 확인되고, 이러한 조직적 활동이 군현단위의 범위를 뛰어넘어 전국적인 농민전쟁으로 발전하는 데 중요한 역할을 수행한 것으로 여겨진다. 따라서 충의계, 일심계, 활빈당 등의 조직적 기반에 대한 강조는 의미가 있다.

그러나 오수동이 충의계에 들어가 갑신정변에 참가하고 이에 실패한 후 황해도 수안의 금광에서 다시 일심계를 조직하여 농민전쟁을 준비하는데, 농민전쟁과는 계열을 달리하는 개화운동을 농민전쟁과 접목시킨 것은 잘못된 것으로 보인다. 충의계는 개화를 목적으로 한 것이고, 일심계는 세상을 뒤집어 엎으려는 조직이라고 설명하고 있으나 논리적인 맥락에 맞지 않는다. 따라서 김옥균 등 개화파의 활동을 애국적인 것으로 높이 평가하면서도, 박태원이 직접 집필하지 못한 부분이지만, 일본의 비호하에 성립된 개화파의 갑오정권이 농민전쟁의 타도

---

5) 안병욱, 「19세기 민중의식의 성장과 민중운동 - 향회와 민란을 중심으로」『역사비평』 제1집, 1987 참조.

대상이었던 일본군과 연합하여 농민군을 공격하게 되는 모순된 사실
에 대하여는 외면하고 말았던 것이다.

또한 1862년 함평민란을 주동하여 그해 6월 4일 처형당한 정한순이
활빈당 행수로 등장하여 화적들과 연계를 맺고 오수동과 연결되어 농
민전쟁의 조직적인 기반을 만들어내고 있는 것은, 전통적으로 화적들
이 의적으로서 역사의 무대에서 중요한 역할을 담당하는 것을 보면 일
면 수긍이 가는 점이지만, 동학조직의 공간을 메워주기에는 부족하다
고 생각된다. 1862년의 농민항쟁 이후 1894년 농민전쟁에 이르는 시기
에 군현단위를 뛰어넘는 조직을 갖추고 이를 중세체제의 붕괴를 목표
로 한 봉기에 활용하는 조직으로서는, 실제의 역사에서는 1900년경에
이르러 활동하기 시작하는 활빈당 조직보다는 이필제의 조직(화적조
직 및 동학조직)을 주목하지 않을 수 없는데, 『계명산천 밝아오느냐』
에 보면 이필제는 희양산 화적패 괴수로서의 의미를 가질 뿐, 동학과
연결된 이필제의 조직이 1894년 농민전쟁에서의 동학의 조직적 역할
을 예시하여 주고 있었던 점은 간과되었다.

1894년 농민전쟁은 토지에 생산기반을 둔 농민들의 봉기가 중심이
었다. 토지에 생산기반을 두지 않은, 농민층분화의 결과 농촌에서 탈락
된 자들의 조직은 어디까지나 방계적인 조직이지 그것이 중심조직이
될 수는 없는 것이었다. 따라서 농촌사회에 운동조직이 어떠한 방식으
로 존재하였는지 하는 문제가 해명되지 않으면 안될 것이다. 동학의
조직적 역할을 부정하고 그 대안으로서 제시된 활빈당, 충의계, 일심계
등은 주동자조직을 설명하는 데 있어서는 유효할지 모르지만 광범한
농민들을 동원하는 조직적 대안으로서는 미흡한 것이라고 판단된다.
이 점에서 『녹두장군』이 두레조직을 포착한 것은 매우 적절하다고 생
각된다.

『녹두장군』의 조직적 기반으로서는 동학의 포접조직과 전봉준의 제
자로 조직된 지해계, 농민항쟁에 참가한 경력을 지닌 인물들로 구성된

의적의 조직, 그리고 두레조직을 들 수 있다.

『녹두장군』은 전개과정을 거의 대부분 동학의 동향에 의지하고 있기 때문에 그 조직적 기반으로서 동학의 포접조직이 매우 중요하게 등장한다. 임씨 두령들과 토론하면서 김덕호가 하는 말 가운데 동학의 조직적 역할이 적절하게 제시된다.

　지금 밑바닥 교도들은 접으로 단단히 묶여 있습니다. 더구나 밑으로 내려가면 동학도가 따로 없고 일반 백성이 따로 없습니다. 동학도가 일어나면 일반 백성들도 그 접으로 섞여 움직일 것입니다. 동학의 주민이 무슨 힘을 발휘하는 것이 아니고 바로 이 접과 포로 동학도들을 묶고 있는 동학의 조직이 말을 한다 이 말씀입니다. (제2부 제14장 '화개장')

전봉준이 가르친 서당의 동문들 60명이 모여 조직한 지해계라는 동접계는 전봉준의 친위부대의 역할을 하면서 농민전쟁의 중요한 조직으로 기능한다. 이들은 거의가 전봉준의 영향을 받아 동학에 입도하였다고 한다.

그리고 의적조직으로서는, 진주민란에 참가하였던 임진한은 남원에서 지리산 포수들과 연계관계를 맺고 있고, 임오군란에 참가한 임군한이 대둔산 산채의 두목이고, 임신(1872)년에 문경민란을 꾀하였던 임문한은 장성 산채의 두목이 되어, 전봉준의 세력과 연계관계를 맺는 것으로 나타난다. 그런데 이러한 화적조직이 농민전쟁에서 중요한 역할을 수행했으리라고 이해할 수 있지만, 이들의 힘이 농민전쟁의 원동력이 되었거나 이들이 빼앗은 재물이 농민전쟁의 군자금이 되었다고 보는 것은 문제가 있다고 생각된다.

『녹두장군』의 조직적 기반으로 가장 주목되는 것은 두레조직이다. 두레조직은 향촌사회의 자소작농민들의 공동노동조직으로서 자소작농민들을 조직하는 훌륭한 조직적 기반이 될 수 있었다.

그런데 두레조직이 소작료의 인상을 막고 지주의 소작지 이작을 저지하거나('갈재의 산채'), 심지어는 소작인을 결정하는 모습이나('두레'), 병졸들이 농기(農旗)를 범하자 시비를 벌여 그들을 굴복시키는 장면('얼럴럴 상사도야')은 두레의 역량을 과대평가한 것으로 보인다. 두레가 이러한 힘을 발휘하는 근거는 농촌노동력의 장악에 있다고 하는데, 양반지주에게는 노비와 머슴이 있고 계절적인 임노동을 고용할 수 있었기 때문에 지주의 전호에 대한 지배를 극복하는 것이 쉬운 일은 아니었다. 두레가 '지배세력의 횡포에 대한 사회적인 견제장치로서의 구실'을 수행하였는지에 대하여는 의문이다. 그러나 혁명적인 정세 하에서는 두레가 지주전호제를 극복하려는 의지를 보일 수 있었을 것이다. 1738년 암행어사 원경하가 두레의 풍물과 농악의 모습을 보고 민란을 예견하여 이를 금지시켰다고 하는 사실에서 보더라도('만석보'), 두레가 농민봉기의 조직적 기반이 될 수 있는 가능성은 분명히 있었던 것이라고 여겨진다.

농민봉기와 관련하여 두레조직을 향회조직과 비교해 볼 때 향회가 조세수취문제를 중심으로 국가에 대항할 수 있는 조직으로 기능하였다고 한다면, 두레는 적어도 농민들의 토지개혁의지와 연결지을 수 있는 조직으로 여겨진다. 따라서 김달주가 죽인 나졸 장례의 부의금을 농민들에게서 걷을 때 두레의 예를 따라 거두는 것이라든지('민부전'), 조병갑의 만석보 물세 징수에 대항하기 위해 두레조직이 연합하여, 굴복한 지주들을 압박한다든지('사발토문') 하는 장면은-후자의 경우 두레가 지주들에게 대거리한다는 점에서 토지소유문제로 비화될 수 있는 조짐을 보이기도 하지만-기본적으로 조세문제를 향회 등의 조직을 제쳐두고 두레조직과 연결시켰다는 점에서 불만이다. 두레의 모습이 '얼럴럴 상사도야'의 두레작업 광경에서 보듯이 농촌노동력의 효율적인 분배를 통하여 농업의 재생산을 보장하고 그로써 지주전호제의 모순을 은폐하는 조직으로서가 아니라, 지주전호제의 모순을 극복하려

는 조직적 기반으로서 그 위상이 찾아져야 하지 않을까 생각된다.[6)]

두레의 총각대방을 2년째 하는 장춘동의 심정에 이와 같은 토지소유문제가 제기되어 있다.

> 그래 총각대방이 이년째다. 동네 두레꾼들을 거느리고 저 들판을 누비며 모를 심고 논을 맸다. 그렇지만 소작 서 마지기의 내 꼴은 뭔가? 그 풍성한 여름 들판을 휘지르고 다니면서 모두가 내 논같이 뼈가 빠지게 농사일을 했지만, 가을이 되면 나한테 남는 것은 소작 서 마지기의 소출 뿐이었고, 그 소출은 저 쓸쓸한 겨울 들판처럼 초라하다 못해 을씨년스러웠다. (제2부 제5장 '갈재의 산채')

이와 같이 두레작업의 결과가 토지소유관계의 모순을 극복해 주는 것은 아니었다. 그렇다면 두레조직이 혁명적인 분위기 하에서 농민을 동원하고 농민전쟁에 참가하였다면 그들의 희망은 토지개혁으로 나타나야 하는 것은 아닐까? 그리고 두레의 의미가 공동노동에만 두어질 것이 아니라 토지소유관계의 모순과도 연결되어야 하는 것은 아닐까?

교조신원운동으로서의 삼례대집회에서 두레의 풍물패가 동학농민들에게 일체감을 불어 넣어주는데('용천검', '함성'), 이것은 동학교도가 중심이 되고 교조의 신원운동을 주로 벌인 삼례집회에서보다는 반체제·반제를 목표로 한 농민군의 농민전쟁에서의 광경으로 묘사되어야 하지 않을까? 즉 두레는 포접조직으로 묶여 있는 동학교도보다는 농업생산에 토대를 두고 있는 농민군의 조직과 활동으로 연결되어야 할 것이다.

다음으로 변혁주체와 관련하여 역사학계에는 잔반주도론, 부농주도론, 빈농주도론 등이 제시되어 있다고 할 수 있다. 이에 대한 장황한

---

6) 김인걸, 「조선후기 촌락조직의 변모와 1862년 농민항쟁의 조직기반」『진단학보』 67, 1989 ; 주강현, 「조선후기 변혁운동과 민중조직」『역사비평』 계간 2호, 1988년 가을 참조.

논의는 생략하고, 다만 빈농주도론의 입장에서 조선후기 이래 성장하여 오던 부농층 또는 요호부민층의 존재형태에 대하여 정리하기로 한다.

조선후기 이래 부를 축적한 평민이 양반으로 신분을 상승시키면서 향권을 장악하는 세력들이 형성되는데, 이들을 요호부민층이라고 부를 수 있다. 이들의 경제적 기반은 농업생산, 지주경영, 상업활동, 조세수취청부업 등에서 찾아진다. 그런데 그 가운데에는 생산력의 발전과 생산방식의 변혁을 통하여 경제력을 향상시켜 가는 세력이 있는가 하면, 관권과 결탁하여 특권을 이용, 부를 축적하는 세력이 있다. 이들은 권력과의 관계를 어떻게 설정할 것인가 하는 문제를 중심으로 중세권력에 기생하는 보수성을 띠기도 하고 중세권력에 저항하는 진보성을 띠기도 한다. 진보적 요호부민들은 조세의 가혹한 수탈에 저항하여 1862년의 반체제 농민항쟁에 주도적으로 가담하게 되지만, 보수적인 요호부민은 오히려 농민군의 공격을 당하는 처지에 놓여 있었다. 이와 같이 개항 이전에는 중세권력과 어떠한 관계를 형성할 것인가 하는 점에서 요호부민층은 동요하고 있었다.

그런데 개항 이후에는 중세권력과의 관계라는 문제 이외에 제국주의 경제세력과 어떠한 관계를 맺을 것인가 하는 점을 둘러싸고 이들 요호부민층은 동요하고 있었다. 제국주의세력과 결탁하는 매판적인 요호부민층이 나오기도 하고, 제국주의세력에 저항하는 민족적인 요호부민층이 형성되기도 하였다. 지주적인 기반을 가진 요호부민층은 개항 이후 일본에의 미곡수출을 계기로 부를 축적할 수 있는 기회를 얻고 있었다. 상인층은 외국상인과 무역하면서 수입상품의 분배와 수출상품의 수집을 매개하는 역할을 담당하였다. 따라서 요호부민층 가운데 지주적, 상인적 기반을 가진 요호부민층에게는 개항 이후 제국주의 경제세력과 접촉하는 과정에서 매판화될 수 있는 가능성이 넓게 열려 있었다. 그러나 생산력의 발전과 생산방식의 변혁을 통하여 생산과정에서

부를 축적하고 있었던 진보적인 요호부민은 제국주의의 경제적 침략으로 몰락할 위험에 처하게 되었다.

이와 같이 볼 때 부농층을 포함한 요호부민층의 변혁주체로서의 가능성은 체제적 민족적 위기 속에서 왜소화될 수밖에 없었다. 따라서 농민전쟁의 주체로서는 체제적 민족적 위기에 처하여 몰락을 강요당하고 있었던 부농층을 중심으로 한 일부의 요호부민층을 포함하여, 주로 빈농층이 중심이 되었다고 생각된다.

『갑오농민전쟁』의 주동세력으로서는 전봉준과 그의 친위조직, 오수동의 일심계 조직, 정한순의 활빈당 조직 등이 제시되어 있다. 그리고 농민전쟁의 원동력은 가난한 소작농민들, 즉 빈농층에서 찾아진다. 그런데 빈농층에서 변혁주체를 찾는다 하더라도 부농층이나 요호부민층을 등장시켰다면 농민층분화의 양상을 더욱 분명하게 제시할 수 있었을 것이라고 생각된다. 밥술깨나 뜨는 사람들은 농민군에 참가하지 않았고, 그러면서도 오히려 지방수령의 수탈을 당하는 처지의 왜소화된 존재로서만 극히 부분적으로 묘사되었을 뿐이었다.

『녹두장군』의 주동세력으로서는 동학접주와 그 세력, 화적세력, 그리고 두레의 가난한 자소작농민세력 등이 설정된다. 요호부민으로서는 지주적 기반을 가진 이감역과 상인적 기반을 가진 김덕호를 들 수 있다. 이감역은 수천 냥으로 감역의 벼슬을 사서 신분을 상승시킨 요호부민으로서 토지를 집적하여 지주로까지 성장하고, 정읍의 양반과 혼인관계를 맺어 중세적 특권을 확보하려 하는 일종의 보수적인 요호부민의 계열로 여겨진다. 그러나 아직은 충분히 성장하지 못하여 딸의 행실문제로 까탈이 잡혀 호방에게 수탈을 당하고 있는 형편이었다. 이감역은 전형적인 양반지주로서가 아니라 보수적 요호부민으로서의 성격을 지닌 인물이었다.

김덕호는 물산객주로서 농민전쟁의 자금을 조달하고 또한 의적으로서의 임씨 두령들과 연결되어 양반이나 부호의 재물, 관가의 봉물 등

을 탈취하여 군수물자로 비축하고, 이들과 함께 복합상소시에 무력봉
기를 준비하는 세력으로 설정되는 등 상당히 중요한 인물로 부각되어
있다. 그런데 객주층은 미곡수출과 관련하여 매판적인 성격을 띠고 있
는 경우가 많았고, 그래서 객주에 의한 포구에서의 미곡유출을 농민군
이 반대하고 있었던 점에서 볼 때, 김덕호의 경제적 기반과 활동방식
에는 상호 모순이 있다고 생각된다.

5. 맺음말

이상에서 1894년 농민전쟁을 이해하기 위한 여러 가지 문제 가운데
서 주로 동학과의 관계, 사회경제적 배경과 그 지향, 조직적 기반과 주
체세력에 대하여 살펴보았는데, 논의과정에서 얻어진 성과를 정리해
보기로 한다.

박태원의 『갑오농민전쟁』은 농민전쟁론의 입장에서 동학의 영향을
전혀 배제하면서 농민전쟁을 묘사하고 있다. 조선후기 이래 아래로부
터 전개되어 온 농민항쟁의 흐름, 특히 1862년의 익산민란을 농민전쟁
과 직선적으로 연결지었다. 따라서 농민전쟁의 사회경제적 배경도 농
민들의 경제적 처지, 즉 국가의 조세수탈과 지주의 지대수탈로 인하여
몰락하는 모습에서 찾고 있다. 특히 기본적인 모순인 지주-전호관계의
모순을 밑바닥에 깔고 있는 점은 주목된다.

그러나 동학의 역할을 완전히 부정하였기 때문에 동학의 조직적 역
할을 대신할 대안이 활빈당, 충의계, 일심계 등 의도적이고 계획적인
전위조직에서 추구되었지만, 동학조직의 공간을 채우기에는 부족한 것
이라고 생각된다. 농민들을 동원할 수 있는 조직적 기반은 거의 제시
되지 않은 셈이었다. 또한 사회경제적 모순으로서 조세문제와 토지문
제를 동시에 거론하면서도 제1차 농민전쟁에서 승리한 이후 추진된 집

강소 개혁을 통하여서는, 체제적 모순을 총체적으로 극복하는 모습을 그려주지 못하고 있다. 변혁주체와 관련하여서도 중세권력과 양반지주의 결합된 세력에 대하여 몰락한 농민층이 대항하는 구도로 되어 있을 뿐, 중간층이나 요호부민층은 나타나지 않아 투쟁 일변도의 양상을 보여준다.

반면 송기숙의 『녹두장군』은 동학운동의 과정을 추적하면서 농민전쟁을 전개시켜 나간다. 동학의 구성원과 조직, 그리고 사상이 농민전쟁을 설명하는 데 중요한 매개고리로서 작용하고 있다. 그렇지만 북접교단의 교조신원운동에서 남접세력의 사회변혁운동을 구분해내어 정리하려는 입장을 취하고 있다. 이와 같이 동학을 중심으로 농민전쟁에 접근해 들어가기 때문에 자연히 중세권력과의 관계가 중요하게 부각되고, 따라서 사회경제적 배경도 주로 중세권력의 수탈에 집중되어 있다. 중세사회의 기본적인 모순이 지주전호제에 놓여 있음을 간과하고 있다고 생각된다. 농민전쟁의 조직적 기반으로서는 동학의 포접조직, 전봉준의 친위조직, 의적조직 등과 함께 특히 두레조직이 제시되고 있는 점이 주목된다. 두레조직은 농촌의 공동노동조직으로서 농민층을 동원할 수 있는 중요한 조직이라고 생각된다. 그러나 이러한 두레조직이 지향하는 사회경제적 개혁의 내용은 토지개혁의 방향으로 잡혀져야 할 것인데, 이 부분이 아직은 분명하게 제시되지 않았다고 생각된다.

1894년 농민전쟁은 체제적 민족적 위기를 극복하고 근대사회를 자주적으로 건설하려는 아래로부터의 혁명적인 운동이었고, 그 실패는 식민지화로 귀결되었다. 그러나 그것은 실패로 규정되어질 것은 아니었다. 1894년 농민전쟁은 그 이후 전개될 민족해방운동의 출발점이었다. 농민전쟁의 이념은 이후 민족모순이 강화되어 가는 상황 속에서 광무년간의 민중운동, 한말의 의병전쟁, 일제하의 민족해방운동으로 이어졌던 것이다. 따라서 농민전쟁의 결말은 이러한 민족해방운동을

전망하는 것으로 되어야 할 것이다. 이런 점에서 박태원의 『갑오농민
전쟁』이 전봉준의 처형으로 농민전쟁의 실패를 처리하고 있는 것은 아
쉬움으로 남는다.

　　역사적인 사건에 대한 문학적 형상화는 역사적 사실에 대한 정확하
고 올바른 평가와 해석, 즉 역사적 진실에 근거할 때에 비로소 사실성
과 감동을 가져다 줄 것이다. 그러나 역사적 진실은 역사의 현재성이
딛고 있는 사회적 기반의 차이에 따라 그 내용을 달리할 수도 있다. 남
북한에 있어서 역사적 진실에 대한 이해와 그 문학적 형상화의 차별성
은, 분단현실에서 주어지는 남북한 사회의 역사적 현재성의 차이에서
비롯된 것일 것이다.

제 3 부

농민전쟁의 계승

제8장 개화파 정부의 농민전쟁 수습대책

1. 머리말

1894년 농민전쟁은 군현단위의 농민항쟁에서 출발하여 지역적, 전국적 차원으로 확산되어 사회개혁을 요구하고 나아가 반외세의 민족적 저항으로까지 진전되었다. 그러나 농민전쟁은 궁극적으로 그 지향하는 바를 그 주체에 의하여 실현할 수 있는 혁명의 단계로 나아가지는 못하였다. 농민군은 일본군과 정부군에 쫓겨 패배하였다. 농민군의 패배에도 불구하고 농민전쟁은 근대민족국가의 수립을 향한 변혁운동으로서의 역사적 의의를 여전히 지니는 것이지만, 현실적으로 농민군의 패배는 많은 후유증을 남겼다. 개화파 정부는 민중의 지지를 받지 못하였음에도 불구하고 일본의 무력적 지원에 힘입어 개혁을 추진하고 있었던 바, 그 개혁의 과정에 농민군의 개혁요구를 반영하지 않을 수 없었고, 또한 패배한 농민군을 비롯한 민중의 동향을 포착하여 그들을 안정시키지 않으면 안 되었다. 이러한 농민전쟁 수습대책에 대하여 살펴보고자 하는 것이 본 연구의 목적이다.

농민전쟁 수습대책에 관한 연구성과는 풍부한 편은 아니다. 그동안의 농민전쟁 연구가 농민군의 패배로 마감하는 경향이 강하였기 때문이다. 농민전쟁 수습대책에 대한 연구로는 보수유생 황현의 수습방안과 경상도 양반지배층의 수습방안에 관한 연구가 제시되어 있다.[1] 이

---

1) 김창수, 「'甲午平匪策'에 대하여 - 매천 황현의 동학인식」『藍史鄭在覺博士

들 연구를 통하여 보수유생층의 농민전쟁에 대한 입장과 그 수습방향을 확인할 수 있다. 농민군의 처단, 향약을 통한 농민교화, 작통제를 통한 농민통제 등의 대책이 검토되었다.

그런데 보수유생층이 제시한 농민전쟁 수습대책은 사실 오히려 정부에 의하여 주도되고 있었다고 보아야 할 것이다. 작통제의 시행이나 향약의 실시는 모두 정부의 지방관리에 의하여 주도되었고, 보수유생층은 그러한 대책을 지지하고 협조하였을 뿐이다. 그렇지만 보수유생층의 농민전쟁 수습의 방향이나 지방사회 재건의 방향이 개화파 정부의 개혁방향과 일치하는 것은 아니었다. 농민군을 통제하는 데 있어서는 개화파 정부나 보수유생층이 동일한 입장을 지닐 수 있었지만 농민전쟁의 근본원인을 치유하는 데 있어서는 입장을 같이하지 않았다.

이와 같이 농민전쟁 수습방향을 둘러싼 개화파 정부와 보수유생층 사이에 입장의 차이를 발견할 수 있는데, 본 연구에서는 개화파 정부의 농민전쟁 수습대책으로서 지방관리에 의하여 추진된 작통제 및 향약의 실시와 그 의미를 검토하여 보고, 그것이 보수유생층과는 어떠한 관계에 놓여 있었는지, 그리고 개화파 정부가 추진한 개혁의 방향이 농민전쟁을 수습하고 농촌의 재생산구조를 재확립할 수 있는 것이었는지를 검토해 보고자 한다. 개화파 정부의 농민전쟁에 대한 직접적인 대책은 주로 1894년 후반에서 1895년 말까지를 대상으로 하고,[2] 지역

古稀記念東洋學論叢』, 1984 ; 김용섭, 「황현(1855~1910)의 농민전쟁 수습책」『역사와 인간의 대응』, 한울, 1985 ; 신영우, 「갑오농민전쟁 이후 영남 북서부 양반지배층의 농민통제책」『충북사학』5, 충북대, 1992 ; 이상찬, 「을미의병 지도부의 1894년 反東學軍 활동」『규장각』18, 서울대, 1995. 이외에 농민전쟁이 진행되는 과정에서 보수유생층이 농민군에 대하여 취한 행동과 대책에 대한 연구는 다수 있다.

2) 갑오개혁을 추진한 개화파가 농민전쟁이 진행되는 과정에서 농민군의 활동의 추이를 지켜보면서 그것을 어떻게 정책에 반영하였는지에 대한 연구(왕현종, 「갑오정권의 개혁정책과 농민군대책」『1894년 농민전쟁연구』4, 한국역사연구회편, 역사비평사, 1995)는 본 연구에서 다루는 수습대책의 이전 단계

적으로는 농민전쟁의 주무대였던 전라도 지방을 중심으로 검토하려
한다.

2. 농민군 색출과 전라도의 군단위·군읍간 작통제

농민전쟁 과정에서의 작통제 : 농민군은 일본군과 정부군의 압도적
인 무력 앞에 무너졌다. 일본군과 정부군, 그리고 지방의 민보군이나
수성군은 흩어진 농민군 패잔병을 색출하여 처단하였다. 그 과정에서
농민군은 가혹한 진압과 학살을 당하였다.3)

농민전쟁의 진압에 성공한 정부는 농민전쟁의 재기를 막기 위한 조
치를 취하지 않을 수 없었다. 농촌사회에 피신한 농민전쟁 주도층만을
체포하려 해도 그 수가 수천 명이나 되었다고 한다.4) 이들을 색출하고
또 이들이 다시 봉기한다 하더라도 초기단계에서 그 싹을 자를 수 있
는 근본적인 대책을 세워야만 하였다. 당시의 정부관료들이나 지방의
보수유생들은 그 대책으로서 먼저 전통적인 작통제(作統制)를 생각하
고 있었다. 농민전쟁의 재발을 막기 위해서는 지방사회의 질서를 재확
립하여 동학을 비롯한 외부의 침투에 동요되지 않도록 하여야 하였고,
그에 적합한 조직이 조선후기 이래 시행하여 온 작통제로 인식되었던
것이다.

작통제는 조선시대에도 줄곧 지방사회 통제를 위한 사회제도로서
마련되어 있었다. 1675년의 오가통사목(五家統事目)이 마련된 이후 이
에 의거하여 호적대장이 작성되었기 때문에 지방사회 통제의 기본조
직은 오가작통제(五家作統制)를 근간으로 하는 것으로 되었다.5) 19세

로서 참고된다.

3) 이영호, 「농민전쟁 이후 농민운동조직의 동향」 『1894년 농민전쟁연구』 4,
  1995, 169~170쪽.

4) 黃玹, 『梧下記聞』 3필, 1895년 1월, 73~74쪽.

기 이후에는 서학과 동학 그리고 화적이 발생하여 지방사회의 질서를
무너뜨리고 있었다. 정부에서는 이들의 활동으로부터 지방사회의 질서
를 방어하기 위하여 오가작통제를 강화하였다. 19세기 중엽 이후에는
병란과 화적으로부터 지방사회를 방어하기 위한 오가작통제가 더욱
강화되었다. 개항 이후인 1884년의 오가작통절목(五家作統節目)에서
도 그러한 양상이 나타나고 있다.6)

이와 같이 1894년 농민전쟁이 일어나기 이전에 이미 오가작통제의
시행과 강화를 통하여 지방사회를 방어하고자 하는 정책이 실시되고
있었다. 그러나 1894년 농민전쟁은 이러한 지방사회의 통제조직을 일
거에 무너뜨리고 말았다. 농민전쟁의 조직으로는 두레, 향회, 민회, 동
학의 포접제 등이 거론되고 있는데 이들 조직이 끊임없이 강화되어 온
오가작통조직을 압도하였던 것이다. 농민군이 세력을 떨치는 지역에서
는 작통제가 전혀 기능할 수 없었다.

그러나 일단 농민군이 물러난 지역에서는 통제조직으로서 다시 작
통제가 논의되고 실시되었다.7) 농민군의 위력에 대부분의 지방이 굴복
한 상황 속에서도 오가작통을 통하여 농민군의 침입을 막으려는 지역
도 있었다. 김개남 출신지인 태인의 고현내면에서는 농민전쟁 초기인
1894년 3월 오가작통을 강화하여 농민군의 침투에 대비하였다.8) 농민

5) 오영교, 「조선후기 오가작통제의 구조와 전개」『동방학지』73, 연세대, 1991
 ; 정진영, 『조선시대 향촌사회사』제2부 1장 국가의 촌락지배정책의 추이와
 한계, 한길사, 1997.
6) 오영교, 「19세기 사회변동과 오가작통제의 전개과정」『학림』12·13합집, 연
 세대, 1991 ; 신영우, 앞의 논문 ; 김양식, 「개항 이후 화적의 활동과 지향」
 『한국사연구』84, 1994 참조.
7) 순창군수는 농민전쟁이 진행되는 과정에서 농민군에 대항하고 지방사회를
 방어하기 위하여 향약과 함께 오가작통을 실시하고자 하였다. 金在洪, 『嶺上
 日記』1894년 4월 15일.
8) 『甲午東匪倡義遺事』갑오 3월 25일 古縣內面條約 ; 이진영, 「동학농민전쟁
 기 전라도 태인 고현내면의 반농민군 구성과 활동」『전라문화논총』6, 전북
 대, 1993, 24~25쪽 참조.

군이 압도적이지 못하였던 충청도 지방에서는 1894년 봄 각 군에 오가
작통제를 시행하도록 추진하였다. 각동에 동수(洞首)를 차정하여 오가
작통을 조직하고 그에 따라 인명을 기록하도록 하고, 각통에는 통수를
두어 통내의 주민을 감시 통제하고 수상한 사람을 규찰하고 무리를 모
아 침입 수탈하는 자를 체포하도록 하였다.[9]

제2차 농민전쟁을 진압하기 위해 설치된 순무영에서도 각 군에 작
통제를 실시할 것을 모색하였다. 순무영이 지방행정을 담당할 수 있는
것은 아니었지만, 전시상황에서 한시적으로 종래의 작통제를 보완하여
시행할 수 있도록 추진하였다. 당시 순무영에서는 문패법을 토대로 한
십가작통제(十家作統制)를 마련하였다.[10] 실제와 부합하는 호적이 정
비되어 있지 못한 전시상황에서 즉시 시행할 수 있는 것은 당시의 가
호에 문패를 달고 이를 통으로 묶는 방법이었던 것이다. 따라서 이것
은 어디까지나 순무영이 농민군을 진압하는 과정에서 지방사회를 장
악하기 위한 일시적인 방편이었고 지속적으로 제도화된 것은 아니었
다.

일본군과 정부군의 공격으로 농민군이 수세에 몰리면서는 농민군에
눌려 있었던 보수유생층이 작통제를 시행하고자 하였다. 1894년 12월
장성 북이면 백암의 민인들은 동중에서 설계(設契)의 방식으로, 북이
면 여촌의 민인들은 동(洞) 소속의 8리(里)를 작통하는 방식으로 농민
군의 침입에 대항하고자 하였다.[11] 해남의 민인들은 오가일촌(五家一
村)으로 동학을 배척하자는 제안을 내놓기도 하였다.[12] 농민전쟁 과정
에서 제기된 보수유생층의 작통제 시행 요구는 농민전쟁을 수습하는

9) 이헌영, 『錦藩集略』別甘 各邑.
10) 그것은 당시 순무영 從事였던 鄭寅杓의 「十家統規」로서 제시되었다. 신영우,
   앞의 논문, 7~10쪽.
11) 『東學亂記錄』하, 「宣諭榜文幷東徒上書所志謄書」 12월 6일, 국사편찬위원
   회 간행본, 397쪽.
12) 위의 책, 「선유방문병동도상서소지등서」 12월 21일, 408쪽.

과정에서 수렴되었다.

  전라도의 군단위 오가작통제 : 전라감사 겸 전라도위무사인[13] 이도재(李道宰)는 농민전쟁이 수습국면에 접어들게 되자 농민안집책으로서 먼저 호구를 파악하여 주민을 빠짐없이 파악한 뒤 오가작통제를 시행하는 방안을 마련하였다.[14] 이 과정에서 당시 고창현감으로서 전라도위무사 종사관을 역임하고 있던 김성규(金星圭)가 실질적으로 절목을 마련하는 실무를 담당하였다.[15] 그가 전라감사 이도재의 농민전쟁 수습대책으로서 작성한 작통제는 1894년 12월 「오통장정(五統章程)」으로 제시되었다.[16] 그것은 전라도 지방에서 시행하기 위하여 작성되고 간행된 것이었다.[17] 1895년 1월에 이르면 순무선봉진에서도 각 군에 대하여 직접 오가작통례를 시행하도록 지시하지 않고, '순영작통지규(巡營作統之規)'에 의하여 작통제를 시행하도록 지시하고 있는데,[18] 이것이 바로 전라감영에서 공식적으로 채택한 작통제였다.

---

13) 1894년 10월 전라감사 이도재는 전라도 위무사의 직책을 겸임하였는데, 위무사의 역할은 농민전쟁의 피해지역을 방문하여 농민들을 안집하게 하는 한편, 각읍의 폐단을 파악하여 개혁할 수 있도록 하는 일이었다.『日省錄』1894년 10월 13일.

14)『오하기문』3필, 1894년 12월, 67쪽.

15) 김용섭,「광무개혁기의 양무감리 김성규의 사회경제론」,『한국근대농업사연구』(증보판) 하, 일조각, 1984, 147~148쪽 참조.

16)『草亭集』권7, 1894년 12월, 五統章程. 김성규는 이전에 이미 五統說을 구상한 적이 있는데, 그것은 종래의 五家統法에 외국의 문패법을 결합한 것으로서 그 내용이 구체화되지 못하였고 오통장정과도 차이가 있지만, 그의 작통제에 대한 그러한 관심이 농민전쟁 수습대책으로서 구체화되었다고 할 수 있다.

17)『초정집』에 실려 있는 「오통장정」은 完山 招安局 즉 전주감영에서 『五家統節目』으로 1894년 12월에 간행되어 楮價 15文에 배포되었다. 신영우, 앞의 논문, 11쪽 참조.

18)『동학란기록』하,「先鋒陣各邑了發關及甘結」, 을미 정월 10일 甘結靈巖郡(337쪽), 을미 정월 7일 傳令海南軍官廳及守成所(369쪽).

「오통장정」에서의 작통조직은 5가를 통으로 묶어 통수(統首)를 두고 5통인 25가를 묶어 연장(連長)을 두되 연장은 이정(里正)이나 이장(里掌)이 겸할 수 있게 하였다. 연장은 각동에서 관에 보고하여 임명하고, 통수는 연장이 정하도록 하였다. 오통장정을 통하여 '5가-통수-연장(이정·이장)-동장-군수'로 이어지는 작통조직의 체계화가 이루어지고 있음을 알 수 있다.

이러한 조직의 기본 목표는 「오통장정」의 서문에서 보듯이 '비류(匪類)'를 제거하고 비류와의 교류를 차단하려는 것이었다. 이를 위해 작통조직에 포함되지 않은 자는 비류로 간주한다는 규정을 두어 비류의 체포와 침투에 효과적으로 대응하고자 하였다. 또한 비류가 은둔하고 있을 가능성이 높고 작통조직에서 통제하기 어려운 산막이나 토굴, 승려의 숙소 등도 작통되도록 하였다. 이와 같이 모든 가호를 작통한 후 이러한 조직으로 통내 각호의 출타·이사와 객인(客人)의 기숙을 통제 감시하고, 특히 1894년 봄 이후 다른 지방에서 이래(移來)하였거나 다른 지방으로 이거(移去)한 경우 엄밀하게 조사하도록 하였다. 그리고 통내에서도 비도(匪徒)의 부주(符呪)를 가지고 암송하는 자, 군물(軍物)이나 적물(賊物)을 가진 자, 수상한 자, 관령이 없는 데도 사적으로 취회(聚會)하는 자, 사사로이 통문을 발하는 자 등을 적발하도록 하여 농민봉기의 움직임을 사전에 차단하고자 하였다. 이와 같은 작통조직이 숨어 있는 농민군을 적발하고 농민봉기의 움직임을 사전에 차단하는 역할을 수행하기 위해서는 작통조직의 내부 결속력과 보고체계의 확립이 필요한데 이를 위해 상호 연대책임을 지도록 하는 방안을 두었고 이를 어겼을 경우 불고지죄를 적용하였다.

전라감영에서 마련한 작통제는 그 초점이 농민군 잔당의 색출과 농민봉기의 재발 방지에 모아졌다. 즉 그것이 제대로 시행되었을 것인가에 대해서는 의심의 여지가 없지 않지만,[19] 전라감영에서 마련한 오가

---

19) 황현은 오가작통제가 실효성이 없었음을 지적하고 있다(『오하기문』 3필, 67

작통제는 농민들을 안집케 하고 위무하기 위한 것이라기보다는 농민 군을 색출하고 재봉기를 막기 위한 조치로서 농민들을 위로부터 물리 적으로 통제하려는 것이었다.

오가작통제는 정부나 지방관에서 조직할 수는 있는 것이지만 이를 실천하기 위해서는 지방사회의 지도층의 협력 없이는 불가능한 것이 었는데, 지방사회의 보수유생층이 오가작통제 시행의 필요성을 동시에 느끼고 있었다.20) 오가작통제는 정부의 입장과 보수유생층의 입장이 맞아 떨어져 시행될 수 있었다. 근대화정책을 둘러싸고 개화파 정부와 보수유생층의 입장은 상호 대립되고 있었지만, 지방사회의 안정을 위 하여 동학, 화적, 서학 등을 배척하고자 하는 작통제의 시행에 대하여 는 상호 동일한 입장을 보이고 있었다.

전라도의 군읍간 4읍작통제 : 전라도 지방에서는 농민전쟁을 수습하 여 지방사회의 질서를 재확립하기 위한 작통제가 이제까지 논의해 온 지방사회 내부의 전통적인 작통제 외에 다른 차원에서의 작통제도 추 진되었다. 그것은 '군읍간(郡邑間) 작통제'라고 부를 수 있는 성질의 것이었다.21)

전라도 지방에서 추진된 군읍간 작통제는 농민군을 토벌하던 초토 사 민종렬(閔鍾烈)에22) 의하여 1895년 1월에 마련되었다. 그는 4읍을

쪽). 그러나 이 오가통절목이 각군에 배포되었고, 또한 이후의 기록에 連長이 등장하고 있어서 이 절목이 지방의 사정에 따라 보완되어 실시되었을 가능성 이 높다. 즉 부안의 『민장치부책』에 의하면 1895년 3월 이후에는 각 동리에 연장이 등장하고 있고, 임실군의 경우에도 1895년 8월의 기사에 "각면에 훈 장향원과 연장통수를 두는 일은 관칙을 봉행하란 본의어늘"(『郡甘』(임실군) 1895년 8월 25일 告示各面訓長郷員/『韓末官人朴始淳日記』, 한국정신문화연 구원에 수록)이라 하여 연장의 존재가 드러난다.

20) 신영우는 앞의 논문에서 작통제의 시행 주체로서 지방사회의 양반지배층을 들고 있다.

21) 이상찬, 앞의 논문, 147~148쪽 참조.

묶어 지역방위를 꾀하고자 하였다. 그 기본취지는 다음과 같다.[23)]

匪類가 창궐하는 것은 읍에 수비군이 부족하고 定制가 없기 때문
이다. 아직 餘黨이 남아 있어서 뿌리를 뽑지 않을 수 없다. 그런데 방
위와 토벌의 핵심은 城堞과 무기의 문제가 아니라 민심이 안정되지
못하고 軍紀가 분명치 못하기 때문이다. 이에 列邑에 약속하여 作統
을 정하고 방략을 마련하여 비류를 제거하고자 한다.

농민군의 봉기를 막기 위하여 각 읍의 수비군을 정비하고 각 읍 사
이에 작통한다는 것이었다. 그 구체적 조항을 살펴보면 다음과 같다.[24)]

1. 4邑을 1統으로 만들어 賊警이 있을 때 상호 정보를 교환하고, 적
은 문제는 각 읍에서 힘써 통제하고, 큰 문제는 통내의 4읍이 상호 협
력하여 토벌하되, 그러고도 물리칠 수 없는 것은 巡營 및 招討營에
보고하고 부근 統邑에 알려 합력하여 토벌할 것.
2. 각 읍에서 수성군을 精鍊하고 수비를 講定하여 서로 應變할 것.
3. 수성군을 단속하여 임의 越界, 임의 포살, 民兵 발의, 임의 侵掠,
私嫌을 파는 행위, 義擧를 빙자하는 행위 등을 금단하여 安民토록 할
것.
4. 討賊方略을 미리 마련하여 서로 상통하여 실효를 거둘 것.

---

22) 민종렬은 나주목사로서 농민군의 공격을 막고 나주성을 수성한 공로로 1894
년 9월 29일 여산부사 유제관과 함께 湖南召募使로 임명되었고(『오하기문』
3필, 1894년 9월, 8쪽), 10월 28일에는 湖南招討使에 임명되어 전라도 연해
각읍의 民堡軍, 守城軍을 통괄하다가(『啓草存案』 10월 28일 ;『오하기문』3
필, 1894년 12월, 60쪽) 1895년 3월 호남초토사직을 면하였다(『오하기문』3필,
97쪽).
23) 『全羅道各邑每四邑作統規模關辭條約別錄成冊』(1895년 1월), '招討使의 關
辭'.
24) 위의 책, '條約'.

군읍간 작통제는 민호의 작통과는 달리 기본적으로 수성군을 중심으로 한 것이었다. 수성군 중심의 군읍작통의 기본목표는 토벌과 방위였다.

먼저 토벌의 경우, 당시 각 군의 수성군이 군의 경계를 넘어 농민군을 공격하면서 많은 폐단을 낳고 있었다. 수성군을 관장한 초토사 민종렬은 이 폐단을 불식하기 위하여 1895년 1월 타읍의 농민군은 그 읍에 통보하여 체포하도록 하고 비록 접주가 분명한 자라도 수성군이 다른 읍에 들어가 자의로 체포하여 폐단을 낳지 않도록 조치하는 한편,25) 이 경우 발생할 문제를 보완하기 위해 각 읍의 수성군 사이에 협력체제를 구축할 필요가 있었고 이에 군읍간 작통제를 구상하였다. 따라서 군읍간 작통제의 내용에 수성군의 월경 등의 폐단을 경계하고 있는 것이다.

다음으로 방위의 경우, 각 읍마다 수성군을 훈련하여 농민군을 방어하도록 하고, 읍의 무력으로 감당할 수 없을 경우에는 작통된 타읍에 연락하여 함께 토벌토록 하고, 작통한 4읍의 힘으로도 물리칠 수 없을 경우에는 순영 및 초토영 또는 부근 다른 작통지역에 연락하여 토벌토록 한다는 전략이었다. 작통의 규모는 4개 읍을 하나의 통으로 묶는 방식이었다. 지역별 작통의 내용을 살펴보면 다음과 같다.

<표 1> 전라도 지방의 군읍작통

여산 익산 고산 진산	남원 운봉 구례 장수	무주 금산 진안 용담
장성 무장 고창 영광	금구 태인 흥덕 정읍	순창 임실 곡성 옥과
광주 담양 동복 창평	나주 남평 무안 함평	순천 낙안 흥양 광양
능주 보성 장흥 화순	고부 부안 김제 만경	임피 옥구 함열 용안
영암 강진 해남 진도		

*출전 :『全羅道各邑每四邑作統規模關辭條約別錄成冊』, '作統秩'.
*비고 : 전주는 營下邑이므로 작통에 들어가지 않음.

---

25)『동학란기록』하,「日本士官函謄」1895년 1월 4일 전라도병마절도사 호남초토사의 전라도관찰사에 대한 移文, 440쪽.

인접한 4개 읍을 하나의 작통지역으로 묶었다. 이러한 작통은 하나
의 지역방위의 개념을 지니는 것이었다. 농민전쟁은 군단위를 벗어나
도단위의 지역적, 혹은 전국적인 범위에 걸쳐 확대된 것이고 동학조직
이나 민회 등도 군단위를 넘어서 있어 이를 진압하기 위하여 전 군사
력이 동원될 뿐 아니라 청·일 군대까지 개입되었기 때문에, 농민군의
재봉기에 대처하기 위해서는 군단위를 벗어난 지역단위의 작통조직이
필요하였다. 호남초토사 민종렬은 나주목사로서 수성군을 모아 농민군
의 공격을 막아낸 공로로 수성군이나 민보군을 통괄하는 초토사가 된
것이기 때문에, 이들 수성군이나 민보군 조직을 유지하면서 4읍 작통
을 통해 농민군의 공격에 대처하는 한편 농민군을 공격 진압하고 나아
가 잔당을 색출하고자 하였다. 따라서 이 작통성책이 정부에까지 보고
되고 있지만26) 그것이 전국적인 규모에서 군읍간 작통제의 제도화에
이른 것은 아니고, 전라도에서도 민보군과 수성군 체제가 해체되고
1895년 3월 민종렬이 초토사직에서 해임됨으로써 시행되지 못하였던
것으로 생각된다.

3. 사상통제와 전라도의 향약

농민전쟁 직전 전라도지방의 향약 : 농민전쟁 수습대책으로서 개화
파 정부와 보수유생층이 유사한 입장을 보이고 있는 것은 작통제의 실
시뿐만 아니라 향약의 실시와 강화에서도 나타난다. 정부에서는 사상
통제를 통하여 동학 등의 활동을 통제하려 한 것이고, 보수유생층은
지방사회의 구질서를 회복하려는 것이어서 상호 기대하는 바는 달랐
다. 작통제가 물리적인 것이라면 향약은 교화적인 것이기 때문에 대체
로 양자를 동시적으로 시행하는 것이 이상적이라고 생각하는 사람들

---

26) 『牒報存案』 1895년 2월 11일.

이 많았다.

향약조직은 성리학적 지방질서의 유지를 위하여 교화와 통제를 목적으로 한 것이었다. 조선시대의 향약은 중종대에 이르러 성리학적 지방사회의 질서를 수립하기 위하여 사림파에 의하여 전국적인 차원에서 그 시행이 논의되었다. 그리하여 중앙에 경재소가 설치되고, 지방에서는 관찰사가 주도적으로 향약의 시행을 강력히 지원하였다. 즉 위로부터 향약의 시행이 추진되었던 것이다. 그러나 16세기 후반 이후에는 전국적인 향약의 시행이 지역적 특수성을 반영한 지방 자체의 개별적인 향약의 시행으로 변모되기 시작하였고, 17세기 이후에는 수령권이 강화되면서 향약이 수령의 하부기구로 편입되어 갔다. 따라서 조선후기에는 향약이 수령에 의하여 주도되었다.27) 이러한 경향은 한말에까지 이어져 농민전쟁 수습대책으로서 향약의 시행과 강화가 거론되는 데 이르렀다.

1893년 3월 호남에서 금구집회가 열리는 등 동학이 치성하자 고종은 전라감사 김문현(金文鉉)을 임명하는 자리에서 안민책과 토벌책을 강구하도록 지시하였는데,28) 호남에 내려온 전라감사는 안민책으로서 감세 및 진휼정책과 함께 향약을 시행하고자 하였다. 마침 당시 정권을 주도하던 민영준(閔泳駿)이 동학이 치성한 원인을 풍속의 붕괴라고 진단하고, 호남에는 향약법(鄕約法)을 시행하고 영남에는 향음주례(鄕飮酒禮)를 행하도록 지시하기도 하였다.29) 또한 보은·금구집회를 해산시키기 위해 파견된 양호선무사 어윤중(魚允中)도 향약의 시행을 적

----

27) 이태진, 「사림파의 향약보급운동 - 16세기의 경제변동과 관련하여」『한국문화』4, 서울대, 1984 ; 한상권, 「16·17세기 향약의 기구와 성격」『진단학보』58, 1984 ; 향촌사회사연구회, 『조선후기 향약 연구』, 민음사, 1990 참조.

28) 『일성록』1893년 3월 21일.

29) 『오하기문』1필, 44쪽. 향약법의 시행이 동학을 방지하기보다는 황현이 지적한 것처럼 여름에 이를 시행하느라 오히려 농사에 방해가 되어 농민의 불평을 초래하고 있었지만, 정부에서는 향약을 시행함으로써 동학의 확산을 막고 농민들을 교화시킬 수 있을 것으로 생각하였다.

극 장려하였다.[30)]

전라감사 김문현은 각 군의 유림들을 권유하여 덕업상권(德業相勸), 과실상규(過失相規), 환란상구(患難相救), 수방상조(守防相助)의 조항을 내용으로 하는 향약조규를 세우도록 조치하였다. 과거의 향약에 비하여 예속상교(禮俗相交)가 빠진 대신 방비를 든든히 하고 상호 돕도록 조치한 수방상조의 조항이 들어 있는 것이 특징적이다. 전라감사의 지시에 따라 각 군에서는 향약을 수정·보완하여 실시한 것으로 보이는데, 특히 익산의 김태현, 김제의 이경재, 장성의 김재명은 모두 각 지방의 주도적인 유림으로서 그 지방의 향약을 주도한 것으로 파악되고 있다.[31)] 이때의 향약은 동학을 사교로 지목, 배척하는 것을 큰 임무로 삼았다.

1893년 5월 전라감사의 지시에 따라 남원에서 시행된 향약의 구체적인 내용이 확인되고 있는데,[32)] 이것이 바로 민영준으로부터 선무사 어윤중, 전라감사 김문현을 거쳐 각 군의 실정에 맞게 시행된 향약의 한 사례이다. 향약의 목적은 전라감사가 지적하고 있듯이 지방사회의 '척사위정(斥邪衛正)의 방책'을 강구하는 데 있었고, 그것은 곧 선무사가 지적하듯이 '이단(異端)을 양민(良民)으로 교화'하기 위한 것이었다. 이러한 향약 시행의 목적은 남원부사에 의하여는 "향약을 의논하여 시행함으로써 기강을 바로 세우는 것은 곧 위정척사(衛正斥邪) 화민성속(化民成俗)의 일대성거(一大盛擧)"라고 종합되었다. 약법(約法)에도 "이교(異敎)에 물든 자는 별검(別檢)이 유도하여 학대하지 말고 자신(自新)하라"고 하는 조항을 두고 있고, 악적질(惡籍秩)에 보면 "숭신이단(崇信異端)하여 호행부주자(好行符呪者)"를 경계하고 있다. 이것은 결국 당시 호서·호남에서 급속히 확산되어 보은집회와 금구집

---

30) 『南原府鄕約節次成冊』(1893년 5월)/『朝鮮時代社會史硏究史料叢書』1, 보경문화사 재수록, 653쪽 참조.

31) 『동학란기록』상, 「東徒問辨」, 155~156쪽.

32) 『남원부향약절차성책』(1893년 5월).

회를 개최한 동학농민의 사상과 그 활동을 배척하기 위한 것이었다. 남원에서 별도로 마련한 읍행소례(邑行小例)에도 "오염이학미매방향자(汚染異學迷昧方嚮者)는 잘 타일러 설득하여 귀화시킴으로써 자신하게 할 것"을 강조하면서 그들이 돌아오지 않으면 그 책임이 양반문수(兩班門首 즉 門長), 동수(洞首 즉 別檢), 향수(鄕首 즉 約長), 수령(守令)에게 있는 것이라고 하고 있는데, 주목되는 것은 선도와 교화를 강조하고 있는 점이다. 이미 동학 등의 이단적 사상에 대한 성리학적 위정척사적 대응이 1860년대 이래 지속되어 왔지만, 아직 농민전쟁을 치르지 않은 상황이었던 점 때문인지 이단에 대한 강력한 통제와 처벌보다는 이를 양민(良民)으로 교화시키려는 데 초점이 맞추어져 있었다.

구례의 경우에도 감사의 지시에 따라 1893년 5월 향약을 실시하고 이어서 6월에는 향약 하부 조직으로 면약의 체계를 갖추고 있었다.[33] 나주목사 민종렬은 1893년 12월 나주에 부임하자 바로 향약의 규칙을 제정하고 새로운 임원을 선정하였는데,[34] 이것도 향약시행의 정부방침에 호응한 것이라고 생각된다.

농민전쟁 직후 전라도지방의 향약 : 전라감영에서 주도한 향약조직은 1894년 농민전쟁이 일어나면서 무너지고 말았을 것이다. 농민군이 점령하여 집강소를 설치한 전라도 지방에서는 보수유생층을 비롯한 향임층 등 지방지배세력은 농민군의 위세에 눌려 크게 위축되어 있었다. 따라서 향약의 규약과 조직은 있지만 이를 수행할 주체가 없었고 농민들이 이에 순응하지도 않았던 것이다. 제1차 농민전쟁으로 지방사회의 신분적 구질서는 완전히 붕괴하였기 때문에 구질서의 유지를 목

---

33) 『구례군 사회조직문서(1871~1935)』(한국지방경제연구원, 1991)에 수록된 『鳳城鄕約籍』(1893년 5월), 『吐旨面鄕約籍』(1893년 6월), 『私通面中』(1893년) 참조.
34) 이상찬, 앞의 논문, 146~147쪽.

표로 한 향약은 발붙일 곳이 없었다.

그러나 농민군이 정부군과 일본군에게 패배하여 수세로 몰리면서 사태는 일변하였다. 동학농민군에 반대하는 세력으로서는 정부군 및 일본군을 비롯하여 관리, 양반, 부자, 유림, 소리(小吏), 사졸(使卒), 서학군(西學軍) 등이 있었다. 농민군측에 가담하였던 관리, 양반, 소리, 사졸배들도 일거에 표변하여 동학군을 격렬히 토벌하였다.35) 흥덕과 고창의 지주층, 사족층들은 농민군이 패퇴하자 즉시 창의군(倡義軍)을 결성하여 농민군을 공격하였다.36) 일본군과 정부군이 전라도 남부로 밀고 내려가자 보수유생층은 일시에 호응하여 민포(民砲)를 조직하였다.37)

이렇게 지방사회가 다시 수령과 보수유생층의 수중에 들어가면서 향약을 수정하여 실시하려는 경향도 생겨났다. 나주목사 민종렬은 1894년 10월 26일 향교유림들에게 다시 향약을 수정하고 책을 만들고 각 군의 민호를 모두 수록하도록 하였다.38) 그것은 향약을 통하여 동요하는 민심을 안정시키려는 의도와 동시에 동학농민군과 일반 평민을 구별하기 위한 조치였다.

농민군이 패퇴하자 전라감영에서는 질서를 회복하고 농민을 교화하기 위한 조치를 강구하고 있었고, 종래의 향약을 우선 실시하고자 하였다. 김성규는 앞서 논의한 작통과 병행하여 향약의 시행을 구상하고 전라도 지방에 이를 실시토록 하는 데 실무를 담당하였다. 작통법이 비류를 체포, 제거, 추방하는 데에는 효과가 있을지 모르지만, 지방사회에서 끊임없이 비류들이 배출되어 나올 수밖에 없는 그 배경으로서의 사회적 모순을 제거하는 데에는 효과가 없었다. 이를 위하여 백성을 교화시켜야 한다고 보았고, 그 수단으로서 향약의 실시가 구상되었

---

35) 吳知泳, 『東學史』/『동학사상자료집』 2, 아세아문화사 영인본, 510쪽.
36) 『興德高敞倡義』 참조.
37) 『오하기문』 3필, 1894년 12월, 47쪽.
38) 『錦城正義錄』/李炳壽, 『謙山遺稿』, 나주목향토문화연구회 번역본, 64쪽.

던 것이다. 향약은 작통법과 동시에 시행될 것으로 구상되었다. 이미
「오통장정」의 취지에 "악(惡)이 있으면 서로 징계하고 선(善)을 보면
서로 권면하여 예양(禮讓)의 풍속을 일으키는 데 힘씀으로써 안락한
향촌을 이룰 것"을 지향하고 있는 부분이 있는데, 이것은 작통법을 통
하여 획득될 내용이 아니라 향약을 시행함으로써 획득될 수 있는 것으
로서, 작통법이 내용상 향약과 연결되고 있음을 보여주고 있다.[39]

김성규가 작성한 「향약사목(鄕約事目)」의 취지는 "습속이 날로 침
체하고 교화가 명확하지 않아 사설(邪說)이 횡행하고 변괴가 사방에서
일어나는 상황"을 극복하기 위하여, "고금(古今)을 참작하여 번거로운
조항을 배제하고 간편한 것을 취하여 사목을 작성하고 이를 각관(各
官)에 반포하여 오련지제(伍連之制)와 겸행(兼行)함으로써 간세(奸細)
를 규찰하고 교화(敎化)와 정령(政令)이 합일되도록 하는 데" 있다고
하였다. 이러한 향약의 취지는 과실상규의 항목에서 "이단 사설을 좋
아하는 자는 그 몸이 반드시 망한다. 최근 동학불학지류(東學佛學之
類)와 같이 귀신에게 기도하기를 기뻐하는 자는 그 집이 반드시 망한
다"라거나, "망교비인 망전소와(妄交匪人 妄傳騷訛)"를 금지하는 것에
서 분명히 드러난다.[40] 즉 김성규의 향약사목은 앞서 논의한 오통장정
과 함께 한편으로는 비류를 제거하고, 다른 한편으로는 백성의 교화를
꾀함으로써 농민전쟁으로 붕괴된 지방사회의 질서를 재건하려는 것이
었다.

향약의 주체는 양반층, 즉 보수유생층으로 규정되어 있다. 읍면의 향
약시행을 책임질 임원은 모두 양반 중에서 뽑도록 규정되어 있다. 이
것은 농민전쟁으로 무너진 지방사회의 질서를 보수유생층 중심으로
재건하려는 것을 의미한다. 농민전쟁 중에는 전라도 각 군에 농민집강

---

39) 「오통장정」에 의하면 25가의 連長을 里正이나 里掌이 겸할 수도 있게 되어
있는데, 「향약사목」에 의하면 이 이정이나 이장은 里마다 1인씩 뽑도록 되어
있어, 조직체계상에서 작통제와 향약의 연관성을 발견할 수 있다.
40) 『초정집』 권7, 1894년 12월, 鄕約事目.

소가 설치되어 이들 중심으로 지방행정과 지방질서가 구축되었는데, 농민군이 패퇴한 이후 지방행정의 질서를 재확립함과 동시에 지방사회 민간의 질서를 양반 보수유생층을 중심으로 종래의 향약을 토대로 재구축하고자 하였던 것이다.

향약사목은 전라감사 이도재의 지시에 따라 김성규가 작성한 것으로서, 전라감영에서는 이를 『향약장정(鄕約章程)』으로 출판하였다.41) 『향약장정』의 끝에는 '관찰사겸위무사'라고 쓰여 있어서 전라도위무사와 전라감사를 겸한 이도재에 의하여 출판되고 그 시행이 촉구된 것으로 볼 수 있다.42) 따라서 전라감영에서는 이러한 향약장정이 군단위로 시행되도록 조치를 취하였을 것이고,43) 그러한 향약장정의 작성에 김성규의 구상이 반영되었던 것이다. 『향약장정』은 1893년의 전라감영에서 시행한 향약과 그 내용이 같지는 않지만 도단위에서 주도하여 지방사회 질서를 회복하려 한 점에서는 동일한 목적을 지닌 것으로서 그 경험을 이어가고 있는 것이라 하겠다. 향약이 본래 지방사회에서 자치적으로 마련되는 규약임에도 불구하고 그것이 도의 감사에 의하여 마련되고 시행이 촉구되고 있는 것은 농민전쟁이 군단위를 벗어나 지역적으로 확대된 때문이기도 하다.

---

41) 『鄕約章程』, 開國503년 12월, 完山招安局活印/『朝鮮時代社會史硏究史料叢書』1 수록 참조. 이 자료는 김성규의 「鄕約事目」과 동일한 내용으로서 활자본이 아니고 필사된 것인데 출판을 위한 저본이 아니었을까 추정된다. 그리고 『향약장정』은 출판되어 楮價 30文에 보급되었다(신영우, 앞의 논문, 11, 33쪽 참조). 『향약장정』은 구례군에서도 발견된다(『구례군 사회조직문서(1871~1935)』에 수록된 『鄕約章程』, 1894년 12월).
42) 전라감사 이도재가 1895년 1월 향약을 頒行하였다고 한 기록(『오하기문』3필, 1895년 1월, 78쪽)은 바로 이것을 의미하는 것으로 보인다.
43) 전라도 남원에서는 1895년 2월 향약법을 시행하였다고 하는데(金在洪, 『嶺上日記』, 1895년 2월 27일), 1893년의 향약을 토대로 농민전쟁 이후 감영에서 마련한 향약장정을 준용하였을 것으로 생각된다.

　　개화파 정부의 지방사회 개편정책 : 지방수령이나 보수유생층을 중
심으로 향약의 강화를 통하여 지방사회 질서를 회복하려 한 대책을 개
화파 정부가 반드시 동의하는 것은 아니었다. 개화파 정부에 의하여
지방수령이 임명되었지만 그들의 입장이 개화파 정부와 반드시 일치
하는 것은 아니었다. 이미 많은 수령들이 농민전쟁에 협조하였고,[44]
따라서 특히 호남지방은 수령에 대한 포폄을 통하여 개화파 정부에 합
당한 인물로 교체되지 않을 수 없는 형편이었다.[45] 따라서 지방수령에
의하여 향약의 시행이 촉구되고 그것이 보수유생층 중심으로 짜여진
것은 개화파 정부의 방향과는 상충되는 것으로서 농민전쟁을 수습하
는 차원에서 일시적으로 합의 추진되는 데 불과하였다.

　　개화파 정부에서는 향약 실시를 통한 지방사회 질서의 회복에 피동
적으로 동의하는 것이지만 그 방향에 있어서는 특히 보수유생층과는
거리가 멀었다. 이미 1894년 7월부터 진행된 갑오개혁에 의하여 신분
제가 붕괴되었다. 문벌 반상등급의 타파, 공사노비 및 천인의 혁파, 문
벌 귀천에 관계없는 인재의 등용이 선언되었다. 따라서 향약을 통한
구질서의 회복은 이러한 갑오개혁의 방향과는 상충되는 것이었다.

　　개화파 정부의 핵심인 내무대신 박영효가 농민전쟁을 수습하기 위
하여 1895년 2월 각 도에 파견한 시찰위원의 조사사항에 보면,[46] "간
향활리토호(奸鄕猾吏土豪)"의 조사, "유향이교방임매매환롱사(儒鄕吏
校房任賣買幻弄事)", "사서이교중덕행재학급공정해사지인채방사(士庶
吏校中德行才學及公正解事之人採訪事)"라는 조항이 있는데 이것은
보수유생층에게는 불리한 조항이다. 또한 박영효가 1895년 3월 10일

---

44) 여산부사 柳濟寬, 보성군수 柳遠奎, 무장현감 趙命鎬, 임실현감 閔忠植은 농
　　민전쟁에 적극 협조한 인물이었다. 『오하기문』 3필, 20~21・73쪽.
45) 호남수령의 농민전쟁시 행동에 대한 포폄은 1895년 1월에 있었는데 당시 수
　　령에 대한 인사권은 내무대신 박영효가 장악하고 있었다. 『오하기문』 3필,
　　71, 78쪽.
46) 『오하기문』 3필, 1895년 2월, 80~84쪽.

각 지방에 지시한 88개의 개혁조항 가운데에도 이와 관련된 조항을 살펴보면 다음과 같다.[47]

제2조 儒任과 鄕任을 차별이 업게 홀 事
제4조 儒鄕任과 軍門職을 空帖과 借衘이 업게 홀 事
제5조 座首의 任을 偏僻히 邑中大姓에게 歸케 勿홀 事
제6조 大小民이 官庭에 跪ㅎ고 立하는 節과 民이라 稱ㅎ고 小人이
    라 稱ㅎᄂ 例를 一切 自便케 ㅎ고 勒行치 말을 事
제8조 都有司 掌議와 모든 幼學生 등으로 專히 科文六禮롤 習ㅎ게
    勿홀 事
제23조 土豪의 武斷을 一切 嚴禁홀 事
제24조 班家奴隷의 行悖ㅎ를 一切 嚴禁홀 事
제25조 官衙의 令이 아니어든 吏民을 呼來 捉去치 못ㅎ게 홀 事

이들 지방사회의 자치활동과 관련된 개혁방향을 살펴볼 때 보수유생층의 입지는 이전에 비하여 크게 줄어들 수밖에 없는 것을 알 수 있다. 보수유생층을 중심으로 향약을 시행함으로써 구질서를 회복하려는 것은 농민전쟁의 수습을 위한 일시적인 대책으로서 의미를 지닐 뿐 개화파 정부의 지방사회 개편방향과는 전혀 다른 것이었다.

갑오개혁의 막바지인 1895년 10월에 선포한 향회조규(鄕會條規) 및 향약판무규정(鄕約辦務規程)에서 개화파 정부의 지방사회 개편방향이 보수유생층이 지향하는 구질서 회복의 방향과 다른 점이 선명하게 드러난다.[48] 향회조규 및 향약판무규정은 개화파 정부가 지방사회의 조직을 개편하여 자치성을 인정하면서도 전국적으로 통제하고 동시에 동일한 제도적 규범 속에 묶어두기 위한 것이었다. 그 규정에 의하면

---

47) 『한말근대법령자료집』 1, 1895년 3월 10일 내무아문훈시, 我國의 고유한 독
    립기초를 세우고 百度 혁신을 위하여 百弊를 芟除하는 건, 183~188쪽.
48) 『한말근대법령자료집』 1, 1895년 10월 26일 향회조규, 향약판무규정, 600~
    605쪽.

풍헌·약정·동장·이정 등을 폐지하고 이전의 자치조직과 행정조직을 결합하여 군수-집강-존위로 이어지는 행정 및 자치조직의 재편성을 추구한 것으로 볼 수 있다. 반상을 불문하고 하부에서 선거를 통하여 임원을 선출한다는 점, 그리고 임무에 위배될 때 교체한다는 점 등은 민권의 성장을 반영하는 것이며, 보수유생층이 구래의 향약조직을 유지함으로써 지방사회의 주도권을 유지하려는 발상과는 다른 것이었다. 그러나 향회조규 및 향약판무규정은 개화파 정부가 무너지면서 시행되지 못하고 말았다.

4. 정부의 지방사회 재건책

농촌사회 재생산 대책 : 농민전쟁을 진압한 정부는 그 사후수습대책으로서 농민군을 색출 처단하고 작통제를 통하여 지방사회의 질서를 재확립하는 한편, 향약을 시행하여 사상을 통제하고 농민들을 교화하고자 하였다. 그러나 물리적이고 이념적인 방법으로 농민군들을 단속하고 교화한다고 하여 파괴된 농촌사회를 쉽게 복구할 수 있는 것은 아니었다.

지방사회 재건을 위해서는 두 가지 차원의 대책이 마련되지 않으면 안 되었다. 먼저 농민층이 농촌에 복귀하여 안정적으로 농업생산에 종사할 수 있는 조치가 필요하였다. 특히 농민전쟁의 격전지에서는 1894년 거의 농업생산을 할 수 없었기 때문에 생산기반을 마련하는 것이 급선무였다. 다음으로는 농민전쟁이 일어나게 된 원인을 제거하는 것이 필요하였다. 농민전쟁은 사회 내부의 폐단에서 시작하여 외세침략을 비판하는 것으로 발전하였다. 따라서 농민전쟁을 치유하기 위해서는 사회 내부의 모순과 외세 침략을 극복하기 위한 대책이 마련되지 않으면 안 되었다. 여기에서는 정부가 이 두 가지 문제를 어떻게 조치하고 있는지를 살펴보고자 한다.

농민전쟁을 진압한 정부에서는 그 주동자는 색출 처단하고자 하였지만, 피동적으로 참가한 자들은 귀화시켜 농업생산에 복귀하도록 하였다. 전자를 위해서 작통제를 시행하였고, 후자를 위해 향약을 시행하려 하였다. 그러나 농업생산에 복귀하고자 하여도 이미 가산을 잃은 농민은 돌아갈 곳이 없었고, 그동안 농사를 망친 농민들에게 기다리는 각종 조세 부담을 이겨낼 수 없었다. 따라서 정부로서는 피해복구 및 진휼, 그리고 조세의 감면 등의 조치를 취하지 않으면 안 되었다.

이미 집강소시기에 있어서도 "안업(安業)하고자 하지만 모두 실업(失業)하였기 때문에 귀화(歸化)한다고 하면서도 곧 다시 경화(梗化)"하였기 때문에 정부에서는 감사와 수령에게 "더욱 위로하고 은혜를 베풀어 안업진제지방(安業振濟之方)을 강구하도록" 조치하고 있었다.49) 그러나 곧이은 제2차 농민전쟁으로 인하여 농민의 안정을 회복할 수는 없었다.

지방사회의 안정을 위하여 정부에서는 농민전쟁으로 인한 피해복구를 꾀하였다. 농민전쟁으로 수백 호가 불에 탄 충청도 홍주의 경우 이를 복구하기 위해 충청도 공전(公錢) 중 1만 냥을 피해 가호에 분급하도록 하였고,50) 또한 갑오조 군전(軍錢)·군포(軍布)를 홍주에 획하하도록 하였다.51) 충청도 공주·청풍·서천 등의 민호도 농민전쟁으로 불탄 곳이 많아 감사가 공전 중에서 각 읍에 적당히 분급하도록 하였다.52) 금산과 용담의 경우에도 농민전쟁에 의한 피해를 보상하기 위하여 공납 가운데 1만 냥을 획하하였다.53) 피해를 복구하는 데 정부나 지방관청의 지원이 절대적으로 필요하였다.

---

49) 『오하기문』 2필, 1894년 7월, 56쪽.
50) 『일성록』 1894년 11월 11일.
51) 『일성록』 1895년 2월 5일.
52) 『일성록』 1894년 12월 4일.
53) 『일성록』 1895년 1월 8일.

무엇보다도 농민층으로서 부담이 되는 것은 각종 조세였다. 농민전쟁으로 인하여 농업생산을 할 수 없었고 생산된 것도 농민군이나 관군의 군량미로 충당되었기 때문에 조세를 납부하기가 매우 어려웠다. 농민군과 정부측이 합의하여 농민군이 전주성에서 물러난 뒤 전라감사 김학진이 보낸 효유문에 의하면,54) 1894년의 호역(戶役)과 각종 공납은 일일이 탕감한다고 약속하였지만, 즉각적인 조치가 잇따르지는 못하였다.

농민전쟁이 끝난 이후의 조세부과 문제는 1894년도분 연분장계(年分狀啓)를 통하여 살펴볼 수 있다. 1894년 말 각 도 감사의 연분장계는 경기도가 11월 7일, 강원도가 11월 12일, 평안도가 11월 13일에 의정부에서 논의되고 있어서,55) 농민전쟁이 심하지 않은 지역에서는 정상적인 조세부과를 위한 연분이 시행되고 있음을 알 수 있다. 농민전쟁이 일어난 지역에서는 정상적인 연분을 시행할 수 없었다. 연분을 시행하기 위하여 답험(踏驗) 간평(看坪)을 하지 못하였기 때문이다. 전라도의 경우 농민전쟁이 종결된 뒤인 1895년 2월 27일, 충청도의 경우 3월 12일에야 의정부에서 연분논의를 하고 있다.56)

전라도의 연분상황을 살펴보자. 전라감사 이도재는 각종 재결(災結) 60,008결 28부 1속의 감면을 요구하였고, 그동안 감면되어 온 나주 등의 구진결(舊陣結) 5,418결 86부도 기한을 연장하여 계속 감면해 줄 것을 요구하였다. 그리고 미납한 구세(舊稅) 및 1893년조 조세는 재해가 심한 지역은 매석(每石)에 3냥씩, 농민전쟁의 피해가 심했던 남원·금산·장흥과 수성에 성공한 나주·운봉 등지는 매석 6냥으로 대봉(代捧)할 것, 재해가 심한 지역은 1894년 결가를 15냥으로 줄여 줄 것,57)

---

54) 『오하기문』 2필, 41쪽 ; 『隨錄』, 갑오 5월 22일 甘結茂朱, 76쪽.
55) 『일성록』 1894년 11월 7, 12, 13일.
56) 『일성록』 1895년 2월 27일, 3월 12일.
57) 『오하기문』 3필, 86쪽에 결가의 15냥 감액 요구가 나와 있는데, 『일성록』의 해당 기록에는 없다.

그리고 농민전쟁으로 화재의 피해를 크게 입은 금산 502호, 용담 470호 및 파괴된 공해 44칸의 복구를 위해 민가는 가호마다 20냥, 공공건물은 칸마다 30냥씩 특별히 보조해 줄 것을 요청하였다.

이러한 요구에 대하여 정부에서는 농민전쟁의 피해를 고려하여 요청한 재결 중 57%에 달하는 34,301결 19부 6속을 감면하였고, 나주 등의 진결 5,418결 86부는 1894년에 한하여 감면하였다. 나주의 진결은 오래 전부터 내려온 재결로서 농민전쟁과 무관한 것이다. 그리고 구미납의 대전(代錢)문제는 이서층의 미납이 아니라 순수한 민간의 미납일 경우에만 인정하도록 하였다. 당시 탁지아문에서 마련한 대로 시행할 준비가 갖추어져 있던 결가의 경우는,58) 그것이 30냥으로 저렴하게 정액화된 것이고, 또 전라도의 경우 1894년 12월 23일 칙령 제26호로써 대동미(大同米)의 절반을 감면하도록 조치하였고, 연분과정에서도 넉넉하게 재결을 감면하였기 때문에, 그 결가를 다시 감액하는 것은 허용하지 않았다. 그리고 민가복구비 보조는 인정하였고, 공공건물의 복구는 정부의 별도 지휘를 받도록 하였다.

이러한 연분과 조세의 감면은 어느 정도의 수준이었는가. 전라도 지방에 대한 재결의 상황을 1894년 전후에서 살펴보면 <표 2>와 같다.

1894년 전라도 지방에 대한 재결 지급은 1876년의 흉년 이후 최대를 보인다. 우선 시기결총(時起結總)에 대비한 재결의 양이 1876년의 21.6% 이후 최고의 수준인 17.5%에 달하였다. 도에서 급재(給災)를 요청한 액수에 대하여 정부가 재결을 인정하여 지급한 액수의 비율이 60.7%로서 최고에 이르고, 1976년과 1978년을 제외하면 절반 이상 지급한 경우가 없었다. 이러한 통계에서 볼 때 전라도 지방에 대한 재결지급은 대단히 파격적인 것을 알 수 있다.

---

58) 『일성록』 1894년 11월 12일. 결가제는 1895년 1월 내무부에서 전국에 시행하기로 통보하였다(『오하기문』 3필, 1895년 1월, 77쪽).

<표 2> 전라도 지방 災結 지급의 상황

재결 연도	재결요청결수 (結-負-束)	재결지급결수 (結-負-束)	재결비율	
			요청결수대비(%)	결총대비(%)
1876	87212-26-9	49000-00-0	56.2	21.6
1877	41806-40-0	11919-07-3	28.5	5.3
1878	26058-95-1	13369-07-3	51.3	5.9
1879	25352-92-7	4850-00-0	19.1	2.1
1880	22131-65-4	1520-00-0	6.9	0.7
1881	38611-08-1	3920-19-0	10.2	1.7
1882	41111-81-9	6670-19-0	16.2	2.9
1883	80537-93-5	14330-10-0	17.8	6.3
1884	41683-30-2	6820-19-0	16.4	3.0
1885	51689-43-7	10000-00-0	19.3	4.4
1886	36547-79-3	4520-19-0	12.4	2.0
1887	54387-72-4	10408-11-0	19.1	5.0
1888	115988-68-2	6500-00-0	5.6	2.9
1889	43321-70-3	9200-00-0	21.2	4.1
1890	29749-00-2	6483-58-4	21.8	2.9
1891	42862-65-2	12262-18-0	28.6	5.4
1892	53149-61-4	18693-02-0	35.2	8.2
1894	65427-14-1	39720-05-6	60.7	17.5
1896	62956-87-6	11696-73-1	18.6	5.2
1897	70460-96-5	7046-09-5	10.0	3.1

*출전 : 『年分災實要覽』(2책, 1876~1892), 『災結請議書』(4책, 1896~1904).
*비고 : 전라도지방의 결총은 『結戶貨法稅則』八道五都田結總攷의 1893년 時起
結摠 226,748결을 이용하였다.

이와 같이 정부에서는 농민전쟁으로 피해를 당한 지역에 대하여는
평소보다 매우 관대하게 조세를 감면하는 조치를 취하였다. 물론 그것
이 농민들에게 얼마나 혜택이 되었을 것인가는 의문이 남지만,59) 정부

---

59) 『下帖 吐旨面鄉員及各洞里正統首』(1895년/『구례군 사회조직문서(1871~
1935)』, 한국지방경제연구원, 1991, 46쪽)에는, "재감하여 세를 덜어준 것 또
한 적지 아니하니 백징하는 원망은 반드시 없을 것이고 향원을 차정하여 公
貸를 조사하여 받아들임은 관리가 포흠을 범하는 것을 막으려는 것인데 전하
는 여러 소문에 따르건대 새로 받은 결호전도 많이 향리의 배 속에 녹아 없

로서는 농민전쟁의 피해가 심한 지역은 조세감면 정책을 통하여 농업
의 재생산 기반을 마련하고자 하였다고 할 수 있다.

　그러나 전라도 지방에서 연분을 받은 조세감면의 혜택이 농민전쟁
을 치유하고 농민들을 안주시켜 농업재생산을 보장할 수 있는 정도는
아니었던 것으로 보인다. 그러한 상황을 전라도관찰사 이도재는 다음
과 같이 지적하였다.[60]

　　慰撫의 명령을 받아 힘써 안집하기를 조금도 늦추지 않았다. 먼저
　山郡부터 시작하여 海邑에 이르기까지 宣綸布德하고 船粟으로 진휼
　하여 50주를 편력하여 완료하였다. 3, 4개월간 民隱을 살피고 邑瘼을
　상세히 문의하였는데 농민전쟁 이후 성읍의 파괴된 상황을 복구할 길
　이 없다. 공납으로 말하면 육운·해운이 수년간 愆滯하여 淸帳할 방
　법이 없고, 陳結을 말하면 川浦 荒廢하여 白地徵稅를 당하여 백성들
　이 오줌을 질질 싼다. 농민전쟁을 거친 후 舊納의 積逋는 징수하기가
　애매하여 일률적으로 탕감되어야 마땅하지만 지금 재정이 궁핍하여
　그럴 수도 없는 형편이니 국사를 생각하면 어찌 애통하지 않겠는가.
　군포를 말하면 호구가 불균하고 査括하기도 어려워 역의 輕重이 아
　직도 고르게 되지 못하고 있다.

　관찰사의 보고를 믿으면 연분을 통한 조세감면 정책이 전혀 실효를
거두지 못하였다고 할 수 있다. 보다 과감한 조세감면 정책과 농업재
생산 안정 정책을 추진하여야 하였지만, 개화파 정부는 농민군이 진압
된 상황에서 농민에게 더 이상 양보하려 하지는 않았다. 더구나 갑오
개혁에 많은 자금이 소요되었기 때문에 조세수납을 늦출 형편이 못되
었다. 개혁자금으로서 일본으로부터 차관을 도입하여도 그 담보로 조
세를 제공할 수밖에 없기 때문에[61] 조세감면 정책이 실효를 거둘 정도

　　어졌다"고 하여 향리들의 중간횡령을 지적하고 있다.
　60)『일성록』1895년 6월 18일.
　61) 김정기,「갑오경장기 일본의 對朝鮮經濟政策 - 일본의 차관정책을 중심으로」

로 추진되지는 못하였다. 정부에서는 농민전쟁이 일어난 지역에 대하여 조세를 감면함으로써 농업의 재생산을 꾀하고 있었지만 그것은 매우 소극적이고 일시적인 것에 불과하였다. 따라서 농업으로 다시 돌아가 농민들이 농촌사회에 뿌리를 내리기가 쉽지 않았다.

  내정개혁과 외세인식 : 농민전쟁을 치유하기 위해서는 장기적으로 볼 때 보다 근본적인 원인을 찾아내어 개혁하지 않으면 안 되는 것이었다. 즉 농민전쟁은 체제의 개혁과 외세의 축출을 목표로 하였기 때문에 이 문제의 해결이 요청되고 있었다고 하겠다. 이에 대한 개화파 정부의 입장은 이미 농민전쟁 과정에서 드러난 것이지만,[62] 여기에서는 농민전쟁 수습과 관련하여 농민전쟁 전후의 상황을 구체적으로 살펴보기로 한다. 특히 당시 정부정책의 수립을 주도하고 있었고, 농민전쟁 수습의 주무부서 장관이었던 내무대신 박영효의 대책을 검토하여 보기로 한다. 박영효는 일본의 지원을 받아 권력을 장악하고 있었기 때문에[63] 박영효가 내무대신으로서 지시한 내용을 검토하면 1894년 하반기부터 1895년 전반기의 정부대책의 기본적인 방향을 확인할 수 있을 것으로 생각된다.

  고종에 의하여 홍범(洪範) 14조가 발포된 직후인 1894년 음력 12월 16일, 이미 농민군 지도자들은 거의 체포되고 농민군이 일본군과 정부군에 의하여 잔혹하게 진압당하던 이때에 정부에서는 내무아문으로 하여금 지방 각 군의 폐단을 조사하도록 하였다.[64] 이러한 정부의 방

『한국사연구』 47, 1984.

62) 왕현종,「갑오정권의 개혁정책과 농민군대책」『1894년 농민전쟁연구 4』, 1995 참조.

63)『오하기문』 3필, 1894년 11월, 36쪽 ; 박종근(박영재역),『청일전쟁과 조선』, 일조각, 1989 참조.

64)『한말근대법령자료집』 1, 1894년 12월 16일 칙령 제21호, 내무아문으로 하여금 吏治 民隱을 採訪하여 矯抹 整理하는 건, 148쪽.

침에 따라 박영효는 1895년 2월 각 도에 시찰위원(視察委員)을 파송하
여 각 읍의 농민전쟁 이후 정형(情形)을 조사하고 민간의 폐단을 파악
하도록 하였다. 시찰위원이 각 도에서 파악해야 할 문제로 제시된 조
항은 모두 39개 조항으로 그 내용을 대략 분류하여 보면 다음과 같
다.[65]

① 조세 및 재정·경제 : 加斂, 換作, 移劃, 陳災結, 堤堰開墾地 汰稅,
   각 읍 세입세출, 곡가, 화폐 및 加計 등의 조사
② 잡세 : 각 읍 푸주간, 漁箭 염전, 금광, 수공업 店幕, 대소시장, 각
   포 선척, 南北江船都中 등의 수효와 세금 조사
③ 지방행정 : 명령이행, 지방수령 공백, 奸鄕猾吏土豪, 儒鄕 吏校 奴
   슈, 인민의 거주상황과 호구증감, 獄事, 군현폐합, 풍속과 물산 등
④ 소요작폐 : 東學 南學, 광군 작폐, 보부상 작폐 등

시찰위원으로 하여금 조사하도록 한 조항은 모두 농민전쟁의 사회
경제적 배경이 되었던 것들로서 이들 조항을 조사하여 지방통치의 개
혁을 위한 기초자료로 삼고자 한 것으로 보인다. 즉 시찰위원의 파견
은 농민전쟁의 후유증을 직접적으로 치유하려는 것은 아니고, 그 조사
보고를 제도개혁의 밑거름으로 삼으려 한 것으로 보인다. 시찰위원으
로 전라좌도는 권명훈, 우도는 조협승이 파견되었는데 이들이 어떠한
시찰활동을 전개하고 그 결과를 어떻게 보고하였으며 그것이 제도개
혁에 어떻게 반영되었는지는 확인할 수 없다. 만약 짧은 시간 안에 조
사가 완료되었다면 1895년 3월 10일 박영효가 개혁방안을 마련하여 각
지방에 훈시하였을 때 거기에 반영되었을 것이다.

박영효가 1895년 3월 10일 각 지방의 "적폐(積弊)를 타파하고 사민
(士民)의 안녕행복을 증진"하고자 밝힌 개혁조항은 88개 조항에 이른
다. 그 내용을 대략 분류하여 보면 다음과 같다.[66]

65) 『오하기문』 3필, 1895년 2월, 80~84쪽.

① 조세 및 재정 : 戶役의 공평, 환곡 폐단, 진상 폐단, 加卜 移卜 금지, 殖利錢 加利 금지, 황무지 개척, 특산물 헐가늑탈 금지, 장시토색 금지, 京邸吏 營主人의 役價 폐단, 여각주인 및 監考 혁파, 왕실과 관아의 사적 수세 금지 등
② 지방행정 : 공평한 행정, 儒鄕吏任, 구휼, 산송, 소송, 뇌물금지, 도로수축, 관리의 수탈 금지, 산업의 보호, 각리의 호구조사, 명령이행 등
③ 풍속 : 과부 개가 허용, 조혼금지, 잡기 금지, 아편금지, 기강확립 등
④ 소요작폐 : 東學과 南學黨의 금지, 訛言 선동 금지, 토호무단 금지, 보부상의 여러 폐단 금지, 窩主와 煙主의 처벌, 軍物과 총검 화약 수납, 사민의 도적체포 장려 등
⑤ 정치적인 문제 : 일청관계 등

　박영효의 내정개혁의 방향은 그동안 추진되어 왔던 갑오개혁의 연장선상에 있는 것이고 일부는 이미 제도화된 것이다. 그러한 내정개혁의 방침을 지방관들에게 통보하고 이에 근거하여 지방행정을 시행하도록 한 것이다. 특히 조세 및 재정문제와 관련하여서는 농민군이 제기한 개혁조항을 수렴하고 있는 점도 적지 않다.

　그러나 이러한 내정개혁의 방향은 외세에 대한 정치적 입장에 의하여 크게 그 의미가 규정된다. 외세에 대한 인식을 살펴보면, 제86조에 "명과 청국을 존숭ᄒ지 말고 아조(我朝)의 개국기원이 정ᄒ엿슨즉 제반 명문(明文)과 계서등항(契書等項)에 청국년호룰 기(記)치 물(勿)ᄒ ᄉ사(事)"라고 하고, 제87조에는 "인민에게 일본이 아(我)의 독립자주롤 조(助)ᄒᄂᆫ 형편을 효유홀 사(事)"라고 한다. 또한 일본과 개화파는 청국으로부터 자주독립함을 국시로 내걸고 이에 반대하거나 도전하는 자, 청국을 사모하는 자를 국적으로 몰아 처벌한다는 방침을 세우고

있었는데,67) 이것은 홍범 14조의 대외정책의 기조를 이어받아 박영효가 구체적으로 마련한 것이다. 이와 같은 외세인식은 명분상으로는 자주독립을 주장하지만 실질적으로는 반청(反淸)·친일(親日)의 입장을 보이고 있다. 일본의 속국이 되어 가는 것을 의미한다. 따라서 개화파 정부의 개혁의 방향이 설사 내적으로는 반봉건 근대화를 추진하여 농민군의 요구를 상당 부분 수렴한다 하더라도 민족문제의 해결이 전제되지 않는 것이기 때문에, 민족문제의 해결을 위하여 봉기한 제2차 농민전쟁의 지향과는 배치될 수밖에 없는 것이었다. 전봉준이 사형을 당하면서 당시 일본과 결탁하여 정국을 주도하던 박영효와 서광범을 크게 비난하였다고 하는데,68) 이것은 개화파 정권의 개혁방향과 농민군의 개혁지향 사이의 거리를 상징하는 것이라고 생각된다.

개화파의 개혁방향은 보수유생층의 사회질서 회복방안과도 거리가 멀었다. 경상도 예천의 박주대는 그의 일기 1895년 5월 6일자에서 "개화 81조목을 비로소 대할 수 있었는데 해괴한 것이 너무 많아서 차마 바라볼 수가 없었다"라고 지적하고 있다.69) 그 81조목은 앞에서 언급한 박영효의 88개 조목일 것으로 추정되고 이 지적은 그것에 대한 유생층의 입장을 단적으로 보여준다.

개화파 정부의 기본적인 방향은 위로부터 근대화정책을 추진하는 것에 있었고 이를 위해 일본의 지원을 받아들인다는 것이었다. 이러한 방향으로 개화파 정권은 갑오개혁을 실시하였고, 이를 통하여 사회문제는 상당 부분 개혁될 수 있었다. 그러나 갑오개혁은 전반적으로 지주층과 상인층, 관료층을 중심으로 한 것이어서 농민층, 보수유생층의 지지를 끌어낼 수는 없었다. 더구나 갑오개혁은 일본에 의지한 개화파

67) 『한말근대법령자료집』 1, 1895년 1월 5일 내무아문령 제1호, 자주독립을 방해하는 자를 不道國賊으로 처벌하는 건, 159~160쪽.
68) 『오하기문』 3필, 98쪽, 1895년 3월.
69) 朴周大, 『渚上日月』 1895년 5월 6일/박성수 주해, 『渚上日月』 상권, 서울신문사, 229쪽.

정권에 의하여 추진되었기 때문에 대체로 일본제도의 도입이나 일본의 침략에 유리한 제도의 수립, 일본에의 이권양여 등의 측면을 포함하고 있었다. 이러한 점은 농민전쟁에서 거론된 민족모순의 실체였다. 제2차 농민전쟁에서 반외세를 기치로 내걸고 정부군 및 일본군과 전투를 벌였던 농민층의 입장에서 볼 때 민족모순의 해결 없는 개혁은 받아들일 수 없는 것이었다. 따라서 개화파 정권의 근대화정책, 농민전쟁 수습대책으로서의 지방사회 재건책은 한계를 지닐 수밖에 없었다.

5. 맺음말

이제까지 1894년 농민전쟁에 대한 정부의 수습대책을 전라도 지방을 중심으로 살펴보았다. 정부의 농민전쟁 수습대책에 대하여는 농민전쟁이 일어난 전라도 현지의 도차원의 대책과 중앙정부 차원의 대책을 확인할 수 있었다. 농민전쟁이 군현을 뛰어넘어 지역적, 전국적으로 확산되었기 때문에 대책도 도차원과 중앙정부 차원에서 마련되었다.

전라도의 도차원에서의 대책은 농민군을 색출하기 위한 물리적 대책으로서 작통제의 시행과, 농민들을 교화하여 안정시키기 위한 향약의 시행이 추진된 것으로 확인되었다. 이것이 중앙정부 차원의 대책과 무관한 것은 아니지만 농민전쟁이 종결되면서 전라감사 이도재는 작통제와 향약의 시행을 도차원에서 마련하고 있었다. 작통제와 향약의 시행에 지방사회의 보수유생층도 자발적으로 협조하고 있었다.

작통제는 농민전쟁에 가담하였던 자들을 색출하고 지방사회를 단속하여 재봉기를 막기 위하여 제안된 수습방안이었다. 그것은 지방사회의 질서가 위협을 받을 때 전통적으로 시행하여 온 방안으로서 오가작통제로서 제안되었다. 전라감사가 마련한 이 작통제는 농민전쟁의 주무대였던 전라도 지방에 한해서 농민전쟁의 수습에 목적을 두고 지역

실정에 맞게 독자적으로 마련된 것이 특징이었다. 그런데 무엇보다도 농민전쟁은 군현의 범위를 벗어나 봉기한 것이기 때문에 지역적으로 대처하기 위한 군읍간 작통제가 마련된 것이 주목된다. 군읍간 작통제는 호남초토사에 의하여 마련된 것으로 농민군에 대한 방어 및 토벌에 있어서 4개 군읍 사이의 군사적 협력체계의 구축을 목적으로 수성군과 민보군을 중심으로 조직되어 군읍 사이를 넘나드는 농민군의 색출과 봉기에 대처하기 위한 것이었다.

작통제가 물리적인 것이라면 향약은 교화적인 것이어서 이 양자를 동시에 시행할 것을 추진하였다. 그런데 향약의 경우는 작통제와는 달리 정부측과 보수유생측 사이에 관점을 달리하고 있었다. 즉 정부로서는 단기적으로 보수유생층의 협력을 받아 향약을 시행함으로써 농민군을 안정시킬 수 있을 것으로 보았지만, 장기적으로는 신분제의 폐지 등을 통하여 보수유생층의 기득권을 무너뜨리고 새로운 평등한 인간관계를 기초로 한 사회구조를 조직하려고 하였기 때문에 보수유생층과 대립할 수밖에 없었다. 박영효를 주축으로 한 1895년 초의 개혁은 지방사회에서 보수유생층의 기득권을 제거하는 방향을 취하였다. 따라서 향약은 도차원에서 마련하여 군단위에서 시행하였지만 개화파 정부는 이를 적극 후원하지 않고 그 개조를 꾀하였다.

작통제와 향약의 실시라는 도차원의 농민전쟁 수습대책은 물리적, 이념적인 것으로서 농민의 경제생활과는 거리가 먼 것이었다. 농민층의 안정을 도모하기 위해서는 실질적인 지방사회 재건책을 수립하지 않으면 안 되었고, 그것은 정부차원에서 마련되어야 할 것이었다.

중앙정부 차원의 대책은 농민층의 재생산구조를 확보하는 것과, 장기적으로 농민전쟁의 원인을 치유하는 것으로 제시되지 않으면 안 되었다. 전자와 관련하여 정부에서는 조세감면 정책을 취하였다. 그러나 정부로서도 개혁자금이 부족하였기 때문에 농민층의 안정과 농민전쟁의 재발을 막기 위한 안정책을 효과적으로 추진할 수 없었다. 따라서 농민전쟁 이후 농업의 재생산구조를 재확립할 수 있을 정도의 대책은 수립되지 못하였다.

또한 반봉건 반외세를 목표로 한 농민전쟁의 근본원인을 치유하기 위한 대책도 미흡하였다. 개화파 정부의 갑오개혁에 의하여 농민군의 반봉건 근대화의 요구조건이 상당 부분 수용된 것으로 볼 수 있지만, 농민군의 지향과 개화파 정부의 반봉건 근대화의 방향은 일치할 수 없었다. 뿐만 아니라 농민전쟁의 지향은 반외세 자주화에도 그 목표가 있었고, 정부와 정면으로 충돌한 제2차 농민전쟁의 기본목표는 외세의 배척에 있었기 때문에, 일본의 비호하에 일본의 제도개혁 방향을 추종하면서 추진된 갑오개혁이 농민들에게 우호적인 것으로 비칠 수는 없는 것이었다. 자주독립을 내세웠지만 실제로는 일본의 속국이 되고 있었다. 따라서 개화파 정부에 의한 농민전쟁 수습대책은 근본적으로 외세문제로 인하여 한계를 지닐 수밖에 없는 것이었다.

제9장 농민전쟁 이후 동학농민의 동향과 민족운동

1. 머리말

1894년 농민전쟁 이후 '동학교단'은 교단의 조직과 교세의 만회를 위하여 최시형(崔時亨), 손병희(孫秉熙)를 중심으로 활동하고 있었고, 반면 표면적으로는 동학을 배제하지 않지만 동학교단의 이념과는 그 방향을 달리하는 '동학농민'세력들에 의한 반외세운동도 전개되고 있었다. 또한 동학의 명분을 완전히 배제하고 농민전쟁의 이념을 계승하면서 반체제 반외세의 민족운동을 전개하는 영학당(英學黨)과 같은 세력도 있었다.

농민전쟁 이후 동학교단과 동학농민의 활동을 검토하려는 것이 이 글의 목적이다. 주로 '동학농민'의 동향과, 그들의 반외세운동을 중심으로 한 민족운동을 다루고자 한다. 이제까지 동학과 갑오농민전쟁에 대하여는 많은 연구업적이 제시되었지만, 농민전쟁 이후 의병전쟁까지의 민중운동에 대한 연구는 두 큰 운동에 비하면 대단히 빈약한 형편이다.[1] 특히 농민전쟁 이후의 동학 여당(餘黨)에 관한 연구는 거의 없다

---

1) 이 시기 민중운동에 대하여는 다음의 논문을 참고할 수 있다. 조동걸, 「地契사업에 대한 定山의 農民抗擾」『사학연구』 33, 1981 ; 정창렬, 「한말 변혁운동의 정치·경제적 성격」『한국민족주의론』 I, 창작과비평사, 1982 ; 김도형, 「대한제국의 개혁사업과 농민층동향」『한국사연구』 41, 1983 ; 김도형, 「대한제국시기의 외래상품.자본의 침투와 농민층동향」『학림』 6, 연세대, 1984 ; 박찬승, 「활빈당의 활동과 성격」『한국학보』 35, 1984 ; 권영배, 「1896~1906년

고 해도 과언이 아니다. 농민전쟁의 흐름이 의병전쟁과 민족해방운동
으로 연결된다는 점은 암시되기도 하였지만 그 구체적인 맥락이 포착
되지는 못한 것으로 생각된다.

농민전쟁 이후 의병전쟁에 이르기까지에는 여러 계열의 민중운동이
전개되었다. 그것은 농촌의 현실에 토대를 둔 농민운동과, 농민층 분화
의 결과 농촌에서 개항장과 도시, 광산으로 빠져나온 초기 노동자계층
의 운동, 그리고 동학이나 영학당, 활빈당의 경우와 같이 독자적인 생
산적 토대를 갖추지 못하면서 조직화된 세력의 운동 등으로 계열화될
수 있다. 이들 민중운동은 결국 의병전쟁으로 합류되는데, 여기서 다루
고자 하는 동학농민운동은 그 중요한 한줄기라고 여겨진다.

그런데 동학농민운동을 추급하는 데는 고려하여야 할 중요한 전제
가 있다. '동학교단'과 '동학농민'의 관계를 어떻게 설정할 것인가 하는
문제이다. 이 문제는 농민전쟁의 성격을 규정하는 데도 제기되는 중요
한 문제인데, 필자는 동학교단과 동학농민을 구별하고, 동학교단의 경
우 상부의 동학교단 지도부와 하부의 동학접주 및 동학교도의 활동을
구별하는 입장을 취한다. 즉 동학교단, 동학교도, 동학농민을 구분하여
정리하려 한다.[2] 그것은 그들 각자의 계급적 입장과 지향이 다르다고
생각되기 때문이다.

연구의 대상시기는 농민전쟁 이후 러일전쟁 이전으로 한다. 1904년
러일전쟁 단계에 들어가면 민족모순의 극대화로 이 모순을 둘러싸고
사회의 여러 계급·계층의 대립과 갈등이 표출되고 이러한 과정을 통

무장농민집단의 활동과 성격」『역사교육논집』 6, 경북대, 1984 ; 양상현, 「한
말 부두노동자의 존재양태와 노동운동」『한국사론』 14, 서울대, 1986.

2) 동학교단은 최시형, 손병희 등 동학의 지도부를 중심으로 한 동학의 상층부
를 의미하고, 동학교도는 동학의 종교적 사상적 영향 하에 있는 하층부의 신
도를 의미하며, 동학농민은 명분상으로는 동학과 관련을 갖지만 실질적으로
는 동학의 사상적 영향을 벗어나 독자적인 이념과 지향을 가지면서 동학의
조직을 이용하고 있는 세력을 의미한다.

하여 민족세력과 반민족세력의 재편성이 이루어지기 때문에, 러일전쟁 이후 동학농민의 재편성의 문제는 별도의 연구가 필요하다고 생각된다.

2. '동학교단'의 조직재건운동

1) 상부 동학교단의 동향

농민전쟁 이후 북접에 의하여 전개된 동학교단의 재건과정을 최시형과 손병희를 중심으로 검토하기로 한다.

농민전쟁 이후 동학교도들은 교단과 연결이 두절된 채 사방으로 흩어졌고, 최시형은 피신생활을 계속하고 있었는데, 교단으로서는 우선 상부 지도부의 정비를 당면한 과제로 여겼다. 아직 최시형이 구심점의 역할을 하고 있지만 수배를 받고 있는 형편이어서 활동이 부자유할 뿐 아니라 유사시에 교단을 이끌고 갈 지도부의 형성이 필요하였던 것이다. 1896년 1월 이미 최시형의 측근에서 교단의 대소사를 관장하고 있던 손병희(孫秉熙), 손천민(孫天民), 김연국(金演局)에게 각각 의암(義菴), 송암(松菴), 구암(龜菴)의 도호(道號)를 부여한 것은 이들을 중심으로 상부의 지도체제를 확립하려는 의도였다. 그들은 곧 3인 연명으로 수운(水雲)과 해월(海月)의 유훈(遺訓)을 받든다는 통유문(通喩文)을 각지 동학교도들에게 보내어 지도부의 권위를 확립하고자 하였다.[3]

최시형을 정점으로 한 상부 지도부의 형성은 하부조직의 재편성으로 이어졌다. 농민전쟁에 참가하였던 전라도 장수의 김학종(金學鍾)이 1895년 8월 최시형과 연결되었고, 1896년 1월에는 손병희가 충주로 파견되어 교세를 시찰한 바 있어서, 동학지도부의 재정비와 짝하여 하부조직도 재편성될 수 있는 여건이 조성되었던 것이다. 따라서 의암·구

---

3) 『天道敎會史草稿』/『동학사상자료집』 1, 아세아문화사, 475쪽.

암·송암에 의한 지도부의 확립이 이루어지자 곧이어 그 해 3월 지방의 두령을 임명하였다.[4] 이것은 '최시형-의암·구암·송암-지방두령'이라는 동학교단의 조직체계가 확립되고 있음을 의미한다.

그러나 최시형은 교단조직의 재건이 동학에 대한 공격을 초래하지 않을까 조심하는 입장이었다. 그 자신이 수배당하는 처지였고 동학교도들이 계속 체포되고 있었다. 1896년 8월 호남의 동학교도 손병규(孫秉奎), 홍계관(洪桂寬), 최익서(崔益瑞) 등이 설포(設包)를[5] 요청하였을 때 "세상을 어지럽히기 쉬운 일"이라고 하면서 이를 거부한 사실이나, 1897년 2월 지방두령의 임명을 정지하고 "지금부터는 경작을 업으로 삼고 천명을 기다리라"고 지시한 사실이나, 평안도 동학교도들에게 "너희들이 수련할 것은 오직 대성대천(大性大天)이요, 실행할 것은 오직 성경신(誠敬信)이니 영고화복(榮枯禍福)을 마음에 두지 말라"고 한 사실은 모두 최시형의 그러한 입장을 반영하는 것이었다.[6] 동학교단의 보전과 신앙의 발전을 위하여 정치사회적인 활동을 자제하려는 입장이었다.

그러나 지방두령을 임명하지 않고서는 지방조직을 재건할 수 없었다. 그래서 1897년 7월에는 신흥포교지역인 황해도, 평안도의 두목들을 다시 임명하게 된다. 그리고 그해 12월 24일 최시형은 손병희에게 도통을 전수하였다.[7] 1898년 2월 이천에서 체포의 위기를 넘긴 최시형은 결국 그해 4월 5일 원주에서 접주였던 송경인의 배신으로 체포되고 말았다. 최시형은 5월말 좌도난정률(左道亂正律)로 교수형의 선고를 받고, 6월 2일 경기감옥에서 72세의 나이로 처형되었다.[8]

---

4) 위의 책, 474~477쪽.
5) '設包'의 의미는 농민전쟁의 정신을 계승하여 재봉기하려는 의지였던 것으로 짐작된다. 이들은 결국 영학당을 조직하여 반체제 반외세운동을 전개하게 된다.
6) 『천도교회사초고』/『동학사상자료집』 1, 477쪽.
7) 위의 책, 478쪽.

최시형이 죽은 후 동학은 최시형으로부터 도통을 전수받은 손병희
가 주장하게 되었다. 최시형을 따라 순도(殉道)하여야 한다는 손천민
등의 주장을 누르고 손병희는 동학교단을 수습하는 데 노력하였다.9)
손병희는 자신을 중심으로 한 동학지도부의 재구성에 착수하였다.

그러나 손병희에 대한 내외의 도전이 만만치 않았다. 최시형이 손병
희, 김연국, 손천민에게 도호를 주고 그 가운데서도 의암 손병희로 하
여금 주장을 삼기는 하였으되,10) 사실상 동렬에 있었던 김연국의 불만
이 우선 적지 않았다. 김연국은 하부 포접조직의 확대과정에서는 적지
않은 공적을 쌓은 것으로 보인다. 당시 체포되어 재판받은 동학교도들
의 진술을 종합해 보면 그들은 대체로 접주를 거쳐 상부에서는 김연국
과 연결되는 경우가 가장 많았다. 김여중, 김학종, 이상옥(李容九와 동
일인), 기타 충청남도의 동학교도들이 모두 김연국과 연결되고 있었
다.11)

손병희의 지도력에 대한 도전은 최시형에 의해 설포가 금지되었던
전라도의 동학농민들이 최시형의 사후인 1898~1899년 영학당을 결성
하여 봉기를 꾀한 사실이나,12) 후술하듯이 1899년 손병희가 평안도 지
역을 시찰할 때 손병희를 배척하고 별도의 조직을 구성한 황해도의 김
유영(金裕永)의 행동이나, 1900년경 소백산맥 지역에서 농민전쟁의 정

---

8) 위의 책, 483~486쪽. 최시형의 체포와 심문과정에 대하여는『司法稟報』甲,
   光武 2년 5월 1일 경기재판소판사의 질품서 ;『司法稟報』乙, 光武 2년 7월
   19일 고등재판소판사의 질품서 ;「동학제2세교주 최시형조서 판결서」『한국
   학보』2, 1976 참조.

9)『천도교회사초고』『동학사상자료집』1, 486쪽.

10) 吳知泳,『東學史』(1940)/『동학사상자료집』2, 547쪽.

11)『사법품보』갑, 광무 2년 5월 1일 경기재판소판사의 질품서 ;『사법품보』을,
   광무 6년 4월 25일 평리원재판장의 보고, 광무 7년 2월 13일 평리원재판장의
   질품서.

12)『全羅南道高敞郡捉得亂黨姓名罪目幷錄成冊』;『사법품보』갑, 광무 3년 7
   월 全羅北道井邑古阜所捉匪類供案.

신을 계승하는 것으로 보이는 동학의 독자적인 세력이 손병희의 교단
과는 관계없이 봉기를 위한 준비활동을 벌이고 있었던 사실에서도 나
타난다.

이러한 내외의 도전을 받으면서도 손병희는 서서히 교단조직을 재
확립하고 지도성을 확보하였다.13) 1899년 4월에는 박인호(朴寅浩)에
게 춘암(春菴)의 도호를 주었고, 결정적으로는 1900년 7월 풍기에서
거행된 설법식을 통하여 교단을 장악하였다. 교단 지도부의 핵심구성
원 30여 명이 참석한 설법식에서 손병희는 대종주로서 법대도주(法大
道主)에 추대되었고, 송암 손천민은 성도주(誠道主), 구암 김연국은 신
도주(信道主), 춘암 박인호는 경도주(敬道主)에 임명되었다. 최시형 아
래에 의암·구암·송암이 있었던 것과 마찬가지로 교주인 손병희 아
래에 구암·송암·춘암 3인의 차도주(次道主)가 보좌하는 체제가 확
립된 것이다.14)

그러나 손천민이 설법식 이후 곧 체포 처형되고,15) 1902년에는 구암
김연국도 체포됨으로써16) 위와 같은 교단 지도부의 조직체계가 가동
되지는 못하였다. 그리고 1900년을 전후하여 수많은 동학교도들이 전
국 각지에서 체포 처형되었다. 동학교단의 진로가 심각한 문제로 부각
되지 않을 수 없었다. 손병희가 외유를 계획한 것은 이 문제를 모색하
기 위한 것이었다.

---

13)『천도교회사초고』/『동학사상자료집』1, 486~498쪽.
14) 위의 책, 496~498쪽 및『東學敬通文』에 보면 북접 법대도주 의암 아래에 신
    도주 구암, 성도주 송암, 경도주 춘암이 나란히 경통문을 발하는 모습을 발견
    하게 되는데, 법대도주 아래에 3인의 차도주체계가 형성된 것으로 보인다.
   『東學敬通文』「敬通平安道中」(1900년 1월 12일)에 보면 次道主로서 구암과
    송암이 거론되고 있는데, 7월 설법식 이후의 경통에는 춘암까지 포함되고 있
    다.
15)『來照』(규장각도서 17277의 8) 광무 4년 9월 18일 외부대신의 법부대신에 대
    한 조회 ;『사법품보』을, 광무 4년 9월 20일 평리원재판자의 보고서.
16)『사법품보』을, 광무 6년 4월 25일 평리원재판장의 보고.

1901년 3월 손병희는 외유의 길을 떠났다. 미국행을 꾀하였지만 이에 실패하고 이상헌(李祥憲)이라는 가명으로 주로 일본에서 활동하였다. 손병희는 일본에서 서구문명과 일본문명을 통하여 개화의 필요성을 체득하는 한편 권동진(權東鎭), 오세창(吳世昌), 박영효(朴泳孝) 등과 만나 시국에 관하여 논의하는 과정에서 개화의 방향을 확실하게 굳히게 되었다. 손병희는 국내의 동학교도들에게 국가장래를 위하여 문명학술을 배울 것을 권장하였고, 그러한 문명을 익히고 전수하기 위하여 유학생의 파견에 앞장섰다. 손병희의 사상은 개화와 친일의 방향으로 완전히 전환하였던 것이다.17) 1904년 이후의 대동회, 중립회, 진보회, 일진회의 창립은 그러한 방향의 실천을 위한 정치조직이었다.

2) 하부 동학교도의 활동

동학교단의 조직재건운동은 상부 지도체제의 재편성에서 시작되었지만 궁극적으로는 하부 동학교도의 재조직, 즉 포접(包接)조직의 편성에 있다고 할 수 있다. 농민전쟁을 거치면서 동학의 포접조직은 대부분 파괴되었다. 특히 중앙의 지도부와 지방의 포접조직은 거의 연결이 두절되었다. 중앙조직이 최시형을 정점으로 하면서 손병희, 손천민, 김연국에 의하여 재건됨에 따라 지방의 포접조직을 재편성하는 일이 당면한 과제로 부각되었다.

하부 포접조직의 재편성은 두 가지 방향으로 나타났는데, 전라도·충청도·경상도 지역에 있는 기왕의 포접조직은 재복구가 과제였고, 북부지방은 새로운 조직의 결성이 과제였다. 기왕의 조직 가운데서 남접세력의 경우는 그 일부가 북접교단의 권위를 인정하여 그에 예속되기도 하였다. 이러한 과정을 북접교단 하부조직의 복구과정, 일부 남접세력의 북접교단에의 예속과정, 그리고 북부지방의 조직확대과정으로

---

17) 李敦化, 『天道敎創建史』(1933)/『동학사상자료집』2 참조.

나누어 검토하기로 한다.

먼저 북접교단 하부조직의 복구과정을 살펴본다. 동학교단의 조직이 재건됨에 따라 해산된 동학교도들의 활동도 전개되기 시작하였다. 동학교도들은 『동경대전』을 비롯한 동학의 문적과 도구들을 간직하고 있었고, 조직의 확보를 위한 종교행사의 일환으로 '설단치성(設壇致誠)'하거나 '산제(山祭)'를 지내기도 하였다. 예를 들면 손사문포(孫士文包)의 접주였던 청주의 서석여, 김시묵 등은 1896년 3월 25일(음) 강원도 강채수의 경통을 받았는데, 그 통문의 내용은 동학의 재건을 위하여 설단치성하라는 것이었다.[18] 손사문은 송암 손천민으로서 그의 포조직이 접주들을 통하여 재건되는 단면을 볼 수 있다. 강채수가 손사문에 의하여 파견되어 우선 접주들을 확보하는 과정이었던 것이다. 1897년 1월 3일에는 공주의 동학여당들이 보문산에서 산제를 지내기도 하였다.[19]

기왕의 포접조직이 재건된 후 이들 조직은 최시형의 교단 산하에 재편성되었을 것이다. 농민전쟁 당시 집강을 역임하였던 김형순(金亨淳)은 김여중(金汝仲), 이원팔(李元八)을[20] 통하여 1897년 7월경 최시형을 직접 만나게 되는데, 아마 접주에 임명되었을 것으로 추정되며, 그가 교도조직의 확보에 적극적으로 나서게 되었던 것은 이와 같이 최시형의 교단과 결합하였기 때문에 가능하였던 것으로 보인다.[21] 1896년 3월 지방의 두령을 임명할 수 있었던 것은 상부 지도부가 확립되고 하부 포접조직이 어느 정도 복구됨으로써 가능한 것이었다.

---

18) 『사법품보』 갑, 건양 원년 6월 23일 공주재판소판사의 보고서.
19) 위의 책, 건양 2년 4월 6일 충청남도관찰사의 보고서, 4월 23일 충청남도관찰사의 보고서.
20) 김여중에 대하여는 후술한다. 이원팔은 북접교단이 중심이 되어 교조신원운동을 전개한 1893년 3월의 보은집회 당시 관동대접주였던 인물이다(『동학사』/『동학사상자료집』 2, 439쪽 참조).
21) 『사법품보』 갑, 광무 2년 3월 4일 전라남도관찰사의 보고서.

이상과 같은 하부 포접조직의 복구과정을 통하여 동학의 조직체계가 완성되었다고 여겨진다. 최시형과 김연국, 손병희, 손천민을 정점으로 하여 동학과 체결된 자가 전국적으로 '부지기수(不知其數)'에 이른다는 지적은[22] 그러한 상황을 설명해 준다. 이렇게 되자 남접세력 가운데서도 북접교단 산하에 편입되는 인물이 적지 않게 되었다. 더구나 최시형의 권위가 살아 있고 남접세력이 분산된 상황에서는 최시형의 교단을 중심으로 세력이 집결되는 것은 당연한 현상이었다.

남접세력 가운데 북접교단과 접맥되는 인물로서는 우선 전라도 장수의 김학종을 들 수 있다. 김학종은 제1차 농민전쟁 당시 전봉준의 농민군이 고부 백산에 주둔하였을 때 이에 합세한 장령급(將領級)의 김숙여(金淑如)와 동일인으로서,[23] 북접교단이 농민전쟁에 참가하지 않았던 초창기에 이미 이에 참여한 점에서 볼 때 남접세력에 가까운 인물임이 틀림없다. 그는 농민군이 해산된 후인 1895년 8월 스스로 최시형을 찾아가 교단과의 연결을 꾀하였고, 최시형은 그의 신앙심을 격려하여 '신암(信菴)'의 도호를 주었다.[24] 김연국, 손병희, 손천민이 아직 도호를 받지 않았던 시기에 김학종에게 도호를 준 것은 매우 이례적인 일로 여겨지며, 더구나 사회변혁운동에 더욱 관심이 많았던 남접계열의 인물에게 신앙심을 격려하여 도호를 준 것은 남접세력이 북접교단에 접맥된 것을 높이 평가하고 이를 권장하기 위한 것이라고 해석된다. 이후 김학종은 교단과 연결을 가지면서 전라도 지역에서 동학의 조직을 확대하는 데 전념하게 된다. 보은집회에서는 부안대접주로서 활약하고 농민전쟁 당시에는 북접두목으로 간주되었지만 농민전쟁의 실패 이후 탈락되었던 부안의 김낙철(金洛喆)을 다시 접촉하여 조직화한 활동은 그 한 단면일 것이다. 김학종은 1897년 10월 당시에는 전라

22) 위의 보고서.
23) 『동학사』/『동학사상자료집』 2, 470쪽.
24) 『천도교회사초고』/『동학사상자료집』 1, 474쪽.

좌도두목으로 지목되기도 하였다.25)

농민전쟁 이후 남접세력 가운데 최시형의 북접교단으로 편입된 인사들은 이외에도 적지 않았을 것이다. 대표적인 인물로 김봉득(金鳳得)과 김봉년(金奉年)을 들 수 있다. 이들은 모두 제1차 농민전쟁의 고부공격단계부터 농민전쟁에 참가하였다. 김봉득은 금구, 김봉년은 김제두령으로서 모두 김덕명포(金德明包)에 속하였다. 특히 김봉득은 17세의 소년으로서 모략과 검술과 마술이 뛰어나 3천의 군사를 거느리고 전투에서 많은 승리를 거두었다. 김봉득은 서울의 서양인 교당에 피신하였다가 1904년 중립회, 일진회의 창립자가 되었고, 김봉년은 후에 교단의 교역자가 되었다.26)

한편 서북지방에 대한 동학의 포교는 남부지방에 비하여 시기적으로 늦었지만, 1890년대 이후에는 포교가 시작되었을 것으로 추측된다. 그리고 농민전쟁 이후 최시형의 시기에 포교가 확대되기 시작하여,27) 손병희의 시기에 크게 발전되었다. 평안도 지방에 대한 다음의 자료를 통하여 이 지방에 전파된 동학의 조직체계와 전파상황을 살필 수 있다.28)

洪基兆所布 李貞漸姜炳業 依前相從於洪基兆 洪基兆相從於便義
丈李萬植 李萬植相從於次道主龜菴松菴 龜菴松菴歸心於大道主張
義菴 以此諒悉 一從指導 母或携貳

이 자료는 황해도의 김유영이 손병희의 지도력에 도전하여 독자적

---

25) 『동학사』/『동학사상자료집』 2, 440・492쪽 ; 『사법품보』 갑, 광무 2년 5월 1일 경기재판소판사의 질품서.

26) 『동학사』/『동학사상자료집』 2, 467・485・527쪽 ; 『천도교창건사』/『동학사상 자료집』 2, 222쪽.

27) 崔琉鉉, 『侍天敎歷史』, 1920/『동학사상자료집』 .3, 642쪽 ; 『천도교창건사』/ 『동학사상자료집』 2, 172~173쪽.

28) 『東學敬通文』 「敬通平安道中」 1900년 1월 12일.

인 활동을 강화하면서 평안도 지방에 대한 포교를 방해하자, 이를 제
지하기 위하여 교단에서 명령계통을 분명히 밝힌 글이다.

후에 3·1운동 당시 민족대표 33인 중의 한 사람이 되는 홍기조(洪
基兆)는 평안도 용강 출신으로 청북의 연원(淵源)은 홍기조 대접주로
부터 비롯된다고 지적될 정도로 이 지방에서 동학의 포교에 큰 공헌을
한 인물로서 당시 평안도 대접주의 역할을 맡고 있었다.[29] 대접주는
각 도별로 있었을 것이며, 도의 대접주는 몇 개의 도를 관할하는 편의
사(便義司)의 지시를 받는데 북삼도편의사(北三道便義司)로는 이만식
이 임명되어 있었다. 편의사는 여러 도를 관장하면서 중앙과 지방을
연결하는 직책이었던 것으로 보인다. 이와 비슷한 직책으로서 현장에
위급한 상황이 발생하였을 때 중앙의 교단에서 현장의 상황을 시찰하
기 위하여 파견되는 순접주(巡接主)가 있는데, 당시 평안도지방에는
손병희의 동생 손병흠(孫秉欽)이 파견되었다.[30] 편의사는 차도주인 구
암 김연국과 송암 손천민의 지시를 받았고 이들은 총괄적으로 대도주
손병희의 지휘를 받았다.

평안도 대접주인 홍기조 아래에는 청북수접주(清北首接主)인 이정
점이 속해 있었다. 청북수접주는 평안북도에 있는 각 군읍의 접주 가
운데 우두머리를 의미할 것이다. 따라서 수접주 아래에는 각 군읍을
담당하는 접주가 있었다.[31] 청북수접주 이정점이 동학에 입교시킨 무

29) 『동학경통문』, 「敬通淸北斂道儒侍經席」(1899년 10월) 및 「敬通平安道大接
主洪基兆奉分付謹通」(1899년 11월). 평안도 대접주로는 洪基兆, 洪基億의
이름을 나란히 쓰기도 하고(『동학경통문』, 「敬通」1900년 6월), 두 사람을 '南
北道大接主'라고 지적하기도 하고(『非章訓學存案』제4책, 광무 5년 2월 3일
關西察邊使司令官의 훈령 중 영변접주 康成鐸의 진술), 청북(즉 평안북도)
의 淵源은 홍기조 대접주에서 비롯된다는 지적에서 보면 홍기조는 평안북도,
홍기억은 평안남도의 대접주가 아닐까 생각된다.
30) 『동학경통문』 및 『사법품보』을, 광무 5년 2월 17일 평안북도재판소판사의
보고서 참조.
31) 『동학경통문』「敬通淸北首接主李貞漸各該邑接主」(1900년 1월 19일).

리가 수천 명에 이르며 그 가운데는 영변접주가 된 강성택(康聖澤)이 포함되어 있었다. 그는 1899년 이정점에 의하여 동학에 입교한 뒤 동학의 포교와 조직활동에 열심이었으며, 그가 포교한 동학교도만도 천 명에 가깝고, 인척간인 박지화를 입교시킨 후 그로 하여금 포교케 한 수효도 220여 명에 달하였다. 강성택은 또한 삼촌 강병업을 입교시켰는데 강병업은 문자를 알았기 때문에 삼남의 여러 도주(道主)로부터 내려 오는 포중통문(包中通文)을 관장하였다.[32] 강성택은 체포되어 심문을 받으면서도 배교하지 않고 떳떳하였던 인물로 동학교도의 귀감이 되었다.[33]

이와 같이 1899년 이후 평안도지방에 대한 포교가 매우 활발하게 전개되어 1901년 가을에는 서북지방에 수백여 개의 포가 성립하였다고 한다.[34] 1904년 손병희의 동학이 진보회를 결성하였을 때 그 수효는 전국적으로 11만여 명에 달하게 되는데 평안도 지방이 절반이 넘는 7만여 명에 이르게 되었다.[35] 이 지방에 대한 포교가 대단히 급속한 속도로 확대되었음을 보여준다. 대체로 북부지방에서는 손병희의 교단이 지도성을 발휘하여 주도권을 장악하고 있었다.

---

32) 『사법품보』을, 광무 5년 2월 17일 평안북도재판소판사의 보고서 ;『非章訓學存案』제2책, 광무 5년 3월 21일 평안북도재판소판사의 보고서 및 강성택, 강병업, 박종근의 공초.

33) 『천도교창건사』『동학사상자료집』 2, 203쪽.

34) 위의 책, 207쪽.

35) 1904년 11월 11일 일본측의 조사 보고에 의하면, 평안북도가 12개 군 2만여 명, 평안남도가 18개 군 5만여 명, 함경남도가 7개 군 1만여 명, 황해도가 13개 군 6천여 명으로 북부지방이 전체의 3/4을 상회하고, 남부지방은 전라북도가 10개 군 1만5천여 명으로 많을 뿐 충청남북도와 전라남도, 경상남도는 극히 일부이고, 나머지는 경기도와 강원도의 중부지방이 합하여 1만 명을 밑도는 정도이다. 그리고 경상북도와 함경북도에는 전혀 없는 것으로 보고되어 있다. 『駐韓日本公使館記錄』「陸海軍往復附一進會」참조.

3. '동학농민'의 민족운동

1) 황해도 동학농민의 반외세운동

황해도의 농민전쟁은 호남지방에 비하여 훨씬 늦게 일어났다.[36] 1894년 10월경에 봉기가 시작되어 11월에는 황해도 13읍이 동학군의 공격을 받았다.[37] 강령·문화·재령 등지의 교도 임종현(林宗賢), 오응선(吳膺善), 최유현(崔琉鉉), 김유영(金裕泳), 원용일(元容馹), 성재식(成在植), 방찬두(方粲斗) 등이 봉기하였다.[38]

황해도에서 봉기한 동학농민 가운데서는 임종현의 활동이 두드러진다. 임종현은 황해도의 수접주(首接主)로 지목되었던 인물로서,[39] 1894년 10월 수만 명의 동학군이 강령에 이어 해주를 점령하였을 때 이를 지휘하였고,[40] 도내 각 읍 유생들의 장두로서 황해감사와 타협하기도하였다.[41]

그런데 이러한 임종현의 활동은 동학교단의 직접적인 지시에 따른 것은 아니었던 것으로 보인다. 남접세력과의 연결도 없었던 것 같다. 주목되는 것은 이들이 황해도지방을 점령하여서는 독자적인 농민권력의 구축을 시도하였다는 점이다. 즉 압수된 동학농민군의 문서인 『도록(都錄)』에 임종현을 (감)사로, 그리고 성재식(成載植)을 강령, 이용선(李容善)을 안악 등 방백수령에 임명하는 내용이 기록되어 있었다.[42]

---

36) 황해도의 동학농민봉기에 대하여는 한우근, 「동학농민군의 봉기와 전투 - 강원·황해도의 경우」 『한국사론』 4, 서울대, 1978 참조.
37) 金允植, 『續陰晴史』 상, 권7, 고종 31년 갑오 11월 9일.
38) 『천도교창건사』/『동학사상자료집』 2, 158~159쪽.
39) 『駐韓日本公使館記錄』 3, 국사편찬위원회 번역본, 1989, 258쪽.
40) 「甲午海營匪擾顚末」 『東學亂記錄』 하, 국사편찬위원회 간행, 732쪽.
41) 『黃海道東學黨征討略記』 「道內各邑儒生等單子」.
42) 「甲午海營匪擾顚末」 『동학란기록』 하, 736쪽.

농민전쟁 이후 황해도의 동학 가운데 일부의 세력은 최시형의 교단과 관계를 가지면서 동학의 포교에 전념하였다. 1896년에는 원용일, 방찬두 등이, 1897년에는 최유현이 최시형을 만난 사실에서 이를 알 수 있다. 황해도에 동학의 전파가 확대되자 북접주관하에 30인을 차정하고 6임을 별도로 두는 등 조직을 갖추었다.43)

그러나 다른 일부의 세력은 최시형의 교단과 견해 차이를 가지게 되어 교단과 결별하고 독자적인 활동을 벌이기도 하였다. 김유영의 경우가 대표적이었다. 김유영은 농민봉기에 참여한 인물로서 농민전쟁 이후 황해도를 비롯한 관서지방의 포교에 많은 공헌을 하여, '포덕어관서대접주(佈德於關西大接主)'라고 일컬어졌다.44) 그러나 손병희의 교단이 들어서면서 김유영은 이에 불만을 가지게 되어 1899년 손병희가 평안도지방을 시찰하였을 때 손병희를 배척하고, 스스로 절목을 반포하는 등 독자적인 활동을 전개하였다. 김유영의 저항에 대하여 손병희는 이를 무마하려 하였지만, 손천민은 김유영의 행동을 강력하게 비판하고 각 두목에게 그와의 관계를 단절하도록 엄명을 내렸다.45)

황해도의 김유영과 손병희의 교단과의 대립은 어떠한 의미를 지니는가. 그것은 교단의 주도권이나 파벌다툼의 일부라고 할 수도 있겠지만, 어쨌든 동학교단에 반대하는 입장을 취하는 세력이 존재하였던 것만은 부인할 수 없다. 김유영의 행동에 대하여 교단 지도부에서는 최제우, 최시형의 동학정통성을 어지럽히는 행동으로 간주하였는데, 그것은 김유영이 동학교단과는 입장을 달리하고 있음을 의미하는 것이다. 1900년경 해주지방에서 동학여당이 다시 집회를 열고 봉기하려 한

43) 『시천교역사』/『동학사상자료집』 3, 639~643쪽.
44) 『비장훈학존안』 제2책, 광무 5년 2월 17일 평안북도관찰사의 보고서 ; 『사법품보』 을, 광무 5년 3월 23일 황해도재판소판사의 보고.
45) 『동학경통문』 「敬通平安道中」(1900년 1월 12일 子時 北接誠道主 松菴), 「敬通于關西胞中」(1900년 1월 義菴), 「敬通」(1900년 2월 奉分付巡接主孫秉欽 李萬植謹通).

다는 보도나,[46] 재령·신천 등지의 동학거괴인 임종현, 원용일 등이
3, 4백 명을 거느리고 다시 봉기하려 한다는 보도는[47] 동학교단의 입
장과는 다르다고 생각된다. 진보회 결성 당시 황해도의 동학교도의 수
가 6천여 명으로 평안남북도의 7만여 명과는 엄청난 차이가 있는 것도
황해도지방에서는 교단이 큰 영향력을 행사하지 못하였던 것을 의미
하는 것으로 생각된다. 즉 교단과는 별도로 독자적인 세력이 활동하고
있었던 것이다.

　일본군이 동학당을 3가지로 분류한 것은 이러한 설명에 시사하는
바가 크다. 즉 첫째가 진정(眞正)동학당, 둘째가 일시적 동학당, 세째
가 위동학당(僞東學黨)이었다.[48] 황해도의 경우 진정한 동학당은 소수
에 불과하고 기타는 모두 불평당(不平黨)과 궁민(窮民)이라고 하였다.
위동학당의 거괴로서는 임종현, 김명선, 원용일, 김영하 등이 거론되었
고, 그 가운데 임종현이 가장 흉악한 인물로 지목되었다.[49] 그리고 김
명선(金善長과 동일인)은 임종현의 화포영장(火砲領長)으로서 해주의
수대산백팔형제당(壽大山百八兄弟黨)을 조직하여 양산백(梁山伯)을
자임하였던 인물이었다.[50]

---

46) 『日新』, 국사편찬위원회 간행, 광무 4년 2월 27일.
47) 위의 책, 광무 4년 3월 15일.
48) 진정동학당은 "동학이라는 일종의 종교를 신봉하는 무리로서 그 경문을 외우
　　고 그 교를 믿으면 百病이 치료되고 財寶가 모이고 百災가 사라져 수명이 연
　　장된다고 믿는 자들"이고, 일시적 동학당은 "동학의 교리를 믿는 것은 아니
　　지만 협박 등의 이유로 그 생명 재산의 안전을 보호하기 위해 일시 가담한
　　자들"이라고 한다. 그리고 위동학당은 "그 종류가 다소 많은데 그 중요한 것
　　을 들면, 중국인을 제외하고 모든 외국인을 혐오하는 자, 강절도 기타의 범죄
　　자, 직업이 없어 생계가 곤궁한 자, 지방관에게 원한을 품은 자, 당오전이 1文
　　으로 되었기 때문에 손실을 보아 분노한 자, 사금채집광부 등이라고 한다. 그
　　리고 그 태반이 모두 사금채집광부라고 한다." 이들은 사금채집이 금지됨에
　　따라 생활의 곤궁을 이기지 못하여 당을 결집하고 스스로 동학당을 칭하였다
　　는 것이다. 『黃海道東學黨征討略記』 참조.
49) 『황해도동학당정토략기』.

위동학당이 말하자면 사회변혁운동에 관심을 가지고 활동하던 세력이었다. 그렇다고 하여 동학과 전혀 무관한 것은 아니었다. 임종현이나 원용일은 모두 동학교도로 간주되기도 하였다.[51] 그러나 이들은 동학의 종교활동보다는 사회변혁운동에 보다 관심이 많았다. 그들이 1900년경 재차 봉기를 꾀하려 하였던 것은[52] 그러한 입장의 반영이었다. 이들은 포수들의 산포(山砲)조직을 가지고 구월산과 장수산에서 활동하였는데, 특히 장수산의 동학군이 완강한 항쟁을 지속하였다. 신천접주 원용일의 동학농민군이 장수산성에 입거하였고,[53] 멀리 떨어진 평안도 남부의 상원 의병세력까지 장수산으로 입거하였다.[54] 1895년 8월경에는 장수산에 입거한 동학군의 세력이 크게 확대되었고 그들은 양창과 군화(軍火)로 무장하였다고 한다.[55] 이들은 향촌사회의 봉건적인 폐단을 해결하기 위한 농민항쟁에도 가담하고 있었다.[56]

사회변혁에 관심을 가지고 활동하는 세력 가운데 특히 주목되는 것은 백낙희(白樂喜), 김형진(金亨鎭), 김창수(金昌洙 ; 白凡 金九와 동일인) 등의 활동이다. 김창수는 최유현, 오응선의 동학당에 가입하여 1893~1894년에는 보은의 최시형을 만났고, 접주의 첩지를 받아 팔봉(八峰)접주로서 그의 팔봉도소에 척양척왜(斥洋斥倭)라는 기치를 내걸고 산포수가 주축인 수천 명의 동학농민군을 지휘하였다. 해주를 공격할 때에는 선봉장이 되었다. 후에 김창수는 구월산 쪽으로 이동하여

---

50) 『사법품보』갑, 건양 원년 7월 22일 해주부관찰사의 보고, 9월 19일 황해도관찰사의 보고.
51) 『시천교역사』/『동학사상자료집』3, 634・639쪽.
52) 『일신』광무 4년 3월 15일.
53) 『報告書』(규 26212-2책), 개국 504년 11월 4일.
54) 김상기, 「조선말 甲午義兵戰爭의 전개와 성격」『한국민족운동사연구』3, 1989 ;『駐韓日本公使館記錄』「本省往來信」榜山砲文, 長壽山匪類移檄文 참조.
55) 『續陰晴史』상, 권7, 고종 32년 을미 8월 8일.
56) 대표적인 예는 문화농민항쟁에서 볼 수 있다. 『文化匪擾大槪』참조.

군사를 훈련시키면서 전력을 강화하던 중 같은 동학군인 이동엽의 군대와 충돌을 하게 되어 김창수의 동학군은 해산되고 말았다.[57]

구월산에서 패한 김창수는 신천 청계동의 진사 안태훈(安泰勳)에게 의탁하였다. 안태훈은 이토 히로부미(伊藤博文)를 살해한 안중근의 아버지로서 동학농민군의 봉기가 일어나자 의려소(義旅所)를 설치하고 포군들을 모아 동학군을 토벌하였다. 그 공로로 그는 포상이 상신되기도 하였던 인물인데, 김창수의 동학군과는 상호 충돌을 피하였고 결국은 김창수가 안태훈에게서 피신생활까지 하게 되었다.[58]

김창수는 안태훈의 근거지에서 유인석의 동문 고능선(高能善)이라는 유생을 만나게 되어 사상적으로 영향을 받는다. 김창수는 본래 반침략적 민족의식을 소유하고 있었는데 여기에 고능선의 위정척사적 사상과 반일친청적(反日親淸的) 사상이 합쳐졌고, 이를 계기로 김창수는 중국행에 나서게 된다. 김창수는 전라도 남원의 동학교도 김형진과 동행하여 함경도를 거쳐 만주지역을 돌아보고, 1895년 11월에는 민비의 복수를 내건 삼도구(三道溝) 김이언(金利彦) 의병의 국내진격전쟁에 참가하기도 하였다.[59]

국내로 돌아온 김창수는 두 가지 일에 가담하게 된다. 하나는 1895년 겨울 백낙희 산포의 봉기에 가담한 사실이고, 다른 하나는 1896년 2월 일본상인을 살해한 일이다.

김창수가 만주에서 돌아온 후 단발령에 반발하여 의병을 일으킬 생각을 하였다고 하는데,[60] 이것이 바로 백낙희 산포의 봉기를 의미하는 것으로 추정된다. 이듬해에 일본인을 살해한 사건으로 김창수가 체포되었을 때 처음에는 살인한 사실을 부인하였는데 그 진술 가운데에,

---

57) 김구, 『白凡逸志』, 서문당 재간행, 1973, 35~49쪽 ; 『報告書』(규 26048) 金昌洙 供案.
58) 『백범일지』, 44~49쪽 ; 「甲午海營匪擾顚末」 『동학란기록』 하, 734쪽.
59) 『백범일지』, 50~68쪽.
60) 『백범일지』, 72쪽.

단발령으로 각처에서 의병이 일어났을 때 그가 "의병좌기총(義兵左旗摠)이 되어 전라도 김형진과 함께 해주 검단방 청룡사에 머물다가 음력 12월에 함께 안악으로 가서 그곳 대덕방의 좌통령 최창조와 함께 머물다가 돌아왔고 치하포 사건과 장연 백낙희 사건에 대하여는 전연 알지 못한다"는 진술이 있었다.61) 여기서 의병좌기총이 되었다는 진술과, 김형진과 함께 해주 검단방의 청룡사에 머물렀다는 사실은 그가 백낙희 산포에 관련된다는 증거이다.

  백낙희는 1894년 7월 동학에 가입하여 교장을 역임하였고, 10월 해주점령시에 참가하기도 하였다. 농민전쟁 이후에는 포수부대인 '산포'를 조직하여 김재희(金在喜)는 산포도반수(山砲都班首)에 추대되고 백낙희는 명사반수(明査班首)가 되었다. 1895년 12월 12일 백낙희는 해주 검단방의 김창수(金昌守)와62) 함께 묵방 청룡사에 거하는 김형진을 방문하였는데, 여기서 김형진은 봉기의 필요성과 그 가능성을 역설한 것으로 보인다. 김형진은 중국의 위대인과 이대인으로부터 진동창의인신(鎭東倡儀印信)과 직첩(職帖)을 받고 돌아왔는데 위대인이 멀지 않아 군대를 이끌고 들어 올 것이니 김형진은 평안·전라·황해 삼도도통관(三道都統官)이 되고 백낙희는 장연선봉장이 되어 장연산포를 기동하여 봉기하자는 것이었다.

  당시 체포된 자들의 진술을 종합하여 봉기의 시나리오를 정리해 보면, 그들은 우선 1896년 1월 1일 장연을 습격하여 군기를 탈취하고 관장과 관속을 도륙한 뒤, 1월 3일 각 읍에서 봉기하여 해주와 각 읍을 점령한다는 것이다. 여기에는 검단방 유학선, 안악 대덕방 최창조, 문화 차장동 이가(李哥) 등이 합력하기로 한다. 이때 위대인의 청병이 들어와 경성의 양왜(洋倭)를 토멸하고 각 대신을 주멸한 뒤 실정(實鄭)

---

61) 『報告書』(규 26048).
62) 백낙희 사건에 연루된 金昌守와, 백범 김구인 金昌洙의 한자명이 각각 다르지만 김형진과의 관련에서 볼 때 두 사람은 동일인으로 여겨진다.

으로 왕위를 계승케 한다는 것이다. 백낙희는 이러한 봉기계획을 수락
하고 김재희와 함께 전략을 마련하였다. 백낙희와 김재희는 각각 기포
지역을 분담하고 1896년 1월 1일 기포하여 장연군을 습격하기로 약조
하였다. 백낙희는 전양근, 백기정, 김계조, 김의순 등을 통하여 산포와
동민을 동원하였는데 그 과정에서 체포되었다.

각 읍 수령의 살해와 대신의 살해가 강조되고 있는 점이 주목된다.
또한 위대인이 청병을 이끌고 들어올 때 삭발하면 모두 죽는다는 진술
에서 보면 단발령에 대한 저항을 강력하게 포함하고 있음을 알 수 있
다.[63] 그리고 진동창의사 김형진의 관서포고문(關西布告文)이 해주부
에 전달되었다고 하는데, 그 내용은 알 수 없다.[64]

백낙희 산포의 와해로 봉기가 일어나지는 못하였지만, 각 군의 산포
가 장연군에서 집회하여 장연군을 도륙하고 백낙희를 구출하려 한다
는 소문이 낭자할 정도로 황해도 산포의 세력은 상당히 강력하였던 것
으로 보인다.[65] 서울에서 군대를 파송하여 비로소 진압할 수 있었다.
"이들 비류는 모이면 적당이요 흩어지면 백성이 된다"고 할 정도로 많
은 민중들이 봉기에 가담하고 있었다.[66]

백낙희 산포의 실패 이후 김창수는 평양, 안주 등을 돌아다니면서
단발의 상황을 파악하였고, 그러한 상황을 보면서 일본과 결탁한 개화
정권에 대한 분노를 느끼게 되었다. 아관파천으로 단발령이 중지되자
용강을 거쳐 안악으로 향하였는데, 이때가 1896년 2월이었다. 김창수
는 안악으로 향하는 중 치하포에 묵게 되었고, 여기서 일본상인을 만
나 그를 살해하였다. 김창수는 민비의 원수를 갚는다는 심정이었다고

---

63) 이상 백낙희 산포의 봉기과정에 관한 것은 모두『重犯供草』「本郡薪花坊山
砲白樂喜等供案」(건양 원년 2월)(규 17282-6) 참조.
64)『사법품보』갑, 건양 원년 2월 30일 해주부장연군수의 보고.
65) 위의 책, 건양 원년 3월 4일 해주부장연군수의 보고.
66) 위의 책, 건양 원년 3월 23일 해주부장연군수의 보고, 3월 31일 해주부참서관
의 보고.

하며,[67] 이때 그는 의병소좌통령(義兵所左統令)을 칭하였다고 한다. 좌통령이란 칭호는 중국 중원의 서경장(徐敬章)이 내린 직첩이라고 하는데, 그가 누구인지는 분명치 않다.[68] 이러한 것은 김형진이 산포를 동원할 때 중국으로부터 진동창의사의 직첩을 받았다고 주장한 것과 유사하다.

이상에서 농민전쟁에 뒤이은 황해도 동학농민의 반외세 활동을 살펴보았다. 농민전쟁에 참가하였던 많은 동학농민들이 동학교단과는 달리 사회변혁운동에 관심을 가지고, 특히 반일 반외세의 활동을 전개하고 있었다. 이들의 활동은 유생의병의 활동과는 달리 동학농민들이 주체가 된 반일운동이었고, 대한제국 말기 민중의 의병전쟁으로 수렴될 흐름이었다.

2) 소백산맥 지역 동학농민의 반외세운동

농민전쟁 이후 북접교단은 최시형을 중심으로 교단의 조직재건에 주력하지만, 남접세력은 전봉준, 김개남, 손화중 등의 체포로 구심점을 잃은 가운데 새로운 봉기의 기회를 엿보고 있었다. 조직재건의 구심점을 확보할 수 없었기 때문에 남접세력 가운데 최시형의 북접교단과 일정한 연결을 취하는 자도 적지 않았다. 그러나 최시형 사후에는 손병희를 중심으로 한 북접교단의 지도성이 남접세력에게 관철될 수는 없었다.

여기에서는 이와 같이 최시형과 연결을 가지면서도 직접적인 영향권에서는 벗어나 있고, 최시형 사후에는 손병희의 교단과 대등한 입장을 가지면서 독자적으로 사회변혁운동을 전개하는 세력을 발견하고, 이들의 반외세운동을 검토해 보려 한다. 이들은 주로 남접계열로 추정

---

67) 『백범일지』, 71~85쪽.

68) 『報告書』(규 26048).

되며 속리산, 덕유산, 지리산의 소백산맥을 중심으로 그 좌우의 전라, 충청, 경상도 지방에서 활동하였다.

농민전쟁이 종결된 이후에는 많은 농민들이 농촌으로 돌아가 생업에 종사하면서 잠복하였지만, 변혁운동에 참가할 기회를 엿보면서 활동을 전개하고 있었던 세력도 전혀 없었던 것은 아니었다. 그러한 세력은 군현단위에서 반체제의 농민항쟁이 일어났을 경우 이에 적극 가담하기도 하였다. 변혁운동을 추진하려는 이들 세력은 조직의 확보가 이와 같은 농민항쟁과 반외세운동에 활용하기 위한 것이었기 때문에 농민항쟁과 같은 기회를 놓칠 이유가 없었다. 1896년 봄 나주농민항쟁이 발발하였을 때 김순여 등의 동학여당들이 이에 적극 가담하였고, 여기서 종교의식을 베풀다가 발각된 사건은 그 좋은 사례가 될 것이다.[69]

이와 같이 남접의 남은 세력들은 그들 나름대로의 조직 재건활동을 전개하고 있었지만 지도부가 조직되지 않은 상황하에서는 북접교단에 의지할 수밖에 없었다. 북접교단과의 연결과정을 구체적으로 살펴볼 수 있는 대표적인 사례가 부안 김여중(金汝仲)의 경우였다. 김여중은 북접교단의 인물이면서도 사회변혁운동의 가능성을 전망하고 있었고, 그의 이러한 태도가 변혁운동에 참여하려는 남접의 남은 세력들과 접맥될 수 있었던 요인이었다.

김여중은 향촌사회가 농민전쟁의 후유증을 앓고 있던 당시에 동학조직의 재건에 앞장섰다. 김여중은 구암 김연국을 통하여 동학에 입교한 인물인데,[70] 농민전쟁 이후 북접교단과 연결을 가지면서 전라도지방에서 동학조직의 재건에 활발한 활동을 전개한 대표적인 인물이었다. 그는 농민전쟁 당시 집강을 역임하였던 김형순을 통하여 심도풍,

---

69) 『사법품보』 갑, 건양 원년 8월 8일 전주부재판소판사의 보고서. 그들의 종교의식은 '盂水祝天하고 聚首蛆呪'하는 의식이었다.

70) 『사법품보』 을, 광무 7년 2월 13일 평리원재판장의 보고서.

조진옥 등 많은 교도들을 확보하였고,[71] 농민전쟁에서 1,000여 명을 거
느린 대접주였던 김치삼이 그의 휘하에 있었다. 그리하여 김여중은 편
의장(便議長)의 직책에 임명되기도 하였다.[72] 전라도지방에서 김여중
은 동학의 거괴로 소문이 나 있었고,[73] 최시형과 왕래하는 자는 김여
중·명중 형제와 임실의 김수교라고 전해지기도 하였다.[74]

김여중은 북접교단의 김연국 휘하에서 동학의 하부 포접조직의 재
건에 주력하면서도, 남접세력과 연결을 가졌고, 또 영학당운동과도 일
정한 관련을 가졌다. 영학당은 최익서 등의 봉기계획에 북접교단의 최
시형이 이를 허락하지 않자 동학의 명분을 버리고 영학의 명분하에
1899년 민족운동을 전개하게 되는데, 바로 이 영학당운동의 주동자 3
인이 최익서, 김문행, 김여중이었던 것이다. 그런데 김여중은 남접세력
과 연계를 가지면서도 북접교단에 충실한 입장을 취하였기 때문에 영
학당의 봉기에 참여하지는 않았다.[75] 그러나 그 이듬해 봄에는 이제
검토하려는, 남접으로 추정되는 세력이 반외세운동을 계획하였을 때,
김여중이 이에 가담하고 있어서 그가 변혁운동에 계속 관심을 나타내
고 있었음을 알 수 있다.

최시형이 사망하고 손병희를 비롯한 김연국, 손천민이 교단을 장악
하게 되면서 남접세력은 독자적인 활동을 시작하는 것 같다. "최시형
이 사망한 후 강원도에 거하는 구암(龜巖), 예암(禮巖), 송암(松巖)의
삼암(三巖)이 제일주장(第一主張)하고 이관동(李關東)이 또한 주장하
여 각 인의 임명장을 다시 만들어 주었다"라는 진술에서[76] 북접교단의
3암 이외에 이관동이 교단과 대등하게 독자적인 세력으로 성장하고 있

71)『사법품보』갑, 광무 2년 3월 4일 전라남도관찰사의 보고서.
72) 위의 책, 광무 8년 6월 30일 전라북도재판소판사의 질품서.
73) 위의 책, 광무 4년 3월 15일 전라북도재판소판사의 질품서.
74) 위의 책, 광무 2년 3월 4일 전라남도관찰사의 보고서.
75) 위의 책, 광무 3년 7월 全羅北道井邑古阜所捉匪類供案.
76) 위의 책, 광무 4년 4월 2일 전라북도재판소판사의 질품서.

음을 알 수 있다. 1899년의 영학당운동은 아예 명분을 영학으로 바꾸어 버리고 말았지만, 동학의 명분을 가지고도 북접교단의 움직임과는 관계없이 변혁운동을 전개하는 세력의 움직임을 포착할 수 있다. 1900년경 소백산맥 서쪽지역에서 활동한 이관동 이외에 소백산맥 동쪽지역에서 활동한 서정만(徐定萬), 정해룡(鄭海龍) 등의 활동을 바로 그러한 움직임의 사례로 들 수 있다. 이관동 세력은 반외세운동을 계획하다가 체포되었고, 서정만 세력은 반외세운동의 조직을 정비하고 봉기를 위한 전략수립과정에서 체포되었다. 한편 북접교단은 이 시기에 서북지방에 대한 포교에 주력하고 있었다.

이관동은 강원도 평창인으로서 1894년 6월 이규협에게서 수도(受道)하고 8월 보은으로 이사하여 최시형과 자주 상종하였고, 농민전쟁이 끝난 이후에도 최시형의 영향권을 벗어나지는 못하고, 최시형의 사후에 비로소 독자적으로 성장한 것으로 생각된다. 그는 1898년 최시형의 사후 상주로 옮겼다가 임피의 김준홍(金準弘) 등과 연결을 가지면서 호남지방으로 이주하여 천제(天祭)를 행하고 동학의 재건을 계획하게 된다.[77]

이관동 휘하에서 실무를 담당한 자는 호남지방에서 적지 않은 동학세력을 확보하고 있었던 김준홍이었다. 그는 1894년 7월 북접계열의 옥구 대접주 장경화에게서 수도하여 활동하다가 1899년경 이관동과 연결이 되었다. 이관동은 김준홍에게 다른 접주와 단절할 것을 권고하였는데, 이것은 북접교단과의 단절을 의미하는 것으로 여겨진다. 김준홍은 이관동의 임명에 따라 '경설동학지신접주(更設東學之新接主)'가 되었고, 그 산하에는 여산의 고문선(高文詵) 부대 30여 명, 강경포 유산춘(柳山春) 부대 40여 명이 소속되어 있었다.[78] 고문선은 원래 전주인으로서 1894년 동학에 입도한 뒤 대접주가 되어 제2차 농민전쟁에

---

77) 위와 같음.
78) 위와 같음.

참가하였고, 농민전쟁 이후 여산에서 은신하였다. 그러던 중 1899년 가을 김준홍의 동학재건운동과 연결이 되어 그의 휘하에 들어갔다.[79]

이관동, 김준홍, 고문선, 유산춘으로 이어지는 동학의 새로운 세력이 남접세력과 어떠한 관계에 있었는지 구체적으로 확인하기는 어렵다. 그러나 설사 인적인 연결이 어렵다 하더라도, 최소한 정신적으로는 1894년 농민전쟁의 남접계열로 연결될 것으로 생각된다. 그들이 1899년경 이후 동학의 재건을 내세운 상황을 생각해 본다면 이것은 손병희의 교단과는 별도의 동학조직재건을 의미하는 것으로 해석할 수밖에 없다. 그 별도의 동학조직은 북접교단의 종교운동이 아니라 새로운 변혁운동의 전개를 위한 것임이 분명하다. 그들은 1900년 4월 8일을 기하여 전주에서 외국인 배척운동을 전개할 계획을 가지고 있었다. 그러기 위하여는 봉기조직이 필요하였고 고문선, 유산춘의 부대는 이러한 봉기조직의 편성이었다.

이와 같이하여 세력을 확대하고 봉기조직을 편성한 뒤 1894년 농민전쟁 당시 동학농민군이 점령하였고 이씨왕조의 본향인 전주에서, 반외세의 민족운동을 전개하려 한 것은, 북접교단이 서북지방에 대한 포교에 힘쓰는 한편 동학의 방향전환, 즉 친일과 개화로의 방향전환을 모색하기 시작하였던 사정과 대비하면 그 입장의 큰 차이를 느낄 수 있다. 이러한 반외세운동에는 이관동, 김준홍의 세력 이외에 익산의 김경재(金敬哉), 김제의 강문숙(姜文叔), 고부의 홍경삼(洪敬三)·김명중(金明仲), 부안의 김여중(金汝仲)·명중(明仲) 형제 등이 가담하였다.[80] 고부의 홍경삼은 제1차 농민전쟁의 백산포진시 장령급으로 참여하였던 인물로서 농민전쟁의 정신을 계승하려는 의지를 품고 있었을 것으로 보인다.[81] 결국 이들의 계획은 보부상 조직의 첩보활동으로 발

---

79) 『사법품보』갑, 광무 4년 3월 15일 전라북도재판소판사의 질품서 ; 『사법품보』을, 광무 4년 4월 3일 내부대신의 조회.
80) 『사법품보』갑, 광무 4년 4월 2일 전라북도재판소판사의 질품서.
81) 『東學史』/『동학사상자료집』2, 469쪽.

각되어 수포로 돌아가고 말았다.

한편 소백산맥 동쪽의 경상도지방에서도 서정만, 정해룡 등을 중심으로 이관동의 세력과 비슷한 활동을 전개하고 있었다. 그들 상호간의 관계를 규명할 수 있는 자료는 없지만,[82] 그들은 모두 남접세력의 정신과 운동노선을 이어받은 세력임에는 틀림없을 것이다.[83]

서정만, 정해룡의 세력은 1900년 3월 4일(음력) 속리산에 들어가 기도 및 제천행사를 개최하려다가 발각되어 11명이 체포되고, 6일에는 다시 9명이 체포되었다. 두 차례에 걸쳐 체포된 20명과 문초 중 밝혀진 5명을 합하여 그들의 거주지를 살펴 보면, 김산(8명), 상주(6), 개령(4), 지례(4), 거창(1), 성주(1), 대구(1)로 되어 있다. 이들 지방은 속리산과 덕유산의 바로 동쪽 일대에 해당한다. 체포된 자의 진술을 보면 그들의 당은 300명 가량이며 상주, 선산, 지례, 개령, 거창, 김산의 6개 군에 걸쳐 있다고 하였다.[84] 속리산의 대집회에 참가하기 위하여 상주, 문경 등지에서 수백 명 씩 작당하여 이동한다는 보도나,[85] 상주의 동학이 '기산기수(祈山祈水)'하여 농민을 선동하거나 김산의 동학 수백 명이 보은으로 향하고 추풍령에 수십 명씩이 작당하여 이동하는 광경에서[86] 볼 때 소백산맥 일대 동학농민의 동향을 짐작케 한다.

이들이 속리산에서 종교행사를 계획한 것은 결국은 이관동의 세력과 마찬가지로 1894년 농민전쟁의 정신을 계승하여 반외세의 봉기를 꾀하기 위한 것이었다. 속리산에서의 행사는 봉기의 직전 단계에 해당

---

82) 이관동이 최시형의 사후인 1898년 일시 상주에 머물렀던 사실이 이들 세력
   사이의 연계가능성을 시사한다.

83) 서정만 부대에 대한 설명은『사법품보』을, 광무 4년 4월 11일 충청북도관찰
   사의 보고서와 부록된 동학의 문서들을 참고하여 정리하였다.

84) 서정만과 함께 체포된 片合德의 진술은 그들의 무리가 300명 가량이라고 하
   였지만, 서정만 부대에 연루되었던 인동의 송원상 등은 수천 명이라고 하였
   다.『皇城新聞』광무 4년 4월 16일 雜報 '靑山公報' 참조.

85)『일신』광무 4년 3월 14일.

86) 위의 책, 광무 4년 3월 24일.

하는 것으로 보인다. 서정만 부대의 행적을 살펴보면, 그들은 1900년 정월 속리산 천왕봉과 지례의 삼도봉에서 기도를 올렸다. 그리고 3월 에는 다시 속리산에서 집회를 열었다. 여기에서 봉기의 의미를 분명히 하는 한편 봉기의 구체적인 전략을 수립하려고 하였던 것으로 보인다. 그들은 상복을 입고 있었는데 그 의미는 첫째는 '국모주몽복(國母主蒙 服)'이고 둘째는 '최선생몽복(崔先生蒙服)'이었다. 민비살해의 책임을 일본에게 돌리고 이를 명분으로 하여 반외세 반일운동을 전개하려 하는 한편, 최선생 즉 최시형의 척왜양의 정신을 계승하려는 의지를 보여주는 것이었다. 이와 같은 행사를 통하여 의지를 다지고 봉기계획을 마련한 뒤 3월 7일(음) 일제히 상경하여 신원(伸寃)과 일인축출을 단행하려 하였다.

1900년 3월 6일(음)에는 청산군에서 동학교도 3명이 체포되었는데 인동의 송원상, 김산의 정두일, 성주의 한기준이었다. 그들도 상복과 염주 그리고 제사도구와 제물 등을 소지하고, 속리산에서 '제천기산(祭天祈山)'하여 한편 국모의 원수를 갚고 다른 한편 최시형의 처형을 신원하고자 하였다.[87] 이들 역시 서정만의 부대였으며, 3월 7일(음) 각지의 동학교도가 천왕봉에 모여 제사를 지낸 뒤 군사를 일으켜 경성으로 향하려 하였다고 한다.[88] 또한 3월 7일(음)에도 지례를 비롯한 개령, 성주지방 출신의 동학교도 19명이 영동에서 체포되었는데, 그들도 상복과 제천도구를 가지고 있었고, 제천과 기도를 위하여 집회를 꾀하고 있었다.[89]

소백산맥 주변에서 동학농민이 제천행사를 빙자한 집회를 통하여 조직을 강화하고 봉기를 계획하는 등의 활동은 이후에도 계속되었다.

---

87) 『사법품보』 을, 광무 4년 4월 29일 충청북도재판소판사의 보고서 ; 『來照』(규 17277의8), 광무 4년 5월 8일.
88) 『황성신문』 광무 4년 4월 16일 雜報 '靑山公報'.
89) 『사법품보』 을, 광무 4년 4월 29일 충청북도재판소판사의 보고서 ; 『來照』, 광무 4년 5월 8일.

1900년 윤8월에는 영남 등지에 동학교도가 다시 일어난다는 소문이 있었고, 김산, 선산 등지에서 동학교도들이 체포되기도 하였다.[90] 특히 서정만 부대의 두목 중 한 사람이었던 정해룡의 활동이 활발하였다. 최시형을 체포하였던 송경인이 그를 체포하기 위해 혈안이 되어 있었고, 다른 사람을 잘못 체포하여 물의를 빚기도 하였다.[91] 정해룡이 힘이 세서 양 옆구리에 사람을 끼고 성을 넘어가는 초인적인 인물로 부각되기도 하였다. 그의 이러한 활동은 그가 재봉기를 준비하고 있다는 소문으로 확산되었다. 그것은 정해룡이 각처에 통문을 발하여 1903년 4월 15일(음) 속리산(혹은 지리산)에서 집회를 열고 7월 14일 제천행사를 올린 다음, 보은에 숨겨둔 무기를 가지고 봉기한다는 내용이었다.[92] 그 소문의 진위를 가려낼 수는 없지만 남접세력의 정신을 계승한 활동이 지속되고 있음을 의미하는 것은 틀림없다. 이와 같이 소백산맥의 동서쪽에서는 반외세 봉기를 계획하고 그 구체적인 실천에 착수한 활동이 지속적으로 전개되고 있었다.

4. 동학농민운동의 성격

동학농민운동의 성격은 동학교단과 동학농민의 계급적 기반, 참가층 및 주체세력, 조직적 기반, 이념과 지향 등을 점검함으로써 규명될 것이다.

먼저 계급적 기반과 주체세력의 문제에 대하여 검토한다. 이 문제는 이 글에서 본격적으로 다루기에는 한계가 있어 우선 개괄적으로 정리하는 것으로 그친다. 전반적으로 보면 조선후기에는 성장하는 층과 몰락하는 층으로 농민층분해가 진행되는데, 성장하는 층은 요호부민층,

---

90) 『일신』 광무 4년 윤8월 4일.
91) 『來照』 광무 5년 5월 13일.
92) 『사법품보』 을, 광무 7년 1월 27일 평리원재판장의 질품서.

몰락하는 층은 빈농층, 농촌노동자층으로 설정할 수 있다. 성장하는 층 가운데는 농민항쟁에 가담하는 진보적인 성격의 세력도 존재하였고, 봉건성에 기생하여 성장을 도모하려는 보수적인 세력도 존재하였다. 1862년의 농민항쟁에서는 요호부민층 내부에 이러한 분화가 나타나고 진보적 요호부민층은 농민항쟁에서 지도성을 발휘하기도 하였다. 그러나 농민항쟁의 대다수 참가층은 몰락하는 층이었고, 항쟁이 진전되면서 이들에게로 항쟁의 주도권이 이양되어 가는 것으로 보인다.[93]

개항 이후에는 제국주의의 경제적 침략으로 인하여 성장하는 층의 독자적인 성장의 길은 점차 협소해졌다. 이들은 독자적인 계급이나 정치세력으로 성장하지 못하고 개화세력이나 제국주의세력에게 오히려 이용당하여, 점차 근대주의적 서구화를 추구하는 방향을 취하게 되고 결국 제국주의에 의존하는 매판적인 방향으로 기울어졌다. 반면 몰락하는 층은 대단히 광범한 영역으로 분화되어 나갔다. 빈농층을 비롯하여 농촌노동자, 광산노동자, 부두노동자, 도시빈민, 영세상인, 영세수공업자 등의 광범한 계층이 여기에 속하였다. 이들은 제국주의의 침략으로 몰락이 가속화되었지만, 그 과정에서 변혁주체로서의 '민중세력'으로 결집될 수 있게 되었다.[94]

이와 같은 계급구성의 변동은 1894년 이후 변혁운동의 주도권이 민중세력으로 이양되고 있음을 보여준다. 이 시기에는 농촌에 퇴적되어 있던 빈농층이나 농촌노동자층이 도시, 광산, 부두의 노동현장에서 그 출구를 찾고, 또는 동학, 영학당, 활빈당 등에서와 같이 목적의식적인 운동조직 속에 편입됨으로써 상대적으로 농촌에서의 변혁운동은 위축된다. 그러나 동학과 같은 운동조직은 보다 강화되고 단련되어 갔다.

목적의식적인 운동조직을 토대로 한 동학농민운동은 이제 그 생산적 토대를 농업에서 직접 구하게 되지는 않게 되었고, 그 계급적 기반

93) 이영호, 「1862년 진주농민항쟁의 연구」『한국사론』 19, 서울대, 1988 참조.
94) 이영호, 「한국근대 민족문제의 성격」『역사와 현실』 창간호, 1989 참조.

을 빈농층, 초기 노동자층, 도시빈민 등 광범한 계층의 연합으로서의 '민중'에 두게 되었다. 황해도의 위동학당(僞東學黨)이 대부분 사금채집광부와 궁민이라는 사실에서도 짐작할 수 있고, 서정만이 글을 할 줄 몰라 소장을 육사명이 작성하고 이시영이 이를 필사하였다는 사실에서도 보면, 이 시기 동학농민운동의 참가층은 물론 주체세력은 대부분 평민 출신으로 계급적으로도 빈농층이나 반프롤레타리아층 등의 민중에 속하는 것으로 생각된다.

그러나 북접교단 산하 동학교도의 계급적 기반은 이와는 상이하다고 여겨진다. 통계적으로 판단하기는 매우 어려운 일이지만, 진보회 간부들의 신분 계층을 검토함으로써 이들의 계급적 기반의 일단을 짐작할 수 있다. 북접교단 산하의 동학교도들은 대체로 진보회에 편입되었다고 여겨지기 때문이다. 진보회의 임원인 각 군별 회장, 부회장, 평의원을 모두 합한 883인의 신분 계층을 분석해 보면, 전관리(前官吏)가 22인, 전진사(前進士)가 4인, 사인(士人)이 403인, 농인(農人)이 316인, 상인(商人)이 138인으로 되어 있다.[95] 농상인이 51%로 절반에 이르고 양반신분이었던 자로 추정되는 사람이 49%에 달하고 있다. 진보회원 전체 11만여 명의 1%에도 미치지 못하는 진보회 상층부를 조사한 것이고, 또 이 신분이 곧바로 경제적인 수준을 말하여 주는 것은 아니지만, 진보회 상층부에는 상당한 정도의 경제적 능력을 가진 자들이 포함되어 있었다고 해석할 수 있다. 수도생활 단계에서는 신앙이 중요하지만 교단의 조직이 성립되면 많은 재정이 필요하게 되는 것은 당연한 일이다. 손병희의 동학교단도 상당한 재정을 마련할 수 있는 계급적 기반이 필요하였고, 상층부에는 그러한 계층들이 다수 포함되었을 것으로 짐작된다. 손병희의 교단이 개화와 친일의 방향으로 전환함으로써 성장하는 층이 참여할 수 있는 공간은 훨씬 넓어졌을 것이다.[96]

---

95) 『駐韓日本公使館記錄』「陸海軍往復附一進會」.
96) 趙景達은 갑오농민전쟁 당시 이미 북접은 부농층, 남접은 빈농층에 그 계급

다음으로 동학의 조직적 기반에 대하여 살펴보면, 황해도에서는 주로 산포조직이 봉기조직으로 활용되었다. 김창수의 동학군도 대부분 산포수로 구성되어 있어서 그 전력이 높이 평가되어 해주 공격시 선봉부대가 되었다. 백낙희의 봉기조직은 산포조직의 대표적인 예이다. 황해도에는 각 군이나 지역마다 산포조직이 결성되어 있었고, 도반수(都班首), 반수, 접장(接長) 등의 직위와 위계질서가 확립되어 있었다.[97] 또한 1896년의 문화농민항쟁에서도 동학접주가 산포영장이 되어 이를 주도하였고, 여기에는 광산의 연군(鉛軍)들도 가담하였다.[98]

소백산맥 지역에서는 봉기를 위한 군사조직이 확보되어 있었는데, 이관동 세력과 서정만 세력이 가지고 있었던 각종 문적과 도구를 통하여 이를 살필 수 있다.

이관동, 김준홍, 고문선의 집에서는 상당히 많은 양의 문적과 기물이 나왔는데[99] 이를 몇 가지 유형으로 구분하면, 동학의 경전이나 교리서, 조직의 상하간에 주고 받은 문서나 임명장, 제천도구, 집회통문 등으로 된다. 동학의 경전이나 기타 교리서들은 농민들을 동학으로 끌어 들이는데 기본적으로 필요한 문적들인데, 그러나 실제의 조직확대에는 경전류 못지 않게 약방문이나 주문, 부적, 사주, 참서, 그리고 교리의 내용을 담은 노래들이 보다 큰 역할을 담당하였을 것이다. 이관동 등이 약방문을 가지고 있었던 것이나, 동학을 통하여 '피흉취길(避凶就吉)'

적 기반을 두고 있다고 하여 남북접의 계급적 기반을 구분하였다(「東學農民運動과 甲午農民戰爭의 歷史的 性格」『朝鮮史硏究會論文集』19, 1982). 그런데 천도교측의 자료에 의하면 갑오농민전쟁 당시의 동학에서는 三不入, 즉 班不入, 富不入, 士不入의 계급의식을 가졌다고 하여 그 민중적 기반을 강조하고 있어서(『天道教創建史』/『동학사상자료집』 2, 160쪽), 조경달의 견해와는 대비되는데, 어쨌든 갑오농민전쟁 당시에 비하여 손병희의 교단에는 성장하는 층의 참여도가 훨씬 높아졌다고 생각된다.

97) 『重犯供草』「本郡薪花坊山砲白樂喜等供案」(건양 원년 2월).
98) 『文化匪擾大槪』.
99) 『사법품보』을, 광무 4년 4월 5일 전라북도재판소판사의 보고서.

할 수 있다고 하는 동학교도들의 사고방식이[100] 이러한 사실을 뒷받침한다. 그리고 동학의 조직을 관리하기 위한 문서로서는 구성원의 명단인 열명록과 접주나 집강을 임명하는 임명장이 있었다. 제천도구는 이관동 세력이 제천행사를 통하여 동학을 재건하는 출발점으로 삼고 있었는데 거기에 필요한 각종 도구와 축문 등이었다. 집회통문은 1900년 4월 8일 반외세운동을 전개하기 위한 전주집회에 참가를 지시하는 통문이고, 이때 사용하기 위하여 깃폭과 백지휘장 등이 준비되었다.

서정만의 세력이 가지고 있었던 문적과 도구는[101] 동학의 경전과 주문책, 제천도구와 제복 및 제물, 봉기조직체계를 나타내는 깃발 및 전투복, 그리고 그들의 입장을 보여주는 소장이나 발령 및 전령 등의 유형을 이루고 있다. 이것은 이관동 세력과 마찬가지로 동학의 포교와 조직확대에 필요한 문적에서부터 시작하여 봉기를 위한 준비단계로서의 제천행사에 필요한 도구와, 구체적으로 봉기를 시작했을 때 편성할 군사조직에 이르기까지의 활동상황을 보여주는 간접적인 자료들이 된다. 봉기를 위한 군사조직의 편성을 알 수 있는 도구로는 각종 대소깃발과 전투복을 들 수 있다.

각종 대소깃발은 봉기조직의 편제를 나타내고 있다. 그것은 녹색 비단으로 만든 대기(大旗) 1면(面), 녹색 비단으로 만든 기 1면, 홍색 비단으로 만든 기, 청황홍흑백색 명주로 만든 기, 그리고 백색 명주로 만든 팔괘기(八卦旗)와 녹색 명주기 1면 등으로 되어 있다.

대기(大旗)는 대장기로서 맨 윗부분에 '남조선(南朝鮮)'이라고 좌로 쓰고 그 아래에 세로로 신장관운장모사후령선생(神將關雲長謨士後靈先生), 선봉대원수겸충의장군서정만(先鋒大元帥兼忠義將軍徐定萬), 중봉제우도원수최선생(中鋒濟愚都元帥崔先生), 부원수정해룡양지동김당골(副元帥鄭海龍梁地動金堂骨), 모사광덕선생십장모사제갈(謨士

廣德先生十將謨士三諸葛)로 씌어 있다.102) 후령선생이 누구인지는 알수 없지만 신장, 관운장, 모사를 일컫는 점에서 볼 때 아마 종교적인 상징으로 여겨지며, 실질적인 대장은 서정만으로 생각된다.103) 동학의 교조 최제우가 도원수로서 하늘에서 지원하고 있다. 서정만을 도와 실질적으로 봉기대장으로 임명된 자들은 정해룡, 양지동, 김당골 등이었고 그 아래에 참모들이 포진되어 있었다. '남조선'의 의미에 대하여는 뒤에서 논의하기로 한다.

녹색 비단으로 만든 기는 행동수칙기라고 할 수 있다. 북소리의 수효에 따라 조직구성원의 행동방식을 규정한 것이다.104) 봉기조직의 일사분란한 행동을 위한 약조로서 봉기시의 구체적인 행동수칙이었다. 이것은 이미 상당히 깊숙한 정도로 봉기계획이 추진되어 있었음을 의미한다.

홍색 비단으로 만든 기와 청·황·홍·흑·백색 명주로 만든 기는 여러 군대조직을 나타내는 것 같다. 홍색비단기는 일(日)과 월(月)의 두 부대를 의미하며, 명주기는 청색이 청룡기(靑龍旗), 황색이 중앙기(中央旗), 홍색이 주작기(朱雀旗), 흑색이 현무기(玄武旗), 백색이 백호기(白虎旗)를 나타내는데, 각각 하부 군사부대의 편제를 깃발로 표

---

102) 『황성신문』 광무 4년 4월 16일 雜報 '崔委任과 東學黨'에는 旗面에 '南朝鮮山如谷陸四明後峰' 등의 내용이 기재되어 있다고 하였는데, 여러 기면 중의 하나로 생각된다. 선봉, 중봉에 이은 후봉대장의 기가 아닐까 추측된다.

103) 『황성신문』 광무 4년 4월 16일 雜報 '靑山公報'에 보면, 徐淸風(정만)을 '今惑後能先生'이라고 하였는데 후령선생과 같은 것인지 분명치는 않다. 그러나 서정만이 이들 세력의 두목인 점은 틀림없다. 『황성신문』 광무 4년 4월 17일 論說 '乖類自陷不測'에 보면, 금혹후능선생 서청풍을 申由甲이나 최법헌(시형)과 함께 거론하고 있어 서정만의 비중을 짐작케 한다. 신유갑은 최제우가 남원의 은적암에 피신하였을 때 입교한 인물로서 동학의 別派로 파악되기도 한다(『東學史』/『동학사상자료집』 2, 388쪽 및 김지하, 「은적암기행 - 최수운과 남북접의 관계」 『남녘땅 뱃노래』, 두레출판사, 1985, 170쪽 참조).

104) 북을 한번 때리면 一心正氣, 두번 때리면 喧嘩一禁, 세번은 心祝, 그리고 北向四拜(4번), 一時行軍(5번), 坐定(6번), 起舞(擊錚) 등으로 규정되어 있다.

시한 것으로 보인다.

전투복은 녹색 명주로 짜여져 있고, 등뒤에는 '시천오제(侍天伍帝)'라고 쓰여 있다. 남아 있는 물건은 백색과 흑색의 두 가지인데 군사조직편제를 염두에 두면 그 색깔은 각각의 부대를 구분하기 위한 것으로 여겨진다. 각 부대의 깃발과 전투복에 같은 색깔을 사용하여 효율적인 지휘가 가능하도록 하였을 것이다. 그리고 송화색(松花色) 두루마리 하나에는 앞섶에 녹색으로 '세천왕시(世天王侍)'라고 쓰여 있는데 지휘자의 복장이 아닐까 생각된다. 1900년 3월 6일(음) 청산군에서 체포된 동학교도 3명도 풍신(風神), 용신(龍神), 호신(虎神), 명신(明神), 상신(翔神), 지신(地神), 수성신(水星神) 등의 글자가 적힌 적삼고의를 입고 있었는데105) 부대 편성과 관련이 있을 것이다.

다음으로는 동학농민운동의 이념과 지향에 대하여 검토한다. 이 부분은 백낙희 산포의 경우와, 서정만 부대가 작성한 소장, 발령, 전령, 그리고 체포된 자의 문초기, 제천행사시의 축문을 통하여 살펴볼 수 있다.

백낙희 산포의 봉기에서 특히 주목되는 의식은 청군과 협력하여 양왜(洋倭)를 배격한다는 점, 양왜와 결탁한 개화정권을 타도한다는 점, 단발령을 비판한다는 점, 정씨를 왕으로 삼는다는 점 등을 들 수 있다. 다시 말하면 척왜양으로 표출되는 강렬한 반제국주의의식에 친청(親淸)의식의 한계가 결합되어 있고, 강력한 반개화의식에는 정감록적 이상주의적 반체제의식이 결합되어 나타나고 있다.

동학농민운동의 구체적인 이념과 지향은 서정만 부대가 남긴 문서에 자세히 나타나 있다.106) 서정만을 소수(疏首)로 하고 정해룡, 김당골, 양지동, 정뇌성 등 14명의 명의로 된 1900년 3월의 소장은 '복합장명만고사적(伏閤章明萬古事蹟)'이라는 제목으로 되어 있다. 내용을 간

---

105) 주 87) 참조.
106) 주 83) 참조.

추려 보면, 첫머리에서는 임오군란 이후 대원군이 청나라에 잡혀 있었
던 사실과, 대원군 부인의 임종(1898년 1월 : 필자주)에 국왕부부가 소
홀했던 점을 지적하면서 정부를 비판하였다. 그런 다음 최제우와 최시
형의 처형으로 삼강오륜의 혈맥이 끊기고 보국(輔國)의 덕화(德化)가
중단되었다고 지적하는 한편, 일본의 침략이 우심하고, 왜당(倭黨)이
무리를 지어 정치를 어지럽히고 있다고 개탄하였다. 임진왜란 당시에
는 오성과 한음이 국가(옥쇄)를 보전하였지만 이제는 그럴 인물도 없
어, 자신들이 하늘님의 분부를 받아 국가의 운수를 보전하여야 하겠다
는 결의로 끝을 맺었다.

조선정부의 무능과 부패를 지적하는 점에서 반체제의 입장을 취하
고 있으며, 특히 일본의 침략과 그와 결탁한 친일파를 비판하고 있다.
북접교단의 손병희가 개화와 친일의 방향으로 나아가려는 단계인 점
과 대조하면, 북접교단의 지향과는 상당한 격차를 느낄 수 있다. 반체
제 반제국주의의 1894년 농민전쟁 정신을 계승하는 측면을 보여준다.
한편 대원군에 대하여는 비교적 친근한 감정을 노출하고 있다. 주목되
는 것은 최제우와 최시형의 법통은 인정하지만 손병희의 권위는 전혀
인정하지 않고 있다는 점이다. 그리고 민족적 위기를 극복할 수 있는
다른 정치세력을 발견하기 어렵기 때문에 결국은 이들 동학농민들이
아래로부터의 역량을 토대로 민족모순을 극복하고 국가의 안위를 꾀
해야겠다는 역사주체로서의 자각이 강하게 표출되고 있다.

그러나 정부를 비판하는 데 있어서 구조적인 차원에서 체제모순의
실체를 지적하기보다는 유교윤리인 효의 원리를 가지고 고종을 비난
하고 있는 점이나, 최제우나 최시형이 이룬 업적을 삼강오륜이나 보국
의 덕화 등 중세적인 이념으로 설명하는 점이나, 국가를 옥쇄 또는 국
왕으로 인식하는 점이나, 민족적 위기를 극복해야 한다는 역사주체로
서의 자각을 체제적 민족적 모순을 극복하면서 축적해 왔던 민중적 역
량에 두면서도 한편으로는 하늘님에게 의지하는 점 등은 대체로 반외

세 봉기를 계획하는 그들의 사상적 한계이면서 당시의 민중의식의 수
준을 보여준다고 생각된다.

1900년 3월의 '남조선발령(南朝鮮發令)'은 발신인이 '남조선 정(南朝
鮮 鄭)'이며 이를 각 읍으로 속히 전하라는 추신이 있다. 그 내용을 간
추려 보면, 1900년 3월 7일 발정(發程)할 예정인데 일반농민들은 추호
도 해치지 않을 것이니 안업효경(安業孝敬)할 것이며, 발정의 목적은
최제우의 쌓인 업원(業寃)과, 최시형의 이루지 못한 척왜양창의(斥倭
洋倡義)의 뜻과, 민비의 살해사건을 해결하기 위한 것임을 밝히고, 이
렇게 함으로써 장차 태평하여질 것이고 또한 한음이 옥쇄를 보전한 것
과 같이 이 위기를 구할 수 있을 것이라고 하였다. 지금 세상이 어지러
운 것은 동서남북 4학이 제 기능을 다하지 못하기 때문인데, '남조선도
역시 조선'이므로 이제 만세의 명인(名人)이 나타나 명세(命世)의 경
륜을 가지고 이를 해결할 것이라고 하였다. 또한 각 읍의 병정들은 예
의의 나라에서 오랑캐 복장과 오랑캐 모자를 쓰고 의기양양하는데 이
를 벗어버리라고 하였다.

'남조선발령'이라는 제목과, 내용 가운데의 '남조선도 역시 조선이다'
라는 표현, 그리고 발령인 '남조선 정'에서 나타나는 '남조선'의 의미는
무엇일까? 그것은 '남조선사상'의 의미, 봉기대상 지역의 의미, 북접교
단에 대비한 남접세력의 의미 등으로 해석할 수 있다.[107] 이러한 해석

---

107) '남조선 사상'은 조선후기에 이르러 민간 사이에 이상화된 은둔적 민중사상인
데, 그 이상사회를 구상화한 것이 '정감록'이라고 한다. 이러한 남조선사상을
종교사상으로 발전시킨 사람은 김제 母岳山의 姜甑山인데, 그가 도를 깨닫
고 활동을 시작하는 시기는 1901년 7월 5일이기 때문에 그가 남조선사상을
계승하였다 하더라도 이 글에서 취급한 소백산맥지역의 운동세력과는 무관
한 것으로 여겨진다. 소백산맥지역의 동학농민세력은 북접교단의 동학을 비
롯한 당시의 종교사회사상에 대한 대안으로서 사회변혁의 내용을 담은 남조
선사상과 정감록사상을 혼합하여 제시한 것으로 해석된다. 이러한 해석의 가
장 유력한 증거는 이들의 활동이 반외세의 봉기에 목적이 있었다는 점에서
찾아진다. 남조선사상에 대하여는 김지하, 「구릿골에서 - 강증산사상의 창조

들을 종합해 보면, 이들의 운동은, 북접교단과는 다른 남접계열의 동학
농민세력이, 전라·충청·경상도 접경지대인 한반도 남쪽의 소백산맥
지역에서, 남조선사상 및 정감록사상으로 이상화된 변혁이념을 가지고
농민전쟁의 정신을 계승하여 전개한 변혁운동을 의미한다고 할 수 있
다.

3월 7일의 '발정'은 봉기의 시작을 의미하는 것인데, 봉기과정에서는
일반농민들의 보호를 우선 첫째의 규율로 내세우고 있고 일반농민들
에게는 효경(孝敬)의 윤리를 권장하고 있다. 그리고 동서남북 4학의
무력함을 지적하고 있는데 그 구체적인 의미는 알 수 없지만, 다만 이
들 도학이 사회현실의 변혁에 무력하다는 점을 지적한 것으로 보인다.
여기서 '동학'이란 북접교단을 가리키는 것으로 생각된다. 교조 최제우
의 신원과 민비살해에 대한 분격, 그리고 갑오농민전쟁의 척왜양창의
의 정신을 계승하려는 의지를 보여준다. 특히 반외세의 입장이 분명히
나타나는데, 그것은 민족모순이 계급모순의 은폐 속에서 주요모순으로
등장하고 있는 객관적인 정세를 반영하는 것이다. 오랑캐복장은 일본
군복을 가리킬 것인데 제국주의와 결탁하여 개화하는 것에 대한 비판
으로 해석된다. 이념적 한계는 앞의 소장과 유사하다.

'전령(傳令)'은 보은군수에게 보낸 것인데 보국안민(輔國安民)의 뜻
으로 대인의 행차가 있을 것이니 병정들은 천령을 받들어 천심에 순응
하라는 내용이다. 남조선 정만(鄭萬), 정해룡(鄭海龍), 정뇌성(鄭雷聲)
의 명의로 발령하였다. 의도적으로 정씨만을 모아 발령하였고, 정만(鄭
萬)은 서정만(徐定萬)의 이름 정만(定萬)을 정씨로 표현한 것으로 짐
작된다. 남조선사상과 정감록의 영향이 여기에서도 나타난다. 전령은
봉기의 사실을 보은군수에게 포고하는 것인데, 봉기의 대의는 보국안

적 재해석」, 1984 ; 「남녘땅 뱃노래 - 강증산의 '남'사상 음미」, 1985/모두 『남
녘땅 뱃노래』에 수록 ; 유병덕편저, 『한국민중종교사상론』, 시인사, 1985 ;
『황성신문』 광무 4년 4월 17일 論說 '乖類自陷不測' 참조.

민으로 요약된 반외세에 있다고 하겠다.

서정만 세력은 봉기조직을 편성하기 위하여 종교행사를 이용하고 있었다. 보은 속리산이나 무주 덕유산에서의 제천행사가 바로 그것이다. 그들은 기도와 산천에 대한 제사를 올렸고, 특히 북해용왕에게 제사를 올려 봉기에 대한 정신적인 후원을 빌었다.108) 이러한 제천행사에 소백산맥 주변의 많은 농민들이 동원되었다. 이관동이 일시 머물렀던 상주나, 문경, 김산의 농민들도 수백 명씩 작당하여 속리산에서의 대도회(大都會)에 몰려들고 있었다.109)

마지막으로 이관동, 서정만 부대를 통하여 살펴본 남접을 계승하는 세력의 위상을 정리하기로 한다. 남접의 지도자인 전봉준, 손화중, 김개남은 농민전쟁 당시 이미 처형되었고, 남은 세력 가운데 일부는 북접교단에 접맥되었지만 농민전쟁의 정신을 계승하려는 세력은 여전히 변혁운동을 모색하고 있었는데, 이와 관련하여 주목되는 것은 서장옥(徐璋玉)의 행적이다. 서장옥은 1892~93년의 교조신원운동 당시 이 운동의 발의자였으며, 서울에서의 복합상소 단계에서는 상소 대신에 군사적 봉기를 통한 정부의 타도를 주장하기도 하였다.110) 호서의 인물로서는 전봉준과 교분이 두터웠고, 그래서 교단에서는 사문지난적(斯門之亂賊), 국가지공적(國家之逆賊)이라고 공격하기도 하였고,111) 다른 한편에서는 남접파의 최장로라고 인식되기도 하였다.112) 그런데 농민전쟁 당시로부터 1900년 여름 호서에서 체포되기까지113) 그의 행적이 불분명하다. 남접파의 최장로로서 남접세력이 구심점을 잃고 있

108)『황성신문』광무 4년 4월 16일 雜報 '崔委任과 東學黨'.
109)『일신』광무 4년 2월 5·6·30일, 3월 14·24일.
110)『천도교창건사』/『동학사상자료집』 2, 143쪽.
111)『동학사』/『동학사상자료집』 2, 518, 550쪽.
112) 조경달, 앞의 논문, 126~127쪽.
113)『사법품보』을, 광무 4년 9월 20일 평리원재판장의 보고서 ;『來照』광무 4년 9월 18일 조회 ;『비장훈학존안』광무 5년 2월 7일 평안북도관찰사의 고시.

었을 때 북접교단과 대등하게 이들을 지도할 수 있는 위치에 있었음에
도 불구하고, 그러한 구체적인 흔적이 아직 발견되지는 않았다. 그러나
그가 체포된 시점이 이관동과 서정만 세력이 봉기를 계획하다가 체포
된 직후였고, 이 해에 동학교도에 대한 대대적인 색출이 단행되어 많
은 동학교도들이 체포되었고, 그 와중에서 손병희는 동학의 방향전환
을 단행하게 되는 사정을 고려하면, 이관동 서정만 등의 세력과 서장
옥을 연결지어 보는 것은 결코 무리는 아니라고 생각된다. 더구나 서
장옥이 선객(禪客), 진인(眞人), 이인(異人), 궁적(窮賊)이라고 평가되
었던 점을[114] 이관동, 서정만 등 남접세력의 이념이나 지향과 견주어
보면, 서장옥이 이들 남접세력의 활동과 연결이 되었음을 추정할 수
있다.

또한 이관동, 서정만 등 남접세력의 활동과 활빈당의 활동을 연결시
켜 볼 수 있는 단서도 없지 않다. 1900년경부터는 활빈당의 활동이 본
격화되고 있었고 그들 세력 중 일부는 소백산맥 지역에서 활동하였는
데,[115] 이들 활빈당의 무리가 속리산, 덕유산에서 제천행사를 통하여
봉기조직을 편성하려던 동학농민과 결합될 수 있는 객관적인 여건은
충분하다고 생각된다. 당시 양호(兩湖)의 비도(匪徒)가 대체로 활빈당
과 동학당이라는 보도, 서정만 세력의 체포를 속리산에서 활빈당 20여
명이 체포되었다고 보도한 기사, 서정만을 활빈당 괴수라고 보도한 기
사는 그 사실여부와 관계없이 동학과 활빈당의 결합가능성을 객관화
시켜 준 것이라고 해석된다.[116] 이들 남접세력들은 이후 활빈당에도
가담하였을 것으로 예상되고 반외세의 의병전쟁으로 합류하였을 것으
로 생각된다.

---

114) 『동학사』/『동학사상자료집』 2, 549쪽.
115) 박찬승, 「活貧黨의 활동과 그 성격」 『한국학보』 35, 1984.
116) 『일신』 광무 4년 3월 12·14·16일.

5. 맺음말

이상에서 1894년 농민전쟁 이후 동학교단의 동향과 동학농민의 반외세운동의 양상을 살펴보았다. 동학교단은 교단지도부의 재정비에 수반하여 지방 포접조직이 복구되면서 재건되는데, 교단에서는 주로 평안도 지방을 중심으로 한 북부지방에 대한 신흥포교에 관심이 많았다. 최시형의 경우에는 종교활동과 조직보전에 주력하였지만, 손병희는 개화와 친일의 방향전환을 꾀함으로써 정치적인 변화에 편승하여 교단조직을 강화 장악하였고, 북부지방에 대한 포교에 상당한 성과를 거두었다. 이러한 과정에서 그 이전에 비하여 경제적으로 성장하는 세력이 다수 동학교단에 가담하게 되는 것으로 보인다.

반면 동학농민세력 특히 1894년 농민전쟁의 정신을 계승하려는 세력은 동학교단과 결별하고 독자적으로 사회변혁운동을 전개하였다. 이들은 농민층분화의 과정에서 농촌에서 탈락하여 나온 계층으로서 생산적 토대를 농업에 두고 있지 않았기 때문에 중세체제의 모순에 직접 부딪치는 것은 아니었고, 또한 시대적 상황이 민족모순이 주요모순으로 등장하는 과정에 있었기 때문에, 이들에 의한 변혁운동이 반외세운동의 형태로 나타날 수 있는 개연성이 높았다. 이들 세력은 각지에서 활동을 전개하였는데, 이 글에서는 황해도와 소백산맥 지역에서 그 활동을 포착하였다.

황해도에서는 변혁운동에 관심을 가지는 위동학당의 활동이 전개되고 있었다. 1900년경 임종현, 원용일 등이 봉기하려 하였던 사실이나, 1896년 백낙희, 김형진, 김창수에 의한 봉기는 강렬한 반일 반외세운동을 보여주었다. 1900년 소백산맥 좌우의 이관동, 서정만의 세력은 남접세력의 정신을 계승하여 반외세운동을 전개한 대표적인 사례였다. 이관동 세력은 전주에서 외국인 배척운동을 계획하였고, 서정만 세력은 군사를 일으켜 서울로 진공하려 하였다.

동학농민운동은 그 계급적 기반을 민중에 두고 있었고, 민중들이 주체가 되어 운동을 전개하여 나갔다고 생각된다. 농민전쟁 당시 활용되었던 산포조직이나 농민군의 군사조직이 더욱 세련된 형태로 치밀하게 이용되었다. 그리고 그들의 지향은 강한 반외세적 성격을 나타내는 한편 반체제, 반개화의 성격도 아울러 지닌다. 그런데 그러한 지향의 대안으로는 정감록적 사고가 남아 있는 한계도 지적하지 않을 수 없다. 물론 정감록적 사고는 당시의 의식수준에서 반체제 반개화의 이념을 표현하는 방식이었던 점도 분명하다.

이렇게 보면 이들의 활동은 흡사 '동학의병적' 성격을 지닌다고 할 수 있다. 1894년 농민전쟁이 반체제 반침략적 성격을 지니는 것은 주지하는 바인데, 그 반체제의 내용은 부농층의 경우 근대화로 인식되고, 빈농층의 경우는 반개화로 인식된 것이라고 할 수 있다. '동학의병적' 성격은 종교적 신앙보다는 사회변혁에 관심을 가지는 동학농민군으로서 그 지향이 반침략적, 반체제·반개화적 성격을 강하게 나타내는 것을 의미한다고 생각된다.

1894년 농민전쟁 이후 의병전쟁에 이르기까지는 여러 계열의 민중운동이 전개되었고, 그것은 민족모순에 의하여 촉발된 측면이 점점 많아져 간다. 이들 여러 계열의 민중운동은 결국 의병전쟁으로 수렴되는데, 그러한 '민중의병' 형성의 한 줄기로서 농민전쟁 이후 '동학의병적' 활동이 줄기차게 지속되었던 것이다.

제10장 대한제국시기 영학당(英學黨)운동의 성격

1. 머리말

　반체제, 반외세의 1894년 농민전쟁이 종결되면서 동학농민은 각 지방으로 흩어져 나갔다. 그 가운데 종교적 신념이 강하였던 집단은 동학교단의 재건을 위한 활동에 들어가게 되고, 사회운동에 강한 관심을 가졌던 세력은 반체제, 반외세의 민족운동을 재개하기 위하여 준비하고 있었다. 후자의 운동은 전봉준, 손화중, 김개남 등의 체포 처형으로 남접의 지도부가 붕괴된 상황하에서 동학의 남은 남접세력들에 의하여 추진되었다.그 대표적인 활동으로 1900년경 소백산맥 지역을 무대로 한 반외세운동과,[1] 이 글에서 다루려고 하는 영학당운동을 들 수 있다.

　영학당운동은 1898년 11월(음력) 흥덕농민의 항쟁과, 1899년 4월(음력) 고부, 흥덕, 무장, 고창에서의 무력봉기로 대표된다. 영학당은 이 두 사건을 통하여 반체제, 반외세의 민족운동을 전개하였다. 농민전쟁 이후 변혁운동에 관심을 가졌던 동학농민세력의 동향을 파악하는 데 있어서 이 영학당운동에 대한 검토는 반드시 필요하다고 생각된다. 영학당과 동학의 관계, 영학당운동의 전개과정, 계급적 기반과 지향 등을 검토해 봄으로써 영학당운동의 역사적 의의를 평가할 수 있을 것이다.

---

1) 이영호, 「갑오농민전쟁 이후 동학농민의 동향과 민족운동」, 『역사와 현실』 3, 한국역사연구회, 1990.

영학당의 활동에 대한 기왕의 연구를 정리해 본다면, 먼저 정창렬은 영학당운동을 농민전쟁, 의병투쟁, 만민공동회운동의 세 흐름이 복합적으로 합류한 것으로 파악하는데, 그 경제적 지향은 농민전쟁의 지향을 계승하여 중세적인 수탈, 개화파 정권의 경제정책, 그것과 연결된 일본의 경제적 침투에 저항하면서 소상품생산자로서의 자립 발전 그리고 농민적 토지소유의 발전을 지향하는 것이었다고 하였다.2) 김도형은 대한제국시기의 농민층의 동향을 고찰하는 과정에서, 1899년의 영학당운동이 균전(均田)문제를 배경으로 하여 일어났다는 점을 지적하였다.3) 신용하는 홍덕농민항쟁의 지도자 이화삼(李化三)에 대한 심문기록을 해제하면서 홍덕농민항쟁의 특징으로, 농민의 만민공동회운동으로 진행된 점, 농민동원조직에 두레가 활용된 점, 동학세력과 농민세력이 합류하여 운동의 중추세력을 형성한 점 등을 지적하였다.4) 오세창은 홍덕농민항쟁을 영학당운동의 배경으로 취급하고, 동학농민군의 일부가 영학의 조직으로 반제 반체제투쟁을 전개한 점과, 참가층이 몰락농민이었다는 점 등을 지적하였다.5) 그리고 이 시기 이후에 보다 본격적인 활동을 벌이게 되는 활빈당투쟁은 영학당운동과 대비하여 이해할 수 있는 민중운동으로서 주목된다.6)

그러나 영학당에 대한 이들 연구는 자료가 충분히 발굴되고 조사되지 못하여 사실정리의 착오도 없지 않고, 알려진 자료도 종합적으로 파악하여 정리되지는 못하였다. 또한 이 시기 민중운동을 파악하는 시각의 측면에서도 보완되어야 할 부분이 없지 않다고 여겨진다. 이들

2) 정창렬, 「한말 변혁운동의 정치 경제적 성격」『한국민족주의론』1, 창작과비평사, 1982.
3) 김도형, 「대한제국의 개혁사업과 농민층동향」『한국사연구』41, 한국사연구회, 1983.
4) 신용하, 「해제, 한말 英學黨 李化三등 供草報告書」『한국학보』35, 일지사, 1984.
5) 오세창, 「영학당연구」『溪村閔丙河교수정년기념사학논총』, 1988.
6) 박찬승, 「활빈당의 활동과 그 성격」『한국학보』35, 1984 참조.

연구를 보완하여 좀더 구체적으로 영학당운동을 검토하여 본다.

2. 전라도지방의 상황과 영학당의 결성

주지하듯이 1894년 농민전쟁은 전라도 고부, 무장, 태인 등지를 중심으로 일어나 확대된 중세사회 말기의 대농민전쟁이었다. 농민군은 전라도 일대 전체를 뒤흔든 진군의 끝에 전라도 관찰부이자 이씨왕조의 족향인 전주를 점령하여 조선정부에 충격을 가하였고, 이후 집강소의 설치를 통한 지방적 차원의 개혁을 추진하는 과정에서 갑오정권의 수립과 갑오개혁의 추진, 청일전쟁의 발발 등 외세의 침략에 직면하자 반외세를 목표로 한 제2차 농민전쟁을 일으켰다. 전라도지역의 농민전쟁은 경상도지역으로 비화하고 이후 강원도·황해도 지역에까지 확대되었다. 그러나 농민전쟁은 공주 전투에서 일본군과 합세한 관군에 패배하여 해산의 과정에 접어들게 된다.

1894년 농민전쟁은 군현단위 농민항쟁과는 달리 전국적으로 확대된 농민전쟁이었기 때문에 그 이후의 후유증은 대단히 컸다.[7] 향촌사회의 여러 계급 사이에는 대립과 갈등이 해소되지 못한 채 잠복하였고, 농민전쟁 과정에서 일어난 여러 가지 피해를 보복하는 등 향촌사회의 안정을 되찾기가 쉽지 않았다. 농민전쟁에 참가한 농민들은 도피 은신하거나 점차 타지역에 정착하여 갔지만 농민전쟁에서 해결하지 못한 많은 모순들을 해결하려는 의욕은 여전히 꺾이지 않았다. 아직 대안으로서 근대사회의 모습을 제시하지 못한 채 중세사회는 실질적으로 붕괴되고 있었던 것이다.

특히 농민전쟁의 최초의 출발지였던 전북지역의 경우 전통적인 향촌사회의 질서는 뿌리째 흔들려 있었다. 농민전쟁 과정에서 사족층이

---

7) 『司法稟報』甲, 1895년 5월 6일, 11월 12일.

나 지주층은 농민층과 극단적인 대립관계를 노정하였기 때문에 농민
전쟁의 종결 이후 표면적으로는 구래의 지배층이 다시 향촌사회의 지
배층으로 군림할 수 있었지만, 농민전쟁의 원인이 되었던 중세체제 모
순의 해결 없이는 향촌사회를 그대로 지탱할 수 없는 형편이었다.

1894년 농민전쟁에서와 마찬가지로 영학당운동에서도 주무대가 되
었던 흥덕, 고창의 경우에도 농민전쟁 과정에서 향촌의 사족·지주층
과 농민층이 직접적으로 대립하였다. 농민들이 봉기한 뒤 이들 지역이
곧바로 농민군의 수중에 들어갔고 집강소가 설치되어 농민들의 주도
로 지방적 차원에서 주로 삼정문제를 중심으로 한 중세체제 모순의 부
분적 개혁이 추진되었는데, 이러한 개혁만으로도 사족·지주층은 큰
위기를 느끼지 않을 수 없었다. 사족·지주층은 이에 반격하기 위한
준비를 암암리에 계획하고 있었고, 제2차 농민전쟁에서 농민들이 패배
하여 쫓기게 되고 관군이 진출하게 되자 곧바로 이들 관군과 결탁하여
'창의(倡義)'를 하게 되었다.[8] 이들은 향촌사회에서 동학교도와 농민군
을 색출하여 체포하였고, 향약 및 오가작통(五家作統)의 실시[9] 등에
앞장섰다. 이러한 상황에서 농민군은 은신하여 목숨을 부지하는 수밖
에 다른 길이 없었다.

그러나 동학농민군은 표면적으로는 해산되었지만 내면적으로 변혁
운동을 위한 준비를 점차 갖추어 나가고 있었다. 함평의 김태서(金台
書)의 경우, 그는 1894년 8월 함평의 접주 이은중을 통하여 동학에 가
입하여 농민전쟁에 참가하였다가 구사일생으로 도피하였는데, 그후 진
도 등지에서 상업이나 농업에 종사하면서 연명하다가 1898년 1월 22일
영광 삼남면 이문내에 정착하게 된 인물이었다. 사족 지주층과 관군을
피하여 은둔할 수밖에 없었지만, 그러나 변혁운동에 대하여는 끊임없

---

8) 『興德高敞倡義』.
9) 김용섭, 「광무개혁기의 양무감리 김성규의 사회경제론」, 『한국근대농업사연
    구』, 일조각, 1975, 417~418쪽 ; 金星圭, 『草亭集』 권7.

는 관심을 가지고 있었을 것이다. 그가 1898년 영학당에 가입하여 영
학당의 칠읍계장(七邑稧長)까지 되는 것은[10] 그러한 태도를 반영한다
고 생각된다. 농민전쟁의 경험과 거기서 형성된 사회의식이 어떤 형태
로든지 사회적인 모순을 해결하기 위한 운동을 전개하려는 의지를 심
어주었을 것이다. 1896년 봄의 나주농민항쟁에 김순여 등 동학농민군
의 남은 세력들이 적극 가담한 것도[11] 한 예가 될 것이다.

동학농민군의 남은 세력들은 1894년 농민전쟁의 정신을 계승하여
변혁운동을 전개하기 위하여 준비하고 있었다. 주로 남접세력이 중심
인 그들은 구체적인 조직을 확보하지 못하고 잠복한 상황이었기 때문
에 일단 교단조직을 확보하고 있던 북접세력에게 의지하지 않을 수 없
었다. 전라도지방의 손화중포 출신인 손병규(孫秉奎), 홍계관(洪桂寬),
최익서(崔益瑞) 등이[12] 최시형(崔時亨)에게 설포(設包)를 요청한 사
실은, 이러한 사정을 잘 보여준다. 이것은 북접교단과 이들 남접세력과
의 관계를 파악할 수 있는 아주 중요한 매개고리가 된다. 이들은 1896
년 8월, 당시 상주에 머물고 있던 최시형을 찾아가 설포를 청원하였다.
그러나 최시형은 "지금의 설포가 잿불을 다시 살리는 것과 다름이 없
으니 한갓 무익할 뿐 아니라 세상을 어지럽히기 쉽다"고 하면서 이를
거부하였다.[13] 이때의 설포는 사실상 기포(起包), 즉 농민전쟁의 개시
라고 해석해야 할 것이다. 손병규는 어떤 인물인지 잘 알 수 없지만,
홍계관은 1894년의 제1차 농민전쟁에서 고창 출신의 군장급 인물로 활
약하였으며 영학당 운동에서도 두목으로 지목된 인물이다.[14] 최익서는

10) 『사법품보』 갑, 光武 3년 1월 11일 英學罪人金台書取招記, 광무 3년 6월 29
    일 全羅南道警務署在囚罪人金台書供招案.
11) 위의 책, 建陽 元年 8월 18일.
12) 『金洛喆歷史』, 27~28쪽.
13) 『天道敎會史草稿』 『동학사상자료집』 1, 아세아문화사, 477쪽.
14) 吳知泳, 『東學史』 『동학사상자료집』 2, 아세아문화사, 469쪽 ; 『全羅南道高
    敞郡就捉亂黨口招同類姓名居住幷錄成冊』(광무 3년 6월).

후술하듯이 영학당의 무력봉기를 직접 지휘한 지도자이다. 이들이 1894년 농민전쟁의 3대 두령 중 한 사람인 손화중의 부하라는 점이 주목되는 부분이다.

조직의 재건과 이를 통한 농민전쟁의 시도가 동학교단에 의해 거부되자, 이들은 동학의 명분을 가지고는 운동조직을 결성하기가 어렵다고 판단하고, 실질적으로는 동학과 다름없지만 명분으로서는 동학과는 다르고 어떻게 보면 동학과는 오히려 반대되는 것처럼 보이는 영학(英學)을 제창하게 된다.15)

이와 같이 실질적으로는 동학이면서 어떻게 명분으로는 동학과 대립되는 영학을 제창할 수 있었는가? 그것은 농민전쟁 이후 이 지방에서 급속히 전파되고 있었던 서학(西學)의 사정과 밀접한 관련이 있다. 서학은 천주교가 대표적인데, 1866년 한불조약을 계기로 천주교는 포교의 자유를 획득하여 합법적으로 포교활동에 들어갔다.16) 천주교의 포교를 담당한 신부들은 모두 치외법권을 지니고 있었고, 그들이 확보한 신도들도 역시 이러한 치외법권적 보호를 받을 수 있는 것으로 여겨졌다. 천주교 신부들은 교인이 관계된 일은 무엇이든지 간섭하여 교인의 편을 들었다. 전주교당의 학도가 멀리 흥양에까지 진출하여 채무를 족징하기도 하였고,17) 태인에서는 논에 물대는 일로 교인이 행패를 부리기도 하였다.18) 장성에서는 장지문제와 품삯지급문제로 교인들의 행패가 있었다.19) 진산에서는 서교에 입교한 서리가 공전(公錢)을 횡령하고도 교당의 비호를 받으면서 군수와 대립하기도 하였다.20) 이러

---

15) 『皇城新聞』, 광무 3년 2월 18일 雜報 '英學爲虐'에 의하면 영암의 김태서가 영학이라는 종교를 수십년 동안 믿고 전파하였다고 하였는데, 영암은 영광, 수십년은 수년의 잘못이다(『사법품보』갑, 광무3년 2월 5일 참조).
16) 이원순, 「한불조약과 종교자유의 문제」『교회사연구』5, 1987.
17) 『全羅南北來案』(규 17982의1), 건양 2년 4월 2일, 4월 20일, 5월 22일.
18) 위의 책, 건양 2년 8월 10일, 광무 원년 8월 25일, 10월 9일.
19) 위의 책, 광무 2년 6월 7일, 8월 19일.
20) 위의 책, 광무 2년 12월 25일, 광무 3년 1월 13일, 2월 17일.

한 일에 프랑스 신부들이 개입하여 교인을 옹호하였다.

서교에 가입하는 자들은 동학교도 중 체포되지 않은 자(東徒之漏網者), 죄를 짓고 도망한 자(犯罪而逃命者), 채무를 지고 갚지 않은 자(負債而未報者), 생업이 없어 몰락한 자(無産而破落者)들이라고 인식되었는데, 서교에 가입하는 이유는 서교에서 "교민은 조선관헌의 관할이 아니다"라는 입장을 견지하면서 교민을 보호하고 있었기 때문이었다.[21] 서교에 가입하는 자들 가운데는 순수한 신앙심에서 그렇게 하는 자들도 있지만 이와 같이 치외법권적 특권에 의하여 보호를 받거나 불법을 저지르려는 자들도 적지 않았다. 지방수령들도 교당을 끼고 벌어지는 불법행위를 철저하게 단속하지 못하는 실정이었다.

위에서 언급한 장성에서의 사건으로 프랑스 신부와 대립하였던 군수 김성규는 이 사건으로 말미암아 군수직에서 밀려날 것이라는 소문이 나기도 하였는데,[22] 서교의 위세가 이러한 지경이었다. 여기서 주목되는 것은 당시 동학은 철저하게 탄압을 받고 있었지만 서교는 오히려 비호를 받고 지방수령에게도 대항하고 있었다는 점이다. 따라서 동학의 여당이 이에 투탁하여 생명을 유지하려는 경향은 자연스러운 일이었다. 동학의 여당은 천주교에도 투탁하였고, 아관파천 이후 세력을 떨치고 있었던 러시아를 등에 업은 러시아 정교회에 투탁하기도 하였고,[23] 기독교 개신교에 가입하기도 하였다.

이러한 상황은 농민전쟁 이후 동학의 조직을 재건하려는 동학농민에게 명분이 다른 영학을 내세워 운동조직을 정비하게 하는 객관적 조건이 되었다. 영학을 동학이나 서학과 혼동하여 이해한 것은 이러한

21) 『外部全羅南北道來去案』(규 17982의3), 광무 8년 3월 26일. 서교에 가입하는 자들은 負罪亡命者, 欲藉爲行悖者, 包藏禍心者, 愚而無識者들이라고 지적하기도 하였다(『전라남북래안』, 광무 2년 6월 7일).
22) 『전라남북래안』, 광무 2년 6월 7일.
23) 이만열, 「한말 러시아 正敎의 전파와 그 敎弊問題」『숙명여대논문집』26, 1987 ;『忠淸南北道來去案』1, 광무 6년 8월 12일, 17일, 21일, 23일.

이유에서이다.24) 영학이 동학의 사회운동성을 이어받으면서도 명분은 서학과 상통하는 영학에서 구하였던 것이다. 그러므로 영학은 조직적인 측면에서는 동학조직과 다름없지만 명분적인 측면에서는 서학을 표방한 이중적인 성격을 지니고 있다고 할 수 있다. "겉으로는 영학을 칭하지만 내실은 전일의 동학"이라는 영학당의 진술에서도 이를 알 수 있다.25) 1899년 영학당의 봉기가 일어났을 때 영학당으로 당명을 바꾼 동학당의 여당이 옛 근거지인 전주, 고부 등지에서 봉기한 것으로 파악한 견해가 있었던 것도 영학당의 이러한 이중적 성격에서 비롯된다.26)

그런데 '영학(英學)'이란 구체적으로 무엇을 의미하는가? 그 계통이 서학(기독교)이고 그것도 천주교가 아니라 개신교인 것은 분명한 사실이지만, 수많은 교파로 갈라져 있는 기독교 개신교 가운데 어떤 교파가 영학과 관련되는지는 정확하게 밝히기가 어렵다. 다만 여러 가지 방증을 종합하여 두 가지 갈래로 추정이 가능하다. 하나는 영국 성공회이고, 다른 하나는 미국 남장로교 계통이다.

먼저 영학을 영국 성공회와 관련짓는 근거는 우선 영국인 목사가 영학조직과 연결되어 등장한다는 점이다.27) 그런데 영국계통의 기독교로는 영국 성공회 이외에 감리교, 구세군이 더 있지만, 감리교는 미국을 통하여 한국에 유입되었고, 구세군은 훨씬 뒷 시기인 1908년에 유입되었기 때문에 영학과 관련지어 이해하기 어렵다. 반면에 영국 성공회는 1890년에 한국에 들어왔고, 1890년대에 전라남도 지방에 선교사를 파견한 적이 있으며, 1911년 당시 선교사가 20명, 교도수는 3,510명으로 되어 있어서28) 영학이 영국계통의 기독교와 관련이 있다면 성공회로

---

24) 『日新』, 광무 4년 1월 23일 ; 『續陰晴史』 상, 권9, 광무 3년 6월 24일.
25) 『사법품보』 갑, 광무 3년 7월 15일 匪類罪人供招記.
26) 『황성신문』, 광무 3년 6월 5일 논설.
27) 주 10)과 같음. 영국인 목사가 자료상에는 '英國人미목사', '英國敎師'로 표현되어 있는데 '英國人미목사'의 '미'의 의미가 분명치 않다.

볼 수도 있다.

다른 하나는 영학을 미국 남장로교 계통의 선교사와 연결짓는 것이다. 영학계안(英學稧案)의 학명을 '예슈교'라고 하고 목사를 칭한 점,[29] 감리교와 장로교 사이의 선교분할 협정에서 전라도 지방에 대한 선교권이 미국 남장로교 선교사들에게 넘어간 점,[30] 남장로교 선교사들이 전주를 선교활동의 중심지로 삼으면서 1897년 5월 예수병원을 짓는 등 선교센타로 삼은 지역이, 고부 말목장터에서 영학당의 무리들에게 설교를 행한 영국인 목사의 거주지인 전주 완산칠봉(完山七峯) 지역과 일치한다는 점[31] 등에서 그 근거를 찾을 수 있다.

이와 같이 영학의 정체를 분명하게 규정하기는 어렵지만, 영학당이 기독교 개신교를 이용하고 있는 것은 분명하다. 그러나 당시 개신교는 '야소교(耶蘇敎)'로 표현되고 미국의 장로교와 감리교에 의하여 주도권이 장악되었기 때문에, 미국 남장로교를 굳이 영학이라고 할 이유는 없었으며, 영국 성공회 주교 조마가 신부가 영학당이 영국 성공회와 무관한 것임을 밝히고 있는 점에서[32] 영국 성공회와도 관련짓기 어렵다. 영학의 교리가 기독교적인 것으로 되어 있는 등 영학이 기독교적 형식을 이용하고 있는 것은 사실이지만, 영학당은 처음부터 운동조직으로 결성되었기 때문에 이러한 교리는 외면을 가장한 데 불과한 것이었다. 영학당은 동학의 새로운 운동조직이었고, 그것도 동학교단과는 관련이 없었던 동학의 남은 남접세력의 운동조직이었던 것이다.

영학당은 주로 전라도지역에서 조직을 확대하였다. 영학당운동이 고창 전투에서 실패한 이후 체포된 영학당의 인물들을 조사해 보면, 영

---

28) 한국기독교사연구회편, 『한국기독교의 역사』 1, 1989, 185~192쪽 ; 이현종, 「구한말 서구계종교의 포교상황」 『이대사원』 9, 1970, 21쪽.

29) 주 10)과 같음.

30) 『한국기독교의 역사』 1, 213~218쪽.

31) 주 10)과 같음.

32) 『황성신문』 1900년 3월 1일 잡보 '敎會致函'.

학당은 주로 정읍, 부안, 태인, 고부, 장성, 홍덕, 무장, 고창 등지에 조
직되어 있었고, 그밖에 순창, 담양, 만경, 김제, 나주, 전주, 금구, 함열,
광주 등지에도 조직이 있었다.[33] 영학당조직의 확대에는 동학의 포접
조직 이외에 계조직이 활용되었다. 영학당조직의 확대과정은 김태서와
최익서의 활동을 통하여 살펴볼 수 있다.

김태서는 1898년 8월 3일 고부로 가는 중 장성에서 동네사람 송문여
와 정읍의 최일서를 만났는데 그들이 영학가입을 권유하여 교전(敎錢)
5전을 내고 영학계안에 이름을 올렸다. 그리고 계장이 되어 영학책자
등 도구들을 지고 최일서의 지시를 받아 행동하였다.[34] 이들은 각지를
다니면서 조직을 확대하여 농민들로 하여금 계안에 들게 하였다. 계안
에는 영학원입자(英學願入者)의 성명과 봄·가을 2차에 걸쳐 거두는
계전을 기록하였다. 김태서는 장성, 무장, 영광 등지에서 31냥 3전을
수취하였고, 그만큼의 가입자를 확보하였을 것이다. 김태서는 방서(榜
書)와 회문(回文)을 붙여 조직을 확대하라는 최일서의 지시를 받고 영
광으로 돌아와 8월 16일 영광의 사창, 남계 등지에 이를 게시하고 교전
의 납부와 입안(入案)을 사람들에게 종용하였다. 방서를 통하여 봄에
는 2월 15일, 가을에는 9월 29일 집회(設稧)를 연다고 광고하였다.

9월 26일에는 고부 말목장터로 집합하라는 지시를 받고, 김태서는
송문여와 함께 이 집회에 참석하였다. 고부의 말목장터는 고부농민항
쟁의 시발점이고 이 고부농민항쟁의 발발이 결국 1894년 농민전쟁으
로 이어졌다. 말하자면 고부의 말목장터는 1894년 농민전쟁의 성지 가
운데 하나인 셈이다. 그런데 이 말목장터에서 영학당의 집회가 개최되
었던 것이다. 고부의 말목장터가 영학당에 의해 중요한 집회장소로 활
용되고 있는 것은 영학당이 동학의 남접세력에 의하여 추진된 농민전

---

33) 주 14)와 같음.
34) 『사법품보』갑, 광무 3년 1월 11일 英學罪人金台書取招記 참조. 같은 책, 광
　　무 3년 6월 29일 全羅南道警務署在囚罪人金台書供招案에는 고부의 이종형
　　인 李京煥의 권유로 영학계안에 가입하였다고 진술되어 있다.

쟁의 과정을 재현하고 있음을 상징적으로 암시해 준다. 고부의 말목장 터에 모인 영학당의 수효는 5, 6백 명 가량이었는데 전주로부터 온 영국인 목사의 설교가 있었다.[35)]

김태서가 활동한 1898년 여름 이전에 이미 영학당운동의 지도자 최익서가[36)] 이 지역에서 조직을 확대하고 있었고, 그 방법은 역시 '수계 (修稧)'의 형태였다. 계조직을 만드는 것처럼 위장하여 은밀하게 취당 하였던 것이다. 그러나 내면적으로는 예전의 동학과 마찬가지로 수도 (受道)관계에서 비롯되는 접주관계를 형성하면서 조직의 확대를 꾀하 고 있었다. 즉 고창 전투에서 체포된 장성의 임벽화는 최익서로부터 수도하여 접주가 되었고, 임벽화의 포섭으로 고창의 조재용도 1898년 3월 최익서로부터 수도하였다.[37)]

이와 같이 영학당의 봉기를 위한 조직화의 과정이 꾸준히 진척되어 가고 있었다. 봉기를 위한 조직화는 당시의 사회적 모순, 특히 전라도 지방의 사회경제적 조건을 배경으로 하여 전개되었다. 대한제국시기에 접어 들어서도 농민전쟁에서 제기되었던 체제적인 모순과 민족적인 모순이 해결되지 못한 채 그대로 남아 있었고, 보다 심화되어 가고 있 었다. 체제적인 모순은 지방관의 토색과, 전라도지방과 관련하여서는 균전문제가 대두되어 있었다. 민족적인 모순은 농민전쟁 이후 제국주 의의 침투가 본격화되어 반(半)식민지적인 상황으로 치닫고 있었기 때 문에 체제적인 모순보다 좀더 주요한 모순으로 부각되고 있었다. 그 가운데 농민경제를 직접적으로 파괴한 것은 개항장과 연안의 포구를 통한 외국상인의 침투와 그들의 무역활동, 특히 미곡수집 및 수출활동 이었다. 1897년 10월의 목포개항, 1899년 1월의 군산개항은 미곡유출

---

35) 이상 1898년 김태서의 조직활동에 대하여는 주 10) 참조.
36) 최익서는 정읍 남이면의 만화동에 거주하고 있고, 최일서는 정읍 서일면에 거주하여 다른 인물로 보이지만, 이들의 활동은 매우 유사하기 때문에 동일 인일 가능성을 배제할 수 없다.
37)『全羅南道高敞郡捉得亂黨姓名罪目幷錄成冊』(광무 3년 6월).

과 관련한 농민들의 위기감을 극도로 고조시켜 가고 있었다. 이러한 상황은 영학당운동의 지향과 직결되는 사회경제적 배경을 이루는 것이었다.

3. 1898년 흥덕농민의 반체제운동과 영학당

1898년 11월 15일(음력)부터 18일까지 일어났던 흥덕농민의 항쟁은 기본적으로 군수의 부정에서 연유된 반체제적 성격을 지니고 있다. 그런데 여기에는 당시 이 지역에서 조직을 확대하고 있었던 영학당의 세력이 지원하고 있었던 것으로 보인다. 이 사건의 전개과정을 간략하게 살펴본 뒤 모순관계, 주도층, 조직, 의식과 지향 등에 대하여 검토하기로 한다.

흥덕군수 임용현(林鏞炫)은 농민군에 의하여 5가지의 죄목을 지목받았다. 조세수취의 가혹성, 고마답(雇馬畓)을 작인에게 방매하고 그 대금을 횡령한 일, 모경답(冒耕畓)·척량답(尺量畓)을 작인에게 방매하고 그 대금을 횡령한 일, 교임(校任)·훈임(訓任)·이임(吏任)을 뇌물을 받고 임명한 일, 군내에서는 방곡(防穀)을 실시하면서 세금을 가지고 싼 가격으로 미곡을 무역한 일 등이 그것이다.

이러한 군수의 부정은 11월 초순 북면 송관오가(宋觀五家)의 대상(大祥)에 모인 사람들에 의해 제기되었다. 송관오는 제언 모경답 2두락이 양안에 올라가 과세되었기 때문에 불만이 많았고, 따라서 군수의 전반적인 부정행위에 대한 불만이 터져 나올 수 있는 자연스러운 분위기가 형성되었다. 이 자리에서 북면 중남당의 이화삼(李化三)이 민간의 공의에 따라 군수의 부정이 바로 잡아져야 한다고 주장하였는데, 이러한 주장이 외남당의 송민수(宋敏洙)를 만나 논의하는 과정에서 구체화되었다. 그들은 처음에는 합법적인 방법으로 등장(等狀)을 올리기로 계획하다가 마침내 무력으로 관아를 점령, 군수를 위협하여 문제를 바로잡기로 합의하였다. 이화삼은 칠성동의 이진사 및 동면 관정리의 최주백, 안사유, 서운익 등과 비밀회합을 갖고 무력봉기를 계획하였다. 이때 이화삼은 영학회장(英學會長)을 칭하고 있었는데, 흥덕의 농민항쟁에 영학의 조직이 어떤 역할을 담당하였는지는 알 수 없다.

11월 15일 저녁 외남당의 송민수는 나팔을 불고 꽹과리를 울리고 장고를 두드려 동민을 소집하였다. 그는 부안 이감역가에서 뒷산에 몰래 장례를 지내므로 이를 저지해야 한다고 하면서 농민들을 동원하였다. 하남당에서도 이와 같이 하여 100여 명이 모였다. 이화삼도 중남당의 농민을 소집하고 동면의 생기리, 산양리, 관정리에 들어가 참여하지 않으면 가옥을 파괴하겠다고 하면서 농민들을 동원하였다. 이리하여 300여 명의 농민들을 동원할 수 있었다.

16일 새벽 농민군은 흰수건을 머리에 동여매고 죽창과 나무몽둥이로 무장한 뒤 이이선(李二先)의 선봉대 100여 명을 앞세우고 흥덕관아로 돌입하였다. 농민군은 동헌으로 들어가 창호를 부수고 군수를 끌어내고 물건을 탈취하며 서리를 구타하였다. 그리고 관인(官印)을 탈취하였다. 관인은 왕명을 받은 군수의 행정을 상징하는 것인 바 관인이 농민군의 수중으로 들어간다는 것은 군단위에서나마 농민권력의 구축을 의미한다고도 할 수 있다. 그러나 농민군은 이를 흥덕군의 행정이나 개혁에 사용하지는 않았다.

군수의 부정행위를 시정하기 위하여 관아를 점령한 농민군은 이화삼의 주도로 민회(民會)를 개최하였다. 민회는 독립협회가 서울의 종로에서 개최한 만민공동회(萬民共同會)를 모방한 것이었다. 이미 이화삼은 서울의 만민공동회에 참여하여 연설을 행한 경험을 가지고 있었다. 그는 9월 8일 상경하여 만민회를 참관하고, 10월 8일에는 인화문 앞에서 열린 만민공동회에서 연설까지 하였던 것이다. 이화삼의 이러한 경험이 흥덕농민항쟁에 그대로 원용되었다. 이화삼은 대청 한가운

데 서서 만민공동회의 연설방식을 모방하여 "만민다 드러봅소 흥덕원
을 여기 두고 재판하는게 가하냐 월경을 시기고 우리거지 공사하난게
가하냐 양단간에 소견해서 말합소"라고 하여 민회의 의견을 묻는 방식
으로 3차에 걸쳐 논의를 거듭한 후 군수를 흥덕군 밖으로 축출하기로
결의하였다.

이제 군수가 축출된 이상 흥덕군의 행정책임자는 공백인 상태로 되
었다. 그 행정을 담당할 새로운 방식이 필요하였다. 관인도 이미 수중
에 있었다. 그러나 이화삼은 이를 담당할 생각이 없었다. 그는 군수의
축출을 후회하기 시작하였다. 그리하여 농민군을 설득하여 군수를 귀
환시키기로 작정하였다. 관아를 점령하고도 개혁을 위한 구체적인 조
치를 취하기는커녕 기본적인 행정조차 시행하지 않았다. 이렇게 되자
농민군은 동요하였고, 농민군이 약화되자 각 면 훈임 및 민인들이 이
화삼의 행위를 추궁하고 나섰다. 군수의 부정행위에 대한 구체적인 증
거를 제시하라는 것이었다.

18일 아침 이화삼은 각 면당 10명씩을 남기고 나머지 농민군은 귀가
시켰다. 사태가 불리해질 것을 예상하여 농민들의 피해를 줄이려는 생
각이었다. 그날 저녁 순검이 왔다는 소식을 들은 관속들은 이화삼 등 6
명을 체포하여 수감하였고 나머지는 도주함으로써 사태는 끝이 나고
말았다.[38]

전남관찰부에서는 순검을 파견하여 사태를 수습하는 한편 장성군수
김성규를 명사관(明査官)으로 삼아 조사처리하게 하였다. 김성규는 우
선 주동자와 추종자를 구분하고, 죄인체포를 빙자한 순교들의 침해행
위를 엄히 단속하였다.[39] 그리고 주동자 이화삼과 수서기 박우종을 집
중적으로 심문하였다. 그 결과 '난민(亂民)'의 죄목을 6가지로 파악하
였다. 즉 서울의 독립협회를 모방하여 스스로 민회를 칭하면서 불법을

---

38) 이상은 『興德郡亂民取招査案』 및 신용하의 앞의 논문 참조.
39) 金星圭, 『草亭集』 권8 公文 告示興德郡各面各里大小民人.

자행한 점, 군수를 축출한 점, 관인을 탈취한 점, 조세 300냥을 탈취한 점, 관아의 물건을 탈취한 점, 이지백, 송민수, 최주백의 사감(私感)에서 비롯된 점 등이다.[40] 반면에 군수의 부정은 밝혀보려 하였지만 증거가 희박하다고 하였다. 김성규는 농민의 죄상은 분명하고 군수의 부정은 드러나지 않는 점을 매우 우려하는 눈치였지만, 조사결과는 농민들에게만 죄를 씌우는 것이었다. 주동자들은 그후 1899년 영학당운동이 진행되는 와중에서 재판을 받고 처벌을 받았다.[41]

이상의 전개과정을 통하여 알 수 있듯이 농민들은 군수의 부정행위를 비판하였다. 이것은 중세사회에서 끊임없이 제기되어 왔던 국가-농민관계에서 나타나는 모순의 전형적인 형태이다. 국가의 입장에는 군수뿐만 아니라 서리들이 가담되어 있고 이들에 의하여 모순이 더욱 첨예화된다. 이 가운데 주목되는 점은 군수가 사포(沙浦)의 채내삼(蔡乃三)에게서 1만여 냥을 빌려 쓴 사실과, 방곡 및 무미(貿米)에 관한 사실이다. 전자는 후술하듯이 1904년 반침략적 성격을 지니는 채내삼 일가의 홍덕봉기로 연결되며, 후자는 무미를 반대하는 영학당운동의 반외세적 성격과 연결되는 문제이다. 군수가 농민들에게 방곡하게 하여 미가를 낮게 만들고서 시가보다 싼 가격으로 미곡을 사들였던 것이다. 군수가 사들인 미곡은 필경 타 지역에서 비싼 가격으로 매매될 것이고, 특히 포구를 통하여 중간상을 거쳐 일본으로 빠져 나갈 것이었다. 군수의 부정은 국가-농민관계에서 나타나는 모순을 기본으로 하면서도 이제 주요모순으로 전화하고 있는 민족모순과도 연결되었던 것이다. 농민들의 저항은 기본적으로 국가-농민관계의 체제적 모순을 대상으로 하는 것이지만 그 내부에 민족적 모순에 대한 저항을 포함하고 있으며 이것이 1899년의 영학당운동에서 크게 부각되는 것이다.

주도층은 이화삼 송민수 이진사 최주백 안사유 서운익 이이선 이복

---

40) 위의 책, 권8 公文 曉諭興德郡北面一東兩面大小民人文.
41) 『사법품보』 갑, 광무 3년 6월 10일, 7월 25일.

환 정계술 박기수 채기엽 이성도 등이다. 이 가운데 이화삼 이이선 이
복환 정계술 박기수 채기엽 등 6명이 체포되고 나머지는 도주하였다.
이화삼이 송민수와 함께 농민군을 동원하여 지휘하고, 이이선은 호서
에서 동학접주를 역임한 인물로서 선봉장의 역할을 담당하고, 이진사
최주백 안사유 등이 참모의 역할을 담당하고, 이복환 정계술 박기수
등이 행동대로서 앞장섰다.

　이화삼은 공주인으로서 서울에서 10여 년간 거주하면서 1896년 3월
1일에는 이해덕이라는 이름으로 학부주사를 5개월간 역임하였는데 그
해 4월에 기로소둔토세전(耆老所屯土稅錢)을 횡령한 죄목으로 고부군
에 구속되었다가 8월에 석방되었고 주사직도 이때 파면된 듯하다. 곧
궁해진 이화삼은 흥덕 중남당의 족인 이지백(李之白)의 협실(挾室)에
우거하게 되면서 이 지역사정에도 관여하게 되었다. 그는 1898년 9, 10
월에 서울의 만민공동회에 참관, 연설하게 되면서 새로운 운동방식을
체득하게 되었고 이를 흥덕봉기에서 원용하였다. 대체로 이화삼이 대
장으로 표면화되었지만 그는 서울의 만민공동회에 참여하고 돌아온
뒤 얼마되지 않았고 흥덕군의 사정에도 밝지 못하였다. 송민수 최주백
안사유가 봉기를 계획하고, 만민공동회의 경험을 가졌을 뿐만 아니라
영학당의 조직을 배경으로 두고 있었던 이화삼을 전면에 내세운 것으
로 보인다.

　이들의 계급적 성격을 검토해 보면 이화삼은 학부의 주사까지 역임
한 것으로 보아 양반신분으로 보이는데 이 당시에는 경제적으로 몰락
한 상태였다. 족인의 협실(협호)로서 생애를 유지하고 있었다. 정계술
박기수는 고용살이(머슴)를 하고 있었고, 채기엽은 가세가 빈곤하여
주점을 운영하고 있었다. 이복환 이성도는 이화삼의 주호(主戶)인 이
지백의 아들과 동생으로서 어느 정도의 경제력은 가지고 있었을 것으
로 추측된다. 이밖에 봉기가 진행되는 과정에서 군수의 축출과 인신의
탈취를 주도한 '봉두난발자(蓬頭亂髮者)' 또는 '무지초목배(無知樵牧

輩)'의 존재가 드러나는데 이들 빈농세력이 농민항쟁의 힘의 근원이었던 것으로 보인다. 이들은 이화삼의 입장과 일정하게 대립되었던 듯하다.

한편 이들 및 봉기한 농민군과는 대립하는 향촌세력이 존재하였다. 이미 지적한 바와 같이 갑오농민전쟁 당시 흥덕과 고창에서는 유생들이 동학농민군을 진압하기 위한 창의군을 편성하였었다. 그들은 서리들과 향임들 그리고 이들과 이해관계를 같이하는 세력들이었다. 그들은 서로 협력하여 농민군이 약화되고 순검이 도착한 시점에서, 이화삼을 비롯한 주동자들을 체포 구금하였다. 향임으로는 향유사(鄕有司) 고시구(高時龜)와 각 면의 훈임(訓任)들이 포함되어 있었다.42) 유사 고시구는 농민전쟁 당시에도 창의군에 참여하였던 인물이었다.43) 농민군이 군수의 부정을 시정하기 위해 봉기하였다면 이들은 군수의 치적을 강조하는 세력이었다. 지배세력과 반체제세력의 대립구도가 여전히 향촌사회에서는 유지되고 있었다.

봉기의 원동력은 봉두난발자 또는 무지초목배로 표현되는 빈농층에서 찾아지며 주도층은 특별히 계급적 성격을 규명할 수는 없다. 자료가 없어서이기도 하겠지만 이제 이 시기에는 여러 가지 민중운동조직이 형성되고 그들 조직을 움직여 나가는 원리 또는 이념이 형성되어 있어서, 그러한 일종의 혁명적 의식을 영유한 인물들이 주동자로 등장해 나오는 분위기가 형성되고 있었기 때문이다.

봉기에 동원된 조직적인 문제로는 영학당조직, 두레조직, 만민공동회의 조직을 검토할 수 있다. 영학당조직이 흥덕봉기에 어떠한 역할을 담당하였는지 구체적인 증거는 나타나 있지 않지만 이화삼이 영학회장을 칭하고 있었던 점, 선봉장 이이선이 영학의 전신이라고 할 수 있는 동학의 접주였던 점, 이화삼이 체포된 직후 고부 부안 등지의 영학

42) 위의 책, 광무 3년 1월 25일 ;『흥덕고창창의』.
43) 주 8)과 같음.

당이 그를 탈취할 것으로 인식되었던 점,[44] 그리고 후술하듯이 음력 3월 25일경 영학당이 고창으로 이감된 이화삼을 탈취하기 위하여 고창을 공격한다는 소문이 퍼져 있었던 점,[45] 이화삼을 광주로 이송한 날 영학당의 봉기가 일어난 점[46] 등에서 볼 때 영학당조직이 흥덕봉기에 직접 가담하지는 않았다 하더라도 그 배경을 이루었다는 사실은 부인할 수 없다.

농민의 공동노동조직인 두레가 농민을 동원하는 데 이용되었다. 나팔을 불고 꽹과리와 징을 울리고 장고를 쳐서 농민을 소집한 사실이 바로 그것이다. 농악을 울리는 것은 농민을 소집하는 데 통상적으로 이용되었던 방법이었다.[47]

만민공동회는 서울에서 독립협회가 주도한 집회인데 이러한 집회의 양식이 각 지역으로 퍼져나가고 있었다. 1898년 가을 서울에서 만민공동회가 개최된 이후 각 지방에서는 독립지회(獨立支會)가 열려 읍폐와 민막을 토론한다는 보도도 있었다.[48] 김성규는 "서울의 민회가 비록 개명의 관건이라 하더라도 각 지방의 협잡배가 경회(京會)를 빙자하여 말로 다하기 어려운 폐단이 있다"고 하면서 민회방식의 유포를 우려하였다.[49] 그러나 향촌사회에는 이미 향회가 농민의 의견을 수렴하는 기구로 존재하고 있었다. 그런데 흥덕봉기에서는 향회가 개최되지 않았다. 향회소집의 일반적인 방식인 통문도 돌려지지 않았다. 합법적인 항의방법인 등장의 방법도 채택되지 않았다. 농민을 동원하는 데에도 봉기의 의도를 직접 알리지 않고 금장(禁葬)문제 또는 등장을 빙자하였다. 소수의 인원이 사전에 치밀하게 계획하고 봉기를 추진하였

---

44) 『興德郡亂民取招查案』.
45) 『사법품보』 을, 광무 3년 6월 11일.
46) 『황성신문』, 광무 3년 6월 22일 別報 '南擾의 顚末'.
47) 신용하, 앞의 논문 참조.
48) 『황성신문』, 광무 3년 2월 21일 잡보 '南遊傳說'.
49) 주 44)와 같음.

다. 그러나 봉기를 추진하여 관아를 점령하고서는 민회를 개최하고 민회의 결의를 따라 행동방침을 결정하였다. 이 민회는 종래의 향회와는 달리 만민공동회의 방식을 도입한 농민대회였다. 민회는 가부의 방식으로 의사를 결정하였다.

홍덕군수의 부정은 당시에 있어서는 일반적인 것이었는지도 모른다. 그러나 농민들은 이제 사소한 부정에도 분개하지 않을 수 없었고 또 그럴 만한 조직적인 배경도 있었다. 체제적인 모순이 제거되어야 한다는 데 대부분 동의하고 있었다. 수년전 전국을 휩쓴 농민전쟁도 귀중한 역사적 경험으로 간직하고 있었다. 홍덕농민항쟁은 이러한 체제적인 모순을 제거하려는 구체적인 움직임이었다. 그러나 홍덕농민항쟁은 개별분산적인 반체제 농민항쟁의 성격을 벗어나지 못하였다. 지도자 이화삼은 영학회장으로서 또 만민공동회의 일원으로서 능히 봉기를 지도할 수 있는 지위에 있었지만 합법적인 등장과 민회 등의 방법과, 비합법적인 봉기의 방법 사이에서 방황하였다. 봉기 이후에도 군수를 민회의 결정에 따라 축출한 뒤 다시 군수의 귀환을 추진하는, 운동노선의 혼동을 범하였고, 봉기의 목적을 달성하기도 전에 농민군을 해산하였다. 군수를 축출하고 관인을 확보하는 것은 국지적인 차원에서 농민권력을 구축하는 것을 의미하는데, 이화삼은 관인의 장악을 거부하고 농민권력의 구축을 주저하였던 것이다.

이와 같이 홍덕농민항쟁은 개별분산적인 반체제 농민항쟁의 한계를 벗어나지 못하였지만, 이러한 과정을 통하여 농민들은 보다 주요한 모순인 민족모순을 제거하기 위한 힘을 모을 수 있었다. 농민들은 곧이어 반외세의 항쟁을 전개하지 않으면 안 되었다. 홍덕농민항쟁은 그 시초에 서 있었고, 반외세의 항쟁은 그 이후 영학당조직이 주도하였다.

4. 1899년 영학당의 반외세운동

1898년의 흥덕농민항쟁은 이화삼의 체포와 함께 막을 내렸지만 농민들의 저항의식은 그대로 잠복되어 있었다. 그것은 1899년 봄 이 지역 일대의 균전(均田)문제를 중심으로 한 농민의 저항을 촉발시켰고, 그리고 영학당에 의한 무력봉기로 이어졌다.

균전문제는 전주 옥구 김제 금구 임피 부안 태인 등 7개 읍의 진전(陳田)개간문제로 발단되었다. 그 경과를 간단히 살펴보면, 이 지역이 1886, 1888년의 흉년으로 황폐하여 진전이 되자 1891년 전주사람 김창석(金昌錫)이 균안(均案)에 들어오면 결세(結稅)는 영원히 면제하고 3년 후부터 논 1두락에 조(租) 3승씩 수납한다고 선전한 후 이 약속을 지키지 않고 그해 가을부터 도조(賭租) 3승을 수납하였다. 1892년에는 두락당 7승씩 가징(加徵)하고 결세도 징수하였다. 1893년에는 두락당 2두 2승씩 가징하였다. 그러다가 1894년 농민전쟁 당시에는 거두지 못하였고 1896년에는 태인의 임병찬(林炳瓚)이[50) 균전위원이 되어 두락당 2두씩 징수하고 1897년에는 만경군수 손병호(孫秉浩)가 균전감리를 겸임하여 두락당 2두씩 거두었다. 1902년에는 균전 3천여 석락에서 매년 1만 석의 상납이 강요되어 사담례(私畓例)로 두락당 7, 8두씩 수취하였다.[51)

균전문제의 요점은 소유권의 귀속문제와 도조 및 결세 수취문제라고 볼 수 있다. 균전문제는 1893년 전주항쟁을 야기하였고 이는 고부농민항쟁이 갑오농민전쟁으로 확산되는 데 결정적인 기여를 하였다.[52)

---

50) 태인의 임병찬은 동학의 남접두령인 김개남을 체포하였고, 한말에는 최익현과 함께 의병을 일으켰으며, 한일합방 이후에도 의병활동을 계속한 인물이다. 『騎驢隨筆』, 林炳瓚조 ; 『訴狀』(법부편), 건양 2년 3월, 4월 참조.
51) 『起案』(규 17746-제9책), 광무 8년 7월.
52) 김용섭, 「高宗朝의 均田收賭問題」 『한국근대농업사연구』 하(증보판), 일조각, 1984.

균전사 김창석을 처단하라는 요구가 격렬하게 제기되었다. 그러나 균
전문제는 해결되지 않은 채 여전히 불씨를 안고 있었다. 이것이 1898
년 가을에서 이듬해 봄에 이르기까지 다시 폭발하게 되었다.[53] 이 시
기에는 광무양전사업이 추진되고 있었고, 왕실에서도 왕실소유지에 대
한 사검(査檢)사업을 준비하고 있었기 때문에 균전의 소유권을 누구에
게 돌려야 할 것인가 하는 것도 큰 문제였다.[54]

균전문제로 야기된 농민들의 저항은 수 차례의 청원과 실력행사로
나타났다. 농민들은 균전의 혁파를 강력히 요구하는 과격한 헌의(獻
議)를 올리기도 하고 강제적인 도조수취에 저항하여 동시다발적으로
여러 지역에서 수천 명씩 둔취(屯聚)하여 농성을 벌이기도 하였다. 그
러나 정부에서는 진위대를 동원하여 무력으로 진압하였고 그 과정에
서 부상농민이 속출하였다. 이렇게 되자 농민들은 군기(軍器)를 가지
고 무력봉기를 꾀하게 되었다. 균전문제를 일으킨 장본인인 전주의 김
창석가를 습격하기도 하였다. 그러나 균전문제를 관장하는 궁내부대신
이재순은 농민들의 요구를 거절하였다.[55]

이와 같이 이 지역에서는 균전의 혁파를 요구하는 농민항쟁이 발생
하고 있었고, 그것은 이 지역의 영학당운동과 밀접한 관련을 가지는
것으로 이해된다. 1893년 균전문제 해결을 촉구하는 전주항쟁과 그에
대한 정부의 탄압이 동학교도가 관계된 고부농민항쟁을 계기로 농민
전쟁의 확산을 재촉하였던 것처럼, 1899년의 영학당운동도 영학회장이
관계한 흥덕농민항쟁과 균전혁파를 요구하는 균전농민들의 전주항쟁
을 이어받아 이 지역에 그 운동을 확산시키게 된 것이다.

영학당운동은 이와 같이 흥덕농민항쟁과 균전농민들의 저항운동을

---

53) 정창렬, 앞의 논문, 54~55쪽.

54) 주 52)와 같음.

55) 『황성신문』, 광무 3년 2월 18일 잡보 '願罷均田', 3월 24일 잡보 '全州消息', 3
월 27일 잡보 '全州民擾', 5월 29일 잡보 '南郡民擾', 5월 30일 잡보 '其來無
訪' ; 『속음청사』 상, 권9, 광무 3년 6월 13일, 24일.

배경으로 하면서 조직적으로 전개되었다.56) 영학당은 1899년에도 계속 조직을 확대하고 있었고 우선 홍덕농민항쟁의 주동자인 이화삼의 석방 내지는 탈취를 목표로 하여 활동하였다. 체포된 영학회장 이화삼을 고부 부안의 영학당이 탈취할 것을 염려하여 5, 6십 명의 민정(民丁)이 그를 지키기도 하였다.57) 고부 태인 등지의 영학당이 이화삼의 석방을 요구하기도 하였다.58) 3월 25일에는 영학당 200여 명이 '호남공동대회 설소(湖南共同大會設所)'를 깃발에 쓰고 홍덕에 집회하여 고창에 수 감된 이화삼을 탈취하려 한다는 풍문이 돌고 있었다. 그들은 고창군의 수비와 탐문에 밀려 해산하고 말았지만 이화삼의 탈취와 함께 무력봉 기를 위한 군기의 확보를 도모하고 있었다.59) 이러한 상황은 고부농민 항쟁 이후 농민전쟁이 일어나기 직전의 상황과 유사하였다. 봉기를 준 비한 지역도 거의 일치하고 있다.

다시금 1894년 농민전쟁과 같은 대대적인 반체제 반제투쟁으로 확 산될 것이 기대되는 분위기였다. 당시 홍덕농민항쟁의 주동자인 이화 삼은 고창군에 수감되어 있었는데 반하여, 수서기 박우종은 홍덕군에 수감되어 있다가 석방되었고, 홍덕군수였던 임용현은 뇌물수수혐의로 조사를 받다가 곧 하동군수로 임명되었다.60) 이러한 사정이 영학당의 무력봉기에 공감하는 분위기를 조성하고 있었다.

---

56) 영학당운동에 대하여 당시 『황성신문』에서는 처음에는 동학당의 여당이 당 명을 영학당으로 바꾸어 옛 근거지인 전주 고부 등지에서 봉기한 것인지, 아 니면 균전문제로 야기된 전주사건이나 군수의 학정에서 비롯된 홍덕민요와 같은 민란인지 판단을 잘 내리지 못하고 있다가(『황성신문』 광무3년 6월 5일 논설), 나중에는 그것이 홍덕민란을 주동한 영학당 두령을 칭하는 이화삼과 관련된 영학당의 난으로 파악하고 있다(『황성신문』 광무3년 6월 22일 별보 '남요의 전말').

57) 주 44)와 같음.

58) 주 46)과 같음.

59) 『사법품보』 을, 광무 3년 6월 11일 보고서.

60) 『황성신문』 광무 3년 5월 29일 잡보 '남군민요' ; 『사법품보』 을, 광무 3년 4월 6일 보고서.

영학당이 봉기를 통하여 추구하는 목적은 갑오농민전쟁에서 이루지 못한 뜻을 실현하는 것이었다. 즉 고창 등지를 공격하여 무기를 확보한 뒤 영암민란소(靈巖民亂所)로 향하여 그 장두 최옵바시로와 합세하여 광주를 함락하고 그리고 전주감영을 함락하여 세력을 확대한 뒤 경성을 공격하려는 것이었다.[61] 1894년 농민전쟁의 진군과정과 흡사하였다. 당시 영암에서는 "향회사(鄕會事)로 민요(民擾)가 대기(大起)"하여 군수와 결탁한 간향(奸鄕)을 농민들이 공격하였다고 하는데,[62] 그것은 아마도 군수가 이포(吏逋)를 민간에서 재징수하려 한 사건과 관련되는 것으로 여겨지며 이러한 이포문제로 영암에서는 그 뒤에도 계속 농민항쟁이 일어났다.[63] 영학당이 합세하려 한 것은 1899년 봄 영암에서 일어난 바로 이 농민항쟁이었던 것으로 짐작된다. 그리고 이 과정에 무안·목포를 공격하여 개항장의 외국인 침투를 징벌할 계획도 포함하고 있었다.[64] 일본이 함대를 목포에 파견한 것도 그들이 농민군의 이러한 계획을 알고 있었기 때문이었다.[65]

영학당의 봉기는 정읍의 최익서가 주도하였는데 애초에 부안의 김여중(김낙철)이 함께 봉기하기로 계획이 되어 있었으나 김여중은 시기상조라 하여 봉기하지 않고 최익서만이 봉기하였다.[66] 최익서가 최시형으로부터 설포의 허락을 받지 못하여 영학당을 중심으로 활동한 데 반하여, 김여중은 최시형의 교단과 밀접한 관계를 가지고 있었고, 그의 신중한 태도는 교단의 태도와 일치하는 것으로 보인다. 결국 영학당은 서울을 공격하여 새로운 사회와 정권을 수립하려는 원대한 포부를 가

---

61) 주 37)과 같음.
62) 『황성신문』, 광무 3년 3월 20일 잡보 '靈巖民擾'.
63) 『일신』, 광무 3년 9월 8일, 10월 1일.
64) 『사법품보』 갑, 광무 3년 7월 全羅北道井邑古阜所捉匪類供案.
65) 『황성신문』 광무 3년 6월 23일 별보 '南擾의 顚末(續)'.
66) 『사법품보』 갑, 광무 3년 7월 全羅北道井邑古阜所捉匪類供案 ; 『김낙철역사』.

지고 있었다. 또한 최익현이 무장 등지에 통문을 돌려 거의(擧義)할 것
을 계획하고 있었다는 소문이 돌고 있었는데,[67] 이러한 보수유생의 거
의가 기본적으로는 농민들과 같이 반외세적 입장에 있었기 때문에 이
와 짝하여 봉기를 일으킨다면 성과가 있을 것이라고 예상하였다.

이러한 상황에서 영학회장 이화삼의 석방 및 탈취를 명분으로 하여
세력을 규합하고 또한 이를 영학당을 동원하는 명분으로 삼을 수 있었
다. 그러나 사실은 이화삼의 석방보다는 무기의 획득을 통한 본격적인
무력봉기의 준비에 그 목적이 있었다. 수비가 막강한 고창을 습격하려
는 기도를 일단 포기하고 4월 18일(음) 고부군을 습격하여 군기를 탈
취하고 죄수들을 석방한 것은 이러한 사정에서였다. 마침 이 날은 고
창감옥에 투옥되어 있던 영학회장 이화삼을 광주로 이송한 날이었다.
영학당은 고부로부터 시작되는 무력봉기로 세력을 확대한 후 고창을
습격하여 이화삼을 석방하려는 의도도 가지고 있었을 것이다. 고부를
습격한 영학당은 각 지역에 방문을 게시하여 '보국안민(輔國安民)'의
봉기취지를 선전하였다.[68] 고부에서 무기를 획득한 영학당 300여 명은
20일 흥덕을 공격하여 다시 무기를 탈취하고, 21일에는 한 부대가 무
장을 공격하여 무기를 탈취하였다. 그리고 22일에는 고창을 공격하였
다.[69] 고창을 공격한 영학당은 평양자를 쓰고 흰수건과 누런 수건으로
머리를 감쌌고, 옷에는 도서를 찍었고, '보국안민'을 쓴 깃발을 들은 모
습이었다고 한다.[70]

영학당이 고부를 습격한 소식을 들은 고창군수는 광주에 응원을 요

---

67) 주 64)와 같음.
68) 주 46)과 같음.
69) 『사법품보』 을, 광무 3년 6월 11일 보고서 ;『사법품보』 갑, 광무 3년 7월 全
　　 羅北道井邑古阜所捉匪類供案, 광무 3년 7월 15일 匪類罪人供招記, 광무 3
　　 년 9월 地方隊押來匪類罪人供案 ;『황성신문』, 광무 3년 6월 22일 별보 '남
　　 요의 전말'.
70) 『독립신문』, 광무 3년 6월 19일 잡보 '비도모양'.

청하는 한편 군사를 100여 명 모집하고 인근 군읍의 응원과 장성군의 포수 파견을 요청하였다. 그러나 장성군에도 영학당의 습격소문이 있고 포수의 대부분이 영학당 등에 투신한 경우가 많아 겨우 10명의 포수가 징발 파견되는 데 그쳤다. 고창에 대한 영학당의 공격은 4월 22일 개시되었다. 영학당 300여 명은 총과 창검을 들고 고창군 서쪽 11리 지점의 수정(藪亭)으로 진입하였다. 마침 지척을 분간할 수 없는 폭우가 쏟아지는 가운데 화승총은 물에 젖었고 수성군의 매복 공격에 당하여, 영학당은 패하고 말았다. 수성군은 패주하는 영학당을 추격하여 고부에까지 이르러 이를 궤멸시켰다. 광주의 병정 40여 명은 그 이튿날 고창에 도착하였다.71) 수성군은 각 촌락을 수색하여 영학당을 체포하였다. 영학당의 잔당을 체포하는 데 보부상이 활용되기도 하였다.72) 그 과정에서 무고한 농민들이 다수 체포, 고문을 당하였다.73) 그리고 각 군에서는 민병을 모집하여 방위를 하고 순검을 파견하여 기찰하는 한편,74) 각 촌락은 저항의 근거를 없애기 위하여 오가작통과 소비규칙(勦匪規則)을 만들어 경계를 강화하였다.75)

한편 정부에서는 영학당이 무력봉기하자 그 대책을 논의하였다. 병정을 파견하여 완전히 소탕하여야 한다는 의견과 효유하여 귀화시켜야 한다는 주장이 나왔으나,76) 영학당의 봉기가 확산되자 외국공관에 외국인의 피신을 요청하는 한편 전주진위대로 하여금 진압을 지시하고 별도로 강화지방대 200명을 파송하는 조치를 취하였다. 그러나 고창수성군이 승리를 거두자 강화병의 파병은 중지하였다.77) 또한 영학

---

71) 『황성신문』, 광무 3년 6월 22일 잡보 '남요의 전말' ; 변만기, 『鳳南日記』, 광무 3년 4월 20~24일/『鳳棲鳳南日記』(국사편찬위원회 간행)에 수록.
72) 주 64)와 같음.
73) 주 59) 및 『봉남일기』, 광무 3년 5월 1~3일.
74) 『일신』, 광무 3년 5월 1일.
75) 『봉남일기』, 광무 3년 5월 13일.
76) 『황성신문』, 광무 3년 6월 3일 잡보 '英學事件'.
77) 『황성신문』, 광무 3년 6월 5일 잡보 '南擾消息'.

당의 일부가 목포로 향한다는 소문을 듣고 일본함정 마야호가 목포로 향하였다. 그리고 영학당이 패한 후에도 재기를 염려하여 병정 210명을 고부 태인 홍덕 정읍 부안 거산 등 각 군에 배치하였다.[78]

결국 영학당은 고부 홍덕 무장에서는 목표대로 무기를 획득하였지만 고창을 공격하다가 실패함으로써 본격적인 무력봉기는 시도하지 못하고 말았다. 전라도지역에서 영학당운동이 끝난 이후에도 영학당은 충청도 임천 한산 등지 또는 경상도 진주 등지에서 활동하였는데,[79] 점차 그 기세가 꺾이면서 다른 운동조직으로 흡수되어 간 것으로 보인다.

5. 영학당운동의 성격

여기서는 1899년에 일어난 영학당의 무력봉기를 중심으로 영학당운동의 목적, 조직, 주체, 이념과 지향 등에 대하여 차례로 정리하고 이를 종합하여 영학당운동의 성격을 규정하기로 한다.

영학당운동의 궁극적인 목적은 1894년 농민전쟁과 같이 전국적이고 본격적인 반체제 반외세운동을 전개하는 데 있었다. 이러한 궁극적인 목적을 실현하기 위하여 먼저 일차적으로 전라도지방 일원을 석권하여 체제의 모순을 일소하는 한편 조직을 정비하고 세력을 규합한 뒤, 제국주의의 침략이 전라도지방에서 표출되는 창구였던 목포 개항장을 공격하여 그 반제국주의적 입장을 천명하려 하였다. 그리고 이를 토대로 서울로까지 진출하여 체제적 민족적 모순을 일소하여 새로운 사회와 정권을 수립하려는 것이었다. 그러한 무력봉기의 본격화를 위해서는 무기와 군사력의 확보가 필수적이었고, 고부 홍덕 무장 고창 등지

---

78) 주 65)와 같음.
79) 『황성신문』, 광무 4년 2월 21일 잡보 '慶南東徒' ; 『일신』, 광무 4년 1월 4일.

를 습격한 것은 바로 이 무기와 군사력의 확보를 위한 것이었다. 영학
당운동이 구체적으로 전개되는 과정에서는 관가, 서리가, 부호가 등이
공격을 당하였다.

영학당의 조직으로는 동학의 포접조직, 군사조직, 그리고 계조직을
들 수 있다. 기왕의 동학조직은 영학당 내부에서 주로 활용되고 새로
운 인원을 포섭할 경우에는 주로 계조직을 활용한 것으로 보인다. 영
학당의 우두머리를 '영학계장(英學稧長)', '수계장(首稧長)'으로 칭하고
'칠읍계장(七邑稧長)' 등과 같이 각 읍을 통합하는 책임자를 두었던 것
은 계조직을 활용한 증거가 된다. 영학의 수계장은 정읍군 서일면의
최일서였고 7읍계장은 영광 삼남면의 김태서였다. 김태서는 고부 흥덕
고창 장성 영광 무장 함평 등 7읍의 계장이었다. 김태서가 영광군에 게
시한 방서 가운데는 그들의 집회(예배)를 대동계(大同稧)의 설계(設
稧)로 파악하고 이 대동계는 기강을 세우고 풍속을 바르게 하는 곳이
라고 선전하고 있는데, 바로 향촌사회에서 일반적으로 조직하였던 계
조직의 형식을 빌리고 있음을 알 수 있다.[80] 영학당운동의 주동자인
최익서도 조직을 확대하는 과정에서 '수계(修稧)'라고 하여 계조직을
활용하고 있었다.[81] 기왕의 동계는 동단위의 지역성을 지니고 있는데
반하여 영학당의 계는 그러한 지역적 범주를 벗어나 영학당의 이념을
중심으로 조직되었다.

동학의 포접조직과 군사조직은 고창 전투에서 패한 영학당이 일부
체포되어 진술한 내용과, 그들이 체포되지 않은 동료 영학당의 인물과
거주, 지위를 진술한 내용에서 파악할 수 있다. 고창군에서 체포하여
취조한 (1)『全羅南道高敞郡捉得亂黨姓名罪目幷錄成冊』(광무 3년 6
월)과, 고창군에서 조사하여 작성 보고한 (2)『全羅南道高敞郡就捉亂
黨口招同類姓名居住幷錄成冊』(광무 3년 6월)과, 전라남도관찰부에서

---

80) 『사법품보』 갑, 광무 3년 1월 11일 英學罪人金台書取招記.
81) 주 37)과 같음.

고창군의 보고를 토대로 재작성한 (3)『全羅南道高敞郡被捉亂黨口招
同類姓名居住錄成冊』(광무 3년 6월)의 자료를 종합하여 대조하여 보
면, (1)의 자료에는 접주(接主), 포군성찰(砲軍省察), 포군순찰(巡察),
행군집사(行軍執事), 서기, 대장기수 등의 직책이 나오고, (2)의 자료에
는 거괴(巨魁), 모사(謀士), 포사장(砲士將), 성찰, 운량관(運粮官), 서
사(書寫), 거괴통인(通引) 등의 직책이 나오고, (3)의 자료에는 거괴,
두목, 대접주, 접주, 모사, 포사대장(砲士大將), 포사장, 포사(砲士), 운
량관, 성찰, 서사, 거괴통인 등의 직책이 나타난다. (2)와 (3)을 비교해
보면 포사장은 포사대장과 동일한 직책이 되고, (2)의 거괴가 (3)에서
는 대접주와 다수의 접주, 그리고 두목으로 나타난다. (2)의 인물 가운
데 (3)에서는 직책이 없어지거나 제외되는 경우도 있고, (2)에서는 직
책이 없다가 (3)에서 접주, 포사의 직책을 가진 것으로 나오기도 한다.

이러한 비교를 통하여 알 수 있는 것은 동학의 포접조직이 봉기시의
군사조직으로 재편성되어 있다는 점이다. 영학당은 동학의 포접조직을
내부조직의 정비와 세력확대의 방법으로 이용하는 한편 봉기시에는
이를 군사조직으로 편재하여 전투에 임하였던 것이다.

또한 '호남공동대회설소(湖南共同大會設所)'와 같은 기구가 설치되
기도 하였다. 이것은 향촌사회의 향회의 조직이 독립협회의 만민공동
회의 조직과 결합된 양상을 보여준다. 이러한 조직은, 군현단위의 농민
항쟁에서 농민을 결집하는 조직으로서 이용되었던 향회가 그 표현 그
대로 향촌사회 즉 군현 및 면리의 범위를 벗어날 수 없었던 것과는 달
리, 그러한 향회를 토대로 하면서도 이제는 지역적인 범주를 벗어날
뿐만 아니라 근대적인 회의방식인 만민공동회의 방식을 도입하여 보
다 이념을 중심으로 결집된 조직의 성격을 나타내고 있다고 생각된다.

다음으로는 영학당운동의 주체에 관한 문제이다. 주체문제는 주동자
와 참가층으로 구분하여 검토할 수 있다. 주동자로는 정읍의 최익서
(崔益瑞), 부안의 김여중(金汝中, 김낙철과 동일인)이 지목되기도 하

고,[82] 고부의 정익서(鄭翼瑞), 태인의 김문행(金文行), 정읍의 최익서로 지목되기도 하였다.[83] 그런데 정익서는 1894년 1월 김도삼과 함께 전봉준을 보좌하여 고부농민항쟁을 주도하였던 인물로서,[84] 그가 영학당운동에서 어떠한 활동을 하였는지 확일할 수 없기 때문에 영학당운동의 주동자로 설정하기는 어렵다. 그리고 최익서와 함께 최시형에게 설포를 건의하였던 홍계관이 영학당운동에 참가하였다.[85] 이미 지적한 바와 같이 대접주, 접주, 두목으로 구성된 거괴들이 각 지역에서 농민군을 동원한 지휘자들이었음에 틀림없다.

최익서는 무력봉기로 나타난 영학당운동의 최고 지도자였다. 영학당을 주도적으로 조직한 자가 바로 최익서였다. 그는 손화중의 부하로서 1894년 농민전쟁에 참여하고 농민전쟁 이후에는 끊임없이 조직을 확대하고 설포를 시도하는 등 맹렬한 변혁운동을 전개한 인물이었다. 다음으로 김여중은 김연국을 통하여 동학에 입도한 뒤 농민전쟁 이후 향촌사회가 그 후유증을 앓고 있었던 당시에 전라도 지방에서 동학조직의 재건에 활발한 활동을 전개한 인물이었다. 그리하여 전라도지방에서는 동학의 고위 직책에 임명되어 있었고, 최시형과 긴밀하게 접촉하고 있었다. 김여중은 최익서와 함께 영학당의 봉기에 참여하려다가 시기상조라 하여 봉기하지 않았는데 그의 행동은 동학교단의 영향을 받은 것이었다. 그는 영학당운동의 결과 수배를 받았지만 계속 피신하면서 종교조직의 보전과 사회운동을 전개하였다. 그는 1900년 이관동의 세력이 전주에서 반외세운동을 전개하려 하였을 때 이에 연루되기도 하였다.[86] 다음으로 김문행은 농민전쟁 당시 김개남 산하의 대접주로

---

82) 주 64) 및 『김낙철 역사』.
83) 주 78)과 같음.
84) 巴溪生,「全羅道古阜民擾日記」/伊藤博文편, 『秘書類纂 朝鮮交涉資料』 중권, 1970, 348쪽.
85) 주 37)과 같음.
86) 이영호, 앞의 논문 ; 『김낙철 역사』 참조.

서 태인에서 활동하였고, 제2차 농민전쟁 당시 태인 전투에 전봉준과 함께 참가하였으며, 단발령이 내렸을 때에는 호남유림의 장성회의에 참가하기도 하였다.[87] 그뒤 1902년 체포되었다. 영학당운동에서는 태인의 거괴로 지목되었다. 이와 같이 영학당에는 최익서, 김여중, 김문행이 관여하였지만,[88] 처음 조직화단계에서부터 무력봉기에 이르기까지 최고의 지도자는 정읍의 최익서였고 그에 의하여 영학당운동이 전개되었다.

영학당운동의 참가층에 대하여는 체포된 자들의 진술을 통하여 그계급성의 단면을 볼 수 있을 뿐이고 그 구체적인 실상을 알 수는 없다. 영학당운동 직후부터 본격적인 활동에 들어가는 활빈당의 계급성과 비교해 볼 때 농민이 상대적으로 많음을 알 수 있다.[89] 이것은 경제적으로는 열악하지만 아직 농촌을 완전히 떠나지 못한 농민들을 중심으로 영학당이 조직된 것을 의미한다. 비교적 빈농층들이 이러한 조직에 적극적으로 가담한 것으로 보인다. 그리고 신분적으로는 평민층, 천민층이 주로 가담하였다. 천민층 가운데서도 주도층이 배출되고 있었다. 예를 들면 1894년 농민전쟁 당시 손화중의 휘하에서 천민농민군을 지휘하였던 홍낙관(洪洛寬)이 영학당운동에 거괴로서 참가하고 있었다. 그는 고창의 재인(才人)출신이고,[90] 홍계관과 형제간이었다.

영학당운동은 반체제 농민항쟁과 같이 직접적으로 농촌사회의 모순을 계기로 하여 발발한 것이 아니기 때문에 그 주체의 계급성을 분명하게 분석할 수는 없다. 물론 영학당이 흥덕농민항쟁에서와 같이 반체

---

87) 『巡撫先鋒陣謄錄』/『동학란기록』 상, 565쪽 ; 『동학사』/『동학사상자료집』 2, 467쪽 ; 『사법품보』 을, 광무 6년 6월 27일, 광무 7년 2월 13일 ; 『소장』(법부편) 제40책 광무 9년 5월 懲役罪囚金文幸의 청원서, 제42책 광무 9년 10월 監獄署在囚金文幸의 청원서.

88) 『全羅南道高敞郡被捉亂黨口招同類姓名居住錄成冊』(광무 3년 6월).

89) 박찬승과 오세창의 앞의 논문 참조.

90) 신용하, 「갑오농민전쟁 시기의 농민집강소의 활동」 『한국문화』 6, 1985, 33, 45쪽 및 주 14) 참조.

제 농민항쟁에 적극 가담하고 있는 점은 분명하다. 참가층 가운데 농촌에서 생활을 영위하는 인물들은 빈농층이 압도적으로 많았으리라고 여겨진다. 그러나 주동자들은 이미 그러한 일상적인 생활에서는 벗어나 조직활동과 운동에 전념하고 있었다. 주동자들의 계급성은 그들의 이념과 지향을 통하여 보다 분명하게 확인할 수 있을 것이다.

영학당의 이념과 지향은 그들의 종교의식, 신앙태도, 사회운동의 내용과 의식을 통하여 살펴볼 수 있다. 먼저 종교의식과 신앙태도를 살펴보면 전주로부터 온 영국인 목사의 설교내용은 각자 착한 마음을 닦으라는 의미였고 이러한 설교는 전형적인 기독교 교리에 입각한 설교이다. 그리고 당시 영학의 조직을 이용하여 서학과 마찬가지로 향촌사회에서 여러 가지 폐단을 야기하는 교도도 없지 않았는데, 그러한 폐단을 해소하려는 노력이, 영학 중에서 작폐(作弊)하는 자는 전주 완산 칠봉으로 잡아 보내라는 광고와 주일예배를 의미하는 '칠일식회사(七日式會事)'를 폐지하는 결정에서 엿볼 수 있다.91) 이런 점에서 보면 영학의 종교의식과 신앙태도가 일부 전파되고 있었음을 인정할 수 있다. 그러나 이러한 종교의식과 신앙태도가 영학당운동에 직결되고 그 의식이 그대로 나타나고 있는 것은 아니었다. 영학의 조직이 운동에 활용되는 과정에서, 영학의 이념은 형식적으로 제시되었을 것으로 해석된다.

김태서가 영광에 게시한 방서(榜書)와 회문(回文)의 내용은 영학당의 지향을 부분적으로 암시해 주고 있다. 방서와 회문의 내용은 다음과 같다.92)

경시(警示)
우리 大同契는 곧 기강을 세우고 풍속을 바르게 하는 곳이다. 일차

---

91) 『사법품보』갑, 광무 3년 6월 29일 全羅南道警務署在囚罪人金台書供招案.
92) 위의 책, 광무 3년 1월 11일 英學罪人金台書取招記.

로 禮拜를 드린 후 대경장의 길이 있을 것인데 지금은 추수철이고 또 보리밭갈이로 바쁘므로 이번 29일로 다시 정하니 입교인은 일제히 里門에 모일 것이며 어떤 촌락이든지 米穀을 浦口에 내는 자 및 不孝不悌者는 일일이 기록하여 와서 실효를 기한다면 다행일 것이다. 이 외에 효유할 일은 예배일에 광고할 것이다. 七邑長 金

　　회문(回文)

　다음은 회유하는 일이다. 이후에는 예배를 드리지 않고 修道함으로써 바르게 하는 것이 마땅하므로 이에 회문하니 이를 거행하지 않는 자는 賓할 것이다. 令敎를 빙자하여 민간을 어지럽히는 자는 경중을 보아 적에게 투항한 자와 같은 벌을 주고 耕織을 본업으로 하여 修身하는 자는 적을 참수한 자와 같은 상을 주고 또한 재물을 탐하는 자는 특히 엄히 다스리는 것이 마땅하다. 그리고 敎錢을 5전씩 모두 거둘 것. 首長 崔 七邑長 金台書

　29일의 집회를 광고하는 경시와 주일예배를 폐지하는 회문의 내용이 모순되는 듯하기도 하지만 아마 주일예배와 같은 잦은 집회가 당시의 분위기에서는 불가능하고 이를 집전할 성직자도 양성되어 있지 않았기 때문에, 주일예배 대신 평상시에는 교리에 따라 수도하고 봄 가을로 2회의 집회만을 가진 것이 아닌가 생각되지만 분명치는 않다. 각처의 입교인들이 계전을 가지고 모여 설계하되 봄에는 2월 15일, 가을에는 9월 29일로 정한다는 방서가 있었는데,93) 이것이 그 단서가 된다.

　방서와 회문의 내용을 살펴보면 영학당이 표면적으로는 대동계를 칭하고 있다는 점, 예배를 통한 집회와 결집을 꾀하고 있다는 점, 교전을 거두어 영학당의 조직비용으로 활용하고 있는 점, 일본으로의 미곡무역을 반대하고 있는 점 등이 특징으로 나타나고 있다. 특히 미곡무역에 대한 반대는 그들의 슬로건이었던 보국안민과 함께 반제 반침략

---

93) 주 91)과 같음.

적 성격을 나타내는 것으로 해석된다.

한편 영학계안의 학명은 '예슈교'로 인식되었다. 예슈교의 법문(法文)은 "예슈부인이 갱생(更生)하야 장씨부인이 인도하야 하날임을 섬게라 조석상대(朝夕相對)에 공을 잘 드려라 위성문도리하야 위봉게훈하고 애경상문(哀慶相問)하라"라는 내용이라고 한다.[94] 이 내용은 말 그대로는 잘 해석되지 않지만, 십계명을 비롯한 기독교의 교리를 이러한 형태로 표현한 것이 아닌가 생각된다. 영학당이 주문을 외웠다고 보고되기도 하였는데 그 주문의 내용은 "무소불위(無所不爲) 무소불응(無所不應) 무소부지(無所不知) 공변(公卞)되고 거룩하지 아니한야"라는 것이었다.[95] 이것 역시 전지전능하고 거룩한 기독교의 신 하나님을 의미하는 것으로 해석된다.

이들 내용이 적힌 것이 영학책으로 인식되었고 영학책을 읽으면 질병이 치유될 것이라는 믿음이 있었다. 영학책이란 기독교의 성경책이거나 교리문답서였을 것이다. 당시 종교의 거의 대부분은 신비와 기적을 종교적 진실의 상징으로 가지고 있었는데 특히 질병의 치유가 그러한 상징의 표출로 여겨졌고, 포교의 급속한 진전은 이러한 신비와 기적 그리고 그 소문의 확대재생산을 통한 것이었다.[96]

이상은 영학당의 종교의식과 신앙태도에 관한 것인데 이러한 형식은 영학의 종교가 전파될 때에는 당연히 수반되지 않으면 안 되는 내용이었다. 그러나 영학당의 사회운동은 이러한 교리나 신앙과는 전혀 관계없는 것이었다. 영학당의 구성원 가운데 이러한 교리를 신앙적으로 신봉하는 사람도 없지 않았을 것이지만, 사회운동차원에서 영학당의 종교조직을 운동조직으로 활용하고자 하는 자들도 적지 않았다. 그들은 실제로는 이러한 영학의 종교를 신봉하지 않았고 오히려 영학을

94) 위와 같음.
95)『사법품보』갑, 광무 3년 7월 15일 匪類罪人供招記.
96) 주 64)와 같음.

비롯한 서양종교를 반대하고 동학을 신봉한 자가 많았다.

영학당의 사회의식은 영학당이 고부를 습격하였을 때 고부 각처에 게시한 방문에서 잘 나타난다. 그 내용은 다음과 같다.[97]

　　대저 우리들이 크게 힘쓰는 것은 모두 輔國安民하는데 그 뜻이 있다. 지금 倭洋이 한꺼번에 침략하여 우리나라는 예의를 버리고 염치를 손상함이 날로 심하고 달마다 다르고 해마다 같지 않다고 할 것이다. 그런 까닭에 그 분함과 억울함을 이기지 못하여 唱義하려고 하는데 관에서야 근본적으로 비난하겠지만 백성들의 비방이 우리들을 곤경으로 몰아 넣으니 이 어찌 한심하다고 하지 않겠는가. 普土衆民이 일체 힘을 합하여 왜양을 모두 물리친 연후에 한편으로는 국가를 보위하고 다른 한편으로는 백성을 안정시킬 것을 간절히 바라는 것이다. 속담에 이르기를 백성에게는 하늘이 둘이 없듯이 나라에는 두 왕이 있을 수 없다고 하였으니, 아 우리 백성 대중이 和氣를 함께하여 원컨대 한 하늘의 자손, 한 왕의 자손이 되었으면 천만 다행이겠다.

여기에는 1894년 농민전쟁에서와 같이 병척왜양(並滌倭洋)과 보국안민의 봉기 목적이 제시되어 있다. 봉기의 목적이 '벌왜벌양(伐倭伐洋) 보국안민(輔國安民)'이라고 표현되기도 하였고, 보국안민이라고 쓰여진 깃발을 들고 다녔다.[98] 반외세의 입장을 분명히 밝히고 있는 것이다. 1894년 농민전쟁에서도 동학농민군은 보국안민의 깃발을 들고 다녔다. 영학당으로서 명분을 영학에 두었고 종교의식과 교리도 거기서 빌려온 것이 없지 않았지만, 실질적으로는 서학과 가까운 영학이라기보다는 이들 서학에 반대하는 동학의 입장을 지니고 있었던 것이다. 왜양의 침략으로부터 지켜져야 할 것은 예의와 염치로 표상되는 정통성을 지닌 우리의 나라였다. 이 방문은 반외세의 기치를 표면적으로

97) 주 46)과 같음.
98) 주 64)와 같음.

내걸었기 때문에 국내의 반체제 문제는 거론하지 않았고 오히려 전통
사회를 지키려는 것처럼 보이기도 하지만, 영학당이 무장을 점거하고
서는 효유하기를 "백성이 도탄에 빠져 있으므로 봉기하였다"고 하는
데서 알 수 있듯이 반체제의 의지도 가지고 있었다.[99] 홍덕농민의 반
체제항쟁을 주동한 인물이 바로 영학회장 이화삼이었고 이를 구출하
기 위해 영학당이 동원되고 있었던 사실에서도 영학당의 반체제적인
입장을 이해할 수 있다. 그러나 영학당의 반체제적인 입장은 개화파의
입장에 접근하는 것은 결코 아니었다. 반체제적이면서도 반개화적인
입장에 있었다. 반개화적 위정척사파인 최익현의 거의에 기대를 품고
있었던 최익서에게서도 그러한 입장이 드러난다.

이상의 논의에서 볼 때 영학당의 봉기는 반체제를 전제로 하면서 반
외세운동의 성격을 지니는 것이 틀림없다. 영학당운동은 동학농민들이
1894년 농민전쟁의 정신과 방식을 활용하여 전개한 민족운동이었다.

6. 맺음말

이상에서 살펴본 바와 같이 영학당운동은 동학의 남은 남접세력들
이 동학의 명분을 버리고 영학당을 결성하여 1894년 농민전쟁의 정신
을 계승, 실천하려 한 반체제 반외세운동이었다. 영학당운동은 1898년
11월 홍덕농민의 항쟁과 1899년 4월의 고부 홍덕 무장 고창에서의 무
력봉기로 나타난다. 그리고 여기에는 1899년 봄 균전농민의 전주항쟁
이 배경으로 자리잡고 있다. 이것은 흡사 1893년 균전농민들의 전주항
쟁과 1894년의 고부농민항쟁, 그리고 두 차례에 걸친 봉기로 이어지는
갑오농민전쟁의 축소판과 같은 성격을 보여준다. 홍덕농민항쟁에서는
군수의 탐학을 문제삼은 반체제운동의 성격을 나타내고, 무력봉기는

---

99) 위와 같음.

반외세운동의 성격을 나타내고 있다.

영학당운동이 1894년 농민전쟁을 모방한 흔적은 여러 가지 측면에서 파악된다. 봉기의 지역과 그 진군의 과정 및 진군의 목표가 유사한 점, 새로운 체제와 정권을 수립하기 위한 서울의 점령을 궁극적인 목적으로 하고 있는 점, 동학의 조직이 토대가 되고 있는 점, 1894년 농민전쟁에 참가하였던 동학의 접주들이 봉기를 주도하고 있는 점, 흥덕농민의 반체제 항쟁과 균전농민의 저항운동이 반외세 무력봉기로 이어진 점, 제국주의적 침략이 향촌사회에까지 미치고는 있지만 1894년 당시와 같이 청일의 각축이나 일본에 의한 정권의 교체 등 그 침략이 가시화되고 있지 않으면서도 농민전쟁의 슬로건이었던 보국안민의 기치를 올리고 있는 점 등을 들 수 있고, 이런 점에서 영학당운동은 1894년 농민전쟁의 이루지 못한 뜻을 실현해 보려는 의지를 강하게 가지고 있었던 것으로 생각된다.

흥덕농민의 항쟁과 균전농민의 전주항쟁을 배경으로 하여 영학당은 반외세의 기치를 내걸고 본격적인 무력항쟁에 나섰다. 여전히 동학의 조직을 기반으로 하여 세력을 유지하면서도 명분으로서는 과거의 동학 대신 영학을 내세웠다. '영학'은 전혀 영학당운동을 지도한 이념이 아니었고, '영학'의 종교조직이 동원된 것도 아니었다. 농민들은 여전히 동학의 조직을 활용하고 있었고 반체제 반외세의 역사의식으로 무장하고 있었다. 그러나 영학당운동은 무력봉기라고는 하지만 그 목적을 실현하기에는 아직 준비과정에 불과하였던, 무기확보와 인적동원을 통한 조직확대 과정에서 패하고 말았다.

결국 이러한 운동은 일정한 한계를 가지기 마련이지만 그러한 한계에도 불구하고 그 운동의 경험은 이후의 의병투쟁을 비롯한 반외세운동에 밑거름으로 작용하게 된다. 그러나 이러한 투쟁의 한계는 보다 큰 모순의 심화를 가져오게 되며 심화되는 모순을 극복하지 못한다면 그 사회체제는 붕괴할 수밖에 없게 되는 것이다. 이 시기 반외세운동의 한계는 그후 제국주의적 침략의 강화를 예고하는 것이며 그 과정에서 민족모순은 더욱 심화되고 반민족세력도 양성된다.

민족모순의 심화과정을 이 지역에서 고찰해 본다면, 1904년 채내삼의 홍덕저항을 통하여 그 일면을 파악할 수 있다. 홍덕농민항쟁에서 지적한 바와 같이 채내삼은 홍덕군수에게 1만 냥을 수탈당하기도 하였던 홍덕군 사포(沙浦)의 도여각주인(都旅閣主人)이다. 함경도 단천상인 이경호가 1897년 10월 일본상인 우쓰키(宇津木)로부터 1만여 냥을 득채(得債)하여 이를 자본으로 삼아 상업활동을 전개하였는데, 북어와 당목을 홍덕 사포로 싣고 와서 채내삼과 거래하게 되었다. 그런데 채내삼이 그 물건 값을 갚지 못하는 사태가 발생하였다. 추측한다면 홍덕군수에게 수탈당한 1만 냥의 손해 때문이 아닌가 생각된다. 이경호가 일본상인에게 채무를 이행할 수 없게 되자 일본상인은 채내삼에게 채무의 이행을 요구하였다. 이로 말미암아 채내삼 일가는 일본상인으로부터 행패를 당하였을 뿐만 아니라, 채내삼은 1년이나 목포항에 체포 구속되는 곤욕을 치루게 되었다. 채내삼이 석방된 뒤 채내삼 일가는 동리 사람들을 동원하여 관가를 습격하고 관이 '일인의 기세'를 막지 못한 점을 통박하면서 관의 권력을 부정하였다.[100]

여기서 알 수 있는 것은 도여각주인이라는 요호부민(饒戶富民)의 경제력을 가지고 있었던 상인이 일본상인의 침투과정에서 몰락하고 말았다는 사실이다. 제국주의적 경제적 침략은 점점 강화되고 있었고 그 무대가 개항장에 국한되는 것은 아니었다. 여기에 봉건적인 권력이 전혀 이를 막아내지 못하였고 오히려 자국민에게만 죄를 뒤집어 씌울 뿐만 아니라 이들 성장하는 요호부민에 대한 수탈을 강화함으로써 그들의 성장이 좌절되는 형편이었다. 외국상인은 치외법권적 권리를 가

[100] 『報告書』(규 26178), 광무 9년 3월 26일 전라남도관찰사의 보고서 ;『사법품보』갑, 광무 9년 7월 전라남도재판소판사의 질품서 및 광무 9년 4월의 공초, 광무 9년 9월 2일 전라남도재판소판사의 보고서 ;『務安報牒』, 광무 8년 9월 17일, 10월 29일 참조.

지고 내지로의 진출을 강화하고 있었다. 처음에는 단천상인 이경호에게서 나타나듯이 한국상인을 이용하였지만 차차 직접 상권을 장악하는 방향으로 나아가고 있었다. 채내삼은 도여각주인으로서 미곡주산지인 이 지역의 미곡을 매집하여 다른 항구나 일본으로 수출하는 매판적 기능을 수행할 수밖에 없는 중간상인의 처지에 있었지만, 일본상인과 채무관계로 직접 대립하게 됨으로써 몰락하고 만 것이다. 이와 같은 제국주의의 경제적 침탈은 이 지역에서 보국안민의 기치를 내걸고 반제투쟁을 벌였던 영학당운동의 한계의 결과였다. 영학당은 홍덕군수의 미곡매집활동을 비판하고, 포구에서의 미곡수출을 반대하고 있었고, 개항장 목포를 공격목표로 삼는 등 제국주의의 경제적 침탈에 반대하는 입장을 분명히 하였지만, 이를 실현할 세력의 결집과 운동을 지속적으로 유지하지 못하였던 것이다.

영학당운동이 끝난 이후 영학당의 잔당은 경상도와 충청도로 흩어져 부분적인 활동을 지속하지만, 대체로 그 잔존세력은 활빈당투쟁이나 그 이후의 의병투쟁 등 새로운 운동조직으로 흡수되어 갔을 것으로 전망된다.

제11장 농민전쟁 이후 농민운동조직의 동향

1. 머리말

농민전쟁이 종결된 이후 개화파 정부, 농민군, 보수유생층의 삼자 사이에는 심각한 갈등이 나타났다. 농민전쟁을 진압한 정부는 작통제(作統制)를 시행함으로써 물리적으로 농민군을 색출하여 재조직화를 막고자 하였고, 향약(鄕約)을 실시함으로써 농민을 교화하여 체제에 복종하는 인간으로 만들려 하였으며, 나아가 농민전쟁의 원인이 되었던 사회경제적 모순을 개혁하기 위한 조치를 취하였다. 그러나 고향을 떠나거나 숨어 지낼 수밖에 없었던 농민들은 일본의 지원에 의해 추진된 갑오개혁이나 일본에의 예속화가 가중되는 현실을 받아들일 수 없었다. 또한 농촌사회에서는 농민전쟁 과정에서 보수유생층을 핍박한 농민군이 보복을 당하기도 하였다. 그리고 개화파 정부의 근대화정책은 보수유생층의 입지를 무너뜨리는 것이었기 때문에 보수유생층의 개화파 정부에 대한 불신도 증가하였다.

이 글에서는 이러한 상황 속에서 농민전쟁에서 패배한 농민군이 어떠한 움직임을 보이고 있었는지 검토하고자 한다. 일상적 생산활동으로 돌아간 대다수 농민들이 아니라 사회변혁에 관심을 가지고 조직활동을 전개한 농민들의 흐름을 주로 검토하고자 한다. 이를 통하여 농민전쟁의 의의를 농민전쟁 이후로까지 확대할 수 있을 것으로 생각된다. 먼저 농민군이 패주하면서 보수유생층과의 대립관계를 비롯하여

농촌사회에서 겪게 되는 갈등을 살펴봄으로써 농촌사회의 분위기를
엿보기로 한다. 그리고 그러한 탄압 분위기 속에서도 변혁이념을 간직
한 많은 농민들이 재기를 위한 농민조직을 결성하고 활동하는 양상을
추적해 보기로 한다.

　농민전쟁 이후 농민군 동향에 대한 연구는 농민전쟁 자체의 연구에
비하여 보면 풍부한 편은 아니지만, 최근 농민전쟁 이후 농민운동의
양상에 대한 연구가 상당히 진척되고 있다.1) 이 글에서는 기왕의 연구
성과를 수렴하면서 다음과 같은 문제의식을 가지고 이 문제를 다루어
보고자 한다.

　첫째 농민전쟁 이후의 농민층 동향 가운데서 특히 농민전쟁의 이념
을 계승하여 사회변혁운동을 꾀한 농민조직의 존재를 확인하고 그 흐
름을 추적하고자 한다. 그 대표적인 것이 동학당(東學黨)과 영학당(英
學黨)이 될 것이다. 이것은 기왕의 연구에서도 언급되었지만 여기서는
기왕의 연구에서 확인되지 않은 부분을 보완하고자 한다. 특히 농민전

　1) 농민전쟁 이후 농민군 동향과 관련하여서는 다음의 글들을 참고할 수 있다.
　　이강오, 「구한말 남학의 발생과 그 성격에 대하여」『전라문화연구』1, 1979 ;
　　정창렬, 「한말 변혁운동의 정치·경제적 성격」『한국민족주의론』1, 창작과
　　비평사, 1982 ; 김도형, 「대한제국의 개혁사업과 농민층 동향」『한국사연구』
　　41, 1983 ; 박찬승, 「활빈당의 활동과 그 성격」『한국학보』35, 1984 ; 권영배,
　　「1896~1906 무장농민집단의 활동과 성격」『역사교육논집』6, 경북대, 1984
　　; 김용섭, 「황현(1855~1910)의 농민전쟁 수습책」『역사와 인간의 대응』, 한
　　울, 1985 ; 조동걸, 「의병운동의 한국민족주의상의 위치(상)」『한국민족운동
　　사연구』1, 1986 ; 조성윤, 「1898년 제주도 민란의 구조와 성격 - 남학당의 활
　　동과 관련하여」『한국사회사연구회논문집』4, 1986 ; 이만열, 「한말 러시아
　　정교의 전파와 그 敎弊문제」『숙명여대논문집』26, 1987 ; 오세창, 「영학당연
　　구」『溪村閔丙河교수정년기념사학논총』, 1988 ; 이영호, 「갑오농민전쟁 이후
　　동학농민의 동향과 민족운동」『역사와 현실』3, 한국역사연구회, 1990 ; 이영
　　호, 「대한제국시기 영학당운동의 성격」『한국민족운동사연구』5, 1991 ; 신영
　　우, 「갑오농민전쟁 이후 영남 북서부 양반지배층의 농민통제책」『충북사학』
　　5, 충북대, 1992 ; 이윤상, 「대한제국기 농민운동의 성격」『1894년 농민전쟁연
　　구』2, 역사비평사, 1992.

쟁 이후의 동학당이나 영학당이 농민전쟁 당시의 농민군과 구체적으로 어떠한 인적인 연결을 보이고 있는지를 추적해 보고자 한다.

둘째 사회변혁을 위한 농민군 잔당의 조직은 동학당과 영학당이 대표적이지만 농민들은 그 이외의 다양한 조직에도 가담하고 있었다. 그것을 1895~1896년 보수유생층 중심으로 일어난 의병(義兵)운동에 대하여 농민군 잔당이 어떠한 입장을 취하고 있었는가, 그리고 종교적 성격을 강하게 띠는 남학당(南學黨)과 서학당(西學黨)에 농민군 잔당이 어떠한 방식으로 가담하고 있었는지를 확인함으로써 해명해 보고자 한다.

셋째 다양한 농민조직 사이의 연계성을 확인하고자 한다. 당시 조직의 성격이 반외세 비밀결사의 양상으로 나타나고 있었기 때문에 조직적 연계성은 확인하기 매우 어려운 것으로 생각된다. 따라서 우선 개인적 차원의 연계성을 확인해 보고 이를 통하여 농민군 잔당의 변혁의지가 지속되고 있었음을 파악해 보고자 한다.

마지막으로 이 글에서는 농민전쟁의 주무대였던 전라도와 충청도 지방을 중심으로 하여 검토하려 한다. 농민군 잔당의 활동도 다른 지역보다는 이들 지역에서 활발하게 전개되었기 때문이다. 그리고 시기적으로는 농민전쟁 이후 1904년경까지를 대상으로 한다.

2. 농민군의 패주와 농촌사회의 갈등

농민군의 제2차 봉기는 일본군과 정부군의 압도적인 무력 앞에 무너졌다. 전봉준의 농민군 주력부대는 공주의 충청감영 공격에 총력을 기울였으나 패배하였다. 패배한 농민군은 사방으로 흩어지면서 이후 각 지역에서 일본군 및 정부군에 의하여 처절한 진압을 당하였다.

주력부대의 패배 이후 정부군은 흩어진 농민군 패잔병을 색출하였

다. 정부군은 각 면리와 촌락 및 연해 각 곳, 궁벽한 섬이나 항구 또는
역진산성(驛鎭山城) 등지를 일일이 수색하여 농민군 지도자를 비롯,
일반 농민군이나 협종자(脅從者)들을 체포하고자 하였다.2) 그리하여
전라도 각지의 농민군은 정부군을 비롯하여 민보군(民堡軍), 수성군
(守城軍)에 의하여 체포 학살되었다. 정부의 입장은 농민군 지도자들
은 체포 처단하고 일반 농민군이나 귀화한 자들은 안업(安業)하도록
하는 것이었지만,3) 진압 현장에서 벌어진 양상은 참혹하였다. 특히 광
양의 경우에는 수렵하듯이 산림을 태우고 굴속을 뒤져 농민군을 살해
하였다.4)

농민군 진압이 어느 정도 완료되자 정부에서는 1894년 음력 12월 27
일 농민군을 진압하기 위해 설치한 순무영(巡撫營)을 폐지하고 부대를
군무아문(軍務衙門)으로 복귀시켰다.5) 또한 각 지역에서 정부군 안내
역을 담당하였던 참모관(參謀官)·참모사(參謀士)·소모사(召募士)·
소모관(召募官)·별군관(別軍官) 등의 순무영 임시직을 모두 폐지하
도록 하고, 각지의 의병·보부상 부대도 해산하도록 함과 동시에 농민
군 잔여세력은 각 지방관이 소탕하도록 조치하였다.6) 일본군과 정부군
은 1895년 1월 25일 호남에서 모두 철수하였고,7) 정부에서는 1895년 3

2) 『東學亂記錄』上, 국사편찬위원회 간행본, 「巡撫先鋒陣謄錄」 1894년 12월
12일, 633~634쪽.
3) 『동학란기록』 하, 「巡撫使各陣傳令」 1894년 12월 9일 傳令 左先鋒李圭泰,
90~91쪽 ; 『동학란기록』 상, 「순무선봉진등록」 1895년 1월 순무영전령, 662
~663쪽 ; 『동학란기록』 상, 「순무선봉진등록」 1895년 1월 21일, 687~688쪽.
4) 黃玹, 『梧下記聞』 3筆, 1994년 12월, 61~62쪽.
5) 『동학란기록』 상, 「甲午實記」, 57쪽 ; 『日省錄』 고종 31년 1894년 12월 27일.
6) 『동학란기록』 하, 「先鋒陣各邑了發關及甘結」 1895년 1월 16일 發關湖南各
邑, 339쪽 ; 『동학란기록』 상, 「순무선봉진등록」 1895년 1월 21일 勅書, 688~
689쪽.
7) 『札移電存案』 1895년 1월 25일. 이에 앞서 전라감사 李道宰는 일본군과 정부
군의 철수에 대하여, "현재 匪魁 몇 사람이 체포되었지만 숨어서 틈을 엿보
는 수만 명이 있어서 민심의 향배가 정하여지지 못하였는데 지금 철병하면

월 삼남 선무사, 초토사 등을 없애고, 경영(京營)에서 출정한 부대를 소환하여8) 농민군 진압을 위한 군사작전을 완료하였다.

농민전쟁의 진압에 성공한 정부는 다시는 그러한 봉기가 일어나지 않도록 농촌사회를 단속하고자 하였다. 촌락에 숨어지내는 접주(接主)·접사(接師)·교장(敎長)·통령(統領) 등 농민전쟁 주도층만을 체포하려 해도 그 수가 수천 명이나 되었기 때문에,9) 봉기의 싹을 자를 수 있는 근본적인 대책을 세우지 않을 수 없었다. 당시의 정부관료들이나 농촌의 유생들은 그 대책으로서 전통적인 작통제와 향약의 시행을 생각하였다.10) 농민전쟁의 재발을 막기 위해서는 지방사회의 질서를 재확립하여 동학을 비롯한 외부의 침투에 동요되지 않도록 하여야 하였고, 그에 적합한 조직과 교화체계가 바로 조선시대부터 시행하여 온 작통제와 향약으로 인식되었던 것이다. 또한 정부에서는 농민전쟁의 원인이었던 사회경제적 모순을 해결하기 위한 제도개혁에도 착수하여 농촌사회의 안정을 꾀하였다.

그러나 정부의 정책은 농민전쟁의 원인을 해결하는 데 있었던 것이 아니라 농민층의 동요를 물리적으로 막는 데 집중되어 있었다. 더구나 정부정책이 일본에 의존하여 추진되었기 때문에 반외세의 지향을 지닌 농민층에게 수용될 수 없었다. 개화파 정부가 붕괴되고 대한제국 정부가 성립된 이후에도 농민군이 지향한 반체제 반외세의 이념은 국가정책을 통하여 실현되지 못하였다. 그러한 상황은 농민들의 변혁의지를 충동시키는 객관적 요인이 되었다.

화가 곧 미칠 것임은 불을 보듯 분명하다. 다시 서너 달 주둔하여 인심이 조금 안정되고 지방관이 立脚하는 것을 기다려 점차 철병하는 것이 좋겠다"고 요청하여(『札移電存案』 1895년 1월 11일), 철병 뒤의 사태에 우려를 표명하였다.

8) 황현, 『梅泉野錄』 권2, 국사편찬위원회 간행본, 1895년 3월, 173쪽.
9) 『오하기문』 3필, 1895년 1월, 73~74쪽.
10) 김용섭, 앞의 논문, 1985 ; 신영우, 앞의 논문, 1992 참조.

한편 패배한 농민들은 살 길을 찾아 귀화하거나, 동학을 배반하고 동지를 팔거나, 숨어 지내는 수밖에 없었다. 관군에 대항하거나 재봉기를 꾀할 수 있는 상황은 아니었다. 한편 농촌사회의 보수유생층은 농민전쟁 과정에서 입은 피해에 대한 복수를 자행하였고, 그 과정에서 농민들은 수많은 살륙과 재산약탈을 당하고, 무고에 의한 피해를 입고, 그리하여 삶의 터전을 상실하였다. 당시 그러한 사정을 몇 가지 예를 통하여 살펴보기로 한다.

농민군 지도자나 그 가족은 가산을 빼앗기고 가족이 체포되는 피해를 입었다. 김개남의 부하 간부인 태인의 김문행(金文行)은 가산을 빼앗기고 집이 방화되고 모친과 첩이 체포되었다.11) 북접교단의 간부인 부안의 김낙철(金洛喆. 金汝仲과 동일인)은 본인은 물론 친족들이 체포되는 등 가문의 피해도 컸다. 그는 석방된 뒤에도 고향에서 10개월 간 토굴생활을 하며 피신하였고, 1896년에는 토지를 헐값에 빼앗기기도 하였다.12) 경상도 예천의 경우 농민군이 물러간 1894년 10월 집강이 통문을 돌려 동학도로서 전사한 자와 도망한 자의 토지 및 곡물을 조사하여 보고하라고 하였는데, 이것은 그 재산을 모두 몰수하기 위한 것이었다고 한다.13)

농민전쟁시 입은 인적, 물적 피해를 보상받고자 복수를 꾀하는 경우도 많았다. 담양의 국재봉은 아버지를 살해한 동학농민군 김형순에게 복수를 꾀하였고,14) 고산의 정세모는 농민전쟁시 김평숙에게 빼앗긴 재산을 돌려받고자 그 아버지를 붙잡아 고문하면서 스스로 재판하듯

---

11) 이진영, 「동학농민전쟁기 전라도 태인 고현내면의 반농민군 구성과 활동」 『전라문화논총』 6, 전북대 참조.
12) 『金洛喆歷史』/『영산원불교대학논문집』 창간호, 부록 Ⅱ, 1993, 12~13쪽.
13) 『渚上日月』 1894년 10월 8일, 10월 19일/박성수 주해, 『渚上日月』 상권, 서울신문사, 225쪽.
14) 『司法稟報』(법부편) 乙, 1898년 11월 고등재판소재판장의 법부대신에 대한 질품서 제14호.

하였다.[15] 표영조는 농민전쟁시 단양에서 사족·요호·읍민에게 큰 피해를 주었던 동학의 두목인데, 1895년 6월 28일 다시 단양에 들어가 재봉기하려고 읍민을 위협하다가 6월 29일 장시에 모인 읍촌민인 수백 명에게 체포되어 강변에 매장당하였다.[16]

농민전쟁에 가담하였던 행적이 뒤늦게 드러나 체포 처벌되기도 하였다. 장흥의 최창범은 1894년 12월 5일 농민군이 장흥성을 함락할 때 성내에서 내통한 인물인데, 1897년 장흥군 웅치면에서 남초를 강매하다가 고소를 당한 뒤 농민전쟁시의 행적이 드러나 체포 처벌되었다.[17] 천안의 박만귀는 농민전쟁시 천안 공격에 가담하였는데 목천 세성산 전투에서 패배한 이후 연기에서 은신한 뒤 직산으로 옮겨 고용살이하다가 체포되었다.[18] 1894년 농민전쟁에서의 행적은 그 이후에도 계속 추적의 대상이 되었고, 그로 말미암아 처벌을 받았다.[19] 1895년 6월 각 도에 동비여당(東匪餘黨)을 체포 처형하도록 명령을 내리는 등[20] 동학교도 및 농민군에 대한 체포령은 그 이후 통감부가 설치될 때까지 간헐적으로 지속되었다.

농민군을 색출하는 과정에서도 많은 문제점이 발생하였다. 충청도지방의 사정을 살펴보면 "비류(匪類)가 조금 잠잠해졌지만 교활한 작괴자(作魁者)는 산림 속에 흩어져 숨고 피늑무고자(被勒無辜者)는 차차 환집(還集)하였지만 관병(官兵) 및 유도(儒道)를 칭하는 자들이 오히려 피늑한 뒤 환집한 평민을 침해하여 파가망신(破家亡身)하는 자들

---

15) 『司法稟報』(법부편) 甲, 1895년 11월 12일 나주부관찰사의 법부대신에 대한 보고서.
16) 『사법품보』 갑, 1895년 7월 8일 단양군수來牒.
17) 『사법품보』 갑, 1897년 8월 24일 전라남도관찰사의 보고서.
18) 『사법품보』 갑, 1898년 9월 17일 충청남도 재판소판사의 법부대신에 대한 보고서.
19) 『光陽廉聞記』(1900년 10월) ; 『全南各郡偵探記』(1900년 11월) ; 『忠淸南道各邑別廉記』(1901년 9월) 참조.
20) 『매천야록』 권2, 1895년 6월, 182쪽.

이 많다"고 하여 농촌사회가 계속 소요하였고,[21] 이전에는 평민에 대한 양반의 침학이 문제였는데 농민전쟁 이후에는 동학에 억지로 가담하였던 양반들이 관병의 침탈을 당하여 문제가 되었다.[22] 전라도의 경우에는 농민군을 색출 처단하는 과정에서 뇌물을 주고 모면하는 자도 있었다. 참모관·소모관·민포장·의병장·수성장·기군장(起軍將) 등이 애증이나 뇌물에 따라 '용개멱의식탁명포사자(傭丐覓衣食托名砲士者)'는 많이 죽이고 '향호대족지염적자(鄕豪大族之染賊者)'는 오히려 민포(民砲)를 칭하여, 평민들이 이를 간다고 하였다.[23]

　동학교도도 아니고 농민전쟁에 가담하지도 않았지만 그 누명을 쓰게 되면 벗기 어려웠다. 동학교도를 빙자한 부민수탈이 큰 사회문제로 등장하고 있는 것은[24] 당시의 그러한 사회분위기를 짐작케 해준다. 이러한 현상은 1904년 동학교도를 중심으로 진보회가 결성되고 그것이 일진회와 통합하여 친일화의 방향을 노골화할 때까지 지속되었다.

　이와 같이 농민전쟁 이후 동학교도나 농민군들은 농촌사회에서 보수유생층에 의하여 수난을 당하였고, 농민들은 살길을 찾아 헤맬 수밖에 없었다. 그러나 그러한 갈등 상황 속에서 변혁을 모색하기 위하여 새로운 농민조직 활동에 참여하는 농민들도 적지 않았다. 그들은 농촌사회에서의 갈등의 차원을 벗어나 사회적 모순을 인식하였고 그것이 반체제 반외세 운동으로 나타났다.

---

21) 『동학란기록』 상, 「錦營來札」, 96쪽.
22) 『동학란기록』 상, 「錦營來札」, 96~97쪽.
23) 『오하기문』 3필, 1895년 1월, 73~74쪽.
24) 『日新』, 국사편찬위원회 간행본, 1901년 3월 15일, 3월 25일, 6월 19일, 7월 8일 등.

3. 농민운동조직의 변화

1) 의병과 동학농민의 관계

보수유생층은 농촌사회의 질서를 무너뜨리려는 농민군을 진압해야 한다는 점에서 개화파 정부와 연대하였지만, 중세질서를 무너뜨리고 서양의 문물을 받아들여 근대화하려 한 개화파 정부의 정책에 동의할 수 없었다. 개화파 정부의 핵심인 내무대신 박영효(朴泳孝)가 농민전쟁을 수습하기 위하여 1895년 3월 10일 각 지방의 "적폐(積弊)를 타파하고 사민(士民)의 안녕행복을 증진"하고자 지시한 88개의 개혁조항 가운데 보수유생층에 대한 정책을 살펴보면 다음과 같다.

제2조 儒任과 鄕任을 차별이 업게 홀 事
제4조 儒鄕任과 軍門職을 空帖과 借銜이 업게 홀 事
제5조 座首의 任을 偏僻히 邑中大姓에게 歸케 勿홀 事
제6조 大小民이 官庭에 跪ㅎ고 立하는 節과 民이라 稱ㅎ고 小人이
　　라 稱ㅎ는 例를 一切 自便케 ㅎ고 勒行치 말을 事
제8조 都有司 掌議와 모든 幼學生 등으로 專히 科文六禮를 習ㅎ게
　　勿홀 事
제23조 土豪의 武斷을 一切 嚴禁홀 事
제24조 班家奴隷의 行悖ㅎ믈 一切 嚴禁홀 事
제25조 官衙의 슈이 아니어든 吏民을 呼來 捉去치 못ㅎ게 홀 事[25]

여기서 개화파 정부는 보수유생층의 기득권을 전혀 인정하지 않고 지방사회의 새로운 행정조직을 편성하고자 시도하고 있는 것을 볼 수 있다. 보수유생층은 개화파 정부의 근대화 정책이 이와 같이 보수유생

---

[25] 宋炳基·朴容玉·朴漢卨編著,『韓末近代法令資料集』1, 대한민국국회도서관, 1895년 3월 10일 내무아문훈시, 我國의 고유한 독립기초를 세우고 百度 혁신을 위하여 百弊를 芟除하는 건, 183~188쪽.

층의 권한을 제거하는 것이었기 때문에 동의할 수 없었던 것이다.

더구나 개화파 정부의 개혁방향이 외세에 의존적인 것도 보수유생층이 받아들이기 어려운 점이었다. 박영효의 개혁조항 가운데 제86조에 보면 "명과 청국을 존숭ㅎ지 말고 아조(我朝)의 개국기원이 정ㅎ엿슨즉 제반 명문(明文)과 계서등항(契書等項)에 청국년호롤 기(記)치 물(勿)홀 사(事)", 제87조에 보면 "인민에게 일본이 아(我)의 독립자주롤 조(助)ㅎ는 형편을 효유홀 사(事)"라고 하여 반청(反淸)·친일(親日)의 입장을 분명히 하고 있는 것이다. 뿐만 아니라 개화파는 청국으로부터 자주독립함을 국시로 내걸고 이에 반대하거나 도전하는 자, 청국을 사모하는 자를 국적(國賊)으로 몰아 처벌한다는 방침을 세우고 있었다.26) 이러한 개화파 정부의 개혁은 보수유생층의 입장과는 전혀 배치되는 것이었다.27)

이러한 상황에서 1895년 8월 일본낭인에 의한 왕후살해사건이 일어나고, 11월에는 변복령(變服令)과 단발령(斷髮令)이 내리는 등 사회체제의 전면적 개편을 위한 갑오개혁이 마지막 단계에 이르고 있었다. 보수유생층이 이 단계에서 더 이상 참지 못하고 무력봉기에 나서게 되고 그것이 곧 을미의병이었다.

여기서 관심의 대상이 되는 것은 을미의병에 대하여 농민군 잔당이 어떠한 태도를 취하였을까 하는 점이다. 농민군은 제2차 농민전쟁에서 반일 총궐기를 호소하였는데, 그때 연대의 대상이 바로 보수유생층과 지방관료들이었다. 그러나 보수유생층은 농민군의 반체제적 행위를 더 문제시하였기 때문에 농민군이 반일창의(反日倡義)를 내걸고 봉기하

26) 『한말근대법령자료집』 1, 1895년 1월 5일 내무아문령 제1호, 자주독립을 방해하는 자를 不道國賊으로 처벌하는 건, 159~160쪽.
27) 경상도 예천의 朴周大는 그의 일기 1895년 5월 6일자에서 "개화 81조목을 비로소 대할 수 있었는데 해괴한 것이 너무 많아서 차마 바라볼 수가 없었다"라고 지적하고 있는데, 그 81조목은 박영효의 88조목일 것으로 추정되고 그에 대한 유생층의 입장을 단적으로 볼 수 있다. 『渚上日月』 1895년 5월 6일.

였을 때 이에 동조하지 않고 오히려 민보군을 조직하여 농민군을 공격
하였다. 일부의 유생들이 반외세 의병을 일으켰던 것으로 알려져 있지
만,28) 그것이 농민군과의 연대에 의하여 추진된 것은 아니었다. 공주
유생 이유상과 같이 농민군에 합류한 보수유생층도 있었지만,29) 그것
은 개인적인 차원이었다. 또한 농민전쟁의 주도층에 보수유생층의 일
부를 포함시킬 수도 있을 것이지만,30) 전반적으로 보수유생층과 농민
군은 반외세 연대를 이루어내는 데 실패하였다.

  을미의병과 농민군 잔당 사이의 관계에 대하여는 을미의병과 농민
전쟁이 구호와 지향이 비슷하고 유생이 농민전쟁에도, 평민농민이 의
병에도 가담한 것으로 파악한 견해가 있고,31) 농민군 잔당이 농민전쟁
의 연장선상에서 의병에 참여한 것으로 파악한 견해도 있고,32) 보신을
위하여 동학농민이 오히려 반동학군적 유생의진(儒生義陣)에 기탁하
는 경우가 있었다는 견해도 있고,33) 또한 봉건유생의 척사위정사상과
농민층의 보국안민사상이 상하로 복합된 운동으로서 의병운동에 농민
군 잔당이 참가하였다는 견해도 있다.34)

  을미의병은 이소응(李昭應)의 강원도 춘천의병, 유인석(柳麟錫)의
충청도 제천의병을 중심으로 하고 경기도·경상도·전라도 지방에서
도 일어났는데,35) 각 지역의 상황에 따라 농민군 잔당과 의병과의 관

---

28) 『駐韓日本公使館記錄』1, 국사편찬위원회 번역본, 123~125쪽 ; 김상기, 「조
    선말 갑오의병전쟁의 전개와 성격」『한국민족운동사연구』3, 1989.
29) 吳知泳, 『東學史』『동학사상자료집』2, 아세아문화사 영인본, 497~498쪽.
30) 이진영, 「갑오농민전쟁기 '儒生'의 농민군 참여양상과 그 성격」『한국사연구』
    80, 1993.
31) 박성수, 『독립운동사연구』, 창작과비평사, 1980.
32) 김도형, 「한말 의병전쟁의 민중적 성격」『한국민족주의론』3, 창작과 비평사,
    1985.
33) 조동걸, 앞의 논문.
34) 정창렬, 앞의 논문.
35) 윤병석, 「의병의 봉기」『한국사』, 국사편찬위원회, 1981.

계가 다른 양상을 보였을 것으로 생각된다. 여기서는 농민군 활동이
활발하였던 충청도 일부 지방과 전라도를 중심으로 살펴보기로 한다.
　충청도에서는 왕후살해사건 이후 곧바로 문석봉(文錫鳳)의 의병이
회덕에서 봉기하였다. 문석봉은 반외세 항쟁을 벌이던 농민군 토벌에
앞장섰던 인물이다. 즉 그는 농민전쟁 당시 양호소모사(兩湖召募使)로
임명되어 충청도 진잠·연산, 전라도 고산 등지에서 보수유생층의 거
의를 촉구하였다. 그러한 문석봉이 개화파 정부 및 일본에 반대하는
의병을 일으키게 된 것이다. 문석봉은 회덕을 비롯하여 대전·공주 등
지에서 세력을 규합하고 회덕관아를 습격하여 무기를 탈취한 뒤 의병
운동을 전개하였다. 문석봉 의병에는 회덕의 은진 송씨 송근수(宋近
洙), 진잠의 신응조(申應朝) 등 이 지역의 사대부들이 가담하고 있었
다.[36] 그런데 주목되는 것은 이들 사대부들이 농민전쟁 당시에는 농민
군의 핍박을 받은 대상이 되었었다는 점이다. 황현은 이를 다음과 같
이 지적하였다.

　　호서는 원래 士大夫가 모여 사는 곳이라 칭하여 勳戚卿宰의 園林
　이 서로 바라보고 서로 朋黨을 이루고 武斷이 풍속을 이루었다. 남의
　庄舍를 억지로 사들이고 남의 묘자리를 늑탈하여 외로운 집과 서민
　의 집에서 원통함이 뼈에 사무쳤다. 동학이 일어나 어깨를 올리고 한
　번 소리치자 호응하는 자가 백만이나 되었다. 金宋尹 세 대족 및 기
　타 宰相名家豪右들이 졸지에 피폐함을 당한 것을 이루 헤아릴 수 없
　다.[37]

　여기서 말하는 김송윤씨(金宋尹氏)는 광산 김씨, 은진 송씨, 파평 윤

---

36) 김상기, 「한말 을미의병운동의 기점에 대한 소고 - 문석봉의 회덕의병을 중심
　으로」 『한국민족운동사연구』 2, 1988 ; 신영우, 「충청도의 동학교단과 농민전
　쟁」 『백제문화』 23, 공주대, 1994 ; 이영호, 「대전지역에서의 1894년 농민전
　쟁」 『대전문화』 3, 대전시 참조.
37) 『오하기문』 1필, 59쪽.

씨를 가리킨다. 이들 대씨족을 비롯한 문벌가문의 후예들이 충청도 지방에 거주하면서, 토지와 산림을 독점하여 평민의 원성을 사고 있었던 것이다. 그 가운데 회덕은 은진 송씨의 세거지(世居地)였다.

또한 황현은 진잠에서 농민군이 토호를 공격한 사례를 다음과 같이 전하고 있다.

> 申應朝는 그때 진잠에 거주하였는데, 그 손자 一永이 불법한 일을 많이 하여 賊이 일영의 아들을 결박하여 그 음낭을 까면서 말하기를 이 도적의 종자를 남겨둘 수 없다고 하였다.[38]

이와 같이 문석봉 의병에 가담한 사대부들은 농민전쟁 당시 농민군으로부터 큰 시련을 당한 경험을 지녔다. 따라서 을미의병이 반일을 지향하고 있기 때문에 반외세 농민전쟁에 가담하였던 농민군의 잔당이 가담할 수 있는 개연성은 매우 높지만, 같은 촌락에서 농민전쟁 전후의 갈등관계를 경험한 대립적인 인물과 세력들이 연대하는 것은 쉽지 않았을 것으로 생각된다.

전반적으로 보수유생층과 농민군은 그 지향하는 바를 달리하였지만 농민군의 내부적인 구성이 유생층으로부터 천민에 이르기까지 다양하였기 때문에 지역적으로는 상호 연대하는 경우도 없지 않았을 것이다. 더구나 그 공격목표가 일본인 및 그 시설, 그리고 지방에서는 일본적 개화를 강요하는 지방수령이었기 때문에 그러한 보수유생층의 의병봉기에 농민군 잔당이 참여하거나 그 기회를 이용하는 것은 있을 수 있는 일이었다. 그러한 사정을 전라도의 경우에서 살펴보기로 한다.

전라도에서는 장성과 나주에서 의병이 일어나 연합하였다.[39] 나주는 농민전쟁 당시 끝까지 농민군에게 점령되지 않고 목사 민종렬(閔鍾

---

38) 『오하기문』 1필, 60쪽.
39) 홍영기, 「1896년 나주의병의 결성과 활동」 『이기백선생고희기념한국사학논총』 하, 일조각, 1994.

烈)이 호남초토사(湖南招討使)로 임명되어 수성군 및 민보군을 조직
하여 농민군을 진압하는 데 큰 공을 세운 지역으로서, 보수유생층의
영향력이 강하였다. 그런데 나주목사 민종렬이 담양부사로 갈려가고
1895년 12월 안종수(安宗洙)가 나주군수로 발령되었다. 안종수는 개화
파의 일원으로서 개화정책을 지방적으로 실현하고자 한 인물이었다.40)
그는 개화파 정부가 단발령을 내리자 자신이 먼저 단발한 뒤 순검을
동원하여 직원과 유림들을 삭발하려 하였다.41) 이 사건으로 유림들의
큰 반발을 사고, 결국 아관파천(俄館播遷) 이후 의병이 일어나게 되었
다.

전라도의 의병은 장성의 기우만(奇宇萬)이 먼저 창의한 뒤 나주에
통문을 보내어 연합을 꾀하는 방식으로 진행되었다. 나주에서는 의병
을 일으키면서 다음과 같이 선언하고 있다.

현재 주상께서 몽진하고 계시고 국사가 어지러우므로 의병들은 신
속히 따라야 하는 데도 호남이 오랫동안 침묵하고 있는 것은, 의기가
뒤떨어져서 그런 것이 아니라 동학의 난을 치루고 난 후이기 때문에
민의 힘이 소생되지 못하고 있으니 시일을 기다려야 한다.42)

여기서 말하는 '민의 힘' 속에 농민군의 힘도 포함되는 것으로 보이
지는 않는다. 의병의 주체세력이 농민군을 수렴하려는 의지는 거의 읽
을 수 없다.

나주의 의병이 일어나자 먼저 1896년 1월 9일 지방아전들과 장병들
수백 명이 관청에 쳐들어가 개화파 군수 안종수를 잡아 죽였다. 나주

40) 안종수에 대하여는 이광린, 「안종수와 농정신편」 『한국개화사연구』(개정판),
일조각, 1974 참조.
41) 『錦城正義錄』/李炳壽, 『謙山遺稿』, 나주목향토문화연구회 번역본, 1991, 105
쪽.
42) 『금성정의록』, 113쪽.

군민들은 안종수를 처단하면서 9가지 죄목을 들었는데 그 가운데 하나
는 다음과 같다.

(안종수가) 삭발을 독촉하던 날 낭자하게 늘어 놓으며 말하기를
"향교를 설립하고 선비를 양성하며 문구를 갖추는 것이 쓸데 없는 짓
이다. 향교도 헐어버리고 집을 짓고 군대를 두어야 한다"고 했다. 옛
성현과 선생은 혈기를 지닌 사람으로 존경과 친애하지 않는 이가 없
건마는 방자하게 향교를 헐어버려야 한다는 심사를 부리니 사람들이
벌주려는 아홉 번째 이유이다.[43]

개화파 군수 안종수가 보수유생층의 터전을 허물고 그 위에 근대적
인 체제를 수립하려 하였고, 그것이 보수유생층의 반발을 사고 있음을
볼 수 있다.

정부에서는 전라도 의병을 진압하기 위해 친위 제2대대를 파견하였
다.[44] 아관파천 이후 개화파 정부가 이미 무너졌지만 정부에서는 의병
의 해산에 주력하였다. 나주의병과 장성의병 주동자 12인에 대하여 체
포령이 내렸고,[45] 그리하여 '나주지요(羅州之擾)'는 4, 5월경에는 평정
되었다.[46]

그런데 을미의병과는 별도로 나주지방에서 활동하던 농민군들이 있
었던 점이 주목된다. 농민군의 잔여세력인 김순여·황준삼·백낙중·
이경태 등이 체포되어 진술한 내용을 살펴보면 다음과 같다.

우리는 모두 匪類의 괴수로서 종적을 감추고 숨어서 마음을 고치지
않고 있다가 금년 봄 羅州騷擾之時 예전의 하던 짓을 다시 밟아 盂
水祝天하고 聚首咀呪하다가 정적이 탄로났다.[47]

---

43) 『금성정의록』, 124~125쪽.
44) 『隨錄』, 1896년 4월 14일 관찰사의 무주군수에 대한 제27호 훈령, 190쪽.
45) 『수록』, 1896년 4월 1일 관찰사의 훈령 호외, 202~203쪽.
46) 『수록』, 205~208쪽.

여기서 알 수 있는 것은 농민전쟁의 잔당들이 나주의 소요에 가담하였고, 그 기회를 이용하여 종교의식을 행함으로써 조직력을 강화하려 하였다는 점이다. 이들은 모두 금구의 양인이었는데 모두 교수형에 처해졌다.[48] 그들의 행위, 즉 농민전쟁에 참여하고 또 다시 나주의 소요에 참가한 것은 가혹한 형벌로 다스려야 할 정도의 큰 범죄로 인식되었다. 의병의 주동자들에 대한 관대한 처벌과는 현저하게 달랐다.

여기서 말하는 1896년 봄의 '나주소요'란 무엇을 말하는 것일까? 김순여 등이 가담한 나주소요는 바로 나주에서의 개화파 군수 처단, 장성의병과 연합한 나주의병을 가리키는 것으로 생각된다. 장성에 비하여 나주에서 의병이 늦게 일어난 것은 동학의 난을 치러 민의 힘이 소생되지 못한 것이라고 한 점에서 보면 농민군 잔당이 이에 가담한다는 점은 납득하기 어려울지 모르지만, 그 봉기가 개화파를 처단하고 외세의 침략에 반대하는 데 있었기 때문에 동학의 잔당이 일시적으로 의병에 가담한다는 점은 가능한 일이었을 것이다. 후술할 것이지만 특히 김개남 문중의 농민군 대장 김문행이 기우만의 장성의병에 핵심 멤버로서 참여하고 있는 점에서 볼 때, 김순여 등이 의병의 봉기를 조직확대의 기회로 이용하였던 것으로 생각된다.

황현은 의병과 동학의 관련에 대하여 다음과 같이 지적하고 있다.

　　머리를 강제를 깎던 초기에는 거국적으로 분노하여 의병이 일어나게 되었는데 시간이 약간 지나면서 예기가 식고 흩어져 경군을 만나면 곧 패하여 죽는 자가 셀 수 없을 정도이다. 또한 忠을 품고 義에 의지하는 자는 약간에 불과하고 이름을 얻으려는 자가 창의하고 樂禍者가 추종하고 가라지 같은 자들이 천백 명 모여 모두 義旅를 칭하고, 심지어 東匪餘黨이 얼굴을 바꾸어 추종하는 자가 절반이나 된다.

---

47)『사법품보』갑, 1896년 8월 18일 전주부재판소판사의 보고서 제4호.
48)『사법품보』갑, 1896년 8월 8일 전주부재판소판사의 법부대신에 보고서 및 판결선고서.

이에 잔폭하고 겁략하여 미친 도적과 다름없는 자도 있다.49)

여기에서 보면 의병의 하부에는 동학의 잔당들이 다수 참여한 것으로 되어 있다. 그러나 황현의 이러한 지적이 을미의병 전체에 부합하는 것으로는 생각되지 않는다. 의병의 폐단을 지적하는 과정에서 과장되게 부각된 것으로 볼 수 있을 것이다. 지역적으로는 농민군의 활동이 빈약하였던 강원도와 충청북도 지역, 또 농민군과 갈등이 심했던 충청남도 지역보다는, 황현의 거주지이기도 한 전라도 지역에 해당하는 지적일 것으로 생각된다.

이렇게 보면 보수유생층의 을미의병과 농민군의 지향은 일치하지 않지만 반외세의 구체적인 목표를 두고서는 농민군 잔당이 지역에 따라 의병에 가담하였을 수도 있었을 것이다. 유생들의 세력과 통제가 강한 곳에서는 상대적으로 농민군 세력의 참여가 적고 또 그 영향도 크지 않았을 것이다. 그러나 유생의 세력이 약하고 전투의지가 꺾일 경우 특히 아관파천 이후 고종의 해산조칙에 따라 보수유생층이 해산하고자 하였을 때 상대적으로 농민군 잔여세력이 확대될 수 있었을 것이고, 나주에서 보듯이 독자적인 세력 구축의 계기로 삼아 독자적인 의식을 행하고 결국은 또다른 변혁운동으로 확대하고자 하였을 가능성이 없지 않다. 을미의병은 농민군 잔당이 주도적으로 활동한 주된 흐름은 아니었고, 다만 의병에 가담함으로써 동학의 지목을 피하거나 그 기회를 이용하여 재기할 목적으로 농민군 잔당이 부분적으로 참여하였던 점은 인정할 수 있을 것이다.

2) 동학당과 영학당의 활동

농민군 잔당 가운데 변혁지향적인 세력이 농민전쟁 이후 어떠한 활

---

49)『매천야록』권2, 1896년 1월, 198쪽.

동을 전개하였는지에 대하여는 동학당과 영학당의 활동을 통하여 확인할 수 있다.[50]

1894년 농민전쟁을 주도하였던 남접계열의 일부 농민군 잔여세력은 지도부의 상실 이후에도 반체제 반외세의 이념을 실천하기 위한 조직의 확보에 몰두하였다. 그 대표적인 세력이 손화중포(孫和中包) 산하의 남은 접주들이었다.[51] 손화중포는 정읍·고창지역을 중심으로 하여 전라우도를 장악하는 기반이 되었던 농민군으로서 전라좌도를 장악한 김개남포(金開男包)와 양립하였다.

손화중포 산하 접주들은 지도부를 상실한 가운데 최시형의 북접교단과 연대함으로써 재봉기를 계획하였다. 동학교단 자료인 『천도교회사초고』에는 이와 관련하여 다음과 같이 기록하고 있다.

> 八月에 神師ㅣ 尙州郡 銀天으로 移接하시다.
> 時에 湖南道人 孫秉奎 洪桂寬 崔益瑞ㅣ 神師에게 來謁하고 此時 設包할 意로써 告하거늘 神師曰 此時設包가 宿火更吹함과 無異하니 한갓 無益할 쑨만 안이라 世上을 亂키 易하니라 하시다.
>   布德 三十八年(丁酉) 一月에 ……[52]

여기서 보면 손병규·홍계관·최익서라는 호남 동학교도가 최시형에게 설포를 요청한 것으로 되어 있다.

---

50) 동학당과 영학당의 활동과 성격에 대하여 검토한 논문(이영호, 「갑오농민전쟁 이후 동학농민의 동향과 민족운동」 『역사와 현실』 3, 1990 ; 「대한제국시기 영학당운동의 성격」 『한국민족운동사연구』 5, 1991)을 바탕으로, 여기서는 새롭게 확인하게 된 영학당 지도부의 성격을 규명하는 데 초점을 맞추었다.
51) 확인된 것은 손화중포 산하 접주들의 활동이지만, 전봉준, 김개남, 최경선, 이방언 등 각 지역에서 농민군 대부대를 결성하였던 농민군 지도자의 휘하에서 살아 남은 접주들의 활동을, 이 손화중포 산하 접주들의 활동을 통하여 미루어 짐작해 볼 수 있을 것이다.
52) 『天道敎會史草稿』/『동학사상자료집』 1, 아세아문화사 영인본, 477쪽.

그런데 부안의 북접교단 산하 접주인 김낙철(金洛喆, 金汝仲)의 수기에는 다음과 같은 기록이 있다.

一日은 孫炳奎 洪桂寬 崔益瑞 等 八人來留於高岱山下水용店ㅎ야 九大接을 設包ㅎ다고 云云故로 先生主게셔 分付曰 洛喆이 卽往勸喩ㅎ면 卽送龜庵矣리인니 善爲曉喩ㅎ야 同下去ㅎ라 ㅎ시ᄂ 故로 奉分付下去ㅎ야 與八人으로 同往于尙州葛項里金致順家矣리니 薄暮의 龜庵丈게셔 自朴熙寅家로 枉臨而留宿ㅎ실시 龜庵게셔 對八人曰 君等이 爲頭目而設包ㅎ다 ㅎ니 孫和仲屍體은 運喪 否아 ㅎ則 皆默默不答而坐어늘 又大責曰 頭目屍體도 不知在何處而爲頭目이라 ㅎ니 盡是無禮之說也라 ㅎ시고 卽下去ㅎ야 和仲屍體을 運喪而葬ㅎ면 天師感應之德으로 接內事은 自然大彰矣일니 與金某同下去云云 故로 卽同往ㅎ다.[53]

여기서 최익서 등은 손화중포에 속한 인물들로 분명히 등장한다. 정읍 만화동에 거주하였던 최익서는 농민전쟁이 끝난 뒤 수배자 명단에 포함될 정도로 농민전쟁의 주도층에 속하는 인물이었고,[54] 홍계관은 농민전쟁에서 천민부대를 지휘한 홍낙관과 형제 사이로서 고창 사람이었고, 손병규는 아마 손화중의 친족이 아니었을까 생각된다. 바로 이들이 정읍·고창·무장지역을 장악한 손화중포의 부하들이었던 것이다. 이들 3인 이외에 8인이 최시형을 찾은 것으로 되어 있는데 나머지 인물들도 같은 손화중포 계열 인물일 것이다.

최익서 등은 9개의 대접(大接)을 설치하려고 최시형의 허락과 지원을 요청하였다.[55] 당시 최시형은 겨우 교단조직을 수습하기 시작하여

---

53) 『金洛喆歷史』, 27~28쪽.

54) 『동학란기록』 하, 「先鋒陣各邑了發關及甘結」 1895년 1월 16일 甘結金溝泰仁萬頃井邑金堤古阜扶安, 341쪽.

55) 이들은 후에 영학당을 조직하여 정읍 등지에서 봉기를 꾀하게 되는데, 체포된 林碧花의 진술에 따르면 그는 정읍거괴 최익서로부터 受道하여 접주가

충주·음성·청주·상주 등지에서 피신생활을 하고 있었다. 1896년 3월에 겨우 지방의 두령을 임명하였는데 의병이 일어나 일부 동학교도도 가담하고 있는 상황이 자칫 동학교단에까지 파급이 미칠까 우려하여, 1897년 2월에는 두령임명을 중지하는 상황이었다.[56] 따라서 남접 두목 손화중의 부하가 두목의 정신을 계승하여 설포 기포하려는 시도를 최시형은 용납할 수 없었다. 북접교단 2인자 그룹의 일원인 구암(龜庵) 김연국(金演局)은 손화중의 시체조차 찾아 장례를 치르지 못하였다고 그 부하들을 비난하였다.[57]

최익서 등이 최시형을 찾은 시점은 위의 두 기록의 앞뒤를 고려하면 대체로 1896년 10~12월로 추정할 수 있다. 이들이 이 시기에 최시형을 찾아 설포하려 한 것은, 그해 봄 나주와 장성의 유림들이 의병을 일으켜 반외세 운동에 나서고, 거기에 김개남의 부하인 태인의 동학접주 김문행이 가담하였고, 김순여를 비롯한 농민군의 남은 세력이 이러한 의병봉기를 계기로 조직력을 강화하려 하였던 분위기와 관련될 것이다.

당시의 분위기는 고종이 1897년 양력 2월 20일 러시아 공사관에서 경운궁으로 환궁하면서 호남에 암행어사로 파견한 이승욱(李承旭)의 보고를 통하여서도 확인된다. 이승욱은 호남지방의 상황을 읍폐민막이 더욱 심해져 이민(吏民)이 고통을 받고, 또 수령이 횡렴하고, 전운(轉運)하는데 무명가렴(無名加斂)하고, 탕환(蕩還)이 다시 일어나고, 시장

된 뒤 봉기에 참여하였다고 하면서 '井邑大接'으로부터 私通을 받았다고 한다. 이 '정읍대접'은 아마 정읍 만화동에 거주한 정읍거괴 최익서가 설포한 것으로 여겨지고, 9개의 대접을 설치하려 한 시도가 결국은 북접교단의 지원 없이 독자적으로 구체화되었던 것으로 짐작해 볼 수 있다.『全羅南道高敞郡捉得亂黨姓名罪目幷錄成冊』(1899년 6월) 참조.

56) 『천도교회사초고』, 476~477쪽.

57) 손화중의 시신은 결국 찾지 못해 魂葬을 지냈고, 그 손자는 아직도 시신을 수습하지 못한 것을 죄송하게 생각하고 있다. 이이화, 『발굴 동학농민전쟁 인물열전』, 한겨레신문사, 1994, 66~73쪽.

이 피폐하여졌다고 진단하고, "동학비도가 이때를 타고 궐기하면 전국에서 호응(東匪乘時 籍托一呼 八路響應)"할 상황이라는 것이다. 그리하여 "동요(東擾)가 잠시 가라앉았지만 잔당이 상존하고, 이교(異敎)가 병행하여 패류(悖類)가 이에 가탁하여 시비를 논하여 민와(民訛)가 날로 일어나니, 이때를 당하여 만약 귀일(歸一)하여 방향을 급히 정하지 않으면 갑오지요(甲午之擾)가 또한 반드시 이어서 일어날 것이다"라고 하였다.[58]

손화중포의 남은 접주들은 이러한 기회를 변혁운동에 활용하고자 하였다. 북접교단의 지원하에 설포하고 조직을 확대한 뒤 재봉기를 꾀하는 것은 어렵게 되었지만 한편으로는 동학에 대한 탄압이 심하여 이를 피할 필요도 있었기 때문에 새로운 조직을 마련하려 하였다. 그리하여 조직된 것이 영학당이었다. 영학당은 1898년 음력 11월에 일어난 흥덕의 농민항쟁을 배후에서 후원하였고, 1899년 음력 4월에는 봉기를 꾀하여 고부·흥덕·무장을 점령하고 고창을 공격하였다. 영학당의 봉기는 고창공격에서 좌절되었지만 그들의 목표는 영암의 농민항쟁 세력과 합세하여 광주 및 목포, 그리고 전주를 점령하고 궁극적으로는 서울로 향하는 것이었다. 1894년 농민전쟁의 이념을 계승하여 그 뜻을 실현하려는 의도였음을 짐작할 수 있다.[59]

영학당운동의 지도자는 최익서로 확인되고, 김낙철(김여중)과 김문행, 홍계관이 또한 주동자로 지목되었다. 수배자 명단의 거괴는 모두 18명으로서 정읍의 최익서·최방서·김성집, 고부의 송성일, 장성의 최사직, 흥덕의 김재명·최치홍, 무장의 성재명, 부안의 김여중, 태인의 김문행·이덕수·김철중, 김제의 홍양범, 나주의 허관일, 광주의 이관일, 그리고 거주불명의 전경조·홍낙관·홍계관이다.[60] 최시형을 찾아

58) 『隨錄』, 1897년 2월 13일 암행어사 이승욱의 감결, 225~234쪽.
59) 이영호, 앞의 논문, 1991 참조.
60) 『全羅南道高敞郡就捉亂黨口招同類姓名居住幷錄成冊』(1899년 6월).

간 8인이 대체로 이 가운데 포함되었을 것으로 생각된다. 손병규는 행적을 알 수 없지만, 손화중의 당질 손치범이 참가하였다가 체포된 것을 보면 손병규의 참여가능성도 높다고 생각된다. 이렇게 보면 최시형과 접촉하려던 손화중포의 남접세력이 일단 모두 영학당으로 조직의 변화를 꾀하면서 재봉기를 추진하였다고 볼 수 있다.

영학당의 주동자로 지목된 자들을 좀더 자세히 살피기로 한다. 먼저 손화중포에 속하고 형제로 추정되는 고창 홍낙관·홍계관의 역할을 확인하기로 한다. 홍낙관은 농민전쟁 당시 손화중의 휘하에서 천민농민군을 지휘하였는데 영학당운동에서도 거괴로 지목되었다. 그는 고창의 재인출신이었다.[61] 홍낙관은 12월초 고창에서 체포되어,[62] 杖 100과 3천리 유배형에 처해졌다.[63] 영학당운동에서는 홍계관이 주요 인물로 등장하지만 홍낙관도 거괴로서 수배대상이 되고 있음을 보면 홍낙관도 주동자에 속하는 것으로 보인다. 홍계관은 제1차 농민전쟁 당시 백산기포에 홍낙관과 함께 고창의 대장으로 등장하고 있는데,[64] 영학당운동에서는 주동자로 부상하였다. 영학당운동에서 체포된 최선오가 갑오거괴(甲午巨魁) 홍계관의 권유를 받아 영학당봉기에 참여하였다고 진술한 데서도 홍계관의 역할을 짐작할 수 있다.[65]

다음에는 김개남포에 속하였고 영학당운동의 또다른 주동자로 지목되었던 태인 김문행이 주목된다. 그의 행적에 대해서는 후술할 것이지

---

61) 신용하, 『동학과 갑오농민전쟁 연구』, 일조각, 1993, 75쪽. 원래는 서울 출신으로서 정치변혁운동에 가담하였다가 홍씨가 많이 사는 고창으로 내려온 것으로 추정되기도 한다(이이화, 앞의 책, 1994, 162~169쪽).

62) 『동학란기록』 하, 이규태왕복서병묘지명, 1894년 12월 11일 初更 隊官李圭植 上書, 467~468쪽 ; 『오하기문』 3필, 1895년 1월, 72쪽.

63) 『동학관련판결문집』 제15호 판결선고서원본, 1895년 3월 (피고 洪樂寬 46세), 정부기록보존소편, 50쪽. 여기에는 홍낙관이 농업을 하는 평민으로 기록되어 있다.

64) 『동학사』/『동학사상자료집』 2, 469쪽.

65) 『全羅南道高敞郡捉得亂黨姓名罪目幷錄成冊』(1899년 6월).

만 도강(道康) 김씨 김개남의 동족이고 김개남 산하의 대접주로서 주
로 태인에서 활동하였고, 농민전쟁 이후에는 기우만의 장성의병에도
가담하였다가 1899년 영학당운동에서 다시 주동자로 부각되었다. 여기
서 주목하고 싶은 것은 김문행이 김개남의 부하였다는 점이다. 이 사
실은 영학당운동이 손화중포 부하들이 주도하면서 김개남 부하들과
연대를 모색한 것을 의미한다. 수배자 명단에 태인을 비롯하여 김개남
이 영향을 미쳤던 지역의 영학당 인물들이 다수 등장하고 있는 것도
이 사실을 뒷받침한다.

다음으로는 북접교단에 속한 부안 김낙철의 행적을 살펴보기로 한
다. 김낙철은 김연국을 통하여[66] 동생 낙봉(明仲)과 함께 1890년 6월
동학에 입교한 북접교단의 인물로서,[67] 양인이고 부안의 지주였다. 보
은집회에는 부안대접주로서 참여하였고,[68] 농민전쟁이 일어났을 때에
는 최시형의 지시에 따라 전봉준과 연합하지 않고 전봉준의 세력으로
부터 북접세력을 분리하면서 그와 대립하였다.[69] 그러나 남·북접이
연합하여 제2차 농민전쟁을 전개할 때에는 부안에서 기병하였다.[70]

농민군이 패배하면서 김낙철 형제는 체포되어 나주 초토영에 수감
되었다가 서울로 이송된 뒤, 1895년 3월 21일 이방언·김방서와 함께
석방되었다.[71] 그러나 그는 석방된 뒤에도 고향에서 10개월간 토굴생
활을 하면서 피신하였다가,[72] 1896년 4월 김학종과 함께 상주로 가서
최시형을 만남으로써 교단에 합류하였다.[73] 이후 그는 농촌사회가 농

66) 『사법품보』 을, 1903년 2월 13일 평리원재판장의 보고서.
67) 『김낙철역사』, 1쪽.
68) 『동학사』, 84쪽.
69) 『김낙철역사』, 3~4쪽.
70) 『동학사』, 495~496쪽.
71) 『김낙철역사』, 4~11쪽.
72) 『김낙철역사』, 19쪽.
73) 『김낙철역사』, 24쪽 ; 『사법품보』 갑, 1898년 5월 1일 경기재판소판사의 질품
서.

민전쟁의 후유증을 앓고 있던 상황에서 끈이 떨어진 각지의 두목을 비밀리에 정탐하여 동학조직의 재건에 앞장서는 활동을 전개하였다.[74]

김낙철은 농민전쟁 이후 북접교단과 연결을 가지면서 전라도지방에서 동학조직의 재건에 활발한 활동을 전개한 대표적인 인물이었다.[75] 어떤 때에는 최시형을 가까이서 수행하기도 하였다. 손병규·홍계관·최익서 등 8인의 손화중포 접주들이 최시형을 찾아왔을 때 김낙철은 최시형을 보좌하고 있었고, 이 일이 전라도 지방과 관련되는 일이기 때문에 최시형과 김연국은 김낙철로 하여금 그들의 설포를 막도록 지시하였고, 그 과정에서 그들 사이에 변혁운동과 관련한 협력관계가 구축되었을 것으로 추정된다. 영학당 봉기에서 체포된 김선명이 최익서와 김여중이 괴수라고 한 점을[76] 확대 해석해 본다면, 농민전쟁 당시처럼 남접계열의 최익서와 북접계열의 김낙철의 연합세력이 전라도지방에서 봉기를 꾀한 것으로도 볼 수 있을 것이다. 그런데 김낙철은 남접세력과 연계를 가지면서도 북접교단에 충실한 입장을 취하였기 때문에 영학당의 봉기에 참여하지는 않았다.[77] 그러나 1900년 봄에는 동학당이 전주에서 반외세운동을 계획하였을 때 이에 가담하고 있어서[78] 변혁운동에 대한 김낙철의 관심이 지속되고 있었음을 알 수 있다.[79]

---

74) 『김낙철역사』, 25쪽.
75) 『사법품보』갑, 1898년 3월 4일 전라남도관찰사의 보고서, 1904년 6월 30일 전라북도재판소판사의 질품서, 1900년 3월 15일 전라북도재판소판사의 질품서.
76) 『全羅南道高敞郡捉得亂黨姓名罪目幷錄成冊』(1899년 6월).
77) 『사법품보』갑, 1899년 7월 全羅北道井邑古阜所捉匪類供案.
78) 『사법품보』갑, 1900년 4월 2일 전라북도재판소판사의 질품서.
79) 김낙철의 교단내에서의 활동을 더 추적해 보면 그는 1898년 최시형을 대신하여 체포되어 고문을 당하기도 하였다. 최시형 사후 손병희와 김연국의 주도권 다툼이 벌어졌을 때 그는 김연국의 편에 서서 활동하였다. 이때 그는 弓乙道를 칭하면서 김연국 계열의 세력확대를 도모하였다(『사법품보』을, 1902년 6월 27일 전라북도재판소판사의 법부대신에 대한 보고서, 1903년 2월 13일

이상에서 볼 때 영학당운동은 손화중포의 남은 세력이 주동이 되어 김개남포의 남은 세력과 연대를 꾀하고 북접교단의 진보파도 끌어들여 추진한 사회변혁운동이었던 것으로 평가할 수 있을 것이다.

영학당은 전라도에서 봉기를 꾀한 이후에도 충청도 임천·한산 등지 또는 경상도 진주 등지에서 활동하였는데,[80] 그 이후에는 다른 운동조직으로 흡수되어 갔다. 원래의 동학조직으로 복귀하기도 하고 서학당으로 투탁하기도 하였다.

동학당이 영학당을 결성하여 변혁운동을 꾀하였다가 종식된 뒤 특히 1900년경 전후 정부의 가혹한 탄압에도 불구하고 동학당은 위축되기는 하였지만 변혁운동을 지속하였다. 그 가운데 비교적 뚜렷한 흔적을 남기면서 변혁운동을 꾀한 것은 1900년 봄 소백산맥 동서쪽, 경상도 서부지역과 전라도 동부지역에서 전개된 동학당의 활동이다.[81] 그러나 그것은 봉기에까지 이르지 못하고 모의단계에서 발각되고 말았다. 동학당의 활동은 1900년 여름 남접의 대부 서장옥의 체포 이후 더욱 위축되었고, 1904년 북접교단 동학농민들이 진보회·일진회를 결성하고 외세의 침략에 저항하는 의병전쟁이 본격화하면서 그 조직은 해소되었다.

3) 남학당의 성격과 활동

농민전쟁 이후 동학농민 가운데 다른 종교조직에 참여함으로써 한

평리원재판장의 법부대신에 대한 질품서 제4호). 1900년 7월 풍기에서의 설법식을 계기로 손병희가 주도권을 잡게 되고 이때 4도주와 함께 5편의장, 6임을 임명하였는데, 김낙철은 便義長과 동시에 執綱의 직임에 임명되었다. 1901년 6월 김연국이 체포되고 김낙철의 집도 급습당했으나 체포를 면하였다. 김연국이 1904년 12월 6일 석방된 뒤 1907년 이용구의 시천교로 옮기자 그도 이를 따라갔다가, 1915년 다시 천도교로 돌아왔다(『김낙철역사』 참조).
80) 『皇城新聞』 1900년 2월 21일 잡보 慶南東徒 ; 『日新』 1900년 1월 4일.
81) 이영호, 앞의 논문, 1990 참조.

편으로는 탄압의 예봉을 피하고 다른 한편으로는 새로운 각 도에서 변혁운동에 참여하려는 세력도 나타난다. 그 가운데 하나가 남학 또는 남학당이라는 것이다.

먼저 남학을 비롯하여 당시 논란이 되던 동서남북중학(東西南北中學)에 대한 논의를 살펴보기로 한다. 남원 유생 김재홍은 동서남북학에 대하여 다음과 같이 지적하였다.

> 슬프다. 今世에 邪說이 橫流하여 소위 五方之學이 있다. 동학 서학 북학 중학 남학이다. 예전에 내가 淵齋선생께 들었는데 말씀하시기를 서학은 불교의 反卒이고, 동학은 서학의 反卒이고, 남학은 기도를 위주로 하고, 중학 북학은 假道에 推附한 것이다. 그러니 사실 正을 해치고 眞을 잃음이 심하다.[82]

충청감사는 다음과 같이 보고하였다.

> 가만히 생각해 보면 敎化가 쇠퇴하여지고 異言이 많아 시끄러운 것은 단지 동학만은 아니다. 그외에 남학이라는 것이 있고, 남학의 별파를 북학이라 하고, 동학의 반대를 서학이라 한다. 북학이 중국의 학인지 서학이 西國의 학인지 알지 못하지만 우민은 쉽게 현혹되어 불안하다고 한다. 이것이 곧 저것에 들어가 혹 가는 길은 다르지만 돌아가는 바는 같고 혹 처음에는 합하였다가 결국 나뉘어지는데 그 폐단은 마찬가지이다.[83]

후대에 李能和는 다음과 같이 지적하였다.

> 근세에 나온 비기에 이른바 五學이 서로 번갈아 망한다는 말이 있으니 그것은 다음과 같다. 서학은 동학에 망하고 동학은 남학에 망하

---

82) 金在洪, 『嶺上日記』 1894년 11월 3일.
83) 『札移電存案』 1894년 12월 13일.

고 남학은 북학에 망하고 북학은 중학에 망한다. 즉 서학은 기독교요 동학은 천도교요 소위 남학은 詠歌舞蹈教 또는 大宗教라고도 한다.[84]

이들 기록에서는 동서남북중학을 거론하고 있는데 이것들이 대체로 체제를 위협하는 사학(邪學)으로 인식되고 있다. 그러나 중학, 북학은 그 실체가 불분명하고, 서학은 농민전쟁 당시에는 포교가 허용되어 있었다. 따라서 문제는 동학과 함께 남학이었다.

내무대신 박영효가 1895년 2월 각 도에 시찰위원을 파견하면서 "동남도당(東南徒黨) 및 기타 불궤지류(不軌之類) 난맹유무사(亂萌有無事)"의 조항을 두어 시찰토록 하고,[85] 또한 그가 홍범 14조의 실천지침으로서 마련하여 지방관에 훈시하는 가운데서도 "동학(東學)과 남학당(南學黨)의 명색을 각별 금방(禁防)홀 사(事)"라고 하여,[86] 동학당과 남학당의 무리가 봉기를 꾀하는지의 여부를 조사하여 이를 방지하도록 지시한 것에서 보면, 문제가 되는 것은 동학과 남학이었음을 알 수 있다.

그러면 남학이란 무엇을 말하는가? 남학은 1860년경 동학이 발생할 때와 같은 시기에 충남과 전북에서 이운규(李雲圭)에 의하여 창도되었다고 한다. 최제우가 이운규의 제자였다는 주장도 있지만 확인하기 어렵다. 이운규에 의해 창시된 이후 1878년경 이후부터 김항(金恒, 一夫)의 충남 연산지방을 중심으로 한 무극대도(無極大道) 또는 대종교(大宗教)와, 김치인(金致寅, 光華)의 전북 진안지방을 중심으로 한 오방불교(五方佛教) 또는 남학(南學)으로 분화 발전하였다. 이 종교는 유불선(儒佛仙)을 혼합한 종교이지만 일부계(一夫系)는 유교를 중심으로 불선을 흡수하였고, 광화계(光華系)는 불교를 중심으로 유선을 흡

84) 이능화(이종은 역주), 『조선도교사』, 보성문화사, 1983, 334쪽.
85) 『오하기문』 3필, 1895년 2월, 82쪽.
86) 『한말근대법령자료집』 1, 1895년 3월 10일 내무아문훈시, 184쪽.

수하였다. 이들을 모두 남학이라고 부르기도 하지만 특히 광화계를 남
학으로 불렀다.[87] 대체로 전라우도 일대에 서학이 크게 치성한 데 비
하여 남학은 전라좌도 일대에 유포된 것으로 보인다고 한 황현의 지적
은 바로 이 광화계 오방불교 남학을 가리키는 것이다. 황현은 남학을
불학(佛學)이라고도 불렀다.[88]

남학은 오음주(五音呪)에 의한 영가무도(詠歌舞蹈)를 하는 것이 특
징이었다. 영가무도를 하면 병이 잘 낫고 이를 통해 신통력이 생기고
그 극치에 도달하면 신인이 된다는 믿음이 있었다.[89] 황현은 영가무도
의 양상을 다음과 같이 지적한다.

불학은 또한 남학이라고도 칭한다. 연전에 처음 시작되었고, 누가
창시하였는지는 알지 못하지만 동학과 함께 일어났다. 그 교리는 같
지 않지만 서로 어긋나지 않는다. 作法할 때 狂歌亂舞 跳躍誦呪한다.
그 노래에 이르기를 開南門 擊鉢鑼 鷄鳴山川 月明來歌 將終必呼 南
無阿彌陀佛이라고 한다. 노래가 끝나면 서로 둥그렇게 하여 踊跳擲
自하기 때문에 詠歌舞蹈之學이라 한다.[90]

동학과 함께 일어났지만 그 교리는 같지 않고 영가무도하는 것이 남
학의 종교의식이었다.

그러면 왜 정부에서 남학당을 지목하여 색출하도록 지시하고 있는

---

87) 이강오, 「구한말 남학의 발생과 그 성격에 대하여」『전라문화연구』1, 전북향
토문화연구회, 1979 참조.
88) 『오하기문』 3필, 1895년 3월, 99쪽.
89) 이강오, 앞의 논문, 134쪽.
90) 『오하기문』 3필, 1895년 3월, 99쪽. 이능화는 남학을 영가무도교라고 하기도
하였는데, 영가무도에 대하여, "吟哦唋呷唔 五音은 五行 근본의 天聲에 따라
陽律陰呂로 臟腑에서 나오는 것이니 혈기가 화평하면 노래도 하고 읊기도
한다. 손으로 춤추고 발로 뛰게 되어 자연히 심정이 靈虛해지고 神明이 符應
하여 조화의 이치와 격에 맞는 功을 깨달아 통하지 않음이 없을 것이다(이능
화, 앞의 책, 335쪽)"라고 설명하였다.

것일까? 진안 지역 고로(古老)들의 증언에 의하면 농민전쟁이 일어나자 "남학교도 수천 명이 주천에서 집회를 갖고 후천선계의 개벽운동의 기회를 잃지 말고 동학과 같이 총궐기할 것을 논의하였다. 그리하여 그들은 동학운동과 구별하는 뜻에서 황몌자(黃袂子)를 입고 오방기 아래 출전할 태세를 갖추었다는 것이다. 그러나 이 남학운동의 기미를 안 관군이 공격해 온다는 소식을 듣고는 출동 직전에 해산해 버렸다"고 한다. 증언에 의하면 "주천 앞 시내 벌판에 만명이 넘는 교도들이 모여 동학교도가 부르는 검가에 가름하는 '남문열고 바라치니 계명산천 밝아진다 ……'는 노래를 부르면서 대대리에 진출하여 기세를 올렸다는 것이다. 그런데 내부에 밀고하는 자가 있어 거사전에 해산되었다"고 한다.[91] 이것이 정확히 언제인지는 알 수 없지만 전라감사 이도재의 지시로 1894년 12월 김성규가 작성하고 이를 1895년 1월에 이도재가 전라도지방에 반포한 향약사목의 과실상규(過失相規) 조항에 보면, "최근 동학불학지류(東學佛學之類)와 같이 귀신에게 기도하기를 기뻐하는 자는 그 집이 반드시 망한다"라는[92] 기록이 있어서, 이로써 미루어 본다면 동학과 함께 불학 즉 남학이 이미 농민전쟁 시기에도 활동하고 있었음을 알 수 있다. 남학이 단순한 종교조직으로서 수도에만 전념한 것이 아니라 동학과 마찬가지로 사회변혁의 대열에도 참여하고 있음을 의미한다고 볼 수 있을 것이다. 따라서 동학당의 색출 지시와 함께 남학당에 대한 체포령도 내렸던 것이다.

일제하의 조사기록에 보면 다음과 같은 지적이 있다.

광화교는 전라북도 진안군 주천면 대불리 김치인이라는 자가 1888년경 오방불이라 칭하는 불교의 일파를 창설 포교한 것으로 출발한다. 김치인은 그후 1894년 정부의 비위를 거슬러 전주 서문 밖에서 사형당했으나 ……[93]

91) 이강오, 앞의 논문, 135쪽.
92) 金星圭, 『草亭集』 권7, 鄕約事目, 18쪽.

이 기록은 전라감사 이도재가 1895년 3월초 진안에서 불학사당(佛學邪黨) 10여 인을 체포하여 전주로 압송하여 참수하였는데,[94] 그 불학은 또한 남학이라고 칭하기도 한다는 기록과[95] 거의 일치하고 있다. 남학당이 농민전쟁에 가담하려 하였기 때문에 탄압을 받게 되었던 것으로 생각된다.

1895년 3월초 진안에서 남학의 지도부가 체포 처형된 이후 도통의 전수와 관련하여 갈등이 나타났던 것으로 보인다. 결국은 그것이 거룩한 순교로 믿어져 이후 용담·무주·진안·임실·고산·전주·장수·금산·진산·연산·논산 등지에 수만의 교인을 확보하는 발전을 보지만, 교단의 분열도 생겨나 김용배(金庸培)는 금강불교를 만들어 운장산, 마이산 등지에서 포교하고, 김원배(金垣培)는 오방불교를 이끌고 계룡산 신도안으로 옮겨 광화교를 만드는 것으로 된다.[96]

1895년 3월 남학의 지도부를 체포하고서도 전라감사 이도재는 그해 6월 동도 외에 남학이라는 것이 무리를 지어 인심이 의구하고 소와(騷訛)가 일어난다고 상소하고 있는데,[97] 그것은 지도부의 와해에도 불구하고 그 잔존세력이 활동하고 있었음을 의미한다고 생각된다. 황현은 농민전쟁 이후 "동학에서 누락된 자들이 차차 여기에 귀의한다"고 하면서 이들도 '동학지류(東學之類)'라고 파악하였다.[98] 이런 점에서 남학당의 활동은 동학농민군의 향방을 확인하는 데 중요한 의미를 지니는 것이다.

---

93) 村山智順,『조선의 유사종교』, 1935/최길성·장상언역, 계명대출판부, 1991, 341쪽.
94) 교단측에서는 1895년 봄에 관군이 교주 一守와 광화 및 교도 6명을 합하여 8인을 체포하여 4월 16일 전주 서문 밖에서 포살 처형한 것으로 보고 이를 순교로 설명한다. 이강오, 앞의 논문, 117, 135쪽.
95)『오하기문』3필, 1895년 3월, 99쪽.
96) 이강오, 앞의 논문 참조.
97)『일성록』고종편 32권, 1895년 6월 18일, 164쪽.
98)『오하기문』3필, 1895년 3월, 99쪽.

남학당은 농민전쟁 중의 봉기계획 이후, 또는 1895년 3월 지도부가 체포된 이후 내부적인 분열과 분화가 발생하여, 그 가운데 한 세력은 제주도로 넘어간 것으로 보인다. 김성규의 향약사목의 과실상규 조항에는 불학은 바다 가운데 나라가 있다고 말한다고 지적하고 있는데,[99] 이러한 논리에 따라 바다 가운데 있는 제주도로 옮겨간 집단이 있었던 것이다. 제주도로 집단 이주한 남학교도들은 거기서 화전을 개발하면서 대정군 광청리 일대에 정착하여 살았고, 이들이 1898년 방성칠을 중심으로 한 제주도 남학당의 봉기, 즉 화전세를 비롯한 조세문제의 시정을 요구하는 농민항쟁을 일으키게 되었던 것이다.[100]

남학당은 사회변혁운동에 구체적으로 관여하고 정부에서도 이를 불온시하였는데, 그 종교적 성격은 매우 신비주의적 요소를 내포하고 있었다. 따라서 종교적 성격이 강화되면 사회변혁운동과는 괴리될 수밖에 없을 것이다. 그러나 이러한 신비주의적 요소가 당시 사회 분위기를 동요시키고 있었음은 틀림없다. 농민전쟁 이후 발생한 여러 가지 와언이나 신비주의적 경향을 한두 가지 예를 들어 살펴보기로 한다.

충청도 내포의 송도사(宋都事)는 꿈의 계시대로 금오산에 가서 구멍을 뚫어 철갑(鐵甲)을 얻어 착갑계(鑿甲契)를 창시하니 따르는 자가 수천 명이 되었다고 한다. 그래서 경상도 김산군에서 착갑군(鑿甲軍)이 일어났다는 와언이 나오기도 하였다. 이것 역시 동학류(東學流)로 파악되었다.[101] 동학의 잔당이 착갑계, 착갑군을 일으켰고 그 창시과정이 신비주의적이지만 사회적으로는 소요를 초래하고 그것이 농민전쟁과 같은 사회변혁으로 전이될 가능성이 없지 않았다.

또 한 승려가 꿈을 꾸는데 임진왜란시 활약한 유정이 말하기를 "팔도의 사찰에 통고하여 영남에서 도회(都會)를 열게 되면 그 가운데서

99) 『초정집』 권7, 향약사목, 18쪽.
100) 조성윤, 「1898년 제주도 민란의 구조와 성격 - 남학당의 활동과 관련하여」
    『한국사회사연구회논문집』 4, 문학과 지성사, 1986.
101) 『오하기문』 3필, 1895년 1월, 76~77쪽.

토왜자(討倭者)가 나올 것이다"라고 하였다고 한다. 이에 호남의 승려들이 다수 영남으로 가고 치류도회(緇流都會)가 열렸다는 풍문이 있었다.[102]

또 호남에 비동비불지학(非東非佛之學)이 있는데 자칭 유학(儒學)이라고 하고, 산신과 공자를 모신다고 한다. 신도들이 남원으로부터 김제에 모였고, 전감저(全甘藷)를 괴수로 하였다고 한다.[103]

1897년 2월 내부대신 남정철(南廷哲)은 13도에 치안 및 풍속에 관해 고시하면서 "유언비어를 전파하여 소동을 일으키지 말고 각각 자기의 직업에 충실할 것", "참위불경지설(讖緯不經之說)이나 무고기도(巫瞽祈禱)하여 혹세무민하는 일들은 일체 금지할 것"을 지시하고 있는데,[104] 이로써도 신비주의적인 세력이나 변혁세력의 활동이 전개되고 있는 분위기를 감지할 수 있다.

이상에서 남학당의 성격과 활동에 대하여 살펴보았다. 동학당과의 관계에 대하여는 여러 학설이 존재하는데 다만 농민전쟁 당시 동학당의 봉기에 호응하여 봉기함으로써 그에 연대하려는 시도가 있었고, 농민전쟁 직후에는 동학잔당이 토벌되는 분위기 속에서 남학당도 탄압을 받게 되었다. 그리고 동학잔당이 이 남학당에 편입되는 경향이 없지 않았으며, 그 일부가 제주도로 들어가 사회변혁의 일환으로서 농민항쟁을 주도하였다. 농민전쟁 이후 동학을 비롯한 수많은 민족종교, 민중종교가 발생하고 이합집산하게 되는데 많은 종교들이 신비주의화되어 현실과 멀어져 가는 한편에서는, 현실적인 사회문제를 제기하거나 변혁운동을 전개하는 세력들도 존재하고 있었다.

---

102) 『오하기문』 3필, 1895년 1월, 77쪽.
103) 『수록』, 1895년 윤5월, 160쪽.
104) 『수록』, 건양 2년 2월 28일 내부대신 남정철의 告示十三道人民, 222~225쪽.

4) 동학농민의 서학당 투탁

농민군 잔당은 변혁이념을 지니고는 있었지만 정부의 탄압을 견디기 어려웠다. 그리하여 일부의 세력은 여전히 동학당으로서 활동하였지만 또 일부의 세력은 그 명분을 바꾸기도 하였다. 앞서 논의한 영학당은 대부분 농민전쟁에 참여하였던 접주 및 농민군세력이었다. 남학당에도 농민군 잔당이 다수 가입하였다. 동학당으로 지목되어 체포되는 것을 피하고 세력을 확보하기 위하여 영학당·남학당과는 달리 서양종교에 의탁하는 경우도 적지 않았다. 천주교(天主敎, 기독교 구교)를 비롯하여 야소교(耶蘇敎, 기독교 신교), 그리고 희랍교(希臘敎, 러시아 정교)에 의탁하여 이 세력을 믿고 이익을 취하거나 소요를 일으키는 일이 적지 않게 일어났다. 여기서는 농민군의 잔여세력이 천주교, 야소교, 희랍교에 투탁하여 야기한 사회문제를 살펴보기로 한다.[105]

농민전쟁에 가담한 자들이 투탁한 서양종교로는 흔히 서학으로 불리는 천주교가 가장 많았다. 천주교는 조선후기에서부터 포교를 시작하였고 그 과정에서 많은 박해를 받으면서 희생을 치른 결과, 1886년 한불조약 이후 그 포교가 정식으로 인정되어 전국적으로 활발한 포교가 이루어졌다. 오히려 천주교의 신부나 교당은 외교관계에 의하여 치외법권적 지위를 누렸기 때문에 범죄자나 몰락자, 그리고 농민군이 이를 도피처로 여겼다. 이들이 교당을 끼고 불법을 자행하거나 세력을 과시하는 경우가 생기고 있었다.[106] 전라도와 충청도에서 몇 가지 사례를 찾아보기로 한다.

충청도의 경우, 한산의 김선재와 서가량은 농민전쟁에 가담하여 당시 상호 갈등을 빚던 오응로에게 행패를 부렸는데, 1895년 여름에는

---

105) 여기서는 이들 종교의 종교적 포교활동은 논의대상에서 제외한다. 그리고 이용된 자료가 정부의 재판기록이기 때문에 불법적인 활동이 부각되는 점이 한계로 나타난다는 점을 미리 지적해 둔다.

106) 이영호, 앞의 논문, 1991, 9~10쪽 참조.

서학을 칭하면서 다시 오응로의 가산을 부수고 구타하는 행패를 부렸고, 여기에 프랑스 선교사 남일량(南一良)의 비호가 있었다. 오응로는 오히려 동학인으로 몰렸다.[107] 공주에서도 1895년 여름 이후 동도여비 (東徒餘匪)가 서학에 붙어 촌락에 횡행하면서 잔민을 구타하고 재산을 약탈한다는 보고가 있었다.[108] 서천의 서창길은 동학에 들어가 관장을 능욕하고 평민을 침학한 자인데 후에는 서학에 들어갔다.[109]

전라도의 경우, 금구의 황처중과 박사옥은 원래 동학을 하다가 귀화한 뒤 다시 서학에 들어가 각처에 출몰하면서 백성을 침학하다가 체포되었다.[110] 고부의 김덕홍은 서학교도로서 같은 교도인 도한(屠漢)을 멸시하는 장석중을 목석으로 난타하였고, 장성의 박경용은 서학선생으로서 20여년 전의 채권을 행사하기 위해 교도들을 데리고 위협하다가 붙잡혔다.[111] 장성에서도 농민전쟁시 체포되지 않은 잔당이 서학에 들어가 교사의 비호를 믿고 행패가 심하였다. 프랑스 선교사 조유도(曹有道)는 오히려 행패를 부린 교인을 비호하였다. 각 지방 무뢰배와 누망비류(漏網匪類)가 서학에 들어가 불법을 자행하여 민간에 폐를 끼치고 관장을 위협하는데 그것은 프랑스 선교사의 비호 때문이었다고 한다.[112]

이상에서 농민전쟁이 일어났던 전라도와 충청도 지방에 서학이 활발하게 포교되고 거기에 다수의 농민군들이 투탁해 들어갔음을 알 수 있다. "고부·홍주 등지의 동학여당이 서학에 투입하여 작폐가 심하다"는 지적과도[113] 일치하고 있다.

---

107) 『法部來去文』, 1895년 7월 5일 법부대신 서광범의 외부대신 김윤식에 대한 조회 제305호.
108) 위와 같음.
109) 『사법품보』 갑, 1897년 1월 23일 충청남도관찰사의 법부대신에 대한 보고서.
110) 『사법품보』 갑, 1896년 10월 16일 전라북도재판소판사의 고등재판소재판장에 대한 보고서.
111) 위와 같음.
112) 『內部來去文』, 1898년 6월 24일 내부대신의 외부대신에 대한 조회.

다음으로 기독교 개신교 즉 야소교는 1884년 처음 선교사가 입국하여 각 지역에 선교사 파견이나 교당의 건립이 늦었기 때문에 농민군 잔당이 투탁하는 경우는 천주교의 경우보다는 적은 편이었다. 농민군 잔당이 야소교에 투탁한 몇 가지 사례를 살펴보기로 한다.

전주의 김홍구가 미국교사를 칭하고 부안군 북면 등지의 촌락을 다니면서 수도(受道)할 만한 자를 뽑고 교책(敎冊)을 강제로 배부하자 주민들이 동학의 전철을 밟지 않기 위하여 모두 회피한다고 한다. 그는 속전(贖錢)을 걷거나 청대(請貸)를 칭탁하면서 토색하기도 하여 재판을 받았다.114) 이 지역에서는 미국 남장로교 선교사들이 포교활동을 전개하였다.

경기도 양성군 홍병섭은 동학여종(東學餘踪)으로서 의병에 전입(轉入)하고 의병이 귀화하자 다시 야소교에 전입하여 용인의 교두(敎頭) 김준희와 함께 불의를 자행하였다고 한다. 교인을 자칭하고 평민을 침학하고 재산을 탈취하는 것이 이전의 동학이나 의병이 작폐할 때보다 심하였다고 한다. 양성 이보경의 답 15두락과 농우 한 마리를 탈취한 것이 문제가 되어 재판을 받았다.115)

충청도 보령의 조덕필 및 남포의 정행선 등은 야소교에 들어간 뒤 행패가 심하여 체포되었는데, 1902년 음력 7월 13일 대소민 수천 명이 관가에 돌입하여 옥문을 부수고 두 사람을 끌어내어 즉시 타살한 사건이 일어났다.116) 그들은 모두 농민전쟁시 동학의 거괴였는데 그 이후 피신생활을 하다가, 겉으로는 야소교에 의탁하고 속으로는 동학잔당을

113) 金允植, 『續陰晴史』 상(국사편찬위원회 간행본), 권8, 1897년 10월 20일, 439쪽.
114) 『사법품보』 갑, 1897년 5월 22일 전라북도관찰사의 법부대신에 대한 질품서.
115) 『사법품보』 갑, 1898년 7월 4일 경기재판소판사의 법부대신에 대한 질품서.
116) 『일신』, 1902년 7월 24일, 883쪽 ; 『忠淸南北道來去案』 1, 1902년 8월 17일 남포군수의 외부대신에 대한 보고서 제6호/『各司謄錄』 8, 국사편찬위원회 간행본, 465~466쪽.

다시 모아 보령 홍동에 십자기를 크게 세우고 세력을 확대하였다. 그
들은 부자들을 가입시키고 유부녀를 탈취하고 사채를 늑봉(勒捧)하고
소송을 임의로 하고 결호전(結戶錢)을 내지 않고 외국교인임을 내세워
수령을 무시하는 행위를 자행하였다. 관에서는 이들이 안으로는 동학
을 지키면서 밖으로는 야소교를 의탁하는 것으로 파악하였다. 이들을
그대로 두면 '갑오의 난'이 다시 일어날 것이라고 우려할 정도였다.117)

이상에서 뒤늦게 포교되기 시작한 야소교에도 동학의 전력을 지닌
자들이 다수 가입하는 현상을 볼 수 있다. 야소교의 치외법권적 지위
를 이용하여 농촌사회에서 여러 이익을 확보하려는 양상도 나타났다.
개중에는 종교적 결사과정에서의 폐단이 드러나기도 하였지만, 주목되
는 것은 그들의 활동 가운데에 내적으로 동학의 결사를 조직적으로 확
보하려는 움직임이 보이고, 그러한 움직임이 '갑오의 난'이 다시 일어
날까 우려되는 양상을 보이고 있었던 점이다.

대한제국시기에는 러시아와 일본이 각축을 벌였는데 초기에는 러시
아 세력이 강하였다가 후기에는 일본이 강력하게 도전하여 결국 1904
년 러일전쟁으로 폭발하였다. 전반적으로 대한제국시기의 권력은 친러
적 성격의 정치가들에 의하여 좌우되고 있었는데, 이러한 정치 분위기
에서 러시아의 문화도 일부 들어오게 되었고 그 중의 하나가 러시아
정교회 즉 희랍교의 도입이었다.118) 친러시아 세력은 극히 짧은 기간
동안 주도권을 쥐고 있어서 러시아 문화가 널리 확산된 것은 아니지
만, 희랍교를 빙자하여 사회문제를 일으킨 사례가 충청도 지방에서 확
인되고 거기에는 농민군 잔당의 투탁이 중요한 변수로 작용하였다.119)

---

117) 『충청남북도래거안』 1, 1902년 8월 12일 남포군수의 외부대신에 대한 보고서
　　제5호/『각사등록』 8, 461쪽.

118) 한국기독교사연구회, 『한국기독교의 역사』 I, 기독교문사, 1989, 191쪽. 러시
　　아 정교회는 1900년 2월 러시아 공사관 안에 교당을 설치한 것이 시초였다.

119) 이만열, 「한말 러시아 정교의 전파와 그 敎弊문제」 『숙명여대논문집』 26,
　　1987 참조.

희랍교가 지방에서 문제를 야기한 것은 충청도 남포·한산·임천 등지에서였다. 1900년 10월 러시아 국적을 지닌 정길당(貞吉堂)이라는 여인이 아들 광진과 함께 충청도 임천으로 내려와 양규태, 안종학, 안병태 등과 결탁하여 희랍교를 세웠다. 광진은 통변주사(通辯主事), 양규태는 삼남도회장(三南都會長), 안종학은 삼남상회장(三南上會長), 나은경은 상회장(上會長) 겸 대통령(大統領)이 되었다. 그들은 임천에 도소를 설립하고 동학여당을 입당시켜 그 세력을 급속히 확대하여 수만 명을 헤아렸다. 그 도소의 지파가 읍촌마다 설치되었다. 십자기를 세우고 사송아문(詞訟衙門)을 칭하면서 청리(聽理)하자 각 읍의 이서들이 입도하였다. 이전에 동학에 투신한 자들이 체포를 피하여 목숨을 보전하고자 희랍교에 입교하는 자가 많았고, 화적여당들도 많았다. 그들은 굴총(掘塚), 유부녀 탈취, 사채 수취, 재산 탈취, 사족 능욕을 자행하였다. 무항산자(無恒産者)는 모두 그 당에 들어가고, 유풍부자(有豊富者)는 모두 피해를 입었다. 사대부와 부민들이 큰 피해를 입었다. 그래서 유생들이 들고 일어나 이들의 체포를 호소하였으나 오히려 정길당을 무고한 죄로 유생들이 체포되는 지경이었다. 충남과 전북 20여 군이 그들의 선동에 휩쓸려 피해를 보았다. 결국 정길당과 안병태·안종학이 체포되었고, 그들의 소지품에서 화적기계(火賊器械)와 문서들이 발견되었다. 양규태는 도망갔는데 양호(兩湖)에 사통(私通)을 띄워 그 무리를 단속하게 할 정도로 심각한 사회문제였다.[120]

이와 같이 대한제국시기에 러시아 세력이 확장되는 것을 기화로 하여 희랍교를 칭하면서 한편으로는 정부의 탄압을 모면하고 다른 한편으로는 조직을 확대하는 자들이 있었다. 희랍교의 경우는 먼저 희랍교 교당이 외국인 선교사를 중심으로 형성되고 그 다음에 농민군 잔당이

120) 『訴狀』(법부편), 1901년 음력 2월 忠淸南道藍浦郡居儒生白河洙·李圭東·李鍾泰 등의 소장, 1901년 6월 충청남도각군儒生李鍾泰등의 소장 ; 『일신』 1901년 1월 22일, 2월 9일, 2월 26일.

투탁한 것이 아니고, 러시아 세력을 배경으로 하여 자생적으로 조직을 마련하려 하였던 점이 앞서 기독교에 투탁하여 탄압을 모면하고 세력을 확대하려 한 경우와 대조된다.

　이상에서 볼 때 농민군 잔당의 서학당 투탁은 일차적으로는 정부의 탄압을 모면하려는 것에 그 동기가 있다고 여겨진다. 투탁한 뒤에는 종교적으로 귀의한 자도 있었을 것이고, 서양종교의 비호하에 농촌사회에서 초법적인 행동을 자행하는 경우도 있었을 것이다. 여기서 관심을 갖는 것은 농민군 잔여세력이 자신들의 사상과 지향을 유지하면서 서학당 조직을 어떻게 사회변혁운동에 활용하였는가 하는 점인데, 기독교의 경우 그 교단 조직이 확고하기 때문에 그에 가입한 농민들이 그 조직을 봉기에 이용하거나 별도로 조직을 확보하는 것이 용이하지는 않았을 것으로 생각된다. 앞서 지적한 영학당의 경우는 서양종교를 이용하면서도 동학당 조직을 그대로 유지하고 이를 토대로 농민봉기에 나설 수 있었지만 서학당에 가입한 농민들은 그 교당과 교사 그리고 그 나라의 공사관의 비호를 받을 수는 있었지만, 사회변혁운동을 위한 조직활동에는 제한이 있었다고 생각된다. 그러나 투탁한 자들의 행위가 종교적인 것 외에 불법적인 행패인 경우도 있지만, 농촌사회의 중세적 잔재에 대한 비판과 공격이 포함되어 있고 많은 주민들이 그들을 동학잔당으로 인식하고 있는 점에서 볼 때 사회변혁적 지향을 지니고 있었음을 전혀 부인할 수는 없을 것이다. 그리고 러시아 정교회를 이용한 경우에는 그것이 사회변혁을 위한 어떠한 움직임을 보였는지는 확인되지 않고 있지만, 다만 그 조직을 주동한 자들이 사회변혁에 관심을 가진 자들이라면 영학당과 같은 활동을 전개할 수 있는 가능성은 주어져 있었다고 생각된다.

4. 농민운동조직 사이의 연계성

이상에서 살펴본 농민조직의 형성과 변화, 그 활동상을 종합적으로 정리하면서 농민조직의 연계성, 변혁운동을 중심으로 한 인적 관련성에 대하여 살펴보기로 한다.

농민전쟁 이후 끊임없는 탄압 속에서도 동학당을 유지하는 조직은 존재하였다. 북접교단 산하에 편입되어 있는 경우도 있고 남접계열을 이어 나오는 조직도 있었다. 동학의 탄압을 피하여 서양 종교의 명분을 지닌 영학당이 출현하기도 하였다. 동학으로부터 유래한 것은 아니지만 농민전쟁 이후 다수의 동학농민군이 가담하여 세력이 확대된 남학당도 있었다. 신비주의적인 종교조직이 형성되기도 하였다. 동학의 탄압을 피하여 직접 서양의 종교에 투탁해 들어가는 경우도 있었다. 이들 서학당은 변혁운동세력의 주체적인 조직은 아니지만 거기에는 영학당과 같이 명분을 이용하면서 실질적으로 변혁운동을 꾀하는 세력도 포함되어 있었을 것이다. 또한 화적당에 편입된 농민군들도 있었고 그 화적당이 1900년경 이후에는 활빈당으로서 변혁운동의 대열에 합류하였다. 을미의병에는 농민군 잔당이 일부 가담하기도 하지만 지역적인 차이가 있고 또 기본적으로 그 입장이 상호 일치하지 않기 때문에 그것을 농민군 조직으로 평가할 수는 없지만, 1904년 이후의 의병조직에는 농민운동의 경험을 지닌 자들이 더 많아졌을 것이다.

대체로 이들 농민조직이 농민전쟁 이후 1904년경까지 비슷한 시기에 나타났다. 동학당은 북접교단이 정치결사를 통해 공개적인 활동을 벌이는 1904년까지 계속 활동하였고, 남학당과 영학당은 농민전쟁 직후부터 1900경까지 활발하였고, 활빈당은 1900년 이후 활동하기 시작하였다. 서학당은 교세의 확장을 이루고 있지만 그에 투탁한 세력의 활동이 교단조직의 제약을 받아 더 활성화되지는 못하였다.

지역적으로 보면 동학교단은 주로 북부지방에서 세력을 확대하였고,

동학당의 변혁운동은 소백산맥 줄기를 타고 전라도·충청도·경상도
의 접경지역을 중심으로 이루어졌고, 영학당은 농민전쟁이 일어난 전
라북도 서부지역을 중심으로 활동하였다. 남학당은 전라도 동부지역을
중심으로 세력을 확대한 뒤 제주도로 옮겨갔다. 서학당은 각지에서 나
타났는데 천주교가 가장 세력이 강하였고, 야소교는 지역별로 각 교단
이 분할 포교하였고, 희랍교는 충청도지역에서 일시적으로 나타났다.
화적당은 각지에서 활동하였고, 그것이 변혁세력으로서 조직화된 활빈
당은 충청도·경상도·전라도 지역에서 활발하였다.

농민들 가운데는 이들 여러 조직을 전전하면서 변혁운동에 참가한
자들도 적지 않았다. 여기서는 이들 변혁운동세력이 여러 변혁운동조
직에 참여한 실태와 그 의미에 대하여 살펴보기로 한다. 먼저 지적해
두어야 할 점은 이들 농민조직을 변혁지향적으로 활용하고자 하는 세
력이 있는가 하면 개인적 치부나 세력의 확대를 위하여 기회주의적으
로 이용하고 있는 세력도 있다는 점이다. 이들의 활동에 대하여는 관
문서가 대부분 부정적으로 묘사하고 있기 때문에 그것이 자료를 통해
서 분명하게 잘 드러나지 않는 점도 주의해야 할 것이다.

먼저 태인의 김문행은 당시의 변혁운동조직에 두루 가담한 대표적
인 실례가 될 것이다. 그는 농민전쟁 → 의병 → 영학당 → 의병 등에
참여하였다. 김문행은 도강 김씨로 김개남의 동족으로서 김개남 산하
의 대접주가 되어 주로 태인에서 활동하였다.[121] 제2차 농민전쟁시 공
주에서 패한 전봉준과 함께 태인 전투를 벌였고,[122] 김개남이 체포되
고 태인 유림들의 민보군 활동이 활발해지면서 피신하였다. 정부군은
김문행의 가산을 몰수하고 집을 불사르고 김문행의 어머니와 첩을 체
포하였다.[123]

---

121) 『동학사』/『동학사상자료집』 2, 467쪽.
122) 『동학란기록』 상, 「순무선봉진등록」, 565쪽.
123) 이진영, 앞의 논문, 33~35쪽.

그러나 김문행의 출신지인 태인 고현내면은 오랫동안 도강 김씨가
세거하여 그 동족이 향약 등을 통하여 그 지역을 지배해 오던 곳이었
으므로 김문행은 이후 다시 본가에 돌아와 거주할 수 있었던 것으로
보인다. 그리하여 단발령 이후의 을미 의병봉기에도 이 지역 대표로서
참여할 수 있었다. 1902년 김문행이 체포되어 진술한 내용에서 그의
행적을 엿볼 수 있다.

  1896년 단발령이 내렸을 때 호남 유림이 장성에서 모두 모여 회의
  하여 상소를 올리고자 하여 奇禹萬이 疏首가 되었고, 그때 영남에서
  도 유회가 있었는데 소수는 盧仁球가 되었다. 본인은 장성회의에 참
  여하였다가 관찰사의 금지지시에 따라 罷會한 후 7년 동안 두문불출
  하다가 1902년 음력 4월초에 奇參衍이 편지를 보내어 復讐擧義를 제
  의하였으나 본인은 朝家의 조칙이 없으므로 망동해서는 안 된다고
  하고 다시는 서신 왕래가 없었는데 4월 20일경 전주진위대에 체포되
  었다.124)

을미의병 이후 향리에서 칩거하였다고 본인은 진술하고 있지만,
1899년 영학당운동이 전개되었을 때 그 거괴로서 지목되고 있는 것을
보면,125) 을미의병 이후에도 사회변혁활동을 계속하였던 것으로 짐작
되고, 역시 그의 사상 밑바닥에는 사회변혁에 대한 의지가 있었고 그
것이 유연한 사회운동으로 표출된 것으로 생각된다. 1902년 같이 체포
된 기삼연은 곧 석방되었으나 김문행은 1896년 의병 뿐만 아니라 1894
년 농민전쟁에 참여한 죄를 적용받아 종신징역에 처하여졌다.126) 김문
행의 활동은 사회변혁운동에 관심을 가지는 인물의 행동을 단적으로

---

124) 『사법품보』을, 1903년 2월 13일 평리원재판장의 법부대신에 대한 질품서 제
  4호.
125) 『皇城新聞』 1899년 6월 23일 別報 '南擾의 顚末(續)'.
126) 『소장』(법부편), 1905년 5월 징역죄수 金文幸(46세)의 법부대신에 대한 청원
  서.

보여주는데, 1894년 농민전쟁, 을미의병, 동학당 및 영학당운동, 의병의
재기 등에 두루 참여하였다. 유림들과 교류하고 있는 점에서 반외세
민족의식이 강렬하였을 것으로 생각된다.

영학당운동에 참여한 인물이 의병에 가담하고 있는 것도 발견할 수
있다. 1906년 4월 전라남도지방에서 활동한 이백래, 양회일 의병의 유
격대장을 맡은 이사유(李司維)는 그 자(字)가 지백(之白)으로서,[127]
1898년 홍덕농민항쟁을 주도한 영학당 이화삼의 친척이었다. 이지백이
영학당운동에 분명히 참여한 것은 알 수 없지만 그 운동의 전개과정을
분명히 지켜보았고 그로부터 영향을 받았을 것이다. 또한 이백래, 양회
일 의병에는 화순의 최기표·배봉규, 능주의 남갑종 등의 동학접주 또
는 교도의 경력을 지닌 자들이 참여하고 있었다.[128] 농민전쟁에서 동
학당 및 영학당을 거쳐 의병으로 이어지는 흐름이 전라도지방에서 확
인되고 있는 것이다.

농민전쟁 이후에는 그 이전과 마찬가지로 다시 화적의 활동이 활발
해졌다.[129] "영호남에 화적이 크게 일어나 여행자들이 끊어졌다"는 기
록도 있다.[130] 영학당운동이나 남학당의 봉기가 종식되고 동학당의 활
동도 크게 타격을 받게 되는 1900년경에는 이전부터 산간에서 활발한
화적활동을 전개하던 화적당이 더욱 사회변혁적 이념을 띠고 나타난
다. 그것이 바로 활빈당이었다. 본래의 화적당이 사회변혁운동의 이념
을 갑자기 지니게 되었다기보다는 이 시기에 다수의 사회변혁세력이
산간지방으로 쫓겨가면서 화적당 내부에도 이전보다는 훨씬 사회적
의미를 지니는 세력이 포진하게 되었음을 의미하는 것이라고 생각된
다. 1894년 농민전쟁에 참여하였다가 1896년 의병에 가담하고 이후 활

---

127) 홍순권, 『한말 호남지역 의병운동 연구』, 서울대 박사학위논문, 1991, 253쪽.
128) 홍영기, 「구한말 '호남창의소'에 대한 몇가지 문제」 『한국민족운동사연구』 5,
      1991, 170쪽.
129) 박찬승, 앞의 논문 참조.
130) 『속음청사』 상, 권8, 1897년 10월 20일, 439쪽.

빈당에 가담한 충청도 출신의 활빈당 대장 마중군(馬中軍)의 경우가
대표적이다.131) 또한 경상도 상주와 선산 등지에 괴한이 나타나 관군
이 수색하니 그들이 "자칭 동학이라 하면서 자기들은 의병을 일으켜
왜인과 양인을 축출하겠다고 말했다는 것이다. 그 말하는 태도가 당당
하고 조금도 두려워하는 기색이 없었다고 한다. 화적당이 일어난 것이
다"라는 기록도 있다.132) 이것은 동학당과 의병, 그리고 화적당이 반외
세적 입장에서 일치하고 있음을 의미한다.

  활빈당에 들어간 자들은 그 경력이 매우 다양하였다. 1900년 이후
활빈당이 사회문제를 내걸고 활동하였기 때문에 이전의 화적당과는
성격을 달리하는 것으로 파악되지만, 화적당으로서의 성격을 지니는
자들도 적지 않았을 것이다. 충청도 임천의 양규태는 화적당 괴수였다
가 영학당과 희랍교를 거쳐 활빈당으로 흘러들어간 인물로서 살펴볼
필요가 있다. 그가 농민전쟁 당시 어떠한 활동을 하였는지는 알 수 없
지만 그의 무리 가운데 화적당과 함께 동학의 잔당이 매우 많은 것으
로 보아 농민전쟁에도 가담하였을 가능성이 없지 않다.133) 농민전쟁
이후 그는 화적당에 들어가 유명한 괴수 노릇을 하였다. 그러다가
1899년경에는 전라도지방에서 세력을 확대하고 있었던 영학당에 가입
하였다. 그러나 화적괴수로서 함열군에서 체포되고, 영학당 교사의 후
원에 의하여 석방되었지만 영학의 교적에서는 축출되었다. 그 이후 양
규태는 1900년 10월 정길당 및 안종학 등과 결탁하여 충청도 임천에서
희랍교를 창설하고 자신이 삼남도회장이 되었다. 그뒤 그는 활빈당에

---

131) 『매천야록』 권3, 1899년 10월, 244쪽.
132) 『渚上日月』 1894년 10월 8일, 10월 19일.
133) 양규태와 함께 활동하여 수배당했던 서천의 羅恩京은 농민전쟁시에는 접주
    로서 서천의 군기를 탈취하였던 자인데, 1901년 봄 희랍교 접주가 되어 민간
    에서 토색을 자행하였다(『忠淸南道各邑別廉記』, 1901년 9월). 나은경의 희랍
    교내 지위는 上會長 겸 大統領이었다. 양규태도 동학과 관련이 있었을 것으
    로 추정된다.

들어가 활동하였다. "저 양규태 등이 활빈당(活貧黨)으로 변하고 수적
(水賊)으로 변하여 곳곳을 표략하여 도로가 두절되었다"라는 지적에서
분명하다.[134] 이렇게 보면 양규태는 동학농민군, 화적당, 영학당, 희랍
교, 활빈당으로 들어가 활동하였음을 알 수 있다.[135] 양규태의 행동이
얼마만큼 사회변혁적 활동을 전개한 도덕적 정당성을 지닌 것인지는
확인할 수 없지만, 사회변혁운동에 참여하는 사람들이 여러 조직을 광
범하게 활용하고 있음을 보여준다고 생각된다.

　양규태를 토벌하려 하였던 충청도 남포 불은면의 이종태(李鍾泰 혹
은 光淳)는 여러 조직에 두루 가담하면서도 기회주의적이고 이기적으
로 조직을 활용하고 있었던 대표적인 예로 볼 수 있을 것이다. 이종태
는 농민전쟁시에는 동학괴수였다가 추후에는 유회(儒會)에 가담하여
오히려 동학농민군을 소탕하는 행동을 보였다. 그 뒤 1901년 봄에는
희랍교 훈장이 되었다가, 법부훈령을 받아 자칭 토포사(討捕使)가 되
어서는 다시 희랍괴수 양규태의 무리를 소탕한다고 비인·남포·홍
산·서천·임천의 5읍 및 전라도 함열·임피·용안의 3읍을 횡행하였
다. 그는 평민 중 조금 부유한 자가 있으면 희랍교의 당이라고 지목하
여 형벌을 주어 수백 수천금을 토색하였다.[136] 또한 남포 고읍면의 백
성진은 경향에서 협잡행위를 자행하던 자인데 1901년 봄 은행소를 창
설한다고 남포에 내려와 희랍교 두목을 얻어 행세하면서 유부녀와 전
답을 빼앗는 등의 행패를 저질러 구속되기도 하였다. 그러다가 그는
이종태의 모사가 되어 다시 희랍교를 탄압함으로써 개인적인 치부에
나섰던 것이다.[137] 이종태와 백성진은 동학과 농민전쟁을 이용하여 치

---

134) 『소장』, 1901년 11월 충청남도남포군유생白成鎭등의 청원서.

135) 『일신』 1901년 2월 17일, 2월 26일 ; 『소장』(법부편), 1901년 음력 3월 충청남
　　도내포儒生등의 청원서, 1901년 6월 충청남도각군儒生李鍾泰등의 소장, 1901
　　년 11월 충청남도남포군유생白成鎭등의 청원서.

136) 『忠淸南道各邑別廉記』(1901년 9월) ; 『일신』 1901년 10월 12일.

137) 『忠淸南道各邑別廉記』(1901년 9월) ; 『사법품보』 을, 1901년 12월 23일 남포

부하려는 자들이었고, 기회주의적으로 행동하던 자들이었다. 서학당에 투탁한 자들 가운데는 이러한 성향의 인물이 적지 않았다.

충청도 보령의 조덕필 및 남포의 정행선은 본래 동학거괴로서 희랍교를 거쳐 야소교에 투탁한 경우이다. 그들은 농민전쟁에서는 군기를 탈취하여 봉기를 꾀하였다가, 그뒤 1900년 겨울에 희랍교에 들어갔고, 1902년에는 야소교에 들어가 은밀히 동비여당을 불러모아 조직을 확대하였다. 그들은 관장을 축출하고 방임(房任)을 파견하고 평민을 체포하고 재산을 탈취하고 유부녀를 탈취하고 양반가에 돌입하여 부인을 공갈하는 등의 행패를 자행한 혐의를 받았다. 특히 "갑오(甲午)의 구원(仇怨)이 모두 유회(儒會)에 있으니 지금 마땅히 일경(一境)을 소탕할 것이다"라고 하여 보수유생층을 공격하려 하였다.[138] 여기서 조덕필과 정행선은 농민전쟁에 참여하였다가 희랍교에 투탁하고 그 두목들이 체포되자 다시 야소교에 투탁하고 있음을 볼 수 있다. 이들의 행동이 얼마만큼 사회변혁적 정당성을 지닌 것으로 평가될 수 있을지 확인할 수 없지만, 관장을 축출한 행위는 반체제적 활동이었을 가능성을 보여주고, 다른 혐의들은 보수유생층을 공격한 것과 관련되지 않을까 여겨지기도 한다. 이들은 여러 조직에 두루 관련되면서도 동학조직으로서의 성격을 버리지 않고 있는데, 이들의 활동으로 다시 갑오의 난이 일어날까 우려되는 상황은 이들 활동의 방향을 암시한다고 생각된다.

을미의병에 들어갔던 동학농민이 후에는 야소교에 투탁하기도 하였다. 앞서 지적한 양성군 홍병섭은 동학잔당으로서 의병에 들어가고 의병이 귀화하자 다시 야소교에 들어간 사례가 될 것이다.[139]

이와 같이 동학농민군에 가담하였던 자들은 그 이후 다양한 농민조

군수의 법부대신에 대한 보고서 제3호.
138) 『사법품보』갑, 1902년 10월 柳濬根供案.
139) 『사법품보』갑, 1898년 7월 4일 경기재판소판사의 법부대신에 대한 질품서.

직, 변혁운동조직에 흡수되어 사회변혁운동에 관심을 가지고 활동하였
다. 그럴 경우 주된 관심은 반체제 반외세의 사회운동을 전개하는 데
있었다. 의병조직이나 동학당 및 영학당운동에서는 반외세가 반체제보
다 중시되는 경향을 보이고 있었던 데 반하여 서학당에 투탁하는 경우
에는 반외세적인 것보다는 반체제적인 문제가 중요한 문제로 부각되
었다.

　이상에서 볼 때 1894년 농민전쟁 이후 사회변혁적 활동에 관심을 가
지고 있던 남은 농민군은 반체제 반외세의 농민전쟁 이념을 계승하여
여러 가지 농민조직이나 종교조직을 이용, 사회변혁운동을 위한 조직
활동을 전개하고 있었다고 할 수 있다.

5. 맺음말

　농민전쟁 이후 정부의 농민전쟁 수습책이 전혀 효과가 없었기 때문
에 개화파 정부 아래서나 광무정권 아래서나 농민을 중심으로 한 민중
층의 안정은 이루어질 수 없었고, 그들의 생산현장으로부터의 이탈 그
리고 유민화, 조직화의 경향은 더욱 두드러졌다.

　농민전쟁 이후 농민전쟁에 적극 참여한 남접세력, 그리고 농민전쟁
에 휘말린 수많은 변혁적 농민들은 여러 가지 방식으로 삶을 도모하고
사회활동을 전개하였다. 그 가운데는 종교적 신비주의의 방향으로 나
아간 자들도 있고, 개인적 치부를 위해 폐단을 야기하는 자들도 있었
다. 여기서 관심을 가지는 것은 표면적으로는 사회의 질서를 무너뜨리
는 활동으로 인식될 수 있다 하더라도, 사회변혁을 위한 이념을 지니
고 조직활동을 전개하고 무력적 봉기를 꾀한 자들의 동향이다.

　농민전쟁 이후 사회변혁활동을 전개하는 자들은 계속해서 농민조직
을 활용하였다. 그러한 조직으로서는 의병(義兵), 동학당(東學黨), 영

학당(英學黨), 남학당(南學黨), 서학당(西學黨), 화적당(火賊黨), 활빈당(活貧黨) 등의 조직을 들 수 있다.

을미의병을 주도한 보수유생층은 농민전쟁이 종결되는 과정에서 일본군과 정부군을 도와 패주하는 농민군 잔당을 농촌에서 색출하여 처단하는 실질적인 역할을 담당한 세력이다. 그러나 그들은 그후 왕후살해와 갑오개혁의 단발령 등 근대화 정책에 반대하여 의병을 일으켰다. 원래 보수유생층은 체제의 개혁문제를 둘러싸고 개화파 정부와는 전혀 반대된 입장을 지니고 있었지만, 농민군이 농촌사회에서 혁명적인 반체제 활동을 전개하였기 때문에 농민군을 배척하는 것을 급선무로 삼았다. 이제 개화파 정부의 입장에 반대하여 의병을 일으키게 되자 숨어 있던 농민군 잔당이 이를 변혁의 기회로 여기고 가담하기도 하였다. 동학접주였던 태인의 김문행과 같이 을미의병에 지도급 인사로 참여하기도 하였으나, 농민군 잔당은 어디까지나 보수유생층의 지도부와는 상당한 거리를 두고 있었고, 단지 이를 변혁의 기회로 활용하고자 하는 정도였다. 따라서 지역에 따라 차이가 있지만 농민군이 을미의병에 적극적으로 참여하였거나 그것을 주도한 것은 결코 아니었다.

남접세력의 변혁이념을 이어받은 동학당의 경우는 동학의 북접교단과의 관계에 있어서 어려움이 있었다. 이들은 여전히 동학당으로서 활동하면서 변혁운동을 모색하고 있었고, 1900년경 동학교도에 대한 대대적 탄압 이후 크게 위축되고 1904년 북접 동학교도들이 진보회·일진회를 결성하여 친일개화적 정치운동에 나서게 되면서 사회변혁적 의미의 동학당 활동은 종식되게 된다.

동학당 가운데 주목되는 활동은 영학당이다. 영학당은 표면적으로는 서양종교에 투탁한 것처럼 보이지만, 실질적으로는 전라도에서 가장 조직적 세력이 컸던 손화중포의 중견간부들이 농민전쟁의 재현을 위하여 조직한 동학당의 조직이었다. 영학당은 1899년에는 자기들의 고향으로서 손화중포 세력 지역이었던 전라도 고부·정읍·홍덕·무장·고창지역에서 다시 농민전쟁과 같은 이념·목표·방법을 동원하여 재봉기를 꾀하였다. 이것을 농민전쟁 이후 가장 두드러진 사회변혁운동으로 꼽을 수 있다. 영학당운동은 손화중포 잔여세력이 김개남포 잔여세력과 연대하여 주도하면서 전라도의 진보적 북접세력을 끌어들여 추진한 사회변혁운동이었다. 이로써 농민전쟁 이후 남은 남접세력이 농민전쟁의 이념을 계승하여 사회변혁활동을 지속적으로 전개하였음을 확인할 수 있다.

남학당은 동학당과의 관련이 분명하게 드러나지는 않았지만 동학과 비슷한 시기에 발생하여 충남과 전북지역에서 포교가 이루어진 종교조직이었다. 농민전쟁 시기에 동학과는 별도로 농민전쟁에 호응하는 연합적 봉기를 꾀하고 있는 점이 주목된다. 농민전쟁 이후에는 동학과 마찬가지로 지목을 받아 탄압의 대상이 되었고, 농민군이 남학당에 들어가는 경우가 있었기 때문에 농민전쟁 이후 농민군의 동향을 파악하는데 중요한 의의가 있다.

남학당은 동학과 마찬가지로 그 종교적 방향으로 발전하는 측면이 존재하고 그러한 방향은 남학당뿐만 아니라 당시 여러 종교조직에서 다양하게 나타났다. 1900년 전후의 민족적 위기 상황 하에서 민족종교의 연원이 형성되는 것과 관련된다. 이러한 방향 가운데는 신비주의적 방향을 취하는 경우도 적지 않았다. 그런데 여기서 관심을 갖는 것은 그 교리의 신비주의 여부가 아니라 그 사회적 활동의 의미에 관한 것이다. 이 점에서 남학당의 일부세력이 제주도로 건너가 조세문제에 대한 저항으로부터 비롯된 1898년의 방성칠난(제주농민항쟁)을 일으키는 주도세력이 되는 것은 주목할 만한 일이다.

서학당의 경우 기독교 신·구교 즉 천주교와 야소교는 그 교리체계와 교단조직이 확고하였고, 서양열강 공사관의 보호 아래 조직적으로 포교가 이루어졌다. 농민군 잔당이 이에 가입한 것은 우선 정부의 탄압을 모면하고 치외법권적 보호와 세력을 가지려는 것이었다. 그 교단

조직이 확고한 만큼 농민군의 잔여세력이 별도의 조직활동을 통하여 사회변혁운동에 나서기는 용이하지 않았을 것이지만 사회변혁적 지향을 전혀 부인할 수도 없을 것이다. 영학당과 같은 경우가 서양종교의 조직에 직접 편입되지 않고 독자적인 조직을 유지하면서 그 종교를 이용하여 조직을 확대하고 봉기까지 꾀한 대표적인 사례일 것이다.

러시아 정교회 즉 희랍교는 한국에 확고한 뿌리를 내리지 못하였는데 충남지역에 이를 칭탁한 조직이 발생하여 그 지역 보수유생층과 일대 충돌을 일으켰다. 여기에는 화적 및 동학여당이 다수 가담하였는데 그것이 영학당과 같은 사회변혁을 위한 조직활동의 일환이었는지 개인적 치부를 위한 길이었는지는 아직 분명치 않다.

화적의 활동은 조선후기부터 지속되어 온 것이고 농민전쟁 이후에도 계속되었다. 농민군으로서 농촌사회에 정착하기 어려운 자들은 산속으로 피신하였고, 그들은 결국 화전민이 아니면 화적이 되었다. 따라서 농민전쟁 이후 농민군으로서 화적이 된 자들은 매우 많았을 것이다. 그런데 화적당은 도덕적 정당성을 지니지 못한 것으로 인식되고 있었는데, 당시 이들 화적당에 다수의 사회변혁적 인물들이 들어가면서 그 조직과 지향이 변화되어간 것으로 생각된다. 반체제 ·반외세의 이념을 표방한 의적으로서의 활빈당이 나올 수 있었던 것은 이러한 배경에서였을 것이다.

이와 같이 농민전쟁 이후에는 동학농민군의 잔당들이 여러 사회조직에 편입되어 가고 그들 조직을 사회변혁운동에 활용하고자 하는 활동이 전개되고 있었다. 특히 김문행과 같은 인물을 비롯한 몇 가지 사례에서 확인되듯이 농민전쟁의 경험을 바탕으로 여러 조직을 사회변혁운동의 조직으로 활용하기 위한 활동을 전개하고 있었던 점이 주목된다. 이 점이 이 시기 농민군 활동의 중요한 특징이라고 보아야 할 것이다.

이상에서 1894년 농민전쟁 이후 농민군의 동향을 조직적 측면에서 살펴보았다. 정부의 대책이 농민전쟁의 재발을 방지할 수 있는 근본적인 대책으로서 수립되지 못하였고, 따라서 농민군의 활동도 정부의 정책을 비판하면서 특히 외세의 침투를 경계하는 변혁운동으로서 지속적으로 나타나고 있었음을 확인할 수 있었다.

제 4 부

동학과 농민

제12장 근대민중운동사 상의 동학과 농민
- 대전지역 사례 -

1. 문제의 제기

1894년 농민전쟁은 중세사회의 모순을 극복하고 근대사회를 수립하려는 아래로부터의 혁명적인 변혁운동임과 동시에 제국주의의 침략이라는 민족적 위기에 대응하여 민족의 자주성을 견지하려는 민족운동이었다. 즉 농민전쟁은 반체제·반외세의 민중운동으로서의 성격을 지니는 것이었다.

농민전쟁에 대한 연구는 일찍이 활발하게 진행되어 많은 연구성과가 축적되었다. 그리하여 농민전쟁의 배경, 전개과정, 주체·조직·이념·지향, 집강소 개혁의 내용, 동학과의 관계, 갑오개혁과의 관계 등의 문제들이 해명되었고, 농민전쟁이 세계사에서 지니는 역사적 의의에 대한 논의도 진행되고 있다.

그런데 농민전쟁은 주로 그 주무대였던 전라도지방의 농민군 주력부대를 중심으로 하여 논의되어 왔고, 전국적으로 일어난 농민전쟁의 각 지역사례가 충분히 해명된 것은 아니다.[1] 전라도·충청도·경상도

---

1) 지역사례 연구현황은 다음과 같다. 한우근, 「동학농민군의 봉기와 전투 - 강원·황해도의 경우」『한국사론』4, 서울대, 1978 ; 홍성찬, 「1894년 執綱所期 設包下의 향촌사정 - 부여 대방면 일대를 중심으로」『동방학지』39, 연세대, 1983 ; 이윤갑, 「19세기 후반 경상도 성주지방의 농민운동」『손보기박사정년

지방의 사례가 기존의 자료나 그 지역의 새로운 자료 또는 증언을 토대로 재구성되고 있다. 지역별 사례연구는 농민전쟁의 내용을 풍부하게 하기 위하여 앞으로도 계속 추구되어야 할 것이다. 지역사례연구의 집적을 통하여 농민전쟁의 전체상을 확인할 수 있을 것으로 기대된다.

충청도지방에 대한 연구는 충청도지방 농민전쟁의 전개과정과 전투상황, 그리고 충청도를 근거지로 삼은 동학교단과 농민전쟁의 관계 등을 검토한 연구가 나와 있다.2) 그동안 전라도를 중심으로 농민전쟁을 논의해 왔는데 충청도에서도 농민전쟁이 구체적으로 전개된 사실이 확인되었고, 특히 동학교단과 농민전쟁의 관계에 관한 논의가 주목된다. 여기서는 이러한 최근의 충청도 농민전쟁에 대한 연구성과를 수용하면서 대전지역(회덕·진잠·공주의 유성 및 산내)을 대상으로 연구를 진전시켜 보고자 한다.3)

기념한국사학논총』, 1988 ; 신영우, 『갑오농민전쟁과 영남보수세력의 대응 - 예천·상주·김산의 사례를 중심으로』, 연세대 박사학위논문, 1991 ; 박맹수, 「장흥지방 동학농민혁명사」『장흥동학농민혁명사』, 예원, 1992 ; 김준형, 「서부경남지역의 동학군 봉기와 지배층의 대응」『경상사학』 7·8합집, 경상대, 1992 ;『백제문화』 23, 「특집 : 충청지역의 동학농민전쟁」, 공주대, 1994 ; 한국역사연구회, 『1894년 농민전쟁 연구 4 - 농민전쟁의 전개과정』, 역사비평사, 1994 ; 동학농민혁명기념사업회, 『동학농민혁명의 지역적 전개와 사회변동』, 새길, 1995 ;『전라문화논총』 7, 「특집 ; 동학농민혁명과 고부」, 전북대, 1994.

2) 양진석, 「충청지역 농민전쟁의 전개양상」 ; 신영우, 「충청도의 동학교단과 농민전쟁」 ; 박맹수, 「동학농민전쟁과 공주전투」 ; 배항섭, 「충청지역 동학농민군의 동향과 동학교단」(이상은 『백제문화』 23, 공주대 백제문화연구소, 1994에 수록).

3) 대전지역의 경우에는 필자가 아는 한 아직 별도로 농민전쟁에 대한 연구가 나온 바 없다. 대전시의 역사(대덕군지편찬위원회, 『大德郡誌』, 1979 ; 최문회, 『大田直轄市』, 한밭출판사, 1991 ; 대전직할시사편찬위원회, 『大田市史』 제1권, 1992)에 일부 소개되어 있으나 대전지역 농민전쟁의 구체적 실상이 밝혀져 있는 것은 아니다. 대전지역은 농민전쟁의 주무대가 아니었기 때문에 이 지역을 중심으로 1894년 농민전쟁을 논의할 수 있으리라고 기대하는 사람은 별로 없을 것이다. 그러나 대전지역에서의 농민전쟁에 관한 자료를 수집하여 검토한 결과, 대전지역에서의 농민전쟁이 주무대에서는 벗어나 있지만

이 글에서 해명하고자 하는 목표와 방법은 다음과 같다. 첫째, 대전지역에서의 농민전쟁에 대한 전문적인 논문이 전무하기 때문에 대전지역을 중심으로 하여 펼쳐진 1894년 농민전쟁의 실상을 구체적으로 확인하고자 한다. 그럴 경우 대전지역에서 형성된 동학농민군의 조직적 활동뿐만 아니라 대전지역을 무대로 하여 전개된 농민전쟁도 함께 다루고자 한다. 대전지역은 지리적으로 동학(東學)의 북접교단(北接教團) 중심지인 충청도의 보은지역과, 농민전쟁을 일으킨 남접세력(南接勢力)의 중심인 전라도 정읍·금구지역의 중간 지역에, 충청도지방과 전라도지방의 접경지역에 위치하고 있다. 뿐만 아니라 대전지역은 공주의 충청감영과 청주의 충청병영의 중간 지점에 위치하고 있다. 이러한 지리적 위치 때문에 대전지역은 자체에서 조직된 동학농민군 이외에 다른 지역 농민군의 활동무대로서도 이용되었고, 이를 대전지역 농민전쟁의 범주에 포함하여 검토하려 한다.

둘째, 대전지역에서의 농민전쟁을 단지 지역사례로서 해명하는데 그치지 않고 그것이 1894년 농민전쟁의 전체상 속에서 지니는 위상과 의미를 밝히고자 한다. 구체적으로는 충청도의 농민군은 주무대인 전라도의 농민군과 어떠한 관계를 맺고 있었으며 그것이 대전지역을 중심으로 어떠한 양상으로 전개되었는가 하는 점, 그리고 19세기 후반 농민항쟁의 흐름과 농민전쟁 전후의 상황이 대전지역에서는 어떠한 모습으로 나타났는가 하는 점을 확인해 보고자 한다.

제1절에서는 문제제기와 함께 대전지역의 지리적 배경을 살펴본다. 제2절에서는 1894년 이전 대전지역에서 일어난 아래로부터의 농민들의 저항운동을 살펴본다. 19세기는 농민항쟁의 시대였고 1894년 농민전쟁은 그러한 농민항쟁의 총결산이었기 때문에 과연 대전지역에서는

주무대에서 전개된 농민전쟁과 관련지어 매우 중요한 활동으로 평가될 수 있는 부분이 적지 않음을 확인하게 되었다. 그래서 이 글이 처음 의도와는 달리 개괄적인 서술을 벗어나 보다 논증적인 형태로 쓰여질 수밖에 없었다.

그러한 과정이 어떻게 전개되었는가 하는 것을 확인하는 것이 필요하다고 생각된다. 그래서 1862년 회덕·진잠민란을 검토해 본다. 제3절에서는 대전지역에서의 제1차 농민전쟁을 다룬다. 회덕에서 일어난 동학농민군의 봉기가 어떠한 지향을 지닌 것인지, 그것이 동학의 남접과 농민세력의 활동과 어떠한 관련이 있는지를 검토해 보고자 한다. 제4절에서는 대전지역에서의 제2차 농민전쟁을 다룬다. 일본의 침략에 반대하여 남북접이 연합하여 봉기한 과정, 대전지역 농민군의 활동과, 청주병영을 공격하기 위하여 대전지역을 점령한 김개남 부대와의 관련을 검토해 보려 한다. 제5절에서는 농민전쟁 이후 보수유생층과 농민군 잔당의 동향을 살펴보려 한다. 그리고 제6절에서는 대전지역 농민전쟁의 성격을 종합하여 정리하려 한다. 이로써 대전지역 농민전쟁의 전모와 그 역사적 의미를 확인할 수 있을 것으로 생각된다.

본론에 들어가기에 앞서 대전지역의 지리적 배경을 확인해 둘 필요가 있겠다. 오늘날의 대전지역은 100년 전의 모습과는 판이하다. 100년 전 1894년 당시에는 대전은 존재하지 않고 회덕현, 진잠현, 그리고 공주군의 일부에 포함되어 있었다. 대체로 회덕현은 오늘날의 동구의 대부분과 대덕구로 구성되었고, 진잠현은 서구의 일부와 유성구의 일부로 구성되었고, 중구의 전체와 유성구 일부, 서구 일부, 동구 극소수 부분이 공주군에 속해 있었다.[4] 따라서 대전지역의 농민전쟁은 회덕과 진잠, 공주의 유성 및 산내 부근을 무대로 하여 전개된 농민전쟁을 검토해야 할 것이다.

---

4) 김정호, 『大東輿地圖』;『大田市史』1권, 64·75·76쪽;『湖西邑誌』(1871년) ;『湖西邑誌』(1895); 조선총독부, 『舊韓國地方行政區域名稱一覽』, 1912 ; 越智唯七 편찬,『新舊對照朝鮮全道府郡面里洞名稱一覽』, 1917 참조.

2. 1862년 회덕·진잠민란

1894년 농민전쟁은 조선후기 이래 아래로부터 일어난 농민항쟁의 전통을 이어받아 반체제운동의 총결산으로서 나타났다. 군현의 농민들에 의해 자연발생적으로 봉기한 민란(民亂)과 지도부의 조직적 계획에 의해 일어난 병란(兵亂)의 흐름이 농민전쟁으로 합류되었다. 여기에서는 1862년 회덕과 진잠에서 일어난 민란을 살펴봄으로써 1894년 농민전쟁이 대전지역을 무대로 활발하게 전개될 수 있었던 배경을 확인해 보고자 한다.

1862년 농민항쟁은 그해 2월, 최초 경상도 단성, 진주에서 일어난 뒤 전라도·충청도 지방으로 비화되어 전국 80여 개 군현에서 집중적으로 일어난 농민들의 봉기였다. 충청도지방에서는 5월에 집중적으로 봉기가 일어났다. 봉기한 지역은 회덕·공주·은진·청주·회인·문의·임천·진잠·연산·진천·청안 등지이고 부여와 옥천에서는 준비 과정에서 발각되었다.[5] 충청감영이 있는 공주와 충청병영이 있는 청주지역을 중심으로 봉기가 집중된 점이 특징이다. 대전지역인 회덕과 진잠은 공주와 청주의 중간 지점에 있고 인근 대부분의 지역에서 봉기가 일어나 사실상 봉기의 중심 지역에 해당하였다. 지리적으로 뿐만 아니라 충청도 농민봉기의 성격을 살펴보면 대체로 회덕민란이 그 전형적인 형태에 속하고 있다고 할 수 있다.

회덕민란은 1862년 5월 10일경 회덕의 초군(樵軍)들이 회덕관아에 난입하고 민가를 방화 파괴한 것을 말한다.[6] 회덕에서 불탄 민가는 모두 74호인데 대부분 양반가(兩班家) 및 그 부속건물이었다.[7] 진잠민란에 대하여는 5월 18일의 충청감사 장계에 초군들이 작당하여 민가를

---

5) 망원한국사연구실, 『1862년 농민항쟁』, 동녘, 1988 참조.
6) 『壬戌錄』, 국사편찬위원회 간행본, 72, 74쪽.
7) 『龍湖閒錄』3, 국사편찬위원회 간행본, 76쪽.

방화 파괴하였다는 기록8) 이외에는 자세한 내용을 알 수 없다. 공주에서도 민란이 일어났지만 대전에 속하는 지역과는 관련이 없고, 진잠의 민란은 그 내막을 자세히 알 수 없기 때문에, 대전지역과 관련하여서는 당시 충청도 민란의 전형적인 형태를 띠었던 회덕민란을 중심으로 살펴보아야 할 것이다.

회덕민란이 지니는 특징을 살펴보면, 첫째 회덕민란의 주도층은 초군이라는 점을 지적할 수 있다. 초군은 산림에서 나무를 벌채하여 땔감을 만들고 이를 시장에서 매매함으로써 생계를 유지하는 농촌사회의 최하층 빈농층이다. 이들은 장차 유민(流民)이 되거나 화적(火賊)이 되거나 도시의 빈민이 될 가능성이 많은 계층으로서 농촌사회에 그대로 머문다면 극빈농 또는 농업임노동자로 생계를 유지할 수밖에 없는 존재이다. 이들 초군은 상당히 엄밀한 조직체계를 갖추고 있는데 그것이 봉기의 조직으로 활용되었다. 초군이 민란을 주도한 것은 경상도 또는 전라도에서 요호부민층(饒戶富民層)이 민란을 주도한 것과는 다른, 충청도지방 민란의 특징이라고 할 수 있다.

둘째 봉기의 목표가 관청임과 동시에 양반가라는 점이다. 농민들은 관청에 대하여는 조세제도의 문란을 지적하고 그 개혁을 촉구하였다. 1862년 농민항쟁은 그 반체제적 목표를 삼정(三政)이라는 조세제도 운영의 개혁, 삼정 운영실무자의 처벌 등으로 설정하고 있었고, 그것은 이 시기 농민항쟁의 일반적인 양상이었다.

그러나 충청도의 농민항쟁에서는 봉기군이 관청에 돌입하여 삼정의 문제를 제기함과 동시에 양반가를 공격하고 있는 점이 주목된다. 특히 회덕 주변에서 그러한 경향이 강하였다. 회덕의 파괴된 집은 대부분 양반가와 그 부속건물들이었다. 양반가가 봉기군의 공격을 받은 이유는 두 가지 측면에서 파악할 수 있다. 하나는 양반지주와 소농민 사이의 모순관계에서 비롯된 것이고, 다른 하나는 양반지주와 소농민의 불

8) 『임술록』, 74쪽.

평등한 조세부담에서 비롯된 것이다.

전자는 양반가에서 초군들의 벌채를 금지한, 회덕과 바로 인접한 회인민란의 사례에서 볼 수 있다.9) 회인의 초군들은 양반가가 나무를 베지 못하도록 하자, 5월 14일 관청에 난입하고 양반가 및 민가 13호를 파괴 방화하였다. 이것은 나무베는 문제로 구체화된 것이지만 양반가에서 토지와 산림을 독점하고 있고, 이를 소유하지 못한 초군을 비롯한 소농민들 사이에 모순관계가 형성되어 있으며, 이것이 민란 발생의 배경이 되고 있음을 의미한다.

후자는 봉기군이 양반가의 묘막(墓幕)에 방화하고 관청에 돌입하여 군정(軍政)의 문제를 따진, 역시 회덕에 인접한 문의민란에서 확인할 수 있다.10) 봉기군이 양반가의 묘막에 불을 지른 것은 군역의 부과와 관련이 있다. 즉 회덕에서 그 군정의 예를 들면, 회덕에는 원래 사대부가(士大夫家)가 많고 또 각처에 서원이 있어서 그에 소속된 자들이 원생(院生)·원노(院奴)·산직(山直)·낭속(廊屬) 등으로 면제를 받아 어떤 경우에는 촌락 전체가 면제를 받는 경우가 있었다고 한다.11) 양반가와 그 부속의 존재들이 군역을 면제받았고, 이러한 것들이 봉기군의 불만으로 나타난 것이다. 조세제도의 불평등 문제를 그 운영책임자인 지방수령에게 따지기 위하여 관청에 난입하고, 다른 한편으로는 양반가를 공격하여 불만을 터뜨린 것이다.

회덕을 비롯한 인근 지역에서 봉기군의 공격을 받은 양반가는 대표적으로 은진 송씨가의 송시열·송준길 등의 후손들을 들 수 있다. 송시열·송준길은 연산의 광산 김씨 김장생·김집과, 논산의 파평 윤씨 윤선거·윤증과 함께 모두 율곡 이이의 학통을 이어받은 서인세력이다. 노론과 소론으로 분열되면서 소론은 논산의 윤증을 중심으로 하였

---

9) 『용호한록』 3, 89쪽.

10) 『용호한록』 3, 89쪽.

11) 『懷德縣三政說구弊條目成冊』(1862년 6월).

고 노론은 회덕의 송시열 등을 중심으로 하였다. 회덕민란에서 봉기군이 공격한 양반가는 이들의 후손인 은진 송씨가였던 것으로 보인다. 그것은 회덕 인근의 청주에서 5월 13일 초군 수천 명이 참봉 송교희(宋敎熙) 집과 양반 송흠삼(宋欽三) 집을 비롯하여 40여 호를 방화 파괴하였고, 문의에서는 5월 14일 수천 명이 몽둥이와 깃발을 들고 양반 송씨가와 송찬선(宋贊善)의 묘막(墓幕)에 방화한 점에서 확인되는 바이다.[12]

셋째 회덕을 비롯하여 청주·문의·회인의 봉기 양상이 유사하고 주도층과 공격목표가 동일한 점에서 볼 때 상호 연결된 조직에 의하여 봉기되었을 가능성이 있음을 지적할 수 있다. 특히 감영과 병영의 사이에 있는 회덕민란의 경우 봉기군이 어디로 해산했는지 알 수 없으므로 감영과 병영이 힘을 합하여 주동자를 체포하라고 한 지시에서 보든지, 회인과 회덕의 봉기군 6명을 동시에 체포한 데서 보든지,[13] 군현 사이의 조직적 결합의 양상을 볼 수 있다.

이상에서 1862년 회덕민란에 대하여 살펴보았다. 민란의 배경으로 조세제도의 문란뿐만 아니라 지주전호제의 모순이 동시에 작용하고 있음을 볼 수 있었다. 그리고 봉기조직이 형성되고, 군현의 범위를 넘어 지역적인 연대와 결합의 맹아가 나타나고 있는 점도 주목된다. 이러한 민란의 경험은 전국적인 농민전쟁이 일어난다면 이 지역의 주민도 동요할 수밖에 없는 배경이 되는 것이라고 생각된다.

3. 대전지역에서의 제1차 농민전쟁

1) 회덕농민의 봉기와 반체제운동

1894년 농민전쟁은 1894년 음력[14] 1월 11일 전봉준을 중심으로 전

---

12) 『용호한록』, 3, 89쪽.
13) 『임술록』, 72, 76쪽.

라도 고부에서 일어난 민란으로부터 시작되었다. 고부민란은 형식적으로는 군현단위의 농민항쟁이었지만 내용적으로는 그 주동자가 농민전쟁의 지도자 전봉준이었고 이미 변혁운동을 위한 준비가 진행되어 왔기 때문에, 곧바로 제1차 농민전쟁으로 이어졌다.

고부민란이 일어난 비슷한 시기인 1월 12일 함안, 1월 16일 사천, 2월 28일 영광, 3월 12일 금산, 3월말 김해 등지에서 농민의 저항운동이 일어났다. 이들 민란은 아직 본격적인 농민전쟁과는 관계없이 군현단위로 군현의 문제를 중심으로 발생한 것이었다. 그러나 이러한 군현단위의 농민항쟁은 본격적으로 농민전쟁이 시작되자 그것에 곧 합류되어 갔다.

고부민란은 3월 3일경 끝나고 3월 20일 전라도 무장에서 포고문이 선포되면서 제1차 농민전쟁이 개시되었다. 그 과정을 살펴보면, 3월 23일 농민군의 고부 점령, 3월 25일 백산기포, 4월 2일 전라병사 홍계훈을 양호초토사로 임명, 4월 4일 농민군 부안점령, 4월 7일 황토현 전투, 4월 8일 고창공격, 4월 9일 무장공격, 4월 12일 영광공격, 4월 16일 함평공격, 4월 18일 전라감사 김학진 임명, 4월 19일 농민군 함평에서 폐정개혁 요구, 4월 23일 장성 황룡촌 전투, 4월 27일 농민군 전주성 점령, 5월 5일 청군 아산만 상륙, 5월 6일 일본군 인천항 상륙, 5월 8일 농민군 전주성 철수의 순서로 진행되었다.

제1차 농민전쟁의 시기에 대전지역에서는 4월 8일 동학농민군이 회덕을 공격한 사건이 발생하였다. 이에 앞서 4월 5일 진잠의 평민 수천명이 동학교도의 집 9채를 파괴하였는데 이에 대하여 동학농민군이 곧 봉기할 것이라는 소문이 있었다.[15] 충청도의 동학농민군들은 진잠·연산·옥천 등지에서 각기 5, 6천 명씩 당을 모아 주둔하고 있었다는 정보도 있었다.[16] 이들이 회덕을 공격한 것으로 보이고, 거기에는 회덕

---

14) 이하 1895년말까지의 날짜는 모두 음력이다.
15) 『東匪討錄』/『한국민중운동사자료대계』, 여강출판사, 305쪽.

에 근거를 둔 동학농민군도 있었을 것으로 생각된다. 동학농민군은 공주와 회덕의 경계인 사도(沙島)를 비롯하여 감송, 문지리 등지에 주둔해 있다가, 4월 8일 저녁 회덕읍내로 돌입하여 관청을 불태우고 무기를 탈취하고 회덕 선창(先倉) 등지에서 관군을 격파하였다. 그리고 진잠을 향하여 공격하고자 하였다.[17]

이러한 사태가 일어나자 충청감영에서는 병사를 풀어 주민들을 효유하는 한편 동학농민군을 토벌하도록 조치하고, 은진 파수병 100명을 진잠으로 파견하여 방어하도록 하였다. 그리고 정부에 병력파견을 요청하였고, 정부에서는 초토사로 하여금 300~500명의 경군을 파견하도록 하였다.[18] 그러나 초토사의 병력이 파견되기 이전에 감영 군관 및 청주병영의 대관(隊官)이 병력을 인솔하고 회덕에 주둔한 동학도를 공격하여 2명을 체포하고, 총 44, 창 41, 환도 60개 등 무기와 탄약을 도로 빼앗는 승리를 거두었고, 귀화한 자들도 1천여 명이나 되었다고 한다.[19] 의정부에서는 4월 12일 회덕농민군이 모두 물러가 귀화하였으므로 각 지방관으로 하여금 힘써 구휼하여 각자 안업(安業)토록 지시하는 것이 좋겠다고 상소하였다.[20]

이리하여 동학농민군의 회덕봉기와 진잠공격은 마무리된 것처럼 보인다. 그러나 이러한 정부의 조치와는 별도로 농민군은 대전지역 주변에서 계속 조직활동을 전개하고 있었다. 4월 13일경에는 동학도들이 옥천·회덕·진잠·문의·청산·보은·목천 등읍에 주둔하고 있었다.[21] 4월 15일 충청감사의 보고에는 다음과 같은 동학도의 동향이 나

---

16) 『駐韓日本公使館記錄』 1, 국사편찬위원회 번역본, 5쪽. 金在洪, 『嶺上日記』 3월 29일조에는 동학농민군 수천 명이 공주에서 모였다고 하여 공주에서의 움직임도 있었음을 알 수 있다.

17) 『주한일본공사관기록』 1, 6~8쪽 ; 『東學亂記錄』 上, 국사편찬위원회 간행본, 「兩湖招討謄錄」, 162~163쪽.

18) 위와 같음.

19) 『동학란기록』 상, 「聚語」 4월 11일 錦電, 141~142쪽.

20) 『동학란기록』 상, 「甲午實記」 4월 12일, 4쪽.

온다.

> (동학도들이) 옥천·문의·회덕·진잠 등지에 있는데 혹 없기도 하고 있기도 하여 그들의 행동을 헤아리기가 매우 어려우며 혹은 錢穀을 饑民들에게 나누어 주고 다니니, 그들의 행위는 매우 가슴아픈 일이라 하겠습니다. 그들은 각처에 주둔하고 있으면서 날마다 훈련이나 받고 있으므로 비록 그들을 오늘 초멸한다 하더라도 반드시 후환이 될 것이며 비록 오늘 항복받는다 하더라도 후일 반드시 反할 것이니 정부에서는 십분 상의하시어 지휘해 주시기 바랍니다.[22]

동학농민군들이 해산한 것이 아니라 계속 회덕·진잠 등지에 주둔하고 있고 빈민구제활동이나 군사훈련을 통하여 조직력을 다지고 봉기를 준비하고 있음을 알 수 있다. 동학농민군이 점거하였거나 횡행한 지역은 4월 19일경까지 충청도의 경우 회덕·진잠·청산·보은·옥천·문의 등 충청도 남부지방을 중심으로 거의 1/3의 지역에 이르렀다고 한다.[23]

이와 같이 회덕·진잠에서의 농민군 봉기는 그 이후 부임한 충청감사 이헌영이 고종에게 "호서는 호남의 창궐만 하지 않지만 회덕·진잠 등읍은 침핍(侵逼)을 면하지 못하였고, 호서 전체가 소와(騷訛)하여 위로 안업하도록 하는 것이 급선무이다"라고[24] 표현할 정도로 충청도 지방에서는 가장 큰 농민군 봉기였고, 이후 이 지역 일대에서의 농민군의 조직활동이 그치지 않고 지속되는 계기가 되었다.

그러면 회덕농민군의 봉기가 어떤 지향을 보이고 있는가, 동학농민군은 어떠한 배경 하에서 무엇을 목표로 봉기한 것인가 하는 문제를

---

21) 『주한일본공사관기록』 1, 12쪽.
22) 위의 책, 10쪽.
23) 위의 책, 47쪽.
24) 이헌영, 『錦藩集略』 日錄 ; 『日省錄』 고종편 31권, 1894년 6월 14일, 178쪽.

검토해 보기로 한다. 회덕농민군의 봉기가 진정된 직후, 고종은 봉기가
탐관오리의 폐단에서 비롯된 것이라고 지적하였다.25) 대원군도 회덕봉
기가 일어나기 직전, 전라도와 충청도에서 일어난 농민봉기를, 지방관
들이 말하는 동학당의 재기라기보다는 민요(民擾)이며 그것은 지방관
의 가렴주구에서 비롯된 것이라고 지적하고 있다.26) 사실 농민전쟁에
는 동학교도들이 다수 참가하고 있지만 그 봉기의 배경은 지방관의 가
렴주구, 즉 조세제도의 문란에 있었다고 볼 수 있다. 19세기 내내 농민
저항에서 제기되었던 것이 바로 조세제도 문제였고 농민전쟁 시기에
도 그 문제는 여전히 남아 있었다.

　그러나 농민군의 봉기는 조세제도의 문란에만 그 원인이 있는 것은
아니었다. 조세제도 문란의 이면에는 농촌사회의 사회적·경제적 불평
등관계가 존재하고 이에 대한 농민들의 불만이 내연하고 있었다. 특히
토호의 무단이 심했던 충청도지방에서는 농촌사회를 지배하던 양반토
호의 횡포가 동학농민군의 봉기에 주요한 배경으로 작용하였다. 이 문
제에 대하여 매천(梅泉) 황현(黃玹)은 동학군이 회덕·진잠에서 봉기
하였다는 소식을 듣고 다음과 같이 지적하였다.

　　호서는 원래 士大夫가 모여 사는 곳이라 칭하여 勳戚卿宰의 園林
　이 서로 바라보고 서로 朋黨을 이루고 武斷이 풍속을 이루었다. 남의
　庄舍를 억지로 사들이고 남의 묘자리를 늑탈하여 외로운 집과 서민
　의 집에서 원통함이 뼈에 사무쳤다. 동학이 일어나 어깨를 올리고 한
　번 소리치자 호응하는 자가 백만이나 되었다. 金宋尹 세 대족 및 기
　타 宰相名家豪右들이 졸지에 피폐함을 당한 것을 이루 헤아릴 수 없
　다.27)

25)『동학란기록』상,「갑오실기」4월 12일, 4쪽.
26)『주한일본공사관기록』1, 3쪽.
27) 黃玹,『梧下記聞』1필, 59쪽.

여기서 말하는 金宋尹氏는 1862년 회덕민란과 관련하여 언급한 광산 김씨, 은진 송씨, 파평 윤씨를 가리키는 것으로 보인다. 이들 대씨족을 비롯한 문벌가문의 후예들이 충청도지방에 거주하면서, 토지와 산림을 독점하여 평민의 원성을 사고 있었던 것이다. 그 가운데 회덕은 은진 송씨의 세거지(世居地)였다. 1862년 회덕민란의 사회경제적 배경이 1894년 농민전쟁 시기에도 그대로 작용하고 있음을 알 수 있다.

황현은 이때 진잠에서 농민군이 토호를 공격한 사례를 다음과 같이 전하고 있다. "신응조(申應朝)는[28] 그때 진잠에 거주하였는데, 그 손자 일영(一永)이 불법한 일을 많이 하여 적(賊)이 일영의 아들을 결박하여 그 음낭을 까면서 말하기를 이 도적의 종자를 남겨둘 수 없다고 하였다"는 것이다.[29]

"충청도의 비류(匪類)도 도당을 불러모아 호중(湖中)의 사부(士夫)가 많이 치욕을 당하였다"고 한 기록이나,[30] 고종이 충청감사로 이헌영을 임명하면서 회덕·진잠의 농민봉기를 언급하는 도중에 호서에 토호가 심하므로 그 폐습을 징치하여야 한다는 지적이나,[31] 대원군이 우리나라의 세 가지 큰 폐단으로 관서의 기생, 호남의 이서(吏胥)와 함께 호서의 사대부를 지적한 것에서도,[32] 충청도에는 무단토호의 횡포가 심하였고 동학농민군이 그들 토호를 공격목표로 삼았음을 알 수 있다.

이와 같이 농민군은 관청을 공격하였을 뿐만 아니라 양반 사대부를 공격하고 있어서 그 대립의 양상은 농민군 대 지방관, 농민군 대 양반

28) 申應朝(1804~1899)는 좌의정 등 고관을 지낸, 洪直弼의 문인이고, 서양의 사상이 침투하는 것에 반대하는 衛正斥邪的 입장을 지녔다. 『민족문화대백과사전』 13권, 「신응조」, 정신문화연구원, 897쪽 ; 黃玹, 『梅泉野錄』 권1, 甲午以前, 61, 243~244쪽 참조.
29) 『오하기문』 1필, 60쪽.
30) 『嶺上日記』 4월 21일.
31) 『錦藩集略』 日錄 ; 『日省錄』 고종편 31권, 1894년 6월 14일, 178~179쪽.
32) 『오하기문』 1필, 41쪽.

지주의 대립관계로 형성되어 있었다. 농민전쟁에 있어서 양반지주와 농민군의 대립적인 관계는 농민군이 지방수령이나 정부에 적대한 것과 마찬가지로 매우 중요한 배경이 되고 있었다. 그렇게 보면 회덕농민군의 봉기는 1862년 회덕민란의 연장선상에서 반체제운동의 일환으로 전개되었다고 할 수 있을 것이다.

이와 같이 회덕농민군의 봉기는 반체제적 지향을 지니고 있었는데 전라도지방에서 전개되고 있던 제1차 농민전쟁도 반체제적 성격을 지녔다. 농민의 반체제적 저항운동이 전라도에서 전개되기 시작하였을 때 충청도 회덕에서도 그러한 성격의 농민봉기가 일어난 것이다. 여기서 회덕봉기를 주도한 동학농민군의 성격은 무엇인가, 전라도의 남접농민군과 어떠한 관계를 맺고 있는가 하는데 대한 의문이 생긴다.

2) 충청도의 남접파 농민세력

동학의 남북접 분립에 대하여 오지영(吳知泳)은 다음과 같이 서술하고 있다.[33]

> 갑오난을 당하여 전라도를 南接이라 이름하고 충청도를 北接이라 이름하여 서로 배척하게 되었고 또 우스운 일은 전라도에 있어도 북접파가 있고 충청도에 있어도 남접파가 있어 그것이 擧義하는데 큰 문제거리가 되었다.

주로 충청도 지역의 동학조직을 북접, 전라도 지역의 그것을 남접이라고 부르지만, 충청도에도 남접파가 있고, 전라도에도 북접파가 있다는 지적이 주목된다. 여기서 관심을 갖게 되는 것은 충청도의 남접파이다.

남북접은 교조신원운동에서부터 분립되기 시작하였다. 특히 북접교

---

33) 吳知泳, 『東學史』/『동학사상자료집』 2, 아세아문화사 영인본, 492쪽.

단이 1893년 3월 충청도에서 보은집회를 개최하였을 때 남접세력은 별도로 전라도에서 금구집회를 개최한 것으로 알려져 있다. 보은집회와 금구집회의 성립으로 동학 내부에는 북접교단과 남접세력이 형성되었다. 북접교단은 최시형(崔時亨)을 중심으로 하여 충청도에 근거지를 두고 경상도·전라도 지방에도 세력을 확대하였고, 남접세력은 전라도 지방을 근거지로 하여 충청도지방에도 그 세력을 확대하였다. 남접세력의 지도자는 서장옥을 중심으로 전봉준, 김개남, 손화중 등이었다.

동학교단의 최시형은 남접세력에 의한 봉기를 반대하였다. 전봉준의 남접세력은 이미 봉기하였지만 북접교단의 영향력이 미치는 지역의 동학조직이 농민전쟁에 참여하는 것은 허용하지 않았다. 따라서 전라도의 북접파는 제1차 농민전쟁에 참여할 수 없었다. 북접교단의 영향력이 강하게 작용하던 충청도지방에서는 더욱 강력하게 단속하였다. 따라서 충청도지방에서 남접세력의 봉기에 동조하여 유사한 성격의 봉기를 일으킨다면 그것은 남접세력과의 관련성을 충분히 보여주는 행동이라고 생각된다. 그런 점에서 회덕·진잠 등지에서 남접의 농민전쟁과 유사한 지향을 지닌 봉기가 일어난 것은 남접세력과 관련성이 매우 높은 것이라고 생각할 수 있다.

회덕농민군을 비롯한 충청도의 농민군과 전라도 지방에서 전개되고 있는 농민전쟁과의 관계를 살펴볼 때 주목되는 것은 금산의 세력이다. 금산은 현재는 충청남도에 편입되어 있지만 당시에는 전라도에 속하여 충청도와 경계를 이루고 있었다. 금산에서는 고부민란 직후 제1차 농민전쟁이 본격화되기 직전의 소강상태에서 농민들의 봉기가 있었다. 즉 3월 12일 동학농민군 수천 명이 몽둥이를 들고 흰 수건을 쓰고 읍내에서 아전의 집을 공격하였다.[34] 이때의 봉기가 본격적인 제1차 농민전쟁과 어떠한 관계에 있는지를 확인할 수는 없지만 고부민란 이후의 민란의 확대현상으로 볼 수 있다. 이들 세력이 농민전쟁이 본격화

---

34)『오하기문』1필, 51~52쪽.

되자 그 본류에 상호 호응하는 부대로 편성되었을 것으로 짐작되고, 전라감영이 있는 전주의 동서에서 호응하는 동쪽 세력이 된 것이다.[35]

이 금산의 동학농민군 세력이 4월 3일경에는 진산 방축리 및 옥천 서화면에 모여 읍을 공격할 태세였다. 진산의 동학군은 금산의 행상접장 김치홍·임한석 등이 지휘하는 상인 및 읍민 1천여 명의 공격을 받아 114명이 참수를 당하는 피해를 당하였다.[36] 동학농민군의 3월 12일 금산공격에 대한 상인과 읍민의 반격이었다. 그런데 여기서 주목하고 싶은 것은 전라도 진산에 모인 농민군과, 인접한 충청도 옥천에 모인 농민군이 동시에 거론되고 있다는 점이다. 옥천은 충청도에 속해 있었지만 금산지역의 동학농민군과 교류 및 연대가 활발하였음을 짐작할 수 있다. 그것은 이후 이 지역에 대한 관군의 경계가 엄중해진 데서 짐작된다.

회덕농민군의 봉기가 끝난 직후 충청도의 농민군이 전라도의 농민군과 합세하는 것을 막기 위하여 옥천과 은진의 요충지에 청주병영의 병정 200명을 파견하여 지키도록 하였다. 옥천과 은진은 양도의 중요한 길목이기 때문에 청주병영에서는 병영의 방어에 어려움을 무릅쓰고 300여 명 중 200여 명을 여기에 파견하였다.[37] 그 가운데 120명은 옥천에 파견되었다. 옥천에 파견된 병정은 옥천 읍내의 삼거리에서부터 이남면에 이르기까지 전라도 금산으로 통하는 길목에 보부상 및 포군 등과 함께 1리마다 장애물을 설치하여 농민군의 이동을 막았다.[38] 이러한 조치는 한편으로는 충청도의 농민군이 전라도의 농민군과 합

---

35) 전라도의 농민군은 고부 등지의 세력, 태인의 세력, 금산의 세력으로 구분할 수 있다. "부안·고부·영광·무장·흥덕·고창 등읍의 동학군과는 별도로 금산과 태인에서 봉기한 부류가 있는데 그것은 하나이면서 둘이다. 합하여 1단을 이루고 3대로 분작하여 서로 상통하여 기세를 올리는데 동서에서 호응한다"라는 기록에서(『隨錄』 4월 5일, 11~13쪽) 이를 알 수 있다.

36) 『오하기문』 1필, 55쪽 ; 『隨錄』 營寄, 28쪽.

37) 『주한일본공사관기록』 1, 21, 67쪽.

38) 『隨錄』 營寄, 30~31쪽.

세하는 것을 막기 위한 것일 뿐만 아니라, 전라도의 동학농민군이 경군의 공격을 받아 쫓기게 될 때 충청도로 넘어와 충청도의 농민군과 합세하는 것을 막기 위한 것이기도 하였다. 그래서 전라감사도 금산·여산 등지에 경계를 강화하였다.[39) 농민군의 북상경로로서 보면 충청감영으로 가기 위해서는 여산·은진으로 가게 되고, 청주의 병영으로 가기 위해서는 금산·진잠·회덕을 지나게 되고, 보은 동학교단 근거지로 가기 위해서는 금산·옥천·보은으로 향하게 되기 때문에 이들 지역이 양도 교통의 요충지가 되었다. 전라감사의 4월 2일자 전보에 충청도의 동학당들이 진잠·연산·옥천 등지에 각각 5, 6천 명씩 주둔하고 있다는 지적은 경청할 만하다.[40) 연산은 공주감영으로의 통로이고, 진잠은 청주병영으로의 통로이고, 옥천은 보은으로의 통로인데, 즉 전라도에서 충청도로 통하는 모든 지역에 동학농민군이 주둔하고 있는 것은 전라도 농민군과의 연결을 충분히 말해 준다고 생각된다.

이와 같이 지방수령은 충청도와 전라도의 동학농민군이 연합할 것을 극히 우려하였다. 그러나 현실적으로는 충청도에도 남접파 또는 남접의 농민전쟁에 호응하는 세력이 존재하였다. 양도의 남접파 농민세력은 연합되어 있었다. 일본 임시대리공사인 스기무라 후카시(杉村濬)가 4월 18일 "충청도의 동학도들이 귀화하겠다고 말한 것은 모두 헛말입니다. 이들은 모두 전라도의 동학도들과 합세하였다고 합니다. 그러므로 열읍의 형세가 모두 무너지고 있으니 극히 한심스럽습니다"라고 한 논평은[41) 충청도와 전라도의 남접파 농민세력이 연합한 것을 의미한다.

제1차 농민전쟁이 끝나고 정부와 화약을 맺은 이후 농민군은 전주성에서 금구·김제·고산 방면으로 철수하였는데, 그 가운데 고산방면

---

39)『오하기문』1필, 59쪽.
40)『주한일본공사관기록』1, 5쪽.
41)『주한일본공사관기록』1, 20쪽.

의 농민군은 전라도 북부 또는 충청도 보은방향으로 귀향하다가 체포
령이 엄해서 다시 전라도로 돌아갔다고 한다.[42] 이것은 최시형의 근거
지인 보은지역 농민군 가운데서도 1차 농민전쟁에 참여하였음을 의미
한다. 회덕봉기 이후 양도 사이에 대한 통제가 심하였기 때문에 제1차
농민전쟁 이후에 돌아가기가 쉽지 않았던 것이다.

　이상에서 볼 때 충청도의 남접파와 전라도의 농민군의 연대 가능성
은 매우 높은 것을 알 수 있다. 회덕·진잠 등 대전지역의 동학농민군
조직은 바로 이 충청도의 남접파 농민군으로 보이고, 제1차 농민전쟁
에서는 이 지역에서 가장 활발한 봉기가 있었으며, 이 지역을 중심으
로 전라도의 농민군과의 연계가 이루어진 것으로 생각된다.

4. 대전지역에서의 제2차 농민전쟁

1) 농민군의 재봉기와 남북접연합

　제1차 농민전쟁이 음력 5월 8일 전주화약에 의하여 일단 종식된 이
후 집강소 시기에 접어들게 된다. 집강소 시기는 전라도 지방에서도
몇 단계로 구분되고 각 단계에서 집강소의 의미가 달라지고 있다.[43] 6
월 21일 일본군이 경복궁을 점령하여 개화파 정권을 수립한 후인 7월
초에, 전라감사 김학진과 농민군 대장 전봉준 사이에 집강소 설치와
관련한 타협이 이루어지고 있기 때문에 이를 계기로 단계를 구분할 수
있다. 초기에는 집강소의 설치가 정부와 농민군 사이에서 분명하게 합
의되지 않았고 임명된 집강도 개혁의 임무를 띤 것이 아니라 질서유지

42) 김양식, 「1,2차 전주화약과 집강소 운영」『역사연구』 2, 구로역사연구소,
　　1993, 122쪽 ;『初齋遺稿』東學黨視察日記.
43) 정창렬, 「갑오농민전쟁의 전주화약과 집강소에 대한 연구사적 검토」『수촌박
　　영석교수화갑기념한국사학논총』, 1992 ; 김양식, 「전주화약기 집강소에 대한
　　연구사적 검토」『사학지』 26, 단국대, 1993 참조.

의 임무를 띠고 있었다. 농민군의 지향을 반영하여 폐정개혁을 시행하는 집강소는 후기에 가서야 설치될 수 있었다.

그런데 전라도의 경우에는 거의 전 지역이 농민군에게 점령되었기 때문에 집강소의 설치가 가능하였지만 충청도지방의 사정은 다르다. 일본의 경복궁 점령과 그에 뒤이은 청일전쟁은 농민군의 반외세 감정을 자극하였고 전라도의 농민군 세력 가운데 일부는 즉시 이에 반대하여 재봉기하고 충청도를 향하여 북상하였다. 북상한 전라도 농민군은 부여지방을 점거하였고,[44] 충청감영의 공주 부근에서도 재봉기가 활발하였다. 7월 3일 이후 공주 아래의 이인역에서 민회가 열렸고, 정부에서는 이러한 농민군 동향에 우려하여 호서선무사 정경원(鄭敬源)을 파견하여 효유하였다. 선무사로 파견된 정경원은 7월 15일 공주의 감영에서 감사와 대책을 의논하였고 그 결과 각 읍에 집강을 임명하기로 결정하였다. 그런데 집강 임명을 최시형에게 의뢰하였다. 즉 최시형으로 하여금 각 읍의 동학교도들 가운데서 집강을 택하도록 하여 그들로 하여금 각 읍에서 봉기하는 자를 막도록 하였다.[45] 이것은 남접과 북접이 대립하고 있는 상황을 이용하여 북접의 집강으로 하여금 남접의 농민군 봉기를 차단하도록 한 것이었다.

이러한 방침에 따라 충청감사 이헌영은 각 읍에 집강 임명에 대한 다음과 같은 지시를 내리고 있다.[46]

각 읍의 소위 각 접 중 統攝之人을 영문에서 이미 상세히 탐지하였다. 특별히 슘申할 뜻으로 執綱을 차정하여 그로 하여금 그 무리를 금칙하게 할 것이고 접 중에 여전히 犯科者가 있으면 집강이 책임을

44) 홍성찬, 앞의 논문 참조.
45) 『洪陽紀事』 7월 20일/배항섭, 「충청지역 동학농민군의 동향과 동학교단」 『백제문화』 23, 94~95쪽에서 재인용.
46) 이헌영, 『敬窩漫錄』 권6, 飭各邑差定執綱禁飭東徒(『錦藩集略』 別甘 各官과 동일).

면하기 어려울 것이다. 지방관이 집강에게 엄칙하여 일벌백계하도록
하고 또한 준수하지 않는 자가 있으면 보고하여 처벌하는 것이 옳을
것이다.

여기서 동학농민군 각접의 통섭지인을 집강으로 차정하여 접내의
농민군을 통제하도록 하고 이를 또한 지방관이 장악하도록 한 것을 알
수 있다. 집강은 지방수령에 예속된 존재로서 농민군의 집회와 봉기를
차단하는 역할을 담당하였다. 영동에서 천여 명의 동학농민군이 민가
에 돌입하여 재산을 약탈한 것에 대해 영동집강 손인택을 책망하고 있
는 것에서 이를 알 수 있다.[47]

이와 같이 충청도지방에서는 최시형의 북접교도들이 집강으로 임명
되어 남접의 봉기를 차단하고 있었다. 따라서 북접교도 또는 집강과
남접농민군 사이에 각 지역마다 갈등이 존재하였을 것이다. 회덕·진
잠 등 대전지역은 제1차 농민전쟁 당시 농민군의 활동이 가장 활발하
게 전개되었던 지역으로서 이 지역에서도 이러한 갈등이 존재하였을
것으로 생각된다.

남북접의 갈등은 매우 깊게 되었지만 청일전쟁에서 승리를 거둔 일
본군이 본격적으로 동학교도들을 탄압하고 북접교단 지도부에도 반외
세 분위기가 형성되어 결국 9월 18일 최시형은 남접과 연합하여 봉기
하기로 결정하였다.[48] 이리하여 충청도지방은 물론, 제1차 농민전쟁에
서는 봉기하지 않았던 전라도의 북접파도 봉기하게 되었다. 대전 인근
지역에서의 봉기를 살펴보면 손천민·이용구는 청주, 김연국·황하
일·권병덕은 보은, 정원준·강채서는 옥천에서 기병하였다.[49] 또 다
른 기록에는 박석규·유병주는 옥천, 강건회·오일상은 대전에서 기포
하고, 임정준은 문의에서 기포하였다고 한다.[50] 이리하여 제2차 농민

47) 『금번집략』 別甘 永同執綱孫仁澤等.
48) 신영우, 「충청도의 동학교단과 농민전쟁」 『백제문화』 23, 1994 참조.
49) 『동학사』/『동학사상자료집』 2, 496쪽.

전쟁에 남북접이 연합하여 참여하게 되었다.

2) 대전지역 농민군의 활동과 김개남부대

충청도지방이 제2차 농민전쟁의 주무대로 등장하는 것은 전라도의 남접세력이 반외세 총궐기를 내걸고 서울로 진격하기 위해 충청도지방으로 북상하였기 때문이다. 9월 10일에는 전봉준의 농민군이 재봉기 북상을 위하여 삼례에 집결하고, 정부에서는 9월 21일 신정희를 순무사(巡撫使)로 임명하였다. 10월 초에는 순무영 부대가 농민군 진압을 위하여 남진하기 시작하고, 10월 14일에는 농민군 부대가 충청도로 북상, 10월 21일 목천 세성산 전투, 11월 9일 우금치 전투, 11월 27일 태인 전투, 12월 1일 김개남 체포, 12월 2일 전봉준 체포, 12월 17일 청산 종곡 전투로 이어져, 농민군은 패배하였다.

제2차 농민전쟁 시기 대전지역에서 전개된 농민군의 활동을 살펴보면, 동학농민군의 2차에 걸친 청주성 공격과 이와 관련된 대전평 전투가 있다. 대전지역이 청주성으로 통하는 공격로가 되었기 때문에 청주성 공격은 대전지역을 무대로 하여 전개되었다.

먼저 9월 24일에 1차 청주성 공격이 있었다. 충청병사의 보고에 의하면, 9월 24일 농민군 수만 명이 청주병영과 상당산성(上黨山城)을 공격하여 무기를 빼앗길 위기에 처하였는데, 충청병사가 직접 전투를 벌여 농민군 수십 명을 죽이고 물리쳤다고 한다. 그러나 병사는 전라도와 충청도의 농민군이 연합하여 기세가 등등하므로 병영의 힘으로는 막을 수 없다고 보고하였고, 이에 대하여 의정부에서는 순무영으로 하여금 구원하도록 조치를 취하였다.[51] 농민군은 일단 물러갔으나 계속 청주성을 위협하고 있었다.[52]

---

50) 『天道敎會史草稿』/『동학사상자료집』 1, 463~464쪽.
51) 『啓草存案』 9월 28일 ; 『오하기문』 3필, 1894년 9월, 6쪽.
52) 『동학란기록』 상, 「兩湖右先鋒日記」 갑오 9월 30일, 264쪽.

이때 청주성을 공격한 농민군은 어떤 세력일까. 정부측의 정보에 의하면 충청도 동남부 지역 10개 읍의 동학접주로 파악된 자들은, 보은 최시형·황하일·강영석, 회덕 김복천, 옥천 박석규, 청산 이국빈, 영동 손광오, 회인 류일수, 충주 성두환, 문의 오일상, 청주 서일해, 황간 조경환 등이다.[53] 여기서 보면 남접의 총지도자 서일해(徐一海) 즉 서장옥이 청주의 동학접주로 파악되어 있다. 황하일은 서장옥과 가까운 인물인데 최시형과 함께 보은의 동학접주로 파악되어 있다. 이렇게 보면 이 동학접주 명단은 북접교단 접주뿐만 아니라 남접세력 접주도 포함된 것으로서 실제 농민군을 거느리고 있는 농민군 대장들을 파악한 것으로 생각된다.

청주성은 서장옥 부대가 공격을 주도하였다. 이에 관한 정보는 다음과 같이 파악되었다.[54]

청주는 지난달 23일부터 동학도 가운데 서일해라는 자가 수십만의 군중을 인솔하고 수십 겹으로 포위를 하고 있었으므로 병사는 성문을 굳게 닫고 외부로부터의 원병을 기다렸으나 오지 않았기 때문에 현재 위급한 상황에 있다.

여기서 서장옥 부대가 청주성을 공격한 것을 알 수 있다. 그런데 동학교단의 자료에 의하면 옥천의 박석규·유병주가 청주병영을 공격하였다고 한다.[55] 박석규는 광화문 복합상소에 참여하고 보은집회에는 옥의대접주로 참여한 인물로서,[56] 북접교단에 속한 것으로 보이는데, 서장옥 부대를 지원하여 청주성 공격에 가담한 것으로 생각된다.

다음으로 10월 9일경 진잠의 보고에 의하면 논산지역에 농민군이

53) 『주한일본공사관기록』 1, 173쪽.
54) 위와 같음.
55) 『천도교회사초고』/『동학사상자료집』 1, 463쪽.
56) 『천도교회사초고』/『동학사상자료집』 1, 449, 454쪽.

집결하고 있음과 동시에 청주길에 농민군이 창궐하고 있다고 한다.[57)
이것은 전라도의 농민군이 서울로 진격하기 위하여 논산·공주의 길
과 진잠·회덕·청주의 길로 향하고 있음을 시사한다고 생각된다. 아
직 전라도의 농민군이 이 지역으로 진입하지는 않았지만 그러한 작전
이 이미 시작되었기 때문에 그에 호응하는 대전지역에서의 농민군 활
동이 활발하게 전개되고 있었던 것이다.

이와 관련하여 대전평(大田坪) 전투가 일어났다. 충청감사의 10월 9
일 보고에 의하면, 충청병영의 영관(領官)인 염도희(廉道希)가 병정
80명을 영솔하고 연산·진잠으로 순시하고 공주 대전땅으로 들어왔을
때, 돌연히 농민군 만여 명을 만나 모두 붙잡혀 태워죽임을 당하였다
고 한다.[58) 이를 대전평 전투라고 하는데 관군으로서는 가장 큰 피해
였고 농민군으로서는 가장 큰 승리였다.

대전평 전투의 주도세력도 앞서의 청주성 공격의 주도세려과 유사
한 세력으로 여겨진다. 그런데 역시 동학교단측의 기록에 의하면 대전
평 전투는 남북접 연합에 의하여 대전지역에서 기포한 강건회·오일
상이 청주병정과 전투를 벌여 거둔 승리라고 보고 있다.[59) 이들이 동
학의 남접인지 북접인지 분명하지는 않지만 그 활동의 양상은 남접세
력에 접근하고 그를 후원한 것으로 생각된다. 다시 말하면 이들의 활
동에 대하여 전봉준이 정부군과 충청감사에게 반외세 연합궐기를 호
소한 고시에서,[60) 대전평 전투가 제1차 농민전쟁에서의 원한을 갚은
것이지만 너무 참혹하여 후회한다고 사과하고 있는 점에서, 대전평 전
투의 주도세력은 남접세력에 속하였거나 깊은 관련이 있는 자들로 이
해되는 것이다.[61) 제1차 농민전쟁에서의 원한은 4월의 회덕봉기에서의

57) 『동학란기록』 하, 「先鋒陣上巡撫使書」 갑오 10월, 283쪽.
58) 『계초존안』 10월 9일.
59) 『천도교회사초고』/『동학사상자료집』 1, 463~464쪽.
60) 『동학란기록』 하, 「宣諭榜文幷東徒上書所志謄書」 갑오 11월 12일 고시, 379
~380쪽.

패배를 의미하는 것일 것이다. 따라서 대전평 전투는 이 지역 농민군
들이 4월 회덕봉기의 패배를 설욕한 것으로 생각된다.

이와 같이 농민군은 대전지역을 무대로 하여 청주성 공격의 통로를
마련하고 있었다. 세력이 확대되면 청주성 공격에 나서기도 하였지만
한편으로는 전라도 농민군의 북상을 기다린 것으로 보인다. 10월 20일
연기에 주둔한 이두황의 장위영군에 대한 순무영 전령에 보면, 농민군
이 유성으로부터 출몰하기 때문에 유성 근처 감성구 등지를 지켜 그
행패를 방지하는 동시에 전라도 농민군이 경유하는 길을 차단하도록
지시하고 있다.62) 유성지역이 청주병영으로 향하는 길목이고 이 길을
통하여 전라도 농민군이 북상할 것을 우려하고 있는 것이다. 이미 유
성 등지에는 이러한 농민군의 북상을 도모하는 활동이 활발하게 전개
되고 있었다. 10월 23일경에는 농민군이 문의와 신탄에서 청주병영을
향하여 공격해 들어오므로 목천의 이두황군이 청주로 진출하도록 요
청하는 병사의 감결도 있었다.63) 전라도 농민군이 들어오기 이전에 이
미 충청도 남접파의 활동이 활발하였던 것이다. 이렇게 보면 9월 24일
청주성 공격 이후 청주성을 재공격하기 위한 활동이 활발하였고, 그것
은 한편으로 전라도 농민군의 합류를 기다리면서 공격로를 확보하려
는 것임과 동시에 다른 한편으로는 세력의 확대를 통하여 독자적으로

---

61) 신용하는 이를 삼례로부터 북상하던 전봉준 부대가 북접농민군과 연합하기
　　로 한 논산대회를 전진 보위하기 위하여 대전에 파견한 농민군이라고 지적하
　　고 있다(신용하,『동학과 갑오농민전쟁연구』, 일조각, 1993, 308~309, 328~
　　329쪽). 그러나 전봉준이 대전지역으로 부대를 파견할 여유는 없었을 것으로
　　생각되고, 더구나 전봉준과는 노선을 달리한 김개남이 10월 23일 청주성 공
　　격을 위하여 진잠을 점거하고 있는 점에서 볼 때, 이들 세력은 대전지역에 토
　　착적인 기반을 가지고 활동하던 충청도의 남접파 농민군일 가능성이 높은 것
　　으로 생각된다.
62)『동학란기록』하,「巡撫使呈報牒」갑오 10월 25일, 11~12쪽 ; 같은 책,「日本
　　士官函謄」, 10월 20일 回移忠淸道觀察使朴濟純, 10월 21일 回移錦伯, 434~
　　435쪽 ;『동학란기록』상,「巡撫先鋒陣謄錄」갑오 10월 22일, 419쪽.
63)『동학란기록』상,「兩湖右先鋒日記」갑오 10월 23일, 292쪽.

청주성을 공격하려는 것이었다. 그러한 활동 과정에서 대전평 전투가 있었다.

전라도 농민군 가운데 김개남 부대는 처음부터 전봉준 부대와 합류하지 않고 독자적인 부대를 편성하여 북상을 계획하였다. 김개남 부대는 10월 23일 금산을 함락시키고 현감 이용덕을 축출하였다.[64] 그런데 금산 공격과 점령에는 김개남 부대뿐만 아니라 진산·고산의 농민군, 영동·옥천·무주의 농민군, 그리고 연산·공주·강경의 농민군 등도 참여하였다. 금산 주변의 각 지역의 농민군이 모두 들어와 금산을 점령하였던 것이다. 그들은 금산의 관청과 민가를 완전히 파괴하였고, 이후 정부군과 일본군의 반격에도 불구하고 진잠으로 진출할 때까지 보름간 금산지역을 장악하였다.[65] 김개남의 목표는 금산의 길을 거쳐 청주병영을 공격하는 것이었다.

정부에서는 이를 차단하기 위하여 먼저 대전지역의 농민군을 섬멸하려 하였다. 10월 26일 교도대와 일본군 대대 및 진남영 병정이 합세하여 회덕 지명장에서 농민군 수천 명과 전투를 벌여 농민군 수십 명을 죽이고 박성엽 등 7명을 생포하여 문의에서 공개처형하였다. 나머지 농민군은 사방으로 흩어졌는데 정부군이 공주로 합류하기 위하여 부강으로 물러나자, 곧바로 회덕에서 다시 농민군이 크게 봉기하였다.[66] 관군의 공격을 받고 패배하고서도 농민군이 이 지역에서 끊임없이 계속 활동하고 있음을 알 수 있다. 이로 인하여 공주 전투에 투입하려는 정부군은 계속 대전지역에 붙들려 있게 되었다.

김개남 부대는 11월 10일 금산으로부터 진잠에 진출하였다. 그들은 진잠에서 관공서와 각종 장부를 모두 불지르고 창고를 부수어 환곡을

64) 『오하기문』 3필, 1894년 10월, 24쪽.
65) 『동학란기록』 하, 「各陣將卒成冊」 錦山被禍爻像別具成冊, 702~705쪽.
66) 『동학란기록』 상, 「갑오실기」, 45~46쪽 ; 『동학란기록』 하, 「순무사정보첩」 갑오 11월 ; 『동학란기록』 상, 「巡撫先鋒陣謄錄」 갑오 11월 5일, 460~461쪽 ; 『주한일본공사관기록』 1, 文義附近 戰鬪詳報, 209~210쪽.

탈취하고 읍내 가호의 재산을 탈취하고 서리와 향리들을 구타하였다.
진잠의 주민들은 피난을 갔고, 김개남 부대는 공주의 유성을 거쳐 회
덕의 신탄진으로 나아가 청주로 향하려 하였다.[67] 그런데 여기서 주목
되는 것은 유성 등지에서 농민군이 일제히 기포하여 김개남 부대에 호
응하였다는 사실이다.[68] "유성 등지는 원래 동학도들의 소굴로서 관예
(官隷)와 영속(營屬)이 감히 가까이 접근하지 못하였고, 조세의 납부
를 거부하여도 독촉할 수가 없는 곳인데, 거의 반달이나 길이 끊겼다"
고[69] 지적할 정도로 유성을 비롯한 대전지역에 근거를 둔 동학농민군
이 존재하였고 그 세력이 강하였다.

정부군의 교도대는 유성과 진잠 사이로 진출하여 이들 농민군을 섬
멸하고 연산 등지로 진격할 계획을 세웠다.[70] 그러나 농민군은 이들과
충돌하지 않고 11월 13일 회덕 신탄진·문의를 거쳐 청주로 진출하였
다. 그 과정에서 회덕을 공격하여 무기를 확보한 듯하다.[71] 그러나 청
주병영을 공격하던 김개남의 농민군은 일본군과 관군의 노련한 작전
에 말려 농민군으로서는 상당히 조직적인 전투를 벌였으나 패배하고
말았다.[72]

청주 전투에서 패배한 농민군은 신탄진 방향으로 후퇴하였다.[73] 일
본군과 정부군은 농민군을 추격하여 신탄·진잠 등지로 향하여 진격
하였다.[74] 이리하여 충청도로 진격하였던 전라도의 농민군은 다시 전

67) 『동학란기록』 하, 「순무사정보첩」 갑오 11월 13일, 35쪽 ; 『동학란기록』 상,
「순무선봉진등록」 갑오 11월 13일, 499~500쪽.
68) 『동학란기록』 하, 「李圭泰往復書幷墓誌銘」, 483~484쪽.
69) 『동학란기록』 하, 「이규태왕복서병묘지명」, 485~486쪽.
70) 『동학란기록』 상, 「先鋒陣日記」 11월 12일, 233쪽.
71) 『계초존안』 11월 17일조에 보면 회덕현감 李圭瑞가 軍器를 見失하여 청주병
영에서 파직을 건의하고 있는데, 이때 김개남의 농민군들에 의해 공격을 당
한 것으로 보인다.
72) 신용하, 앞의 책, 343~345쪽.
73) 『주한일본공사관기록』 1, 淸州附近 戰鬪詳報, 249~250쪽.

라도로 밀려 내려갔고, 청주성 공격은 실패하고 말았다.

　정부군과 일본군이 전라도로 농민군 부대를 추격한 뒤, 대전지역에서는 청주병영의 병정들이 농민군 잔당을 소탕하였다. 공주 대전평에서는 이천악 등 7명과 접사(接事) 김응구 등이 체포되어 공개처형 되었다는 기록이 나온다.75) 대전지역에서는 농민전쟁이 종결된 이후에도 그 잔당의 활동이 계속되었다. 1895년 1월에도 회덕·문의 등지를 순찰해야 할 정도였고,76) 진잠도 위급하여 순찰한 뒤 병정 40명을 주둔케 하였다는 보고에서77) 이 지역에 동학농민군의 조직과 활동이 활발하였음을 알 수 있다.

　이제까지 대전지역을 무대로 하여 전개된 제2차 농민전쟁에 대하여 살펴보았다. 전라도의 농민군과 충청도의 농민군이 반외세 총궐기를 하고 서울로 북상하려고 하였을 때 그 길목에 해당하는 요충지가 바로 감영이 있는 공주와 병영이 있는 청주였다. 대전지역은 전라도의 김개남 부대가 논산에서 공주를 공격하는 전봉준 부대의 노선에 합류하지 않고 금산을 거쳐 청주병영을 공격하려 하였을 때 바로 그 길목에 해당하였다. 따라서 제2차 농민전쟁에서는 대전지역이 공주지역과 함께 매우 중요한 전투지역이 되었다.

5. 농민전쟁 이후 대전지역의 동향

　농민전쟁이 종결된 이후 양반사대부의 영향력이 강하였던 대전지역에서는 그동안의 농민군 활동을 비판하고 양반사대부를 중심으로 한 농촌질서의 회복을 위하여 노력하였을 것으로 보인다. 대전지역에서는

74)『동학란기록』상,「순무선봉진등록」갑오 11월 15·19일, 504~505·536쪽.
75)『동학란기록』상,「갑오실기」갑오 12월 6일, 52쪽.
76)『동학란기록』하,「일본사관함등」을미 1월 4일 군무아문대신 趙義淵전보.
77)『札移電存案』1895년 1월 23일.

농민전쟁 기간 중에 양반사대부에 의한 민보군의 결성이 눈에 띠지 않지만 인접한 옥천에서는 의병이 다수 일어났다. 즉 옥천에서는 박성환 등 다수의 양반사족들이 의병에 참여한 공로를 평가받았다.78) 옥천 의병장 전군수(前郡守) 박정빈(朴正彬)은 경군을 도와 농민군을 토벌한 공로로 포상을 받고 또한 청산군수에 임명되었다.79) 선봉진에서는 1894년 10월 23일 충청도 각 지역의 주민에게 정부군의 토벌에 호응하여 의병을 일으킬 것을 장려하였고, 거기에는 당연히 회덕·진잠도 포함되어 있었다.80) 회덕·진잠에서 의병이 일어났는지는 확인되지 않지만 진잠현감 이세경이 1894년 9월 29일 호서소모사로서 임명되었는데 그 역할은 원근 각지의 사민(士民)으로 하여금 의병을 일으키도록 촉구하는 것이었기 때문에81) 대전지역에서 이러한 반농민군 활동이 전개되었을 가능성도 적지 않다. 또한 진잠현감을 역임한 과천의 문석봉이 양호소모사로 임명되어 충청도 진잠·연산, 전라도 고산 등지에서 활동하였기 때문에,82) 양반사대부들이 이에 고무되어 반농민군을 결성하였을 수 있다.83)

한편 이보다 앞서 대원군은 농민군 지도부와 연결을 꾀하여 농민군의 반외세 봉기를 부추겼는데, 동시에 대원군은 지방의 위정척사적인 양반사족에게도 창의할 것을 촉구하였다. 대전지역과 관련하여 살펴보

---

78) 『동학란기록』 하, 「東學黨征討人錄」, 622쪽.
79) 『동학란기록』 하, 「甲午軍功錄」, 717쪽.
80) 『동학란기록』 하, 「先鋒陣傳令各陣」 갑오 10월 23일 甘結 湖西各邑, 120~121쪽.
81) 『계초존안』 1894년 9월 29일.
82) 신영우, 앞의 논문, 1994, 51쪽.
83) 1898년 대전의 宋景仁이 동학에 침투, 최시형의 거주지를 밀탐하여 원주에서 최시형을 체포한 사실이 있는데(『천도교창건사』/『동학사상자료집』 2, 83~84쪽 ; 최문휘, 『대전직할시』, 한민출판사, 1991, 69쪽), 이것은 포상을 바라는 것이겠지만 충청도 보수유생층의 반농민군적 입장이 반영된 것으로도 볼 수 있을 것이다.

면 대원군은 송정섭을 통하여 옥천 송대신의 아들 송진서, 연산 김대신의 손자 김영길, 노성 진사 윤자신에게 반일 의병의 궐기를 촉구하였다.[84] 충청도의 명족·토호·사족들을 동원하여 외세를 배제하고자 한 것이다. 이들 양반사족들이 어떠한 활동을 하였는지는 확인되지 않는다. 양반사대부는 동학농민군과 적대적이었기 때문에 동학농민군과 함께 반외세 봉기를 꾀하는 것은 어려웠을 것이다.

농민전쟁 이후 대전지역의 양반사대부는 농촌질서의 회복을 위하여 활동하였겠지만 친일개화파에 의한 갑오개혁도 흔쾌하게 받아들이는 분위기는 아니었다. 이 지역에 거주하던 은진 송씨의 대표적 인물인 송근수(宋近洙)나, 진잠의 신응조(申應朝)는 모두 보수적 위정척사적 인식을 지닌 사람들이었다. 따라서 일본에 예속되어 추진된 갑오개혁에 동의할 수 없었다.

1895년 8월 민비살해사건이 일어난 이후 회덕에서는 문석봉의 의병이 일어난다. 문석봉은 반외세 항쟁을 벌이던 농민군 토벌에 앞장섰던 인물인데 이제는 개화파 정부와 일본에 반대하여 의병을 일으킨 것이다. 문석봉은 회덕을 비롯하여 대전·공주·소전(蘇田) 등지에서 세력을 규합하고 회덕관아를 습격하여 무기를 탈취한 후 의병운동을 전개한 것으로 파악되고 있다. 그런데 바로 여기에 농민전쟁에서 농민군으로부터 위협을 당하였던 회덕의 송근수, 진잠의 신응조가 가담하고 있었다.[85]

이와 같이 볼 때 대전지역에서 전개된 을미의병에는 동학농민군이 가담하였을 가능성은 희박하다고 여겨진다. 동학농민군의 남은 세력은 의병세력과는 다른 방향으로 활동하였을 것이다. 대전지역에서의 동학농민군의 활동은 농민전쟁 이후에도 다른 지역보다는 활발하였다. 목

84)『주한일본공사관기록』8, 68~71쪽.
85) 김상기,「한말 을미의병운동의 기점에 대한 소고 - 文錫鳳의 회덕의병을 중심으로」,『한국민족운동사연구』2, 1988.

천·진잠·연산·문의 등지에 동학농민군의 활동이 활발하였던 것으로 지적되고 있다.[86] 특히 공주 산내면 소전리에는 그들의 소굴이 형성되었다고 한다. 즉 농민전쟁의 경험을 지닌 공주군 산내면 소전리의 주민 4명이 석교리의 지사(地師) 김여실을 중심으로 제수를 준비하여 "보문산 상봉에 올라가 밥과 떡, 고기, 과일 등을 차려놓고 절을 한 후 종이를 태우고 김여실이 구송축언(口誦祝言)"하였고, 이러한 행위가 동학을 재건하는 행위로 비쳐져 체포되기에 이르렀는데,[87] 이러한 사실은 동학농민군의 잔여세력이 어떠한 활동을 전개하였는지를 보여주는 단서가 될 것이다.

이후 대전지역에서의 동학농민군 활동은 문헌상으로 조사되어 있지 않지만 전라도지방에서 그 잔당들이 영학당을 결성하여 사회변혁운동을 전개하고, 소백산맥 주변의 충청도·경상도·전라도 지역에서 제천(祭天)을 통하여 동학농민군의 잔여세력을 조직하고 있었던 분위기를 고려하면,[88] 대전지역도 그러한 영향권에 들었을 가능성이 적지 않다.

1900년에는 회덕·진잠·연산 등지에 활빈당이 나타나 총검을 가지고 각 촌락에서 재산을 약탈한다는 보도가 있었다.[89] 농민전쟁의 잔당들이 이러한 활동에 가담하는 경우가 많았음을 고려하면 이 지역의 활빈당에도 농민전쟁에 참여하였던 자들이 있을 수도 있었을 것이다.

이상에서 농민전쟁이 종결된 이후 대전지역 농촌사회의 분위기와 농민군의 동향을 살펴보았다. 농민전쟁 이후에도 이 지역에서는 사회변혁운동에 관심을 지니는 세력의 활동이 간간이 나타나고 있음을 확

---

86)『司法稟報』甲, 建陽 2년 4월 6일 충청남도관찰사의 법부대신에 대한 보고서.
87)『사법품보』갑, 건양 2년 4월 6일 충청남도관찰사의 법부대신에 대한 보고서.
88) 이영호, 「갑오농민전쟁 이후 동학농민의 동향과 민족운동」『역사와 현실』3, 1990 ; 이영호, 「대한제국시기 영학당운동의 성격」『한국민족운동사연구』5, 1991 참조.
89)『日新』光武 4년 2월 27일, 415쪽.

인할 수 있었다. 그러나 보수유생층의 반농민군적 활동도 동시에 나타
나고 있어서 농촌사회의 갈등이 심화되고 있다고 볼 수 있을 것이다.

6. 대전지역 농민전쟁의 성격

이상에서 대전지역을 중심으로 1894년 농민전쟁의 전개과정과 그
의미를 살펴보았다. 특히 회덕봉기의 사회경제적 배경, 충청도 농민군
세력의 성격, 전라도 농민군과의 관련성 등을 해명하는 데 관심을 두
었다. 이제 대전지역 농민전쟁의 성격을 종합함으로써 논의를 마무리
짓기로 한다.

첫째 대전지역에서는 자생적인 농민군 조직이 발생하여 조직적인
봉기를 꾀하였을 뿐만 아니라, 지리적으로 전라도와의 접경지역에 위
치하고 또한 공주감영과 청주병영의 중간에 위치하여 북상하는 농민
군의 중요한 통로가 되었기 때문에 다른 지역에서 온 농민군의 활동도
활발하였다. 또한 양자의 연합에 의한 활동도 있었다.

둘째 제1차 농민전쟁 기간 중 일어난 회덕농민군의 봉기는 19세기
농민항쟁의 전통을 계승한 것이었다. 조세제도 뿐만 아니라 지주전호
제의 모순이 농민전쟁의 사회경제적 배경으로 작용하고 있어서 회덕
봉기의 반체제적 지향의 성격을 확인할 수 있었다.

셋째 회덕봉기의 주체는 충청도의 남접파 농민세력이었다고 추정된
다. 충청도에도 남접파 농민군이 조직되어 있었고, 전라도에서의 제1
차 봉기와 병행하여 회덕에서 가장 큰 봉기가 일어났다.

넷째 제2차 농민전쟁 기간 중에는 대전지역에서 자생적인 농민군의
활동이 활발하였다. 대전지역 농민군들은 서장옥의 청주성 공격에 참
가하였고, 또한 청주병영의 병사와 대전평 전투를 벌여 가장 큰 승리
를 거두기도 하였다.

다섯째 제2차 농민전쟁에서는 전봉준 부대가 논산으로 진출하여 공

주감영을 공격하고, 김개남 부대가 금산과 대전지역을 거쳐 청주의 병영을 공격하였다. 대전지역 농민군들은 김개남 부대와 연합하여 청주성 공격에 참여하였다.

여섯째 대전지역에서는 농민전쟁 과정에서 활발한 농민군의 활동이 발견될 뿐 아니라 농민전쟁 이전에 있어서도 농민전쟁이 일어날 수 있는 조건과 농민의 저항운동이 전개되어 왔다. 그리고 농민전쟁 이후에도 농민군 잔당의 활동이 확인되는데 이들 잔당은 이 지역 보수유생층과의 갈등을 일으키고 있었다. 농민전쟁을 전후한 사회분위기의 양상이 대전지역에서도 전형적으로 형성되었음을 볼 수 있다.

이상이 대전지역 농민전쟁의 중요한 특징이고 성격이라고 할 수 있다. 대전지역은 1894년 농민전쟁의 중요한 무대의 하나가 되었고, 이지역에서 활발한 농민전쟁의 발자취를 확인할 수 있었다.

이 글에서 매우 중요하게 거론된 것은 충청도 농민군의 활동 및 전라도 농민군과의 연계 문제이고, 그 과정에서 중요하게 부각될 수 있는 인물이 농민전쟁의 최고의 배후지도자로 알려진 서장옥이다. 서장옥에 대한 문헌은 매우 소략하고 그 활동상이 베일에 가려 있어서 문헌을 통하여 확인하는 것이 쉽지 않지만, 충청도의 농민전쟁, 나아가 전국적 농민전쟁의 전개방향을 확인하는 데 있어서 반드시 검토해야할 인물이라고 생각된다.

이 글을 마치면서 아쉽게 생각되는 부분은 대전지역에서 활동한 동학교도, 농민군의 조직과 활동을 구체적으로 확인하지 못하였다는 점이다. 또한 민보군의 활동상을 담은 문헌을 발굴해 내거나, 또는 그 후손들을 찾아내어 증언을 청취하거나 하는 작업도 하지 못하였다. 이번에 작성한 글을 토대로 문헌의 발굴, 증언청취 등의 작업을 통하여 대전지역에서의 농민전쟁의 실체가 보다 구체적으로 확인되기를 기대한다.

제13장 동학·농민의 일본인식과 '보국안민(輔國安民)'이념

1. 머리말

1894년 농민전쟁의 지향은 농민군이 기치(旗幟)로 내세운 '보국안민 (輔國安民)' 네 글자에 집약적이고 상징적으로 표현되어 있다. 그러나 보국안민의 표현을 농민군만이 사용한 것은 아니었다. 위정척사파 최 익현(崔益鉉)은 1868년 경복궁 중건(重建) 금지, 원납전(願納錢) 징수 금지, 당백전(當百錢) 폐지, 문세(門稅) 폐지의 4개조를 제시하고 여기 에 '보국안민지술(保國安民之術)'이 있다고 주장하였다.[1] 개화파 박영 효(朴泳孝)는 1888년의 상소문에서 "백성들에게 납세로써 보국안민 (保國安民)해야 할 뜻을 교육하여 그것을 명심하게 한 후에 농공상(農 工商)에게 징세하여 지금의 시급한 업무에 사용할 것"을 주장하기도 하고, "폐하께서는 시비를 가려 충국(忠國)의 당(黨)을 보호하여 보국 체안민명(保國體安民命)하소서"라고도 하였다. 또 '보민호국(保民護 國)'의 표현을 4회나 사용하고 있다.[2] 1894년 일본군에 의하여 개화정 부가 수립되었을 때 고종은 사색당파와 문벌을 폐지하고 인재를 등용 하여 신정치로써 '보국안민지책(保國安民之策)'을 도모할 것을 지시하

---

1) 『고종실록』 고종 5년 1868년 10월 25일.
2) 전봉덕, 「박영효와 그의 상소 연구서설」, 『동양학』 8, 단국대 동양학연구소, 1978, 부록 '박영효의 상소문' 참조.

였다.[3] 개화파 유길준(兪吉濬)은 1907년 '보국안민종사지대계(保國安民宗社之大計)'는 일본의 환심을 잃거나 분노를 사지 말고 신뢰하고 협화하여 부강해지는 것이라고 하였다.[4] 1998년 봄 철거되었지만 국가안전기획부의 구호에도 이와 유사한 의미의 '보국위민(保國爲民)'이 있었다. 이와 같이 보국안민의 표현은 위정척사파, 개화파, 집권파 등 여러 계열에서 사용되었고 그 의미도 각각 달랐다. 대체로 일반명사로 사용되면서 자신의 주장에 대의명분을 실으려는 목적에서 사용되었다. 농민전쟁의 지향과는 거리가 있었고 그러한 표현법이 개념화·이념화 된 것도 아니었다. 보국안민의 표현이 사회경제적 조건과 사회운동의 진전에 의하여 내용을 갖추면서 이념화되어 운동의 슬로건으로까지 진전된 것은 동학(東學)·농민(農民)에 의해서였다. 이 논문의 목표는 보국안민의 개념이 등장하여 하나의 이념으로서 정립되어 나가는 과정을 동학·농민의[5] 일본인식과 관련하여 포착하는 데 있다.

먼저 동학·농민의 일본인식에 대한 연구사의 성과는 다음과 같이 정리될 수 있다.

첫째 기왕의 연구성과는 민중의 일본인식을 단계적으로 파악하고 있다. 단계에 따른 일본인식의 내용은 관념적·문화적·정치적·경제적 측면에서 논의되었다. 특히 경제적 측면에서 민중의 반일의식이 어느 시기에 형성되었는가 하는 점을 중심으로 단계설정에 견해 차이가 보인다. 배항섭은 1885년 일본인의 조선내지 행상을, 하야시 유스케(林雄介)는 1898년 평양 민중의 일본상인 공격을 계기로, 민중이 일본의 경제적 침략을, 생존을 위협하는 것으로 인식하게 되었다고 주장한

3) 송병기·박용옥·박한설 편저,『韓末近代法令資料集』1, 대한민국국회도서관, 1970~1972, 1894년 6월 22일 詔勅, 四色黨論을 打破하고 門地를 不問하고 人材를 登用하는 件.
4)『순종실록』1907년 10월 23일.
5) 이 논문에서는 東學敎團과, 농민전쟁에 가담한 農民을 비롯한 민중세력을 합하여 東學·農民으로 표현한다.

다.6)

둘째 '동학(농민전쟁)'의 반외세의식과 관련하여 박맹수는 동학 발생 초기단계에서 검가(劍歌)와 검무(劍舞)라는 종교의례를 통하여 서양의 침략에 저항하는 반침략적 지향이 나타나 농민전쟁의 반외세의식의 원형을 보인다고 하였고, 김정기는 농민전쟁 단계의 반외세의식을 반일본(反日本) 뿐만 아니라 반청(反淸)·반서양(反西洋)의식으로 확대하여 파악하고자 하였다.7)

셋째 농민전쟁의 주요 슬로건이었던 보국안민(輔國安民)에 대하여, 정창렬은 동학의 보국안민 개념을 군자(君子)집단·부귀자(富貴者)집단의 정치적 존재양식으로서 관념적·환상적 추상물로 규정하여, 생활상의 이해관계를 직접 반영하는 국가를 구성하려는 농민전쟁의 보국안민 사상과 구별하였고, 배항섭은 제1차 농민전쟁은 민(民)을 중심으로 한 보국안민, 제2차 농민전쟁은 국(國)을 중심으로 한 보국안민을 실천하려 한 것으로 파악하였고, 요시노 마코토(吉野誠)는 권귀(權貴)와 탐관오리(貪官汚吏), 그리고 개화당을 축출하고 민중과 국왕의 결합체제 즉 일군만민체제(一君萬民體制)의 실현을 농민전쟁 단계에서의 보국안민의 내용이라고 보고 반외세는 이를 기반으로 한 부차적인 것으로 파악하였다.8)

넷째 1892~1893년 교조신원운동(敎祖伸寃運動) 과정에서 나타난

6) 배항섭, 「개항기(1876~1894) 민중의 일본에 대한 인식과 대응」『역사비평』 1994년 겨울 ; 林雄介, 「一九世紀末, 朝鮮民衆의 對日認識について」『朝鮮史研究會論文集』 33, 綠蔭書房, 1995.

7) 박맹수, 「동학의 칼노래와 칼춤에 나타난 반침략적 성격」『윤병석교수화갑기념한국근대사논총』, 지식산업사, 1990 ; 김정기, 「동학농민전쟁은 과연 반제국주의였는가」『동학농민혁명과 사회변동』, 한울, 1993.

8) 정창렬, 「동학사상의 사회의식」『한국학논집』 9, 한양대 한국학연구소, 1886 ; 배항섭, 『동학농민전쟁 연구』, 고려대 박사학위논문, 1996 ; 吉野誠, 「朝鮮における民族運動の形成」『民族と國家』(『講座世界史』 3), 歷史學硏究會編, 東京大學出版會, 1995.

동학교단·동학농민의 의식변화에 대하여는 적지 않은 실증적 연구성
과가 축적되어 있다.

연구사의 문제점을 일일이 지적하는 것은 생략하고 연구사의 성과
와 문제점을 염두에 두면서 이 논문에서 설정한 관점을 소개함으로써
연구의 진전에 기여하고자 한다.

첫째 민중세력에는 여러 계층이 포함될 수 있으나 여기서는 '동학'을
중심으로 검토한다. 즉 민중세력에는 빈농층, 농업임노동층, 초기 노동
자층, 도시빈민, 중소 상공업자층, 유민층 등을 들 수 있는데, 이들의
일본에 대한 인식을 계층별로 검토하기보다는 19세기 후반에서 20세
기 초반에 걸쳐 한국근대 변혁운동의 중심축을 형성하였던 동학을 중
심으로 이들 여러 계층을 포함하여 검토해 보고자 한다. 그럴 경우 동
학을 동학교단(북접)과, 남접 및 농민세력으로 구분하려 한다. 동학세
력은 1894년 농민전쟁 직전 남북접으로 분열하여 북접교단은 종교운
동, 남접 및 농민세력은 사회운동을 전개하였고, 따라서 이들의 일본에
대한 인식에도 차이를 보이고 있다고 생각되기 때문이다.

둘째 민중세력의 일본인식의 전개과정을 단계적으로 파악하되, 1894
년 농민전쟁을 중심에 두고 그 이전과 이후로 구분하여 검토하고자 한
다. 격변하는 개항기에 있어서 시기에 따라 국내적 국제적 조건의 차
이, 정치적 분위기의 차이는 이들의 일본인식에도 변화를 보이기 때문
이다. 더 세분할 수도 있지만 동학·농민을 중심으로 논의할 경우 농
민전쟁이 전환점이 된다고 생각된다.

셋째 일본인식이라고 할 때 '일본'의 내용이 무엇이며 그것이 어떻게
변화하여 가는가 하는 점을 포착해 보고자 한다. 여러 가지 방식으로
접근할 수 있겠지만 이 논문에서는 핵심개념인 '보국안민'의 이념에서
찾아보려 한다. 즉 일본인식의 변화과정을 보국안민 개념의 등장과 그
의미의 변화를 통하여 살펴보고자 한다. 이 점이 이 논문에서 해명하
려는 가장 핵심적인 내용이다.

넷째 사료로서는 격문(檄文), 통문(通文), 가사(歌詞), 효유문(曉諭文), 상소문(上疏文), 포고문(布告文) 등을 중시한다. 이를 통하여 동학·농민이 내세운 외세인식의 표상을 확인할 수 있기 때문이다.

2. 동학사상의 외세에 대한 인식

1) 초기 동학사상의 외세인식

동학사상은 1860년 최제우(崔濟愚)의 득도(得道)에서부터 형성되기 시작하였다. 동학창도 초창기의 인식은 동학의 경전인『동경대전(東經大全)』과『용담유사(龍潭遺詞)』,[9] 그리고 최제우의 심문기록 및 검가(劍歌)를 통하여 확인할 수 있다.

동학사상의 외세인식은 조선시대 중화의식(中華意識)에서부터 출발한다. 이를『용담유사』안심가(安心歌)(1860)의 내용 가운데서 살펴볼 수 있다.

前世壬辰 몇해런고 二百四十 아닐런가
十二諸國 怪疾運數 다시開闢 아닐런가
堯舜聖世 다시와서 國泰民安 되지마는

---

9)『東經大全』은 1880년에, 그리고『龍潭遺詞』는 1881년에 간행되었지만, 1864년 최제우가 체포되어 심문받을 때 布德文, 修德文, 劍歌에 대하여 언급하고 있고 관련문헌이 압수되었던 점으로 보아(『日省錄』고종 원년 1864년 2월 29일) 동경대전과 용담유사의 내용은 동학창도 초기 이미 유포되고 있었다. 그러나 최제우가 지은 저작이 모두 소실되고 文識이 없는 崔時亨의 구술에 의하여『동경대전』과『용담유사』가 간행되었다는 기록에서 보면(李敦化,『天道教創建史』, 天道教中央宗理院, 1933, 제2편 30쪽) 창도시의 인식이 일부 윤색되었을 가능성도 배제할 수는 없다.『동경대전』과『용담유사』의 내용구성과 서술원리에 대하여는 이강옥,「동경대전과 용담유사의 서술원리」『동학사상의 새로운 조명』, 영남대출판부, 1998 참조.

崎險하다　崎險하다　我國運數　崎險하다
개같은　　倭賊놈아　너희身命　돌아보라
너희역시　下陸해서　무슨恩德　있었던고
前世壬辰　그때라도　鰲城漢陰　없었으면
玉璽保全　뉘가할고　我國名賢　다시없다
나도또한　하날님께　玉璽保全　奉命하네
無兵之亂　지낸후에　살아나는　人生들은
하날님께　福祿정해　壽命을랑　내게비네
내나라　　무슨運數　그다지　　崎險할고
거룩한　　내집婦女　仔細보고　安心하소
개같은　　倭賊놈이　前世壬辰　왔다가서
술싼일　　못했다고　쇠술로　　안먹는줄
세상사람　뉘가알고　그역시　　怨讐로다
萬古忠臣　金德齡이　그때벌써　살았으면
이런일이　왜있을고　小人讒訴　崎險하다
不過三朔　마칠것을　八年遲滯　무슨일고
나도또한　神仙으로　이런風塵　무슨일고
나도또한　하날님께　神仙이라　奉命해도
이런고생　다시없다　世上陰害　다하더라
氣壯하다　氣壯하다　내집婦女　氣壯하다
내가또한　神仙되어　飛上天　　한다해도
개같은　　倭賊놈을　하날님께　造化받아
一夜에　　滅하고서　傳之無窮　하여놓고
大報壇에　맹세하고　恨의怨讐　갚아보세
重修한　　恨의碑閣　헐고나니　草芥같고
붓고나니　撲散일세　이런걱정　모르고서
妖惡한　　世上사람　눌로대해　이말하노
우리先祖　險川땅에　功德碑를　높이세워
萬古遺傳　하여보세10)

---

10) 李世權 편저, 『註解 용담유사』, 정민사, 1983, 238~242쪽 ; 김인환, 『동학의

안심가는 임진왜란에서의 일본의 조선침략과 명나라의 조선지원, 그리고 청나라의 조선침략과 이에 대한 북벌론(北伐論)의 대두 등 조선후기 외세의 침략과 그에 대한 대응과정에서 나타난 외세인식을 계승하고 있다. 인용문을 중심으로 볼 때 안심가에는 첫째 반일의식이 강하게 나타난다. 그런데 그 반일의식은 1860년경의 상황에 대해서가 아니라 임진왜란의 상황을 중심으로 하여 표현된다. 즉 일본을 '개같은 왜적놈'으로 표현하고, 그 '개같은 왜적놈'이 임진왜란에서 조선을 침략한 것에 대한 저항 및 저주의식을 표현한다. 임진왜란 때의 오성(鰲城) 이항복(李恒福)과 한음(漢陰) 이덕형(李德馨)을 옥새를 보전한 인물, 즉 국가를 위기에서 구한 인물로 파악하고, 최제우 자신도 내외의 위기 속에서 옥새보전의 임무를 하늘로부터 명령받은 것으로 의식한다. 또한 임진왜란 때 뛰어난 의병장 김덕령이 모함으로 사망한 것을 애통해하며 반일의식을 강조한다. 김덕령의 설화를 기반으로 자신의 역사적 역할을 신성시하고자 한 것으로 풀이된다. 둘째 친명반청(親明反淸)의식이 나타난다. 명나라 신종(神宗)과 의종(毅宗)의 위패를 모신 대보단(大報壇)에 맹세하고,[11] 명나라를 멸망시켰을 뿐 아니라 병자호란에서 치욕을 당한 조선의 원수인 청을 쳐부술 것을 주장한다.

이와 같이 보면 안심가는 중화의식을 기반으로 반일・반청의식을 표현하고 있다고 하겠다. 이러한 외세인식이 1860년경의 상황, 즉 일본의 조선침략 의도는 뚜렷이 부각되지 않고 서양의 침략이 다가오고 있는 상황 속에서 강조된 것은, 반서양의 결의를 다지기 위한 전제로서 반외세의식의 전근대적 뿌리와 힘을 찾으려는 것으로 이해된다. 특히 주목되는 것은 안심가의 반일・반청・친명의식이 최제우의 가문적 전통에 용해되어 그의 사회적・종교적 소명의식으로 승화된다는 점이다.

이해』, 고려대출판부, 1994, 96~100쪽. 현대어로 바꾸고 한자를 찾아 넣었다.
11) 정옥자, 「大報壇 창설에 관한 연구」『변태섭박사화갑기념사학논총』, 삼영사, 1985 참조.

즉 최제우의 7대조 최진립(崔震立)이 임진왜란에서 공을 세우고 병자
호란시 용인 험천 전투에서 결사적으로 싸우다가 전사한 사실,[12] 즉
국가를 위난에서 구하는데 앞장선 가문적 전통을 반외세의식과 결합
시키고 있으며 따라서 이제 자신이 국가 보전의 책임을 지게 되었음을
강조하고 있는 것이다.

중화의식을 기반으로 한 반일·반청의식은 조선후기 성리학자들의
일반적인 생각이었다. 그것이 시기가 내려와 반일·반청의식이 약화되
면서 이양선의 출몰과 서양의 중국침략을 계기로 반서양의식으로 전
화된다. 물론 『용담유사』의 여러 가사에서 보듯이 1860년대에 있어서
도 중화의식에 기반한 반일·반청의식은 계속 유지되고 있다. 다만 그
것이 1860년대의 정세에 깊이 기반을 두고 있는 것은 아니라는 점은
간과할 수 없다.

서양의 침략에 대한 위기의식은 『동경대전』과 『용담유사』에 여러
가지 방식으로 표현되어 있다.

경신년에 이르러 들으니 서양사람들은 천주의 뜻이라고 하여 부귀
를 취하지 않는다면서도 천하를 공격해 취하고 그 교당을 세워 포교
한다고 하므로 나 또한 그렇지 생각하면서도 어찌 그럴까 하는 의문
을 가졌다.[13]

저 경신년 4월에 천하가 분란하고 민심이 어지럽고 각박하여 어떻

---

12) 『東經大全』 修德文, "先祖之忠義節 有餘於龍山 吾王之盛德 歲復回於壬丙
若是餘蔭不絶如流 家君出世 名盖一道 無不士林之共知 德承六世 豈非子孫
之餘慶";『本敎歷史』, 1893년 2월 광화문에서의 복합상소시 올린 상소문/
『동학농민전쟁사료총서』 27, 史芸硏究所, 1996, 326쪽 ; 柳炳德편저,『동학·
천도교』(개정증보판), 교문사, 1987, 168쪽. 崔震立은 병조판서와 貞武公의
시호를 받았고 경주의 사당은 후에 龍山書院이 되었다.
13) 『東經大全』 布德文, "至於庚申 傳聞西洋之人以爲天主之意 不取富貴 攻取
天下 立其堂行其道 故吾亦有其然豈其然之疑"/金哲 편저,『東學精義 - 東經
大全 해설』, 동선사, 1989 참조.

게 해야 할지 알지 못할 지경인데 또한 괴상하고 이치에 어긋나는 소
문이 있어 세간에 떠들썩하였다. 서양인이 도와 덕을 이루어 그 조화
에 미쳐 이루지 못하는 일이 없고 무기로 공격하되 당할 자가 없으니
중국이 소멸하면 어찌 입술이 없어지는 환란이 없겠는가라는 것이다.
도무지 다른 까닭이 아니다. 이 사람들은 도는 서도라고 칭하고 학은
천주교라 칭한 즉 교는 성교라 하니 이는 천시를 알고 천명을 받은
것이 아니겠는가.[14]

下元甲 庚申年에 전해오는 世上말이 妖妄한 西洋賊이 中國을 侵
犯해서 天主堂 높이세워 居所謂 扞難道를 天下에 遍滿하니 可笑絶
唱 아닐런가.[15]

위의 인용문들은 서양이 1860년 북경을 점령하여 중국을 소멸시키
려 하고 있기 때문에 순망치한(脣亡齒寒)의 처지에 있는 조선에도 침
략이 미칠 것을 우려하고 있다. 특히 그들의 침략이 무력적인 측면에
그치지 않고 동양의 정신을 파괴하는 데 미치고 있음을 위기로 받아들
이고 있다. 서양인이 천주교당을 설립, 포교하는 데 대하여 예민한 반
응을 보이고 있다. 서양의 중국침략의 내용은 서도(西道) 즉 천주교의
유입이 핵심으로서 지적되고 있다. 서양의 침략을 천주교라고 보고 그
것이 체제를 무너뜨리는 것으로 이해하고 있는 것이다.

이러한 최제우의 외세인식은 체포되어 심문받는 과정에서도 그대로
드러나 있다. "양학(洋學)이 조선으로 출래(出來)"한다든지, "서양인이
먼저 중국을 점령한 뒤 다음에는 조선으로 나아와 장차 변란(變亂)을
예측하기 어렵다는 소문을 들었다"든지, 천신(天神)의 가르침에 "근일

---

14) 『東經大全』論學文, "夫庚申之年建巳之月 天下紛亂 民心淆薄 莫知所向之
   地 又有怪違之說 崩騰于世間 西洋之人 道成立德 及其造化 無事不成 攻鬪
   干戈 無人在前 中國燒滅 豈可無脣亡之患耶 都緣無他 斯人道稱西道 學稱
   天主教 則聖教 此非知天時而受天命耶".
15) 『용담유사』권학가(1862)/이세권, 앞의 책, 327쪽. 한자를 넣었다.

바다에서 왕래하는 배들은 모두 서양인의 배로서 검무(劍舞)가 아니면 제압할 수 없다고 하면서 검가(劍歌) 한편을 주었다"든지, "서양인이 일본으로 들어가 천주당을 세우고 우리나라에 나아와 또 천주당을 세우고자 하므로 내가 마땅히 이를 소멸하고자 한 것이다"라고 하는 등의 최제우의 진술에서 볼 때,16) 서양인의 중국·일본·조선으로의 침공과 그 결과 서양의 학(學)이 들어와 천주당(天主堂)이 세워질 것을 크게 우려하고 있는 모습을 읽을 수 있다. 『용담유사』에서는 과거 일본의 조선침략을 비판하고 있는데 최제우 심문과정에서는 그 일본조차도 서양의 침공을 당하고 있음을 지적하고 있어서, 일본의 조선침략의 가능성에 대하여는 아직 구체적으로 인식하고 있지 않았던 것으로 보인다. 서양의 침략 특히 천주교의 유입을 우려하고 있는 것이다.

2) '보국안민' 개념의 등장

서양의 침략에 대한 대응, 즉 '보국안민'의 대책으로서는 동학의 창도를 제기하고 있다.

서양이 싸워 이기고 공격해 취하여 이루지 못하는 일이 없으니 천하가 다 멸망하면 역시 입술이 없어지는 한탄이 없지 않다. 輔國安民의 계책은 장차 어디서 나올 것인가?17)

陷之死地 出生들아 輔國安民 어찌할꼬 大抵人間 草木群生 死生在天 아닐런가.18)

나 역시 동에서 태어나서 동에서 받았으니 도는 비록 천도라 하더

16) 『일성록』 고종 원년 1864년 2월 29일 慶尙監司徐憲淳狀啓.
17) 『東經大全』 布德文, "西洋戰勝攻取 無事不成 而天下盡滅 亦不無脣亡之歎 輔國安民計將安出 惜哉".
18) 『용담유사』 권학가(1862년)/이세권, 앞의 책, 325쪽. 한자를 만들어 넣었다.

라도 학은 동학이다. 하물며 땅이 동서로 나뉘었는데 서를 어찌 동이
라 하고 동을 어찌 서라고 하겠는가[19]

　인용문의 논지는 보국안민하기 위하여, 즉 서양의 침략의 핵심인 서
학에 대한 대응으로서 동학을 창도한다는 것이다. 여기에서 '보국안민'
의 개념이 처음으로 등장한다. '보국안민'의 '보국(輔國)'은 조선시대
정일품의 품계명에 사용되던 것으로서 지배층적 용어이다.[20] 국가란
왕과 양반지주로 구성된 지배층의 지배를 관철하는 기구로서 존재하
였고 주자성리학의 이념적 후원하에 보국의 개념이 성립될 수 있었다.
안민(安民)은 일반명사로서 널리 사용되던 표현이다. 이렇게 보면 보
국의 용어는 사용되었으나 보국안민의 개념은 성립되어 있지 않았다
고 하겠다.『조선왕조실록』CD ROM에서 검색해 보면 1860년 이전에
는 보국안민의 용어가 등장하지 않는다. 중앙정부의 기록문서 상에서
는 최제우가 체포되어 경상감사 정헌순에게 심문받을 때 최제우의 진
술 속에서 처음으로 보국안민의 용어가 등장하는 것으로 보인다.[21]
　보국안민의 개념이 민중적 차원에서 창출되어 동학창도시부터 제시
되었다는 점은 매우 주목되는 사실이다. 정부는 동학을 사학(邪學)으
로 규정하고 그 행동을 반란으로 인식하여, 동학교도는 임금의 적자
(赤子)가 아닌 난민(亂民)이 될 수밖에 없는 것인데 그들이 오히려 보
국안민을 들고 나온 것이다. 그것은 계급적 이익을 도모하여 부패에
빠져 있는 지배층에 대항하여 오히려 민중이 적극적으로 국가와 사회

---

19)『東經大全』論學文, "吾亦生於東 受於東 道雖天道 學則東學 況地分東西
　　西何謂東 東何謂西".
20)　正一品의 품계에 大匡輔國崇祿大夫, 上輔國崇祿大夫, 輔國崇祿大夫가 있
　　다.
21)『일성록』고종 원년 1864년 2월 29일 ;『고종실록』고종 원년 1864년 2월 29
　　일 庚子. 이때는 '保國安民'으로 표현되어 있는데 輔國安民과 같은 뜻이다.
　　이 논문에서는 전체적으로 '輔國安民'으로 표현하고 사료상에 나타나 있는
　　경우에만 '保國安民'으로 표현한다.

의 주체로 성장하고 있음을 의미하는, 19세기 변혁주체의 성장을 반영하는 상징적인 현상이라고 생각된다. 아직 구체화되거나 구현되지는 않고 있지만 민중이 생각하는 국(國)과 민(民)의 개념은 지배층의 그것과는 상이한 것이며 그 점에서 근대적·민족적 지향을 보인다고 생각된다.

보국안민을 사전적으로 해석하면 나라를 돕고 백성을 편안하게 한다는 의미를 지니고 있다. 나라를 돕는다는 개념은 민족 내적 의미로 해석될 수도 있으나 인용한『동경대전』‘포덕문’에서 처음 제기된 것은 서양의 침략이 중국을 멸하고 조선에까지 미치지 않을까 하는 염려에서 나왔기 때문에 민족 외적 의미가 강하게 포함되어 있다. 그러나 이 단계에서 보국안민이 하나의 이념이나 슬로건으로 제시된 것은 아니다.

보국안민의 계책으로서 제시된 것은 동학의 창도이다. 인용한『용담유사』‘권학가’에서 보듯이 보국안민은 하늘님에게 달려 있다.『동경대전』‘논학문’에서는 그것이 곧 서학에 대응하는 동학을 의미하며 동학이 그러한 위기를 해결해 줄 것으로 믿는 것이며, 여기에 동학이 지닌 민족 차원의 의미가 있다고 하겠다.

서양의 침략을 무력적 차원을 넘어서 종교적인 차원에서 파악하고 있는데 그에 대한 대응도 종교적인 차원에서 동학으로 제시되었다. 이양선의 빈번한 연해안 출현과 서양의 중국점령이라는 현실과 물리적 상황에 대하여 그 극복을 위한 대책은 종교적인 의례로써 제시되었다. 검무(劍舞)와 검가(劍歌)를 통한 서양인의 제압을 제시한 것이 바로 그것이다.22) 검무와 검가는 일종의 종교의식이고 이것이 물리적인 상황에 대한 물리적인 대응책이 될 수 있는 것은 아니다.

그러나 검무와 검가라는 종교의례로 나타난 보국안민 의식은 구체적인 정황 속에서 조직의 형성이나 민중의 역량을 동원한다면 물리적

22) 박맹수, 앞의 논문, 1990 참조.

저항의 방향으로 전환될 수 있는 가능성을 내포하고 있다. 최제우가 체포되어 심문받을 때 천신의 가르침이라고 하면서 "금년 2월과 5월 사이에 서양인이 의주에서 조선으로 나올 것이니 나의 통문을 기다려 일제히 따라 가라. 이 춤(劍舞)을 익힌 자가 앞으로 보국안민(保國安民)하고 공훈을 세우면 나는 고관이 되고 너희는 각각 다음 자리를 차지하게 될 것"이라고 진술한 데서 보면,23) 그것이 실현성이 있는가 하는 문제는 의문이지만 다른 종교적 발언과 행위에 비하여 상당히 물리적인 대처의 뜻을 담고 있다고 할 수 있다. 이러한 측면 때문에 경상감사 정헌순은 최제우를 심문한 결과 '사란(思亂)'의 가능성을 언급하였다. 그 가능성이 실현되는 것은 사회적·민족적 상황의 변화와 조직의 형성 등의 조건이 마련될 때이며, 1892~1894년에 이르러 그러한 상황에 놓이게 되었다.

3. 1892~1893년 동학·농민의 일본인식

1) 공주집회·삼례집회의 '광제창생(廣濟蒼生)' 보국안민

동학교단은 1885년, 1889년의 수난 등 지속적인 탄압의 대상이 됨으로써 계속하여 위기 상황에 놓였다. 그러면서도 정부의 지목과 탄압을 피하면서 교도 조직을 확산시켜 나갔고 그 조직적 확대를 기반으로 1892년에는 교조의 신원과 포교의 공인을 요구하는 운동을 벌여 나갈 수 있게 되었다.24)

---

23) 『일성록』 고종 원년 1864년 2월 29일.

24) 교조신원운동의 과정에 대하여는 다음의 논저를 참조한다. 정창렬, 「고부민란의 연구(상·하)」『한국사연구』 48·49, 1985 ; 정창렬, 「동학교문과 전봉준의 관계 - 교조신원운동과 고부민란을 중심으로」『19세기 한국전통사회의 변모와 민중의식』, 고려대 민족문화연구소, 1982 ; 金義煥, 『近代朝鮮東學農民運動史の硏究 - 1860~1893年を中心に』, 和泉書院, 1986 ; 장영민, 「동학의

1892년 7월 서장옥(徐璋玉)과 서병학(徐丙鶴)은 동학교단의 제2대
교주 최시형에게 교조신원운동의 전개를 건의하였으나 최시형은 이를
허락하지 않았다. 이에 서장옥과 서병학은 그해 10월 충청도 공주에서
독자적으로 신원운동을 벌이고 충청감영에 의송(議送)을 올렸다. 최시
형도 결국 1892년 10월 17일 신원운동의 전개를 선언하는 입의통문(立
義通文)을 발하였다. 신원운동을 둘러싸고 최시형과 서장옥·서병학
사이에 의견의 차이가 있었지만, 전라도 삼례에서의 신원운동에는 최
시형이 적극적으로 참여하였다. 신원운동의 전개에 대하여 동학교단의
역사에는[25] 이견이 있지만,[26] 필자는 공주에서의 신원운동은 서장

大先生伸寃運動에 관한 일고찰」『白山朴成壽교수화갑기념논총 한국독립운
동사의 인식』, 1991 ; 趙景達, 「1894년 농민전쟁에 있어서 동학지도자의 역할
-徐丙鶴·徐仁周를 중심으로」『역사연구』 2, 역사학연구소, 1993 ; 박찬승,
「1892·1893년 동학교도들의 '신원'운동과 '척왜양'운동」『1894년 농민전쟁연
구』 3, 역사비평사, 1993 ; 박맹수,『최시형연구』, 한국정신문화연구원 박사학
위논문, 1995 ; 배항섭, 「1890년대 초반 민중의 동향과 고부민란」『1894년 농
민전쟁연구』 4, 1995 ; 배항섭, 『동학농민전쟁연구』, 고려대 박사학위논문,
1996.

25) 동학교단사는 吳尙俊이『天道敎會月報』창간호(1910년 8월 1일)부터 1914년
11월호까지 연재한『本敎歷史』, 朴晶東이 1915년에 편찬한『侍天敎宗繹史』,
1920년 강의안으로 작성된『天道敎會史草稿』, 吳知泳이 1924년 쓴『東學史』
초고본과 1939년에 출간한『東學史』간행본, 李敦化가 1933년 출간한『天道
敎創建史』, 그리고 1944년 康弼道이 쓴『東學道宗繹史』가 있다. 이들 자료
는『동학사상자료집』 1~3(아세아문화사, 1978),『동학농민전쟁사료총서』 1
~30(史芸연구소, 1996)에 수록되어 있다.

26)『본교역사』,『천도교회사초고』,『大先生事蹟 - 海月先生文集』에는 공주 신원
운동이 최시형의 허락없이 입의통문이 나오기 이전에 전개된 것으로 기술되
어 있고,『시천교종역사』,『천도교창건사』,『동학사』,『海月文集』에는 최시형
이 처음에는 시기가 아니라고 보고 신원운동을 제지하였으나 동학교도에 대
한 탄압이 심해지자 10월 17일 입의통문을 발하고 곧 공주와 삼례의 신원운
동이 이어진 것으로 파악되어 있다. 1981년 天道敎中央總部에서 발간한『天
道敎百年略史』(167쪽)에는 서장옥·서병학이 최시형에게 신원의 뜻을 간청
하는 동시에 교도들을 공주에 모아 신원문을 충청감사에게 제출하였다고 기
술하고 있다.

옥·서병학이 주도하였다고 보고, 이 시기를 전후하여 동학 내부의 갈 등이 심화되고 그것이 운동노선의 차이로 확대되고 있는 점에 주목하 면서 외세에 대한 인식이 이 과정에서 어떻게 드러나고 있는가 하는 점을 파악해 보고자 한다.

서장옥·서병학이 공주에서 신원운동을 전개하면서 충청감사 조병 식(趙秉式)에게 올린 의송단자(議送單子)를 살펴보면,27) 우선 동학이 유불선(儒佛仙) 삼교의 합일임을 주장하면서 불교의 경우 무학(母學) 은 창업의 국사(國師), 서산(西山)·사명(泗溟)은 임진왜란 때 의병을 일으켜 왜적과 싸운 충신임을 지적하고 있다. 임진왜란에서의 반일 의 병활동을 높이 평가하는 의식이 이 시기에도 일본인식의 밑바탕에 자 리잡고 있음을 알 수 있다. 다음으로 교조신원의 요구를 넘어서 외세 및 일본인식이 구체화되어 있는 것이 주목되는데 그 핵심적인 내용은 다음과 같다.

（생략) 지금 서양 오랑캐의 학문이 (조선 땅에 혼입되고) 倭酋의 毒 이 外鎭에 널리 덮여 있어 그 끝이 없고 凶逆의 싹이 임금의 주변에 서 일어나고 있으니 이것이 곧 우리들이 절치부심하는 바이다. (또한 일본의 상인이 각 항구에 통하여 무역의 이익을 그들이 독점함으로써 錢穀이 다 없어지고 백성들이 지탱하고 보전하기 어려운 지경에 이 르렀다. 중앙 心腹의 땅과 咽喉의 장소, 관세와 시장세, 산림과 천택 의 이익이 오로지 외국 오랑캐에게 돌아가니 이 또한 우리들이 손을 비비며 눈물을 흘리는 바이다.) 또한 무뢰지배가 산곡간에 당을 모아 백주에 큰 도시에서 사람을 해치고 재물을 약탈하는 것이 (주머니를 뒤지는 것과 같다.) 그들을 귀화시키면 역시 선량한 무리가 될 수 있 지만 이를 능히 禁制하지 못하니 이 또한 우리들이 한심하게 여기는

---

27) 『東學書』 各道東學儒生議送單子(錦營, 壬辰 十月)/『한국민중운동사자료대 계』, 여강출판사, 1985, 60~67쪽 ; 박찬승, 앞의 논문, 1993, 342쪽 ; 배항섭, 앞의 논문, 1995, 26~27쪽 ; 박맹수, 『최시형연구』, 171~172쪽 참조.『동학 서』에 수록된 의송은 실제 발송된 원문을 1900년경 필사한 것이다.

바이다. 우리가 誠心으로 修道하고 주야로 祝天하는 것은 廣濟蒼生
保國安民의 큰 소원이다. 어찌 털끝만큼이라도 부정한 이치가 있겠
는가.[28]

서장옥·서병학이 충청감영에 의송을 올려 교조의 신원을 요구하면
서 동학의 이념이나 정당성을 주장하는 데 그치지 않고 내외의 국가적
위기를 지적하고 있다. 즉 외세의 침략이 정치적인 위기를 초래하고
있음을 지적하고, 무역의 이익과 토지(土地)·산림(山林)·조세(租稅)
의 이익을 독점한 일본의 경제적 침략을 신랄하게 비판함으로써 동학
의 외세인식이 이제 종교적 차원에 머물지 않고 정치·사회·경제적
문제로까지 확산되고 있음을 보여준다. 내외의 국가적 위기를 극복하
기 위하여 동학이 추구하는 바는 곧 '광제창생(廣濟蒼生) 보국안민(保
國安民)'임을 주장하고 있는데, '광제창생'은 동학의 종교적 역할,[29]
'보국안민'은 동학의 사회적 역할을 함축적으로 지적한 것이라 생각된
다. 여기서 보국안민의 내용이 구체성을 지니기 시작한 것을 알 수 있
다. 그러나 보국안민은 외세의 정치·사회·경제적 침략에 대한 대처
방안으로서 제시되었고 지켜야 할 국(國)과 그 주체인 민(民)의 변혁

---

28) 『東學書』, 64~65쪽, "(생략) 當今西夷之學 (混入於東土) 倭酋之毒 復肆於
外鎭 罔有其極 而凶逆之孽 起於輦轂之下 是乃生等之切齒腐心者也 (至於
倭國之商 通於各港 貿遷之利 彼敢自專 錢穀蕩渴 民難支保 心腹之地 咽喉
之處 關市之稅 山澤之利 專歸於外夷 是亦生等之所撫掌而垂淚者也 且)無
賴之輩 聚黨山谷 白晝大都 害人取物(如探囊中)者 使之歸化 則亦可爲善類
而不能禁制 是亦生等之所寒心者也 生等之誠心修道 晝宵祝天者 廣濟蒼生
保國安民之大願也 有毫末不正之理哉". ( )는 삼례 신원운동에서 전라감영에
올린 의송(『東學書』 各道東學儒生議送單子, 完營, 壬辰 十一月, 71~75쪽)
에는 생략되어 있는 부분으로 이에 대하여는 후술한다.

29) 廣濟蒼生의 개념은 교단의 초창기부터 언급된 것은 아니고 대체로 교단조직
이 체계화되는 과정 속에서 제시된 것으로 보인다. 1892년 2월 26일의 通諭
文에 백일기도를 올려 廣濟蒼生의 大願을 빌도록 지시하고 있는 것이 그 예
가 될 것이다(『侍天敎宗繹史』/『동학농민전쟁사료총서』 29, 85쪽).

에까지 미치고 있었던 것은 아니었다. 서장옥·서병학이 올린 이 의송이 주목되는 것은 동학의 일본인식이 정치·사회·경제적으로 구체화되어 처음으로 나타났다는 점, 또한 후술하겠지만 그것이 동학의 남접세력의 형성과 관련을 맺고 있다는 점이라고 하겠다.

그런데 동학교단사에는 충청감영에 올린 의송의 내용이『본교역사』를 제외하고는 소개되어 있지 않다.『본교역사』의 경우도 위의 인용문 부분은 전적으로 삭제되어 있다.『본교역사』가 쓰여진 1910~1914년의 일제 무단통치하에서 일본의 침략을 비판하는 내용을 기술할 수 없었을 것으로 생각된다. '광제창생 보국안민'의 귀절도『본교역사』에는 '포덕천하(布德天下) 광제창생(廣濟蒼生)'으로 변형하여 '보국안민'의 표현을 삭제하고 있다.[30] 포덕천하 광제창생은 동학의 종교적 목표, 나아가 포교의 의미를 나타내는 것이므로 사실상 동학의 사회적 발언은 삭제된 셈이다.

어쨌든 서장옥·서병학이 주도한 충청감영에의 의송에서 비로소 보국안민(輔國安民)의 이념이 제시되기 시작하였다. 보국안민 이념에 대한 최시형의 입장은 어떠한 것일까. 1892년 10월 17일 밤 발송한 최시형의 입의통문은 교조신원을 요구하는 내용인데, 거기에 신원운동에 적극 참여하지 않으면 "유하도보구가지책(有何圖保國家之策) 유하신원선생지소호(有何伸寃先生之所乎)"라는 귀절이 있다.[31] 보국안민의 표현은 쓰지 않았지만 국가를 보호할 계책은 동학에 있고 동학의 포교를 위하여 교조의 신원을 주장하고 있음을 알 수 있다. 최시형에게 있어서 내외의 국가적 위기를 극복하려는 보국안민의 이념은 분명하고 구체적으로 제시되어 있는 것은 아니었다. 교조신원과 동학의 공인을 통하여 이룰 수 있는 것으로 이해하고 있다. 보국안민의 이념은 교조신원의 목표에 내재화되어 있다고 할 수 있을 것이다.

---

30)『本教歷史』/『동학농민전쟁사료총서』27, 315쪽.
31)『東學書』立義通文(壬辰 十月十七日夜), 59쪽.

최시형은 신원운동에 적극 나서면서 삼례에서 집회를 열고 전라감
사에게 교조신원을 요구하는 의송을 올렸다.32) 그 내용은 공주 신원운
동에서 충청감사에게 제출된 의송을 참작하여 작성되었는데, 신원을
요구하는 부분과 외세의 침략을 비판하는 핵심적인 부분을 글자 그대
로 옮기면서, 다만 위의 인용문은 그것을 축약하되 특히 일본 상인이
침투해 들어온 괄호 안의 부분은 생략되어 있다. 문제는 이 부분이 일
본인식의 핵심부분이고 이전의 관념적인 일본인식이 경제적 차원에서
구체화되어 있는 부분이라는 점이다. 이 점은 공주 신원운동과 삼례
신원운동 사이의 관계를 규명하는데 관건이 되는 사실이라고 생각된
다.

먼저 두 의송이 최시형의 입의통문의 주장과는 거리가 있다는 점을
지적해야 할 것이다. 최시형의 통문이 동학이 유·불·선의 합일이라
는 점과 그동안의 핍박받은 과정, 그리고 신원운동에 나설 것을 촉구
하는 내용으로 구성되어 있다면, 두 의송은 동학이 유·불·선의 합일
임은 지적하지만 동시에 동학이 서학으로 피무(被誣)되었음이 부당하
다는 점을 특히 강조하고 있고, 또한 앞서 살핀 바와 같이 외세의 침략
을 구체적으로 지적한 점은 최시형의 통문과 전혀 궤를 달리한다. 다
음으로 전라감영에 제출된 의송은『본교역사』,『천도교회사초고』,『천
도교창건사』,『동학사』의 교단사에 소개되어 있는데 의송의 내용은 집
필자가 첨언, 의역, 윤색하여 수록함으로써 원본의 내용과 어긋나는 곳
이 적지 않다는 점을 지적할 수 있다.『본교역사』는 원본을 부분 부분
인용하면서 또한 나름대로 적지 않은 첨언을 넣고 있는데,33) 다른 교
단사들은 이것을 다시 첨삭하여 편찬한 것으로 보인다. 따라서 원본의
내용과는 분위기를 전혀 달리한다고 하여도 과언이 아니다. 여기서 논
의하는 외세의 침략에 대한 비판은 전적으로 삭제되어 있다. 또한 원

32)『東學書』各道東學儒生議送單子(完營, 壬辰 十一月), 71~75쪽.
33)『本敎歷史』/『동학농민전쟁사료총서』27, 318~320쪽.

문의 '광제창생 보국안민(廣濟蒼生 保國安民)'은 모두 '보국안민(輔國安民)과 포덕천하(布德天下)'로 바꾸어 기술하고 있다. 후대의 교단사는 보국안민의 내용은 전혀 소개하지 않고 있고 슬로건만을 제시함으로써 체면을 유지하려 한 셈이다.

어쨌든 전라감영에 제출한 의송이 최시형의 입의통문과는 다르고 충청감영에 제출한 의송을 상당히 수용하고 있는 것은 분명하다. 이 점과 관련하여 상기하고 싶은 것은 이 시기 서장옥·서병학이 교조신원 문제를 중심으로 최시형과는 입장을 달리하고 있었다는 점, 그리고 그것이 남접의 형성과정이었다는 점,[34] 또한 전주감영에 올린 의송의 작성자는 서병학이고 운동의 괴수는 서장옥이고 탄압이 두려워 소장을 올릴 사람이 없을 때 나선 사람이 전라우도의 전봉준(全琫準)과 전라좌도의 유태홍(柳泰洪)이라는 점[35] 등에서 볼 때『동학서』에 수록된, 충청감영 및 전라감영에 올린 의송은 서장옥 등 남접세력의 지향을 반영한 것이라고 보아야 할 것이라는 점이다. 보국안민을 제창하고 그 구체적인 내용으로 외세의 침략, 일본의 경제적 침략을 제시하고 있음은 당시까지의 동학교단의 주장과는 다른 것이라고 해야 할 것이다. 다만 삼례집회의 의송에 일본의 침략에 대한 구체적인 언급이 생략된 것은 삼례집회에 참여한 최시형의 입장을 반영하여 사회적·민족적 발언의 수위를 조절한 것이라고 생각된다.

교조신원운동 과정에서 나타난 사회적·민족적 인식의 차이는 서장옥·전봉준을 중심으로 남접세력이 형성되는 한편 최시형을 중심으로 한 북접교단의 조직강화로 나타나게 되고, 이후 상호간의 이념적 갈등도 심화되어 간다.

---

34) 이영호, 「1894년 농민전쟁의 지도부와 徐璋玉」『인하사학』 3, 1995 참조.
35) 배항섭, 앞의 논문, 1995, 27쪽 ; 박맹수, 『최시형연구』, 174~175쪽.

2) 보은집회의 '척왜양(斥倭洋)' 보국안민

충청감영 및 전라감영을 상대로 한 교조신원운동은 그것이 감사가 해결할 수 있는 사안이 아니었기 때문에 정부를 상대로 한 상소의 필요성을 야기하였다. 이에 최시형은 충청도 보은에 도소(都所)를 설치하고 이 문제를 계속 논의하였다. 우선 정부에 대하여 동학의 입장을 밝히는 글을 올렸다. 그 가운데 본 주제와 관련하여 주목하고 싶은 부분은 다음과 같다.

> 이제 대중을 통제하는 방법을 유지하려면 정부에서 統領을 鎭撫하는 것보다 좋은 것이 없다. 만약 負褓商의 예와 같이 하면 민은 스스로 귀의하여 각기 자기의 업무에 충실할 것이니 비록 그 수가 많더라도 무엇을 걱정하겠는가. 또 有道之人(동학도)으로 하여금 임금을 섬기게 하면 지성으로 祝天하고 충성을 다하여 輔國할 것이니 어찌 다른 사람보다 못하겠는가.[36]

동학교단에서는 부보상의 조직과 같이 동학조직을 인정하고 최시형을 우두머리 통령으로 대우하여 줄 것을 바라고 있음을 알 수 있다. 부보상이 정부의 우군 역할을 담당하였듯이[37] 동학도 정부에서 인정해 주면 "지성축천 갈충보국(至誠祝天 竭忠輔國)"할 것을 다짐하고 있다. 10월 17일 최시형의 입의통문에 나타난 것과 마찬가지로 동학의 사회적 역할은 종교적 목적에 여전히 종속되어 있다. 보국안민의 내용은 생략되고 동학의 공인과 보국은 거의 일치되고 보국의 전제조건은 동

---

36) 『東學書』都所 朝家回通(壬辰 十二月), 90~91쪽, "今保禦衆之道 莫如自朝家鎭撫統領 若負褓商之例 則民自依歸 各安其業 雖多何患 且以有道之人 使之事君 則至誠祝天竭忠輔國 豈後於人".

37) 이헌창, 「조선말기 보부상과 보부상단」 『국사관논총』 38, 국사편찬위원회, 1992 ; 조재곤, 『고종대 보부상 조직의 변천과 역할』, 국민대 박사학위논문, 1997 참조.

학의 공인으로 나타난다. 특히 통령의 인정과 그를 통한 동학의 통제를 건의한 것에서 보면 최시형은 동학교도에 대한 통제권과 주도권을 동학의 공인과 동시에 확보하고자 하는 의지를 보이고 있으며, 부보상 조직과 같은 정부의 우군 조직으로의 전환까지 고려하고 있는 것이다.

보은에 도소를 설치한 최시형은 결국 교도들을 서울로 보내어 국왕에게 직접 상소함으로써 동학의 공인을 추진하지 않을 수 없게 되었다. 1893년 2월 11일 광화문 앞에서 동학교도의 대표들은 손천민(孫天民)이 기초한 상소문을 올렸다.[38] 그 내용은 동학의 연원과 교리, 교조의 신원과 구속자 석방을 요구하는 것으로서 이제까지 논의한 보국안민의 내용은 포함되어 있지 않다. 어디까지나 동학교단의 공인 문제에 초점이 맞추어진 종교운동으로서의 성격을 지닌 것이라고 할 수 있다.

교조신원운동 과정에서 분열되기 시작한 동학조직은 이제 혁신적인 남접세력의 형성으로 나타나기 시작하였다. 1893년 1월 10일 전봉준은 창의문을 작성하여 전라도 각 군 아문에 게시하도록 하였다.[39] 그리고 남접세력은 교단이 중심이 되어 추진한 서울에서의 복합상소에도 참여하는 한편 서울에서 외세를 배격하는 방문게시(榜文揭示)운동을 전개하였다. 외세배격을 위한 방문게시운동은 1893년 2월 7일 조선양관(朝鮮洋館)에 외국인을 배척하는 방문이 게시된 것을 필두로, 복합상소 직후인 2월 14일 서울 기포드(D. L. Gifford) 학당의 문, 2월 18일 미국인 선교사 존스(H. J. Jones ; 趙元時)의 집, 2월 20일을 전후하여 프랑스 공관, 3월 2일 일본공사관 벽 등에 척왜척양(斥倭斥洋)의 방문이 게시되는 것으로 이어졌다.[40] 그 가운데 3월 2일 일본공사관 벽에 나붙은 방문의 내용을 살펴보면 다음과 같다.

---

38) 『東學書』, 91~97쪽.
39) 배항섭, 앞의 논문, 1995, 33쪽 ; 박맹수, 『최시형연구』, 190~191쪽.
40) 정창렬, 「고부민란의 연구(上)」『한국사연구』 48, 1985, 132~134쪽 ; 박찬승, 앞의 논문, 1993, 350~353쪽 ; 박맹수, 『최시형연구』, 192~193쪽 참조.

일본상인들 보아라

(생략) 인륜을 아는 것을 사람이라 이르고 모르는 것을 夷狄이라 이른다. 이런 까닭에 중국의 문물은 멀리 이적에까지 통하고 성인의 교화는 땅끝까지 미쳤다. 천도는 지극히 공정하여 선은 돕고 악은 벌하는데 너희가 비록 변방이지만 똑같이 받았음을 또한 아는가 모르는가. 이미 人道에 처하였으면 각기 나라를 다스리고 각기 생산을 보존하고 강토를 길이 보전하여 위로는 받들고 아래로는 키우는 것이 마땅하거늘 망령되이 탐욕한 마음을 품고 남의 나라에 들어와 공격으로써 장기를 삼고 살륙으로써 근본을 삼으니 진실로 무슨 마음이며 종국에는 어떻게 하려고 하는가. (중략) 하늘이 이미 너희를 미워하고 우리의 교조가 이미 너희를 경계하였으니 安危의 기회는 너희가 스스로 하기에 달려 있다. 뒤늦게 후회하지 말고 다시 말하지 않을 것이니 빨리 너희 나라로 돌아가라. 癸巳 3월 2일 子時 朝鮮國三師員 羽艸.[41]

일본공사관에 붙은 방문은 일본상인들의 철수를 강요하는 경고문이다. 서양의 교회·학교·공사관에 붙은 방문은 서양종교의 침투를 문제삼은 데 비하여, 일본에 대하여는 상인들의 경제적 침략을 문제삼고 있다는 점에서 동학·농민들이 외세침략의 실태를 정확히 파악하고 있었다고 보여진다. 그러나 일본상인의 침략행위에 대한 구체적인 비판은 결여되고 대단히 문명론적으로 논하고 있어서 서장옥·서병학의 충청감영에 대한 의송에서 나타난 일본상인 비판의 흐름을 이으면서도 이를 보편화하고 있다고 생각된다. 이러한 흐름은 여러 연구에서 논의되었듯이 남접세력의 사회활동으로 이해된다.

남접세력의 이러한 활동은 지방에도 널리 확산되었다. 복합상소 직후 전라도의 동학교도들이 집회를 열고 전라감영에 소장을 제출하였

---

41) 『舊韓國外交文書』 日案 2, 2280 東學徒의 嚴戢要請(고종 30년 3월 2일), 附 日本商旅館展見, 고려대 아세아문제연구소, 1967, 385~386쪽 ; 『韓國東學黨 蜂起一件』, 日本國商旅關展見/『동학농민전쟁사료총서』 19, 137~138쪽.

고, 같은 내용의 방문이 3월 11일 보은관아에도 나붙었고, 3월 6일 부
산성문에도 붙는 등 전국적으로 확산되어 방문이 유포되었다.[42] 내용
중 중요한 부분은 다음과 같다.

(생략) 지금 倭洋의 적이 우리의 중앙 한복판에 들어와 큰 난리가
극에 달하였다. 진실로 오늘날의 수도 서울을 보면 마침내 夷狄의 소
굴이 되었다. 가만히 생각컨대 壬辰倭亂의 원수와 丙子胡亂의 치욕
을 어찌 차마 말로 다할 수 있고, 어찌 차마 잊을 수 있겠는가. 지금
우리나라 삼천리 강토가 모두 짐승의 자리가 되어 오백 년 종사가 망
하여 장차 그 터전이 기장밭이 되고말 지경이니 仁義禮智 孝悌忠信
은 지금 어디에 있는가. 하물며 倭賊이 뉘우치는 마음이 없이 재앙을
일으킬 마음을 품고 바야흐로 그 독을 뿌려 위험이 조석에 달려 있는
데도 이를 대수롭지 않게 여기고 안전하다고 말하니 지금의 형세가
장작불 위에 있는 것과 무엇이 다르겠는가. (중략) 우리들 수만 명은
힘을 합하여 죽음을 무릅쓰고 倭洋을 쳐부숨으로써 大報之義를 본받
고자 하오니 엎드려 원컨대 각하께서도 뜻을 함께 하고 협력하여 충
의의 士吏를 선발하여 국가의 소망을 함께 돕기를(同輔國家之願) 천
만 祈懇합니다.[43]

---

42) 정창렬,『갑오농민전쟁연구』, 연세대 박사학위논문, 1991, 81~82쪽.
43)『日本外交文書』한국편 5, '東學派全羅監司ニ建議シ洋倭逐斥スベシト主張
   ス', 태동문화사, 457쪽 ;『聚語』,『東學亂記錄』上, 국사편찬위원회 간행본,
   108~109쪽 ;『뮤텔문서』'東學文書'/『동학농민전쟁사료총서』5, 63~65쪽 ;
  『韓國東學黨蜂起一件』, 東學上全羅道五十三官/『동학농민전쟁사료총서』19,
   126~128쪽.『聚語』에는 丙子年이 丙寅年으로 잘못 기록되어 있고『뮤텔문
   서』에는 大報之義가 犬報之義로 되어 있고,『일본외교문서』와『뮤텔문서』에
   는 同輔國家之願이 同補國家之願으로 되는 등 자료마다 내용에 약간 차이
   가 있다.『취어』의 기록은 다음과 같다.
   報恩官衙通告
   (생략) 今倭洋之賊 入於心腹 大亂極矣 誠觀今日之國都 竟是夷狄之巢穴 窃
   惟壬辰之讎 丙寅之恥 寧忍說乎 寧忍忘之乎 今我東方三千里兆域 盡爲禽獸
   之跡 五百年宗社 將見黍稷之歎 仁義禮智孝悌忠信 而今安在哉 況乃倭賊
   返有悔恨之心 包藏禍胎 方肆厥毒 危在朝夕 視若恬然 因謂之安 方今之勢

이 방문에서는 임진왜란과 병자호란에서 겪은 외세의 침략을 상기시키면서 일본과 서양의 침략을 비판하고 있다. 특히 일본의 침략이 목전에 있음을 경계하고 있다. 그러나 그 침략의 구체적인 내용은 제시되어 있지 않다. 일본의 경제적 침략을 지적하는지 정치적 압제를 지적하는지 알 수 없다. 보국의 의미는 반외세의 뜻으로 사용되어 있지만 보국안민의 슬로건이 제시되지는 않았다. 이 문건이 전주감영과 그 53개 군현에 먼저 제출되고 이후 보은관아 등에 나붙은 것으로 보아 전라도의 남접세력이 중심이 되어 작성한 것으로 보인다. 최시형이 보은 장내로 간 것은 3월 11일이었는데 보은관아에는 이 방문이 이미 내걸린 상태였다.

복합상소 이후 여러 가지 방문운동이 전개되고 소요의 가능성이 높아지자 최시형은 세인의 지목을 받지 않도록 지시하는 등[44] 여전히 동학운동이 사회운동으로 확대되는 것을 우려하였다. 그러나 동학에 대한 관리의 탄압이 극심해지고 간부들이 교조신원과 동학의 공인을 위한 운동을 촉구하자 최시형은 8도의 교도들을 보은 장내로 모이도록 명하게 되었다. 이때 최시형이 각포에 보낸 통유문에 의하면 보은집회의 목적은 첫째는 '위도존사지방(衛道尊師之方)', 둘째는 '보국안민지책(輔國安民之策)'을 마련하기 위한 것이었다고 한다.[45] 동학의 도를 지키고 스승을 존중하기 위한 것, 즉 교조의 신원과 동학의 공인을 목표로 한 종교적 측면과, 국내외의 위기상황을 극복하기 위한 보국안민의 대책을 마련한다는 사회적 측면이 동시에 제시되어 있다. 이 통유문은 최시형이 직접 작성한 것은 아니고 당시 이를 대행하던 손천민의

何異於火薪之上哉 (중략) 生等數萬 同力誓死 掃破倭洋 欲效大報之義 伏願
閣下 同志協力 募選有忠義之士吏 同輔國家之願 千萬祈懇之至 癸巳 三月
十日 卯時 東學倡義儒生等百拜上書.
44) 『本敎歷史』/『동학농민전쟁사료총서』 27, 329쪽.
45) 『侍天敎宗繹史』/『동학농민전쟁사료총서』 29, 100쪽 ; 『侍天敎歷史』/『동학사
    상자료집』 3, 609쪽.

것이라고 생각되지만 최시형의 통문에서 '보국안민(輔國安民)'이 처음으로, 정식으로 표현된 것이라고 할 수 있다. 다만 이 기록은 시천교(侍天敎)의 교단사에만 나와 있고 천도교(天道敎)의 다른 교단사에는 없기 때문에 당시에 최시형이 보국안민의 개념을 실제로 사용하였는지는 의문의 여지가 없지 않다. 이처럼 최시형의 통유문에는 위도존사(衛道尊師)와 보국안민(輔國安民)의 방책을 마련한다는 뜻을 비치고 있지만 보은집회의 화두는 단연 보국안민의 방책으로서의 '척왜양'이었다. 교조신원과 동학의 공인, 그리고 동학교도에 대한 탄압의 중지를 요구하던 이제까지의 신원운동과는 전혀 달리 외세를 반대하는 운동으로 전환하였다.

보은집회에서 강력한 척왜양의 선언을 하게 된 것은 무슨 이유일까. 서학에 반대하여 창립된 동학이 서학으로 오해받음으로써 당한 고통, 서학은 공공연히 포교하는 데 반하여 동학은 탄압받는 데 대한 울분은 척양의 충분한 배경이 되는 것이라고 할 수 있다. 또한 임진왜란의 원수인 일본이 정치적·군사적·경제적으로 침략해 들어오는 현실은 척왜의 충분한 배경이 될 수 있었다. 그렇기 때문에 1892년 10월 충청감영에 대한 의송에서부터 이미 반외세의 의지는 표명되어 있다. 그렇지만 그때에는 보은집회에서처럼 큰 흐름이 척왜양으로 집결된 것은 아니었다. 우선 서울에서의 방문게시운동을 전개해 오다가 이제 보은집회에 참가하게 된 남접세력의 영향을 꼽을 수 있는데, 이들 혁신세력의 척왜양 요구가 보은집회에 반영된 것이라고 볼 수 있을 것이다. 동시에 보은집회 당시 왜양의 상황이 변화되었음도 지적되어야 할 것이다. 즉 동학교도들이 서울에서 복합상소를 올리고, 또한 외세에 반대하는 방문을 붙여 서울로 쳐들어와 외세를 몰아낼 것이라고 선언하는 행위는 외국세력에게 큰 두려움이 되었다. 그래서 일본·청국·영국·미국 등 열강은 인천에 군함을 파견하여 만약의 사태에 대비하였고, 일본은 유사시 일본인들의 행동요령을 마련하기도 하였다.[46] 그러나 오히려 동학·농민들은 복합상소 이후 왜양이 고종을 위협하여 외세를 반대하는 동학도를 소탕하도록 강요한 것으로 인식하고 있었고,[47] 그 것이 보은집회가 척왜양창의(斥倭洋倡義)를 내걸게 된 동기를 잘 말하여 준다.

보은집회에서는 공주집회·삼례집회의 광제창생 보국안민의 이념 가운데 광제창생의 종교적 목표는 탈락되고 외세침략에 대한 비판을 내용으로 하였던 보국안민의 목표가 척왜양의 구호로 강력하게 부각 되었다. 보국안민은 슬로건으로서가 아니고 내용적으로 용해되어 있고 보국안민의 방책으로서의 척왜양이 강력한 슬로건으로 되어 깃발에까 지 등장한 것이다.

깃발은 운동과정에서 대단히 중요한 의미를 지니는 것으로 생각된 다. 깃발은 집회를 개최한 지도부의 주장을 함축적으로 담고 있고 민 중을 그러한 방향으로 유도하며 민중의 욕구를 대변하는 의사결집의 방식임과 동시에 민중의 에너지를 모아 나가는 역할을 하는 것으로 볼 수 있다. 보은집회에 모인 동학·농민들은 축성(築城), 설진(設陣)하 며, 기치를 세우고 행오(行伍)를 정렬하여 관군의 공격에 대비하였다 고 한다.[48] 또는 각지에서 모여든 동학·농민들이 각각 자리를 잡고 "수기설진(竪旗設陣)"하였다고도 한다.[49] 3월 24일의 보고에 의하면 "망기(望旗)가 북산과 남산에 있는데 일층 아래에 또 망기를 두고 기 아래에 모여 있는 사람이 거의 4·5십 명에 가까운데 각각 동학의 주 문을 읊어대고 성첩 안에 모두 입거(入據)"하고 있다고 한다.[50] 보은 집회에 모인 수십만 명의 동학·농민들이 "각각 장대를 세워 깃발을

46) 박찬승, 앞의 논문, 1993, 351~353쪽.
47) 『聚語』, 『동학란기록』 상, 117쪽 ; 박맹수, 『최시형연구』, 210~211쪽 ; 박찬승,
　　앞의 논문, 1993, 359쪽.
48) 『聚語』 癸巳 三月十八日探知 十九日發報, 110쪽.
49) 『聚語』 二十八日探知 二十九日發報, 118쪽.
50) 『聚語』 癸巳 三月二十四日 發報, 112쪽.

날리고, 자갈을 모아 성을 쌓고, 읍하고 진퇴하는데 위의(威儀)가 넘치고, 노래를 부르고 주문을 읊는데 화기(和氣)가 넘친다"라는 기록도 있다.51) 그것은 "노래부르고 춤을 춘다(歌咏舞蹈)"고 표현되기도 하였다.52) 어떤 내용의 노래를 불렀을까. 그것은 깃발에 기록된 내용과 관련되거나, 사기를 높이는 노래, 행진곡, 민중의 정서를 대변하는 노래 등이었을 것이다.

보은집회에서 동학·농민들이 세운 각종 깃발은 '척왜양창의'라는 대기(大旗), 다섯 방향에 세운 오색기, 충의(忠義)·선의(善義) 등 각 포접을 표시하는 중기(中旗), 그리고 기타 소소한 깃발이었다.53) 각 포각 접마다 깃발을 세워 표지를 하였다.54) 양호선무사(兩湖宣撫使) 어윤중(魚允中)이 효유할 때, "이미 왕명을 받아 해산한다고 다짐하고서도 왜 퇴거하지 아니하고 왜 기호(旗號)를 뽑지 않느냐"라고 질문한 데서 보면, 해산은 곧 각 포접이 내세운 깃발의 제거를 의미하였다. 반면 집회와 운동은 깃발을 세우는 것으로 상징되는 것이었다. 어윤중의 효유에 대하여 동학·농민들은, "기호는 마땅히 물시(勿施)할 것인데 그 수가 많아 각 접이 비록 해산하여 돌아간다 하더라도 표준하여 식별할 수 없으므로 마땅히 등호(燈號)로 개조한 후 그 기호를 제거"할 것이라고 답하고 있는데,55) 이것은 정부측에서 깃발의 제거를 강력하게 요구하여 이를 수락하여 해산하면서도 각 포접의 구별을 위해 등호를 둠으로써 포접 편제의 골격을 유지하고 있음을 의미한다. 뒤늦게 참여한 상주·선산·태안의 동학·농민들도 의례 설진(設陣)하였고, 동학본부에서는 어린이와 약한 자들을 돌려보내는 한편 기치를 거의 다 수거하여 갔는데, "척왜양기(斥倭洋旗)를 홀로 세우고 등(燈)을 걸

---

51) 『侍天敎宗繹史』/『동학농민전쟁사료총서』 29, 100쪽.
52) 『侍天敎歷史』/『동학사상자료집』 3, 610쪽.
53) 『聚語』 癸巳 三月二十日探知 二十一日發報, 110쪽.
54) 『동학사』/『동학사상자료집』 2, 83쪽.
55) 『聚語』 二十七日探知卽發報, 118쪽.

어놓은 것이 간간이 남아 있었다"고 한다.[56]

이처럼 보은집회에서는 본격적으로 깃발을 통하여 그 이념을 슬로건으로 제시하기 시작하였고, '척왜양창의'의 깃발이 등장하였다. 보은집회에서는 보국안민의 방책으로서의 척왜양, 즉 '척왜양' 보국안민의 지향을 보이고 있었다고 하겠다.

4. 1894년 동학·농민의 일본인식

1) 제1차 농민전쟁의 '위민제해(爲民除害)' 보국안민

1894년 농민전쟁은 흔히 4개의 단계로 구분된다. 고부민란, 제1차 농민전쟁, 집강소 개혁, 제2차 농민전쟁이 그것이다. 제2차 농민전쟁은 반일전쟁으로서의 성격까지 지니지만 그 이전 단계에서는 주로 반봉건전쟁으로 이해된다.

고부민란의 지향에 대하여는 의견의 차이가 있지만 대체로 반체제적 국지적 민란의 성격을 지니면서 전국적인 농민전쟁의 기초조건을 마련한 과정이었다고 볼 수 있을 것이다. 고부민란에서 농민군이 보국안민의 창의선언을 하였다고 주장하는 견해도 있고,[57] 농민군이 1894년 음력 2월 '보국안민창대의(保國安民倡大義)'라는 깃발을 들고 있었다는 첩보도 있지만,[58] 명백하게 보국안민의 선언이 나온 것은 아직 확인되고 있지 않다. 고부민란에서 각 읍에 띄운 격문의 내용 중에, 지방수령의 부패, 전운사(轉運司)에 대한 농민부담 때문에 농민은 도탄에 빠지고 국가는 위기에 놓여 있음을 지적하면서, "우리는 비록 초야

---

56) 『聚語』 二十九日探知 三十日發報, 119쪽.
57) 배항섭, 「1890년대초반 민중의 동향과 고부민란」, 『1894년 농민전쟁연구』 4, 1995.
58) 『주한일본공사관기록』, 국사편찬위원회 번역본 1, 15쪽. '保國安民大倡義'가 옳을 것이다.

의 유민이지만 국가의 위기를 차마 좌시할 수 없다. 원컨대 각 읍의 첨
군자(僉君子)는 제성분의(齊聲奔義)하여 나라를 해치는 적을 제거하
여 위로는 종사를 보전하고 아래로는 백성들을 편안케 하자(上輔宗社
下安黎庶.)"는 주장이 있다.59) 주로 지방수령에 비판의 초점이 모아져
있는데, 내용상은 보국안민을 의미하지만 보국안민의 이념과 슬로건이
제시된 것은 아니었다.

1894년 3월 20일 전라도 무장에서 제1차 농민전쟁이 시작되었다.60)
이때 발표된 포고문의 내용 일부를 살펴보면 다음과 같다.

> (생략) 지금의 신하된 자는 報國은 생각하지 않고 한갓 祿位만을
> 도둑질하여 총명을 가리고 아부와 아첨을 일삼아 선비의 忠諫을 妖
> 言이라 하고 정직한 사람을 비도라 하여 안으로는 輔國之才가 없고
> 밖으로는 虐民之官만이 많다. (중략) 公卿 이하 方伯守令에 이르기
> 까지 국가의 위태로움은 생각지 않고 한낱 자신을 살찌우고 자기 집
> 을 윤택하게 하는 계책에만 절실하여, 과거의 길을 재물이 생기는 길
> 로 여기며 과거보는 자리는 시장의 흥정으로 만들어 허다한 재물과
> 뇌물은 국고로 들어가지 않고 도리어 개인의 창고를 채우고 있다. 국
> 가에는 누적된 채무가 있으나 그것을 갚을 생각은 아니하고 교만하고
> 사치하고 음란하게 노는 것에 거리낌이 없으므로 八路가 魚肉이 되
> 고 만민이 도탄에 빠졌다. 守宰의 탐학은 곧 이와 같이 하였다. 백성
> 이 어찌 곤궁하지 않겠는가. 백성은 나라의 근본이니 근본이 무너지
> 면 나라가 쇠잔해진다. 輔國安民의 방책을 생각지 않고 밖으로 鄕第
> 를 설치하고 오직 홀로 차지하려는 방책을 도모하여 한갓 녹위를 훔
> 치니 어찌 옳은 일이겠는가. 우리는 비록 초야의 遺民이지만 임금의
> 땅에서 먹고 입고 살고 있으므로 국가의 위태로움을 좌시할 수 없어
> 八路가 마음을 합하고 수많은 백성이 뜻을 모아 이제 義旗를 들어 輔
> 國安民으로써 死生의 맹서를 삼는다.61)

---

59) 李復榮, 『南遊隨錄』 甲午 二月二十日/『동학농민전쟁사료총서』 3, 181쪽.
60) 신용하, 『동학과 갑오농민전쟁연구』, 일조각, 1993, 139쪽.

여기서 주목되는 것은 '보국안민(輔國安民)'의 이념이 뚜렷하게 등장한다는 점이다. 동학 창도시에 등장한 보국안민의 개념이 교조신원운동 과정에서 남접세력에 의하여 수용되어 내용이 집약적으로 확보되고, 드디어 제1차 농민전쟁에서 이념화되고 구호 또는 슬로건으로 등장하게 된 것이다. 여기서 거론된 보국안민의 이념은 관료의 탐학을 비판하는 의미로 사용됨으로써 주로 반체제의 의미를 담고 있다. 중앙의 관료들과 지방의 수령들이 한결같이 국가의 위기를 외면하고 국고만 축내면서 각종 부정을 저질러 사리사욕을 채우고 있다고 비판하고 있다. 중앙과 지방을 막론하고 통치를 담당한 관료들을 비판하는 데 초점이 맞추어져 있다. 교조신원운동 과정에서 반외세의 내용이 확보되었던 것과는 다른 양상이다. 보국안민의 내용에 이미 확보된 반외세의 내용과 함께 반봉건의 내용이 확보되어 가는 과정을 보여준다고 생각된다.

무장에서 기포한 농민군은 고부를 향하여 진격하여 고부관아를 점령하고 3월 25일경[62] 다시 고부 백산으로 이동하였다. 이때 농민군이 내세운 슬로건으로서 보국안민 이념이 본격적으로 등장한다. 대장 깃폭에 '보국안민(輔國安民)'의 4자를 대서(大書)하였던 것이다.[63] 이후 '보국안민'을 기치로 한 농민군의 활동은 여러 방면에서 발견된다. 4월 2일 부안현감의 보고에 의하면 "고부군 백산의 농민군 여당(餘黨)이 부안군에 거주하는 동지들을 충동하여 하동면 분토동에 취회하였는데 500명에 가깝고, 각각 죽창을 가지고 있고, 또 홍기(紅旗)를 올렸는데

61) 『聚語』茂長東學輩布告文, 142~143쪽.
62) 신용하, 앞의 책, 153쪽.
63) 『동학사』/『동학사상자료집』 2, 112쪽. 『동학사』의 내용은 吳知泳이 회고하면서 집필한 것이기 때문에 이러한 세밀한 부분까지 정확하게 사실을 기술하였을까 하는 점에 의문의 여지가 없지 않다. 그러나 양력 5월 16일 청취한 일본측의 첩보에도 농민군은 5색기를 들었고 깃발에는 '輔國安民大倡義'라고 쓰여 있었다고(『주한일본공사관기록』 1, 39쪽) 한 점으로 보아 '輔國安民'의 깃발을 들었던 것은 틀림없는 것으로 생각된다.

기면(旗面)에 보국안민(輔國安民)이라고 하고 또 소기(小旗)에는 부안
(扶安)·고부(古阜)·영광(靈光)·무장(茂長)·홍덕(興德)·고창(高
敞) 등 읍호(邑號)를 썼다"고 한다.[64] 동학교단사에는 당시의 모습을
"이때 보국안민(輔國安民)을 성언(聲言)하고 서로 다투어 깃발을 올리
고 봉기"하였다고 하고,[65] 또 "이때 보국안민(輔國安民) 4자를 표방하
고 기간(旗竿)을 쟁기(爭起)"하였다고 하기도 한다.[66] 이러한 기록에
서 볼 때 농민군은 보국안민의 깃발을 들고 또한 보국안민의 구호를
외쳤던 것으로 이해된다.

이와 같이 농민전쟁의 확고한 이념과 슬로건으로 등장한 보국안민
은 어떠한 내용을 담고 있는 것일까? 무장포고문에는 보국안민의 내용
이 탐학한 관료의 제거로 제시되어 있는데, 보국안민의 깃발을 들고
농민군의 조직을 재편성한 고부 백산에서 발한 격문의 내용을 살펴보
면 다음과 같다.

> 우리가 義를 드러 此에 至함은 그 本意가 斷斷 他에 있지 아니하
> 고 蒼生을 塗炭의 中에서 건지고 國家를 盤石의 우에다 두고자 함이
> 라. 안으로는 貪虐한 관리의 머리를 버히고 밧그로는 橫暴한 强敵의
> 무리를 驅逐하자 함이다. 兩班과 富豪의 앞에 苦痛을 받는 民衆들과
> 方伯과 守令의 밑에 屈辱을 받는 小吏들은 우리와 같이 冤恨이 깊은
> 者라. 조금도 躊躇치 말고 이 時刻으로 이러서라. 萬一 期會를 이르
> 면 後悔하여도 믿지 못하리라.
>   甲午 正月日 湖南倡義大將所 在白山[67]

---

64) 『隨錄』四月初五日 啓草/『동학농민전쟁사료총서』5, 167쪽.
65) 『侍天敎歷史』/『동학사상자료집』3, 615쪽.
66) 『天道敎會史草稿』/『동학사상자료집』1, 456쪽.
67) 『동학사』/『동학사상자료집』2, 112쪽. 1894년 1월에 띄운 것으로 된 것은 잘
   못 기록된 것이고 3월 27일경에 작성된 것이다(신용하, 앞의 책, 154~155쪽
   참조).

봉기의 목적이 "안으로는 탐학한 관리의 머리를 버히고 밧그로는 횡포한 강적의 무리를 구축하자 함이다"라고 한 데서 볼 때 보국안민의 이념에 반체제뿐만 아니라 반외세의 의식이 포함되어 있음을 볼 수 있다. 동시에 발표된 농민군의 4대명의(四大名義), 즉 불살인불살물(不殺人不殺物), 충효쌍전제세안민(忠孝雙全濟世安民), 축멸왜이징청성도(逐滅倭夷澄淸聖道), 구병입경진멸권귀(驅兵入京盡滅權貴)의 4가지 강령에도 반체제적 지향과 반외세적 지향이 모두 반영되어 있다.[68] 4가지 강령에 보국안민의 이념은 나오지 않았지만 이러한 강령을 모두 포괄하고 있는 이념이 보국안민이었던 것이다.

그러나 제1차 농민전쟁에서는 반외세를 위하여 외세와 무력충돌을 꾀하지는 않았고, 외세를 끌어들이는 세력을 비판하였다. 그것이 후에 폐정개혁 12개조 가운데 "○과 간통(奸通)하는 자는 엄징(嚴懲)할 사(事)"라는 항목에 반영된 것으로 생각된다.[69] 외세, 즉 일본과 내통하여 나라를 일본에 예속시키는 것을 비판한 것이었다. 반봉건을 보국안민의 전면에 내세운 제1차 농민전쟁이 반외세의 내용을 내재화한 양상을 보여준다고 하겠다.

제1차 농민전쟁에서 제시된 보국안민의 이념은 전봉준의 다음과 같은 진술에서 찾아볼 수 있다.

---

68) 鄭喬, 『大韓季年史』 상, 권2, 국사편찬위원회 간행본, 74쪽. 배항섭은 李弼濟가 내세우기도 한 濟世安民의 개념을 輔國安民과 같은 개념으로 병행하여 사용하고 있지만(『동학농민전쟁연구』, 62·192쪽), 英祖가 신하들에게 濟世安民하는 계책을 묻고 있는데서 볼 때(『영조실록』 영조 51년 1775년 8월 8일 癸未, 10월 29일 癸酉), 이 개념은 빈번하게 사용되지는 않았지만 조선시대에서도 사용되었던 개념임을 알 수 있고, 전봉준도 심문과정에서 濟世와 安民을 별도로 사용했을 뿐 濟世安民을 이념화하여 사용하지는 않았다(『全琫準供草』, 동학사상자료집 1, 329·332쪽). 보국안민의 개념과 비교해 볼 때 제세안민은 슬로건으로 자리를 잡아가지는 못하였다.

69) 『동학사』/『동학사상자료집』 2, 126~127쪽. 『東學史(草稿本)』/『동학농민전쟁사료총서』 1, 477쪽에는 "外賊과 連結하는 者는 버힐事"라고 되어 있다.

問 汝가 昨年三月起包之意는 民을 爲ㅎ야 除害홈으로 義를 삼마다
　ㅎ니 果然耶아
供 果然이로쇼니다.70) (이하 내외의 관원들의 탐학을 지적)

問 汝가 何計策으로 貪官을 除ㅎ랴 ㅎ얏ᄂ냐
供 別計策이 有함이 아니라 本心이 安民ㅎᄂ되 간절ㅎ야 貪虐을 見
　ㅎ면 不勝憤歎ㅎ야 此事를 行함이외다.71)

　전봉준은 봉기의 이유를 "민을 위하여 제해"하는 것으로 제시하고
있다. 이것을 집약적으로 표현한다면 '위민제해(爲民除害)' 보국안민이
될 것이다. 이러한 뜻은 전봉준이 6월초 전라감사 김학진(金鶴鎭)에게
등장(等狀)한 가운데서도 "위민제해(爲民除害)의 뜻으로 이러한 큰 일
을 일으켰는데 지금 불항무뢰지배(不恒無賴之輩)가 그 사이에 싹을
틔워 앞다투어 부민(富民)을 침학하는 것이 왕왕 있다"고 한 표현에서
도 드러난다.72)
　위민제해의 뜻은 제1차 농민전쟁의 반체제적 지향을 의미한다. 그러
한 지향은 4월 16일 함평으로 진격한 농민군이 "우리들은 한편으로 탐
관오리를 징창(懲創)하고 다른 한편으로는 읍폐민막(邑弊民瘼)을 교
정(矯正)하여 보국안민(輔國安民)하기 위하여 각 읍을 두루 다니는 길
에 본현에 들어오게 되었다"고 주장하고 있는 데서 가장 단적으로 드
러난다.73) 지방 차원에서의 보국안민은 탐관오리의 처벌과 조세를 비
롯한 폐단의 개혁으로 집약되는 것이었다. 그러나 농민군의 목표는 지
방 차원에 그치지 않고 서울로 진격하여 권귀(權貴)를 타도하고 새로
운 정치질서를 구축하는 데까지 나아가 있었다. 전봉준은 심문과정에

---

70)『전봉준공초』/『동학사상자료집』1, 327쪽.
71)『전봉준공초』, 329쪽.
72)『隨錄』/『동학농민전쟁사료총서』5, 243쪽.
73)『兩湖招討謄錄』甲午 四月,『동학란기록』상, 170쪽.

서 권귀를 민씨척족으로 보면서 대표적으로 민영준(閔泳駿)·민영환
(閔泳煥)·고영근(高永根)을 지목하였고,[74] 대원군과의 연계를 통한
연합정권의 구상을 비치고 있다.[75] 여기에 새로이 세워져야 할 국(國)
의 체제와 정치질서의 방향이 제시되어 있다고 하겠다.

2) 제2차 농민전쟁의 '척왜척화(斥倭斥化)' 보국안민

전봉준을 중심으로 한 남접세력의 제1차 농민전쟁에 대하여 북접교
단의 최시형은 어떠한 입장을 취하였는가. 이 문제는 동학교단사에 따
라 약간의 상이점이 있고, 그것은 교단의 입장, 집필된 일제시기의 상
황 등과 관련될 것이다. 필자는 이러한 사료상의 문제점을 감안하면서
도 북접교단과 남접세력 사이에는 적지 않은 갈등이 있었던 것으로 파
악한다.

제1차 농민전쟁 과정에서 최시형은 각 읍의 교도들에게 통유문을
발하여 전봉준의 봉기를 비난하고 전봉준에게도 경고문을 발하였다.
1894년 7월에는 사이비교도의 행위를 비판하고 수령에게 그들을 처벌
할 것을 요구하는 한편 교도들에게 계칙문(戒飭文)을 발하였다. 이러
한 문건을 통하여 북접교단은 교조신원운동을 농민전쟁으로 확대시킨
남접세력의 운동방향에 반대하는 입장을 분명히 하였다.[76] 북접교단은
교조의 신원과 정부의 지목 회피, 이를 통한 포교의 자유 획득을 지향
하였다. 그리고 사회의식으로서는 추상적인 차원에서 보국안민의 실현
을 지향하였다. 그런데 남접세력이 민중의 입장을 수용하여 보국안민
에 사회경제적 내용을 담으면서 이를 사회변혁운동으로 몰아갔고, 일

---

74) 『東京朝日新聞』 1895년 3월 6일/강창일, 「전봉준 회견기 및 취조기록」, 『사회
    와 사상』 창간호, 1988년 9월, 사회평론사, 263쪽 ; 『전봉준공초』/『동학사상자
    료집』 1, 329쪽.
75) 『東京朝日新聞』 1895년 3월 5일 ; 배항섭, 『동학농민전쟁연구』, 203쪽.
76) 『天道敎會史草稿』/『동학사상자료집』 1, 456~459쪽 참조.

본군의 경복궁 점령과 개화파 정부의 등장을 접하면서 반외세의 지향
도 드러내기 시작하였다.

　북접교단은 일본군이 침략하여 청일전쟁을 일으켜 우세를 점하게
된 상황에서 반외세의 방향도 반서학(反西學)에 치중하였고 반일본(反
日本)의 의지는 강하게 드러내지 않았다. 최시형이 일본군에게 남접을
치겠다고 통보한 시천교 교단사의 기록도 이러한 맥락에서 해석할 수
있다. 남접 각포에서 봉기하여 "성언혁명(聲言革命)", "주창혁명(主唱
革命)"하자 최시형은 충주의 일본군병참소에 편지를 보내어 북접이 남
접 농민군을 공격 진압하는 것을 의아하게 생각지 말 것을 통보하였
다. 이때 주목되는 것은 최시형의 일본인식이 변화되어 나타나 있다는
점이다. 그 부분은 다음과 같다.

　　가만히 생각해 보면 귀국과 우리나라는 같은 지역에 있어서 겨우
　한 띠를 사이에 두고 있으며 서로 입술과 이의 관계를 가지고 있다.
　비록 임진왜란 때의 해묵은 희생이 있지만 세월이 오래 지나 이미 새
　벽에 이르고 하물며 정부에서 지난 병자년에 옛 우호관계를 복구하여
　부두를 열어 통상하여 이웃의 우의를 더욱 돈독히 하여 비록 초야의
　무식자들도 모두 이 국면을 알고 있다.[77]

　북접교단이 일본군과 기맥을 통하여 남접을 공격하겠다는 내용은
시천교쪽 교단사에만 나오는 내용이다. 1906년 갈라진 이용구(李容九)
・김연국(金演局)의 시천교(侍天敎) 교단이 손병희(孫秉熙)의 천도교
교단에 반대하는 종교적 입장을 지니는 한편 일제와 협력하는 입장을
지니고 있었기 때문에 이러한 입장을 과거 역사 속에 반영한 것으로
이해할 수도 있다. 일단 이 기록의 내용을 상고해 본다면, 1860년 동학
의 창도시와는 전혀 다른 대일관계사의 인식을 보여준다. 교조신원운
동 단계에서 보여준 일본인식과도 다르다. 역사적으로 부정적 비판적

---

77) 『侍天敎宗繹史』/『동학농민전쟁사료총서』 29, 118~119쪽.

일본인식의 연원이 임진왜란에서 형성되었고 개항 이후 일본의 경제
적 침략에 의하여 증폭되어 반외세 운동의 기반이 형성된 것인데, 이
제 남접과 갈등을 일으키면서 일본과의 관계를 우호관계로 표현한 최
시형의 이러한 입장을 기록대로 따른다면 그의 일본인식은 대단한 전
환을 보이고 있는 것이라고 하겠다. 그것은 동학교도가 탄압을 당하고
교단이 괴멸될 상황에 놓여 있었던 국면을 벗어나려는 몸부림으로도
볼 수 있을 것이다. 이러한 편지를 최시형은 계속해서 조선 각병영 및
일본군병참소에 다시 보냈다.78)

이와 같은 입장에서 최시형은 서장옥·전봉준의 남접이 동학교도를
참살한다고 비난하면서 그들을 '사문난적(師門亂賊)'으로 지목하였
다.79) 그래서 최시형은 손병희를 보내어 전봉준을 성토하도록 하였고,
손병희는 '벌남접(伐南接)'의 기치를 내걸고 전봉준을 공격하였는데,
공주 이인역에서 전봉준이 손병희에게 사죄함으로써 남북접이 연합하
게 되었다고 한다. 이에 손병희는 각포 두령에게 이르기를 "전봉준이
이미 회개하였으니 벌남접(伐南接)의 기호(旗號)를 개(改)하노라 하고
다시 척왜양창의기(斥倭洋倡義旗)를 건(建)"한다고 하였다.80) 이 사실
은 "일변 통문을 걷우우게 하고 일변 벌남기(伐南旗)를 꺽거바리고 보
국안민(輔國安民)의 기치하에 진퇴를 같이하기로 결정"을 지었다고
기록되기도 하였다.81) 손병희 중심으로 기록된 전봉준의 참회라든지,
북접교단의 갑작스러운 태도 변화 등은 액면대로 믿기 어렵지만, 이후
남북접은 보국안민의 구체적인 내용에 있어서는 차이를 보이면서도
제2차 농민전쟁에 연합하여 공동으로 참여하게 된다. 그리고 그러한
남북접의 연합은 일본의 대대적인 토벌·진압에 직면하여 피할 수 없

---

78) 『侍天敎宗繹史』/『동학농민전쟁사료총서』 29, 119~120쪽 ; 『侍天敎歷史』/
　　『동학사상자료집』 3, 626~627쪽.
79) 『天道敎會史草稿』, 461쪽.
80) 『天道敎會史草稿』, 466~467쪽.
81) 『동학사』/『동학사상자료집』 2, 139쪽.

는 것으로서 척왜양 보국안민을 공통적인 명분으로 한 것이었다. 보은
집회에서는 척왜양에 소극적이었던 북접교단이 제2차 농민전쟁에 참
여할 때에는 보은집회의 이념을 계승하는 수준에 이르고 있었던 것으
로 이해된다.

그러면 남접세력을 이끌고 농민전쟁을 총지휘한 전봉준은 일제에
대하여 어떻게 대처하였을까. 전봉준의 심문기록을 통하여 그의 반외
세의식을 살펴볼 수 있다.

問 ᄃ시起包은 何故오
供 其後에 聞ᄒ즉 開化라 稱ᄒ고 自初로 一言半辭도 民間에 傳布ᄒ
 미 無ᄒ고 또 檄書도 업시 率兵ᄒ고 우리 都城에 入ᄒ야 夜半에
 王宮을 破擊ᄒ야 主上을 驚動ᄒ엿다ᄒ기로 草野의 士民더리 忠
 君愛國之心으로 慷慨홈을 不勝ᄒ야 義旅을 糾合ᄒ야 日人과 接
 戰ᄒ야 此事實을 一次請問코져홈니이다.[82]

問 再次起包은 日兵이 犯闕ᄒ엿다ᄒ故로 再擧ᄒ얏다ᄒ니 再擧ᄒ 後
 에ᄂ 日兵의거 무슨 擧措을 行ᄒ랴 ᄒ여ᄂ냐
供 犯闕ᄒ 緣由을 詰問코자ᄒ미니다.
問 然則日兵이며 各國人이 京城에 留住ᄒᄂ 者을 驅逐ᄒ랴ᄒᄂ냐
供 그러미 아니라 各國人은 다만 通商만 ᄒᄂ디 日人은 率兵ᄒ야 京
 城에 留陣ᄒᄂ 故로 我國境土를 侵掠ᄒᄂ가 疑訝홈이니라.[83]

問 汝旣視之以眞則胡爲再起乎
供 欲詳貴國之裡許而然이외다.
問 旣詳裡許後將行何事計也오
供 欲行輔國安民之計也니이다.[84]

---

82) 『전봉준공초』/『동학사상자료집』 1, 318~319쪽.
83) 『전봉준공초』, 340쪽.
84) 『전봉준공초』, 362쪽.

전봉준의 반외세의식은 일본이 개화를 칭하면서 국가의 상징인 왕궁을 점령하여 정권을 장악한 부분을 지적하고 있다. 일본의 정치적 침략과정을 주목한 것이다. 일제의 무력침략에 대하여는 강한 적대감을 표출하고 있지만 각국과의 통상은 인정하고 있는 점이 주목된다. 농민전쟁의 전개과정만을 염두에 두면 제2차 농민전쟁은 전봉준의 진술대로 일본의 왕궁점령 및 개화파정권의 수립과 밀접하게 관련될 것이다. 그러나 농민전쟁 이전 이미 남접세력은 반외세의식을 표출하고 있었고, 그것이 제1차 농민전쟁의 반체제적 요구조건 속에도 포함되어 나타나고 있었기 때문에, 전봉준의 이러한 진술이 일본의 경제적 침략을 인식하지 못한 것을 의미하는 것은 아니다. 제1차 농민전쟁시 농민군에게는 일본의 경제적 침략이 인식되고 있었고, 제2차 농민전쟁에서는 일본의 정치적 측면에서의 침략이 부각되어 인식되었다.

동학당 정토군의 미나미 고시로(南小四郎) 소좌가 체포 당시 전봉준을 취조한 진술서에도 이와 유사한 진술이 보인다.

> 문 너희들이 백성을 선동하고 난을 도모한 이유를 상세히 진술하라.
> 답 우리들은 농촌에서 나서 자라고 세상 일에 어두워서 일본정부의 우리나라에 대한 정략방침을 잘 알지 못한다. 금년 6월 이래 일본병이 그치지 않고 계속 우리나라에 온 것, 이는 반드시 우리나라를 병탄하려고 하는 것일 것이라고, 옛날 임진왜란을 생각하여 국가 멸망하면 生民 어찌 하루라도 편할 수 있을까 하고 인민들이 의구심을 갖고서 나를 추대해서 수령으로 삼고 국가와 멸망을 함께할 결심을 가지고 이 거사를 도모했다.[85]

전봉준은 역시 일본의 출병과 경복궁 점령이 한국을 병탄하려는 것

---

85) 『東京朝日新聞』 1895년 3월 5일 東學黨大巨魁と其口供/『동학농민전쟁사료총서』 22권, 367쪽 ; 강창일, 「전봉준 회견기 및 취조기록」 『사회와 사상』 창간호, 1988년 9월, 258~259쪽.

으로 인식하고 이에 대항하기 위하여 제2차 농민전쟁을 일으켰다고 주
장하고 있다. 그리고 그 이면에 임진왜란의 피해의식이 민중 속에 자
리잡고 있음을 지적하고 있다. 임진왜란을 의식하는 것이 반드시 중세
적인 인식이고 제국주의의 침략의도를 인식하지 못한 것이라고 치부
해버릴 수만은 없다. 한일간의 관계는 그러한 특수한 역사적 사실을
배경으로 한 것이고, 일본이 한국에 출병하면서 그들도 임진왜란을 의
식하고 있었다. 신문보도에 의하면 임진왜란 때의 출병과 농민전쟁 때
의 출병이 그 목적이 다른 것이지만 일본 "제국의 위무(威武)를 해외
에 선양하는 점에서는 마찬가지"라고[86] 보고 있는 것에서 이를 알 수
있다.

　제2차 농민전쟁의 배경과 지향에 대하여는 전봉준이 충청감사에게
올린 상서에서나 창의소에서 선포한 고시문 또는 격문에서 분명하게
확인할 수 있다. 그 해당되는 부분을 살펴보면 다음과 같다.

　　　全奉準上書
　(생략)일본 침략자들이 허물을 만들고 군사를 움직여 우리 임금을
핍박하고 우리 백성을 어지럽히니 어찌 차마 말로 다하겠는가. 옛날
임진왜란이 일어나 오랑캐가 침략하여 궁궐을 불태우고 君親을 욕보
이고 백성을 죽여 신민이 모두 분개하였으니 천고에 잊을 수 없는 한
이 되었다. (중략) 오늘날의 조정대신은 구차하게 자신의 안전만을 도
모하여 위로는 君父를 협박하고 아래로는 백성을 속이고 東夷(일본
오랑캐)와 결탁하여 南民에게 원성을 사고 親兵을 망녕되이 움직여
선왕의 적자를 해치고자 하니 진실로 어떤 뜻인가.(중략) 갑오 10월
16일 在論山謹呈[87]

　　　告示 京軍與營兵吏校市民

---

86) 『萬朝報』 1894년 6월 21일 文祿の役と我兵の入韓/『동학농민전쟁사료총서』
　　22, 458~459쪽.
87) 『宣諭榜文並東徒上書所志謄書』, 『동학란기록』 하, 383~384쪽.

無他라 日本과 朝鮮이 開國 以後로 비록 隣邦이나 累代 敵國이더니 聖上의 仁厚하심을 힘입어 三港을 許開하여 通商 이후 甲申 十月의 四凶이 俠敵하여 君父의 危殆함이 朝夕에 있더니 宗社의 興復으로 奸黨을 消滅하고 今年 十月의 開化奸黨이 倭國을 締結하여 乘夜 入京하여 君父를 逼迫하고 國權을 擅恣하며 우황 方伯守令이 다 開化중 所屬으로 人民을 撫恤하지 아니하고 殺戮을 좋아하며 生靈을 塗炭함에 이제 우리 東徒가 義兵을 들어 倭賊을 消滅하고 開化를 制御하며 朝廷을 淸平하고 社稷을 安保할 쌔 (중략) 일변 생각건대 朝鮮사람끼리라도 道는 다르나 斥倭 斥化는 其義가 一般이라 두어자 글로 疑惑을 풀어 알게 하노니 각기 들어보고 忠君·憂國之心이 있거든 곧 義理로 돌아오면 相議하여 같이 斥倭斥化하여 朝鮮으로 倭國이 되지 않게 하고 同心合力하여 大事를 이루게 할 것이다. 甲午 十一月 十二日 東徒倡義所[88]

京軍營兵에게 고시한다.
양차에 걸친 군대의 교전은 후회막급이라. 당초의 擧義는 斥邪遠倭할 뿐이라. 京軍이 邪를 도웁는 것은 실로 본심이 아니고 營兵이 倭를 돕는 것은 어찌 스스로의 마음에서리오. 필경은 같이 天理로 돌아갈 것이니 지금 이후로는 절대로 서로 투쟁하지 말고 부질없이 인명을 살해하지 말고 민가를 불태우지 말고 같이 대의를 도와 위로는 국가를 돕고 아래로는 백성을 편하게 할 뿐이다(上輔國家 下安民庶而已).(중략) 갑오 11월 12일[89]

위의 글들은 임진왜란에서 가장 뚜렷하게 부각되는 일본과 조선의 적대관계의 역사를 다시 상기하면서 반일 의거를 주창하고 동시에 일본과 결탁한 개화세력의 제거를 위하여 군대와 이서와 일반시민의 연합전선 구축을 촉구하는 내용이다. 농민군은 향촌의 보수유생들 뿐 아

---

88) 『宣諭榜文並東徒上書所志謄書』, 『동학란기록』 하, 379~380쪽. 원문을 현대어로 바꾸고 한자를 넣었다.
89) 『先鋒陣呈報牒』, 『동학란기록』 하, 185~186쪽.

니라 일본군과 연합하여 농민군 진압에 나선 정부군에 대하여도 합력
하여 일본을 물리쳐 보국안민할 것을 제의하였다. 그것을 집약적으로
표현하면 '척왜척화(斥倭斥化)' 보국안민(輔國安民)이 될 것이다. 즉
안민의 전제인 보국의 내용을, 일본의 침략을 막아내고 일본과 결탁한
개화파 정권을 타도하는 것으로 설정하고 있었던 것이다.

5. 동학·농민의 분화와 일본인식의 변화

1) 손병희의 보국안민의 길

농민전쟁 과정에서 동학은 북접교단과 남접세력으로 확연하게 분리
되었다. 농민전쟁이 종식된 이후에도 그같은 현상은 지속되었다. 정부
에서는 이를 구분하지 않고 모두 동학으로 몰아 색출 처벌하였지만 내
부의 분열과 갈등은 지속되었다. 북접교단은 정부의 수배령을 피하여
생존하면서 조직의 재건을 모색하였다. 북접교단의 재건과정에서 최시
형은 정부의 지목을 피하기 위하여 애썼다. 사회적인 문제를 야기하는
것을 원치 않았다. 1898년 최시형이 체포 처형되기까지 최시형은 이러
한 입장을 견지하였다. 최시형은 1896년 12월 차도주(次道主)들인 구
암(龜菴) 김연국(金演局), 의암(義菴) 손병희(孫秉熙), 송암(松菴) 손
천민(孫天民)을 통하여 교도들에게 경심법(警心法)을 하달하는데 주
된 내용이 교도로서의 본분을 지키는 문제들이다. 그 여러 조항 중 "포
덕(布德)하는 것은 처음에는 번란(煩亂)하게 하기 쉬우므로 이에 더욱
신중하고 밖으로는 엄히 하고 안으로는 바르게 하여 혐의를 쓰는 일이
없도록 할 것"이라는 조항이 있다.[90] 농민전쟁 이후 최시형은 지목을
피하기 위하여 수도정진할 것을 요구하였는데 이 조항도 그러한 의미

---

90) 『東學書』 警心法(丙申 臘月日 龜菴 義菴 松菴 奉分付謹通)/『한국민중운동
　　사자료대계』, 116쪽.

를 담고 있다. 당시 동학이 얼마나 정부로부터 탄압을 받고 있었는가
를 알 수 있다.

동학교단의 이러한 신중한 자세는 1900년경 손병희가 도에 대하여
언급한 가운데서도 확인할 수 있다.

> (생략) 믿음이 두텁고 의리가 굳은 연후에 일신을 보호할 수 있고
> 일신을 능히 보호한 연후에 蒼生을 구제할 수 있는 것이다. 保一身濟
> 蒼生의 계책은 단지 誠敬信 3자 중에 있다. 長生不死의 약은 다만
> ○海 중에 있다. 3년을 한하여 道通하는 법은 다만 念不念至化至氣
> 의 가운데 있다. 이 三端의 이치에 통한 연후에 능히 창생을 구제할
> 수 있는 것이다.(중략)91)

정부의 탄압을 받아 위기에 처한 상황에서 손병희는 이전에 동학·
농민이 표방하던 광제창생 보국안민의 이념을 보류하고 자신의 수양
을 강조하고 있다. 자신의 수양을 이룬 연후에 민중을 구제할 수 있다
고 보고 '보일신제창생(保一身濟蒼生)'을 제시하였다. 최시형이 정부
의 탄압을 피하기 위하여 교도들에게 수도정진을 요구하던 자세를 계
승하면서도 새로운 방향으로 보국안민의 계책을 모색하고 있었다고
보여진다.

손병희가 추구한 보국안민의 길은 무엇일까. 그것은 두 가지로 나타
나는데, 하나는 정치활동을 통하여 권력에 접근하는 길이고, 다른 하나
는 종교적인 차원에서 교리체계를 확립하는 길이었다.

손병희는 1901년 일본으로 망명하여 1906년 귀국하게 되는데, 그 과
정에서 그동안 동학·농민이 견지해 온 반개화·반일의 입장에서 벗
어나 개화와 친일의 입장으로 변화하게 된다. 손병희는 일본에 망명한
개화파와 교제하고 또 일본문명을 목격하면서 개화의 방향을 모색하
였고, 이러한 입장을 국내정치에 적용하여 친러파 광무정권에 반대하

---

91)『東學書』義菴丈所作, 110쪽.

는 활동을 전개하게 된다. 손병희는 1904년 러일전쟁이 일어나자 간부 40여 인을 일본으로 불러 '보국안민(保國安民)'의 계책을 모색하는데 그 결과 "일본당국과 한정(韓政)개혁의 밀약을 굳게 맺은 뒤에 일본을 위하야 로(露)를 치고 일변 국권을 잡은 뒤에 제정(諸政)을 혁신하면 아한(我韓) 재생의 道ㅣ 이에 잇을 뿐이라"는 계책을 제시하였다.[92] 이제 보국안민의 이념은 손병희에게 있어서는 일본 지원하에 정권을 장악하는 것으로 변질되었다. 외세는 일본이 아닌 러시아이고 타도의 대상은 친러파 광무정권이었다. 그러나 손병희가 추구한 이러한 정치적 보국안민의 길은 일제 통감부에 의해 수용되지 못함으로써 좌절되고 말았다.[93]

이와 같이 하여 손병희에게 있어서 보국안민의 이념과 그 정치적 실천은 현실적으로 불가능하게 되었다. 일진회와 시천교를 비판하면서 대한협회를 후원하고 천도교 교단을 이끌어 갈 뿐이었다. 그리고 천도교의 조직체계를 강화하고 교리체계를 확립하여 갔다. 그 과정에서 보국안민의 개념을 교리체계에 흡수하고자 하였다. 보국안민의 개념을 흡수한 '성신쌍전(性身雙全)'의 내용을 살펴보면 다음과 같다.

性身雙全 : 이 亦是 大神師의 말슴하신 保國安民 布德天下 廣濟 蒼生의 精神을 抽出하야 말한 것이니 保國安民은 身邊의 事인데 身을 標準한 것이며 布德天下는 无極大道大德의 新宗敎를 이름인데 이는 性卽道에 屬한 것이니 이것이 가장 天道敎의 特色되는 바라. 元來 天道敎는 物과 心을 二元으로 보지 아니하고 오즉 一元되는 至氣의 發作으로 物과 心이 생겼다 믿는 点에서 天道敎는 唯心에 屬

---

92) 『天道敎創建史』제3편, 43쪽.
93) 『天道敎創建史』제3편 ; 김경택, 「한말 동학교문의 정치개혁사상 연구」, 연세 대 석사학위논문, 1991 ; 이은희, 「동학교단의 '갑진개화운동'(1904~1906)에 대한 연구」, 연세대 석사학위논문, 1991 ; 林雄介, 「一進會の前半期に關する 基礎的研究」『朝鮮社會の史的展開と東アジア』(武田幸男編), 東京, 山川出 版社, 1997 참조.

한 것도 아니며 唯物에 屬한 것도 아니요 오즉 至氣一元實在體인 한
울을 그 對像으로 한 것이나 그러나 그 作用의 点에 잇어는 物心이
倂行하는 것으로 보아 物心 二者를 總攝修行함을 性身雙全이라 이
름하고 그리하야 그가 行爲上에 나타날 때에 性邊事와 身邊事를 달
리 말하게 되는 것이다.[94]

성신쌍전의 교리에 의하면 포덕천하의 성심(性心)과 '보국안민(保國
安民)'의 물신(物身)은 지기일원(至氣一元)의 한울로부터 생겨난 것으
로서 본질적으로 동일하지만 행위상으로 구별되는 것으로 설명되고
있다. 보국안민의 개념이 부분적으로 교리체계 속에 흡수되어 있지만
보국안민의 내용이 무엇인지는 밝혀져 있지 않다. 분명한 것은 농민전
쟁기의 보국안민 이념은 거의 사라졌다는 점이다. 보국안민 이념은 심
(心)에 대응하는 물(物), 성(性)에 대응하는 신(身)적인 일로서 인식되
어 종교적으로 내화되는 있을 뿐이다. 결국 보국안민 개념이 교리의
한 부분으로 흡수되면서도 그 이념은 사실상 사라진 것이다.

2) 영학당의 '벌왜벌양(伐倭伐洋)' 보국안민

농민전쟁 이후 남접세력으로서 농민전쟁 이념을 계승한 세력으로는
손화중 부하들이 결성한 영학당(英學黨)을 들 수 있다.[95] 그들은 최시
형의 기포반대에 밀려 동학의 명분을 포기하고 영학(英學)을 수용하여
농민전쟁의 재봉기를 모색하였다. 그것이 1899년 전라도 정읍·고부·
흥덕·무장을 중심으로 일어난 영학당의 봉기였다. 영학당의 봉기 목
적은 '벌왜벌양(伐倭伐洋) 보국안민(輔國安民)'으로 표현되었고, 보국

---

94) 『천도교창건사』 제3편, 66~67쪽.
95) 이영호, 「대한제국시기 영학당운동의 성격」 『한국민족운동사연구』 5, 1991 ;
    이영호, 「농민전쟁 이후 농민운동조직의 동향」 『1894년 농민전쟁 연구』 4,
    1995 참조.

안민이라는 깃발을 들었다고 한다.[96] 영학당은 왜양을 벌한다는 직접적·무력적 봉기를 꾀한 것이다. 벌왜벌양 보국안민의 내용은 대한제국시기 극심해진 외세의 문명적 침식, 경제적 수탈에 대한 대응의 의미를 지니는 것이었다.

영학당의 의식은 다음의 방문에 잘 나타나 있다.

대저 우리들이 크게 힘쓰는 것은 모두 輔國安民하는데 그 뜻이 있다. 지금 倭洋이 한꺼번에 침략하여 우리나라는 예의를 버리고 염치를 손상함이 날로 심하고 달마다 다르고 해마다 같지 않다고 할 것이다. 그런 까닭에 그 분함과 억울함을 이기지 못하여 唱義하려고 하는데 관에서야 근본적으로 비난하겠지만 백성들도 비방하여 우리들을 곤경으로 몰아넣으니 이 어찌 한심하다고 하지 않겠는가. 普土衆民이 일체 힘을 합하여 왜양을 모두 물리친(並滌倭洋) 연후에 한편으로는 국가를 보위하고 다른 한편으로는 백성을 안정시킬 것(一以補國家 一以安民人)을 간절히 바라는 것이다. 속담에 이르기를 백성에게는 하늘이 둘이 없듯이 나라에는 두 왕이 있을 수 없다고 하였으니, 아 우리 백성 대중이 마음을 함께 하고 氣를 순하게 하여 원컨대 한 하늘의 자손, 한 왕의 자손이 되었으면 천만 다행이겠다.

己亥 4월 19일 午時 大義所[97]

이 방문에서 가장 중심되는 개념은 보국안민과 병척왜양(並滌倭洋)이다. 왜양을 일체로 파악하고 있고, 지켜져야 할 것은 예의와 염치, 그리고 국가의 보위와 백성의 안정이고, 이를 극복하기 위해 민중이 모두 힘을 합하여 창의해야 한다는 것이다.

그러나 영학당의 보국안민 의식은 문명론적 측면에 머물지 않았다.

---

96) 『司法稟報』甲, 光武 3년(1899년) 7월 全羅北道井邑古阜所捉匪類供案 崔永斗·河允玄 供招.

97) 『皇城新聞』光武 3년 6월 22일 別報 '南擾의 顚末';『韓國各地暴動雜件』/『동학농민전쟁사료총서』21, 358쪽;『日新』光武 3년 5월 15일, 216쪽.

왜양의 경제적 수탈을 인식하고 있었고, 그것이 영학당의 주무대인 호남지방에서 포구와 목포항을 통한 미곡 반출 및 수탈을 문제삼는 것으로 나타났다. 영학당이 고부·홍덕·무장을 점령하고, 이후 고창·영암을 거쳐 무안·목포를 공격하여 개항장의 외국인 침투를 징벌할 계획을 세워두었는데,[98] 목포는 주로 일본인이 장악하고 있었고, 영학당의 봉기가 일어난 시기는 목포가 개항된 직후였다. 개항장을 통한 외세의 경제적 침략에 대한 인식이 분명하게 자리잡고 있었던 것을 말해준다. 영학당 김태서가 전라도 영광에 게시한 방서(榜書)의 내용 가운데 경시(警示)에 보면 "어떤 촌락이든지 미곡을 포구에 내는 자"는 일일이 기록한다는 경고가 있는데,[99] 농민들이 생산한 미곡이 포구를 통하여 수집되어 개항장 목포로 반출되는 상황을 비판하는 의미였다.

이러한 영학당의 활동은 농민전쟁의 그것을 그대로 계승하는 것이라고 볼 수 있다. 농민전쟁의 보국안민 이념은 민중운동을 통하여 계승되고 있었다고 하겠다.

6. 맺음말

보국안민의 이념이 동학·농민의 전유물은 아니지만 대체로 보국안민의 개념은 동학사상에서 출발하여 농민전쟁을 통하여 이념으로 정착되고 이후 일반명사로 광범하게 사용된 것으로 보인다. 이 논문은 보국안민이 농민군의 상징적 슬로건으로서 기치에 등장한 점을 중시하고, 동학·농민의 일본인식을 보국안민 개념의 등장과 그 이념화 과정 그리고 내용의 변질양상을 통하여 살펴보고자 하였다. 농민전쟁기를 중심에 두고 동학창도시부터 한말에 이르기까지 동학과 농민의 분

---

98) 『司法稟報』甲, 光武 3년 7월 全羅北道井邑古阜所捉匪類供案 河允玄 供招.
99) 『司法稟報』甲, 光武 3년 1월 11일 英學罪人金台書取招記.

화과정 속에서 그 이념의 변화양상을 살펴보았다.

보국안민의 표현법이 조선시대에서는 확인되지 않는다. 다만 후에 농민군도 사용한 제세안민(濟世安民)의 표현이 영조(英祖)에 의하여 사용되고 있고,[100] 보국위민(輔國爲民)의 표현이 1862년 함평민란을 주도한 정한순에 의하여 사용되고 있을 뿐이다.[101] 보국안민의 표현은 『동경대전』과 『용담유사』, 그리고 『일성록』의 최제우 심문기록에서 처음 보인다. 이러한 기록에 나타난 외세의식은 중화의식에 기반을 둔 반일·반청·반서양 의식으로 요약될 것이다. 그중에서도 외세의식의 핵심은 반서양의식이었고, 이에 대한 대책, 즉 보국안민의 대책으로서 동학이 제시된 것이다. 보국안민 개념이 등장한 처음부터 민중적 차원에서 반외세의식으로서 창출된 점이 주목된다.

개항 후에 있어서도 동학사상의 외세인식에 큰 변화를 보이는 것은 아니었다. 동학교단은 생존의 위협을 받고 있었던 형편이었다. 1892년 이후 교조신원운동의 전개과정에서 비로소 조직의 확대와 사회세력화가 가능하였다. 필자는 교조신원운동과 농민전쟁 그리고 그 이후 동학교단과 농민세력의 분화과정에서 나타난 보국안민 개념의 특징을 당시 문헌의 표현을 사용하여 정리하여 보았다.

먼저 1892년 10월부터 1893년 4월까지는 동학에 참여한 혁신세력과 최시형의 교단 주도세력 사이에 갈등이 나타나기 시작한 시기로서 양자는 운동의 목표와 표방에도 차이를 보였다. 필자는 후에 남접세력으로 형성된 서장옥·전봉준의 세력이 보국안민 개념을 적극적으로 활용하였다고 보았다. 1892년 10월 서장옥·서병학은 공주집회를 열었는데 그들은 충청감사에게 제출한 의송에서 동학이 추구하는 바가 '광제창생 보국안민(廣濟蒼生 輔國安民)'임을 분명히 제시하였다. 광제창생

---

100) 『영조실록』 영조 51년 1775년 8월 8일 癸未, 10월 29일 癸酉.
101) 『龍湖閒錄』 3, 국사편찬위원회 간행본, 90쪽 ; 배항섭, 『동학농민전쟁연구』, 193쪽 ; 망원한국사연구실, 『1862년 농민항쟁』, 동녘, 1988, 278쪽.

이라는 동학의 종교적 역할과 보국안민이라는 사회적 역할을 병행하여 제시하면서, 보국안민의 내용에 무역의 이익과 토지·산림·조세의 이익을 독점한 일본의 경제적 침략을 구체적으로 비판하고 있는 점이 특히 주목된다. 최시형이 지휘하여 적극 참여한 1892년 11월의 삼례집회에서는 전라감사에게 의송을 제출하면서 일본의 경제적 침략에 대하여는 생략하고 있어서 그 인식의 후퇴양상을 보인다.

최시형의 북접교단과 새롭게 형성된 남접세력 사이의 인식의 편차는 1893년 2~3월의 서울 방문게시운동(榜文揭示運動)과 2월 교단의 광화문복합상소(光化門伏閤上疏)를 통하여 더욱 확대되고, 3월 보은집회에서 일시 양자의 접근이 이루어졌으나 결국 결별하고 말았다. 보은집회에서 최시형이 처음으로 보국안민의 개념을 제시하였지만 그것은 위도존사(衛道尊師) 즉 동학의 공인과 교조의 신원을 위한 방책으로서였다. 보은집회에 참여한 동학·농민들은 보국안민의 내용으로서 척왜양의 기치를 내세웠다. 여기서 반외세 보국안민 이념이 크게 확산되었다. 척왜양이 깃발에 등장하여 상징적인 구호가 되었으며, 그것을 필자는 보국안민의 구체적 표현으로 보아 '척왜양 보국안민(斥倭洋 輔國安民)'이라고 규정하였다.

반서양의식에서부터 시작된 동학의 보국안민 개념이 교조신원운동을 통하여 제기된 외세의 정치·사회·경제적 침략의 문제를 포함하게 됨으로써 반외세, 반일의식의 내용을 구체화시키게 되었는데, 거기에 사회적 모순의 문제, 그리고 그것이 외세와 연결됨으로써 나타나는 문제를 동시에 인식하게 된 것은 1894년 농민전쟁을 통해서였다.

전봉준 등 남접세력과 농민들이 주도한 제1차 농민전쟁에서는 분명하게 보국안민의 기치를 내세웠다. 보국안민의 내용은 동학창도 초기부터 줄곧 중심과제였던 척왜양이 아니라 사회적 모순의 문제였다. 농민군은 권귀를 비롯한 탐관오리의 제거, 조세체계의 개혁과 재편성, 민씨 정권을 타도하고 대원군세력과의 연계를 통한 새로운 정치질서의 구축을 추구하였다. 그러한 뜻을 전봉준은 위민제해(爲民除害)하여 보국안민할 것으로 생각하였다. 외세를 인식하지 않은 것은 아니고 외세와의 무력충돌을 피하면서 외세를 끌어들이는 세력을 비판하였다. 여기에서 반외세적 측면에서의 보국안민의 개념에 사회개혁적 내용을 담으면서 보국안민의 이념이 형성된 것으로 볼 수 있다. 제1차 농민전쟁의 분위기를 '위민제해 보국안민(爲民除害 輔國安民)'라고 표현하였다.

제2차 농민전쟁은 일본의 경복궁 점령과 개화파 정권의 성립이라는 일본의 무력적·정치적 침략과정을 인식하고 이에 대한 의거로서 일어났다. 전봉준을 비롯한 농민군은 임진왜란이라는 일본과 조선의 적대관계의 역사를 다시 상기하면서 반일 의거를 주창하고 동시에 일본과 결탁한 개화세력의 제거를 위하여 군대와 이서와 일반시민의 연합전선 구축을 촉구하였다. 보국안민을 위하여 척왜척화(斥倭斥化)할 것을 주장하였다. 즉 안민의 전제인 보국의 내용을, 일본의 침략을 막아내고 일본과 결탁한 개화파 정권을 타도하는 것으로 설정하고 있었던 것이다. 이를 '척왜척화 보국안민(斥倭斥化 輔國安民)'으로 규정하였다.

농민전쟁 이후에는 북접교단과 남은 남접세력 및 농민들이 확연하게 분열되어 외세에 대한 인식을 바꾸게 된다. 최시형은 사회적 활동을 중단하여 탄압을 피하고 종교적 수도정진을 강조하였다. 손병희도 '보일신 제창생(保一身 濟蒼生)'을 강조하여 교단의 교리체계를 확립하고 합법화를 기도하였다. 손병희의 보국안민의 길은 정치적인 방향과 종교적인 차원으로 구분될 수 있는데, 정치적인 차원에서 일본과 타협하고 개화·근대화를 모색하였지만 통감부시기에 들어가서는 좌절되고 말았다. 종교적인 차원에서는 보국안민의 이념을 교리체계 안에 흡수하고자 하였는데 그 결과는 보국안민의 민족적 사회적 메시지를 사상시켜 버리고 말았다.

반면 남접세력은 영학당으로 변신하여 보국안민의 이념을 계승하고
자 하였다. 보국안민의 깃발을 들고 농민전쟁 때와 유사한 봉기·항쟁
을 시도하였다. 이 시기에는 다시 열강이 침략해 들어왔기 때문에 외
세인식도 다시 반외세적으로 전환되었다. 러일전쟁 이전까지의 시기에
는 일본뿐만 아니라 러시아 등 열강이 다시 침략해 들어와 각종 이권
을 탈취하였기 때문에 외세인식도 일본뿐만 아니라 서구열강에 대한
반대를 포함하고 있었다. 그러한 상황을 '벌왜벌양 보국안민(伐倭伐洋
輔國安民)'으로 규정하였다.

이상에서 볼 때 동학·농민의 외세 및 일본인식은 동학창도시에는
반서양의식을 내용으로 하는 보국안민의 개념으로 등장하고, 교조신원
운동기에 반일의식을 포함하여 척왜양의식을 기반으로 한 보국안민의
이념이 형성되기 시작하고, 제1차 농민전쟁에서 사회적 모순의 문제를
포함한 보국안민의 이념과 기치가 제시되고, 제2차 농민전쟁에서 일본
및 그와 결탁된 개화파의 축출·제거를 목표로 한 보국안민의 이념이
완성되었다고 하겠다.

보국안민의 이념은 단어 자체가 해당하는 시기 동학·농민의 사상
적·운동적 경향을 보여주는 것으로서 보국과 안민으로 해부될 수 있
는 것은 아니지만 보국위민(保國爲民), 위국보민(爲國保民), 보민호국
(保民護國), 제세안민(濟世安民), 국태민안(國泰民安), 보국구민(保國
救民) 등 표현의 조합으로 보아 국가(國家) 차원의 문제와 민(民) 차원
의 문제로 구분될 수 있을 것이다. 국가 차원의 문제는 주로 외세에 대
한 대처로서 제기되고 민 차원의 문제는 보국에 의하여 자연히 보장되
는 것으로 이해되면서도 제1차 농민전쟁에서는 특히 이 문제를 사회개
혁의 문제로 삼고 있음을 볼 수 있다. 전체적인 흐름은 안민(安民)의
전제로서의 보국(輔國), 즉 외세에 대한 대처를 보국안민의 핵심적인
과제로 제기하는 것이었고 안민의 구체적인 방책에 대한 구상과 요구
는 취약하지만, 제1차 농민전쟁은 그러한 점을 완전히 해소함으로써

보국안민의 이념이 개화파, 위정척사파, 집권파가 사용하는 상투적인 표현의 의미를 넘어 안민을 위한 새로운 체제구축과 보국을 위한 민족적 연합투쟁을 지향하는 의미를 내포하게 되었던 것이다. 다만 이들이 추구하는 국의 내용과 그 국의 구성원인 민의 존재가 어떠한 것인가 하는 문제는 보국안민 이념의 해석문제에만 그치는 것은 아니다.

저자 후기

본서는 10여 년에 걸쳐 씌어진 논문을 모았기 때문에 논문들이 원래 수록된 지면과 시기, 그리고 연구의 의미에 대하여 소개해 두는 것이 필요할 것이다. 이렇게 해야만 뜻하지 않게 시대에 뒤떨어진 설명이나 새로이 발굴된 자료가 활용되지 못한 이유 등에 대한 변명이 될 것이다. 또한 다른 목적으로 작성된 논문들을 어떠한 체계로 편집하여 동학과 농민전쟁을 소개하는지에 대한 설명도 필요하다.

본서는 크게 네 부분으로 구분하였다. 제1부는 '연구동향'이다. 1994년 농민전쟁 100주년을 기념하는 각종 학술회의와 논문집이 출판되었기 때문에 이들 연구성과를 종합하여 연구동향을 살폈다. 제2부는 '농민전쟁의 전개·주체·지향'이다. 농민전쟁의 전개과정을 19세기 중엽의 군현농민항쟁에서부터 시작하는 것으로 보아 1862년의 진주농민항쟁에 대한 연구를 배치하고, 농민전쟁의 배경과 변혁주체, 지도부의 형성을 살폈다. 그리고 토지개혁의 방향을 고찰함으로써 농민전쟁의 궁극적 지향을 가늠해 보고자 하였다. 사실의 규명을 초월한 역사소설의 묘사와 입장을 다시 사실과 대조해 봄으로써 농민전쟁의 성격을 이해하는 인식의 차이도 확인해 보았다. 제3부는 '농민전쟁의 계승'이다. 학계의 연구가 농민전쟁의 배경이나 농민전쟁 자체에 대하여는 많은 관심을 기울였지만 농민전쟁의 패배 이후 농민들의 향방에 대한 관심은 적었다. 여기에 소개한 4편의 논문은 농민전쟁 이후 남은 동학·농민세력의 동향을 추적한 것이다. 특히 주목한 것은 농민전쟁을 그대로 모방 계승한 영학당의 투쟁이 일어났다는 점, 남은 세력들이 다양한 민중운동의 조직에 포섭되어졌다는 점 등이다. 제4부는 '동학과 농민'이다. 1894년 농민전쟁을 정점에 둔 19세기 민중운동사는 동학적 종교운동의 흐름과 농민적 사회운동의 흐름으로 구별할 수 있는데 그러한 모습을 대전지역의 사례와 보국안민 이념에서 구체적으로 확인하고자 하였다.

제1장 「한국근대 민중운동 연구의 동향」은 「한국근대 민중운동 연구의 동향과 '국사'교과서의 서술」(『역사교육』 47, 역사교육연구회, 1990, 65~125쪽)을 중심으로 「1894년 농민전쟁 연구의 방향모색」(『창작과 비평』 83, 창작과 비평사, 1994년 봄, 58~76쪽)을 포함하고, 그 이후의 연구성과를 수용하여 재정리한 것이다. 전자의 논문은 국사교과서 근대 부분의 서술을 분석하기 위하여 분야별로 연구사를 정리한 역사교육연구회 공동연구의 한 부분이다. 나는 민중운동 부분을 맡아 근대의 민중운동을 1894년 농민전쟁, 의병전쟁으로 크게 나누고 그 사이를 '광무민중운동'이 연결짓는다고 보고 세 부분으로 나누어 고찰하였다. 그리고 1894년 농민전쟁 부분에서 19세기 후반의 농민항쟁을 검토함으로써 19세기 민중운동사의 전체적인 변화와 발전을 염두에 두었다. 즉 19세기 후반 농민항쟁, 1894년 농민전쟁, 광무민중운동, 의병전쟁의 흐름을 한국근대 민중운동사의 맥락으로 포착하여 연구의 성과를 정리한 것이다. 이러한 시각은 이 책에도 그대로 적용되었다. 후자의 논문은 농민전쟁 100주년을 맞이한 1994년 봄 『창작과 비평』의 지면을 빌어 농민전쟁 연구의 경향을 점검하고 연구의 방향을 전망해 본 것이다. 여기서는 농민전쟁과 동학의 관련성, 농민전쟁의 아래로부터의 개혁방향과 위로부터의 개혁인 갑오개혁과의 관련성, 농민전쟁의 세계사적 의의에 대한 전망을 검토하였다. 다분히 전자의 논문을 기반으로 하여 정리한 것이다. 후자의 논문을 수정 보완하여 영문으로 작

성한 것이 "Some Issues in the Study of the 1894 Peasant War"(*Seoul Journal of Korean Studies*, Volume 7, 1994, Institute of Korean Studies, Seoul National University)이다.

제2장 「동학과 농민전쟁 연구의 원형 - 김상기(金庠基)의 『동학과 동학란』을 중심으로」(『역사와 현실』 11, 한국역사연구회, 1994, 241~258쪽)는 동학과 농민전쟁에 대한 사실상 최초의 학문적 업적인 김상기의 저서를 서평한 것이다. 『역사와 현실』의 지면에 '고전서평'란이 처음으로 신설되어, 한국학의 각 분야에서 선구적 업적으로 지적할 만한 저서를 선택하여 그 뜻을 재음미하고자 하였는데, 이런 기획의도에 맞게 그동안 문헌고증사학의 대표자로 인식된 김상기의 학문적 업적 가운데 그의 최초의 저작을 서평한 것이다. 그동안 김상기는 문헌고증적인 학풍을 지닌 것으로 평가되어 있어서 이 책도 그런 차원에서 취급되어 왔는데, 서평의 결과 그의 초창기 업적인 이 책에서는 민족, 민중의식이 강하게 드러나 이제까지의 평가를 교정하지 않으면 안 된다는 점을 확인하였다.

제3장 「1862년 진주농민항쟁의 연구」(『한국사론』 19, 서울대, 1988, 411~477쪽)는 1862년, 주로 남부지방에서 일어난 농민항쟁 가운데 경상도 진주의 농민항쟁을 검토한 것이다. 본서에 실린 논문 가운데 가장 오래된 것이어서 분위기가 좀 다를 수 있고 농민전쟁과도 직접적 관련은 없지만, 나는 농민전쟁을 19세기 변혁운동의 흐름 속에서 파악하는 입장이고, 이 논문을 쓰면서부터 농민전쟁 연구의 기본시각을 확립하였기 때문에 여기에 수록하지 않을 수 없다. 이 논문에서는 특히 개별 구체적인 농민항쟁의 내재적 발전과정 속에서 민중운동의 역사적 발전의 전망을 포착하고자 하였다. 즉 1862년 진주농민항쟁에서 단계적으로 운동이 발전되어 가는 과정을 파악하고 그 속에서 농민전쟁

510

으로 향하는 민중운동의 질적 비약의 맹아를 확인하고자 하였다. 또한 진주농민항쟁의 대책으로서 제시된 삼정문제 개혁방안을 진주안핵사, 경상감사, 진주목사, 경상우병사의 삼정책을 통하여 검토한 것도 성과라고 생각한다.

제4장 「1894년 농민전쟁의 사회경제적 배경과 변혁주체의 성장」은 한국역사연구회의 '1894년 농민전쟁 100주년기념 연구논문집' 제1권으로 나온 『1894년 농민전쟁연구 1』(역사비평사, 1991, 13~28쪽)의 총론으로 씌어졌다. 농민전쟁의 사회경제적 배경을 중세체제의 모순과 민족적 위기의 문제로 나누어 살피고 이 둘의 상호관련성을 변혁주체의 성장을 중심으로 살펴본 시론적 총론적 글이다. 특히 요호부민층의 이중성에 대한 해석을 통해 그들의 변혁주체로서의 역할이 한계에 봉착한 것을 지적하였다. 이 글을 수정 보완하고 일부는 재집필하여 "The Socio-economic Background and Growth of the New Social Forces of the 1894 Peasant War"(*Korea Journal*, 1994 Winter, UNESCO, pp.90~100)로 영역되었다.

제5장 「1894년 농민전쟁의 지도부와 서장옥」(『인하사학』 3, 인하역사학회, 1996, 146~180쪽)은 동학교단을 남접과 북접으로 구분하는 전제 위에서 남접세력의 형성을 통하여 농민전쟁 지도부가 형성되는 과정을 살핀 논문이다. 전라도에서 전봉준을 비롯한 농민군 지도부가 형성되는 과정에서 서장옥이 어떤 역할을 하였는가, 충청도에서 남접세력이 서장옥을 중심으로 어떻게 활동하고 있었는지의 사정을 확인하고자 하였다. 서장옥이 동학교단에 들어간 이후 진로를 바꾸어 교단내에 신입한 혁신세력을 후원하고 이들과 함께 농민전쟁을 전개한 양상을 살핀 것이다. 그러나 농민전쟁이 종결된 이후 남접의 잔당들이 다시 봉기를 꾀하는 등 소규모의 변혁운동이 지속되고 있음에도 불구하

고 그가 전면에 등장하지 않고 모습을 보이지 않다가 1900년 가을에
체포되어 처형된 사정에 대하여는 자료의 미발굴로 정확한 실상을 파
악하지 못하였다.

　　제6장 「1894년 농민전쟁의 토지개혁 방향」은 1994년 농민전쟁 100
주년을 기념한 한국사연구회의 공동연구로서 집필된 것이다. 조선후기
토지개혁의 흐름을 고찰하고 농민전쟁에서 농민군이 제기한 요구조건
을 분석하였다. 토지문제와 관련한 농민군의 요구조건에는 평균분작을
요구하는 조항이 가장 선명한데, 그것은 오지영의 『동학사』에 실려 있
지만 그 초간본과 간행본 사이에 조항의 차이가 있어서 전적으로 신뢰
할 수 없는 한계를 지닌다. 그래서 농민군의 요구조건을 총체적으로
파악하여 고부농민항쟁, 제1차 농민전쟁, 집강소 개혁, 제2차 농민항쟁
등 농민전쟁의 단계적 진전에 따라 토지개혁 요구도 강렬해지는 양상
을 확인하였다. 그리하여 농민전쟁이 혁명적 체제변혁의 단계에 이른
다면 토지개혁도 추진될 것으로 전망하였다.

　　제7장 「1894년 농민전쟁의 역사적 성격과 역사소설―『갑오농민전
쟁』과 『녹두장군』을 중심으로」(『창작과 비평』 69, 창작과 비평사, 1990
년 가을, 277~295쪽)는 농민전쟁을 배경으로 한 역사소설로서 남북을
대표하는 작품, 즉 북한 최고의 역사소설가로 평가받는 박태원의 『갑
오농민전쟁』과, 농민전쟁 100주년을 기념하여 심혈을 기울여 집필한
송기숙의 『녹두장군』을 놓고, 이를 역사학계의 연구성과에 비추어 비
교 검토해 본 것이다. 문학적인 측면이 아니라 동학과 농민전쟁의 사
실 상황, 아니 역사학계에서 논의되어 온 성과와 견주어 두 소설의 입
장을 대비해 보았다. 농민전쟁과 동학과의 관계, 사회경제적 배경과 그
지향, 조직적 기반과 주체세력에 대하여 두 소설이 어떻게 그리고 있
는가를 대비하였다. 역사적 사실의 규명은 사료와 사관에 의하여 한계

를 지니며, 그 한계가 클수록 역사적 진실에서 멀어질 수 있는데, 문학은 그 한계를 설정하지 않고 역사적 진실에 접근한다. 그래서 역사소설을 역사적 사실 및 사관에 비추어 평가해 보는 것은 의미있는 작업일 것이다. 『녹두장군』은 10권으로 완간되었는데 이때에는 출간된 4권까지밖에 취급하지 못하였다.

제8장 「개화파 정부의 농민전쟁 수습대책」(『외대사학』12, 한국외국어대학교, 2000, 327~352쪽)은 개화파 정부의 농민전쟁 수습대책을 농민전쟁의 주무대였던 전라도지방을 대상으로 하여 작통제 및 향약의 실시를 중심으로 살피고 이에 대하여 보수유생층은 어떠한 대응을 보였는지, 그리고 개화파 정부가 추진한 개혁의 방향이 농민전쟁을 수습하고 농촌의 재생산구조를 재확립할 수 있는 것이었는지를 검토한 것이다. 군읍간 작통제를 시행한 특징, 보수유생층에게 향약의 주도권을 맡기지 않으려는 개화파 정부의 입장을 확인할 수 있었다. 이 논문은 「농민전쟁 이후 농민운동조직의 동향」(1995, 본서 제11장)과 동시에 작성된 것으로서, 농민전쟁 이후 농민운동의 동향을 파악하기 위한 전제로서 정부와 지방관의 대책, 그리고 보수유생층의 동향을 고찰한 것이다.

제9장 「농민전쟁 이후 동학농민의 동향과 민족운동」(『역사와 현실』3, 1990, 186~218쪽)은 농민전쟁 이후 동학농민의 동향에 대한 나의 첫 논문이다. 농민전쟁 이후의 동향을 북접교단과 남접세력 및 농민세력으로 구분하여 살펴보았다. 북접교단은 피신생활을 하고 탄압을 두려워하여 재봉기를 극력 피하면서도 점차 교단조직을 회복해 간다. 특히 서북지역에 대한 포교에 큰 성과를 거두어 이후 동학교단의 중추세력은 이 지역에서 나오게 된다. 반면 남접 및 농민세력은 각지에서 저항세력으로 결집하게 되는데, 대표적으로 황해도와 지리산 주변에 모

여들었다. 이들은 남조선사상 등 신비주의적 요소를 내포하기도 하는데 그것이 변혁운동으로 향하는가 아니면 종교적 신비주의 방향으로 흐르는가의 기로에 있었다. 그 가운데 변혁운동으로 기울어진 흐름을 고찰하여 그들의 의식과 행동을 살폈다. 그리하여 이들 움직임이 농민전쟁과 의병전쟁을 잇는 민중운동으로서의 흐름이라 보았다.

제10장 「대한제국시기 영학당(英學黨)운동의 성격」(『한국민족운동사연구』 5, 한국민족운동사연구회, 지식산업사, 1991, 5~36쪽)은 농민전쟁 이후 동학농민의 동향 가운데 가장 큰 움직임을 영학당으로 보고 이를 구체적으로 고찰한 것이다. 영학당이 결성된 전라도지방의 분위기를 파악하고 그들이 영학당을 결성하였지만 내적으로는 동학의 잔당이라는 것을 확인하였다. 그들이 영학당을 결성하여 꾀한 봉기의 과정은 농민전쟁 당시와 너무 유사한 측면을 보였다. 봉기한 지역이나, 봉기의 양상이나 진격코스, 조직, 이념과 목표 등이 농민전쟁을 빼닮았다. 그래서 영학당의 운동을 농민전쟁을 계승한 것으로서 평가하였다. 본서 제9장 및 이 논문을 토대로 하여 작성한 것이 「'농민혁명' 이후 동학농민의 민족운동」(『동학농민혁명과 사회변동』, 동학농민혁명기념사업회, 한울, 1993, 179~201쪽)인데, 두 논문과 많이 중복되어 제외했지만, 흐름을 이해하는 데 일조가 될 것이다.

제11장 「농민전쟁 이후 농민운동조직의 동향」(『1894년 농민전쟁 연구』 4, 한국역사연구회, 역사비평사, 1995, 167~206쪽)은 농민전쟁 이후 농민운동의 조직을 여러 방면에서 파악하여 그 동향과 활동을 고찰한 것이다. 동학농민과 의병의 관계로부터 시작하여 동학당, 영학당, 남학당, 서학당 등에 민중이 어떻게 가담하며 어떤 조직적 관련이 있는지를 고찰하여 농민전쟁에서 의병전쟁으로 나아가는 민중적 흐름을 조직적 차원에서 검토한 것이다. 그리고 이들 조직 사이의 연계성에

514

대하여 인적 차원에서 몇 가지 사례를 확인하여 보았다. 한편 이전에 수행한 필자의 연구에서 영학당이 동학당인 것으로 보면서도 왜 영학당이라고 했는지, 농민전쟁과 어떤 인적 관계가 있는지를 해명하지 못하였는데, 여기서는 영학당이 손화중의 부하그룹이라는 것을 확인함으로써 영학당운동이 농민전쟁의 이념과 조직, 지향을 직접적으로 계승하여 재봉기한 것임을 명백히 하였다.

제12장 「근대민중운동사 상의 동학과 농민－대전지역사례」는 원제가 「대전지역에서의 '1894년 농민전쟁'」(『대전문화』 3, 대전시, 1994, 103~124쪽)이다. 지역사적 관심에서 범위를 대전지역으로 한정하여 1894년 농민전쟁의 전개과정을 사례로써 살펴본 것이다. 농민전쟁 당시 대전은 존재하지 않고, 공주 일부, 진잠, 회덕으로 구성되어졌다. 따라서 행정적 공통성과 결집력이 다소 떨어지지만 이 지역이 충청도와 전라도의 경계에 위치하여 남접파와 북접파의 연관성을 살필 수 있는 지역적 특성을 지니고 있다. 이 논문에서는 남접파와 북접파의 연관성뿐만 아니라, 1862년 농민항쟁으로부터 시작하여 농민전쟁기를 거쳐 농민전쟁 이후로 이어지는 민중운동의 흐름을 지역의 차원에서 살펴볼 수 있었고, 그 과정에서 동학의 종교적 흐름과는 구별되는, 농민전쟁에 참여한 민중적 흐름의 양상을 확인할 수 있었다.

제13장 「동학·농민의 일본인식과 '보국안민(輔國安民)' 이념」(『근대교류사와 상호인식 I』, 김용덕·미야지마 히로시 공편, 한일공동연구총서 II, 고려대학교 아세아문제연구소, 2001, 263~316쪽)은 농민전쟁의 전개과정을 세 단계, 즉 동학 발생 이후 19세기 후반기, 교조신원운동을 포함한 농민전쟁기, 농민전쟁 이후 의병전쟁까지의 시기로 구분하고 그 단계적 변천을 보국안민이라는 봉기이념에 초점을 맞추어 그것이 일본인식과 어떻게 관련되는지를 고찰한 것이다. 보국안민의 기

치, 보국안민을 표방한 격문, 거기에 표현된 보국안민의 의미, 여러 텍스트에 표현된 보국안민의 뜻과 유사한 이념들을 비교 고찰하였다. 동학의 종교적 흐름과는 구별되는 농민을 중심으로 한 민중세력의 보국안민 이념이 농민전쟁의 흐름 속에 관통되어 흘러가는 양상을 검토한 것이다.

ABSTRACT

Donghak and the Peasant War of 1894

Lee, Young-Ho

The Peasant War of 1894 was an anti-feudal and anti-imperialistic movement aimed at establishing a modern nation-state. The Peasant War unified on a national scale the various peasant uprisings that had been taking place at the local level in the late Joseon(朝鮮) period, with the goal of eradicating problems related to feudalism. At the same time, it attempted to protect the nation against invasions by imperialist powers following the opening of Korean ports to foreigners. However, the anti-feudal reform aspirations that had erupted from below through the Peasant War were only partly accommodated by the Reform of 1894(Gabo Gyeongjang, 甲午更張). Moreover, the Sino-Japanese War, which broke out as the Peasant War unfolded, and strengthened Japan's imperialistic invasion and subsequent rule over Korea.

Research on the Peasant War of 1894 performed under the Japanese imperial rule was dominated by the view that it was an uprising by Donghak(東學) adherents. In the 1950's, scholars brought its anti-feudal and anti-invasion characteristics to prominence and highlighted its historical significance as a peasant war. During the 1960's, research based on 'intrinsic development theory' became active and much attention was given to the study of the Peasant War. Since the 1980's, with the interest in people's movements increasing, emphasis has been placed on the significance of the Peasant War of 1894 as the historical core in the development of modern people's movements.

This book is a compilation of rearranged versions of various independent articles that I wrote over a period of 10 years, around the year of 1994, which marked the hundredth anniversary of the Peasant War of 1894. Because these are not works created for a single purpose, they have little coherency among themselves and overlap in many places. Nevertheless, a strong thread of consistency and common features runs through them.

This book is divided into four parts. Part I deals with the trends of researches on the Peasant War of 1894. Part II deals with the development, leading forces, and goals of the Peasant War. The third part deals with the succession of the Peasant War. The fourth part deals with the relationship between Donghak and the peasant force. The standpoints from which and the reasons why I divided the book into four parts are as follows ;

First, I tried to evaluate the Peasant War based broadly on the history of Korean people's movements during the 19th century, beyond the confines of the Peasant War itself. By doing so, I could trace the history of people's movements through the local peasant uprisings during the 19th century, the Peasant War of 1894, people's movements after the Peasant War, and the anti-imperialist righteous army movement in the beginning of the 20th century. Of these, the peasant uprisings at the local level and the Peasant War of 1894 are examined together in Part II. Part III shows that people's movements continued to take place after the Peasant War, by examining the movements following the Peasant War. I especially focused the research on the Jinju(晋州) Peasant Uprising, which is an example of the typical peasant movement at local level. I traced the stages of development of the Jinju Peasant Uprising, and therein found the seed of the qualitative progress towards the outbreak of the Peasant War, thus confirming that people's movement developed gradually.

Second, while researchers have given much attention to the Peasant War itself or its backdrop, I focused on the continuation or succession of the Peasant War. Four articles in Part III traced the remaining Donghak and the peasant forces after the Peasant War. In Chapter 9, I have pointed out that "the Northern Assembly of Donghak(Bukjeop, 北接)" refused to rise in revolt again and reestablish their religious body, while in contrast, at the same time "the Southern Assembly(Namjeop, 南接)" and peasant forces aimed at social reform around

Whanghae Province(黃海道) and Jiri Mountain(智異山). In Chapter 10 I introduce Younghakdang(英學黨) as the group succeeding to the ideologies, uprising process, and goals of the Peasant War. And in Chapter 11, I show that Younghakdang consisted of the very followers of Son, Hwa Jung, one of the three leaders during the Peasant War. In addition, I examined Donghakdang(東學黨), Seohakdang(西學黨) and Namhakdang(南學黨), in addition to Younghakdang, from an organizational aspect as the main forces of social reform.

Third, I placed the Peasant War in the context of the people's movement, and examined the way in which Donghak and the peasant forces each reacted as the Peasant War unfolded. This is related to the distinction between Bukjeop and Namjeop. Donghak adherents or Bukjeop tried to establish a religious group and a dogmatic theory by redressing a grievance of the founder of Donghak and seeking approval of propagation. Peasant forces or Namjeop aimed at an anti-feudal movement through peasant uprisings at local level, anti-imperialistic Peasant War, and the national movement of Donghakdang, Younghakdang. Bukjeop and Namjeop coincide with each for a brief time during the Peasant War period ; however, their ideologies and goals were fundamentally different. This viewpoint was reflected dominantly in Part Ⅳ. In Chapter 12, the movement in the region of Daejeon(大田) demonstrated that people's movements, which were initiated by peasant uprising, and which survived through and continued to exist after the Peasant War of 1894, were divided into the religious trends of Donghak and the revolutionary trend of the popular force. In Chapter 13 I show that the ideologies of peasant force for social reform was Boguk-anmin(the slogan of sustaining the nation and providing for the welfare of the people, 輔國安民), and examine the slogan in the context of the Peasant War.

Reflecting the above perspectives, this book is titled *Donghak and the Peasant War*. This book does not cover the essence of Donghak ideology nor does it compare the Peasant War with peasant wars of other countries during the late feudal period. This is because I examined the background, organization, leading force, and ideology of the Peasant War in view of the socioeconomic circumstances of the 19th century. Further study should be done on the Donghak ideology as a religious thought, apart from people's movement. Further study should also be done on the significance of the Peasant War in the history of East Asia and other countries as well.

찾아보기

526

저자 | 이영호(李榮昊, Lee Young-Ho)

서울대학교 국사학과 및 동 대학원 졸업(문학박사)
한국과학기술원 교양과정부 교수(1987~1995)
하버드대학교 한국학연구소 방문교수(2001~2002)
한국역사연구회 회장(2004)
인하대학교 사학과 교수(1995~현재)

주요 논저
『대한제국의 토지조사사업』(공저, 1995)
『한국근대 지세제도와 농민운동』(2001)
「대한제국시기 내장원의 외획운영과 상업활동」(1995)
「일제의 식민지 토지정책과 미간지문제」(2000)
「일본제국의 식민지 토지조사사업에 대한 비교사적 검토」(2003)
외 다수

동학과 농민전쟁
이영호 지음

2004년 12월 20일 초판 1쇄 인쇄
2004년 12월 24일 초판 1쇄 발행

펴낸이 · 오일주
펴낸곳 · 도서출판 혜안
등록번호 · 제22-471호
등록일자 · 1993년 7월 30일

⊕ 121-836 서울시 마포구 서교동 326-26번지 102호
전화 · 3141-3711~2 / 팩시밀리 · 3141-3710
E-Mail hyeanpub@hanmail.net

ISBN 89 - 8494 - 235 - 9 93910
값 28,000 원